U0925609

沈阳教育年鉴

SHENYANG JIAOYU NIANJIAN

2011

沈阳市教育局　编

沈 阳 出 版 社

图书在版编目（CIP）数据

沈阳教育年鉴. 2011 / 沈阳市教育局编. —沈阳：沈阳出版社，2011.12

ISBN 978-7-5441-4841-2

Ⅰ. ①沈… Ⅱ. ①沈… Ⅲ. ①教育事业－沈阳市－2011－年鉴 Ⅳ. ①G527. 311-54

中国版本图书馆CIP数据核字（2011）第280104号

出版发行：沈阳出版社

（地址：沈阳市沈河区南翰林路10号 邮编：110011）

网　　址：http：//www.sycbs.com

印 刷 者：沈阳新华印刷厂

发 行 者：沈阳出版社

幅面尺寸：185mm × 260mm

印　　张：35

字　　数：1000千字

出版时间：2012年3月第1版

印刷时间：2012年3月第1次印刷

责任编辑：张　旭

封面设计：冰　宇

版式设计：冰宇平面设计工作室

责任校对：张雪洁

责任监印：杨　旭

书　　号：ISBN 978-7-5441-4841-2

定　　价：110.00元

联系电话：024-24112447

E-mail：sy24112447@163.com

沈阳市教育志编辑委员会

《沈阳教育年鉴·2011》编辑部

主　　编　苏文捷

副 主 编　张晓军　符泰民

执行主编　刘志民　杨　克

执行副主编　姜晓光

责任编辑　姚文涛　王　强

特约编辑（以姓氏笔画为序）

马　颖　王学忠　左大为　刘健权

刘朝侠　杨世维　杨继天　陈鸿鹏

周　航　胡殿友　柳文春　钟德超

徐哲茹　高　波　高东野　董立剑

图片编辑　姚文涛　刘冰宇

校　　对　姚文涛　王　强　董　鹏　张　鑫

编辑说明

一、《沈阳教育年鉴·2011》是一部专业性资料工具书，由沈阳市教育局领导主持，沈阳市教育研究院信息中心年鉴编辑部组织编撰完成。

二、《沈阳教育年鉴·2011》中的年号为出版年，其全面、系统、翔实地反映了2010年1月1日至12月31日期间沈阳教育事业各个方面发生的基本情况和资料，为领导决策提供借鉴，为教育规划发展提供依据，为国内外各方面人士了解、研究沈阳教育事业的发展提供信息。

三、《沈阳教育年鉴·2011》正文由沈阳教育总述，教育综合管理，直属单位（部分），区县（市）教育，各级各类学校、园所（部分），荣誉录，教育统计7个类目组成，以文章和条目为基本体裁，以条目为主，使用规范的语体文、记述体，文前配有彩色图片。

四、本年鉴的编撰工作得到了市属高校、市教育局直属学校和区县（市）教育局的大力支持，在此谨表谢忱，并恳祈得到批评指正。

领导关怀

3月24日，辽宁省委书记王珉（左二）到沈阳航空航天大学视察。

5月31日，辽宁省省长陈政高（后排右三）到和平区惠民幼儿园慰问。

6月25日，教育部副部长鲁昕（左二）在2010年全国中等职业学校学生技能作品展洽会上参观沈阳市装备制造工程学校学生作品。

2月9日，辽宁省委常委、沈阳市委书记曾维（左三）到沈北新区兴隆台锡伯族九年一贯制学校走访慰问教师。

6月28日，辽宁省副省长陈超英（左三）到沈阳医学院视察。

9月2日，沈阳市市长陈海波（右二）视察职业教育。

5月30日，沈阳市副市长王玲（右一）在奥体中心检查市第五十一中学中招工作。

课改

1 11月16日，沈阳市教育局局长苏文捷到市第二十七中学调研。

2 11月4日，沈阳市教育研究院在沈河区教师进修学校、第七中学举办了2011年中考试卷分析座谈会。

3 11月3日，沈河区高中校长座谈会在市第二十七中学召开。

4 6月4日，沈阳市教育局举办全国著名教育改革家魏书生专题报告会。

5 5月14日，苏家屯区教师进修学校组织“假如我是教者”为主题的小学美术教学研讨活动。

6 在沈新疆班学生与本地师生欢度中秋。

1 12月8日，沈阳市教育局圆满完成接收农民工子女学校校长培训任务。

2 11月6日，浑南一中开展题为“阳光课堂，生态教学——你我都是主人”教师研讨会。

3 4月27日，新民市第二高中唐宏志校长和沈阳教育专家协会会长李锦涛研讨课改。

4 11月18日，新民市实验小学开展教学开放日活动。

5 9月26日，辽中县立人学校举办“整体教学系统124课堂教学模式”观摩活动。

6 5月14日，辽中县教育局组织召开了推进体育、艺术“2+1”工程特色学校展示大会。

7 4月22日—23日，沈阳市普通高中精细化管理经验推介会在市第二十中学举行。

德育

1 3月25日，东北育才学校发起“爱润心田”援助旱区捐助行动。
2 6月5日，东北育才学校召开“东北育才教育集团首届少代会暨周恩来中队成立大会”。
3 3月27日，学生到社区参加“爱国清扫日”活动。
4 新民市实验学校少先大队开展“我感恩，动起来”主题系列活动。
5 10月25日，于洪区三十家中心校师生举行“向祁文博学习，争做自立自强自信好少年”主题签名仪式。
6 6月24日，沈河区爱心慈善总会教育局分会成立大会隆重召开。

智育

1 学生在科技活动月进行七巧板比赛。
2 2月24日至25日，市科协、市教育局共同举办“沈阳市青少年机器人教练员培训班”。
3 青少年参加科技周，展示无土栽培技术。
4 8月12日，第二十五届全国青少年科技创新大赛，东北育才学校四名同学捧回了四枚金牌，并获四项专项奖。
5 第四届中国青少年创意大赛沈阳赛区现场。
6 4月23日，在学生中开展“世界读书日”读书月活动。
7 科普大蓬车开进农村学校。
8 航模大赛。

体育

1 沈河区教师学校附属小学获得“国际青少年U12十人制橄榄球锦标赛”碗级冠军。

2 皇姑区育智学校8名特奥运动员代表辽宁参加了第五届全国特殊奥林匹克运动会足球、游泳、田径项目的比赛载誉归来。

3 9月30日，浑南一小召开秋季田径趣味运动会。

4 5月7日，和平区中小学生田径运动会在砂山体育场举行。

5 学生大课间活动。

1 中学生在运动会上大展英姿。

2 在第二十一届温哥华冬奥会上，沈阳体育学院取得了1银、2铜，两个第六、一个第七的好成绩。图为李妮娜在比赛中。

3 高校学生在运动会比赛中。

4 12月9日，沈北大学城六所高校齐聚沈阳医学院，举行纪念“一二·九”运动75周年长跑比赛。

美育

1 苏家屯区委宣传部为大沟九年一贯制学校倾力打造的舞蹈教室。
2 7月28日，东陵区（浑南新区）中小学生专场音乐会在沈阳音乐学院音乐厅举行。
3 5月6日，沙柳路小学举办沈阳市小学音乐学科教研巡礼活动。
4 6月23日，辽宁省暨沈阳市中小学生红诗咏诵会。
5 12月17日，沈阳市举办中学生2011年新年民族音乐会。
6 “弘扬民族文化，夯实养成教育”德育特色活动。
7 2月2日，南京一校的舞蹈《欢庆》参加2010年中央电视台少儿春晚。

1

2

3

6 4 5

7

1 沈阳理工大学举办中俄大学生联谊会。

2 11月，在CCTV首届全国艺术院校学生京剧大赛中，沈阳师范大学戏剧艺术及附属艺术学校师生取得2金、1银、3铜的好成绩。

3 6月2日，辽宁艺术院校举办2010年高等学校民族器乐展演。

4 10月17日，沈阳广播电视大学隆重举行建校50周年庆祝大会。

5 6月9日，中国刑警学院文化节作品获得2010年全国大学生短剧小品大赛优胜奖。

6 6月25日，沈阳音乐学院参加第十四届CCTV青年歌手大奖赛。

综合实践

1 “缝口袋”比赛。
2 消防安全演练。
3 “生活自理能力”比赛。
4 农业实践活动。
5 厨艺课展示。
6 “和你在一起”玫瑰行动正式启动。

1 4月24日，辽宁省数控车工技能竞赛在市装备制造工程学校举办。

2 8月31日，市外事服务学校承办“百千万技能人才培育工程”技能大赛。

3 7月2日，市装备制造工程学校技能大比武现场。

4 6月3日，市服装艺术学校“地一大道杯”专业技能大比武现场。

5 4月21日，沈阳医学院附属医院——奉天医院四名ICU护士赴玉树灾区救护伤员。

6 中国刑警学院安保学生在上海世博会上为游客服务。

7 中国刑警学院警务技能战术表演。

对外交流

1. 市第五十一中学接待来自国际教育创新联盟的英国督学和校长。
2. 7月1日，东北育才学校高琛校长应邀参加在清华大学举办的首届创新人才培养国际研讨会。
3. 俄罗斯教师在新民市第二高中授课。
4. 7月17日，韩国青少年代表团来沈访问。
5. 3月16日，Intel Skoool平台国际教育资源合作项目落户中国，沈阳成为项目启动第一站。

1 8月30日，市第三十五中学校长孙路和京都两洋中学校长青木雅人代表双方签订友好交流协定。

2 8月19日，联合国儿童基金会爱生学校项目沈阳启动仪式。

3 4月19日至23日，来自美国印第安纳州凯瑟琳中学的比尔校长到大东区中小学进行为期一周的教育回访活动。

4 沈阳理工大学校长王军与阿伦大学校长施奈尔德签署了合作计划协议。

5 6月3日至7日，沈阳农业大学代表团访问土耳其。

6 6月22日，韩国东首尔大学代表团访问沈阳工业大学。

7 8月31日，“沈阳—札幌缔结友好城市30周年中日交流会”在沈阳师范大学举行。

学术交流

1 9月17日至20日，沈阳医学院承办第十届全国微生态学学术会议。

2 9月13日至14日，沈阳农业大学承办中国作物学会第九次全国会员代表大会暨2010年学术年会。

3 沈阳理工大学党委书记邢贵和主持俄罗斯地区孔子学院经验交流会。

4 12月29日，2010年“高等学校红色经典艺术教育示范基地启动暨建设工作研讨会”在沈阳音乐学院举行。

5 11月16日至17日，“废物管理与循环经济”国际论坛在沈阳航空航天大学隆重召开。

目 录

沈阳教育总述

教育综合管理

直属单位（部分）

区县（市）教育

各级各类学校、园所（部分）

荣誉录

教育统计

沈阳教育总述

SHENYANG JIAOYU ZONGSHU

2011

沈阳教育年鉴

SHENYANG JIAOYU NIANJIAN

2010年沈阳教育综述

2010年，沈阳市教育工作以科学发展观为统领，紧紧围绕建设教育强市的奋斗目标，以建设教育强县区和国家职业教育试验区为抓手，以加强教师队伍建设和教科研工作为支撑，积极抢占各级各类教育发展制高点，抓队伍、强科研、建制度、重管理，扎实工作，不断创新，各项教育工作稳步推进。义务教育巩固率、高中阶段教育普及率、职业教育就业率、高等教育贡献率和人民群众满意率持续提高。全国义务教育均衡发展、治理教育收费工作现场会在沈阳召开，沈阳市介绍了经验。全民终身学习活动周全国总开幕式在沈阳举行。教育部批准沈阳市为国家装备制造业沈阳职业教育试验区。沈阳正从教育大市，向服务经济社会能力强、辐射和集聚作用大的教育强市迈进。

2010年，全市各级各类学校有1 867所（含民办学校和民办幼儿园），在校学生134.8万人，教职工12.2万人，其中专任教师8.5万人。

有幼儿园950所，在园幼儿14.07万人，教职工1.6万人，其中专任教师8 742人。全市学前三年幼儿入园率91%。

有普通初中232所，普通小学415所；在校学生51.9万人（普通初中18.2万人，普通小学33.7万人）；教职工4.4万人（普通初中1.9万人，普通小学2.5万人），其中专任教师3.7万人（普通初中1.5万人，普通小学2.2万人）。初中阶段入学率99.97%，小学学龄人口入学率100%。

有普通高级中学89所，其中省级示范高中24所，占全省总数的1/5，市级重点高中33所，全市初中生升入普通高中的学生有89%在省市两级重点高中就读，沈阳市民充分地享受到了优质教育资源。在校生为11.9万人，教职工1.06万人，其中专任教师8 686人；共招生3.85万人，为国家输送毕业生3.8万人。初中毕业生升学率99.8%，高中阶段毛入学率93%。

有特殊教育学校15所（工读学校1所，聋哑学校5所，盲校1所，培智学校8所），在校学生1 534人（工读学校23人，特殊学校1 511人），教职工572人（工读学校43人，特殊学校529人），其中专任教师414人（工读学校27人，特殊学校387人）。

有少数民族中小学校29所，其中，朝鲜族：小学8所、初中5所、普通高中2所、职业高中3所；满族：小学3所、初中1所；锡伯族：小学1所、九年制学校2所；回族：小学1所，初中1所，高中1所；蒙古族：九年制学校1所。民族学校在校生15 500名，教职工1 524名。此外，有少数民族幼儿园9所，幼儿621名。

有中等职业学校89所（其中，普通中等专业学校41所、成人中等专业学校1所，职业高中

47所），在校生为9.9万人，教职工9 214人，其中专任教师5 977人；共招生3.3万人，为国家输送毕业生3.4万人。

有研究生培养机构27所，在学研究生达3.8万人，招生1.36万人，为国家输送博士、硕士1.08万人。

有普通高等学校41所，在校生规模达到34.85万人，教职工3.87万人，其中专任教师2.29万人。高等教育毛入学率50%。

一、加大建设力度，进一步提高办园水平

1. 大力加强农村幼儿园建设。对20余所农村乡镇中心幼儿园设备设施进行改造，改善办园条件，积极推动农村幼儿园标准化建设。农村入园率提升到78%，全市入园率达到91%。

2. 扎实开展城乡“手拉手”活动。城区77所示范幼儿园与农村131所乡镇中心幼儿园，开展了“手拉手”互助活动，组织送教下乡200余次，100名农村教师和园长进城学习，提高了农村幼儿园的办园质量。

3. 深入推进幼儿教师队伍建设。开展了园长岗位培训和幼儿教师专业培训，培训教师3 500余人，教师持证上岗率达到30%，教师队伍综合素质显著提升。

二、启动发展新措施，推进义务教育高水平均衡

1. 积极开展高水平均衡发展项目。制定了义务教育高水平发展新措施，启动了以安全校园、绿色校园、数字校园、人文校园为内容的学校标准化建设；启动了优质学校和相对薄弱学校的委托管理和一体化办学，开展了沈河区第八十六中学与第七中学、铁西区第一五八中学与杏坛中学、和平区第一三四中学和辉山中学等委托管理试点；启动了名师共享工程，选派10名城区优秀校长到农村学校任职，开展农村教师到城区优质学校挂职学习活动，提升了学校的办学水平，缩小了校际间差距，获得了良好的社会反响。

2. 创新城区学区化管理模式。在总结多年开展大学区工作经验的基础上，制定下发了《关于进一步做好大学区工作的通知》，建立了学区内教研活动、科研课题研究、名师资源共享、统筹教师资源、完善学区管理网络平台等工作制度，使大学区工作走向制度化，提升了区域内义务教育均衡发展水平。

3. 积极推进特色学校创建。召开了“沈阳市特色学校建设经验交流会”，按照全面启动、分类指导、阶梯式的方式，积极推进特色学校创建，构建学校发展新优势。

4. 提升特殊教育发展水平。完善学校教育科研制度，使每所学校专题研究参与率达到100%。对500余名特殊教育学校在职教师、市区教研员、视导员和主管科长进行培训，提高教师队伍的工作水平。

三、实施“入出口”评价，推进普通高中优质特色发展

1. 深入推进普通高中标准化建设。利用市发改委提供的向开发行贷款机会，开展了新一轮普通高中标准化建设，确定了29所学校，计划投资6.5亿元，分三年建设完成。2010年，东北育才学校、沈阳市第二十中学等9所学校建设项目进入实施阶段。

2. 实施“入出口”评估考核制度。改革评估考核学校方式，实施了学生成绩“入出口”考核制度，以学生入学中考成绩为基础，对照三年后高考出口成绩，对学校的教学质量进行评价，调动每一所学校的积极性，面对每名学生提高整体教育质量。同时，还推进精细化管理，组织召开了精细化管理现场会，推进学校向管理要质量。

3. 积极推进特色化发展。以学科基地培训为拉动力，推进基地校特色学科建设，启动了8个基地，在开展学科教师培训的基础上，加强学科建设，推进学校特色发展。同时，鼓励有条件的学校，举办中外合作班，开展小班化教学，探索特色发展，满足不同学生的发展需求。

四、成功创建国家试验区，职业教育踏上发展新征程

1. 成功争创职业教育国家试验区。经过积极努力，8月末试验区得到了教育部的批准，9月初召开了启动大会，全面启动各项工作。沈阳市成为全国唯一一个地级市与教育部签署教育试验区的城市。

2. 成功承办全国性大会和赛事。9月，成功承办教育部首届中国职业教育与装备制造业创新发展高峰论坛。10月，成功承办全民学习周全国总开幕式。12月，成功承办教育部主办的“全国中等职业学校教学信息化技能大赛”。这充分展示了沈阳市教育事业的发展成果，提升了其在全国的地位。

3. 启动创新实训室建设。大力推进职业教育实训基地建设，启动首批与德国伍尔特公司、华为科技有限公司、沈阳化工集团等9家企业的9个实训室建设项目，计划总投资2 169万元，建成后沈阳市职业教育实训水平稳居全省乃至全国前列。

4. 扎实推进校企合作。完成《沈阳市校企合作办学促进条例》立项与前期调研。同时，加强与职业教育国际合作，组成职业学校校长考察团，考察欧盟（德国EBG）职业与社会教育集团，签署了建立“中德沈阳职业教育培训中心”合作协议。

5. 初步形成了全民终身教育体系。10月，以“推动全民学习，让生活更美好”为主题的“2010年全民终身学习活动周全国总开幕式”在沈阳举行，沈阳市加大推进全民终身学习的力度，先后出台了《关于建设全民学习终身学习的学习型城市的指导意见》、《沈阳市2010年推进全面终身学习活动实施方案》，构筑了社会化、开放式、多层次的终身教育体系，各地区、各部门正在尝试对沈阳市现有的教育资源和人才培养模式进行优化和整合。

五、服务沈阳振兴，沈阳高校贡献率显著提高

1. 积极扶持市属高校建设。积极扶持市属高校发展，推进高校建设。沈阳广播电视大学成立沈阳社区大学，沈阳职业技术学院成功争创“国家示范高职院”，沈阳广播电视大学基本完成数字化大楼建设。沈阳大学与新民市、法库县、辽中县签订产学研全面合作协议。

2. 推动在沈高校成果转化。遴选出东北大学、中煤国际工程集团沈阳研究院等14个重点项目予以推进。围绕沈阳七大新兴产业和现代农业大发展，新建创新平台88个，使创新平台总数达到182个，沈阳高校有147个学科直接服务沈阳产业发展，对支柱产业和新兴产业形成了学科服务的全覆盖。积极推进与沈阳市重点推进的15个产业集群和重点培育的13个产业集群的对接与合作。2010年，高校197项科研成果在沈阳市转化，产值超百亿元，科技成果本地转化率达70%。

六、创新培训机制，教师队伍建设迈上新台阶

1. 完成教师招聘任务。通过面向社会公开招聘和到高校直接招聘优秀毕业生的方式，招聘教师680人，为教师队伍注入了新鲜血液，进一步缓解了教师队伍结构性缺编的矛盾。

2. 完成教师队伍培训。经过精心设计，充分论证，开展了干部教师培训项目49个，安排经费1 270万元，培训教师13万人次、校长1.2万人次，提高了教师队伍的整体业务能力。同时，经过总结调研，制定了沈阳市干部教师队伍培训工作“十二五”规划。

3. 完成职称评聘工作。按照岗位设定，严格评聘制度，强化评聘管理，圆满完成3 196人的专业技术资格晋升，规范了教师队伍职称评聘工作，建立形成了职称评聘的新机制。

七、关注群众教育需求，切实提高教育满意率

1. 按时保质完成200所接收农民工子女学校综合改革。这是市政府为城乡群众办好的十件实事之一。围绕学校的软硬件建设，完成了50余所学校的塑胶操场建设、250余栋校舍维修、200间专用教室和700余个教室“班班通”建设、300名校长和600名骨干教师培训。

2. 刹住了乱补课之风。在上一年开展专项治理的基础上，进一步加大治理力度，召开了全市纠风大会，进行全面部署，组建了联合检查工作组，快速查处，查实处理了26名乱补课教师、2所学校，并通过新闻媒体向全市进行了通报。经过治理，乱补课之风明显好转，赢得了社会各界的广泛好评。

3. 扎实做好校园安全工作。按照国家和省的要求，完成了130万平方米的危旧校舍改造。吸取校园安全事件的经验教训，完善了安全管理制度，配齐了保安力量，安装了视频监控设备和金属探测器等防卫设施。2010年与2009年相比，校内安全事故下降18%，校外安全事故下降22%，全市没有发生重大安全事故。

4. 积极推进扶困助学工作。继续做好义务教育“两免一补”工作，共为48万余名义务教育中小学生，发放补助金1.41亿元。做好中职学校国家助学金发放工作，启动中职免学费和普通高中政府助学金工作，资助了2 045名当年考入大学家庭经济困难学生。全年共减免各类学生费用、发放奖助学金达2.37亿元。

八、立足内涵，积极推进教育科学发展

1. 组建成立沈阳市教育研究院。在政府的支持下，在人大代表的提议下，经过反复调研论证，把沈阳市教研室、沈阳市电化教育馆等四家科研机构，整合成了沈阳市教育研究院。10月，召开了成立大会。这是沈阳市提升教科研水平，促进教育内涵发展的一项重要举措。

2. 扎实推进教育督导工作。按照教育督导检查统一管理制度，整合教育内部检查项目，制定督导检查计划，集中时间，统一对“两基”年审、教育投入、学前教育工作、政府办实事教育项目等进行联合督导检查，取得良好效果。召开专家座谈会，征求意见，进一步完善《沈阳市开展教育强区县创建活动实施方案》和督导评估细则。

3. 全力筹备教育工作会议。为贯彻落实国家和省教育工作会议精神，进一步推进沈阳市教育快速发展，提出了适时召开全市教育工作会议，并积极开展相关准备工作，研制了今后沈阳市教育改革和发展规划，制定了沈阳市加快教育强市建设的措施，提出了积极开展教育强区县和国家装备制造业职业教育试验区创建工作，形成了《关于加快建设教育强市推进教育科学发展的若干意见》、《沈阳市中长期教育改革和发展规划纲要》、《沈阳市开展教育强区县（市）创建工作实施方案》和《国家装备制造业职业教育沈阳试验区建设实施方案》等文件，为全市教育工作会议的召开奠定了基础。

（裴德利　姚文涛）

2010年沈阳教育大事记

1月

7日　2009—2010赛季单板滑雪U型池世界杯奥地利站比赛在Kreischberg落幕。沈阳体育学院运动员孙志峰以总积分第16名、曾小烨以总积分第10名分别获得了奥运会的参赛资格。

8日　沈阳农业大学韵绿生态协会获中华环保基金第四批大学生环保公益活动项目资助。

10日　在加拿大举行的2009—2010年度自由式滑雪空中技巧世界杯比赛中，沈阳体育学院运动员贾忠洋夺得冠军并继续保有黄衫，在本赛季刚刚进行的三站比赛中已经连续两站蝉联冠军，稳获奥运会入场券。女子组比赛中，李妮娜获得冠军。

12日　沈阳市教育局与各区、县（市）教育局签署了2010年沈阳市教育行风建设责任状，进一步明确了各级教育部门的责任。

13日　辽宁卫视、辽宁都市频道、辽宁青少频道、生活导报、辽沈晚报、沈阳晚报、辽宁广播电台等媒体到腾飞小学采访网上德育工作。

是月　沈阳理工大学兵器博物馆被正式命名为“辽宁省国防教育基地”。

18日　现任职于清华大学的林闯、庄苗两名沈阳二十中学的毕业生，捐资6万元，在二十中学设立了“清华之友奖学金”。

18日　辽宁高校第一家社会主义学院在辽宁大学揭匾成立。

18日　香港中文大学2010年计划在内地招收260名本科生，其中在辽宁计划招生10人（文科生3名，理科生7名），有4人带奖学金（2文2理）。

29日　全市召开民办学校办学章程培训会。

29日　沈阳市召开在沈高校科研设计单位负责人座谈会。省委常委、市委书记曾维出席会议并讲话。

31日　沈阳体育学院运动员孙志峰在新赛季单板滑雪世界杯赛加拿大站女子U型池比赛中，以43.4分夺得冠军。

2月

是月　沈阳理工大学学生黄船钉在宝鸡为抢救落水儿童而壮烈牺牲。沈阳理工大学将全校师生每天必经的一进校门的主路更名为“船钉路”，以此来纪念英雄黄船钉同学。

4日　召开沈阳市委教科工委、沈阳市教育局机关老干部春节团拜会。

4日　沈阳市教育局召开了年度教育纠风工作会议。

5日、6日　在吉林北大湖举办的亚洲杯滑雪登山比赛中，中国队取得了全部四项比赛的金牌，沈阳体育学院学生共有9人代表中国队参赛，取得了其中的三项冠军。

9日 省委常委、市委书记曾维到沈北新区兴隆台锡伯族九年一贯制学校走访慰问锡伯族教师，并视察学校。

10日 团市委、市大学生服务中心在新春佳节来临之际，为家在外地的由于种种原因不能回家过年而留沈过年的沈阳建筑大学、东北大学等学校的87名贫困大学生每人送去200元春暖慰问金。

13日 2010年温哥华冬奥会开幕式胜利举行，都灵冬奥会自由式滑雪男子空中技巧冠军、沈阳体育学院运动员韩晓鹏担任开幕式旗手。

13日 农历除夕，省委常委、市委书记曾维来到于洪区街道，走访慰问了敬老孝亲好少年马鹏飞。曾维向马鹏飞一家致以节日的问候和新春的祝福。

19日 在中央电视台播出的“美丽校园”第十届全国校园春节联欢晚会上，沈阳市第一〇八中学的校园剧《同在蓝天下》获得金奖。

19日 在温哥华冬奥会单板滑雪女子U型池比赛中，沈阳体育学院小将孙志峰以33分排名第七。这是沈阳体育学院在单板滑雪项目上取得的历史性突破。

2月21日—3月1日 全国第三届中小学生艺术展演活动在上海举行，沈阳市代表辽宁省参演了5个节目。

25日 沈阳市召开教育工作会议，总结部署了全市教育工作，表彰了先进单位和个人。王玲副市长作《全力开创教育强市建设新局面》讲话，并与各区县（市）签订《2010年沈阳市教育工作目标责任状》。

25日 在温哥华冬奥会女子自由式滑雪空中技巧比赛中，沈阳体育学院运动员李妮娜夺得银牌，郭心心获得铜牌，徐梦桃获第六名。

26日 在温哥华冬奥会自由式滑雪男子空中技巧决赛中，沈阳体育学院运动员刘忠庆获得铜牌，贾宗洋获得第六名。

3月

2日 沈阳工业大学与中国华电集团签署战略合作协议，以沈阳工业大学自主知识产权风力发电指数为基础，在风电领域进行全面产业化合作。

3日 沈阳市首家雷锋小学命名仪式在小东二校举行，大东区小东路第二小学正式被命名为“雷锋小学”。

7日 沈阳体育学院小将郑姝音和常逸尘代表中国青年队参加了在墨西哥缇华纳市举办的世界青年跆拳道锦标赛。郑姝音夺得了女子68kg级冠军，这是沈阳体育学院跆拳道队首次夺得世界性大赛的冠军。

9日 沈阳市按照每人每年1 000元的标准为农民工困难家庭子女提供午餐，沈阳市砂山四校近600名农民工学生吃上“爱心午餐”。

10—12日 沈阳理工大学学生黄船钉被中共辽宁省委高校工委、辽宁省教育厅追授舍己救人优秀大学生荣誉称号；被教育部共青团、全国青联分别追授“全国舍己救人优秀大学生”荣誉称号和“中国青年五四奖章”。

12日 辽宁省人民政府与国务院部委局及中央直属企业共建高校签字仪式在钓鱼台国宾馆举行。会上，国家国防科技工业局党组成员胡亚枫代表国防科技工业局、辽宁省省长陈政高代表辽宁省人民政府共同签署《共建沈阳航空航天大学协议书》。

12日 辽宁省省长陈政高与国家体育总局副局长段世杰在北京钓鱼台国宾馆共同签署《辽宁省人民政府与国家体育总局进一步推进共建沈阳体育学院协议书》，标志着沈阳体育学院省部共建进入新的阶段。

12日 辽宁省人民政府与国家部委及中直

企业共建10所高校协议签字仪式在北京隆重举行。大会举行了辽宁省政府与住房和城乡建设部共建沈阳建筑大学签字仪式。

是月 国家体育总局下发文件，对2006—2009年在竞赛工作中表现突出的优秀工作者和裁判员进行表彰，沈阳体育学院刘兴（蹦床）、王新坤（田径）、邵年（垒球）、刘宏伟（跆拳道）、孙立平（自由式滑雪）、刘仁辉（跳台滑雪）6名教师获得“优秀裁判员”荣誉称号。

15日 沈河区与法库县城乡教师交流——农村教师进城“留学”活动，在沈阳市第七中学拉开帷幕，法库县400名一线优秀教师将在沈河区进行为期三周的学习。

16日 辽宁林业职业技术学院为了提高学生的就业创业能力，在金百合种苗模拟公司、天骄园林工程模拟公司开展模拟生产竞赛。

18日 由沈阳市电教馆与Intel公司联手引进的国际教育资源合作项目Skoool在沈启动。Skoool资源有助于提高学生的学习兴趣和教育教学质量，该教育资源已经在英国、爱尔兰、西班牙等30多个国家应用。

18日 沈阳体育学院将对在温哥华冬奥会上取得优异成绩的运动员、教练员予以奖励。

18日 在2009—2010自由式滑雪空中技巧世界杯赛总积分排名中，沈阳体育学院女子运动员李妮娜、郭心心、徐梦桃包揽前三名；男子方面贾宗洋位列第三。

18日 教育部正式批准沈阳航空工业学院更名为沈阳航空航天大学。

21日 沈阳市地铁建设指挥部与沈阳大学签署全面战略合作框架协议。

24日 沈阳市高校统战部部长座谈会在沈阳师范大学召开。

24日 省人大教科文卫委专题调研组来沈，对建立促进师范毕业生到沈阳市农村中小学就业情况进行专题调研。

25日 中国少年橄榄球队将赴香港参加在香港举行的国际青少年U12橄榄球锦标赛，作为全国第一支橄榄球队的队员，均来自沈阳市沈河区教师进修学校附属小学，并且全部由农民工子女组成。

29日 2010年3月29日至4月4日，开展主题“安全在我心中”辽宁省第三届中小学生安全教育活动周。各学校将重点开展安全教育和紧急疏散演练。

30日 辽宁大学启动了向西南旱灾地区捐水捐款活动。每人向灾区捐助20箱矿泉水。之后同学们纷纷签名、捐款，当场筹集善款1.4万余元。

30日 中国刑事警察学院司法鉴定中心被评为全国公安机关重点司法鉴定机构。

4月

是月 以“道德模范”马鹏飞感人事迹为原型创作的话剧《水晶之心》在北京10天连演了31场，感动了北京观众。

7日 沈阳大学美术学院600余名师生到沈阳抗美援朝烈士陵园，举行“缅怀烈士，继承遗志，认亲扫墓”传接仪式。

8日 沈阳大学与沈阳市民政局合作成立了社区学院。

8日—28日 沈阳市政府督导室对全市涉农县区的2009至2010学年度农村初中控辍保学工作进行了专项督导检查。

4月8日—5月4日 沈阳市政府教育督导室对全市各区县（市）政府及开发区管委会的2009年教育经费投入情况进行专项督导。

9日 沈阳市副市长王玲到柳河沟学校捐赠书籍。新民市委书记徐宝华、市长高航等有关领导陪同。

11日—16日 在北京师范大学校长培训学院举办了首期沈阳市德育干部培训班。

12日 沈阳市委教科工委组织开展了第十一个“共产党员社区奉献日”。

15日、16日 省人大常委会教科文卫调研组来沈对文化产业发展情况调研。

15日—17日 由国家教育部《中国教师报》主办的“全国第三届两岸小学语、数、英课堂教学（曲阜专场）研讨会”在山东曲阜召开，大东区辽沈街第一小学韩瑛校长以《让英语在高效课堂上发扬》为题，介绍了学校英语课堂教学改革的先进经验。

18日 在4月25日世界阅读日来临之际，大东区少儿图书馆推出的“读书明星”竞赛活动于4月18日拉开帷幕。

20日 沈阳市委督察室、沈阳市教育局领导来到大东区辽沈街第一小学，实地调研安全管理与综合治理工作。并切实把“心理干预”安全教育抓细，抓好，抓出成效。

20日 由沈阳市地方税务局主办、地税大东分局和大东区教育局联合承办的“税收教育基地授匾仪式”暨“税收与我”主题征文比赛活动在沈阳市第五中学启动。

20日—21日 美国印第安纳州凯瑟琳中学比尔校长到沈阳市第一中学、沈阳市第五中学、沈阳市第一四〇中学、大东区白塔小学、大东区小东路第二小学等多所学校进行友好访问活动。

20日—26日 即沈阳市知识产权宣传周期间，组织全市中小学开展了以“知识产权与城市发展同行”为主题的“五个一”宣传活动。

21日 沈阳医学院师生为青海玉树地震灾区捐款99 740元。

22日、23日 沈阳市普通高中教学精细化管理经验推介会暨沈阳市第二十中学第十三届公开教学周活动正式举行，来自内蒙古、吉林及省内各市数十家学校领导、老师共千余人参加活动。

23日—26日 全国首届小学高效课堂研讨会在大东区辽沈一校举行。来自北京、山东、广东等地的200多名教师齐聚沈阳。

4月23日—5月23日 为全市普通高中校长读书活动月。全市64所高中学校，754名中层以上干部，阅读各类书籍1 829册，人均2.43册。

26日 沈阳市人民政府隆重表彰2008年以来在积极应对挑战、推动科学发展、促进社会和谐中涌现出的先进集体和劳动模范。其中教育系统：先进单位，沈阳体育学院等6个；先进集体，辽宁大学经济学院等4个；特等劳动模范，张化光1人；劳动模范，李晓东等41人；第五届沈阳市优秀专家于晨等47人；沈阳市荣誉优秀专家闻邦椿等11人；首届沈阳市创新型领军人才王少洪等8人。

是月 在2008年申报的27所科技特色项目发展学校中开展科技教育特色学校的评估验收工作，沈阳市铁路实验小学等22所学校通过验收。目前，全市中小学科技教育特色学校达到35所。

27日 沈阳市在翔宇中学举行为在沈就读的青海玉树地震灾区学生捐款仪式。市领导代表沈阳市人民向30名家庭受灾的学生转交40万元捐款。市领导王凤波、王玲、李楷出席捐款仪式。

28日—30日 全国高效课堂走进沈阳——“整体教学系统”高效课堂教学模式现场观摩研讨会在辽中县沈阳市立人学校举行。

29日 沈阳市市长陈海波、副市长王翔坤等领导到辽中县六间房九年一贯制学校视察。

29日 由沈阳市委宣传部、沈阳市教育局主办，芒种杂志社承办的沈阳市中小学经典阅读基地，在和平区南京一校举行启动仪式。

是月 沈阳市委决定，委托市委、市政府决策咨询委员会和市委政策研究室围绕事关沈阳“十二五”经济社会发展的战略性、全局性的重大课题，面向省内各高等院校、科研机构和市委、市政府决策咨询委员会及市直部门进行公开招标。

5月

4日—10日 在辽宁省中学生足球锦标赛暨中国高中足球联赛辽宁区比赛中，沈阳市回民中学足球队夺得冠军。

5日 2010年市政府为城乡群众办实事教育项目启动大会在东北育才浑南校区召开。市政府决定为城乡群众办10件实事，其中围绕教育方面的实事内容包括扎扎实实推进“均衡教育”，努力提高教育质量，着力改善200所接收农民工子女就学学校软硬环境等。

5日 沈阳市公安机关启动校园安全及周边治安秩序整治行动，校园“电子警察”与公安联网。

5日 沈阳市委教科工委组织召开在沈高校、科研设计单位服务沈阳建设重大科技项目论证会，东北大学、中煤国际工程集团沈阳研究院等16个单位的21个项目入围参选论证会。筛选出12个科技项目下一步重点推进。

7日 中国刑事警察学院承担的国家科技支撑计划项目“骨骼残片种属鉴别与牙齿同一认定关键技术研究”顺利通过验收。

是月 “东北大学科技政策研究中心”获批教育部战略研究培育基地。

7日—8日 “近海职教杯”第七届辽宁省中等职业学校美容美发技能大赛在辽中县职业教育中心隆重举行。辽中县职教中心代表队取得了板寸推剪造型第一名。

9日 全省第14届朝语文暨第四届汉语文作文竞赛，沈阳市有8名学生分别获得小学、初中、高中组朝、汉语作文金奖。

10日 湖北省武汉市江汉区教育考察团一行25人到沈河区参观考察义务教育均衡发展工作。两城区教育同仁在沈河区教育局举行了座谈会。

11日 沈阳铁西装备制造业聚集区公共研发平台建设合作框架协议签约仪式在沈阳工业大学举行。

13日 教育部“义务教育现代化”座谈会在沈阳市和平区举行。

是月 沈阳理工大学经济管理学院将与沈阳高新技术产业开发区法院全面开展产、学、研合作。

14日 第十一届沈阳大学生文化节及全国大学生第二届短剧小品大赛开幕式在沈阳体育学院大学生活动中心举行。

18日 沈阳航空航天大学公布了2010年招生简章，该校飞行技术专业面向高中生招生的同时，也向本科生招生。高中生招50人，本科生招40人。

18日 沈阳市城建局与沈阳市教育局联合在全市中小学校开展“环境卫生教育进校园”主题活动启动。

18日 辽宁省教育厅下发了《关于加强学校、幼儿园安全保卫工作的紧急通知》。通知要求当学校、幼儿园内发生恶性突发事件的关键时刻，校长、教师、保安人员要挺身而出、果断处置，必要时用生命保卫孩子的安全。

21日 由鲁迅美术学院主办的“纪念从艺70年——吕馥慧教授绘画作品展”在清华大学美术学院举行。此次画展共展出吕教授的水彩、水粉、油画素描、速写代表作品88件。

21日 沈阳理工大学兵器博物馆国家级科普基地揭匾仪式隆重举行。

22日 沈阳市教育局和韩国城南文化院共同主办的第四届朝鲜族中小学师生“遁村白日场”写作竞赛在故宫博物院举行。

22日 沈阳大学音乐学院大东区艺术培训服务站揭牌仪式在大东区公务员社区举行。

25日 来辽宁调研低碳经济的全国人大常委会副委员长、中国科协主席、九三学社中央主席韩启德院士到沈阳建筑大学视察。

25日 沈阳建筑大学新校区建筑规划设计获得新中国成立60周年创作设计大奖殊荣。

是月 在全市开展的“全民读书月图书捐赠活动”中，各高校广大党员干部、师生员工共捐赠各类图书27 200余册，圆满完成了捐赠任务。

28日 沈阳市教育局局长苏文捷、市委教科工委书记赵日刚等领导走访了辽中县茨榆坨镇中心幼儿园、东陵区桃仙街道中心幼儿园，为幼儿园的孩子们送去了节日礼物。

28日 沈阳市教育局在东陵区桃仙街道中心幼儿园召开了沈阳市庆祝“六一”国际儿童节学前教育表彰会暨创建标准化农村乡镇中心幼儿园现场会，会上表彰了在学前教育工作中做出突出贡献的先进单位和个人。

29日 沈阳市创建标准化农村幼儿园现场会在浑南新区桃仙街道中心幼儿园举行。

31日 省长陈政高来到沈阳市和平区惠民幼儿园，与孩子们一起欢度节日，代表省委、省政府向全省少年儿童致以节日的祝贺，向广大幼教工作者表示诚挚慰问和衷心感谢。副省长陈超英、市长陈海波陪同。

6月

1日 省委常委、市委书记曾维出席沈阳市庆祝“六一”国际儿童节暨沈阳市“文明小标兵”表彰大会。

1日 沈阳市教育局新政府采购工作流程全面执行，增加了参数论证以及纪委监察等环节，实现采购工作事前、事中、事后的全过程监督。

2日 沈阳农业大学设施园艺学被评为国家级精品课，实现了学校国家级精品课“零”的突破。

2日 2010年度沈阳“青年农民上大学”培训班开始招生，青年农民踊跃报名。

2日至21日 沈阳市开展了与一线教师的面对面课题指导工作。具体分析指导一线教师课题60项，实际旁听教师近千人次。

5日 由中央电视台和台湾中天电视台联合主办的“第九届海峡两岸知识大赛”沈阳赛区高校选拔赛在东北大学举行。

7日 2010年全国高考第一天。上午9时许，市长陈海波来到设在市招考办的沈阳市考务指挥中心，检查全市高考组织工作。

7日 副省长陈超英在副市长王玲的陪同下，到沈阳检查了高考工作情况。

8日 2009—2010李宁中国大学生足球联赛总决赛在沈阳工业大学中央校区体育场拉开序幕。

8日 由团市委举办的“红诗诵青春”沈阳大学生红色诗歌咏诵会在辽宁电视台演播大厅举行，辽宁大学、辽宁中医药大学等10支代表队参加活动。

11日 由市招考办主办的“沈阳市2010年高招咨询大会”在沈阳奥林匹克体育中心举行，有4万多名沈阳及周边城市的考生和家长到现场参加了咨询活动。

12日 沈阳市教育局在辽中县第二高级中学举办了为期一天的“让每棵秧苗都茁壮”沈阳市普通高中精细化管理经验推介会。

12日—18日 开展了以“节能攻坚，全民行动”为主题的沈阳市中小学节能宣传周活动。

16日 沈阳广播电视大学78名残疾人大学生毕业，获得大专学历证书，这是沈阳市首批残疾人大学生。

17日 沈阳师范大学师范生教师教育文化周拉开序幕，师生们用毛笔字、剪纸、练太极剑等方式展示职业技能。

18日 中国刑事警察学院，全国首批公安院校招生体制改革试点生66人获得本科双学位。他们将全部奔赴我国西部地区充实公安第一线。

18日 沈阳市农村九年一贯制学校艺术特

色创建工作现场会在辽中县六间房九年一贯制学校召开。

19日 江西省新余市市委常委、宣传部长廖兰芳，副市长万筱名率考察团一行10人来沈阳市考察职业技术教育。

19日 “全国校外教育创新发展”论坛在沈阳市和平区召开。

22日 著名歌手庞龙任教的沈阳音乐学院庞龙专家班双喜临门。一是专家班的首届毕业生毕业，二是由庞龙历时一年半精心策划、庞龙专家班全体师生共同创作演唱的系列专辑也在这一天举行新闻发布会。

22日 邀请教育部国家教育发展研究中心副主任周满生为沈阳高校作《中国高等教育的今天与明天——解读国家中长期教育改革和发展规划纲要》专题报告。

24日 在沈阳儿童活动中心举办了“快乐成长”沈阳市教育系统红诗咏诵会。

24日 沈阳师范大学队毕业生进行文明离校教育，典礼上，副市长王玲为该校参加“西部计划”和“辽西北计划”的49名毕业生授旗。

25日—27日 全国中职学校学生技能作品展洽会与全国中等职业学校学生专业技能大赛在天津市同步举行。沈阳市代表辽宁省共获特等奖1名，一等奖1名，二等奖4名，沈阳市教育局荣获最佳组织奖。

26日 沈阳航空航天大学更名庆典暨国防科技学院揭牌仪式在蓝天剧场举行。

28日 沈阳市2010年中等学校招生统一考试于6月28日至30日进行。全市共有58 119人报名参加中考。全市在13个考区设置了80个考点、1 947个考场。

28日 沈阳市委教科工委在东北大学汉卿会堂举行沈阳教科系统庆祝建党89周年暨“两先两优”工作总结表彰大会。

28日 国家教育部正式批准设立沈阳远见国际学校。

29日 市政协民主评议全市教育系统职业教育工作总结会召开。

7月

2日 沈阳工业大学国防生教育学院演出了自创话剧《高原军魂》。他们的演出深深地感动了到部队服役的国防生和在校生。

2日 东北大学社会实践基地揭牌仪式在法库县举行。

3日 沈阳韩国周期间，沈阳市教育局与韩国兴士团共同主办的第十一届“东北亚和平白日场”作文比赛在朝一中举行。

7日 国家教育部、财政部联合下发了教高函〔2010〕15号《关于批准第六批高等学校特色专业建设点的通知》，沈阳体育学院运动人体科学专业获批国家高等学校特色专业建设点。

8日 教育部刘亚茹博士、于鸣博士到和平区调研大学区工作。

16日 沈阳化工大学举行揭牌庆典大会。沈阳化工大学原为沈阳化工学院，经国家教育部批准更名为沈阳化工大学。

19日 中国医科大学新校区在沈北新区奠基。省委书记、省人大常委会主任王珉启动奠基仪式。

19日 市总工会召开新闻发布会，决定从2010年起开展“工会圆你大学梦”活动。

19日 沈阳市教育局做出严禁义务教育学校违规补课等一系列规定，今后初三毕业年级也不准补课。

是月 东北大学冯跃兵、辽宁中医药大学李华作为教科系统的代表参加市文明办举办的2010年度“感动沈阳”人物暨“身边好人”评选活动。

22日 和平区教育局开展“比学习促转变，教育发展我先行”主题活动，南宁幼儿园党支部的党员教师挂牌上岗，受到孩子们的欢迎。

28日 第一届青年奥运会中国代表团成立。沈阳体育学院跆拳道运动员郑姝音入选，代表国家参加女子跆拳道+67kg级别比赛。

29日 2010年全国大学生军用枪射击比赛颁奖仪式在大连隆重举行。沈阳建筑大学代表队获得男女总团体第一名、男子总团体第一名、男子速度射击团体第一名、女子速度射击团体第一名、女子速度射击个人第一名5个项目的奖牌。

是月 在全国跆拳道锦标赛上，和平区回民中学跆拳道队共赢得全国中学生甲、乙组个人冠军4项、亚军3项、季军2项，并荣获高中男子乙组团体总分第一名的好成绩。

7月29日—8月1日 沈阳体育学院男子板球队在全国板球锦标赛总决赛中夺得第一名，创造了沈阳体育学院男板历史上第四个全国总冠军。

8月

1日—6日 第29届世界音乐教育大会首次在中国召开。沈河区小学音乐教研员陈运成老师作为中国音乐教师代表，现场执教小学四年级音乐课《雪花带来冬天的梦》一课喜获成功。

4日 来自法国国家中医学院的师生们来到沈阳市中医院，学习针灸、推拿等中医学知识和技能。

5日 沈阳市第一〇八中学艺术团舞蹈《感受世博》应邀参加“上海欢聚世博美丽校园”大赛，并获得金奖。

是月 在8月举行的第七届韩国首尔国际舞蹈比赛中，沈阳音乐学院附属舞蹈学校的学生李剑获得金奖。

8日 沈阳太平洋学校正式成立。该校旨在打造一所将美国高中教育完全移植到中国来的国际高中。

12日 沈阳市教育基金会响应市政府的号召，通过向社会各界募集资金的方式，确定资助101名2010年考入大学的贫困家庭学生每人3 000元人民币，市基金会自2004年开展“爱心圆梦”工程活动以来，到2010年六年时间，共投入资金400余万元。

13日 中央教科所刘芳主任、马小强主任、左晓梅博士一行3人对沈河区教育均衡发展、教育信息化等工作进行了专项指导。沈河区教育局特聘任左晓梅博士为沈河区电教馆名誉馆长。

13日 广州举行的第二十五届全国青少年科技创新大赛中，东北育才学校的4名学生获得两个一等奖、四项专项奖。

17日—26日 “沈阳市特殊教育岗位任职资格培训班”在华东师大开办。

18日 市委常委、副市长邢凯考察了沈阳市环境建设样板城示范工程项目之一的沈阳大学绿色校园示范项目。

19日 联合国儿童基金会“爱生学校”（CFS）项目在沈阳启动。沈阳市共有沈河、大东、东陵（浑南）三个区62所学校参加首批项目试点，近6万名学生将成为直接受益者。

19日 第十届“三北”省会城市青少年宫文艺汇演在天津举行，沈阳市青少年宫参演的3个节目均获得一等奖。

20日 河北衡水市教育考察团来沈考察职业教育工作。

20日 团市委、沈阳市大学生服务中心在东北大学举行共青团服务青少年“青春圆梦”活动启动仪式。

23日 在《沈阳晚报》利群阳光助学行动助学金发放仪式上，100名学子每人获得5 000元助学金。

是月 在中国音乐家协会二胡学会和中国教育学会音乐教育分会联合主办的首届全国青少年二胡大赛中，沈阳音乐学院民乐系学生获专业青年组铜奖第一名、专业青年组优秀演奏奖，民乐系获优秀组织奖。

24日 沈阳音乐学院学生会当选中华全国学生联合会第二十五届委员团体。

26日 召开辽宁省中职助学金监管工作会议，沈阳市学生资助管理中心作为会议唯一典型发言代表介绍了沈阳市有关工作情况。

8月26日—9月3日 沈阳市教育局组成6个调研组，对全市幼儿园进行摸底调研，调研组共实地走访500余所幼儿园。

28日 东北大学等高校在北站等设置了接站点，来自汶川、玉树、舟曲等灾区的新生受到了特别关照。为保证灾区的贫困学生能够顺利上学，东北大学开通了“绿色通道”。

30日 沈阳音乐学院聘请著名钢琴家郎朗为荣誉教授，并颁发聘书。

9月

是月 在教育部高等教育司主办、北京科技大学承办“‘科信能环杯’第三届全国大学生节能减排社会实践与科技竞赛”中，沈阳航空航天大学动力与能源工程学院选送作品《基于废渣利用及废水处理的全新制氢技术》荣获“全国二等奖”。

3日 沈阳市召开青少年网奥赛活动推进会。

4日 沈阳建筑大学与沈阳机床集团共同研制的产品HTM50200异型石材加工机床荣获第九届制博会金奖。

4日—5日 在沈阳市举办“首届中国职业教育与装备制造业创新发展对接高峰论坛”。

5日 国家装备制造业职业教育沈阳试验区启动仪式在沈阳举行。

6日 和平区投资1 645万元，对全区22所（中学7所，小学15所）农民工子女就读的学校进行改造。

7日 省委、省政府召开“全国教育工作会议和教育规划纲要宣讲报告会”。

8日—9日 沈阳市委、市政府致全市广大教师和教育工作者慰问信。9月8日、9月9日，省委常委、市委书记曾维，市长陈海波等市领导，分别慰问了部分教师代表，考察了部分学校。

是月 沈阳市政府表彰了15名“沈阳市教育专家”，97名“沈阳市名教师”，77家单位为“沈阳市尊师重教先进单位”，13家单位为“沈阳市捐资助学先进单位”。同时市教育局认定市级骨干校长106名，市级骨干教师998名。教师节期间，市委、市人大、市政府、市政协领导走访慰问了部分学校及教师代表。

9日 沈阳师范大学附属艺术学校一行20人出征“第七届中国荷花杯舞蹈大赛”。

9日 辽中县财政局决定，从2010年起，每年列支100万元用于助学工程和名师建设工程。

16日 “百部爱国主义经典影片进校园”捐赠仪式举行。

是月 沈阳工业大学电气学院实践队围绕“关注沈阳新发展，建设美好家园”这一主题，走进地处辽中县的“沈阳近海经济区”开展实践活动。

26日 沈河区教育基金会携手中美大都会人寿保险有限公司辽宁省分公司在华府天地一楼共享大厅举办了第二届“仁爱助学”活动。

27日 铁西聋人学校校长揣亚姝参加了在郑州中州大学举行的2010年度全国特殊教育会议聋人教育年会。并以“放飞特殊人生的希望”为题代表辽宁省作了大会发言。

27日 组织开展了“沈阳高校和科研单位党委书记看浑南”活动，并举行了校域战略合作启动仪式，6家单位与浑南签订合作协议。

10月

9日 沈阳市教育研究院成立大会隆重举

行，沈阳市教科工委、教育局领导出席大会。当天，沈阳市教育研究院召开首次全院工作会议。

14日 沈阳工业大学启动大学生职业（学业）生涯规划工程。全校125名中层干部担任班导师。

15日 沈阳社区大学在沈阳电大举行挂牌仪式。副市长王玲出席仪式。

15日—20日 沈阳市在全市各中小学校开展了“人口普查宣传一堂课”活动。

16日 “2010年全民终身学习活动周全国总开幕式”在沈阳市儿童活动中心隆重举行，本次活动周的主题是“推动全民学习，让生活更美好”。

16日—18日 第二十三届中国“十城市”体育教学观摩研讨会在郑州隆重召开，沈阳代表团在本次大会上获得了骄人佳绩。

18日 教育部在丹东举办了全国第5期学生资助管理人员培训交流会议。沈阳市介绍了有关工作情况，受到教育部领导的充分肯定。

19日 沈阳理工大学与托木斯克国立大学合作建立的“普希金俄语中心”被批准为国家级俄语中心。

19日 沈阳师范大学40名大学生获得了8万元的“诺基亚助学金”。此项助学基金主要用于资助师范院校品学兼优、家庭困难的大学生。

10月19日—11月20日 话剧《水晶之心》将在中华剧场等7个剧场演出50场，届时将组织全市6万多名学生观看演出，并在全市中小学广泛开展学习道德小模范马鹏飞先进事迹，争做马鹏飞式好少年的活动。

【人物链接】马鹏飞，沈阳市第一四七中学学生。他自幼与身患重病的奶奶相依为命，独自挑起了家庭重担。2008年荣获辽宁省“道德小模范”荣誉称号，入选中央电视台“感动中国2008年度人物”候选人，获“2008年全国十大真情人物”称号。

19日 沈阳市教育研究院组织召开了沈阳市省重点和市重点高中2010年高考总结经验交流及2011年指导高考备考研讨会。

20日 2010年辽宁省科技进步奖结果揭晓，沈阳农业大学共有11项成果获奖，其中一等奖1项，二等奖4项，三等奖6项。

11月

1日 辽宁省实验中学和东北育才学校入围北京大学2011年“中学校长实名推荐制”推荐中学名单。

1日—5日 由教育部主办的第四届全国体育教学改革展示课活动在宁波盛大开幕。沈阳市第三十一中学王强的《篮球》获得现场展示课一等奖，皇姑区宁山路小学张璇获得录像课一等奖。

3日 沈阳市召开沈阳高校大学生思想政治教育工作会议。

3日 “书香溢满校园，阅读浸润人生”沈阳市中小学优秀读书成果评比展示活动在沈河区朝阳街第一小学举行。

3日、4日 沈阳体育学院运动员孙志峰在单板U型场地雪上技巧世界杯2010—2011赛季首战摘银。

4日 新民市第二高中和俄罗斯乌拉尔基市语言中等专科学校联合办学启动仪式在新民市第二高中举行。

4日—8日 沈阳市教育局组织组成调研组，对上海、杭州、南京等3个城市的学前教育情况进行了调研。

5日 辽宁省重点高中22所学校协作体“学生自主管理”德育研讨会在沈阳市第二十中学举行。

是月 在沈阳农业大学开展演出“曙光学子我最行”舞台剧活动。此次活动从策划到演出全部是来自辽宁大学和东北大学的肯德基曙光基金的学子。

9日—26日　沈阳市教育局对全市14个区县（市）中小学校开设民族团结教育课情况进行了专项检查。

9日　皇姑区泰山路小学与中国人民大学少年新闻学院沈阳分院联手举行“诵读古诗文传承华夏文明”活动。

11日　沈阳市教育局统计三年来约5.6万名中职生享受到了助学金，发放金额高达1.2亿元。

17日　在沈阳音乐学院浑南校区举办了沈阳市第四届幼儿教师知识技能大赛。

18日　沈阳市中小学国学教育启动仪式在沈阳市第一二〇中学召开。

18日　第十六届广州亚运会上，沈北新区体校选送的李东健参加赛艇男子单桨无舵手比赛，获得金牌。

18日、19日　教育部检查组到沈阳市检查中职助学金和免学费政策落实情况，对沈阳市的工作给予充分肯定，称赞沈阳市工作是检查组所查地区中做得最好的。

19日　在辽中县于家房九年一贯制学校召开了沈阳市学生食堂统一采购工作现场会，介绍了辽中县教育局的经验和做法。

19日　沈阳市召开产学研战略发展暨沈北新区校域发展推进会。省委常委、市委书记曾维出席会议并讲话。

19日　以沈阳体育学院大学生为主体的国家女子板球队在广州亚运会夺得第四名。

24日　沈河区教育局举办的学生阳光体育冬季长跑活动暨阳光体育与健康同行活动，在沈阳市第十七中学启动。

24日　沈阳体育学院残疾人学生运动员张立新和张海原担任广州亚残运会开幕式最后两棒火炬手。由沈阳体育学院田径教师金帆带训的残疾人运动员李端在亚残会上代表运动员宣誓。

25日　举行全市盲、聋、弱智三类特殊教育学校干部教师培训会。

25日　周崑——萱草发展计划基金设立仪式暨东北大学周鲸文奖学金颁奖仪式在东北大学汉卿会堂举行。

29日　沈阳航空航天大学举行中航工业沈飞国家级技术中心沈阳航空航天大学研究院成立大会。

30日　新民市二高中与鲁迅美术学院大连院区建立生源基地揭牌仪式在新民市二高中举行。

12月

3日—5日　东北地区中学生模拟联合国会议在东北育才学校举行。

4日　全省首届朝鲜族中小学生科普竞赛在浑南新区朝鲜族学校举行。

5日　在内蒙古阿尔山举行的2010—2011年度全国自由式滑雪空中技巧锦标赛比赛中，沈阳体育学院贾宗洋等12名运动员参赛，取得了2个第二名，2个第三名的成绩。

6日　辽宁大学召开学生代表大会，决定：党委调研员、校长联络员、学生处处长助理等38个职位面向全校大二以上学生（包括研究生）公开招聘。

9日　沈北大学城六所高校的领导、教师、学生齐聚沈阳医学院，隆重举行纪念“一二·九”运动75周年长跑比赛活动。

9日—11日　第二届全国脚斗士精英赛在沈阳体育学院举行，沈阳体育学院代表队获得男子轻量级、次轻量级、重量级、超重量级，女子重量级、中量级6个冠军，4个级别亚军，男女团体赛冠军，团体总分第一名的好成绩。

10日　在江西鹰潭举行的2010年度全国跆拳道锦标赛中，沈阳体育学院共有杨艺等7名运动员参赛，取得了1金、3铜、1个第五名的优异成绩。

10日 由中国海外集团在内地独资捐建的第六所希望小学——中国海外沙岭希望小学在沈阳市于洪区中海城项目举行了隆重的交付仪式。

11日 沈阳市中小学生参加“文明出行”志愿者活动，倡议小手拉大手，并到交通岗和公交车站的站点进行“文明出行”的宣传。

11日—13日 “亚龙杯”2010年全国中等职业学校信息化教学大赛在沈阳市信息工程学校举行。

14日 在中国教育学会和团中央《辅导员》杂志社联合举办的“第六届全国班主任暨优秀校长评选活动”中，沈阳市第二十中学校长俞万祥获得最高等级的全国优秀校长特殊贡献奖；教师贺梅和栾靖分别获得全国百名中学班主任之星、全国优秀班主任称号。

17日 东北大学、辽宁大学、鲁迅美术学院三所高校成为百万市民艺术培训基地，授牌仪式在鲁迅美术学院举行。

17日 沈阳市国家二类城市语言文字工作评估总结大会隆重召开。

17日 由沈阳市教育局主办、沈阳市同泽女中承办的沈阳市中学生“美之韵”新年民族音乐会在沈阳大学音乐厅举行。

17日—18日 在吉林省北大湖举行的2010—2011年度自由式滑雪空中技巧世界杯第一、第二站比赛中，沈阳体育学院选手取得3金2银的优异成绩。

18日 沈阳建筑大学与中国建筑八大工程局在沈阳举行签字仪式，共同实施国家“卓越工程师教育培训计划”。

20日—24日 在河南省鹤壁市举行的2010年全国拳击冠军赛中，沈阳体育学院运动员谷雨获得75kg级亚军。

22日、23日 “金钥匙杯”沈阳市首届民办非学历教育机构教师教学基本技能大赛——英语类决赛如期举行。

23日—24日 在黑龙江省齐齐哈尔市举行的2010年全国花样滑冰锦标赛中，沈阳体育学院运动员关雪婷、王蒙获得冰舞第四名。

是月 沈阳理工大学应用技术学院与沈阳机床集团签约，拟从2010级学生中招收部分专业学生成立“沈阳机床班”，实现校企无缝接轨。

24日 沈阳大学音乐学院艺术惠民“双百万”工程新年音乐会在沈阳大学音乐厅举行。

28日 2011年1月高等教育自学考试将于1月8日至9日进行。这次考试辽宁共有30 937人报考。

28日 沈阳市召开2010年高校毕业生就业创业暨“百日攻坚”系列活动总结表彰会。

28日 沈阳市慈善总会、沈阳远大企业集团共同在东北大学举行2011年“爱心助学子，回家共团圆”活动。

28日 14名清华大学博士后走进沈阳大学。此举是沈阳大学引进高端人才的重要举措。

29日 于洪区举行“感动于洪教育 · 人民满意教师”颁奖典礼。

29日 教育部高等学校红色经典艺术教育示范基地启动仪式暨建设研讨会在沈阳音乐学院举行。

是年 “双百万工程”中的“百万市民艺术培训工程”启动以来，沈阳音乐学院、沈阳师范大学、沈阳大学等高校共培训市民40余万次，推动了“双百万工程”的开展。

是年 在沈阳市中学生田径运动会比赛中，和平区代表队获得了初中组团体总分第一名、普通高中组团体总分第一名、重点高中组团体总分第一名。和平区已经连续13年获得沈阳市中学生田径运动会团体总分第一名的优异成绩。

是年 沈河区实施“1147战略”，创建沈河教育强区。

是年 沈阳市教育研究院作出《沈阳市义务教育三、五、八年级教学质量监测试卷分析（2009-2010学年度）》、《2009年沈阳市中考质量分析报告》。

2010年沈阳市教育局重要文件目录

序号	文件编号	标　题	发文时间
1	沈教发〔2010〕1号	关于印发沈阳市教育局2010年工作要点的通知	2月4日
2	沈教发〔2010〕2号	关于印发沈阳市学前教育管理规定实施细则（暂行）的通知	4月26日
3	沈教发〔2010〕3号	关于表彰终身教育先进工作者的通报	1月13日
4	沈教发〔2010〕6号	关于授予沈阳市城区学校综合改革突出贡献奖的通报	2月1日
5	沈教发〔2010〕7号	关于表彰沈阳市教育系统信访稳定工作先进集体和个人的通报	2月22日
6	沈教发〔2010〕8号	关于印发沈阳市教育系统关心下一代工作委员会沈阳市离退休教育工作者协会2010年工作要点的通知	1月5日
7	沈教发〔2010〕9号	关于评选2009年度省级规范教育收费示范区县（市区）和学校的通知	1月14日
8	沈教发〔2010〕11号	关于表彰2009年度沈阳市教育行风建设先进单位和个人的通报	2月22日
9	沈教发〔2010〕12号	关于表彰2009年沈阳市中小学安全教育与社会治安综合治理工作先进单位和先进工作者的通报	2月22日
10	沈教发〔2010〕13号	关于2009年沈阳市中小学安全教育与社会治安综合治理工作目标管理考核结果的通报	2月22日
11	沈教发〔2010〕15号	关于印发沈阳市教育新闻宣传工作考核办法（试行）的通知	4月26日
12	沈教发〔2010〕14号	关于印发2010年沈阳市初中毕业生毕业与升学考试工作方案的通知	3月5日
13	沈教发〔2010〕16号	关于继续加强民办学校属地化管理的意见	3月5日
14	沈教发〔2010〕17号	关于授予市第九中学等学校推进艺术教育突出贡献单位称号的通报	3月5日
15	沈教发〔2010〕19号	关于印发《沈阳市中小学“安全教育活动月”工作方案》的通知	3月19日

（续表）

序号	文件编号	标 题	发文时间
16	沈教发〔2010〕20号	关于表彰2009年度沈阳市“班班通”建设特殊贡献单位和先进单位的通报	3月29日
17	沈教发〔2010〕23号	关于进一步加强全市中小学校园安全保卫工作的通知	3月29日
18	沈教发〔2010〕24号	关于印发《沈阳市教育局专项资金管理办法（试行）》的通知	4月1日
19	沈教发〔2010〕25号	关于印发《沈阳市教育局直属事业单位领导干部任期经济责任审计办法（试行）》的通知	4月1日
20	沈教发〔2010〕26号	关于印发《沈阳市教育局国库集中支付管理办法（试行）》的通知	4月1日
21	沈教发〔2010〕27号	关于印发沈阳市2009—2010学年下学期中小学校收费项目及收费标准的通知	4月1日
22	沈教发〔2010〕28号	关于做好全市中小学“班班通”管理与应用工作的通知	4月7日
23	沈教发〔2010〕30号	关于印发《沈阳市民办普通高中、中等职业学校学籍管理实施细则（试行）》的通知	4月14日
24	沈教发〔2010〕33号	关于规范市教育局直属单位评优、评先奖励工作的通知	5月6日
25	沈教发〔2010〕34号	关于印发沈阳市教育局直属单位房屋出租管理暂行办法的通知	4月29日
26	沈教发〔2010〕35号	关于评选2010年沈阳市学前教育发展先进区与先进个人的通知	5月13日
27	沈教发〔2010〕36号	关于印发《沈阳市教育局财务收支管理办法（试行）》的通知	5月18日
28	沈教发〔2010〕37号	关于印发《沈阳市教育局政府采购管理办法（试行）》的通知	5月18日
29	沈教发〔2010〕39号	关于进一步加强全市中小学健康教育工作的通知	5月18日
30	沈教发〔2010〕40号	关于命名第二批沈阳市中小学科技教育特色学校的通知	5月19日
31	沈教发〔2010〕43号	关于表彰2010年沈阳市学前教育先进区（县市）和先进个人的通报	5月28日
32	沈教发〔2010〕44号	关于做好我市2010年义务教育阶段中小学招生工作的通知	5月28日
33	沈教发〔2010〕45号	关于加强接收农民工子女学校改造项目管理的指导意见	5月28日
34	沈教发〔2010〕46号	关于印发《市委教科工委市教育局加强政风行风建设优化发展环境工作实施方案》的通知	5月31日
35	沈教发〔2010〕50号	关于第二十五届沈阳市青少年科技创新大赛等五项中小学科技竞赛结果的通报	6月8日
36	沈教发〔2010〕52号	关于明确沈阳市中小学生健康体检项目及标准的通知	6月8日
37	沈教发〔2010〕53号	关于做好2010—2011学年度省级示范性普通高中学科教师培训基地相关工作的通知	6月8日

（续表）

序号	文件编号	标 题	发文时间
38	沈教发〔2010〕59号	关于2009—2010学年度中小学暑假工作安排的通知	7月1日
39	沈教发〔2010〕60号	关于禁止义务教育学校违规补课的通知	7月16日
40	沈教发〔2010〕61号	关于公布2009年度民办学校教育教学质量检查评估结果的通知	7月5日
41	沈教发〔2010〕63号	关于开展向祁文博学习活动的通知	7月8日
42	沈教发〔2010〕65号	关于印发《沈阳市中小学教辅材料管理暂行办法》的通知	7月16日
43	沈教发〔2010〕67号	关于表彰沈阳市中小学教师有偿补课专项治理行动优胜单位的通报	7月22日
44	沈教发〔2010〕69号	关于命名沈阳市示范幼儿园的通知	7月29日
45	沈教发〔2010〕76号	关于在我市开展“爱生学校”项目试点工作的通知	8月17日
46	沈教发〔2010〕78号	关于印发《2010年沈阳市学生体质健康调研实施方案》的通知	8月26日
47	沈教发〔2010〕82号	关于表彰沈阳市中小学“感动校园的好教师”的通报	9月8日
48	沈教发〔2010〕83号	关于进一步规范中等职业学校国家助学金发放管理工作的通知	9月14日
49	沈教发〔2010〕85号	关于表彰沈阳市骨干校长和骨干教师的通报	9月20日
50	沈教发〔2010〕87号	关于表奖2010年沈阳市公办普通高中毕业生学业成就“入出口”增值评估的通报	9月27日
51	沈教发〔2010〕88号	关于公布2010年沈阳市艺术特色学校艺术团队六项技能竞赛成绩的通知	10月18日
52	沈教发〔2010〕89号	关于进一步明确普通高中政府助学金资助政策相关事宜的通知	10月19日
53	沈教发〔2010〕94号	关于印发《沈阳市中小学开展国学教育实施方案》的通知	11月15日
54	沈教发〔2010〕95号	关于举办2011年沈阳市中小学生各项体育比赛的通知	12月2日
55	沈教发〔2010〕96号	转发省教育厅、省财政厅关于对省内学校学生食堂实施补贴政策的通知	12月8日
56	沈教发〔2010〕97号	关于评选家长学校标兵单位、优秀家长学校家庭教育工作先进个人、“双合格”家长标兵优秀家长的通知	12月16日
57	沈教发〔2010〕98号	关于印发《沈阳市民办教育机构招生广告备案管理办法》的通知	12月14日
58	沈教发〔2010〕99号	关于表彰2010年科技教育工作先进区县的通报	
59	沈教发〔2010〕100号	关于印发《沈阳市落实〈辽宁省家长学校五年发展规划（2011-2015）〉方案》的通知	12月14日
60	沈教发〔2010〕101号	关于提高我市国际教育能力进一步做好接受外籍学生工作的通知	11月18日

教育综合管理

JIAOYU ZONGHE GUANLI

宣传（统战）工作

【概况】 2010年是全面总结中央16号文件下发以来大学生思想政治教育工作经验，谋划“十二五”教育发展规划的重要一年。以深入开展创先争优活动为契机，创新形式和载体，推进理论武装工作上水平、出成果；以培养全面发展的创新型人才为目标，优化机制和平台，推进学生工作创特色、树品牌；以提升高校内涵建设为着力点，突出品牌和效益，推动服务沈阳城市发展上规模、上层次；以强化基层统战组织建设为重点，做好宣传和调研，推进教科系统统战工作强根基、见实效；以“办让人民满意教育”为核心，把握导向和规律，推动教育新闻宣传工作科学化、制度化。制定《沈阳市教育新闻宣传工作考核办法（试行）》、2010年教育新闻宣传工作计划，加大教育新闻宣传报道力度。以“办让人民满意教育”为核心内容，建立新闻发言人制度，强化与媒体记者沟通，积极协调组织本地及中央驻沈媒体，多形式、多渠道、多角度广泛宣传沈阳教育事业发展取得的重大成就和改革与发展的新思路、新举措及新实践、新成就。全年发稿3 400余篇（条），开展专题宣传8次。

【做好典型经验宣传，推进创先争优活动】 建立创先争优活动信息报送分工负责、定期通报等工作机制。各单位报送创先争优稿件共154篇，同时，加大宣传力度，联系多家媒体对教科系统开展创先争优活动三场动员大会进行全面的宣传报道；加强创先争优活动简报的编发工作，用以指导、沟通、交流、推动教科系统创先争优活动扎实深入开展，并在省、市创先争优活动简报上刊发两期。同时采取多种途径，加强调查研究，培育选树创先争优活动典型。对东北大学、沈阳农业大学、辽宁大学、沈阳药科大学、沈阳师范大学、辽宁中医药大学、沈阳大学、沈阳职业技术学院等8所高校，中煤集团沈阳煤炭设计研究院等3所科研单位进行了重点调研。

【落实科学发展观，加强理论中心组学习】 6月22日，邀请教育部国家教育发展研究中心副主任周满生为沈阳高校作《中国高等教育的今天与明天——解读国家中长期教育改革和发展规划纲要》专题报告。集中时段，组织调研组对东北大学、沈阳建筑大学、沈阳体育学院、沈阳工业大学、沈阳化工大学、沈阳药科大学、辽宁美术职业学院、辽宁广告职业学院、中冶沈阳勘察院、沈阳铸造研究所等10所高校、科研院所党委理论中心组学习和教职员工及学生理论学习情况进行专题调研，指导各单位巩固科学发展观学习成果。

【举办2010年沈阳高校领导班子暑期理论研讨班】 研讨班以“深化教学改革，提高教育质量，推进科技创新，服务地方发展”为主题，邀请中国人民大学校长纪宝成作《高等学校科学发展之路》专题报告，北京工业大学校长郭广生作《高等教育教学改革与创新人才培养若干问题的思考》专题报告，市委副书记苏宏章作《论我们的教育》专题报告。研讨班期间组织安排高校领导进行研讨交流，有针对性地解决沈阳高校领导班子在办学育人和服务发展上存在的一些共性问题和关注的焦点问题，切实发挥研讨班在提升干部素养、推进内涵建设、促进高校科学发展中的重要作用。

【开展“服务振兴高校行”集中宣传活动】 为贯彻落实市委书记曾维在沈阳高校、科研设计单位主要负责同志座谈会上的讲话精神，3月份，协调沈阳电视台、沈阳日报等市属新闻媒体，对东北大学、辽宁大学、沈阳工业大学、沈阳建筑大学等高校强化内涵建设、服务沈阳振兴工作情况进行了专题报道，进一步激发了高校服务沈阳振兴积极性，展示了沈阳高校整体实力，塑造了沈阳高校良好社会形象。

【开展专题调研，细致谋划全年学生工作】 年初，围绕教科系统中心工作，遴选调研题目，深入开展大学生思想政治教育、大学生就业、高校内涵建设等方面的专题调研，重点做好大学生思想状况调研，特别是做好家庭困难、家庭构成特殊、少数民族、心理问题、有宗教信仰等特殊大学生群体的排查摸底工作。在专题调研的基础上，精心设计，科学谋划2010年十件实事，以市委、市政府办公厅名义印发了《关于做好2010年沈阳市加强和改进大学生思想政治教育十件实事的通知》，实现以科学发展观来指导和衡量各项工作，确保十件实事真正成为沈阳高校大学生思想政治教育的宽广平台和有效载体。

【召开沈阳高校大学生思想政治教育工作会议】 11月3日召开沈阳高校大学生思想政治教育工作会议。会议全面总结了中央16号文件下发以来沈阳高校大学生思想政治教育取得的成就和经验，谋划和部署了未来五年大学生思想政治教育工作，提出了全面加强大学生思想政治教育工作的“十大工程”。会议期间举办了沈阳高校大学生思想政治教育成果展，编辑出版了《大学生思想政治教育文集》，印发了《沈阳高校大学生思想政治教育工作考评条例》。

【强化人文关爱，扎实开展“春风行动”】 开展了以“春风沐桃李，关爱暖校园”为主题的“春风行动”。通过开展“真情相伴”走访慰问、“心系学子”特困学生帮扶、“不畏挫折”心理关爱、“拥抱未来”就业创业帮扶等活动，各高校中形成了关爱特殊群体大学生的浓厚氛围。一年来，各高校累计投入帮扶资金4 700多万元，建设各种形式的爱心资助超市31个，对特殊群体学生进行家访、谈心、慰问、捐赠活动达2.5万人次，开展主题关爱活动1 530多项，13万人次的大学生从中受益。

【做实做细毕业生就业创业工作】 深入落实教科工委《关于切实做好高校毕业生就业工作的通知》精神，着重开展了以帮助就业困难毕业生顺利就业为重点的“春风行动”。为增强大学生的创新意识和创业能力，开展“大学生就业创业创意设计大赛”，使立志进行自主创业的毕业生数量大幅增加。此外，还加强对高校就业工作的跟踪指导，细致做好就业情况统计，认真分析研判就业形势，编发就业工作简报，服务毕业生就业工作。

【强化大学生形势与政策教育】 6月初举办第三届形势与政策教育公开课大赛。24所高校的42名教师参加比赛，创历届参赛高校和教师之最。大赛紧密结合当前国际国内经济社会形势发展和大学生思想政治教育需要，有效地引导主流意识，化解热点问题，筑牢了大学生思想基础，提升了高校形势与政策课课程建设水平和教师的业务水平。“一二·九”运动75周年之际，在沈阳医学院举办了第五届沈北大学城大学生长跑比赛。来自沈北大学城6所高校的600名大学生参加了长跑活动。活动已经成为沈阳高校富有品牌特色的大学生思想政治教育工作载体和高校交流合作的有效平台。

【开展评比表彰活动，提升学生工作干部素质能力水平】 为了提升学生工作干部理论研究和实践创新能力，开展了2010年大学生思想政治教育课题立项研究，开展了沈阳高校辅导员标兵、优秀辅导员和优秀学生工作干部评选表彰活动，117名辅导员受到表彰奖励，开展大学生思想政治教育工作“创新奖”评比，60项申报参赛项目获得不同层级的奖励，促进了高校辅导员队伍工作改革创新。通过“十百千”大学生评选活动，选树了一批品学兼优的标兵模范学生，通过榜样作用提高了高校学生工作的针对性和实效性。

【大学生思想政治教育研究会工作取得新突破】 教科工委宣传部与东北大学学生处密切配合，依托沈阳市大学生思想政治教育研究会，邀请国内知名专家作报告，评选优秀学生工作论文；举办了以“青年、社会、责任”为主题的辅导员创新论坛；组织成立了沈阳高校研究生思想政治教育研究会，16所开展研究生教育的高校和6家科研院所全部加入研究会，实现了沈阳高校大学生思想政治教育工作的全面覆盖，成为推动工作创新发展的又一强有力的平台。

【做好大学生医保、国防教育和征兵工作】 2010年继续配合市医保中心提高大学生医保参保率，及时将学生在医保报销过程中遇到的问题反映给医保管理部门，使广大学生切实得到医保的实惠。在国防教育方面，密切配合市国教办，利用“4.28”国防教育日等时段，组织高校学生走上街头社区宣传国防教育法律法规；组织沈阳大学学生参加“九一八”撞钟仪式；引导高校将新生军训与国防教育相结合，在大学生思想政治教育研究课题中专门设立国防教育方面的课题。配合市征兵办继续做好大学生应征入伍的组织、宣传、保障服务和应征入伍大学生各项优抚政策的落实工作。顺利完成了2010年征兵任务，并且在兵员素质和专业构成上实现新提升。

【开展“百万市民艺术培训工程”】 2010年4月，由沈阳市委宣传部主办“百万市民艺术培训工程”正式启动。教科工委协调沈阳音乐学院、沈阳师范大学、沈阳大学、东北大学、辽宁大学、鲁迅美术学院等6所高校分成两批先后投入到百万市民艺术培训工程中来。截至12月底，各高校通过开办校内市民艺术培训课程；组织师生走入企业、社区、乡镇、村屯举办演出和开展艺术指导；邀请专家学者、专业教师做系列讲座、专题讲座；开放校内艺术馆、博物馆等形式，累计培训市民超过40余万人次，为艺术惠民“双百万”工程的顺利推进和沈阳城市文化的大繁荣、大发展做出了重要贡献。

【举办全国大学生第二届短剧小品大赛】 本届文化节举办主体活动13项，沈阳高校近30万人次大学生参加各项活动。中国人民大学、中国传媒大学、北京航空航天大学、安徽大学、贵州大学、苏州大学等全国11个省市的59所高校109部作品参加比赛。文化节和短剧小品大赛各项活动设计科学，组织有序，圆满完成了各项工作任务，在全国范围内树立了沈阳高校校园文化新的品牌形象。文化节期间，组织成立了沈阳市大学生艺术团，并在辽宁省第八届艺术节期间做了专场文艺演出，向全市人民展示了沈阳高校文化建设的成果和大学生良好的精神风貌。

【评选2010年沈阳高校十大新闻、十大社会服务贡献奖】 本届十大新闻、十大贡献奖评选，27所高校共申报候选项目67项，创历年之最。评选程序坚持公正客观原则，制作《与振兴同行——沈阳高校改革发展纪实》专题纪录片展示播放，成为2010年颁奖典礼的一个突出亮点。活动的举办对挖掘高校和科研设计单位服务振兴沈阳的典型，激发他们深入改革、加快发展、增强服务能力的工作热情具有很大的推动作用。

【积极参与文明沈阳创建活动】 配合市文明办开展的文明出行系列活动，在教科系统大力宣传玫瑰行动、大雁行动。沈阳鲁迅美术学院的5个学生社团，200余名大学生志愿者还用行为艺术的方式进行“大雁行动”的宣传，引导广大市民从我做起，提高自身素质，提升城市形象。

【开展第二届全民读书月图书捐赠活动】 5月，在全市开展的“全民读书月图书捐赠活动”中，各高校广大党员干部、师生员工共捐赠各类图书27 200余册，圆满完成了捐赠任务。

【开展“感动沈阳”人物推荐活动】 7月，开展2010年度沈阳教科系统“感动沈阳”人物推荐暨“身边好人”活动，各单位精心组织，广泛发掘，共推荐15位候选人，经教科工委认真评议，东北大学冯跃兵、辽宁中医药大学李华品德高尚，事迹突出，作为教科系统的代表参加市文明办举办的2010年度“感动沈阳”人物暨“身边好人”评选活动。

【开展读书征文活动】 为进一步推动学习型机关建设，在教科系统开展了以“学习·感悟·进步”为主题的读书征文活动，各单位积极参与，踊跃投稿，共报送读书征文81篇，并有部分征文在市委宣传部的读书征文活动中获奖。

【积极组织高校参与省市大型活动】 协调组织沈阳师范大学、沈阳体育学院等高校师生，放弃暑期休息时间，参加第十一届省运会开幕式演出的排练和表演活动，为省运会提供比赛场馆20余个。协调组织沈阳建筑大学、沈阳理工大学、东北大学等高校数千名大学生参加第九届中国沈阳装备制造业博览会开幕式等各项活动。配合市环保局开展2010年盛京环保奖评选工作，精心组织5所高校和科研院所报名参加年度最佳环保人才贡献奖评选活动。

【推进统战四项重点工作】 一是加强统战工作制度建设和党派自身建设。做好民主协商工作，加强党派基层组织负责人建设，认真做好换届工作。二是加强统战队伍建设。重点建设党外后备干部、党外重点人士建设，加强理论学习，强化服务意识。三是发挥统战人士自身优势。充分调动他们参政议政的积极性、创造性。四是维护稳定。做好民族团结工作，关注少数民族大学生民生问题；研究宗教对学生的影响，提高政治意识和阵地意识。

【协助市委统战部召开各种会议】 推荐高等院校、科研设计单位、中等职业学校和直属单位的优秀代表人物参加市委统战部召开的沈阳市党外知识分子联谊会二次理事会、主题培训报告会和业务培训交流研讨会，推荐高校和直属单位作工作经验交流研讨。

【开展核心价值体系学教活动】 配合市委统战部积极开展中国特色社会主义核心价值体系学习教育活动。组织高校、科研设计单位无党派人士和党外知识分子观看电影《袁隆平》，进一步坚定广大无党派人士和知识分子胸怀祖国、一心为民的坚定信念，激发他们投入沈阳振兴的大业之中。

【开展科研设计单位党外知识分子问卷调查】 根据中央统战部要求，面向教科系统科研设计单位党外知识分子，开展有关问卷调查工作，进一步掌握科研设计单位统战对象基本数据，研究解决科研设计单位统战工作面临的新情况、新问题，推动科研设计单位统战工作。

【开展科研设计单位统战工作专题调研】 集中时段对教科系统科研设计单位统战工作进行专题调研，了解科研设计单位统战工作现状，发现问题、研究问题、解决问题，全面部署科研设计单位统战工作，进一步推进科研设计单位统战工作深入开展。

（张蔚里）

组织干部工作

【概况】 2010年，教科工委组织部深入贯彻落实十七大，十七届四中、五中全会精神，认真学习实践科学发展观，把党的执政能力建设和先进性建设作为主线，围绕坚持推动科学发展、促进系统和谐选干部、配班子，建队伍、聚人才，锐意创新，狠抓落实，不断提高服务水平，努力为科教事业科学发展提供坚强的组织保证。以思想政治建设为重点，加强领导班子和干部队伍建设；以抓好基层和基础为要务，进一步增强基层党组织的生机和活力；以协调和服务为抓手，认真做好人才工作；加强组织部门自身建设，建设过硬组织部门和过硬组工干部。

【认真抓好领导班子思想政治建设】 年初，下发了《关于进一步加强和改进教科工委教育局领导班子思想政治建设的实施意见》、《关于进一步加强和改进市属高校领导班子思想政治建设的实施意见》、《进一步加强和改进直属中等学校和直属事业单位领导班子思想政治建设的实施意见》，并结合实际认真研究，进行分类实施。按照市纪委、市委组织部关于开好民主生活会的要求以及工作分工，先后参加了沈阳大学、沈阳医学院、沈阳广播电视大学、沈阳职业技术学院4所市属高校领导班子专题民主生活会，并对民主生活会给予了认真指导，确保了生活会的质量。同时，积极服务于委局领导班子民主生活会的组织、准备和召开工作。

【积极做好领导班子和领导干部年度考核】 完成了24个直管领导班子和132名直管处级领导干部的2009年度考核工作。会同市委组织部完成了3所市属高校领导班子和18名副职领导干部的2009年度考核测评工作。此外，还积极配合市委组织部完成了委局班子和市管干部的年度考核工作；协助中国电子科技集团公司和中国铝业公司完成了第四十七研究所和沈阳铝镁设计研究院领导班子换届考核工作。

【做好领导干部的选任、交流、调整、日常管理】 认真贯彻《党政领导干部选拔任用工作条例》等有关规定，全年共完成35名干部提任，6名干部调任，20名干部调整交流，4名干部试用期转正考核，9名干部退休等工作。在干部日常管理中，认真执行《领导干部出国（境）管理工作规定》及《党员领导干部重大事项报告规定》、《关于规范市教育局正副处长（主任）直属单位领导班子成员离沈赴外埠请假审批程序的通知》等干部管理有关规定，全年共办理领导干部请假备案126人次。

【加强干部培训工作】 充分发挥市委党校教科系统分校培训主渠道作用，认真落实干部培训计划。在培训内容上，进一步突出对领导干部深入贯彻落实科学发展观和提高创新能力方面的培训。在培训方式上，增加实践学习锻炼环节，提高培训实效。全年教科系统党校共举办3期大专院校、科研设计单位处级干部政治理论培训班和1期直管处级干部培训班，共培训干部164名。同时，选派4名市管干部，10名处级干部分别参加了市管干部培训、中青年干部培训、少数民族优秀中青年干部培训等各类培训学习班。此外，组织市管领导干部参加专题讲座共7期73人次；4人参加了新任市管干部理论进修班学习。

【加强后备干部队伍建设】 进一步完善了《市委教科工委市教育局处级后备干部工作实施细则》。会同市委组织部一同完成了3所市属高校副职后备干部的调整工作。同时，协助市委组织部完成了委局市管副职后备干部的调整。此外，配合市委组织部完成了体制外市管后备干部的推荐工作，全系统共18家单位推荐了100名体制外市管后备干部，其中，女性24名。

【开展创先争优活动】 一是充分做好准备工作。按照分类指导原则，制发了高校、科研设计单位、中小学、中等职业学校、委局机关及直属事业单位等5个活动实施方案，设计了特色鲜明的主题、务实管用的载体，着力增强活动的针对性、实效性。组建了委局主要领导任组长的创先争优活动领导小组及其办公室，并分战线加强对活动的工作指导。此外，还通过召开座谈会、填写基本情况调查表等方式，对全市中小学校党组织建设和党员队伍建设等情况进行了调查统计。二是召开了动员部署大会。6月1日至2日，分战线召开了高校和科研设计单位、委局机关及直属单位、全市中小学创先争优活动动员大会。300余人参加了会议。提出了抓实抓好创先争优活动的具体要求。三是强化日常调度、管理、督查和总结工作。陆续下发《关于在暑假期间继续开展好创先争优活动的通知》等5份文件，不断把活动引向深入。10月中旬，省教育系统、沈阳市以简报形式对全市教育系统创先争优活动情况进行了介绍。10月26日，组织召开了沈阳教科系统学习贯彻十七届五中全会精神工作会议。并对全面深化教科系统创先争优活动，推动教科事业实现又好又快发展作出了具体安排。12月，将高校、科研单位、区县（市）及直属单位创先争优活动阶段进展情况汇编成册，供各单位之间借鉴和参考。

【组织召开“七一”表彰大会】 6月28日，组织召开了沈阳教科系统庆祝建党89周年暨“两先两优”成果表彰大会。会上，对先进基层党组织、优秀共产党员、优秀党务工作者进行了表彰，先进典型代表结合各自实际作了典型事迹发言。

【认真做好发展党员工作】 研究制定了《关于进一步加强和改进发展党员工作，确保发展党员质量的若干意见》。继续坚持发展对象入党前集中培训、计划申报、结果报告、考试试题审核等制度，并按照考试合格人数，发放“入党前短期集中培训考核合格证”。全年，共发放合格证11 000余份。6月初，举办了科研设计单位、中等学校发展对象入党前集中培训班，112人参加了培训，其中106人获得合格证。还认真做好了中等学校发展党员工作。着重抓了计划、预审、指导、公示、谈话、上会等环节，保证了新党员质量。全年，阅卷73卷，谈话42人次，退卷重审12人次，指导基层工作43次。2010年全系统发展党员10 425名。其中，学生9 837名，职工588名。截至2010年底，全系统党员达66 065名。

【做好党员经常性教育管理工作】 认真贯彻市委组织部《关于进一步加强党员经常性教育的实施意见》，以“三会一课”、民主评议党员、党员学习日、谈心谈话活动等为抓手，着力在保持共产党员先进性上下工夫，认真做好了党员经常性教育管理工作。以“共产党员工程”、“创新党日”活动等为主题，认真开展主题实践活动，积极引导广大党员投身改革发展稳定的主战场。4月12日，继续组织开展了第十一个“共产党员社区奉献日”，以“绿化、净化、美化，共建美好家园”为主题，组织全系统41 594名共产党员、入党积极分子参加了活动。认真做好民主评议党员工作。9月19日，按照市委组织部通知要求，对2007年以来全系统民主评议党员工作情况进行了总结，统计了各年度评议党员数量，并以此为推手，着力推进全系统民主评议党员工作健康有序发展。认真组织基层做好党员培训工作。12月9日，对全系统2010年以来培训党员人次情况进行了统计。全系统共培训45 194人次，其中，培训基层党组织书记2 519人次，培训新党员7 367人次。

【组织开展“四进四建”活动】 7月，按照《中共沈阳市委组织部关于广泛开展“四进四建”活动切实做好在职党员在居住地发挥作用工作的意见》要求，认真在全系统组织开展了“四进四建”活动。7月，召开专题会议，10月，专门召开高校“四进四建”工作会议，印发了《沈阳高校“四进四建”活动交流材料汇编》。

【坚持服务机制建设】 9月27日，组织开展了“沈阳高校和科研单位党委书记看浑南”活动，并举行了校域战略合作启动仪式，6家单位与浑南签订合作协议。这一活动旨在进一步落实曾维书记在与驻沈高校和科研设计单位负责同志座谈会上的讲话精神，增进驻沈高校和科研设计单位对浑南新区的认识和了解，推动驻沈高校、科研设计单位和浑南新区务实合作、互动双赢，促进浑南新区创新发展和高校、科研设计单位内涵发展。2010年春节前夕，为使系统的老党员和生活困难党员感受到党的关怀，过一个欢乐祥和的新春佳节，通过直接和间接的方式对56名老党员和生活困难党员共进行了走访慰问。2010年“七一”前夕，为充分体现教科系统各级党组织对党员的关心，喜迎建党89周年，对54名建国前入党老党员和生活困难党员进行了走访慰问。

【加强党委换届改选工作的指导与服务】 认真落实《中国共产党基层组织选举工作暂行条例》，成功指导了中国建筑东北设计研究院有限公司、中冶沈阳勘察研究总院有限公司、机关党委等3个单位党委换届改选工作。同时，结合中央下发的中国共产党普通高等学校基层组织工作条例内容，继续做好教科系统党组织换届工作指南基本内容的完善。

【开展党员电化教育工作】 一是积极开展网上答题活动。为巩固学习实践科学发展观活动成果，系统共有6.3万余人参与活动，直接参与网上答题31 508人。获得一等奖7人，二等奖15人，三等奖16人。教科工委组织部获得优秀组织奖。二是积极组织开展党员电化教育学用年活动。在活动中，系统各单位制作的13部电教片均获奖。其中，二等奖2部、三等奖6部、优秀奖5部，教科工委组织部《深入学习实践科学发展观，开创沈阳教育发展新局面》获得三等奖。同时，教科工委组织部、辽宁大学、沈阳工业大学、沈阳农业大学经济管理学院、市电教馆获得市党员干部现代远程教育工作先进单位，6人获得优秀工作者。三是为基层党组织宣传党建工作实绩搭建平台。在沈阳新闻频道“七月阳光”栏目，为辽宁中医药大学和中国医科大学附属盛京医院播放党建专题片3期。沈阳农业大学专题片《使命》也在排期当中。

【做好党内基本信息库建设工作】 认真贯彻落实《中国共产党基本信息管理系统信息录入维护标准》，及时调整、补充有关数据，切实保证教科系统党内基本信息库数据的完整性、实用性。于12月下旬举办了全系统党内统计人员培训班，92人参加了培训班。在培训班对2010年党内统计工作进行了部署。2010年1月，圆满完成2009年党内统计及党内基本信息库建库工作任务。工委组织部被市委组织部评为“2009度党内统计”优秀单位。

【做好相关人才评选推荐工作】 一是认真做好第五届沈阳市优秀专家评选推荐后续工作。在2009年推荐的基础上，2010年3月份，全系统共有50人获奖，其中，沈阳市荣誉优秀专家11人，首届沈阳市创新型领军人才6人，第五届沈阳市优秀专家33人。二是认真开展沈阳市十大科技英才和优秀科技工作者的评选推荐工作。全系统经教科工委推荐的共有4人获评科技英才，36人获评优秀科技工作者。

【做好人才工作】 重点加强了与市人才办的沟通和联系，为12所高校通过沈阳人才工作网等平台发布引进高层次人才需求信息222条。对教科工委2004年以来的人才工作进行全面梳理总结，并形成《强化“三支持”开创教科系统人才工作新局面》经验材料上报市人才办。同时，为全市筹备人才工作会议推荐高校和科研设计单位人才队伍建设典型经验介绍6篇。为迎接沈阳市发挥离退休专业技术人员作用领导小组对贯彻落实中央9号文件精神的调研督查，积极组织东北大学等高校和科研单位老科协代表召开座谈会，交流工作，听取建议。9月，在沈阳工业大学顺利完成市领导小组对教科工委的调研督查。同时，申报全市贯彻中央9号文件精神，发挥老年人才作用先进单位。

【组织开展“组织部长论坛”活动】 通过征求“想听什么”和“想说什么”两个方面的意见，分别以“学习型党组织建设”和“促进科学发展的领导班子和领导干部考核评价机制”

为主题，于5月、12月两次举办了全系统组织部长论坛活动。论坛上，通过采取PowerPoint演示、编印书面交流材料、召开研讨碰撞座谈会等方式，研讨新形势下组织工作遇到的新问题，进一步丰富和锻炼组工干部工作思维，拓展工作视野，提高系统组工干部的综合素质。

（李宝辉）

纪工委工作

【概况】 2010年，教科纪工委坚持以邓小平理论和“三个代表”重要思想为指导，深入贯彻落实科学发展观，坚持标本兼治，综合治理，惩防并举，注重预防的方针，紧紧围绕中心，服务大局，不断推进惩治和预防腐败体系建设，教科系统党风廉政建设和反腐败工作取得了较好成效，为科教事业科学发展提供了有力保证。

【党风廉政宣传教育】 一是认真组织学习贯彻《廉政准则》。开展理论中心组学习71次，召开专题民主生活会198次，领导干部讲党课214次，组织党员干部进行专题教育159场，邀请专家辅导33场次。在委局机关和直属单位分发《廉政准则》166册，处级以上领导干部参加《廉政准则》测试活动198人，处级以上干部填写《廉政信息采集表》201人，签订党风廉政建设责任状55份。二是扎实开展岗位廉政教育活动。教科系统各单位有2 400余个岗位开展了岗位廉政教育活动，在此基础上，积极编写《岗位廉政教育情景教案》，有针对性地制定廉政风险防范措施。三是坚持开展节假日期间的反腐倡廉教育。在元旦和春节期间，组织开展了“致机关和直属单位处级干部一封信”活动。

【廉政文化建设】 一是积极组织全市各类学校开展廉政文化示范单位创建活动。全市共有22所学校申报了廉政文化示范单位，坚持“以评促建、重在建设”的工作思路，注重抓载体、抓典型、抓特色、抓长远、抓结合，着力突出学校廉政文化在促进学校领导班子廉洁治校、广大教师廉洁从教和青少年学生廉洁成长方面的成效，全市共有10所学校入选沈阳市廉政文化示范学校名单，较好地营造了崇尚廉洁的良好氛围。二是认真组织开展“廉政文化建设创新工程”活动。全年，高校和科研设计单位共立项工程项目69项，涌现出一些很有教育意义的廉政文化建设成果。三是认真总结高校廉政文化建设的经验和做法。《以改革创新精神，深入推进高校廉政文化建设》的文章在市纪委《廉政视野》上刊发，并分别在全市党风廉政教育工作会议和全市惩防体系建设工作会议上进行了交流。

【反腐倡廉制度建设】 在巩固上年开展的制度创新年取得成果的基础上，组织教科系统各单位重点推进财务管理制度建设，局财务审计处、教育技术装备中心、会计核算中心按照委局党风廉政建设工作会议精神，制定出台了政府采购管理办法、财务收支管理办法、专项资金管理办法、房屋出租管理暂行办法、国库集中支付管理办法、领导干部任期经济责任审计办法等6项制度，基本形成了一套较为完备的财务管理制度。同时各单位干部人事、基建工程项目、物资采购、后勤服务、固定资产管理、特殊类型招生、收费等领域的反腐倡廉制度得到进一步修订完善，制度的执行力有了进一步提高。

【监督制约工作】 一年来，共参与政府采购专家论证和招标项目354个，对于规范采购程序，降低采购成本发挥了积极作用；在全市各类教育考试方面，共选派考试监察员167人次，对保证考试公平公正和考试安全发挥了较好作用；在对领导干部监督方面，认真执行领导干部报告个人有关事项制度，强化领导干部自觉接受监督的意识，共受理9名领导干部报告出国（境）、房产变动、婚嫁等有关事项。另外，参与干部竞聘、教育专家评选、教师资格认证考试、中考出题、教师招聘等方面的监督24次。

【专项治理等工作】 在专项治理方面，按照沈阳市工程建设领域突出问题整改领导小组的要求，组织协调委局有关部门对11个单位13个500万元以上的工程项目存在的突出问题进行整改，得到市检查组的较高评价；按照省、市纪委的统一部署，对委局机关及直属单位公务用车情况进行了专项清理，为进一步规范公务用车的配备管理使用摸清了底数；按照《沈阳市社会团体“小金库”专项治理工作实施方案》的要求，认真组织市委教科工委、市教育局业务主管的28个社会团体开展“小金库”自查工作，促进了各单位财务制度的规范；按照中纪委等四部门关于清理庆典、研讨会、论坛活动的要求，认真组织委局机关和有关单位开展清理摸底工作。在优化发展环境方面，在国际交流处、基础教育处、发展规划处、财务审计处和学生资助中心等部门的大力支持下，市教育局的经验和做法，得到了市优化办的较高评价。在受理群众信访举报工作上，坚持热情接待、规范程序、完善制度的工作做法，全年共受理纪检信访举报132件，基本上做到了件件有着落，事事有回音。

（逄宇池）

教育督导

【实施“两类新三片”攻坚，推进达标进度】 为了使康平、法库两县按省规划达到“提高”水平，在每年督导检查的基础上，市督导室多次组织到两县调研，在调研中，两县县长表态，会按期实现“双高”达标。

【以教育强区县建设为抓手，完善各项基础性工作】 教育强区县建设是沈阳市教育强市建设的重要内容，市教育督导室承担制定督导评估方案和评估细则的工作任务。2010年先后完成了《沈阳市开展教育强区县创建工作实施方案》、《沈阳市教育强区县督导评估细则》。在制订方案过程中，召开了专家座谈会，按照专家意见，结合沈阳市的情况进行了修改，基本形成了定稿。

【坚持“两基”年审，促进区县教育发展】 2010年的“两基”年审，督导室针对农村学校控辍工作、农村学校冬季采暖工作等进行了督导检查。除了常规年审的内容，督导室重点检查了各区县教育强区县建设工作，要求区县在落实全教会精神方面结合教育强区县建设汇报本地区学前、义务教育、高中阶段的做法和打算。

【上下半年的两次联合检查工作】 上半年联合检查的主要内容有各区县（市、开发区）2009年教育投入情况，涉农县区控辍保学工作，未完成“提高”、“双高”普九达标县调研检查，近视眼防控检查，形成了检查报告，下发到了区县。下半年联合检查的主要内容有安全与综合治理检查、民办教育属地化管理、民族团结教育进课堂、信息教育工作、“两基”年审。

【对区县（市）、开发区教育投入、控辍工作进行了专项督导】 市政府教育督导室于2010年4月8日至5月4日对全市各区县（市）政府及开发区管委会的2009年教育经费投入情况进行专项督导。2010年4月8日至4月28日，对全市涉农县区的2009—2010学年度农村初中控辍保学工作进行了专项督导检查。

【牵头完成了2009年市政府绩效考评（教育内容）】 年终督导室与教育局相关部门对生均公用经费和市政府办实事项目的“班班通”工

程两项内容进行了认真考核，结果经局长办公会议同意上报市政府绩效办公室。

【牵头完成了省教育督导团对沈阳市2009年教育工作的考核】 完成了向省政府教育督导团推荐新一轮普九先进集体、先进个人工作。

【对市政府办实事项目和校园安全工程进行了督导】 市督导室与发展规划处对市政府办实事项目200所接收农民工子女学校改造和校园安全工程进行了督导调研检查，对工作进度情况向区县主管教育的领导进行了反馈。

【国家督导团办公室在沈召开义务教育均衡发展督导评估座谈会】 会上，督导室主任张振忠介绍了近年来沈阳市义务教育均衡发展所做的工作，副主任胡长胜介绍了市督导室对义务教育均衡发展试验区进行督导评估的做法，国家教育督导团办公室领导对沈阳义务教育均衡发展所取得的成就和市督导室的工作给以高度肯定，并希望沈阳坚持做下去，拿出经验。

（高翔）

政策法规

【职权梳理】 2010年，对教育局机关17个部门及所属3个事业单位职责所涉及的现行有效的行政执法依据进行梳理，最终梳理出行政执法依据60余项，行政许可、行政检查、行政处罚等行政职权74项，编制权力运行流程图和岗位说明书74个，同时梳理行政自由裁量权中许可事项3项，处罚项目4项。这使各执法单位的执法内容和执法范围更加明确，执法种类和执法权限更加明晰，执法职责更加清楚，对规范行政行为起到了促进作用。

【地方性法规规章清理和合同备案】 2010年，按照市政府法制办要求，对沈阳市涉及教育的现行有效地方性法规和规章进行了认真清理。经清理，现行有效地方性法规有2件，即1995年的《沈阳市九年义务教育条例》和2003年的《沈阳市教育督导条例》。拟保留1件，修改1件，拟对《沈阳市九年义务教育条例》进行修订。现行有效的政府规章有3件，即2009年12月25日发布的《沈阳市学前教育管理规定》（14号令）、2003年8月7日发布的《沈阳市义务教育投入规定》（23号令）和2006年1月13日发布的《沈阳市中小学用地保护规定》（52号令），全部保留。同时对2009年以沈阳市教育局名义签订的23份合同进行了全面自查并登记备案。

【国际教育项目“爱生学校”（CFS）落户沈阳】 2010年8月19日，联合国儿童基金会“爱生学校”项目在沈阳启动，标志此国际项目正式落户沈阳。这次沈阳被国家教育部列为试点城市，是基于近年沈阳义务教育均衡发展所取得的显著成就，对于沈阳市教育发展具有重要意义。沈河、大东、东陵（浑南）三个区62所学校参加首批项目试点，近6万名学生成为直接受益者。该项目是联合国儿童基金会在20世纪90年代后期推出的，于2001年10月引入中国。旨在推进学校牢固树立热爱学生的理念，改善学校、社区、家庭的关系，增强教与学的有效性，提升学校管理水平，提高教育质量。重点在四个方面进行探索：一是通过实施“爱生学校”理念，探索义务教育阶段学校“软件”均衡的方法与途径，为全市义务教育学校办学标准提供蓝本；二是通过实施“爱生学校”理念，从精细化管理入手，探索现代学校制度的基本构架与制度雏形；三是通过实施“爱生学校”理念，丰富学生的校园生活，探索素质教育实现的有效途径；四是通过实施爱生学校理念，全面加强教学工作，探索深化课程改革的方式方法，为教育教学质量的稳步提升创造条件。

（刘铁牛　高洪纳）

发展规划

【200所接收农民工子女学校改造项目】 市教育局承担的2010年市政府为城乡群众办实事教育项目即200所接收农民工子女学校改造项目，其中，中小学塑胶操场建设工程，共建设55所学校塑胶操场，截至11月底全部完工并交付使用的有44所，其他11所均已完成基础部分，已完成总量的90%，2011年春季即可铺设人造草坪交付使用；校舍维修改造项目，校舍维修改造涉及学校171所，维修改造校舍258栋，除3所学校、5栋校舍的维修改造项目因布局调整未实施外，其他已全部完成维修改造任务；专用教室建设项目，对200间专用教室进行改造；班班通建设工程，建设班班通教室713间；干部教师培训项目，培训干部300名，教师600名，其中市教育局负责培训校长200名，培训5期；各区负责培训副校长100名，教师600名。

【校舍安全工程】 完成了全国中小学校舍信息管理系统（单机版）数据录入工作，编制完成了沈阳市校舍安全工程三年规划，组织各区、县（市）校舍安全工程管理人员参加全国在线月报表系统培训、全国中小学校安工程抗震加固培训，组织有关人员参加全国中小学校舍信息管理系统网络版的培训，对沈阳市校安工程规划的编制和实施起到了积极的促进作用。协调、指导各区、县（市）积极组织实施校舍加固改造，全年共完成19万平方米校舍加固改造任务，达到国家和省三年规划任务的要求。

【城市教育基本建设工作】 会同相关部门完成本年度教育专项投资项目前期立项工作；会同市规划局协调有关区县落实了和平区胜利二校等4所学校，大东区上园地区规划预留教育用地调整、静美小学教育用地出让，皇姑区三台子第四小学土地置换，沈河区八十二中学等2所学校，于洪区黑山路北阳光尚城项目等2处教育用地调整以及苏家屯区SJT08-11地块新建小学等学校用地的调整置换等相关工作，确保了教育用地的有效利用；按照市政府办公厅关于印发沈阳市总体规划编修工作方案的通知要求，初步拟定《教育设施发展与布局规划》（2010—2020年）并上报；协调市发改委、市财政局落实2010年教育专项计划，其中基础设施配套费3 000万元，市财力3 000万元，教育费附加3 000万元，基本落实到位；会同相关部门完成高职院、沈阳大学和成立沈阳教育研究院及高中标准化建设等工程前期项目建议书、可行性研究报告的立项审批工作；配合纪工委完成上报“市纪委落实国家核查政府投资和使用国有资金500—5 000万元项目建设”情况，为迎接中央投资项目检查组的督查工作，协助教科工委纪工委做好项目进展情况排查工作，并草拟《扩大内需中央投资项目实施情况及工程建设领域突出问题专项治理情况报告》。同时，及时了解2010年沈阳市教育基本建设项目进展情况，并向有关部门汇报。此外，还完成了市教育局机关办公楼改造的前期立项、招标，2008年中小学自备水源改造项目工程款的结算等工作。

【农村九年一贯制学校建设管理工作】 根据市审计局审计报告对全市农村九年一贯制学校建设项目经费运行情况进行结算，理清了各区、县（市）项目补助资金缺口，并草拟了解决补助资金缺口的安排计划。

【计划统计工作】 制订沈阳市普通高中招生计划（37 229人），普通中等职业学校招生计划（23 740人），沈阳市职业高中招生计划（29 484人）。组织召开各区县（市）基础教育统计工作培训会议。围绕“统计大检查”活动，狠抓区县基层单位统计基础性工作，进一步提高统计数据质量。一是按照《辽宁省教育统计工作规范化管理暂行办法的通知》要求，促进统计基础工作规范化。二是加强对基层统计基础工作的检查力度，组织分管专业人员经常性地深入基层一线，对基础工作薄弱学校进行有针对性的指导。三是安排基层学校统计员到局内进行学习培训，提高基层统计员规范基础工作的业务能力。组织并汇总2010—2011学年度沈阳市基础教育统计工作；编写2009—2010学年沈阳市教育统计年鉴；完成并汇总2009年沈阳教育系统社会工作情况统计表；为有关单位和各部门提供统计数据百余次。

（秦美玲）

资产管理

【完成了固定资产清查、处置、管理评价工作】 按照财政部门的要求，2010年重点对局机关及直属单位的固定资产进行了清查和数据盘点，直属单位固定资产总金额为2 170 000 000元。强化了资产的处置管理，编写了适用市教育局的《固定资产处置速查手册》，完善资产处置业务。严格资产处置审批程序，增加了对处置的设备进行现场勘验以及信息化管理的环节，全年处置资产21 615件，资产额40 366 644.32元。提高了资产管理的科学化、精细化管理水平，被市财政局确定为市直机关资产动态管理试点单位。

【政府采购管理】 2010年，为进一步规范政府采购管理，健全和完善市教育局及直属单位政府采购运行机制及工作程序，市教育局对采购工作在机制及程序上进行了改革，成立了政府采购管理领导小组，综合协调市教育局政府采购工作，成员由各相关处室和单位组成。6月1日，新采购工作流程全面执行，增加了参数论证以及纪委监察等环节，实现采购工作事前、事中、事后的全过程监督。下发了《沈阳市教育局政府采购管理办法（试行）》（沈教发〔2010〕37号）、《关于工程维修和服装类定点采购的通知》（沈教办函〔2010〕218号）、《市教育局政府采购工作领导小组会议纪要》5期，使沈阳市教育局政府采购工作在法制化、规范化、制度化方面步入了健康发展的轨道。

（肖廷坤）

教师队伍建设

【教育专家遴选】 2010年，继续深化“以训代评”工作模式，开展候选教育专家后续培训，通过基地锻炼、专家讲座、高端研修等方式的培训，辅之以论坛、现场答辩等评价方式，共评选15名沈阳市教育专家。

【教师招聘】 2010年，沈阳市教育系统按照“退二进一”的原则，采取面向社会公开招聘和面向国家重点院校公开招聘的方式招聘中小学教师543人，其中面向社会公开招聘419人，面向重点高校公开招聘124人。

【教师节表彰】 2010年，根据沈阳市干部教师队伍建设的总体规划，本着公开、公平、公正的原则，经各区、县（市）和相关部门推荐，通过“以训代评”的方式，市政府表彰了15名“沈阳市教育专家”、97名“沈阳市名教师”。同时，为鼓励社会各界尊师重教、捐资助学的良好风尚，市政府授予77家单位为“沈阳市尊师重教先进单位”，授予13家单位为“沈阳市捐资助学先进单位”。同时市教育局认定市级骨干校长106名，市级骨干教师998名。教师节期间，市委、市人大、市政府、市政协领导走访慰问了部分学校及教师代表。

【专业技术职务评聘】 2010年，沈阳市教育系统有2 958人晋升专业技术资格：正高级26人，副高级793人（含破格晋升副高级23人），中级1 470人，初级（含确定初级职务人员）669人。

【教师队伍培训】 2010年全市共设计师干训项目49项，安排经费1 270万元，培训教师13万人次，培训校长1.2万人次。在“面”上全力推进培训工作的同时，还在“点”上进行了培训工作机制的有益探索。对全市接收农民工子女学校的英语教师进行全员的口语强化训练，开展了高中通用技术等新增课改学科、体音美等薄弱学科、校医上岗资格培训、农民工子女学校校长与班主任专项培训等全员培训。加大对农村教师培训倾斜力度，共计安排了8项农村教师专项，同时在各项培训中增加农村教师名额，加大对农村教师学历提升的学费补助，减轻农村教师的财力负担。分4期对2009年沈阳市新招聘的728名教师进行了岗前培训。举办2期研究生课程班，提高了教师学历层次。率先启动了沈阳市对口支援新疆塔城市教育人才培训班，来自塔城市的18名校长在沈阳市参加了为期一个月的学习，通过专家讲座、集中研讨、实地考察、基地见习等环节，提高了校长管理学校，实施素质教育的实际能力。积极为区县培训搭建资源平台、服务平台，促成了法库县与东北师大合作，成为辽宁省第6家“东北师大教师教育创新实验区”；促成康平县与辽宁师大开展“顶岗实习，置换研修”合作项目。探索出一条区县与高校以教师培训为抓手，建立全面合作的新途径。以高中校长领导力提升培训班、初中校长高级研修班为试点，拉长培训链条，设计理论研修、考察学习、实践探索和能力展示等四个关键环节，提高培训的针对性与实效性。

全面推广高中学科教师培训基地模式，在全市省级示范高中建立12个学科教师培训基地，全面开展高中教师学科培训。同时，继续推动教师进修学校建设，组织并指导教师进修学校协作体召开4次会议。

（王朝巍）

学前教育

【概况】 2010年，全市共有幼儿园950所，在园幼儿14.07万人，教职工1.6万人，其中专任教师8 742人。全市3—6岁儿童入园率达到91%。2010年沈阳市学前教育加快推进农村乡镇中心幼儿园标准化建设，深化城乡“手拉手”工作，全市已完成210所城乡幼儿园改造。为严格规范幼儿园准入管理，按照《沈阳市幼儿园举办标准和审批程序》的要求，对幼儿园进行重新登记注册，颁发《幼儿园开办许可证》。规范职业行为，下发了《关于进一步加强沈阳市幼儿园管理的通知》，开展了创建平安幼儿园活动，幼儿园与教职工签订“职业道德建设承诺书”管理制度，进一步加强幼儿教师职业道德建设。规范学前教育内容，全面落实《幼儿园教育指导纲要》，防止和纠正幼儿园教育“小学化”倾向。通过检查评估，命名辽宁省商业厅幼儿园、沈河区南塔街小学幼儿园、东陵区李相街道中心幼儿园、东陵区桃仙街道中心幼儿园、沈北新区辉山学校幼儿园、于洪区花城学校幼儿园、辽中县茨榆坨镇中心幼儿园、法库县第二幼儿园、新民市梁山镇中心幼儿园、浑南新区第二小学实验幼儿园、浑南新区东湖学校幼儿园11所幼儿园为“沈阳市示范幼儿园”荣誉称号。

【建设20余所农村乡镇中心幼儿园】 2010年市政府继续投入农村学前教育专项经费600万元，从2009年市政府办实事改造的百所幼儿园中确立20余所农村乡镇中心幼儿园，在设施设备及玩教具方面给予支持，为幼儿园添置了桌椅、床、玩具、图书、多媒体等设备，还重点创设了幼儿园的文化建设，为10所中心幼儿园的多功能活动室配备了角色、建构、音乐、美工等主题游戏材料，推进了农村乡镇中心幼儿园标准化建设进程。

【开展城乡学前教育“手拉手”活动】 城区77所示范幼儿园送教下乡200余次，农村百名幼儿教师和园长进城学习一周并参观了示范幼儿园，农村乡镇中心幼儿园在办园方向、科学管理、教育教学、环境创设、一日活动、卫生保健、教师专业基本功和技能技巧等方面不断进步，队伍素质和学前教育质量明显提升，入园率不断提高。

【幼儿教师队伍建设】 按照《沈阳市“十一五”期间幼儿教育继续教育实施方案》及《2010年沈阳市骨干园长、骨干幼儿教师培训方案》的要求，开展了一系列骨干园长、骨干教师培训活动。2010年市区共培训幼儿教师3 500余人，进一步促进了幼儿教师专业化成长，教育质量得到明显提高。同时，市教育局还积极创造机会，搭建平台，鼓励在职人员到有关院校进修学习幼儿教育专业知识和技能，提高学历层次和水平，提升幼儿教师专业学历达标率和持证上岗率。

2010年6月11日—13日，在沈阳市兰亭宾馆聘请东北师范大学教育科学学院幼教系教授、心理学博士生导师、世界学前教育组织中国委员会委员王小英作了关于园长任职资格、岗位要求和主要职责的专题报告；观摩了和平区南宁幼儿园教师闫曦文主持的如何有效地开展园本教研活动（现场观摩）及其他优秀教师组织的优秀教育活动；参观了部分示范幼儿园。

2010年10月19日—22日，聘请了上海市特级教师、本溪路幼儿园园长应彩云，上海市名师、乌南路幼儿园园长傅坚敏，沈阳市疾病控制中心副主任孙佰君，沈阳市食品药品监督管理局食品化妆品监督所副所长王志学以及法律专家董素靖等，在辽宁大厦多功能厅先后作了《幼儿园特色教育》、《幼儿园的组织与管理》、《做好家长工作，更好地为学前儿童身心健康发展服务》、《幼儿园传染病防控与管理》、《幼儿园食品卫生管理》、《幼儿园安全工作管理》的专题报告，对骨干园长及骨干教师进行管理理念、卫生保健、幼儿园安全常识、教育教学等方面的培训。还开展了沈阳市骨干园长演讲培训、幼儿教师职业道德培训、玩教具制作培训等活动。

2010年11月17日，在沈阳音乐学院浑南校区举办了沈阳市第四届幼儿教师知识技能大赛，来自14个区县（市）的14所幼儿园参加了大赛，参赛教师248人。通过以赛代训、以赛促训活动，掀起了教师苦练基本功的热潮。

【庆祝“六一”儿童节活动】 2010年5月28日，市教育局局长苏文捷、市委教科工委书记赵日刚等领导走访了辽中县茨榆坨镇中心幼儿园、东陵区桃仙街道中心幼儿园，为幼儿园的孩子们送去了节日礼物。2010年5月28日下午，市教育局在东陵区桃仙街道中心幼儿园召开了沈阳市庆祝“六一”国际儿童节学前教育表彰会暨创建标准化农村乡镇中心幼儿园现场会，会上表彰了在学前教育工作中做出突出贡献的先进单位和个人。辽中县教育局、东陵区政府分别介绍了经验，市教育局局长苏文捷作了重要讲话。以市教育局名义向全市学前儿童下发了贺信，在全市创造了关心儿童、关注儿童的良好氛围。

【开展调研活动】 为全面了解沈阳市学前教育发展状况，2010年8月26日—9月3日，市教育局组成6个调研组，通过实地走访、下发调查表等形式，对全市幼儿园进行摸底调研，调研组共实地走访500余所幼儿园，对幼儿园的办园条件、安全设施、师资队伍、教育教学、卫生保健、收费情况等方面进行了全面了解。为了解外市的学前教育情况，2010年11月4日—8日，由市教育局主管局长和学前教育处同志、部分区县（市）教育局主管局长、幼儿园园长等人员组成调研组，对上海、杭州、南京3个城市的学前教育情况进行了调研，先后参观了3个城市的6所幼儿园，与当地教育行政部门、幼儿园园长进行了座谈，对3个城市学前教育发展状况、政策制定、工作措施等方面有了一个全面的了解。同时，针对沈阳市学前教育现状与3个城市进行了对比、分析，找出了沈阳市学前教育存在的问题和差距，提出今后学前教育发展思路，形成了调研报告，为科学制定沈阳市学前教育“十二五”发展规划提供了科学依据。

（罗丽　葛文丽）

义务教育

【概况】 2010年全市共有普通初中232所，普通小学415所。在校学生51.9万人（普通初中18.2万人，普通小学33.7万人）。教职工4.4万人（普通初中1.9万人，普通小学2.5万人），其中专任教师3.7万人（普通初中1.5万人，普通小学2.2万人）。优化义务教育资源配置，整合千余所农村学校，建成107所九年一贯制学校，基本实现了“一乡（镇）一校”的建设目标，农村教育面貌发生根本改观。完成了城区106所薄弱学校综合改革，实施校长竞聘、教师交流和城乡对口支援制度，全面提升学校办学质量，现代远程教育体系覆盖城乡，实现了校校通、班班通。城乡之间、区域之间教育差距不断缩小。全市12个区县（市）达到“双高普九”标准，标志着沈阳市义务教育步入高水平、高质量发展阶段。

【特色学校建设评估验收】 自2007年沈阳市启动了特色学校创建工作以来，各学校始终坚持以特色寻求突破，以特色促进发展，以特色打造品牌，按照“优势项目——学校特色——特色学校——品牌学校”的发展轨迹，挖掘特色，提升内涵，加快推进了义务教育学校特色建设工作，提升了全市中小学校的办学层次和品位。2010年，市教育局首次对自选特色发展项目学校进行了评估验收。全市共申报了包括学校文化建设、优秀传统文化教育、民俗文化、阳光教育、生本教育、幸福教育等106个特色项目。以回族小学、满族中学、大东二校为代表的优秀传统文化教育特色项目，立足根基教育，积极彰显民族文化，传承民族精髓，加强民族团结，构建了以民族文化艺术活动为龙头，民族文化校本课程为主体，民族精神为灵魂，民族体育、文化活动为亮点的学校特色建设体系，面向全体学生多种途径提高学生的优秀民族传统文化素养和综合素质；以砂山四校等阳光教育，河北一校、怒江小学的幸福教育，和平一校的团队文化建设，大东三校的扬长教育，上园二校的雅行教育为代表的学校文化特色项目，从学校历史积淀中挖掘潜力，逐渐整合形成自己独特的特色发展项目，为全市自选特色项目积累了丰富经验。自选特色评选活动为学校的特色建设提供了一个更广阔、更自主的空间，在全市形成了百花齐放、生机勃勃、争创特色的良好氛围。

【义务教育学校优质资源整合】 2010年，沈阳市教育局根据《国家中长期教育改革和发展规划纲要》，有计划、有重点地选择公办优质小学和初中采取兼并、举办分校、联合办学、委托管理等形式，探索建立义务教育学校间的实质性帮扶协作机制，构建“管、办、评”分离、联动的学校管理体制，提高优质义务教育覆盖率，进一步缩小城乡义务教育学校办学差距，缓解择校矛盾，满足广大人民群众对接受优质教育的迫切需求，促进义务教育优质均衡发展。这一年，沈阳市第七中学与第八十六中学、沈阳市实验中学与第四十八中学、和平区南京一校与光荣二校、沈阳市第一三四中学与沈北辉山学校、省实验中学与浑南一中等多家学校，通过举办分校、联合办学、委托管理等形式，使优质教育资源得到进一步整合，迅速地把优质教育的辐射范围扩展开来。

【城区义务教育以大学区管理模式进行资源整合】 全市各区县根据本地“十二五”教育发展规划，科学合理地调整区域内优质学校布局，制定了资源整合工作规划，认真选取义务教育资源整合对象，做到成熟一个，整合一个。城区义务教育资源整合以现行的大学区管理模式为基础，按照“以强带弱、优化重组、共同发展”的原则，优先在大学区内进行资源整合，努力扩大优质学校办学规模，增加优质学位，带动区域办学水平迅速提高。各区县新建的义务教育学校将采取与优质学校联合办学、优质学校设立分校或实施委托管理的办学方式，实现新建校高水平起步，高标准运行。已经整合的学校实行现代学校管理制度，落实办学自主权，逐步形成自主管理、自我约束、社会监督的运行机制，增强学校办学活力。

【农村学校实行跨区委托管理模式进行资源整合】 跨区实行委托管理的农村学校迎来的是城区教育局推荐的优质学校（教育机构）。支援单位具有优秀的管理团队、良好的社会声誉、成熟的办学经验，且近年来发展稳定。跨地区的委托管理意向确定后，支援单位根据受援学校的实际情况制定具体的委托管理方案，经双方教育局同意报市教育研究院审定后，由双方教育局签订委托管理协议，并报市教育局备案。委托管理期限为3年，协议期满后是否继续实施委托管理，由双方另行商定。委托管理协议签订后，支援单位切实承担起受援学校的管理责任，通过采取选派优秀管理团队、骨干教师，强化内部管理，深化教育改革等各项措施，使受援学校的办学水平和教育质量明显提高。

【城乡义务教育发展共同体建设】 为进一步整合城乡教育资源，巩固手拉手活动成果，从2009年9月起，市教育局启动了城乡义务教育发展共同体建设工程。按照市教育局总体要求，五城区与四郊四县两开发区结成城乡义务教育发展共同体。经过一年多的工作，义务教育发展共同体初见成效。各发展共同体成立后，将建立健全运行体系作为首要工作来抓：一是区、县教育局党政主要领导亲自担任领导小组组长；二是区县教育局的主要领导共同探讨城乡义务教育发展共同体工程的工作目标、合作形式；三是区县教育局相关部门建立了工作交流例会制度。各区县教育局努力推行以区县教育局、大学区、学校为单位的工作网络开展模式。一是以县区为单位，开展整体性较强的教育交流活动。二是以大学区为单位，开展针对性较强的教育交流活动。三是以学校为单位，开展实践性更强的教育交流活动。自2009年9月城乡义务教育发展共同体工程启动以来，据不完全统计，合作体开展不同层面的教育教学交流活动400余次，其中大型活动60次，涉及学校120余所，参与教师达千余人次。这些活动的开展，使各区县的教育教学活动联系更加紧密，强有力地促进了城乡教育的融合与联动，有效推动了城乡义务教育的健康协调发展。

【对200所接收农民工子女学校进行综合改造】 2010年，市教育局决定重点对200所接收农民工子女学校进行综合改造，并列为市政府为城乡群众办好十件实事中的重点项目。200所接收农民工子女学校改造项目中包含了新建塑胶操场、校舍维修改造、校长和教师培训、校园文化建设等8个方面的内容。其中，校长和教师培训是提高学校管理水平，提升学校教育教学质量的重要途径。在市一级，开展了200名校长的培训；在区一级，开展了100名副校长和600名骨干教师的培训。经过四次专题培训和一次带有成果汇报性质的研讨论坛，市教育局圆满完成了培训任务。

【农民工子女学校校长培训重实际】　本次培训采取案例式教学的方式分析了和平区砂山四校、沈阳市第九十中学、皇姑区童晖中英文小学、铁西区启工二校；以行动性研究的方式考察了东北育才学校、浑南新区第一小学、浑南新区嘉华学校；以论坛式研讨感受了教育专家余秀林、丛莲芳和众多学校校长们的教育理念；以反思式的作业改进了学校的管理模式和制度构建。校长们通过这样的培训进一步理清了自己的办学思路，主要表现在：通过学校发展专题培训，学校找到了科学的定位，各学校都制定了合理的规划和制度；通过内涵建设专题培训，学校进一步明确了教育的根本所在，全部将质量作为学校的第一要务来抓；通过特色建设专题培训，学校自主开辟了更广阔的发展空间，全部明确了本校的特色建设方向；通过学校文化专题培训，学校实现了教育形象的完美升华，学校的文化建设成为了新时期接收农民工子女学校建设的追求。培训班收到学校特色建设方案187篇，学校文化建设方案188篇，校长心得体会181篇。经过评审组的评选，分别有30篇学校特色建设方案、学校文化建设方案和校长心得体会入选了沈阳市接收农民工子女学校校长培训文集。还有30名校长因为在培训中表现优秀，被评为优秀学员。这些成果的取得，为今后的接收农民工子女学校建设和改造，积累了宝贵的财富。

（王军　崔凯）

高中教育

【概况】　沈阳市现有普通高中89所，其中省级示范高中24所，占全省总数的1/5，市级重点高中33所。全年共招生3.85万人，为国家输送毕业生3.8万人。在校生为11.9万人，教职工1.06万人，其中专任教师8 686人。全市初中生升入普通高中的学生有89%在省市两级重点高中就读，沈阳市民充分享受到了优质教育资源。沈阳市以实施“标准化普通高中建设项目”为牵动，推进普通高中标准化创建工作，努力实现普通高中校舍、设施建设标准化，教学设备配备标准化，人力资源配置标准化，以新课改为核心的教学管理规范化，用标准化建设统领高中事业发展全局，实现办学质量的整体提升。通过组织培训、交流、考察、开展读书活动、帮助学校进行自我诊断等推进创建工作。积极推进高中、完中分离，2010年，沈阳铁路实验中学、皇姑区十六中学完成了初高中分离工作，目前还有应该分离的完全中学7所。

【启动普通高中标准化建设项目】　修订完善《沈阳市普通高中办学标准（试行）》，并及时下发到各区县（市）和各高中学校。向各区县（市）反馈首批标准化高中验收结果和具体的整改建议，要求各地制定整改方案和发展规划，限期完成整改。进一步明确市、区、校在创建标准化工作中的责任。市里，统筹协调、宏观指导；区里，加大投入，硬件改造；学校软件建设、常规管理和质量提升。下半年，逐一核对了区县（市）首批标准化高中整改情况，并督促县区（市）进一步整改。

将标准化普通高中达标工作的重点放在直属学校。对外国语学校和朝一中标准化建设工作进行指导。同时督促各区县（市）学校做好第二批标准化高中创建工作，重点是实验室建设和学校文化建设。

【加强对新课程实施的管理】　重点抓通用技术课程的开设。8月26日—27日，举办了“普通高中通用技术装备与教学应用培训班”；对通用技术课程的开设情况进行随机抽查，共抽查了沈阳市外国语学校、回民中学、铁路中学等

15所学校，抽查学校均按要求开设了通用技术课程并配有专用教室。

【开展读书月活动】 4月23日—5月23日，为全市普通高中校长读书活动月，组织学校中层以上干部开展专题读书活动，并提供了推荐书目。4月23日是世界读书日，扩展为读书月。读书月期间，全市64所高中学校，754名中层以上干部，阅读各类书籍1 829册，人均2.43册。

【推进学校文化建设】 组织普通高中开展学校文化建设的自我诊断。下发四个量表，即《健康学校调查表》、《果断管理者的自我评估表》、《团队行为调查表》和《校长十项特征评估表》，同时鼓励学校根据自身实际制作评估工具（量表）进行自我诊断和自我改进。61所学校开展了自我诊断工作，收回有效问卷20 617份，区县（市）和学校共撰写分析报告70份。

【普通高中精细化管理经验推介会】 4月8日、4月22日—23日、6月12日，先后组织召开了三次精细化管理现场会，向全市普通高中推介了八十三中学的细节管理、二十中学的课程管理和辽中二高中的文化管理、“二八”工作法、211课堂教学模式、教师自评课堂、学生助教辅导、XZT质量评价等管理经验。全市普通高中校长、副校长、主任、教师3 500余人参加了现场推介会。3所学校的校长在推介会上都作了主题发言。现场会共推出观摩课222节。为更好地传播学校经验，树立典型，年末，将3场精细化管理现场会的有关资料进行了重新整理、编辑，正式出版《精细精品精神》一书。

【普通高中毕业生学业成就“入出口”增值评估】 为改进对学校的评价方式，制定了《2010年沈阳市普通高中学生学业成就增值评估方案（试行）》，在全市公办普通高中学校中启动了毕业生学业成就“入出口”增值评估。7月中旬，组织了全市公办普通高中教学主任、学籍管理员以及各区县（市）教育局中（基）教科科长按照评估方案中的各项工作程序，对一系列数据进行了集中统计和整理，并撰写了分析报告。9月，召开普通高中大会，通报了2010年沈阳市公办普通高中毕业生学业成就“入出口”增值评估进展情况和评估结果，并授予沈阳市第四中学、沈阳市第三十一中学、沈阳市第八十三中学、康平县高级中学、沈阳市同泽高级中学、沈阳市第十一中学、沈阳市三十八中学、沈阳市矿务局中学、沈阳市第二十八中学、沈阳市第二十一中学等10所学校为2010年沈阳市公办普通高中毕业生学业成就“入出口”增值评估奖。会议安排八十三中学和十七中学校长分别作了经验交流汇报。

【省级示范性普通高中学科教师培训基地】 加强学科建设，逐步形成自身的特色学科，以特色学科为牵动，实现学校特色发展，即立足学科建设促进学校特色化发展。特色学科建设的工作载体是学科教师培训基地。在2009年启动4个省级示范高中学科教师培训基地工作的基础上，2010年又启动了8个基地，共12个基地组织开展学科教师培训，涉及6个高考学科，即东北育才学校、第一中学和第二十七中学的语文；省实验中学、东北育才学校和第二十中学的数学；省实验中学、第二中学和第五十一中学的英语；第二十中学的化学；第三十一中学的政治；第十一中学的地理。每个基地每学年度培训教师20人。第一批学员80人于7月末顺利结业，并颁发结业证书。第二批学员240人，从秋季新学期开始正式接受培训。为做好基地培训工作，起草了《关于做好2010—2011学年度省级示范性普通高中学科教师培训基地相关工作的通知》（沈教发〔2010〕53号），明确了保证措施和工作要求，组织各培训基地制定了详细的培训方案，落实了联络员制度，并为所有学员和指导教师设计了培训手册，责成基地学校和教研室负责编发基地工作简报。12个学科基地自9月份启动以来，每个基地每月至少集中培训一次，各基地培训形式灵活，内容丰富，深受学员们欢迎。

【东北育才学校创新实验班】 为落实全国教育工作会议及《国家中长期教育改革和发展规划纲要》培养创新人才的要求，东北育才学校进一步探索创新人才培养模式，创建了高中创新实验班，首届“创新实验班”由经过“创新潜质和实践能力”考核而选拔出的45名学生组成。在目标定位方面，强调全面发展，彰显个性，培养创新志趣，突出创新精神，为学生将来成为拔尖创新型人才打下坚实的基础。在课程支持方面，学校积极构建“基础课程”、“专业必修课程”、“定向专业选修课程”相结合的课程体系。为有利支撑创新实验班的发展，保证学校人才培养规格，支撑学校创新型队伍建设，引领学校创新教育科学、可持续发展，提升优才教育实验、示范质量，学校还正式成立了以研究、培训、评价为主要职能的创新教育研究所。

【东北育才悲鸿美术学校办学】 东北育才悲鸿美术学校办学步入良性运行的轨道。学校依据学生学习情况进行了教学模式改革，实行分层教学，在提升学生专业能力方面取得了收效。建立了学生学业跟踪电子档案，及时记录学生专业学习的成长情况，定期向家长进行分析汇报，赢得了家长们信任。学校通过组织学生风景写生作品展、阶段专业教学成果展、学生个人画展、“迎世博、国旗创意彩绘展”和“鬼魅之夜”校园行为艺术展等活动使学生专业能力得到了强化和提高。在“第三届徐悲鸿杯国际青少年美术大赛”中，17名学生获奖。

【沈阳二中小班化教学】 沈阳二中北校顺利实现转制，二中率先在全市开展小班化教学，小班化教学工作初见成效。学校通过组织中层以上领导赴上海、南京、大连学习小班化办学经验，制定学校《小班化教学常规》和《小班化教育管理常规》，组织教师全员培训，编写小班化分层次作业集，召开教师研讨会、学生研讨会、教学研讨会等措施保障了小班化教学工作的顺利开展。小班化教学使教师以生为本的观念得到加强，学生学习主动性得到增强，师生课堂关系更加和谐。为推进小班化教学，刘辉校长亲自上小班化教学研讨课。在东北三省三校青年教师大奖赛中，二中五个学科五位教师均获得了一等奖。在东北三省四市教研联合体研讨课活动中，二中地理学科教师获一等奖。二中师生在课堂上的表现得到专家和同行认可。

【沈阳二中中加班办学】 二中中加班办学取得丰硕成果。沈阳二中中加班成立于2007年，2010年迎来了首届毕业生。45位毕业生分别以优异的成绩升入了University of Western Ontario（Ivey）（西安大略毅伟商学院）、McGill（麦吉尔大学）、University of Toronto（多伦多大学）、SFU（西门菲沙大学）、Purdue（普渡大学）、Ohio（俄亥俄大学）等28所加拿大、美国知名大学。其中14人分别获得500—17 000加币不等的奖学金，部分毕业生最多同时被4所国外大学录取。

（安凯）

民族教育

【概况】 2010年全市少数民族中小学校共有29所。其中朝鲜族：小学8所，初中5所，普通高中2所，职业高中3所；满族：小学3所，初中1所；锡伯族：小学1所，九年制学校2所；回族：小学1所，初中1所，高中1所；蒙古族：九年制学校1所。民族学校在校生15 500名，教职工1 524名。此外还有少数民族幼儿园9所，幼儿621名。

【组织教科研活动情况】 3月13日，组织了朝鲜族学前、幼儿教师全员培训大会，邀请沈阳市教研院侯名飞教研员作了《关于幼儿大脑恒常性发展的教育策略》讲座，120名教师参加培训。3月18日组织了朝鲜族骨干教师和班主任培训大会，邀请延边教育学院李天民教授进行了《小班化教育理论与实践的研究》讲座，全市200名朝鲜族中小学教师参加培训。3月25日在浑南新区朝鲜族学校举行了朝鲜族学校英语、数学学科教师基本功大赛。朝一中的刘芳、朝六中的朴云花、西塔朝小学的白爱贤分别获得高中、初中、小学组的第一名；朝一中的车云峰、朝三中的尹明华、苏家屯朝小的李明分别获得数学组的第一名。4月18日黑龙江省海林市民族教育考察团一行8人来沈阳市参观。代表团到朝二中、浑南新区朝鲜族学校、和信朝小进行了参观考察。4月25日教育部"双语"教学调研组一行5人到沈阳市进行调研，走访了朝二中和苏家屯朝小，以座谈会的形式对沈阳市开展"双语"教学工作进行了调研。5月13日在于洪区吴家荒朝小举办了全市朝鲜族学前教育现场会，有120名教师参加并观摩了幼儿园教学和活动课。5月14日在皇姑区和信朝小召开了辽宁省朝鲜族体音美教学现场会。本次活动由省教育学院民教部主办，全省各市朝鲜族学校的领导和教师120余名参加大会，观摩了和信朝小的体育、音乐、美术三节课和大课间活动。5月20日至21日教育部"十一五"教育科学规划课题"朝鲜族中小学民族文化教育体系构建及有效实施的研究"第一次研讨暨培训会在浑南新区朝鲜族学校举行。东北三省教育学院民教部、东北三省各子课题学校负责人、科研骨干等200余名教师参加了会议。此次活动由东北朝鲜族教育科研所主办。12月9日至10日全省朝鲜族小学数学教师培训大会在西塔朝小举行，参会的150余名教师观摩了西塔朝小的4节课，并听取了省民教部赵云赞老师的专题讲座。

【学生特色活动情况】 5月9日组织学生参加了全省第14届朝语文暨第四届汉语文作文竞赛，沈阳市有8名学生分别获得小学、初中、高中组朝、汉语作文金奖。5月22日市教育局和韩国城南文化院共同主办的第四届朝鲜族中小学师生"遁村白日场"写作竞赛在故宫博物院举行，有300余名教师和学生参加。与会者还顺便参观了故宫及正在故宫举办的韩国民俗文化展。7月3日沈阳韩国周期间，市教育局与韩国兴士团共同主办的第十一届"东北亚和平白日场"作文比赛在朝一中举行。本次活动特邀请抚顺、铁岭两市的100名学生和沈阳市的200名学生一同参加比赛。12月4日全省首届朝鲜族中小学生科普竞赛在浑南新区朝鲜族学校举行。沈阳市朝四中和和信朝小队获得一等奖；朝六中和朝五中、苏家屯朝小队获得二等奖；朝三中和沈北朝小队获得三等奖。

【民族团结教育情况】 在全市中小学全面开展民族团结教育工作情况列入省政府对市政府的考核、市政府对区县（市）政府的考核项目。层层签订了教育工作目标责任状。为保障工作目标责任状的落实，11月9日—26日，对全市14个区县（市）中小学校开设民族团结教育课情况进行了专项检查。此次检查共涉及43所学校，其中小学16所、初中10所、高中14所、九年一贯制3所。检查主要通过听取校长汇报、查看资料、教师访谈、发放问卷等形式进行，并于检查当日下午对各区县（市）及时进行了反馈。苏家屯民主小学、沈北新区第一小学、沈阳市实验学校、辽中二高中等绝大多数学校能够精心制定民族团结教育实施方案，配备教师，教师教案工整详尽。多数学校都能积极开展丰富多彩的民族教育活动，并在历史、政治、地理、音乐、体育等学科中渗透民族团结教育的内容。同时，学校结合实际采用多种形式、途径、方法，因地制宜地开展民族团结教育。如：聘请专家讲座、社会实践、知识问答、升旗仪式、手抄报比赛、主题班会、校园网络等形式，增强民族团结教育的吸引力和感染力。问卷调查结果显示，学生对民族团结教育知识具有一定的理解和认识，民族团结教育课程开设效果较好。

【内地新疆班、西藏班各项工作】 根据国家下达的计划，2010年东北育才学校和沈阳市第十一中学分别承担了开办内地新疆班和西藏班的任务。东北育才学校在新疆班开学前，组织相关校领导和老师赴上海多所兄弟学校学习了新疆班办学经验；改造了新疆班教师办公室、教室、宿舍、浴池和食堂等基础设施；抽调了优秀管理干部、优秀班主任、优秀教师负责管理和教学工作；远赴新疆乌鲁木齐接来了新疆学生和内派教师。开学后，组织开学典礼，进行军训和体检，举办了肉孜节、古尔帮节联欢会，还组织了为学生过生日、中秋节送月饼、沈阳一日游、国庆参观世博园等活动，并为新疆师生购买了意外伤害保险，配备了生活用品、办公用品、体育用品、电子设备、教材和教辅材料等。沈阳市第十一中学专门成立了民族教育办公室，负责组织和协调西藏班中招、分班、德育、教学、生活、交往和安全等各项工作。本着大分散小集中的原则，将统招西藏生分别安排在几个班，为西藏生创造与内地学生更多的交流、学习机会。生活上除改造宿舍、食堂、浴室等基础设施外，还为西藏生专门设置了活动室、阅览室、自习室和家长接待室，配备了生活用品，还组织了西藏生中秋会餐、国庆游世博园、每月为西藏生过生日等活动。学习上，学校每周日都安排优秀教师为西藏生进行义务补课。活动方面，学校开展了艺术节之西藏民族艺术风情展演活动。在两校的努力下，新疆生和西藏生基本适应了学校的生活环境和学习节奏。

【朝鲜族第一中学民族特色】 朝一中发展民族特色工作全面铺开。学校制定了具有民族特色的发展目标，即把学校建成一个融现代化信息技术和民族传统文化为一体的，既彰显现代格调又浸润民族精神的素质校园、人文校园；把学生培养成有现代意识、民族气质和中华灵魂的一代新人。学校树立了民族特色“大面积丰收”的理念。在坚持双语授课、多渠道开放办学的基础上，筹备新建传统民俗教育基地，进行民族传统礼仪教育。组建了具有浓厚民族特色的学校艺术团，包括舞蹈队和交响乐队。积极普及跆拳道、秋千、摔跤和跳板等民族传统体育项目。

（李钟太　杨晓林　安凯）

特殊教育

【概况】 2010年全市共有特殊教育学校15所（工读学校1所，聋哑学校5所，盲校1所，培智学校8所）。在校学生1 534人（工读学校23人，特殊学校1 511人）。教职工572人（工读学校43人，特殊学校529人），其中专任教师414人（工读学校27人，特殊学校387人）。

【开展非专业特教干部教师岗位任职资格培训】 2010年8月17日—26日，“沈阳市特殊教育岗位任职资格培训班”在华东师范大学如期开办。这是市教育局为全面提高沈阳市非专业特教干部教师基本素质和施教能力，推进特教工作者专业化成长的一项重要举措。选派到上海参加学习的50名学员都是来自10个区县（市）教育局和14所特教学校的视导员、教研员和特教学校的干部和骨干教师。培训内容包括《特殊教育概论》、《特殊学校课堂教学》、《特殊儿童医学基础》、《特殊儿童行为矫正》4门岗位培训课程，以及上海市特殊教育现状与发展、特殊教育法律法规等专题讲座等，共72学时。培训方式主要为理论学习、实地观摩与交流研讨相结合。培训中组织学员参观了上海市浦东新区特殊教育学校和上海市第四聋校。培训结束后，学员提交了听课笔记、培训日记、学习体会、论文。10月11日—12日在沈阳市旅游学校参加了“特殊教育概论”、“特殊学校课堂教学”、“特殊儿童医学基础”、“特殊儿童行为矫正”4门岗位培训课程的统一考试。

【举行全市盲、聋、培智三类特殊教育学校干部教师培训会】 2010年特教干部教师培训（盲教育、聋教育、培智教育三个类别）面向全市500余名特殊教育学校在职教师、市区教研员、视导员和主管科长于11月25日进行全员培训，邀请教育部基础教育二司特教处谢敬仁处长作了题为《史无前例的文献，催人奋进的号角》的报告，深度解读了《国家中长期教育改革与发展规划纲要（2010—2020年）》中对特殊教育的要求；11月26日进行聋教育培训，邀请厦门特教学校副校长、《现代特殊教育研究》编辑、中国教育学会特殊教育分会聋教育专业委员会副主任委员陈军作了题为《新课程与教学新行为》和《青年教师的专业成长》报告；12月2日进行培智教育专业培训，邀请哈尔滨市燎原学校张连池校长作了《医教结合、综合康复及燎原学校的教育教学经验介绍》的报告；12月9日进行盲教育专业培训，邀请北京联合大学特殊教育学院钟经华教授作了《盲校直观教学及因材施教》专题报告。

（周庆军）

民办教育

【概况】 2010年全市共有民办学历教育学校84所。其中民办普通中小学37所，在校生4.92万人，教职工总数4 098人，其中专任教师2 742人，校舍占地总面积114.6万平方米，固定资产总值4.6亿元，为政府分担了部分义务教育和普及高中教育的任务。民办中等职业学校47所，在校生1.08万人，教职工总数2 309人，其中专任教师1 350人，校舍占地总面积226.11万平方米，固定资产总值0.96亿元，所开设的专业涵盖了机械加工、旅游商贸、电子应用、体育艺术、美容美发、装潢设计等诸多行业，为城区经济建设培养了一批职业技能型人才。2010年民办高中共毕业8 150人，其中民办普通高中5 360人，民办中等职业学校2 790人。

【理顺民办学校属地化管理体系】 制发《关于继续加强民办学校属地化管理的意见》（沈教发〔2010〕16号），首次将民办学校检查列入市政府教育督导检查范围，单设民办检查组。从检查情况看，基本达到了预期效果，完善民办学校年度检查评估体系。调整民办普通中小学和中等职业学校教育教学质量检查评估细则内容，使检查项目和标准更符合沈阳市当前民办教育管理的需要。首次将各区县（市）教育行政部门纳入检查组，区县（市）教育局有关人员参与检查全程，深入推进属地化管理。实现民办学校财务审计制度化，并被广大民办学校欢迎。在安排会计师事务所时，保证同一事务所不再审计上年审过的民办学校，审计费用由市教育局全部承担，确保审计结果的真实有效。

【规范民办学校办学行为】 完成民办学校资产与财务情况审计。委托4家会计师事务所，对民办学历教育学校2009年度资产和财务情况进行审计。共审计81所民办学校，其中普通中小学37所、中等职业学校44所。审计显示，民办学历教育学校固定资产总值达5.6亿元，比上年增加29.5%；年度总收入3.5亿元，比上年增长9.4%，总体收支情况基本平衡。但个别学校仍存在贷款额度较大、未使用银行专用账户、财会科目设置不规范等问题。

完成民办学校年度检查评估工作。3月初确定2010年民办学校检查评估实施方案，召开会议进行布置安排。3月29日起至5月初，检查评估工作全部结束，共检查评估73所民办学校，其中普通中小学35所、职业学校38所。达到优秀标准（90分以上）的22所，占总数的30.1%，优秀率比上年提高4个百分点。检查结果和财务审计结果以市教育局文件形式印发（沈教发〔2010〕61号），同时在互联网上向社会公布。

规范民办中等职业学校的专业设置。1月份起对民办中等职业学校现有专业进行重新确认和备案，同时规定今后新开设专业要符合市场需求，严格审批。通过确认和整理，目前民办中等职业学校共开设8类47个专业，涵盖了加工制造、交通运输、信息技术、商贸旅游、农林财经、社会公共事务、文化艺术和体育等多个领域。

制发民办高中学籍管理实施细则。按照《民办教育促进法实施条例》和《辽宁民办教育促进条例》精神，在省市现行高中学籍管理文件基础上，制发了《沈阳市民办普通高中和中等职业学校学籍管理实施细则》（沈教发〔2010〕30号），在民办高中自主招生、学籍注册、日常管理等方面提出了明确要求。印发了《关于整顿以挂靠学籍办学问题的通知》，提出“截止到2010年底，如学校不改正挂靠学籍办学行为，2011年将不再下达招生计划，不予换发新办学许可证，现有高中学生顺利毕业后停止办学”的整顿意见。年底前又对存在挂靠学籍问题的学校进行了复查，除2所学校打算停办高中外，其他3所已结合招生情况开展正常的教育教学活动。

【鼓励引导民办教育发展】 召开“规范民办学校办学章程”培训会。1月29日组织召开全市民办学校办学章程培训会，各区县教育行政部门主管民办教育的科长（主任）、全市37所民办中小学和47所职业学校的董事长、校长等，共150余人参加会议。培训使各学校普遍提高了对章程重要性的认识，达到了预期效果。安排民办学校校长培训学习。为进一步提高民办学校的管理水平和政策水平，在中国教师发展基金会召开民办教育评优表彰暨教育中长期发展纲要培训会议时，组织安排沈阳市10所民办学校的校长赴北京参加。该培训内容得到与会校长一致好评。组织民办学校教师教学研讨系列活动。利用沈阳市太平洋学校的外语教学资源，组织安排三期民办学校英语教师教研培训，参加培训的教师累计170人次。树立民办学校办学先进典型。2010年教师节期间，一批民办学校获得市政府和教育系统表彰：市教育专家1人、市名教师2人、市感动校园好教师3人、市骨干校长2人、市骨干教师20人。另有7所民办学校、6位校长被教育部中国教师发展基金会分别授予“全国民办教育先进集体”、“全国民办教育先进个人”称号，为沈阳市民办学校树立了榜样。全年共组织4次民办学校办学特色展示参观活动，增进了学校间的相互了解。

【民办教育常规管理】 完成民办高中2010届毕业证的办理发放工作。4月底前完成民办普通高中和职业高中2010届毕业生的信息录入、核对校验等工作，按时上报省教育厅，保证毕业证如期验印、发放，毕业年级学生顺利毕业。2010年民办高中共毕业8 150人，其中民办普通高中5 360人，民办中职学校2 790人，毕业证从验印到发放无差错。完成民办学校招生计划的审核协调工作。配合发展规划处完成民办普通高中、职业高中2010年招生计划的申报、审核、规范管理工作，共涉及19所民办普通高中，31所民办中等职业学校，210个招生专业。

（王立华）

中等职业教育

【概况】 2010年全市有中等职业学校89所（其中：普通中等专业学校41所、成人中等专业学校1所、职业高中47所），在校生为9.9万人，教职工9 214人，其中专任教师5 977人。全年共招生3.3万人，为国家输送毕业生3.4万人。整合中等职业教育资源，新建成6所万人规模职业学校，沈阳中等职业教育成为全国职教工作的一种模式。

【全国中职学校学生技能作品展洽会与专业技能大赛】 2010年6月25日—27日，全国中职学校学生技能作品展洽会与全国中等职业学校学生专业技能大赛在天津市同步举行。沈阳市代表辽宁省参加本次展洽会，受到中共中央政治局委员刘延东以及教育部等领导的高度肯定。本次展会中，沈阳市共获特等奖1名，一等奖1名，二等奖4名，沈阳市教育局荣获最佳组织奖，奖牌数量和层次都位列参展单位之首。

【国家装备制造业职业教育沈阳试验区启动仪式】 2010年9月5日，国家装备制造业职业教育沈阳试验区启动仪式在辽宁大厦举行，教育部副部长鲁昕，教育部职成司司长葛道凯，国家发改委副司长李建国，省政府常务副省长许卫国，省教育厅厅长魏小鹏，沈阳市市委书记曾维，市政府副市长祁鸣、市政府副主席李楷等领导参加了启动仪式。鲁昕副部长在讲话中希望沈阳通过试验区建设，在国家的职业教育发展理念方面，在产教结合方面，在建立现代产业体系，宏观制度研究、基本制度研究和重大机制等方面进行有益探索，为国家提供先进经验。

【装备制造业论坛】 2010年9月4日—5日，在教育部和中国机械工业联合会指导下，机械工业教育发展中心、中国职业技术教育学会、中国高等教育学会、教育部职业教育中心研究所联合在沈阳市举办“职业教育与装备制造业创新发展对接高峰论坛”。教育部副部长鲁昕、教育部职成司司长葛道凯、国家发改委副司长李建国、省政府常务副省长许卫国、省教育厅厅长魏小鹏、市政府副市长祁鸣、中国机械工业联合会执行副会长于清笈等领导出席开幕式，参加开幕式的还有教育部和中国机械工业联合会领导和行业技术专家、校企合作优秀企业代表、装备制造业企业和职业教育研究专家，相关职业院校领导、专业负责人和骨干教师共400余人。

【“亚龙杯”职教技能大赛】 12月11日—13日，“亚龙杯”2010年全国中等职业学校信息化教学大赛在沈阳市信息工程学校举行，来自全国33个省、市的256位中等职业学校老师参加了比赛。大赛开赛仪式于12月11日举行，仪式由辽宁省教育厅厅长魏小鹏主持，沈阳市副市长王玲致欢迎词，辽宁省副省长陈超英宣布大赛开始。大赛闭幕式（颁奖仪式）于12月13日在辽宁大厦举行，教育部副部长鲁昕、职成司司长葛道凯、科技司副司长陈盈辉，辽宁省副省长邴志刚、教育厅厅长魏小鹏、省政府教育督导团主任督学何晓淳，沈阳市政府副市长王玲、市政府副秘书长曾波和沈阳市教育局局长苏文捷等领导出席了闭幕式并为获奖单位和选手颁奖。在本次大赛中，沈阳市共有5名选手作为辽宁省代表队成员参加比赛，参赛选手全部获奖，成绩显著，其中金牌2枚、银牌3枚。在本次大赛中，沈阳市教育局作为承办单位获特别贡献奖。

【国家示范校项目学校】 2010年，国家启动实施了中等职业教育改革发展示范校建设计划，以此带动全国中等职业学校深化改革，加快发展，计划三年时间评出1 000所改革发展示范项目学校，国家对每个项目校两年资助1 120

万元用于学校教育改革项目建设，经过申报、审核，沈阳现代制造服务学校、沈阳市装备制造工程学校、辽宁金杯高级技工学校3所学校被批准为首批国家中等职业教育改革发展示范项目学校。

（汤镇）

终身教育

【概况】 以全民终身学习活动周全国总开幕式为契机，沈阳市加大了推进全民终身学习的力度，先后出台了《关于建设全民终身学习的学习型城市的指导意见》、《沈阳市2010年推进全面终身学习活动实施方案》，成立了沈阳市学习型城市建设指导委员会，统一指导全市的学习型城市创建工作。4月7日，沈阳市召开推进全民终身学习工作大会，明确了成员单位及其工作职责分工，市委副书记苏宏章出席会议并讲话。市直牵头部门出台了学习型机关、学习型企业、学习型学校、学习型乡镇、学习型社区和学习型家庭建设的指导意见或实施方案。党政领导统筹、指导委员会牵头、相关部门配合、基层自主活动、全民踊跃参与的工作格局和组织领导机制已经形成。构筑社会化、开放式、多层次的终身教育体系，是创建学习型城市的核心内容。各地区、各部门正在尝试对沈阳市现有的教育资源和人才培养模式进行优化和整合。

【全民终身学习活动周全国总开幕式】 10月16日，由教育部职业教育与成人教育司、中国成人教育协会、中国联合国教科文组织全国委员会、中共沈阳市委和沈阳市人民政府共同主办的“2010年全民终身学习活动周全国总开幕式”在沈阳市儿童活动中心隆重举行，本次活动周的主题是“推动全民学习，让生活更美好”。教育部副部长鲁昕、中国成人教育协会会长朱新均出席开幕仪式并分别讲话。辽宁省副省长滕卫平、沈阳市市长陈海波等省市领导出席开幕仪式。开幕式上，中国成人教育协会会长朱新均首先致辞并宣布2010年全民终身学习活动周开幕，沈阳市市长陈海波致欢迎辞，下届承办城市代表、中共武汉市委教育工作委员会书记靳雁同志致辞，教育部副部长鲁昕作了重要讲话。

【在市级层面精心设计实施十大主题活动】 面向在职工人开展“提高岗位技能”活动，如市总工会与市人社局联合开展“百千万技能人才培育工程”；面向农民，开展“提高致富本领”活动，如市科技局通过选派科技特派员、组织青年农民上大学、成立农村科技培训讲师团等形式，开展农业科技普及活动，不断增强农民自我发展能力；面向机关干部，开展“提高执政能力”活动，如市委组织部举办市管干部培训班10期、600人次，后备干部培训班600人次，推荐干部到高校学习1 000人次；面向知识分子，开展“提高创新能力”活动；面向妇女，开展“提高巾帼创业能力”活动；面向老年人，开展“提高生活质量”活动；面向大、中、小学生，开展“提高综合素质”活动；面向残疾人，开展“提高生活信心，增强创业能力”活动；面向农民工，开展“提高转岗敬业适应能力”活动；面向下岗再就业人员，开展“提高再就业能力”活动。

【各地区、各部门、各单位结合实际，设计各具特色的主题活动】 市委宣传部组织开展了“党员干部群众谈读书”主题征文活动，大家踊跃参与。市直机关工委开展“学习型双争双创”活动，并将活动开展情况作为党建工作目标管理重要内容进行检查和考评。和平区推出了“和平文化十二月”主题系列活动。皇姑区组织开展“诗情皇姑，中华经典美文”晨读活动。苏家屯区组织开展“四个一”工程，即建立“一个学习阵地”、组建“一支宣讲队伍”、制定“一套学习制度”、开展“一系列主题活动”，搭建了网络、手机短信、平面资料三大学习资源共享平台。市科技局以“开展科技宣传周和知识产权宣传周、农业科技普及活动、科普教育、学习型机关建设、终身学习高层论坛活动”等五项主体活动为重点，全面推进全民终身学习活动的深入开展。市人社局确定了中高级专业技术人才培训、失业人员培训和农民工培训三项重点工作。市农委以农民工培训和促进农民增收为重点，制定了详细的培训计划。市妇联积极开展学习型家庭创建活动，大力推广一二三读书工程（即学习型家庭达到有1份报刊、2份杂志、300册图书）。

【开展“沈阳市全民读书月”活动】 2010年，沈阳市全民读书月共有17项重点活动，46项活动，100余项群众活动。“沈阳人最喜欢的十大好书”评选活动、“阅读改变城市”主题图书展销活动、书香单位评选活动等，深受欢迎。特别是百万图书捐赠活动，由沈阳市253个地区和单位捐赠的共计100余万册图书，分别赠送给了郊区、县（市）的556个农家书屋，为农民送去宝贵的精神食粮。本次活动也是沈阳有史以来参与人员最多、捐赠数量最大的图书捐赠活动。“全民读书月”正在成为市民的文化庆典，城市的文化名片。

【开展讲坛、讲座活动】 “辽海·沈阳讲坛”全年计划宣讲2 000场、直接受众80万人次。全市三级理论宣讲已开展讲座300余场，受众13万余人次。“全民读书月”期间的“名家讲坛”活动，邀请纪连海、王立群、傅佩荣等知名学者来沈讲学，为沈城市民献上精彩的文化盛宴。市委宣传部和市直机关工委联合举办的“学习论坛”，营造了机关干部爱读书、读好书、善读书的学习氛围。此外，其他的讲座安排也是精彩纷呈、精品不断，例如，皇姑区的“百姓讲坛”、辽中县的“近海大讲堂”、市妇女会馆的“女性讲堂”，吸引了众多基层群众。市委组织部10期“名家讲堂”，听众7 200人次；市林业局每年举办12期机关《读书讲坛》；市妇联组建“沈阳市女村官宣讲团”，深入基层进行宣讲。

【举办“终身教育和学习型城市创建”系列论坛】 围绕终身教育和学习型城市创建理论和实践中的重大课题，交流研讨，组织力量撰写理论文章、专著，总结推广成功经验，提升终身教育和学习型城市创建工作理论水平。市民政局的学习型社区论坛，市委宣传部主办、皇姑区委宣传部承办的“创建学习型城区论坛”，市食药监局的“建设学习型机关论坛”等。

【开展“红诗沈阳”诗歌朗诵、歌舞演出等文艺活动】 营造终身学习的良好氛围。“红诗”咏诵、“名人名篇音乐朗诵会”、“红色经典剧目”展演、市直机关纪念建党89周年大型红歌汇——《红色交响》等系列活动，吸引了全民广泛参与终身学习，文化品位不断提高。“红诗沈阳”、“争先创优”、“创建学习型党组织”等系列活动的宣传报道，已成为弘扬社会主义核心价值体系、展示终身学习成果的重要途径。

（汤镇）

高等教育

【概况】 2010年全市普通高等学校41所，在校生规模达到34.85万人。教职工3.87万人，其中专任教师2.29万人。全市有研究生培养机构27所，在学研究生达3.8万人，全年招生1.36万人，为国家输送博士、硕士10 898人。依托高校科技资源，先后建成铁西装备制造业集聚区公共研发促进中心、沈北新区高新技术成果孵化基地等科技创新平台94个；沈阳高校有147个学科直接服务沈阳产业发展，对支柱产业和新兴产业形成了学科服务的全覆盖；2010年，高校197项科研成果在沈阳市转化，产值超百亿元，科技成果本地转化率达70%。

沈阳市目前有4所市属高校，即沈阳大学、沈阳医学院、沈阳职业技术学院、沈阳广播电视大学，占地总面积160.1万平方米，建筑面积达105.9万平方米；现有在校生42 051人，其中硕士研究生255人，本科生17 385人，专科生24 666人，成人教育38 634人，已培养各类人才约40余万人；教职工总数达7 206人（含离退休人员2 522人），其中专任教师2 653人，副教授以上教师1 268人。2008年，沈阳大学、沈阳医学院与全国160所学校一起被教育部评定为国家普通高等学校本科教学工作水平优秀学校。沈阳大学紧紧围绕“建设全国同类院校一流大学”的奋斗目标，扎实推进“六大工程”；沈阳医学院2009年取得硕士学位授予权；沈阳广播电视大学正在积极准备申办开放大学；沈阳职业技术学院2007年被教育部、财政部确定为“国家示范性高等职业院校”建设学校，这是市属高校首次进入国家重点建设院校行列。

【沈阳市召开在沈高校科研设计单位负责人座谈会】 1月29日，沈阳市召开在沈高校科研设计单位负责人座谈会。省委常委、市委书记曾维出席会议并讲话。他强调，要充分发挥在沈高校和科研设计单位的优势，切实把一切创新的智慧和力量调动起来、凝聚起来，为沈阳实现又好又快发展注入强大活力。东北大学等26家在沈高校和沈阳铝镁设计研究院等10家科研设计单位负责人参加座谈会。

【召开在沈高校科研设计单位服务沈阳建设重大科技项目论证会】 为贯彻落实1月29日曾维书记与在沈高校、科研设计单位负责同志座谈会上的讲话精神，5月5日，市委教科工委组织召开在沈高校、科研设计单位服务沈阳建设重大科技项目论证会，邀请市发改委、市经信委、市科技局、市中小企业局等单位的有关领导及专家组成评委会，遴选首批推进的重大项目，东北大学、中煤国际工程集团沈阳研究院等16个单位的21个项目入围参选论证会。最后筛选出12个科技项目下一步重点推进。

【铁西装备制造业聚集区公共研发平台启动】 5月11日，沈阳铁西装备制造业聚集区公共研发平台建设合作框架协议签约仪式在沈阳工业大学举行。省委常委、市委书记曾维，市长陈海波，市人大常委会主任赵长义，市政协主席刘雅琴出席仪式，共同为“沈阳铁西装备制造业聚集区公共研发促进中心”揭牌。以此为标志，铁西装备制造业聚集区的公共研发平台宣告建成启动。在签约仪式上，沈阳工业大学分别就“双回转工作台检测台”、“直流偏磁对变压器空载电流”和“空载损耗影响的研究”等科研成果，与沈阳机床集团和特变电工沈变集团等企业签署了项目合作协议。沈阳机床集团、北方重工集团、沈鼓集团、沈阳远大集团、特变电工沈变集团、三一重装集团和北方交通重工集团等几家企业分别成立了“公共研发促进中心分中心”。市政府将在铁西区取得成功经验的基础上，支持全市建立更多、更高水平的公共研发促进中心。仪式后，与会领导参观了沈阳工业大学的部分重点实验室。

【沈阳铁西现代建筑产业园公共研发平台】 5月19日，沈阳铁西现代建筑产业园公共研发平台建设合作框架协议签约仪式举行。市领导顾春明、李继安、温贵纯、张秀华共同为“沈阳现代建筑产业技术研发中心”和“沈阳现代建筑设计研发中心”揭牌。签约仪式上，沈阳经济技术开发区、沈阳铁西现代建筑产业园与沈阳建筑大学、中国建筑东北设计研究院，上海宝钢建筑设计研究院和沈阳兆寰现代建筑产业园有限公司，就科学研究、技术开发、信息交流、人才培养和项目引进等达成合作意向，建立战略伙伴关系。公共研发平台主要为沈阳铁西现代建筑产业园的规划、建设及项目引进提供科学技术支持与服务；为进入现代建筑产业园区的项目进行技术层面的分析，设定科学合理的进入门槛；按照可持续建筑发展趋势，重点研发节能、低碳、绿色建筑新技术，以提供低碳建筑技术和产品为支撑，提供相应的技术咨询和服务；选择对提高住宅综合性能起关键作用的核心技术，集中力量开发攻关，形成产学研相结合的技术创新体系，带动东北地区住宅产业化发展。

【2009—2010李宁中国大学生足球联赛总决赛在沈阳工业大学拉开战幕】 经过南北分区的激烈比赛后，2009—2010李宁中国大学生足球联赛总决赛阶段的比赛于6月8日下午在沈阳工业大学中央校区体育场拉开战幕。沈阳市副市长王玲在讲话中说，沈阳工业大学承办中国大学生足球联赛总决赛，不仅丰富和发展了校园足球文化，展现了沈阳高校蓬勃向上的精神风貌，同时也为展示沈阳老工业基地全新形象搭建了平台。

【高校、科研设计单位积极与浑南新区进行战略合作】 为进一步落实2010年1月29日曾维书记在与在沈高校和科研设计单位负责同志座谈会上的讲话精神，9月27日，市委教科工委与浑南新区举行“沈阳高校、科研设计单位党委书记看沈阳”暨浑南新区与在沈高校、科研设计单位战略合作启动仪式。党的关系在市委的26所高校、10所科研设计单位主要领导参加了活动，市委教科工委书记赵日刚同志主持战略合作启动仪式，市政府副市长、浑南新区区委书记杨亚洲出席活动，向与会代表介绍了浑南新区总体情况，并全程陪同参观考察了沈阳新松机器人自动化股份有限公司、动漫产业公共技术平台二期、沈阳四维数码科技有限公司等驻区企业。活动期间，浑南新区与东北大学、沈阳工业大学、沈阳建筑大学、沈阳理工大学、沈阳航空航天大学、沈阳仪表科学研究院在委托开发科技项目、设立创业投资基金、开发节能减排技术、建设好“国家级沈阳中俄科技合作基地”、建设航空科技应用研究基地和航空产业人才培养基地、推进沈阳市物联网传感器及智能仪表产业联盟等方面，签署了战略合作协议。

【沈阳高校大学生思想政治教育工作会议召开】 11月3日，沈阳市召开沈阳高校大学生思想政治教育工作会议。总结中央16号文件下发五年来取得了显著成效，提出未来五年沈阳高校大学生思想政治教育工作将重点实施“十大工程”。一是“理论提升工程”，二是“教书育人工程”，三是“辅导员队伍建设工程”，四是“社会实践教育工程”，五是“校园文化建设工程”，六是“学生共产党员工程”，七是“心理健康服务工程”，八是“就业创业工程”，九是实施“主渠道建设工程”，十是实施“平安校园建设工程”。会上，市委副书记苏宏章同志指出做好大学生思想政治教育工作要做到“三个注重”，即：一要注重以德为先，把握方向性；二要注重方式方法，富于创造性；三要注重解决问题，增强实效性。东北大学、沈阳大学、辽宁大学、沈阳建筑大学、沈阳工业大学的校领导分别介绍了大学生教育与管理、就业创业、辅导员队伍建设、校园文化建设和大学生形势与政策教育工作经验。会议下发了《沈阳高校大学生思想政治教育工作考评条例（试行）》，对沈阳高校大学生思想政治教育工作先进单位、大学生就业创业工作先进单位和第三届沈阳高校形势与政策教育公开课教学大赛一等奖教师给予了表彰。

【沈阳市召开产学研战略发展暨沈北新区校域发展推进会】 11月19日，沈阳市召开产学研战略发展暨沈北新区校域发展推进会。省委常委、市委书记曾维出席会议并讲话。在沈高校、科研单位以及部分企业负责人参加会议。会上，与会领导为沈阳大学生创业基地、沈阳校企合作基地、沈阳校域新技术成果孵化基地、沈阳文化传播与推广基地授匾。沈北新区及驻区企业分别与市委教科工委、在沈高校和科研单位签订了合作协议。曾维强调，在沈高校、科研单位是科技创新的“策源地”、产学研相结合的“集散地”，全市上下必须把大力支持其发展摆上重要位置抓紧抓好，进一步把这一宝贵的战略资源转化为沈阳的发展优势、竞争优势。

【第五届沈北大学城纪念“一二·九”运动75周年长跑开赛】 12月9日，沈北大学城6所高校的领导、老师、同学们齐聚沈阳医学院，隆重举行纪念“一二·九”运动75周年长跑比赛活动。来自辽宁大学、沈阳航空航天大学、沈阳师范大学、沈阳工程学院、辽宁美术职业学院、沈阳医学院的600余名大学生参加比赛。纪念“一二·九”运动长跑比赛是沈北大学城6所高校的品牌活动，是沈阳市独具魅力的大学文化特色。陈超英副省长在讲话时勉励大学生继承和发扬“一二·九”精神，展现青春活力与风采。希望沈北大学城6所高校进一步加强沟通、交流和合作，为辽沈地方经济建设和社会发展为老工业基地的全面振兴作出新的、更大的贡献。赵日刚书记致辞。长跑结束后，与会领导为获奖学生代表颁奖。

【师资队伍建设与人才引进】 市属高校大力加强师资队伍建设，实施“人才强校”战略，广纳人才。沈阳大学制定了《沈阳大学中长期人才发展规划纲要》，在加强师资培训的基础上，与市委组织部、沈阳市人才办共同组建了沈阳市高层次人才储备基地，引进了30名博士并成功获批了博士后科研工作站。沈阳医学院共引进5名博士及以上人才来校工作，建立年度教师培训计划，共选派40余名教师到国外知名大学进修，组织各类培训70余人次。沈阳广播电视大学人事管理、队伍建设工作稳步推进。沈阳职业技术学院实施“教授引领工程”、“青蓝工程”等，师资水平明显增强。

【科研课题与学术交流】 沈阳大学的“城市老工业搬迁区功能重构和宜居环境建设关键技术与示范”项目列入国家科技支撑计划，“辽河流域自然保护区生态建设与区域污染控制”项目获得国家重大水专项。获得国家自然科学基金10项、社会科学基金1项，基金获得量在全市23所普通本科院校中排名第五，科研进款首次突破4 000万元，实现了历史性突破。沈阳医学院获得各级各类教学研究课题35项、教学成果奖11项，省级教育软件大赛3个、全国教学课件大赛等奖项1个。沈阳广播电视大学的国家级课题《现代远程教育学校文化研究》获得中国成人教育学会一等奖，7篇论文分获中国教育技术学会一、二等奖。沈阳职业技术学院获得省级以上科研立项31项，其中重点研究课题11项，获得经费11.1万元。市属高校加强国际国内学术交流，与科研院所、市科协等单位合作共同开展多项活动，广泛开展学术交流，举办博士论坛、院士讲座、各类学术会议等。

【学科建设、专业建设、课程建设】 沈阳大学学位点增列工作成果较为显著，有工商管理硕士（MBA）和工程硕士中的机械工程等5个专业获得硕士学位授予权，实现了零的突破，是辽宁省新增硕士专业学位授权单位中增列点最多的单位，硕士点申报工作中的应用经济学、生物学等7个一级学科正在等待国务院学位办批复。沈阳医学院重点加强了学科建设和科技平台建设，开展重点（培育）学科和学科带头人遴选工作，本科临床学专业和护理专业成为省特色专业，系统解剖学、卫生毒理学和老年护理学等被评为省级精品课程，学校被卫生部批准为ISPN（国际护士执业水平考试）项目培训基地。沈阳广播电视大学积极探索基于网络的教学模式，推进个性化教学服务，得到中央电大领导的高度评价。同时也加强了课程团队建设。沈阳职业技术学院申报了22门国家级精品课，20个国家和省级重点专业、品牌（示范）专业和教改专业，编写了国家及省级精品教材29部，获得省级及以上优秀教学成果、课件等30多项，建设优质核心课程55门、网络教学平台55个、建设国家高技能紧缺型人才培养基地2个。“三双”、“四跟”办学模式、“333”人才培养模式得到肯定。

（徐岩）

安全教育

【全市中小学深入开展校园门前交通秩序整治活动】 建立全市中小学交通安全调度会议制度，要求各区、县（市）教育局把此项工作作为重点，并全力做好组织、协调和调度工作，将工作层层分解，落实到人。针对排查出来的涉及校园及幼儿园门前秩序混乱点，进行了认真的梳理和分类，分别要求所及的9个区县、103所学校，积极配合有关部门及时制定整改计划，切实将整改落实到位。完善了接送学生机动车档案，全面加强了接送学生的机动车管理，并通过下发《致全市学生家长、驾驶员的一封信》，让每一名学生家长、驾驶员都接受宣传教育，做到主动礼让、文明行车，确保交通安全。要求全市中小学在每天上、下学以及午休时段，派专人佩戴标志，加强学生进出校门的疏导和管理，并配合交警等工作人员，劝阻车辆及时驶离校门前区域，以免造成人为的交通拥堵。

【积极做好农村中小学生安全乘坐校车工作】 为进一步做好沈阳市农村中小学校车工作，市教育局要求各学校切实做好统计调查、乘车教育和管理等各项工作。目前全市11个区、县（市）开展了校车工作，农村学校422所，在校学生人数423 395人；开通校车学校191所，存在乘车需求学生70 356人，实际乘坐校车学生68 858人；运营校车1 711台，现有运力基本能够满足乘车学生的需求。一是加强乘车安全教育；二是加强乘车安全管理，要求学校安排学校指定专人，具体负责；三是切实制定学生“实名制”乘车计划，以班级或年级为单位，建立乘车学生档案，设立乘车小组长；四是认真组织召开乘坐校车学生的家长会，不乘坐“三无”车辆，也不要乘坐超员超速校车，同时建全监督和举报机制；五是要积极配合交通、公安等部门，认真做好校车运营过程的监管，尤其是发现校车存在隐患，应第一时间通报公安机关和交通部门，积极做好工作，确保乘车学生的安全。

（郭晓峰）

国际交流

【概况】 接受外籍学生就学、加强外籍人员子女学校建设，是优化沈阳市发展环境，完善公共服务功能的重要工作，也是教育开放、教育国际交流的重要工作。印发了《关于提高沈阳市国际教育能力进一步做好接受外籍学生工作的通知》。让外籍人员子女在沈阳能上学，上好学，同时也是培养外国青少年热爱中国、热爱中国文化、热爱沈阳情感的重要工作，这也是沈阳市外向型经济可持续发展的潜在因素。

【为外籍人员子女学校办学创造良好条件】 外籍人员子女学校是由外资独资举办，实施外国课程，招收外籍学生，由我国教育部批准设立的学校，现全国约百所。沈阳市现有两所外籍人员子女学校，均实施由学前到高中的外国教育，分别是沈阳韩国国际学校，实施韩国教育，现在校学生215人，均为韩国籍；另一所为沈阳远见国际学校，实施美国教育，现有在校韩、日、美、德、法等国家的学生160人。沈阳市教育局负责协助省教育厅对学校办学的日常管理，建立了定期沟通机制，按学校要求，在执照办理、免税证明办理、学生证办理、外籍教师工作许可证办理、师生甲型流感疫苗接种等方面提供了及时的服务。做好中外教育管理者交流、教师交流、学生文化交流，开展中外教学展示、中外师生联合活动等，让学校举办者对办学环境满意，让外国师生感受中国文化，感受沈阳师生的热情和友好。

【利用沈阳市优质教育资源，作为外籍人员子女学校的必要补充】 为满足在沈外籍学生接受本国教育的需要，在沈阳市尚无外籍人员子女学校时，东北育才学校已探索实施外国教育。法国米其林公司入驻沈阳后，东北育才学校适时正式实施了法国教育；2010年，针对华晨宝马等企业德籍员工子女的就学需求，又正式实施了德国教育；同时，学校还引进了美国、新加坡、澳大利亚、加拿大等国教材教学。东北育才学校现有外籍学生101名，接受本国教育的学生21名，学校现聘用外籍教师20名。在国家对外籍人员子女学校举办主体、办学条件、办学方式等有明确政策规定的情况下，《提高沈阳市国际教育能力为进一步优化发展环境服务的意见》明确了支持东北育才学校扩大国际教育规模，提高国际教育能力和水平；沈阳市第二中学在中外合作办学，举办中加（加拿大）双文凭高中项目的基础上，针对性建设，到2010年底，达到具备接受外籍学生的条件；沈阳市朝鲜族第一中学，到2011年暑期，要达到开设韩国初、高中课程的条件；沈阳市外国语学校，到明年暑期，达到开设日本小学、初中课程的条件，并继续探索开设其他国家教育课程。

【提高“试接受外籍学生学校”办学水平，提高外籍学生教育能力】 沈阳市现有试接受外籍学生中小学、职业学校共179所，共接受外籍学生1 000余人。为使外籍学生在沈阳更好地接受中国教育，学习好，生活好，《关于进一步做好沈阳市中小学接受外籍学生工作的意见》提出了10项具体规定，在外籍学生相对就近入学的原则下，尽可能提供相对优质教育资源；简化入学手续，在基本条件满足的情况下，可先安排入学，后办理入学手续；科学进行语言、课程知识水平测评，提出入学年级建议，并实行年级试读制；学校明确一名副校长统管外籍学生教育工作，教学、教导部门分别设专人管理外籍学生学习和生活；对外籍学生分层次进行有效的汉语言辅导，开展丰富多彩的活动，提高外籍学生学习汉语的兴趣；在学科教师指导下，通过中外学生“一对一”的形式，建立中外学生学习小组；按外籍学生及家长的要求，提供本民族语言课程；研究外国教育和外国文化，根据其特点组织好外籍学生课余活动；开展中外学生文化交流、国际理解和被理解教育；提高接受外籍学生学校的办学条件，从2011年开始，在全市中小学办学条件均衡发展的基础上，市区两级教育行政部门共同投入，每年对接受外籍学生规模较大的10所学校，进行办学条件针对性改善和提高。市教育局在满足现阶段外籍人员子女就学需求的同时，密切关注外事部门招商引资、外企落户等工作和规划，超前做好教育服务的准备工作。

【沈阳远见国际学校获批】 2010年6月28日，国家教育部正式批准设立沈阳远见国际学校。沈阳远见国际学校，系由新西兰独资企业世纪远见商务咨询（沈阳）有限公司举办的，开展学前教育、小学、初中和高中教育的外籍人员子女学校，学校实施美国教育。沈阳远见国际学校的正式获批，填补了沈阳市欧美教育的空白，拓展了沈阳市实施国际教育的能力，为优化投资环境，在教育方面又迈出了可喜的一步。该校现位于满融经济开发区校舍，占地面积11 300平方米，建筑面积8 000平方米；现有来自韩、日、美、德、法等国家的学生180人；教职工60人，其中外籍教师28人。

（李彤洲）

离退休干部工作

【概况】 2010年，市委教科工委市教育局机关，有离退休干部118人，其中离休20人，退休98人；离休副局级以上9人，处级以上9人，科级2人；退休副局以上23人，处级以上75人。

【召开春节团拜会】 2月4日，召开了市委教科工委市教育局机关老干部春节团拜会，苏文捷局长向全体老干部通报沈阳市2010年全市教育工作情况和2011年工作计划；召开了老干部座谈会，请老干部为全市教育改革工作进言献策。

【考察职业教育园】 5月19日，组织80余名老干部考察了职业教育园区，参观了市信息工程学校、市汽车工程学校和市化工学校以及东北育才学校沈北校区。

【参观市政建设】 6月17日，为使老干部亲身感受沈阳市经济建设发展成果，组织考察了沈北新区和浑南新区，参观了市辉山乳制品厂和长白岛，乘船游览了浑河。

【开展庆“七一”活动】 7月3日，组织50多名离退休党员到东北育才学校东关模范小学，参观了周恩来少年读书旧址。

【召开庆“重阳”老干部红诗朗诵会】 10月17日，召开了“庆重阳，老干部红诗朗诵会”，80多名老干部激昂地朗诵了100多首红诗，市教育局副局长张晓军参加了活动，为老干部赠送慰问品。

【开展走访慰问老干部活动】 春节前，市委教科工委市教育局领导及各处室按照老干部联系人工作制度，分别走访慰问老干部130人次；结合“七一”和“重阳”节走访慰问老干部50多人，送去慰问金和慰问品；探视和慰问生病和住院的老干部60多人次。

【组织定期体检】 分别于5月、9月、10月份组织进行了3次体检，老干部120人次参加体检，详细记载了老干部的体检结果，11月3日举办了预防心脑血管疾病的健康知识讲座。

【发挥老干部党支部作用】 3月3日召开了离退休干部党支部换届工作，组建了新一届离退休干部党支部。在2010年机关党委“两先”、“两优”评比活动中，离退休干部党支部被评为先进党支部，4名离退休党员被评为优秀党务工作者和优秀共产党员，退休干部程国珍被授予沈阳市终身学习工作优秀志愿者荣誉称号。

（刘玮琪）

纠风工作

【概况】 2010年，按照“标本兼治，综合治理，惩防并举，重在预防”的工作方针，以解决群众反映的突出问题为重点，围绕教育收费、教辅材料征订以及乱补课、乱办班等群众关心的热点问题开展行之有效的工作。全年共受理群众举报投诉935件，其中电话投诉673件，来信16件，省教育厅转办12件，省民心网转办27件；受理沈阳市政风行风热线网转办件511件，其中求助件254件，咨询件58件，投诉件68件，案件131件，群众满意率为98.51%。共查处教育不正之风问题66个，共有77人受党政纪处分和其他处理。清退违规收费29.256 5万元。

【落实教育纠风工作责任】 为确保教育行风建设工作取得实效，1月12日下发通知，要求寒假前完成各区县（市）教育局与各中小学、各中小学与教师签订2010年教育纠风工作责任状。同时，市教育局与各区、县（市）教育局签署了2010年沈阳市教育行风建设责任状，进一步明确了各级教育部门的责任。

【召开年度教育纠风工作会议】 2月4日市教育局召开了年度教育纠风工作会议。会上，铁西区、于洪区教育局主要领导作了经验交流，市委教科工委副书记、市委教科纪工委书记张恩对进一步做好今后的教育纠风工作提出了四点意见：一是明确责任，高度重视纠风工作；二是明确重点，加大纠风工作的查处力度；三是明确规范，提高制度的执行力；四是明确分工，加强市区间的密切合作。会上还向各区县（市）教育局下发了《2010年教育行风建设工作意见》和《2010年教育行风建设考核工作安排日程表》。

【召开沈阳市教育纠风工作电视电话会议】 2010年7月19日，市教育局以市政府名义召开了沈阳市教育纠风工作电视电话会议，会上市教育局苏文捷局长在讲话中重点强调了“七个严禁”和“五项措施”。市纪委常委、市监察局副局长、市政府纠风办副主任赵萍就做好2010年教育行风工作讲了三点要求。最后王玲副市长对做好教育纠风工作提出六点意见。会上下发了《沈阳市中小学教辅材料管理暂行办法》、《关于进一步规范民办教育机构办学行为的通知》、《关于禁止义务教育学校违规补课的通知》三个文件。市委教科工委、市教育局领导班子成员、各处室处长（部长、主任）；沈阳市治理教育乱收费联席会议成员单位有关领导，各区县（市）政府主管教育区县（市）长及教育局有关人员和部分中小学校长共170人参加会议。

【制定沈阳市教辅材料使用和管理办法】 3月22日至6月20日，针对沈阳市中小学教辅材料使用过程中存在的一系列问题，由纠风办牵头组成专项调研组，对沈阳市教辅材料使用情况进行了专题调研。调研组选取23所学校进行了调研，共发放教师问卷344份，学生问卷757份，分别与学校管理人员71人、各学科任课教师125人进行了座谈。根据调研情况，拟定了两个方案，广泛征求了意见和建议，同时分别组织召开了三个座谈会，认真听取了基层校长及教学管理人员的修改意见，最终形成了《沈阳市中小学教辅材料管理暂行办法》。此办法出台，使沈阳市教辅材料的使用与管理有章可循、有法可依，也能切实减轻学生的课业负担和家长的经济负担。

【组织开展春季教育收费专项检查】 3月3日市教育局下发了《关于开展春季教育收费检查的通知》，要求全市各区县（市）教育局组织区域内的中、小学开展进一步规范办学行为，坚持义务教育阶段公办学校“一费制”收费办法，查处各种违规收费的春季乱收费情况。各学校对照《通知》规定的内容，逐条检查本学校是否存在违反国家收费政策的行为和乱摊派的收费项目。各学校都能够认真进行自查、自纠，倾听各方面的意见，反思学校的资金运作情况，及时解决和纠正了不规范的做法。

【对乱补课进行专项治理】 2010年暑假期间，市教育局成立5个检查组对全市义务教育阶段学校暑假集体补课及在职教师乱补课情况进行了全面检查。检查组先后组织987人次，对246家单位、办学机构、黑补课班进行了联合检查，查实了26名违规参与社会补课的教师和2所暑期组织集体补课的学校，分两次进行了通报，并在媒体上进行了公示。通过专项整治工作的开展，全市在职教师有偿补课现象明显减少，群众举报投诉量大幅下降，市教育局查处违规补课工作受到社会各界的广泛好评。

【畅通监督渠道，自觉接受各方面的监督】 2010年市教育局重新聘任了100名市级教育行风监督员，并召开了行风监督员座谈会，征求他们对教育行风建设的意见和建议。11月5日，市教育局组织40名教育行风监督员视察了装备制造工程学校和铁西区腾飞小学，他们对教育的发展变化给予了高度肯定。

【行风建设成效明显，工作受到充分肯定】 2010年沈阳市民主评议政风行风活动中，市教育局被沈阳市政府评为“2010年政风行风建设先进单位”，市教育局已连续五年被市政府评为政风行风建设先进单位。市实验学校小学部等14所学校被评为2010年政风行风建设先进基层单位。沈河区被评为2010年度省级规范教育收费示范县（市、区），沈阳铁路第三小学等14所学校被评为省级教育收费示范学校。

（关英）

信访工作

【概况】 2010年，沈阳市教育局驻厅办共接待群众来市信访大厅上访1 354案次，约2 100人，其中集体访15案次，约680人，初访263案，281人，立案调处58案。此外，处理交办案件13件，处理电话诉求及群众来信172件，接待厅外上访35案次，其中集体访4案次，约130人。其中，现场化解205案，立案调处的案件结案息访58件，结案息访率达100%。交办案件息访5件，结案7件，全年未形成新的积案。收到群众送来的锦旗6面，感谢信1封。5名同志受到市信访大厅表彰，沈阳市教育局驻厅办被市信访大厅评为先进集体。

【教育信访工作更加规范】 进一步完善了信访工作制度，教育信访工作实现了制度化、规范化、科学化。实行首接负责制，完善调处案件档案管理，确保案件卷清目明；完善了信访事项接待、调处以及交办、督办程序；建立敏感时期“信访零报告制度”。

【化解了16件个体访积案】 全年共确定了21件个体访积案，召开27次调处会，9次深入责任单位督促案件解决工作。经过一年的努力，有16起信访积案结案息访，5起案件结案。

【遏制群体性事件】 通过下访督导、收集信息、建立稳控责任体系等有效措施，与公安、稳定办等部门的密切配合，被辞退代课教师、原农村幼儿园教师和部分离退休教师集体上访高发的势头得到有效遏制，全年共化解了18起群体访事件，维护了教育系统稳定。

【开展源头预防工作调研】 为从源头上预防和减少信访矛盾纠纷，本着标本兼治的原则，对2008年以来驻厅办受理的信访案件进行了梳理，分析矛盾产生的原因，撰写了《关于皇姑区少年宫学员受紫外线消毒灯照射信访案引发的几点思考》、《从信访事项看源头预防的重要性》等调研报告，为领导决策提供了参考和依据。

【加强信访干部队伍建设】 将学习潘作良、邓长辉等先进人物的事迹同建设工作一流、群众满意部门结合起来，进一步增强信访干部的责任感和使命感，增强服务群众的自觉性。开展了读书月、信访工作专题研讨会、主题民主生活会等活动，提高了信访干部的政策水平，提高了处理复杂矛盾的能力。全年没有发生被信访人投诉的情况。

（郝志文）

语言文字工作

【沈阳市顺利通过国家二类城市语言文字工作评估】 12月17日，沈阳市国家二类城市语言文字工作评估总结大会召开。省评估组组长、教育厅副厅长、省语言文字工作委员会副主任王燕玲代表省评估组向市政府反馈评估检查情况。沈阳市顺利通过国家二类城市语言文字工作评估。

本次评估省教育厅、省语委组织近20人的评估组，对沈阳市于洪区、沈北新区、苏家屯区、东陵（浑南新区）四个郊区进行国家二类城市语言文字工作评估，涉及党政机关、学校、新闻媒体和公共服务行业四大领域，评估内容为《辽宁省二类城市语言文字工作评估指标及评分标准》所规定的指标项，由综合管理、普及普通话、社会用字管理三部分组成。评估采取定点检查和随机抽查相结合的方式进行。通过听取汇报、查阅资料、问卷调查、座谈讨论、查看环境等方式，全面评估检查各区的语言文字工作。共检查了24个单位，对沈阳市的语言文字工作进行了全面深入细致严格的评估。

（杨晓飞）

德育工作

【“我有一个好习惯”演讲比赛活动】 7月28日，沈阳市中小学生“我有一个好习惯”演讲比赛决赛（小学组）在沈阳市第五中学俱乐部礼堂举行。来自全市各区县（市）的15名选手参加了决赛。担任本次比赛的评委有全国著名词作家邬大为和市直有关部门的专家。省市有关领导观看了小学组的决赛。这次比赛是在全市中小学生“30天养成一个好习惯”活动的基础上开展的，已经坚持了5个假期。7月23日，在沈阳市第五中学举行了中学组的决赛。沈阳市第三十中学的杨括、浑南一中的付钰获得了中学组的一等奖。

【中小学经典阅读基地创建活动】 2010年4月29日，由市委宣传部、市教育局主办，芒种杂志社承办的沈阳市中小学经典阅读基地，在和平区南京一校举行启动仪式。首批建立37个阅读基地。经典阅读基地所开的活动均为公益性的。主办单位将定期请全国著名教育家、作家进行专题讲座，主要选题有国学经典、红色经典、美文经典等；开展体验式阅读活动，如情景作文、童话之旅、典藏大师、课本剧场等；基地的活动内容以及学员成果将以《芒种》为平台进行交流与展示。每年度将对优秀基地、优秀组织者和优秀师生进行表彰。《芒种》杂志社向学校提供了5 000册、价值10万元码洋的精品图书。市委宣传部副部长唐明和市教育局副局长张晓军为基地揭牌，并分别在启动式上讲话。启动仪式结束后，北京大学教授、博士生导师、著名作家曹文轩作了“经典阅读意义”的讲座。

【迎全运文明沈阳行动】 根据“迎全运文明沈阳行动”的总体部署，以“喜迎全运会，做文明小主人”为主题，在中小学生中深入开展一次宣传教育活动。在全市中小学生中开展“六个一”活动，即向全市中小学生发出一封倡议书，致全市广大学生家长一封信，举行一次主题升旗仪式，召开一次主题班（团队）会，举办一次礼仪知识讲座，开展一次文明学生评比活动。推出了“百万师生志愿服务百万小时”活动，动员全市中小学师生积极参与“迎全运志愿服务行动”和“迎全运环境整治行动”。主要利用社会实践活动时间、双休日、节假日进行。全市有超过50万师生参与，每人每学期完成1小时，50万人累计起来将超过1百万小时。参与的公益活动主要有：文明礼仪宣传活动，面向社会，充分利用家长学校、学校网页、公益演出等渠道，宣传普及礼仪知识；文明祭祀宣传活动，继续开展“告别陋习，文明祭祀”活动，倡导鲜花祭祀、网络祭祀等文明活动，组织中小学生祭奠革命英烈；志愿服务活动，积极参与第十一届全省运动会的志愿者招募、选拔、培训活动，参与对鳏寡老人、残疾人、困难群体等的志愿服务活动；环境清洁活动，积极参与学校周边环境整治和社区卫生清扫活动，组织师生，以学校周边和社区为主阵地，开展捡拾白色垃圾、保护绿地树木、擦亮站牌健身器械等活动。4月27日，又组织中小学生参与了玫瑰行动。主要是组织中小学生为全市文明市民、交通警察、协勤人员送上一支代表城市之心的玫瑰（沈阳市的市花），传递文明，慰问城市建设者、维护者。几乎市内所有学校都参与了玫瑰行动，使孩子们更真切地感受到交警工作的辛苦，感受到城市文明的重要意义。

【德育培训班】 为深入贯彻落实《中共中央国务院关于进一步加强和改进未成年人思想道德建设的若干意见》的精神，沈阳市教育局于2010年4月11日—4月16日在北京师范大学校长培训学院举办了首期沈阳市德育干部培训班。本次培训具有专业性强、系统性高的特点。培训紧紧围绕中小学德育这个课题，就德育的目的、任务、手段、考核等作了较为系统的讲座。北京师范大学教育学部培训学院院长、副研究员陈锁明、中国青少年研究会副会长陆士桢等专家亲自为学员授课。培训班还组织学员参观了北京八中、康乐里小学等学校，与北京的中小学师生进行了交流。

【“感动校园的好教师”评选活动】 按照《关于在全市开展“感动校园的好教师”评选活动的通知》（沈教发〔2008〕112号）的要求，深入挖掘教师中的典型事迹，增进社会对教师的了解，树立教师群体的良好形象。全市共有235名教师申报，经过材料审核、网上投票、专家评审，最后评选出53名感动校园的好教师，在2010年教师节期间进行了表彰。

【国学教育】 2010年11月18日，沈阳市中小学国学教育启动仪式在沈阳市第一二〇中学召开。启动仪式开始之前，宁山路小学、童晖小学的同学们现场进行了以孝、礼为主题的诵读表演。皇姑区副区长贺燕为大家介绍了皇姑区开展国学教育的基本经验。苏文捷局长代表市教育局就在全市开展国学教育做了工作部署。国学教育已经纳入到了全市教育事业“十二五”规划之中。开展国学教育，小学以诵读为主，初中以阅读为主。全市将不指定统一的教材，各学校可以从国学经典中自行选择，每周安排一课时，开展国学教育。除了经典作品，还包括传统艺术教育，如书法、美术、戏曲等，还有传统体育教育。

（李明）

科技教育

【评选2010年科技教育特色学校】 2010年4月，在2008年申报的27所科技特色项目发展学校中开展科技教育特色学校的评估验收工作，沈阳市铁路实验小学等22所学校通过验收。目前，全市中小学科技教育特色学校达到35所。

【第二十五届沈阳市青少年科技创新大赛】 大赛评出沈阳市第四十七中学王新尧同学的“旋转插拔两用插座”等140项优秀学生发明作品，其中一等奖88项、二等奖35项、三等奖

17项。皇姑区泰山路小学四年级科普活动小组的“南蚕北养的研究”等28项优秀科技实践活动，其中一等奖21项、二等奖7项。沈河区泉园二校张诗东同学的“幻想汽修站”等1 172幅科学幻想画，其中一等奖453项、二等奖430项、三等奖289项。沈阳市第一一六中学杨轶教师的“汽车视侧镜”等23项科技辅导员创新项目，其中一等奖14项、二等奖9项。沈北新区虎石台镇第二小学高发老师的“观察身边的植物科技实践活动方案”等11项优秀科技辅导员创新方案，其中一等奖8项、二等奖3项。沈河区文化路小学李丹等10名教师获“沈阳市十佳科技教师奖”。

【第二十五届辽宁省青少年科技创新大赛】 大赛评出东北育才学校樊浩洋同学的“滑板电子助手”等64项优秀发明作品，其中一等奖31项、二等奖33项。大东区辽沈街第二小学科技活动小组的“宠物对人类生活与环境的影响”等10项优秀科技实践活动，其中获一等奖4项、二等奖4项、三等奖2项。沈阳市第一二七中学关洪涛老师的“汽车尾气对生物污染危害的实验及相关社会调查”等6项优秀科技辅导员创新方案获，其中一等奖3项、二等奖1项、三等奖2项。沈阳市第五中学李赫宇等3名教师获“辽宁省十佳科技教师奖”。和平区河北二校气象科技小组的“关于沈阳市水资源现状的调研分析”等2项活动获“辽宁省十佳科技实践活动奖”。

【第十九届中国儿童青少年计算机表演赛辽宁赛区赛事】 决赛进行了网络基础赛、多媒体制作赛、探索挑战赛等三项分赛。在网络基础赛中，沈阳市外国语学校邓楠等4名同学获特等奖，和平区铁路第五小学吴文鑫等31名同学获省一等奖，沈阳市第二十中学赵宇实等225名同学获省二等奖，沈阳市第六十三中学的张楚楚等236名同学获省三等奖。在多媒体制作赛中，辽中镇第一中学王奥赢等5名同学获省一等奖，东北育才双语学校周华晨等6名同学获省二等奖，沈河区朝阳一校张芮宁等12名同学获省三等奖。在探索挑战赛中，铁西区腾飞小学、沈阳市第二中学获省一等奖，沈河区电化教育馆等8个单位被评为省优秀县区单位，沈阳市第一三四中学等67所学校被评为省优秀参赛学校，沈阳市第六十三中学金忠辉等93名教师被评为省优秀辅导教师。沈北新区道义中学等36所学校被评为市优秀参赛学校，东北育才双语学校玄宁等26名教师被评为市优秀组织个人。

【沈阳市青少年“逆风行车”创意大赛】 皇姑区三台子第一小学、沈阳市第一〇四中学、沈阳市第一二四中学分别获得小学组、初中组、高中组团体一等奖。和平区望湖路小学等14所学校获得团体二等奖。

【第四届中国青少年创意大赛沈阳赛区选拔赛】 法库县依牛堡九年一贯制学校、沈河区中山路小学2所学校取得小学组团体一等奖，大东区第三小学等3所学校取得小学组团体二等奖，铁西区勋望小学等6所学校取得小学组团体三等奖。辽中县杨士岗九年一贯制学校等4所学校取得中学组团体一等奖，沈阳市第五十六中学等5所学校取得中学组团体二等奖，沈阳市第一二六中学等8所学校取得中学组团体三等奖。

【第八届辽宁省青少年纸飞机航模联赛（沈阳赛区）】 84所不同学校的参赛队伍中，和平区砂山四校、沈阳市第一〇四中学和沈阳市第一二四中学分获小学、初中和高中组团体第一名。沈北新区新城子街第二小学获得分赛区团体第一名。和平区砂山四校韩宇同学、沈阳市第一〇四中学陈宏达同学和沈阳市第一二四中学高东同学分获个人第一名。

【辽宁省第十一届中小学电脑制作活动】 评选类：沈阳市获得小学组电脑绘画一等奖3项，二等奖4项，三等奖8项；电脑动画一等奖3项，三等奖1项；网页二等奖1项；电子报刊二等奖2项，三等奖1项。初中组电子报刊一等奖2项，二等奖2项，三等奖1项；电脑动画三等奖1项；网页三等奖1项。高中组电脑动画（二维）一等奖1项；网页二等奖4项；程序设计三等奖1项。竞赛类：和平区和平二校崔浩阳同学获得小学组电脑机器人足球竞赛二等奖。沈阳市第十一中学魏一鸣和徐伟乔2名同学分别获得高中组电脑机器人灭火二等奖和三等奖；贾博、栾诗洋和李坤远、李润东4名同学分别获得电脑机器人足球一等奖和三等奖；韩常铭和刘润泽2名同学获得电脑机器人篮球竞赛三等奖。

【召开沈阳市青少年科技教育交流培训会】 11月，协同市科协对各区、县（市）教育局科技教育工作负责人，中小学主管科技工作的领导及科技辅导员，辽宁省首批七巧科技《校本课程》示范学校主管领导及科技辅导员进行了培训。

【评选2010年科技教育工作先进单位】 根据各区县（市）在全市2010年各类中小学生科技竞赛获奖情况，以每百人获奖数在全市平均线以上的区县市为评选标准，评选东陵区（浑南新区）等7个单位“为沈阳市2010年科技教育工作先进单位”。

（杨晓琳）

环境教育

【积极创建市级绿色学校】 《辽宁省教育系统生态省建设工作方案》提出要在中小学，分别通过地方课程、综合实践活动课程、选修课程的实施开展生态环境教育。同时要求2010年，沈阳市绿色学校要达到中小学校总数的30%。按照省方案要求，对各区县（市）创建和申报市级绿色学校工作进行了部署和指导，并于7月份，联合市环保局对申报学校进行了评估验收，最终沈阳市第一二六中学等152所学校通过验收。加上原有的175所学校，全市绿色学校达到了327所，占全市中小学校831所的39.35%。按期超额完成了生态省建设工作目标，提前2年超额完成了《沈阳市环境建设样板城工作目标责任状》中提出的工作目标。

【迎接辽宁省环境友好型学校验收】 协同市环保局按照省环保厅、省教育厅《关于申报首批辽宁省环境友好型学校的通知》（辽环发〔2010〕15号）要求，申报了37所中小学校参评辽宁省环境友好型学校。11月，同市环保局迎接了省环保厅、省教育厅对首批辽宁省环境友好型学校的联合验收考核。沈阳市第二中学等46所学校被评为辽宁省环境友好型学校。

【开展“环境卫生教育进校园”主题活动】 同市城市建设管理局共同开展了以增强学生文明意识、卫生意识和环境意识，规范文明行为，提高文明素养为宗旨的“三个一”系列活动。即开展一次主题班会或团会，组织学习《致全市中小学生的一封信》和组织一次教育基地参观学习活动。

【开展2010年沈阳市中小学节能宣传周活动】 按照《关于2010年全国节能宣传周活动安排意见的通知》（发改环资〔2010〕989号）和《沈阳市2010年节能宣传周活动方案》（沈节能办发〔2010〕22号）文件精神，6月12日—18日期间，开展了以“节能攻坚，全民行动”为主题的沈阳市中小学节能宣传周活动。

【组织实施“我的低碳生活”】 同市科协共同组织实施了由教育部、中央文明办、国家广电总局、共青团中央、中国科协共同主办，中国科协青少年科技中心承办的以“我的低碳生活”为主题的2010年青少年科学调查体验活动。

【开展“盛京环保奖”评选活动】 按照市委宣传部、市环保局《2010盛京环保奖暨沈阳市十佳环保志愿者评选方案》要求，通过学校推荐、网上公选投票等环节，沈阳市第八十三中学荣获年度最佳环保学校奖。东北育才学校、沈阳市浑南新区第二小学获环保学校提名奖；东北育才学校程子芮同学荣获年度最佳环保少年奖。沈阳市第一二六中学赵一派同学、沈阳市浑南新区第一小学周姝含同学获得环保少年提名奖。

【申报辽宁省防震减灾科普示范学校】 按照《关于在全省中小学开展省级防震减灾科普示范学校创建活动的通知》（辽震发防〔2010〕48号）提出的12月31日前完成申报的要求，组织了中小学申报工作。沈阳市第五中学等14所学校申报了省级防震减灾科普示范学校。

【中小学知识产权宣传周】 2010年4月20日—26日，即沈阳市知识产权宣传周期间，组织全市中小学开展了以“知识产权与城市发展同行”为主题的“五个一”宣传活动。即举行一次升旗仪式，开展一次知识讲座，召开一次主题班会，进行一次网上答题，组织一次征文比赛活动。

（杨晓琳）

体育卫生艺术教育

【体育教科研工作喜获丰收】 由教育部中国教育学会体育卫生分会在郑州主办的全国十城市第二十三届体育教学观摩研讨会上，沈阳市同泽女子中学邹宏蕊老师的现场课获得特等奖（大会共设5个特等奖），市回民中学刘凤丹等5名教师分别获得体育教学录像课评优一、二、三等奖，浑南二校李丽等8名教师分别获得大会体育教学科研论文一、二、三等奖，市教研院体育教研员曲生平、郭威老师被评为“全国优秀教研员”。在教育部组织的第四届全国体育教学改革展示课活动中，沈阳市三十一中学王强等5名老师，分获课改优秀课一等奖（2人）、二等奖（2人）、三等奖（1人）。取得了沈阳市参加全国体育教学评优以来的最好成绩。

【“阳光体育”活动再创佳绩】 2010年，沈阳市“阳光体育”工作取得了丰硕的成果，皇姑区教育局和大东区教育局被教育部授予“第三届全国亿万学生阳光体育冬季长跑活动优秀组织单位”；和平区教育局被教育部评为“全国阳光体育先进区”；在全国“系列校园青春健身操”推广活动中，沈阳市获得全国26个城市参赛的“2010肯德基全国青少年校园青春健身操大赛全国总决赛”的“团体赛特等奖”（共设3个特等奖）及1个单项特等奖、2个单项一等奖、1个单项二等奖，沈阳市第十一中学还获得了3个特别奖项中的“最佳团队奖”。

【体育竞赛成绩喜人】 2010年，沈阳市共有11所学校20（项）次在国家级以上体育竞赛中获得第一名。其中，国际级冠军3项：东北育才学校继2009年后，2010年再次蝉联“同传杯”第三届国际名校龙舟邀请赛男子4人赛艇和男子500米龙舟学生组比赛冠军；沈河区教师学校附属小学获得由国际橄榄球协会主办的“国际青少年U12十人制橄榄球锦标赛”碗级冠军。

【积极参与全国学生体质调研工作】 为贯彻落实教育部等六部委《关于印发〈2010年全国学生体质健康调研实施方案〉的通知》精神，沈阳市历时二个月时间，圆满完成了对14个区、县（市）的78所普通中小学，近17 000名6—18岁学生体质调研工作。此次调研，新民市、和平区代表沈阳市的农村、城市样本向省和国家上报了体质监测数据。

【参与国家课题研究，提升学校卫生教科研工作水平】 2010年，沈阳市参加国家科研课题“中国儿童青春发动时相及其健康效应研究”项目的研究工作，选取了沈河区6所学校4 000

余名学生的身体发育指标和体测指标作为研究对象，为了解我国儿童青春发动现状提供了有代表性的资料信息。另外，还与国家儿少医学重点科研基地安徽医科大学联合，针对沈阳市30年的学生体质健康状况进行系列研究，取得阶段性成果，并在《中国学校卫生》杂志出版了专辑。

【参加全国中小学生艺术展演喜获佳绩】 全国第三届中小学生艺术展演活动于2010年2月21日—3月1日在上海举行，全国共有166个表演类节目入围现场展演，来自全国6 000名师生参展和观摩。沈阳市代表辽宁省参演了5个节目，其中沈阳市第九中学的校园剧《男孩与树》、沈阳市同泽女中的民乐合奏《塔吉克的节日》现场比赛、沈河区文化路小学的校园剧《送你满天星》、启工二校舞蹈《东北小妞》录像评比，4个作品均获得一等奖，沈阳市第九中学的民乐合奏《关东情韵》获得二等奖，同时沈阳市第九中学的校园剧还被评为优秀创作奖。沈阳市获全国第三届中小学艺术展演活动优秀组织奖，在参演节目数量和获一等奖数量上取得了历史性突破，为辽宁和沈阳争了光。

【积极开展“红诗沈阳”群众歌咏活动】 2010年3月“红诗沈阳”群众性歌咏活动在全市开展以来，各区、县（市）教育局组织了一系列丰富多彩的红诗创作咏诵活动，在各级各类学校中涌现出了一批诗人队伍及优秀原创诗作。2010年6月24日，沈阳市教育局在沈阳儿童活动中心举办了“快乐成长”沈阳市教育系统红诗咏诵会，王玲副市长等市领导观看了演出。咏诵会阵容庞大，主题鲜明，共分三个篇章，由14个高质量、高品位的节目组成，诗歌咏诵配以歌舞、戏曲、器乐和校园情景剧等演出形式于一身，内容丰富、各具特色，始终贴近中小学生的学习生活，展现中小学生朝气蓬勃、敢于创新的风采才华。沈阳市教育局被市委宣传部授予“优秀组织奖”。

【成功举办“美之韵”沈阳市中学生新年民族音乐会】 2010年12月17日，由市教育局主办、沈阳市同泽女中承办的沈阳市中学生“美之韵”新年民族音乐会在沈阳大学音乐厅举行。此次音乐会本着演绎中国民族音乐作品为载体，以培养人们对高雅艺术的理解与欣赏为手段，以引领沈城广大师生弘扬中华文化提升自己审美的修养和人文素质为目的，进一步推进高雅文化艺术进校园活动，丰富校园文化生活，展示教育人的精神风貌与艺术水平，表达全市广大师生喜迎新年、展望“十二五”、共创和谐的欢乐祥和的喜悦心情。

（乔恒君　王玉鹏）

直属单位（部分）

ZHISHU DANWEI （BUFEN）

沈阳市教育研究院

【概况】 沈阳市教育研究院成立于2010年5月，是隶属沈阳市教育局的副局级事业单位，是由原市教育研究室、市职成教研室、市电化教育馆和市教育发展研究中心4个机构组建而成的全新教育研究机构，从事教育决策咨询、学科教学、教育技术支持、教育信息服务、教师干部在岗培训、教育评价与质量监测的研究与服务工作。沈阳市教育研究院在全国副省级城市教育研究机构中，规模较大、人员编制数较多、功能设计比较齐全。它位于沈阳市中心城区，占地1.3万平方米，建筑面积1.4万平方米，事业编制230人，现有人员182人，其中专业技术人员138人，具有正高级职称的2人，副高级职称的99人，教育专家2人，省特级教师7人，学科带头人（名师）8人。下设教育发展研究中心、义务教育教学研究中心、高中教育教学研究中心、职业与终身教育研究中心、教育评价与质量监测中心、教师干部岗位培训中心、现代教育技术中心、信息中心、综合业务处、党政办公室10个部门。沈阳市教育研究院成立以来在市教科工委和市教育局的领导下，紧紧围绕推进教育内涵发展，全面提高教育综合实力，建设教育强市的奋斗目标，坚持“为教育宏观决策服务，为教育教学改革服务，为教师队伍的专业成长服务”的办院宗旨，秉承“研究立院，服务兴院，专家强院”的办院理念，强化管理和机制创新，对内坚持以人为本的人才战略，对外强化应用研究为主的任务承接，在最短的时间里完成了研究院由整合到融合的过程，初步体现出新单位、新职能、新水平、新机制的优势，为沈阳教育事业的科学发展提供了有力支撑。

科研成果

【沈阳市多次获省级、国家级奖励】 本年度，两节语文课参加辽宁省优秀课的评比，分获一、二等奖。4名教师参加高教社在辽宁省组织的语文活动设计比赛。2名教师参加语文社组织的全国语文说课比赛，分获一、三等奖，沈阳市荣获优秀组织奖。

【沈阳教育网获“全国地市级五十佳教育网站”称号】 沈阳教育网参加“首届全国教育门户网站评比活动”，获得“全国五十佳教育网站”的光荣称号。

【联合国儿童基金会“爱生学校”项目落户沈阳】 2010年8月19日，国家教育部、联合国儿童基金会爱生学校项目沈阳启动仪式暨培训会议，在浑南国际会议厅召开，标志着又一国际教育项目落户沈阳。“爱生学校”是教育部与联合国儿童基金会合作推广的一个国际项目，旨在推进学校牢固树立热爱学生的理念，改善学校、社区、家庭关系，增强教与学的有效性，提升学校管理水平，提高教育质量。沈阳市沈河区、大东区、浑南新区的62所学校参加首批项目试点，近6万名学生成为直接受益者。2010年底沈阳市科研部门已经完成了前期的数据采样与统计分析工作。

科研管理

【组织省级教育科学规划课题申报】 组织上报《农村成人教育在为新农村建设服务中的作用》、《乡镇成人学校管理问题研究》省科研立项课题。

【承担教育部规划课题】 承担教育部规划课题《信息技术环境下新型学与教方式的理论与实践研究》已进入结题阶段。

【主持中央电教馆“十一五”课题】 中央电教馆“十一五”全国教育技术研究青年课题《沈阳市中小学信息技术教育体系建设与发展研究》也已顺利结题。

【五项省级科研课题研究】 《沈阳市义务教育阶段信息技术课程内容设置的研究》、《沈阳市初中信息技术学科无纸化评价的研究》、《新课程改革背景下提升高中信息技术学科教师教学研究能力的实践研究》、《运用电子档案袋评价促进小学信息技术课教学质量提升的研究》、《交互式电子白板环境下小学课堂教学结构的研究》正在进行中。

教育发展战略研究

【参与沈阳市中长期教育规划纲要研制工作】 2010年11月底，沈阳市教育研究院的教育发展研究中心与综合业务处、职业与成人教育研究室等部门同志一起组建了研究团队，在市委教科工委、市教育局的领导下，开展了《沈阳市中长期教育改革和发展规划纲要（2010—2020年）》的先期研究和编制工作。通过客观分析近几年沈阳教育发展取得的成绩以及存在的问题，比较全国同类城市的教育发展水平和目标，提出未来10年，要以开展教育强区、县（市）创建和国家职业教育试验区建设为抓手，加快建成教育强市，教育综合实力进入到同期全国同类城市前列。

【完成《沈阳市数字化校园建设标准》制定工作】 配合对全市各区县（市）电教馆及各级学校进行《关于沈阳市数字化校园建设标准》的调研工作，并通过同一线教师的座谈讨论形成了《关于沈阳市数字化校园建设标准的调研报告》和《沈阳市数字化校园建设标准》讨论稿。

教育教学研究

【精心组织一线教师课题研究工作】 2010年，沈阳市启动第二期一线教师研究课题800多项，3—5月，结合二期一线教师课题研究的实际需要开展了“菜单式”专题培训。培训内容适合教师自身课题研究的具体需要，教师可根据需要灵活选择参加。一共举办了38场培训活动，教师5 024人次参加了自选的培训内容。6月2日至21日，沈阳市开展了与一线教师的面对面课题指导工作。课题指导覆盖全市所有区县，活动以教师为主体，以服务为宗旨，以课题为案例，以需要为内容，以问题为突破口，以促进为目标，工作模式为“集中听取研究过程与需要——逐个帮助分析优点与不足——提出研究具体建议——教师提问解答”。活动历时20天。具体分析指导一线教师课题60项，实际旁听教师近千人次。活动展示了一线教师课题研究的阶段性成果。这一指导模式由于针对性、交互性、高效性强而受到了基层学校教师的广泛欢迎。

【组织开展高效课堂教学模式的研究工作】 2010年，围绕高效课堂教学模式的研究，沈阳市对法库秀水河子初中、辽中满都户九年一贯制学校等单位为试点，着手发现并总结沈阳市教育教学优质学校与个人的成功经验，为形成具有沈阳市特点的优质教学模式进行初步探索。市科研部门先后为法库、东陵等区县和学校举办了创建先进课堂教学模式的专题培训，并深入学校与课堂进行深入指导。辽中满都户九年一贯制学校“四疑四悟”课堂教学模式课题研究在辽中相关工作会议上进行了展示交流。

【开展特色学校建设培训与指导工作】 2010年5月，在市教育局相关工作会议上，为申报特色学校的单位开展了《特色学校建设的实践策略》专题培训。2010年11月—12月，分别调研了沈阳市8个区县的30所创建特色学校工作并拟申报市级“特色学校”的中小学校。通过访谈、实地考察，配合行政部门进行深入的调查研究与具体指导，形成了《关于沈阳市中小学创建特色校活动现状的调研报告》。

【组织开展德育研究工作考核评估】 为使沈阳市德育研究工作有序进行，推动德育研究工作深入发展，不断完善了《区县德育研究工作考核评估细则》、《中小学校德育研究工作考核评估细则》，2010年对各区县和各中小学校的德育研究工作进行了全面系统的考核评估。各区县德育研究部门在2010年11月份对中小学德育研究工作进行考核，市德育研究中心在12月份进行了复核，并对区县德育研究工作进行了考核评估。

【沈阳市举行高考总结和高中备考指导研讨会】 2010年10月19日和20日，高中教研中心在沈阳市铁路实验中学和市教研院分层次召开了沈阳市省重点和市重点高中2010年高考总结经验交流及2011年指导高考备考研讨会。会议首先通报总结了2010年高考成绩与经验，科学细致地剖析了沈阳市高考成绩现状的深层原因，提出了2011年备考工作建议，即落实常规教学要到位，提升综合学科要助力，制定评价标准要精细，分析学生成绩要系统。市一中和四十中学教学副校长分别作了题为《抓住核心 突破瓶颈 科学备考 精细管理》和《凝心铸“考”一切皆有可能》的经验介绍。

【沈阳市高中实施全面科学质量监测】 2010年11月，高中教研中心学科教研员制定了质量监测试题双向细目表，与入围出题教师一起共同研究期末教学质量监测试题的侧重点。2010年12月16日，所有参与出题教师和各科教研员在金星宾馆封闭集中汇题，然后各科教研员又封闭三天集中审题，在力争做到监测试题基本原创的基础上，确保试题的高质量。在随后进行的高一、高三全市统一考试过程中，完成了17套试题的命制工作，无一差错，受到基层学校的一致好评。

【沈阳市高中参加东北三省四城市教研联合体活动】 在2010年10月—11月期间参加了沈阳、大连、长春、哈尔滨三省四城市课堂教学研讨活动，旨在探讨新课程教学的呈现形式、特点及课的类型等问题。理综合学科教学研讨会率先在长春拉开了序幕，四城市分别推选了各市学科最优秀的选手进行了研讨课展示，参会教师和各市教研员、特级教师等进行点评交流。数学与政治及外语与历史学科研讨会相继在大连、哈尔滨举行。

【市朝鲜族中学学科优秀课评比活动圆满结束】 2010年9月—10月，民族教研部组织了朝鲜族中学各学科优秀课评比活动，共听评课23节。本次评优课共分两个阶段进行，上半年各校自行组织校级评优课，推荐2—3名参加市级优秀课评比活动。评委由省基础教育教研中心朝教部教研员、高中教育教研中心民族教研室和文科教研室教研员组成。

【完成沈阳市三、五、八年级教学质量监测工作】 2010年1月，圆满完成沈阳市三、五、八年级教学质量监测工作。本项工作整个过程需要做好命题、组织考试、监察、评卷、返分、试卷分析几个环节的工作。中小学共命制试题21套，派出监察人员63人次，组织13个学科、1 390名教师参加评卷工作，同时做好数据分析、试卷分析工作。

【组织中考专项调研】 2010年3月、4月，为了更准确地了解初中复习教学的现状及学生的实际学情，特组织中考专项调研活动，及时地发现问题、解决问题，更好地反映问题。

【中考命题、阅卷工作】 2010年6月，初中语文、数学、英语、物理、化学、历史、思想品德七个学科圆满完成2010年中考命审题工作，得到各方面的好评。2010年7月，圆满完成中考各学科评阅卷工作，并利用假期时间撰写2010年中考试卷分析。

【逐区进行2010年中考试卷分析讲座】 2010年9月，根据各区要求，初中部采取逐区进行中考试卷分析的模式，各区分别设分会场，采取讲座与互动相结合的形式，讲座56场，解决一线教学的很多实际问题。

【从送教下乡入手，切实提高农村教育教学质量】 2010年10月，市教研院创造性地开展了以郊区、县为主阵地的现场研训活动，送教下乡、送培到校，最大限度地扩大受益面，受到基层的好评。初中部集体送教2次，包括9个学科，送课20余节，讲座20余场，听课50余节。

【指导教师优秀课及各类竞赛活动】 2010年9月，参加三省四市初中教师教学交流活动，指导国家级优秀课9节、说课15节，省级优秀课103节。

【组织市区教研员参加省中小学研训教师基本功大赛】 2010年11月，在全省研训教师基本功大赛准备期间为给沈阳市研训教师助力加油，义教中心在沈阳市第二中学先后组织了3次通识培训活动，效果显著。在比赛中，学前、小学、初中、体卫艺各学科共27位教研员荣获一等奖，沈阳市教育研究院荣获优秀组织奖。

【完成教师招聘面试命题、监察工作】 2010年12月，圆满完成市人事局、市教育局教师招聘面试命题、监察工作。

【撰写业务调研报告】 2010年12月，在实践调研基础上，撰写《沈阳市农村九年一贯制学校建设情况调研报告》业务调研报告。

【组织参加第二十三届中国“十城市”体育教学观摩研讨会】 2010年10月16日至18日，第二十三届中国“十城市”体育教学观摩研讨会在郑州隆重召开。沈阳市同泽女子中学邹宏蕊的《健身操》现场课荣获特等奖，沈阳市回民中学刘凤丹的《橄榄球》录像课荣获一等奖，沈河区育源中学李庆的《篮球》、浑南二校李丽的《技巧》分别获得录像课二等奖，和平一校林妍妍的《蹲踞式跳远》、沈河文萃小学郝岩的《篮球游戏》分别获得录像课三等奖。沈阳市教育研究院郭巍、曲生平的《浅谈引领——对体育教研工作的反思与感悟》荣获优秀论文一等奖，另外4名教师分别获得优秀论文二等奖2篇、三等奖2篇。沈阳市教育研究院曲生平、郭巍被评为“全国优秀教研员”称号。

【组织参加教育部主办的第四届全国体育教学改革展示课活动】 11月1日—5日，由教育部主办的第四届全国体育教学改革展示课活动在宁波盛大开幕。沈阳市第三十一中学王强的《篮球》获得现场展示课一等奖，皇姑区宁山路小学张璇获得录像课一等奖，沈阳市第五中学王洋获得录像课二等奖，大东区白塔小学薛金迪的两节课分别获得二、三等奖。

【组织参加第29届世界音乐教育大会】 2010年8月1日—6日，被誉为“音乐教育领域的奥林匹克”的世界音乐教育大会自1953年创办以来首次在中国召开。第29届世界音乐教育大会有来自世界56个国家和地区的3 846名音乐教育同行和2 802名音乐家、专业演出人员及300个参展企业参加。沈河区小学音乐教研员陈运成老师作为中国音乐教师代表，现场执教小学四年级音乐课《雪花带来冬天的梦》一课，喜获成功。

【完善中等职业学校教学管理模式】 按自主、合作、联合、工学交替、特殊职业等不同的培养模式制定和管理实施性教学计划。以直属学校为依托，组织相同专业的骨干教师及企业界人士共同探讨、修改实施性教学计划，在同一专业领域内，根据不同的需求，形成一纲多本的教学计划。

【加快建立弹性学习制度，全面推进学分制的改革试验】 根据修改后的实施性教学计划，依托已全面安装完毕学分制软件的实验学校，在部分专业试行了完全学分制。

【初步启动精品专业的打造工程】 在专业系统论研究的基础上，初步启动精品专业的打造工程。以直属职业学校为主体，覆盖沈阳市支柱产业的发展，做强一批已具有一定的实习实训基础、较强的师资水平的、具有代表性的专业，同时，挖掘一批具有潜在优势的隐形专业，并帮助其做好专业规划。

【启动精品教材建设工程】 以“双证书”课程改革为突破口，启动精品教材建设工程。进一步推动职业资格认证工作，在此基础上，将有关内容融入到教学中去，集教学内容、职业需求为一体。

【技能大比武工作】 进一步深化“技能大比武”，提高师生技能操作水平。根据5月末国家教育部技能大赛的比赛项目，结合辽宁省内技能大赛选手的遴选，配合教育行政部门，开展沈阳市中等职业学校技能大赛选拔工作。

【组织教学评优活动】 本年度开展了沈阳市中等职业学校语文学科优秀教案、多媒体课件评选活动，共评审课件45课时、教案43课时，涉及教师50多人次（全市中职学校有约200名语文教师）。三月份还开展了沈阳市职业教育优秀科研成果评选活动，共评审优秀成果182篇。

【举办各层面培训】 围绕沈阳市争创国家职业教育试验区的工作重点，完成职业学校校长的岗位能力培训、管理干部业务能力提升培训、教师的教学能力培训、职业教育师资的学历提升等工作。根据即将制定的《沈阳市中等职业学校专业教师招录办法》，做好企事业人员的教学能力的培训，充分利用现有的5所万人职业学校的教育培训资源，利用省、市乃至全国培训机构可利用的培训资源来完善沈阳市职业教育的“双师型”培训体系。

【建成全国“双师型”教师培训基地】 以沈阳市职业学校建立一批技能型人才培训中心为契机，围绕沈阳支柱产业优势，结合沈阳职业教育的专业优势，引进德国先进师资、技术与理念，与重点高校联合，在数控、机电一体化、化工、汽车制造与维修、IT、现代服务业等专业领域，在对沈阳市教师开展培训的同时，寻找合作机会，承担国家、省内职业教育专业教师的培训任务。

【召开沈阳市中等职业学校校园文化建设与活动经验交流会】 落实教育部2009年《中等职业学校学生德育大纲》文件精神，到20所职业学校进行调研，开展部分国家规划教材的说课、教案、论文比赛；加强校园文化建设，积极组织并指导职业学校参加全国的“文明风采”活动。有针对性地开展心理健康教育，对学生遇到的成长、学习、生活、求职等方面心理问题，开展咨询、辅导和援助，培养学生良好的心理素质和人格。11月份，召开了《沈阳市中等职业学校校园文化建设与活动经验交流会》。

【举办中小学信息技术教师基本功竞赛】 举办中小学信息技术教师基本功竞赛，通过沈阳教育网直播竞赛的全过程，进一步扩大了赛事影响，为一线教师提供了观摩交流的平台。

【沈阳市初中学生信息技术毕业网络考试】 组织沈阳市初中学生信息技术毕业的网络考试，57 977名学生参加了考试，考试合格率达到78.98%。

【教育软件及优秀论文评比】 开展教育软件及优秀论文评比，收到软件作品438件，论文370篇，选送216份软件作品和119篇优秀论文参加省级及国家级竞赛。

【沈阳市中小学电脑作品竞赛】 组织沈阳市中小学电脑作品竞赛活动。65件作品上报到省级参评。

【九年一贯制校长培训】 开展九年一贯制校长培训，培训第二批九年一贯制学校的74名校长。

【校园网络管理师暨班班通工程技术人员培训】 开展校园网络管理师暨班班通工程技术人员培训，培训教师85人。

【资源制作成果显著】 完成了教育局专题片《前进中的沈阳教育》、《发展中的沈阳职业教育》、《沈阳终身教育工作纪实》、《基础教育下一代互联网应用示范项目建设纪实》、《沈阳教育安全工作纪实》、《起航》等；录制教育局各种会议活动资料200小时、优秀课23节，制作光盘1 000余张。

【第八届全国中小学信息技术创新与实践活动暨第四届沈阳敏特英语学习能力竞赛】 组织举办第八届全国中小学信息技术创新与实践活动暨第四届沈阳敏特英语学习能力竞赛。全市共有近25 000人次报名参赛，共有343人次获得市及国家奖项。

【英特尔skoool平台与资源汉化及课程对照工作】 组织学科教师完成英特尔skoool平台及资源汉化及课程对照工作，共计400个学习课件，涉及小学数学和科学，初高中数学、物理、化学、生物等学科，成为英特尔skoool平台资源落户中国第一站。

【网络建设工作】 实现了辽中县、康平县、棋盘山开发区的光纤接入。完成支持IPv6的10G环状主干网建设。

【班班通终端设备建设】 完成4 935套班班通终端设备建设，完成市政府提出的2010年年底前90%以上班级教室覆盖班班通的要求，全市班班通覆盖率达93.8%。

【沈阳基础教育下一代互联网应用示范项目】 由现代教育技术中心（市电化教育馆）申报的“沈阳基础教育下一代互联网应用示范项目”于2009年5月获得国家批准，当月完成项目实施方案的编制工作，进入项目实施阶段。项目投资总额7 000万元，建设期2年，2010年末完成。2010年6月3日、10月19日两次接受国家发改委稽察组对项目进行专项稽察，稽察组认为，项目资金使用合理，账目清楚，对自主开发的项目动态管理软件予以肯定。2010年7月9日市审计局委托皇姑区审计局对项目进行专项审计，项目通过审计。

教育信息

【杂志工作】 《沈阳教育》是由沈阳市教育局主办，沈阳市教育研究院承办的内部综合性基础教育期刊。2010年围绕《国家中长期教育改革和发展规划纲要（2010—2020年）》和省、市教育工作会议精神及沈阳市教育局2010工作要点，展开宣传。2010年期刊主要设有沈教视点、教育大视野、理论研究、专家论教、记者在线、名校撷英、教研探索、名案集萃、沈阳名校长等十几个栏目。大力宣传沈阳创建教育强区县（市）工作情况，关注有效课堂教学模式，挖掘教育改革典型学校、典型校长的先进事迹。全年出刊6期，60余万字。发行到全市各个教育部门及各中小学、幼儿园等。

《沈阳职业教育与成人教育》是由沈阳市教育局主办，沈阳市教育研究院承办的内部综合性职教期刊。2010年杂志以党的“十七大”精神为指针，紧紧围绕宣传各校深入贯彻校企合作工程、教学质量全面提升工程、教师素质提高工程、专业技术大比武工程、学生人格塑造工程、基础能力建设工程6大工程的做法和成果展开宣传。不仅为学校和其他教育机构继续提供展示舞台，同时也为企业提供展示企业品牌的重要平台。全年出刊6期杂志，共计60余万字。发行到全市各个教育机构及职业学校等。

【年鉴编撰工作】 编撰《沈阳教育年鉴 · 2010》卷，由辽海出版社出版发行。收录文字120万字。设有文件选编、综述、教育行政、区县（市）教育、高等学校、中等职业技术学校、普通中小学示范学校、人物录、学校文化、大事记、教育统计等14个类目，忠实记录了沈阳行政区内各级各类教育综合情况。为《沈阳市志 · 2010》提供教育篇内容2万字，为《沈阳农村统计年鉴 · 2010》提供教育篇方面内容1万字，为《中国共产党沈阳年鉴 · 2010》提供教育方面内容8千字。启动“精品校志工程”活动，要求每个区、县（市）选送10份校志稿于2012年参加评选。举办各区县（市）教育局、高校、中职等修志人员培训班。

（李黎明）

沈阳市招生考试委员会办公室

【概况】 2010年，沈阳市共组织各级各类招生考试27次，接纳报名考生40万余人次。以做好人民满意的招生考试工作为宗旨，以打造公平招考、阳光招考、和谐招考、满意招考为目标，团结拼搏，求真务实，开拓创新，勤政廉政，圆满完成了国家、省、市各项招生考试工作任务，得到了国家教育部及省、市领导的充分肯定和人民群众的普遍赞誉。市招考办先后被评为“沈阳市政风行风建设先进基层单位”、“沈阳市人民满意公务员（工作）集体”、“沈阳市保密工作先进单位”、“沈阳市教育系统信访稳定工作先进集体”、“沈阳市教科系统先进党总支部”、“沈阳市教科系统先进基层党组织”等荣誉称号。

【普通高校招生考试】 沈阳市共接纳40 816人报名参加普通高等学校招生全国统一考试，比2009年减少5 117人；接纳2 386名中等职业学校（中专、职高、技校）毕业生报名参加高等职业院校招生考试。

【硕士研究生招生考试】 沈阳市共接纳25 244人报名参加硕士研究生招生全国统一考试，比上一年增加727人。

【成人高等学校招生考试】 沈阳市共接纳33 725人报名参加成人高等学校招生全国统一考试，比2009年增加了2 458人。报名考生中，专科起点升本科7 802人，同比增加847人；高中起点升本科4 385人，同比增加1 644人；高中起点升专科21 141人，同比增加546人；专升本和中等职业学校（中专、职高、技校）毕业生已参加高等职业院校招生考试的免试生397人。全市共有24 176名考生被各类成人高校录取，录取率为71.69%，处于历史较高水平。

【中等学校招生考试】 沈阳市共接纳58 119名初中毕业生报名参加中等学校招生考试，比2009年减少7 210人。各类中等学校统一录取（含自主招生备案）49 181人。其中，普通高中录取35 584人，师范学校录取312人，职业高中录取（备案）6 822人，普通中专录取4 463人，统招公费生22 614人，指标到校生（公费）6 002人，民办学校自费生3 367人，择校生9 603人。

【高等教育自学考试】 沈阳市共接纳55 406人次报名参加高等教育自学考试。办理学历类别鉴定和课程免考3 743人次，为3 799名毕业生办理了毕业手续，办理省内、省外和市内、市外转考档案264份。

【全国计算机等级和英语等级考试】 沈阳市分别组织2次全国计算机等级考试和2次全国英语等级考试。全市累计接纳92 834人报名参加全国计算机等级考试，累计接纳4 064人参加全国英语等级考试。

【其他教育考试】 组织2次辽宁省成人本科生学士学位课程（外语）考试，接纳报名考生27 057人；组织1次辽宁省同等学力人员申请硕士学位统一考试，接纳2 819人报名参加考试；组织1次在职人员攻读硕士学位全国联考，接纳7 204人报名参加考试。

【承接各类社会考试】 承接1次沈阳市地铁公司招聘管理技术人员考试，接纳6 726名考生参加考试；承接1次沈阳市公安、森林公安、监狱劳教系统录用公务员考试，接纳19 040名考生参加考试；承接1次辽宁省政法干警招录培养体制改革考试，接纳9 113名考生参加考试；承接1次辽宁省各级机关和参照公务员管理单位考试录用公务员（工作人员）考试，接纳25 140名考生参加考试；承接1次沈阳市从选聘到村任职高校毕业生和优秀村党组织书记中定向招录县乡机关公务员考试，接纳336名考生参加考试；承接1次沈阳市教育系统事业单位公开招聘工作人员考试，接纳7 023名考生参加考试；承接1次中央机关及直属机构录用公务员考试，接纳23 085名考生参加考试。

（赵仁君　肖琳）

沈阳市青少年教育保护办公室

【概况】 2010年，全市青少年教育保护工作坚持以邓小平理论和“三个代表”重要思想为指导，全面贯彻落实科学发展观，认真履行工作职能，结合沈阳市青少年校外教育工作、未成年人保护工作、社区教育工作的实际，认真贯彻落实有关法规政策，全面、顺利地完成了青少年教育保护工作任务。

【开展青少年学生校外活动场所达标活动】 按照《中共中央、国务院关于进一步加强和改进未成年人思想道德建设的若干意见》（中发〔2004〕8号）、《中共中央办公厅、国务院办公厅关于进一步加强和改进未成年人校外活动场所建设和管理的意见》（中办发〔2006〕4号）和“未成年人思想道德建设测评体系”要求，协调有关区县加强校外场所的建设，全市新增面积3 000余平方米；检查校外活动场所资金使用和公益活动情况20余家；组织学习活动10余次；加强了对社区青少年教育的指导和服务，编辑出版了《青少年校外场所简介》。全市各区县青少年学生校外活动场所基本达标。

【创新“双有”主题教育活动内容】 为进一步深化团中央、教育部、全国妇联联合开展的“心中有祖国、心中有他人”主题教育活动，沈阳市紧紧围绕“迎世博，促环保，爱生活”这一主题，创新开展了形式多样、丰富多彩的主题教育活动。举办了未成年人“六一”论坛，倡导儿童参与，倾听儿童声音，启发孩子们用自己的方式表达对自然、对生活、对环保、对构建和谐家园的思考。来至全市13个区、县的300多名小选手参加了这次活动；开展了青少年寒暑假社会公益日活动。约有近20万名中小学生通过板报、艺术表演等宣传活动和参加清扫等力所能及的劳动参与其中，不仅增强了青少年学生自身的公民意识和社会责任意识，而且也带动广大市民参与到环保生态生活当中来。沈阳市青教办荣获了全国“双有”主题教育活动优秀组织工作奖。

【举办沈阳市少年宫系统第九届艺术节】 艺术节以“文明、快乐、环保、健康”为主题，有近万人参加，普及面及参加人数大大超出以往。其中艺术大赛形式以舞蹈、声乐、器乐、小品为主，全市校外系统有700余名青少年参加决赛。体操等单项比赛有近200人参加，营造了良好的参与“世博”，迎接“全运会”的氛围。

【参加第十届东北、华北、西北地区省会城市青少年文艺汇演】 沈阳市选送舞蹈《丫丫和鸭鸭》等5个作品荣获一等奖。通过此次大赛，进一步展示了沈阳市青少年艺术教育的成果，增进了“三北”地区各民族之间青少年的友谊和交流。

【举办“迎全运、文明沈阳行动”少儿文艺展演活动】 这次参加演出的节目都是同学们根据“迎全运、文明沈阳行动”最新创作或改编的，有朗诵“文明礼仪伴我行”，有小合唱“新编文明出行歌”、“我是合格小公民”，有舞蹈“灵动的生命”，有小品“讲卫生”等。同学们精彩的表演，吸引了众人的驻足观看，不仅充分展示了学生们的艺术才华，同时倡导了文明之风，进一步营造了良好的“迎运会、文明沈阳行动”的氛围。

【组织青少年代表团赴日开展文化交流】 先后两次组织青少年代表团赴日开展文化交流。有100多名青少年通过身临其境感受了日本家庭生活，体验了日本文化，了解了日本中小学生学校生活，通过交流也增进了两国青少年之间的友谊，展现沈阳市当代青少年的风采。

【接待韩国青少年代表团来沈文化交流】 韩国青少年一行26人代表团在沈期间，体验了历史悠久的中华文化，欣赏了东北山川美景，研习了东北民间艺术（书法、剪纸、窗花），感受中国家庭生活，这些都给韩国青少年朋友留下了深刻而美好的印象。本次中韩青少年友好交流活动意义重大，开启了韩国青少年来沈开展友好交流活动的序幕。

【加大《未成年人保护法》宣传力度】 开展了“《未成年人保护法》宣传周”活动，全市通过电台等举办法制讲座50余场，制作路街宣传板600余块，500余个社区和200余所中小学通过板报、调查、倡议、知识竞赛等形式开展了宣传活动。宣传周活动的深入开展，进一步增强了广大未成年人的法律意识和维权意识，保护未成年人的社会氛围也得到进一步形成。

【扩大对犯罪青少年的社会调查覆盖面】 为适应少年审判工作的需要，充实了沈阳市少年审判社会调查员队伍，由50名社会调查员增到160名，同时将心理专家纳入社会调查员队伍。为更好地教育感化和挽救失足未成年人，全市社会调查员们不辞辛苦，深入未成年被告人所在家庭、学校、社区（村屯），了解未成年被告人情况，全年共参与120余起案件的审理工作。

【提高未成年人心理健康辅导工作水平】 年初心理辅导中心正式挂牌，接听公益电话900余人次，面询、治疗、心理辅导200余人次；开展了沈阳市教育心理咨询师沙龙、家长沙龙活动和大型讲座活动，近千名教职员工参加了培训；联合沈阳广播电视台、辽沈晚报、沈阳晚报等新闻媒体，开办未成年人心理健康专题节目、栏目，定期在黄金时间段和重要版面播出、刊出；在沈阳教育网开办未成年人心理专栏，登载未成年人心理、家庭教育、青春期成长等相关文章、视频讲座，指导未成年人正确处理心理问题，正确对待周边事物。2010年，沈阳市心理辅导中心被中央文明办确认为国家心理辅导示范站。

【加强家长学校管理力度】 组织家长学校活动2 000余次，参加家长学校活动的人数达到百万人次；加强了家长学校实验工作的指导，召开了四次培训会；开展了“第二轮家长学校实验工作”评估工作，280多所家长学校实验校全部通过验收；充实了家长学校讲师团，开展了百场家庭教育讲座；出版《沈阳家庭教育资讯》三期；开展了“家长学校骨干教师培训”，首期有110多名教师参加培训；开通了“沈阳市网上家长学校”网站；制定了《沈阳市家长学校五年发展规划（2011—2015）》。

2010年，皇姑区、大东区、沈河区、和平区4个家长学校实验区荣获辽宁省第二轮家长学校实验工作先进实验区荣誉称号，沈阳市岸英小学等99所家长学校荣获辽宁省第二轮家长学校实验工作先进实验学校荣誉称号，沈阳市第三十三中学等27个单位荣获辽宁省第二轮家长学校实验工作先进科研集体。

【加强社区教育指导力度】 开展了社区教育示范区、实验区评估验收工作；推动皇姑区创建成为国家级社区教育示范区；开展了社区教育培训工作，编辑出版《社区教育指导手册》。协助市教育局、终身教育研究会成功举办“全民终身学习活动周全国总开幕式”。

【推进青少年教育研究工作】 征集沈阳市青少年教育科学发展良策、金点子350多份，征集青少年教育优秀调（科）研成果、论文200多篇，推动了学校、社会方方面面对青少年教育的研究，取得了很好的成果。沈阳市青少年教育研究会被省、市社科联评为“2010年度社会科学先进学术团体”。

（张明珠）

沈阳市教育局会计核算中心

【概况】 2010年，会计核算中心收付资金80亿元，填开支票12 677张。代发工资700笔，金额27 215万元。填制记账凭证33 270张，累计接待报账人员3 170人次。培训相关工作人员20余批，700余人次。办理政府采购业务44笔，5 211万元。按照财政“全力压缩一般性支出，严格控制四项支出”的管理要求，分解预算，细化指标，2010年直属单位在部分学校招生不足、年初收入预算未能完成的情况下，全部实现收支平衡，部分单位还略有结余。会计核算中心获得了“沈阳市先进会计集体”、“沈阳市三八红旗集体”、“沈阳市教科系统先进党支部”等荣誉。

【局直属单位财务收支行为全面规范】 2010年，中心负责起草了《沈阳市教育局国库集中支付管理办法》、《沈阳市教育局财务收支管理办法》，并在工作中严格执行。滥发培训人员补助现象得到彻底杜绝，外租场地召开会议情况锐减，以往对学校直接拨款全部改为拨付县区，直属单位专项资金使用全部由主管局长签批，直属单位班子成员即机关处级以上干部公出一律出示请假单，机关处室组织基层单位外出培训必须经过局领导签批。外聘人员、劳务派遣人员数量、工资总额全部经由人事部门审批方可支付。市教育局财务工作“全方位联动，资金使用全程监控，发挥资金最大使用效益”的管理设想正在逐步实现。

【专项资金清理工作圆满完成】 按照市财政局统一部署，市教育局的专项资金清理工作在局领导的高度重视，直接领导下圆满完成。清理工作中，中心统筹规划，适时提醒，有效促进，充分发挥会计专业技能水平，与基层单位密切配合，将多年遗留问题都予以妥善处理。2009年度以前专项经费全部清理使用完毕。资金的使用效益得到了最大发挥，各项工作得到有效促进。

【国库集中支付业务开展顺利】 按照财政工作要求，市教育局作为全市第一批推行国库集中支付业务的开展部门，2010年1月1日，37个事业单位全部上线。准备充分，各工作环节职责分明，协调一致，新旧业务顺利衔接，没有出现任何纰漏。目前除学费收入以外资金全部在零余额账户体系中运转，全年资金运转额度12.4亿元，办理支出业务1 600余笔，无一差错。

【票据管理发挥监督作用】 一是以票据日常管理为基础，监控领购、使用和注销等关键环节，实现以票管费。二是以票据检查为抓手，准确掌握票据、收费、收入情况第一手资料，及时发现问题，并对问题整改结果追踪反馈。三是以信息化管理为手段，推动票据管理和收费管理上水平。在对“中科天博票据管理系统”全面升级的基础上，狠抓培训和操作使用两项工作，实现了软件功能从票据填开到收费管理的提升。

【固定资产管理全面升级】 以制度建设为基础、队伍建设为保障、专业建设为支撑、信息建设为手段、质量建设为后劲的固定资产管理理念已经形成。2010年，一是利用资产管理系统顺利完成了市直40家单位固定资产数据的汇总上报任务，实现了按季刷新数据的目标；完成了对财政部门资产数据上报任务，并因质量高受到财务部门好评。二是完成资产管理样板校的确立工作，为引领全局资产管理上层次、上水平提供了范本。此做法受到省、市财政部门的高度认同。三是指导学校校舍互换、学校搬迁中的资产转移工作，保证了教学工作的顺利进行和资产管理工作的有序开展。四是严格审批程序，按要求受理资产处置业务。按照“调剂优先，报废在后”的工作思路，对资产处置材料进行初审和实物勘验，并在实物勘验中进行拍照、记录。全年接件34份，通过审批20份。资产处置总量21 615台件，4 036万元。五是加强培训，全面提升资产管理人员业务素质。先后组织资产管理员进行6次培训，内容涉及系统操作、管理标准和政策解析等多个方面。

（肖廷坤）

沈阳市教育产业管理中心

【概况】 沈阳市教育产业管理中心属财政全额拨款的事业单位，编制为13人，现在编人员7人，职能主要是全市勤工俭学和校办产业的宏观管理，全市中小学劳动和劳技教育，全市中小学社会实践基地建设及局直属单位用于经营性国有资产的监管、教育投融资业务等工作。2010年中心领导班子和工作人员一起到沈河区、于洪区、辽中县等区县调研，对全市产业中心的现状和问题进行了调查了解，提出了以科学发展观为统领，创新思维，开拓进取，求生存、谋发展，强化中心职能，不断增强中心活力和凝聚力的工作指导思想。

【维护社会稳定，省级以上控访为零】 从维护社会稳定的大局出发，配合信访部门做好校办企业转制、集体工人安置工作。在处理已转制企业存在的一些遗留问题过程中，接待和处理了市旅游学校、市第一服装学校、市悲鸿美术学校、市工读学校、市电力学校等所属的校办企业职工的集体上访，积极协调，妥善处理，使问题得到圆满解决。

【做好全市学生装监管工作】 为保证2010年学生装保质、保量按时发放，中心及时召开了全市中小学着装工作会议，对2010年的学生装定做、质量等提出了明确要求，同时根据学校要求，设计款式达到了多样化，受到了学校和学生们的欢迎。在此基础上对学生装发放信息跟踪，随时掌握情况，搜集反馈，经常与厂家进行沟通，不断完善学生装，收到了较好的效果。

【做好市政府办实事工程的检查落实工作】 按照局相关部门的安排，配合相关处室参加了对市政府2010年办实事工程中“农民工子女学校维修改造工程”的前期调查，对塑胶操场工程施工环节进行督促检查，确保工程的质量和进度。

【对局直属单位资源整合过程中的闲置资产进行统计、评估】 配合学校和相关处室对局直属单位资源整合过程中的闲置资产进行统计、评估，对电力学校存在的房产权属问题，积极协调有关部门妥善解决，电力学校房产产权调换协议已和房产局签订完成，正在办理初始登记手续和评估工作，以保证政府项目落实和局资产处置工作顺利进行。

【全市中小学素质教育基地建设及使用情况调研】 配合基础教育一处完成了对全市十三个区、县中小学素质教育基地建设情况及使用情况的调研，通过调研，对全市各区县“素质教育基地”的现状和问题有了较全面的了解。同时又到大连、丹东、本溪等市进行了学习考察，了解了省内其他城市的基地建设情况，为沈阳市下一步如何进行中小学素质教育基地的建设与发展奠定了基础，并初步形成调研报告。

【探索新工作，寻求职能转换】 结合教育产业管理中心现状，起草了《关于沈阳市教育产业管理中心现状与问题的调研报告》和《关于进一步规范全市中小学校食堂管理工作的报告》。并于11月19日在辽中县于家房九年一贯制学校召开了《全市的学生食堂食品统一采购工作现场会》，会上介绍了辽中县教育局在此项工作中的经验和做法，收到了较好的效果。

（张新德）

沈阳市教育技术装备中心

【概况】 沈阳市教育技术装备中心的职能范围由原来单纯的理化生实验仪器、科学仪器、体音美器材、图书涵盖到货物、工程、服务等全部领域，负责机关处室、市直属单位政府采购项目的论证、报送、答疑、开标、参与合同签订、项目验收等工作。装备规模由小到大，增长迅速。年度采购金额由几百万元升至几亿元。装备范围由窄到宽，快速拓展。中心全年承办采购项目213批次，其中实施政府集中采购27批次、部门集中采购15批次、协议定点采购30批次，完成采购预算额度3.5亿元。采购项目论证36次，159个品目。建立专家库，设置16个专业，已有200多名资深专家入围。主动分担责任，处理1 300多万元采购遗留问题，为领导、基层排忧解难。

【深入展开百所学校教学条件现状大普查】组织全市义务阶段教育办学条件装备现状普查，此次调查特点投入人力多、持续时间长、考查范围广、统计学科全。装备中心全体总动员，组成六个调研小组，放弃假期休息时间，对全市十三个区、县（市）580所学校20个学科装备、20个学科技术标准装备现状进行了调查统计分析，填写80多种表格，深入315所学校实地考察，考察学校占总数54%。根据学校装备现状和所得详实的数据，撰写《关于沈阳市九年义务教育学校教育技术装备现状的调查报告》，提出全市义务教育“十二五”期间办学条件装备建议，为领导决策提供了可靠的科学依据，相关装备项目已列入2011年全市装备计划。

【全力优化资源支撑教育教学改革与创新】《国家中长期教育改革和发展规划纲要》提出“加快教育信息化进程，推进数字化校园建设”。近几年沈阳市教育技术装备逐步现代化，为教育教学改革提供有力的技术支撑。借助省里补助资金，市、区县配套660万元专项经费，装备33个数字化地理教室并全部投入使用，为学生了解高新技术和最新知识提供了空间。投资700万元，为农村九年一贯制学校理化生、科学实验室配备实验仪器，8 000多件仪器及时发送、调拨到学校投入使用。建设健康校园，为70余所农村九年一贯制学校装备体育运动器械，提高了学生身体素质。理化实验操作逐步纳入科学化、规范化的轨道。2010年中考理化实验操作考查，54 375名考生报名参加操作考查，设立252个考场，历时4天，经过3 000多场次的操作，合格率达98%以上，取得了预期的效果，培养学生实践能力和创新精神，推动了全市的实验教学工作。

【努力开展专业化管理队伍内涵建设培训】 为建设一支素质高、技术过硬的专业队伍，提升教育教学质量和专用教室管理水平，开展多学科、多角度、多样化的业务培训。教育技术装备中心先后组织全市高中通用技术课程专业教师，通过聘请国内专家授课、现场课件演示、实物展示等方式，共有400多人获得培训。聘请图书馆专业人员，针对图书分类、软件应用、数字化图书馆建设与管理组织等方面，开展230多名全市中小学图书馆管理人员的培训，组织158名图书馆管理人员参加省里举办的业务培训。协同省装备中心组织全市100多名地理教师进行数字化地理教室的应用培训。充分利用督导、评估验收制约机制，提升专业教室管理水平，展开专用教室检查评估，参与40所民办学校教育教学质量实行全面评估验收，有效推进了全市专用教室的利用率，使管理更加科学化、规范化。

【着力推进中小学图书馆示范校建设进程】 根据辽宁省关于加强图书馆（室）建设的工作要求，积极开展创建省图书馆示范区县、示范校活动，加大指导力度，提供经费支持，2010年全市共有28所学校被省教育厅授予“辽宁省中小学图书馆工作示范校”称号。沈阳市中小学图书馆工作成绩突出，2010年荣获2008—2009年度全国中小学图书馆先进集体。沈阳市有20名图书馆管理人员荣获2008—2009年全国中小学图书馆先进工作者称号，为沈阳市争得了荣誉。

（陈玉秀）

沈阳市教师培训交流中心

【概况】 沈阳市教师培训交流中心（以下简称中心）是沈阳市教育局直属事业单位。现有编制15名，实有工作人员8名（其中行政人员2名，专业技术人员6名）。工作主要职能是负责对全市教育系统内各级人才交流服务中心（人才库）实行管理，建立全市教育人才信息系统，收集、发布教学岗位和人才供求信息，为用人单位和具备教师资格的社会人才提供职业介绍、咨询服务；负责师范类大中专毕业生的报到、档案保管、办理落户手续等工作，为未确定工作岗位的师范类大中专毕业生提供就业信息；负责具备教师资格社会人才和未确定工作岗位的师范类大中专毕业生的人事代理工作；负责教师资格认定事务性工作及相关培训工作；受市教育局委托负责全市教师培训的相关事务性工作；受市教育局委托负责教师招聘工作（高校系列）。2010年中心以党的十七大精神为指导，深入开展学习实践科学发展观活动，认真贯彻落实市委教科工委、市教育局所提出的总体要求和思路，进一步解放思想，加快改革步伐，保证又好又快地完成各项工作任务。

【加强政风行风建设，优化发展环境，改进工作作风】 按照沈阳市委教科工委、沈阳市教育局加强政风行风建设优化发展环境活动的总体要求，积极组织学习该工作实施方案，以“三个代表”重要思想为指导，深入贯彻落实科学发展观，以服务经济建设为中心，以建立优化经济发展环境的长效机制为目标，以解决影响和阻碍教育发展的突出问题为重点，切实加快职能转变，不断提高为群众服务的效率、质量和水平，为加快教育内涵发展、科学发展、均衡发展，建设教育强市，办人民满意的教育提供有力保障。精简了办事程序，提高了办事效率，进一步完善工作制度和流程，及时转变工作作风，更好地为服务对象提供便捷满意的服务，创造了更多更好的社会效益，提升了本单位的公众形象和满意度。

【新招聘教师培训工作】 按照《2009年沈阳市新招聘教师岗前培训实施方案》的要求，更好地帮助新教师顺利完成从“学生”到“教师”角色的转换，沈阳市2009年招聘的735名新教师岗前培训工作于2010年4月12日至10月24日分四期班举行。这次培训注重培训过程的多元化管理，从多方面保证了培训质量。采取多种培训模式，保证培训内容丰富多彩；专家引领，提升培训品味；骨干示范，引导职业方向；成效显著，加快新教师角色的转变。此次培训为进一步探索教师培训方式，提供了宝贵的经验。

【教师资格认定工作】 2010年，根据《中华人民共和国教师法》、《教师资格条例》和《辽宁省教育厅关于2010年春季教师资格认定工作安排的通知》的要求，制定《沈阳市2010

年教师资格认定工作实施方案》，并在中国教师资格网上进行详细的解读，根据沈阳市在使用网络版系统进行资格认定过程中所出现的问题，向教育部进行了及时的反馈并提出了建设性的意见和建议，对于网络版系统在全国的应用和推广起到了积极的作用。2010年分别对驻沈5所高校应届毕业生、市中等职业学校学前教育专业应届毕业生进行了教师资格认定。此次教师资格认定的合格人数为3 695人，其中师范类人数3 086人（高中2 048人，初中146人，小学565人，幼儿园327人），非师范类人数609人（高中324人，初中83人，小学10人，幼儿园192人）。

【建立健全了教师资格认定评委库与试题库】 为保证教师资格认定工作的公平公正性，结合各个层次、各个学科的特点，建立了符合沈阳市教育发展规律和学科发展现状的试题库，2010年重点完成了高中14个学科、中职13个学科、初中13个学科、小学6个学科、幼儿园5个层面的试题库建设，每学科由60—80个基础题目组成，最大限度地保留了学科基础性知识点，夯实了能力测试工作的基础。同时进一步完善了高中信息技术、生、冷、偏等专业课学科的试题库，这些试题库的建立，基本上满足了沈阳市各类教师资格认定工作的需求，从基础上保障了教师资格认定工作的顺利进行。

建立健全教学能力测试的评委库机制。为使教师资格认定工作更加公平、公开、公正，学科组专家评委的产生，是按照资格认定专家评委的条件，由评委所在单位推荐，经沈阳市教师资格认定专家审查委员会审查，报市教师资格认定工作领导小组批准。根据各学科的特点，每学科设1—3个评委组，每组3人，设置人数为8—15人。在认真研究推荐评委的基本资料，结合现有学科的规律和具体要求的基础上，共设置评委413人，其中高中141人、中职59人、初中136人、小学42人、幼儿园35人。

【建立教育人员信息管理系统】 为进一步完善教师干部队伍管理制度，建设一支素质高、能力强的干部队伍和数量适中、结构合理、业务精干的教师队伍，市教育局建立了“沈阳市教育人员信息管理系统”。“沈阳市教育人员信息管理系统”由沈阳市教师培训交流中心和沈阳大学教育学院联合研发，经过基础调研、软件开发、内部测试、基层试点等环节，于2009年8月制作完成。系统涵盖了人员信息、数据查询、数据统计、数据打印等多项功能，基本满足各部门的工作需求。在市教育局的正确领导下，各区、县（市），近800家学校和直属单位的共同努力下，该数据库于2009年12月初步建立形成。2010年4月，进一步对该系统进行了升级，升级后的数据库中保存有全市幼儿园、小学、初中、九年一贯制学校、高中、完全中学、中等职业学校、特殊教育学校、少数民族学校、教育局直属事业单位等在编教职员工6万余人的信息，对全市教育人员信息的规范化管理起到了重要作用。

【人事档案代理工作】 进一步规范档案管理工作程序，更新了人事代理管理软件，派专职人员到省、市人才中心取经，学习他们的先进管理经验，及时了解国家最新政策、动向，为存档人员提供更多更好的用人信息。按照学习实践科学发展观的要求，在人事档案代理工作中，结合中心实际工作中存在的问题，对沈阳市绿岛学校、崇文中学、极地美术书法学校等几所民办学校人事代理工作进行了调研，认真听取他们的意见建议，及时改进工作，提高工作质量。

【师范类应届毕业生报到工作】 2010年，继续承担了全国范围内应届师范类毕业生回沈报到的工作。从2010年6月28日开始接收各大专院校应届毕业生档案及报到工作，截止11月29日，共接收905人，协议或劳动合同就业、项目就业等124人。

（马隽）

沈阳市学生资助管理中心

【概况】 2010年，沈阳市学生资助工作以“三个代表”重要思想和科学发展观为指引，认真贯彻落实国家、省有关政策精神，启动实施了普高助学金、中职免学费和中职资助卡改革工作，健全了从义务教育到高等教育学生资助体系，实现了从小学到大学学生资助工作的全覆盖，开创了沈阳市学生资助工作的新局面。2010年，全市减免各类学费、发放各项奖助学金及学生补助资金共计2.46亿元，受益学生总数达53.5万人。

【沈阳市中职学生资助工作受到国家和省充分肯定】 8月26日，在全省中职助学金监管工作会议上，沈阳市学生资助管理中心作为会议唯一典型发言代表介绍了沈阳市有关工作情况，受到省教育厅领导的高度评价，并在会后将沈阳市的经验材料上报教育部。10月18日，教育部在丹东举办了全国第5期学生资助管理人员培训交流会议。9个省（自治区）、49个地级市教育部门、学生资助机构负责同志参加会议。会上，河南省、沈阳市和南宁市就中职学生资助工作作经验介绍。沈阳市学生资助管理中心从健全机构、统一管理、规范程序、精细管理和强化监管等方面，介绍了沈阳市的有关工作情况,受到教育部领导的充分肯定。11月18、19日，教育部检查组到沈阳市检查中职助学金和免学费政策落实情况，对沈阳市的工作给予充分肯定，称赞沈阳市工作是检查组所查地区中做得最好的。

【启动普通高中助学金工作】 根据财政部、教育部等部门《关于建立普通高中家庭经济困难学生国家资助制度的意见》（财教〔2010〕356号）和省财政厅、教育厅《关于建立健全普通高中学生资助政策体系的通知》（辽财教〔2009〕735号）精神，在充分调研、深入分析、测算的基础上，市教育局、财政局联合制发了《关于进一步明确普通高中政府助学金资助政策相关事宜的通知》（沈教发〔2010〕89号），就沈阳市启动实施普通高中助学金工作做好全面、具体的规定。市学生资助管理中心于10月份组织各区县（市）和直属学校召开工作会议，全面部署，正式启动普通助学金工作。全市共发放2010秋季学期普通高中国家助学金498万元，受助学生6 684人，标准为每人每年1 500元。补发2009—2010学年普通高中政府助学金925.95万元，受助学生6 173人。

【实施中职学生资助卡改革】 沈阳市自2007年发放中职国家助学金以来，一直与盛京银行合作，通过银行卡为受助学生发放助学金。2010年9月，中国人民银行、财政部、教育部、人社部下发了《关于全面推行中职学生资助卡，加强中职国家助学金发放监管工作的通知》（银发〔2010〕273号），明确了工、农、中、建、邮储等5家银行为备选的合作银行。为此，市学生资助管理中心积极与相关银行协商，最终于12月1日与邮政储蓄银行沈阳支行签订合作协议，共同实施了中职学生资助卡改革。2010年年底前，共为约2.6万名中职受助学生集中办理了银行卡，并及时向受助学生发放助学金。此次改革收到了很好的效果，其中最大的亮点是设置了学生本人激活才能使用银行卡的环节，从根本上消除了学校或其他个人不经过学生本人擅自开卡的可能，使中职助学金的发放更加规范，资金更加安全。

【启动中职免学费工作】 根据《财政部、国家发展改革委、教育部、人力资源与社会保障部关于中等职业学校农村家庭经济困难学生和涉农专业学生免学费工作的意见》（财教〔2009〕442号）及省有关文件精神，2010年10月，市财政局、发展委、教育局、人社局和物价局联合制发了《关于印发沈阳市中等职业学校农村家庭经济困难学生和涉农专业学生免学费工作实施方案的通知》（沈财教〔2010〕915号），就做好沈阳市中职免学费工作做出了具体部署。经过严格审核，2010秋季学期全市共减免中职涉农专业和农村家庭经济困难学生学费316万元，涉及2567人。2009—2010学年度减免金额424万元，涉及1 603人。

【扎实做好义务教育阶段“两免一补”工作】 2010—2011学年，全市共有485 074名义务教育中小学生享受“两免一补”政策，总金额1.412 6亿元。

【强化监管，做好中职助学金发放工作】 2010年6月，市教育局联合市财政局、人社局共同对全市中职助学金发放管理工作开展了专项检查，共抽查15家学校，抽选近600名学生进行座谈。针对检查中发现的问题，3家共同研究，制定规范措施，于7月下旬召开了全市规范中职助学金发放管理工作会议，并联合下发《关于进一步规范中等职业学校国家助学金发放管理工作的通知》（沈教发〔2010〕83号），进一步推动了沈阳市中职国家助学金发放管理工作的规范化。2010年春季学期，全市共发放中职国家助学金1 960万元，资助26 528人；2010年秋季学期，发放中职国家助学金1 968万元，资助26 790人。

【扩大宣传，深入做好资助当年考入大学家庭经济困难学生工作】 2010年高考结束后，市学生资助管理中心积极与多家媒体和企业团体联系，探索资助当年考入大学贫困学生的新思路、新途径。其中，与沈阳日报合作开展“圆梦之旅”系列活动，在社会上产生了较大影响。第一名受助学生宋菲菲获得意向捐款50余万元，其事迹一周内被70余家国内外媒体转载，并被选为“2010年感动沈阳十大人物”之一。2010年，市教育局及各社会团体共资助当年考入大学困难家庭学生2 045人，资金共计584.1万元。其中：市教育局资助726人，资助资金188.4万元；其他社会团体资助1 319人，筹集社会资金395.7万元。

【提高标准，做好市属高校奖助学金工作】 2010年秋季开始，高校国家助学金标准提高，一等助学金由原来每生每年的3 000元提高至4 000元，二等助学金由原来每生每年的1 500元提高至2 500元。2010年春季学期，发放高校国家助学金683.5万元，资助6 834人；2010年秋季学期，发放高校国家助学金1 273.2万元，资助8 488人；2010—2011学年度发放国家励志奖学金690.5万元，资助1 381人。

（李强）

沈阳市职业教育培训服务中心

【概况】 沈阳市职业教育培训服务中心承担着市职教园内共享设施管理和使用的任务，成立于2007年6月，编制30人。年内，承担着职教园图书信息中心和职教园文体及生活服务中心基建任务，坚持依靠项目管理公司、监理单位，充分调动参建单位的积极性，保质保量完成建设任务。

【完成内外装修工程和其他配套工程】 图书信息中心2010年的建设任务主要是内、外装修工程和空调、消防、弱电等配套工程。施工过程中监理单位、项目管理公司以及建设单位认真检查，严把质量关，收到了比较好的效果。

【按计划完成土建工程和网架工程】 文体及生活服务中心2010年的建设任务主要是土建工程和网架工程。土建工程：2009年12月1日静压桩施工至2010年初，3月23日开槽，克服春寒、夏秋雨多、劳动力紧张等困难，按进度完成了主体浇注及大部分主体砌筑，会议中心二区室内抹灰完成四层，会议中心及生活服务中心屋面找平做完，防水完成一遍，完成室内部分水、电管线铺设工程。施工规范、质量较好。网架工程：已安装完训练馆和会议中心两块网架，年底前体育馆两块网架安装完，预计2011年四月中旬网架工程全部完工。

【积极协调职教园通勤工作】 职教园物业服务采购工作历经几次流标，于2010年年初完成招标工作。在与物业公司签订大合同的基础上，指导学校与其签订了各自的实施细则，并于2月份开始运行。运行之初，校方与物业公司矛盾较大，职教培训中心的同志分别到三校学校调研，召开反馈会议，化解矛盾，使物业服务工作逐渐走入正轨。一年来，物业服务质量在不断提升。在一年的运营过程中，坚持定期、不定期召开三校负责人会议，评议通勤服务质量，并对存在问题及时反馈纠正，根据学校使用情况及时调整运营方案。学校领导及教职工对通勤服务工作非常满意。

【协调园区冬季供暖工作】 2009年入冬前由于工期紧，供暖工作仓促，质量没有得到保证。2010年9月份组织供暖公司领导与三校领导召开座谈会，请供暖公司拿出整改意见，并积极协调学校及局财务部门交纳采暖费，供暖质量得到了保证。

（郭琳）

沈阳市民办教育管理办公室

【概况】 沈阳市民办教育管理办公室是行政性事业单位，机构规格为正处级，全额财政拨款。具有行政管理和行政执法职能。核定编制为8人，领导职数为2人，目前在职职工7人，退休职工3人。以《行政许可法》、《中华人民共和国教育法》、《中华人民共和国民办教育促进法》、《中华人民共和国民办教育促进法实施条例》、《教育法》为依据，制定全市民办教育机构、社会力量办学发展规划并组织实施，负责对全市民办教育机构办学质量的监督、检查和表彰，负责对全市民办教育机构非法办学和违规办学行为的查处，负责对区县民办教育机构管理工作的指导。年内，把握工作重点，执政为民，规范办学，尽心尽力为民办教育服务，确保沈阳市民办教育健康有序发展。

【依法推进民办非学历教育事业的健康发展】 2010年，在市委教科工委、市教育局的领导下，按照健全法制，推进依法管理，引导结构调整，改善办学条件，突出特色创新，提高办学水平的总思路，促进沈阳市民办非学历教育事业的健康快速发展。目前全市共有民办教育机构956所，其中年培训人次达万人的民办教育机构14所，校舍210多万平方米，固定投资7.1亿，教师9 300人，在校生29万人，结业生21万人，年培训率达70万人次，培训科目达160余种。绝大多数民办教育机构内部管理逐步规范，办学质量稳步提升，遵守行规依法办学意识增强，社会信誉不断提高，为沈阳市经济发展培养了大量各类人才。

【制定《管理办法》，健全政策】 制定了《沈阳市民办教育机构招生广告备案管理办法》，加强了对民办教育机构招生广告的审核备案和监督管理，维护了广大受教育工作者的合法权益。

【依法行政，严格审批材料】 配合教育局行政审批办事大厅共接派材料98件，其中变更52件，终止8件，新设立37件，设立分校1件，严格审批，够规模够条件的不卡不缓，不够标准坚决不批。

【对违法办学行为进行清理整顿】 为整顿秩序，联合区县教育局和纠风办对全市违法办学行为进行集中清理整顿。共联合查办13余家违法办学机构，查收宣传单5 000余张，宣传条幅60余幅，并联合了新闻媒体向社会宣传，有力打击了违法办学行为，维护了学员及正规办学机构的合法利益。同时高度重视市民、学员、家长的投诉举报事件的处理。共受理举报投诉事件60余件，有效解决了学员和办学机构之间的问题，树立了良好的教育管理部门形象。

【开展教研评比、教学成果展示活动】 在民办教育机构中选拔名师、推出优课、涌现模范校，掀起民办教育机构创新、争先的热潮。举办了“金钥匙杯”沈阳市首届民办非学历教育机构教师基本技能大赛。此次大赛历时3个月时间筹备、组织、开展，举行了隆重的颁奖典礼。此次大赛营造了很好的学术气氛，遴选出一批优秀的民办教师，增强了民办教育的凝聚力，给沈阳市民办教育注入了新的生机和活力。

（徐刚）

沈阳市国际教育交流中心

【概况】 沈阳市国际教育交流服务中心成立于1998年，是经沈阳市人民政府批准成立、隶属沈阳市教育局、负责为沈阳市教育对外交流提供服务的职能部门，也是经国家认定的出国留学中介服务机构。沈阳市国际教育交流中心的基本职能：提供自费出国留学中介服务，为各级各类教师出国培训、进修、留学和与境外建立友好学校提供服务，并且为来沈学习的外国留学生、沈阳市赴美国交流的中学生、各级教育行政部门和各级各类学校出访人员提供服务。

【完成中等职业学校等代表团的出国手续办理工作】 为加强与德国在中等职业教育方面开展合作，推进沈阳市申请设立“职业教育服务老工业基地新型工业化建设试验区”，提升沈阳市中等职业教育整体水平，沈阳市教育局决定派代表团赴德国、奥地利访问，交流中心的同志们克服了由于因公出国政策调整给出国手续办理带来的诸多困难，化解了冰岛火山爆发给该代表团成行、签证等带来的一系列问题，确保了本次出访任务完成。此外完成了教育局三个教育代表团赴东欧、韩国和日本等国出访手续的办理工作。

【继续做好市教育管理人员、教师境外培训工作】 在2010年度工作程序更加复杂，相关部门均增加规程和要求的情况下，沈阳市国际教育交流服务中心于2010年5月至8月，顺利完成18名中学教师赴美国进行为期8周的培训工作。9月至12月，完成了19名教师赴英国詹姆士瓦特学院的培训任务。此外，2010年美国和新西兰的外语教师应邀来沈阳为沈阳市中小学外语教师举办培训和讲座，培训教师共计63名。

【完成528名师生赴境外开展交流活动工作】 从2010年3月份调研可行性项目到8月9日最后一个游学团顺利归国，交流中心组织沈阳市部分中小学师生528人分别赴美国、英国、日本、韩国开展交流活动，这是交流中心首次组织这样大规模的交流活动，最终所有项目得以圆满完成。

【完善外国学生来沈阳市就读中小学服务工作】 2010年，中心完成了554名来自韩国、日本、美国等外国学生申请就读沈阳市中小学有关手续的工作。只要学生材料齐全，就可在1周时间内取回相关手续。学校、学生对交流中心提供的服务都很满意。

【配合语委办完成普通话推广工作】 2010年，协助局语委办完成对835人进行普通话培训和测试工作，配合市语言文字办公室对3 383名考生进行了普通话能力测试，其中郊区县、直属学校2 548名，社会考生835名。该项工作从电话咨询、报考人员影像采集、集中培训、上机模拟训练到最后完成上机测试，环节较多，工作量很大，由于事先安排周密，确保了该项工作的顺利完成。

【做好中心国际教育交流、宣传工作和自费出国留学中介服务】 为了进一步增加国际交流渠道和加强宣传中心品牌，中心负责同志积极参加国际性会议和活动，如：在北京举办ICEF教育机构见面会及国际教育展，与美国、英国、加拿大、德国、澳大利亚、新西兰、埃及等国家的院校代表进行交流，积极寻求国际教育合作契机。同时，中心利用国外校方代表访问契机，积极联系基层学校，为其搭建对外交流平台，组织学生与外籍教师开展互动活动。留学部还认真研究各国留学项目情况，深入分析目前沈阳市留学市场实际状况，先后为美国、英国、荷兰、韩国等国家输送学生。

【积极进行沈阳市教科文活动宣传工作】 沈阳市国际教育交流中心为沈阳市联合国教科文组织秘书处所在地，为了进一步宣传沈阳市教科文工作，扩大沈阳市教科文活动的影响，为《教科文俱乐部在中国》杂志选送市第一六五中学、浑南第一小学、岐山一校、铁西区启工第二小学等教科文俱乐部活动稿件22篇，图片60余张。

【增强沈阳市中小学生国际交流意识，拓宽国际交流渠道】 中心还成功组织沈阳市中学生赴美国进行为期一学年（10个月）的交流学生活动。推荐、选拔市部分优秀学生参加英国寄宿中学奖学金项目。目前，前两届获得奖学金的七名学生，已经顺利完成英国高中课程，就读于剑桥大学（4人，均是本硕连读，4年）、华威大学（2人）、美国文理学校（1人，每年2.9万美金奖学金）。这些项目的组织为拓宽学生眼界和增长国际交流经验提供了机会。

（蔡春华）

区县（市）教育

QUXIAN（SHI）JIAOYU

2011
沈阳教育年鉴
SHENYANG JIAOYU NIANJIAN

和平区

总类

2010年和平区教育数据表

项目 学校类型		学校数	教职工	专任教师	女教师	学生	班级数
	合计	93	6513	4626	3877	56720	1620
普通高中1（不含2）	计	7	806	662	510	9311	212
	公办	7	806	662	510	9311	212
	民办	0	0	0	0	0	0
完全中学2	计	1	409	332	259	545	14
	公办	1	409	332	259	545	14
	民办	0	0	0	0	0	0
九年一贯制学校3	计	0	0	0	0	0	0
	公办	0	0	0	0	0	0
	民办	0	0	0	0	0	0
初中4（不含2、3）	计	13	1431	1113	842	12507	321
	公办	13	1431	1113	842	12507	321
	民办	0	0	0	0	0	0
小学5（不含3）	计	28	2132	1548	1296	23477	712
	公办	28	2132	1548	1296	23477	712
	民办	0	0	0	0	0	0
幼儿园6	计	43	1699	950	950	10832	356
	公办	4	260	49	49	1339	47
	民办	39	1439	901	901	9493	309
特教7	公办	1	36	21	20	48	5

2010年和平区教育局领导干部任职及分工情况表

现任职务	姓名	性别	出生年月	民族	政治面貌	文化程度	任职时间	分管工作
局长兼党委副书记	康景波	男	1956.12	汉	中共党员	本科	2007.12	主持教育局及教育督导室全面工作，分管办公室、计财科、人事科
党委书记兼副局长	安建晔	男	1967.06	汉	中共党员	本科	2007.12	主持党委全面工作，分管党委办公室、党组织建设与发展、干部培训与管理、综合治理、工会、老干部、信访工作
区政府教育督导室主任、副局长	师晓星	男	1956.12	汉	中共党员	本科	2006.01	主管初中、高中教育教学工作，分管中教科、师校（中学教研室、培训部）、招考办。协助局长制定教育发展规划
副局长、兼二十中学校长	俞万祥	男	1954.10	汉	中共党员	本科	2002.06	分管二十中学全面工作
党委副书记、纪委书记兼副局长	崔　巍	男	1970.12	汉	中共党员	硕士研究生	2005.02	主管纪委、宣传、统战、德育、系统行风建设工作，协助局长分管安全、人事工作，协助书记分管信访工作
副局长	王悦庆	男	1964.11	汉	中共党员	本科	2003.01	负责学前教育、基建维修、体育卫生等工作
副局长	王　伟	男	1963.07	汉	中共党员	本科	2006.04	主管小学教育、特殊教育、教育信息化等工作，分管初教科、教育产业管理中心、少年宫
副局长	李展超	男	1971.02	汉	中共党员	博士在读	2007.12	主管社区教育、艺术教育、对外开放、科技、环保教育、行政审批及研究室等工作，协助局长分管办公室工作
区政府教育督导室副主任	张丽梅	女	1963.01	汉	中共党员	本科	2004.04	在督导室主任的指导下，负责区政府教育督导室日常工作
教育系统工会主席	王　红	女	1970.09	汉	中共党员	硕士研究生	2010.03	工会工作

【概况】 2010年区教育局以科学发展观为指导，以统筹促和谐，以创新求发展，以管理谋效益，认真履行工作职责，不断整合教育资源，努力促进义务教育均衡发展，全面提高教育教学质量。和平区先后被评为全国中小学阳光体育先进区、辽宁省“科研兴教”十强区、沈阳市学前教育先进区，承办了国家全民学习活动周沈阳主体活动，全民学习、终身学习取得新的进展。迎接国家教育部教育现代化调研考察，受到教育部充分肯定。

【开展“迎世博、促环保、爱生活”公益活动】 2月22日，和平区教育局在全区各街道、社区组织开展以“迎世博、促环保、爱生活”为主题的大型公益活动。本次活动由和平区教育局主办，12家街道承办，多家社区具体实施操作。学生代表在公益活动主会场太原街沃尔玛超市发出环保宣言，倡议响应国家节能减排的号召。本次活动共发放环保宣传单3 000份，悬挂条幅50条，宣传展示板60块，同时还以广播、短剧、报告等多种形式宣传环保理念。

【和平区、沈北新区教育发展共同体正式启动】 3月26日，和平区、沈北新区教育发展共同体暨辉山学校、沈阳市一三四中学合作项目在辉山学校举行启动仪式。依据《沈北新区教育局与和平区教育局合作办好沈阳市辉山学校的合作协议》，和平区教育局选派2名优秀管理人员到沈北新区辉山学校任校长、副校长。

【教育部“义务教育现代化”座谈会在和平区举行】 5月13日，教育部“义务教育现代化”座谈会在沈阳市和平区举行。参加本次会议的领导有教育部义务教育调研组组长、江苏省教科院基教所所长彭钢以及江苏省教育科学院博士张晓东、江苏省教科院基教所博士喻小琴。沈阳市教育局、和平区政府、区教育局、区教师进修学校及相关中小学领导到会参加座谈。和平区政府副区长裴达树介绍了和平区推进区域教育现代化的总体情况，和平区人民政府教育督导室主任、教育局副局长师晓星就调研组提出的调研内容作了主题为《促进均衡优质，实现内涵发展，全力推进区域教育现代化进程》的汇报，并提出了和平区推进教育现代化过程中遇到的一些难点问题，请调研组的专家给予指导。此外，在座谈过程中，和平区人民政府教育督导室副主任张丽梅主要就区域教育现代化评估指标体系的研究与制定作了汇报，区教师进修学校校长张冬兰就干部教师培训工作，各基层学校校长就学校内涵发展作了汇报。九十九中学、南京一校、望湖路小学、南昌中学分别介绍了学校推进教育现代化的做法及经验。最后，教育部“义务教育现代化”调研组组长彭钢对和平区推进教育现代化工作给以高度评价，认为此次调研收获颇丰。他特别指出和平区在推进区域教育现代化过程中教育思想、教育理念有高度，实施的人事制度改革、大学区管理、科研指导、信息化牵动以及终身教育、教育督导评估有创新，为教育部研究“义务教育现代化”有关问题提供了很好的案例。

【省市领导与幼儿园小朋友共庆“六一”】 5月31日，省长陈政高来到沈阳市和平区惠民幼儿园，与孩子们一起欢度节日，代表省委、省政府向全省少年儿童致以节日的祝贺，向广大幼教工作者表示诚挚慰问和衷心感谢。副省长陈超英、市长陈海波陪同。和平区惠民幼儿园是沈阳市第一所普惠制幼儿园，面向全区低保户和低保边缘户子女招生。陈政高对幼儿园的师生们说，孩子是祖国的未来，搞好学前教育非常重要，各级党委、政府都要关心重视学前教育，一定要让孩子们吃得好、玩得好、学得好，长大以后成为国家的有用之才，建设我们伟大的祖国。尤其是对贫困家庭的孩子，我们更要多给一份关爱，要让他们和其他孩子一样受到良好的教育，一样愉快地生活，一样健康地成长。陈政高还亲切看望了幼儿园的保安人员，勉励他们努力工作，确保孩子们的安全。副市长王玲参加活动。

【和平区获评“全国阳光体育先进区”】 和平区被教育部授予“全国阳光体育先进区”光荣称号。此次教育部共评选100个县（市、区）为“全国阳光体育先进区”，辽宁省只有3个区县入选，和平区是沈阳市唯一获此殊荣的区县。和平区自2007年《中共中央国务院关于加强青少年体育增强青少年体质的意见》颁布以来，和平区教育局结合《中共辽宁省委辽宁省人民政府关于加强青少年体育增强青少年体质的实施意见》，以及辽宁省教育厅和沈阳市教育局关于加强阳光体育运动等相关文件的指示精神，积极落实与部署，在规范办学行为、加强教育教学管理、广泛开展阳光体育运动、实施《国家学生体质健康标准》、保证学生每天锻炼一小时、加大学校体育卫生设施建设、加强师资队伍建设、开展学校健康教育、落实学生健康体检制度、改善学生营养状况、加强学生近视眼及学校突发公共卫生事件防控、促进学生体质健康等方面取得了明显成效，多次得到省市领导的肯定与表奖。

【全国校外教育创新发展论坛在和平区召开】 6月19日，“全国校外教育创新发展”论坛在和平区召开，教育部基础教育司校外处处长吕同舟、中国儿童中心信息部部长霍雨佳、沈阳市和平区教育局相关领导及全国部分省市少年宫主任共50余人参加此次论坛。本次论坛由全国城区少年宫工作研究会主办、沈阳市和平区少年宫承办，旨在引导全国各地校外教育单位通过创新发展的形式，突破陈规，真正做到全面提高广大青少年的素质，培养德才兼备的“四好”少年。教育部基础教育司校外处处长吕同舟作《关于全国校外教育如何与校内教育衔接并结合本地区特色发展》的主题报告。沈阳市和平区少年宫主任顾德明在论坛上就和平区少年宫发展历程及创新发展作交流演讲，和平区充分发挥校外教育来培养学生兴趣、发展学生个性、提升学生实践能力的做法受到与会人员的高度评价，和平区少年宫将以此为契机，为社会培养更多社会主义建设所需要的思想健康、素质全面、富有创新精神和实践能力的人才。

【和平区少年宫举行建宫30周年暨纪念宋庆龄题词30周年庆典】 6月20日，和平区少年宫在中华剧场隆重举行了“庆祝沈阳市和平区少年宫建宫30周年暨纪念宋庆龄题词30周年”活动。教育部基础教育司校外处处长吕同舟、中国宋庆龄基金会特派代表张瑞革、全国城区少年宫工作研究会会长兼秘书长、北京市丰台区少年宫主任王振民及沈阳市、区相关领导、全国部分省市少年宫主任60余人出席了此次活动。和平区副区长裴达树于庆典活动上致辞，中国宋庆龄基金会特派代表张瑞革宣读贺信，教育部基础教育司校外处处长吕同舟致贺词。庆典后和平区少年宫艺术团进行了精彩的文艺演出，从海内外特意赶来参加庆典的少年宫毕业学员与少年宫的小学员联袂演出，共同展示了和平区少年宫30年艺术教育的成果，教育部基础教育司校外处处长吕同舟对少年宫的工作开展给予了充分的肯定，认为“一个区的少年宫能有如此高水平的文艺演出，说明区委、区政府高度重视少年宫的发展”。此次庆典活动不仅展示了和平区少年宫的教学成果，更体现了和平区乃至沈阳市对校外教育领域的关注与重视，也充分彰显了和平区校外教育的实力。

【国家可持续发展实验区检查组到和平区检查】 7月20日，国家可持续发展实验区检查组一行10余人在中国可持续发展研究会理事赵正中教授的率领下到和平区进行检查。和平区政府副区长宋丽等相关领导陪同参与。一二四中学代表和平区教育系统迎接了此次检查，展示了学生发明作品和可持续发展校本教材，校长汇报了学校的办学理念及对学生进行的科技创新、环境保护、节能减排、终身学习等可持续发展教育情况，检查组还参观了一二四中学的各类教学设施，对学校发展的现状表示满意，对学校的可持续发展充满信心。检查组在对和平区迎检工作的反馈中连续三次表扬一二四中学，指出一二四中学在教育可持续发展方面表现突出，要求将一二四中学在这一方面的成功经验加以推广，这充分体现了和平教育可持续发展的良好态势，是和平区创建国家可持续发展实验区的闪光点。

【和平区少年宫获全国“三北”汇演一等奖】 和平区少年宫代表沈阳市校外教育参加了第十届东北、华北、西北地区省会城市青少年宫文艺汇演，并荣获一等奖。此次活动有来自“三北”地区11个省会城市的15支代表队的近千名青少年参加。和平区少年宫师生12人表演的小品《两个书包》和手风琴三重奏《少年游击队歌》荣获一等奖。

【和平区举行全民终身学习活动周开幕式】 10月16日下午，和平区全民终身学习活动周开幕式在中山公园隆重举行，和平区副区长裴达树主持开幕式，常务副区长郑成亮致辞。中国成人教育协会会长朱新均、沈阳市终身教育研究会会长赵金城、沈阳市教育局局长苏文捷、职成处处长司群生以及全国各省市代表出席了开幕式。各级领导及各地代表观看了和平区精心准备的文艺表演，从花样轮滑到京剧演出，从少儿歌舞到老年合唱，处处体现了全民学习、终身学习的理念。和平区所有街道、30多家委办局及10余个驻区单位通过展板及宣传册为现场聚集的近千名群众展示和平区终身教育的成果。此次活动是和平区继2009年承办沈阳市2009年全民终身学习活动周后的又一盛事，是持续深入开展终身学习、全民学习活动的又一高潮。

【和平区喜获全国中小学图书馆先进集体】 2010年和平区在获得辽宁省首批“中小学图书馆工作示范区”后，又喜获全国中小学图书馆先进集体。近年来，在区委区政府高度重视下，和平区中小学图书馆建设累计投入资金280万元，更新图书36 811册，价值约74万元，投入400余万元为全区中小学校建设电子图书馆。现在书库及藏书、学生阅览室、教工阅览室（含电子阅览室）及附属设备齐全，报刊、教参工具类图书达到省中小学示范图书馆标准，图书馆采用微机电子化管理，制度健全管理规范，区中小学图书馆对学生、教师全面开放，充分发挥了图书馆“第二课堂”的作用。

【“沈阳市暨和平区第四届中小学生阳光体育冬季长跑”活动正式启动】 12月1日，沈阳市暨和平区第四届学生阳光体育冬季长跑活动启动仪式在东北中山中学隆重举行，拉开了2010年沈阳市阳光体育冬季长跑活动的序幕。此活动将持续到下一年3月30日。沈阳市教育局、沈阳市体育局、共青团沈阳市委及和平区相关部门等各界领导及2 000多名师生共同参加了此次启动仪式。沈阳市教育局副局长韩燕子在启动仪式上讲话，总结开展冬季长跑三年来的成绩，并提出希望和要求。此项活动是阳光体育运动的进一步深化、又一次推进，和平区将以这次活动为载体，将学生冬季长跑与跳绳结合起来，拓展活动内容，不断提高学生身体素质，全面提升学校体育工作质量。

【和平区参加全国中小学心理健康教育工作经验交流会并作大会发言】 11月27日—28日，“全国中小学心理健康教育工作经验交流会”在成都市青白江区隆重召开。和平区作为大会东北三省唯一经验交流发言代表应邀参加此次会议，会上，和平区作了题为《大力发展心理健康教育，构建均衡高质的“和平教育”》的经验介绍。从建立心理健康教育的“良性运行机制”、“专业化干部教师队伍”、“灵活多样的途径体系”、“三位一体网络”四个方面对和平区心理健康教育工作整体情况进行了阐述。

【和平区举办第四届中小学校长论坛】 2010年12月10日—11日，和平区教育局围绕“教育现代化与学校办学特色”为主题举办第四届中小学校长论坛。本次论坛分为专家引领、小组讨论、汇报交流三大板块，48位中小学校长及和平区教育局相关领导、教师进修学校相关部门负责人紧紧围绕论坛主题，结合自己学校的工作实际，畅所欲言，互相切磋，阐述了对教育现代化与学校办学特色含义、意义、途径的理解，并达成共识：特色办学是推进教育现代化的重要手段，是实现教育个性化、促进教育现代化的重要举措，是深化教育现代化的有效途径。作为校长，应在今后的工作中积极开展特色办学，促进教育现代化进程，建立相应的个性化、特色化评价标准，建立相应的个性化教育服务体系和未来全球化的教育视野，为和平区实现教育现代化做出应有的贡献。区教育局局长康景波最后发表重要讲话，他对本次论坛给予了高度评价，并对校长提出了四点希望：要坚持正确的办学方向，要努力形成先进科学的办学理念，要找准角色定位，要形成以人为本的管理机制，要求大家面对新形势，迎接新挑战，增强实现区域教育现代化的责任感与紧迫感，争取到2015年率先实现区域教育现代化。

【和平区阳光体育先进区纪实片在中国教育台播出】 12月20日，和平区全国阳光体育先进区纪实片在中国教育台播出。纪实片报道了和平区秉承“我运动、我快乐、我阳光”的教育理念，不断加大经费投入，改善条件，更新体育硬件设施，强化体育教师培训，开设特色体育运动项目，让广大中小学生走向操场，走进大自然，走到阳光下，在运动中快乐成长。纪实片的播出，既是对和平区阳光体育运动的肯定，又是对和平区学校体育工作的激励和鞭策，区教育局将以此为契机，更好地推动阳光体育在全区的开展，把和平区的阳光体育运动推向一个新的高度。

学前教育

【概况】 和平区共有各级各类幼儿园43所（其中，教育办园4所、部队办园5所、机关企事业单位办园7所、街办园4所、民办园23所）。省市级示范园12所，占全区幼儿园所比例的28%。达标幼儿园24所，占全区幼儿园所比例的56%。全区0—6岁学前儿童总数为19 416人；3—6岁在园儿童10 832人，入园率为98%（学前一年、二年和三年入园率为100%、99%、98%）；0—3岁婴幼儿家长及看护人受训率达100%。全区幼儿园教职工1 699人（含后勤人员）。其中，专任教师950人，区财政拨款在编幼儿教师77人，聘用制幼儿教师1 057人，持有教师资格证书的教师825人。全区教师学历大专以上占71%，幼教专业教师占81%。和平区教育局被评为沈阳市学前教育工作先进区。和平区省商幼儿园晋升为市级示范幼儿园。在省市学前教育课程改革优秀教育活动、第二届幼儿园优秀自制玩教具展评及经验交流活动、第四届教师技能大赛中，和平区教师充分展示精湛的专业知识技能，均取得优异的成绩。

【召开幼教研究会第十一届年会暨幼教“双名工程”活动展示】 1月7日，和平区幼教研究会第十一届年会暨幼教“双名工程”活动展示在南宁幼儿园举行。和平区幼教研究会研究两年的发展，部署下一步工作内容，对幼儿园文化建设及教师专业成长两方面进行了重点阐述。南宁幼儿园青年教师研习团现场展示了生动、有效、高质量的园本教研活动。

【加强幼儿园安全工作】 构建了园长信息交流双向互动的沟通平台。多次召开全区安全保卫工作会议，强调安保工作、食品卫生安全教育及幼儿传染性疾病防控工作的重要性和意义，要求幼儿园必须高度重视安全工作，形成安全教育的管理网络，建立以园长为组长的安全教育工作领导组。

【深化改革、强化管理】 3月，和平区召开了"和平区学前教育工作行政会"。为进一步贯彻落实教育部颁发的《幼儿园教育指导纲要》及2010年沈阳市学前教育工作计划精神，王局长就《注重精细化管理、实施标准化建设、推进和平学前教育优质均衡发展》做了专题讲座。对幼教工作从行政和教研的角度作了总结和部署，为形成学前教育的整体合力，推动学前教育资源优质、均衡的发展起到了关键性的引领作用。

【以优质教育资源为优势，促进学前教育均衡发展】 进一步实施惠民工程，努力促进教育公平。依据2010年的政府工作报告中提及的民生工程是整个社会最关注的任务，提出以南宁实验分园为引领，逐步向其他示范园扩展，有条件的示范园也要吸纳一些低保及贫困家庭的学前儿童入托。继续做好和平区惠民幼儿园建设工作，使和平区低保、贫困等弱势群体家庭的孩子同其他学前儿童一样接受优质规范的学前教育。发挥优质园的辐射作用，有效开展园所对口交流工作、幼儿园城乡手拉手活动。继续组织全区示范幼儿园及部分一级园广泛开展送教下乡、指导培训等交流工作，为沈阳市逐步缩小城乡差距，实现城乡学前教育均衡发展做出了应有的贡献。

【加强师资培训，促进学前教育优化发展】 在4月、10月，和平区两次召开"和平区学前教育园长培训会"。会上，辽宁省教科所副所长罗英智就"幼儿园发展方向"、"学习十二五《纲要》，促进学前教育普及、规范和提高教育"作专题讲座。区教育局王局长就"探讨教育困惑、催生教育智慧、共享教育成果"作专题辅导。提出注重精细化管理，有效缓解压力，注重自身修炼，做一名思想型、实践型、专家型的园长等论点，起到了专业引领作用。4月、9月，和平区举办两次"和平区幼儿园课程改革研讨会"活动。进一步推广近年来和平区贯彻落实《幼儿园教育指导纲要》的实践成果，提升和平区学前教育质量，提高幼儿教师素质。和平区选派的10个教学活动参加了观摩评比，受到观摩教师的高度评价，起到了专业引领作用。

【以迎接专项检查为契机，促进学前教育品质发展】 5月，辽宁省省长陈政高到和平区惠民幼儿园慰问视察，与孩子们共同欢度"六一"国际儿童节。同月，省教育厅副厅长王燕玲到和平区沈联一幼视察。10月，区人大科教办主任刘颖、政协主任王伟率专家委员会政协调研和平区民办园所的学前教育工作。

义务教育

【概况】 2010年，和平区共有小学28所，教学班712个，毕业学生3 949人，招生3 784人，在校生23 477人。小学入学率100%，巩固率100%，毕业生及格率100%。特教学校1所，在校生48人。初中13所，教学班321个，毕业学生4 513人，招生3 540人，在校学生12 507人，高中入学率98.32%。

【中小学教学质量分析总结表彰会】 2月26日全区中小学校长、副校长、教学主任在一三四中学召开2010年中小学教学质量分析总结表彰大会暨教育行政工作会议。会议分别对中、小学2009年教育教学质量进行了分析与评价，总结成绩分析不足，并对质量优秀、贡献突出的学校及部门进行了表彰奖励。和平区教育局局长康景波在会上作了《团结奋进谋发展，励精图治创新高》的讲话，全面总结2009年和平区教育工作，并对2010年的主要工作进行了具体部署。

【入围第二十五届省青少年科技创新大赛决赛】 3月23日，沈阳市第二十五届青少年科技大赛尘埃落定。和平区一二六中学的张诗娜等3名同学发明的轴流式气流动力机暨发电系统，敬业中学黄伊宁同学发明的旋转开关插座，望湖路小学韩钰琦同学发明的防溢出轻便灌水器，砂山四校白玉莹同学发明的节水型洗衣机以及砂山四校李国强老师发明的简易型楼房太阳能热水器集中供水装置脱颖而出，进入辽宁省决赛。

【辉山学校、市一三四中学合作项目启动仪式】 3月26日，和平区、沈北新区教育发展共同体暨沈阳市辉山学校、沈阳市一三四中学合作项目启动仪式在辉山学校正式召开。大会宣布任命李冬云为辉山学校校长、赵红为副校长。副局长师晓星代表和平区教育局发表讲话，强调了本次合作对和平区、沈北新区教育事业发展的重大意义以及对促进沈阳市义务教育均衡发展的重要意义；同时对学校的管理、校园文化的建设等问题提出了一系列指导性意见，为辉山学校的发展指明了方向。

【完成对区内14所初中的中考调研】 3月28日，按照工作计划，历时近一个月的时间，区教育局顺利完成了对区内14所初中的中考调研工作。本次调研的主要目的是了解各初中中考备考与常态教学的基本情况，督促各初中进一步规范办学行为，做好2010年中考备考工作，提高复习的针对性和实效性。通过本次调研，和平区初中备考工作的常态是好的，主要表现为各校领导老师都能以积极乐观的心态进行备考，学校制定的备考方案多数是科学合理的，为2010年和平区中考再创辉煌打下了良好的基础。

【召开2010年小学教育行政工作会议】 3月29日，在沈阳铁路实验小学召开2010年小学教育行政工作会议。会议总结了2009年的教育教学工作，对2010年工作开展做了周密安排。区教育局主管局长王伟作了《特色工作，创新发展》的主题报告，提出2010年的总体思路：巩固均衡态势，突出特色发展。具体要求是：重新审视今天的教育，认真谋划学校的明天；明确角色赋予的责任，认真履行现实的职责；鼓舞广大教育工作者坚定信念，共同做好当下的教育工作。最后，对各校工作提出三点要求：一是建设健康和谐团队，二是建设现代管理制度，三是建设智慧独特的资源。为和平区小学下一步工作开展提供了切入点及思考点，使与会者受到了很大启发与鼓舞，也将进一步推动和平教育向特色发展。

【举行校长挂职锻炼对接仪式】 4月23日下午，和平区–沈北新区校长挂职锻炼对接仪式在和平区教育局隆重举行。此次对接仪式是积极响应沈阳市教育局建立城乡教育发展共同体的要求，着力扶持沈北新区教育事业发展的又一个重要措施。安排沈北新区5所中小学校副校长到和平区各校挂职锻炼。和平区–沈北新区校长挂职锻炼对接仪式体现了和平区教育局认真贯彻沈阳市教育局进一步整合城乡教育资源，实现城乡义务教育均衡发展要求的积极态度，对沈阳市义务教育的均衡发展起到了推动作用。

【“开坛有益”读书交流活动】 从2010年4月开始，和平区小学以大学区为单位开展了“开坛有益”读书交流活动，用读书引领教师队伍提升内涵，增强自身。东部、中一、南一三个学区都开展了“开坛有益”活动。中一学区4所学校开展了《感悟人生、体验幸福——开坛有益》读书交流活动。全区各校校长、副校长及骨干教师都参加了这次交流活动。这次活动中，4位老师的读书心得让在座教师获得了心灵上的洗礼，使大家洞悉了为人、为师、为学的基本道理，真正诠释着本次活动的主旨——开坛有益。

【2010年中考备考工作展示会】 4月9日，教育局2010年中考备考工作展示会在一三四中学

召开。一三四中学、九十九中学等学校代表就中考备考工作进行经验介绍。副局长师晓星作了题为《认清形势，研究现状，寻求突破》的重要讲话，分析了本次中考调研工作的背景，点评了各校表现。针对调研中发现的问题，分别对学校管理层与教师层进行了有针对性的指导。本次中考备考工作展示会召开在中考备考的关键时期，实现了区内各校备考经验与策略的资源共享，为形成和平区教育合力，再次赢得中考佳绩奠定了良好的基础。

【参加辽宁省青少年科技大赛再传捷报】 4月9日，辽宁省第二十五届青少年科技大赛在抚顺市举行。和平区一二六中学、敬业中学、砂山四校、望湖路小学、和平一校、河北一校、河北二校、西塔一校等8所中小学代表沈阳市参加。经过激烈角逐，和平区参赛的中小学再续以往大赛的辉煌，取得了骄人战绩。砂山四校、望湖路小学、河北一校学生的发明作品获得一等奖，一二六中学、敬业中学、和平一校学生发明的作品获得二等奖，另有西塔一校、河北二校两位教师的科技活动方案、和平一校教师发明的教具获得二等奖。

【省“愉快教育”教育改革成果展示会在沈铁第五小学举行】 4月9日，由辽宁省教育学会主办，沈阳市教育学会、和平区教育学会、沈阳铁路第五小学共同承办的“辽宁省教育学会2010年年会暨辽宁省改革开放30年基础教育改革成果展示现场会”，小学分会场展示在沈阳铁路第五小学长白分校举行。辽宁省教育厅副厅长王燕玲、辽宁省教育学会秘书长于月萍、辽宁省基础教育处处长刘伟等领导出席了会议。会议共分三个板块进行。首先是对沈阳铁路五校长白校区的实地参观，第二部分是由铁路五校师生进行以“生命成长飞扬”为主题的学校特色教育展示，最后一部分是成果交流汇报。整个大会沉浸在一片祥和、愉快、赞叹中，最后在由和平区小合唱社团的孩子们演唱的《阳光下的孩子》的歌声中徐徐落下帷幕，台上台下掌声雷动，经久不息。

【中等职业学校赴和平区初中进行招生宣传咨询】 4月15日—16日，中等职业学校到和平区各初中进行招生宣传咨询活动。区教育局制定了翔实的工作方案，对咨询的时间、地点以及路线安排都做了具体设计。宣传咨询车队，深入和平区四十五中学、一〇八中学等7家单位进行开展咨询并提供招生简章等相关资料，宣传咨询工作圆满结束。

【一三四中学、一二六中学接受科技特色校检查验收】 4月19日，市、区教育局对一三四中学、一二六中学进行科技特色校检查验收。和平区政府教育督导室副主任张丽梅介绍了和平区在科技教育方面的重要举措以及取得的成绩。一三四中学、一二六中学校长分别作了学校科技教育工作汇报，阐述了学校对科技教育的认识、发展科技教育的基本思想与具体措施，取得的成绩、存在的问题等。检查组一行认真查看了两所学校的汇报材料与档案资料，参观了两校的科技教室、图书馆等科技教育场馆，对两校的科技教育工作给予很高评价。

【市、区教育局对四十五中学进行控辍工作检查】 4月19日，市、区教育局对和平区四十五中学的控辍保学工作进行了检查。四十五中学校长介绍了本校对控辍保学工作的认识、在控辍保学工作上作出的努力、取得的成绩、目前还存在的主要问题与今后工作的主要思路等。在听取汇报之后，检查组深入到班级对在校学生数量进行逐一的清点核实，并巡视了校园环境。本次检查，市、区领导对四十五中学的控辍工作给予充分肯定。体现了和平区在义务教育均衡发展方面取得的成绩。

【中华文化传承教育汇报会】 6月23日，中华儿童文化艺术促进会会长范崇嬿、副会长解长英，辽宁省楹联学会专家宫宝安先生、林爱敏女士，沈阳市政协副主席张振华先生，沈阳市教育局及和平区教育局的主要领导都亲临南京十校“浸濡民族文化 促进学生发展”——中华文化传承教育汇报会现场参加活动。南京十校的学生们在现场与楹联名家做对子，在嘉宾面前展示3分钟快速记忆的绝活，在艺术家面前弹琴、对弈、挥毫、绘画，在教育家面前诵读国学经典。和平区许多小学都确定了中华文化传承教育的重点特色内容，用环境熏陶学生，培育具有中华文化底蕴的少年君子。

【到康平县送教活动】 11月19日，为使学校的名师资源发挥其最大领航和辐射作用，和平区教育局组织中小学学科教师28人到对口支援的康平县送教。9名教师分别在康平县七所中小学上示范课，两区教研员、教师就课改理念、新课程标准、教学设计等问题进行深入讨论。对促进沈阳市城乡义务教育均衡发展具有重要意义。

【荟萃办学智慧，创学校未来】 12月10日、11日，和平区教育局班子成员、中小学校长、师校校长等80余人在棋盘山召开和平区第四届校长论坛。此次论坛的指导思想是以科学发展观为统领，以《国家中长期教育改革和发展规划纲要》为准绳，深入贯彻落实第四次全教会精神，全面推进区域教育现代化，着力打造办学特色，优化教育教学质量，促进学校可持续发展。论坛主题为“教育现代化与办学特色”，两天的会议紧张而丰富。会议由局长王伟主持，书记安建晔致开幕词，副局长师晓星、校长俞万祥分别作了观点报告。在专家的引领下与会成员进行了观点分享：小学共分成三个小组，各组成员在组长的带领下交流学习工作中的体会和感悟。小学校长们共同交流、讨论、反思、借鉴、展望，共同描绘和平基础教育发展的美好蓝图，为和平区教育事业又好又快发展奠定坚实的基础。

【和平区小学“走进学校”系列活动】 和平区小学“走进学校”系列活动是小学教育教学工作的一次积极尝试，开展此项活动的目的是：把在常规听课、集体调研、深入指导后，基层学校形成的典型教研经验以“走进学校”这个活动形式向全区推广。2010年一共走进3所小学，团结路小学、南京九校、铁路实验小学。开展这项活动，旨在为基层学校搭建教研特色展示平台，发挥校际之间资源共享的优势，实现“推介一所学校、带动一批学校”，进而促进和平区教学工作水平的整体攀升。这项活动已经在全省、全市形成一定的影响力，受到省市领导的高度赞誉。

【和平区小学教学质量监控与评价工作改革】 教学质量评价在一定程度上是当前制约着课程改革的“瓶颈”问题。为深入贯彻落实《国家中长期教育改革和发展规划纲要（2010—2020年）》、《关于积极推进中小学评价与考试制度改革的通知》等文件精神，5月和平区教育局下发了《和平区小学教学质量监测与评价实施方案（试行）》，开始了和平区小学教学质量监控与评价改革工作。《方案》明确了对小学教学质量监测与评价的目的、原则、基本内容、实施方式、组织管理等。此项改革工作旨在积极探索和构建规范化、科学化、制度化的和平区小学教学质量监测与评价体系，切实提高和平区小学课堂教学质量，达到全面推进素质教育和基础教育课程改革之目的。

高中教育

【概况】 2010年，和平区共有高中8所，其中完中1所。8所高中全部安装现代化教学设备，铺设塑胶操场，图书馆、阅览室、多媒体教师、报告厅、实验室等教学设施齐全。共有教学班221个，毕业学生3 230人，当年招生3 443人，在校学生9 782人。

【二十中学、东北中山中学被评为沈阳市标准化高中】 1月6日，沈阳市教育局发布了《关于公布2009年沈阳市标准化普通高中评估验收结果的通知》，和平区二十中学、东北中山中学被评为沈阳市标准化高中。沈阳市标准化高中的申请、创建工作始于2009年。2009年11月，市政府教育督导室和市教育局联合组织评估验收组对和平区的标准化高中建设工作给予充分肯定。二十中学、东北中山中学成为沈阳市首批“标准化普通高中”。

【高考质量分析会】 2月26日，2010年和平区高考质量分析会在沈阳市一三四中学隆重召开。副局长师晓星对2009年高中教学质量进行分析，总结了和平区高考成绩在全市高位领先的成功经验，在肯定成绩的同时也指出了高中教育教学工作中尚需进一步解决的问题，提出了加强校长的课程领导力，继续深化教育教学改革，加大师训力度，打造名师工作室等一系列的提升教育质量的措施，指明了今后的工作思路。

【二十中学第十三届公开教学周活动】 4月22日—23日，沈阳市普通高中教学精细化管理经验推介会暨沈阳市第二十中学第十三届公开教学周活动举行。本次活动的目的旨在深化课程改革，推进教学精细化管理，提高课堂教学效度，发挥省示范高中、课改样本校的辐射作用，促进学校可持续发展。辽宁省教育督导团副主任督学刘玉华、沈阳市教育局基教二处处长卢娜、和平区教育局领导班子等省市领导，来自内蒙古、吉林、大连、本溪等省内外数十家学校领导、老师以及沈阳市所属区县学校的领导、老师千余人参加活动。

【高考备考座谈会】 5月7日—8日，和平区高考备考座谈会在和平区培训中心召开。8所高中的校长或副校长从学情分析、备考策略、峰值打造、志愿指导等四个方面阐述本校的备考现状和最后一个月的冲刺方略。副局长师晓星发表重要讲话，提出在搞好教学复习的同时积极为教师、学生减压，加强制度建设，合作才能双赢。校长要主动学习，善于学习，实现专家治校等要求，进一步统一了思想，实现了资源共享。

【教育专家到三十八中学指导生本教育】 5月4日，全国著名教育专家、沈阳市教育专家协会秘书长李锦韬和沈阳市教育专家协会秘书长刘长青二位教育专家到三十八中学指导生本课堂。王磊、刘晔、崔莉、冯久红四位教师分别以习题课、复习课、新授课等不同课型展示了三十八中学常态的生本课。在课堂上，学生积极参与、分组讨论、自主学习、合作探究等多种形式，给专家留下了深刻印象。专家认为三十八中学的生本教育已经初具规模，课堂上的生本味道浓厚，已经在生本教育方面走在了其他兄弟学校的前列。

【高考经验交流会】 12月21日，和平区2010年高考备考经验交流会在一二四中学礼堂召开。会议的主要任务是探讨2010年综合学科高考策略，为和平区高考再创佳绩创造条件。二十中学党委书记刘洪清同志从学校管理层面进行经验介绍；一二六高中等学校的学科教师就2009年高考试题给予的启示、2010年本学科高考命题的趋势预测和2010年高考复习的策略进行交流；和平区教师进修学校副校长王颖作了“聚焦综合学科，追求课堂教学有效性”的专题发言。副局长师晓星发表了《形势、经验、问题、对策》的重要讲话，给各校的高考备考工作指明了方向。

教育督导

【概况】 2010年，和平区政府教育督导室在区委、区政府的正确领导下，以科学发展观为统领，以深化教育改革为动力，以建设高水平督导队伍为支撑，以区域教育高水平均衡发展为依托，以培养高素质的合格人才为根本任务，坚持科学规划、分类推进、整体提高的原则，强化引领，以评促建，为创建教育强区、全面实现区域教育现代化的目标提供保障。年内，督导室专职督学14人，兼职督学10人。

【迎接市督导室、市教育局相关检查】 2010年1月，督导室与计财科联合迎接了市联合检查组对和平区教育经费投入情况的专项检查。2010年4月，组织协调各相关部门迎接市教育局教育投入、控辍、科技特色校、预防近视等方面的专项督导检查。控辍工作抽检了第四十五中学，科技特色校检查了铁路一校、四经一校、第一二六中学、第一三四中学，预防近视工作抽检了振兴二校、第一三四中学、回民中学，检查组对和平区2009年教育投入情况表示满意，并充分肯定了和平区在控辍、科技特色校、预防近视等方面所取得的成绩。2010年11月，组织协调各部门迎接市教育督导室与市教育局相关处室组成联合检查组，对和平区创建教育强区、安全综治、信息化建设、民族团结教育等工作进行联合检查。检查组听取了副区长裴达树的工作汇报，教育强区和安全综治工作抽检了望湖路小学、第九十一中学，信息化建设工作抽检了铁中、第一三四中学、铁一小学，民族团结教育抽检了第三十八中学、第一二六中学、和平一校、南京一校。检查组对和平区各项工作均给予了高度评价。

【开展创建教育强区专项督导评估工作】 区教育督导室依据《沈阳市教育强区评估方案》和《和平区创建市教育强区实施方案》的要求，制定了《和平区创建市教育强区学校督导评估方案》，于2010年4月—6月，对区属学校进行专项督导评估。此次督导在多方面进行了创新：一是评估时间安排，为使学校保持正常的教育教学秩序，也使督导结果更贴近学校实际，督导评估时间提前一天通知学校；二是评估队伍，由和平区专职、兼职督学组成，教育局党委和督导室2009年选拔了11位兼职督学，参与了教育强区专项督导评估过程；三是评估手段，运用一套比较系统、完善的评估方案对学校工作进行量化评估，运用督导评估软件对问卷等评估内容进行科学分析；四是督导结果，把本学期开学初随机督导的情况纳入到本次的督导结果之中，以督导结果发布会的形式向社会公布。为促进和平区教育强区创建工作，督导室编写了《创建教育强区资料汇编》一书。

【依法督政】 2011年12月，以推进教育强区为重点，开展了对政府各相关局教育执法工作的检查，促进各相关委办局履行职责。同时开展了对街道办事处社区教育工作的检查，促进全民终身学习工作的落实。本次督政改变了以往每天督导一个局的形式，将几个职能相近或相关的局放在一起督导，这样安排，一方面缩短了工作时间，提高了工作效率，更主要的是促进了相关局之间的比较和学习，提高了督政的实效性。

【做好国家“义务教育均衡发展督导评估研究工作试点区”工作】 根据国家教育督导团反馈的和平区义务教育均衡发展系数，组织相关职能部门进行数据分析，形成研究报告，上报国家教育督导团办公室。

【加强督导队伍建设】 为培养一支数量足够、结构合理、素质较高、适应教育发展要求的中小学教育管理后备干部队伍，选拔了11位兼职督学，并按计划组织兼职督学参与督导过程，在实践中提升兼职督学的理论水平和实践能力。7月22日，召开以“实践感悟，交流提升”为主题的和平区兼职督学座谈会。在会上，11位兼职督学就对督学工作的认识、参加创建教育强区专项督导工作的收获、学校精细化管理、生本课堂教学改革等问题进行了深入探讨与广泛交流。

（董立剑　李展超）

沈　河　区

总　类

2010年沈河区教育数据表

项目 / 学校类型		学校数	教职工	专任教师	女教师	学生	班级数
	合计	137	8177	5935	5689	73426	2210
普通高中1	计	8	980	790	698	8856	214
	公办	8	980	790	698	8856	214
	民办	0	0	0	0	0	0
九年一贯制学校2	计	1	422	399	330	4636	115
	公办	1	422	399	330	4636	115
	民办	0	0	0	0	0	0
初中3（不含2）	计	14	1787	1366	1281	15355	370
	公办	12	1620	1220	1172	13076	322
	民办	2	167	146	109	2279	48
小学4（不含2）	计	34	2498	1824	1835	28971	835
	公办	34	2498	1824	1835	28971	835
	民办	0	0	0	0	0	0
幼儿园5	计	78	2403	1477	1477	15331	653
	公办	29	858	568	568	5608	216
	民办	49	1545	909	909	9723	437
特教6	公办	2	87	79	68	277	23

2010年沈河区教育局领导干部任职及分工情况表

现任职务	姓名	性别	出生年月	民族	政治面貌	文化程度	任职时间	分管工作
局长、党委副书记	侯德安	男	1960.12	汉	中共党员	硕士研究生	2007.11	主持行政全面工作，分管计财科、人事科
党委书记、副局长	洛传光	男	1955.05	汉	中共党员	本科	2007.11	主持党委全面工作
区政府教育督导室主任	刘春玲	女	1958.01	汉	中共党员	本科	2007.12	主持区政府教育督导室全面工作。2010年10月离岗休息
副局长、区政府教育督导室主任	董雪峰	男	1963.01	汉	民盟党员	本科	2003.07	分管中教科、初教科、教师进修学校、教育实践中心。2010年10月之后主持区政府教育督导室全面工作
副局长	童跃杰	男	1966.05	汉	中共党员	本科	2007.08	分管行政办公室、基建房管所、招生办、青教办、少年宫、老干办、教育产业管理中心、文产办
副局长	金书革	男	1966.09	满	中共党员	本科	2008.02	分管德育科、体卫艺科、幼教科、职业成人教育科、安全教育科、中小学卫生保健所
区政府教育督导室副主任、招生办主任	才宏文	男	1966.01	汉	中共党员	本科	2007.08	负责区招生考试办公室全面工作
工会主席、纪委书记	王爱武	女	1960.07	汉	中共党员	本科	2007.08	负责教育局工会、纪委全面工作

【概况】 2010年，按照沈阳市行政区域重新调整相关工作精神，沈河区顺利完成了对东陵区划入沈河区地域的学校、幼儿园等教育机构的接收融合工作，共接收中小学17所，托幼园所25所。截至2010年底，沈河区共有公办学校57所，其中小学34所，初中12所，九年一贯制学校1所，高中8所，特殊教育学校2所；共有民办中学2所，民办职业学校6所，民办非学历教育机构60家；共有托幼园所78所，其中教育办园5所，学校办园8所，街道办园9所，部队办幼儿园5所，驻区办园51所。共有教职工8 177人，各阶段在校学生58 095人，在园幼儿15 331人。

【教育行政】 沈河区教育局下设15个科室：行政办公室、党委办公室、计财科、中教科、初教科、德育科、人事科、组织科、体卫艺科、幼教科、职成科、安全教育科、纪委、教育工会、督导室办公室。教育局直属单位、部门有：教师进修学校、电教馆、老干办、保健所、招生办、基建房产管理所、教育产业管理中心、青教办、文产办、少年宫、教育实践中心、素质教育培训学校、教育局第一幼儿园、教育局第二幼儿园、教育局第三幼儿园。

【教育经费】 沈河区政府将保证教育充足投入力度作为实现教育优先发展的前提，确保义务教育的财政投入占本地区财政总支出的比例逐年提高，确保实现“三个增长”。2010年区政府对教育的拨款65 184万元。生均教育事业费小学7 610.06元，初中11 457.54元，生均公用经费小学1 439.67元，初中1 894.42元。

【基本建设】 努力推进中小学校舍安全工程。沈阳市盲校综合楼、沈阳市第七中学东教学楼工程均顺利完工，并于2010年9月1日正式投入使用；沈阳市第九中学综合楼、新同泽高级中学二期主体工程于2010年内完成；沈河区文化路小学北教学楼工程，2010年底完成了地下室建设工程；沈阳市第十七中学综合楼、沈阳市盲校教学楼工程，施工前手续报批工作于2010年内结束。

【德育工作】 进一步深化文明养成教育，在学生中大力倡导社会公德意识、社会文明意识，把贯彻落实《中小学生守则》、《日常行为规范》作为学校的一项常规工作，常抓不懈。开展了3月份“文明月”及9月份“行为养成教育周”活动，进一步规范了学生行为举止。继续探索和完善了“与礼同行、与爱同行、与诚同行、与美同行”的“四同”德育活动特色模式。加强德育队伍建设，启动了班主任梯次培训及“沈河区百优班主任”评选工作，5位班主任被评为“沈阳市感动校园好教师”。丰富德育活动载体，进一步推进“经典文化育心工程”，通过开展红诗诵读，举办沈河区中小学经典名著演绎（课本剧）大赛等活动，陶冶了学生的爱国情操，增强了德育工作实效性，7所中小学被评为沈阳市中小学经典阅读基地学校。沈河区推荐优秀选手参加市演讲大赛，获得沈阳市“我有一个好习惯”中小学生演讲比赛一等奖。沈河区被评为沈阳市未成年人思想道德建设先进单位。

【教学工作】 沈河区围绕“质量水平年”工作主题，积极开展“校长进课堂月”、“学案导学”教学方式推广等活动。组织区内教研员、校长、骨干教师参加了“高效课堂进沈阳观摩研讨会”、“全国首届中小学小班化教育研讨会环渤海地区讨论”，学习提高课堂教学效果的经验，营造了关注课堂、提升质量的良好氛围。着力开展中小学质量分析会、学科教学深度调研、学科基地校创建、学困生课题研究等活动，沈河区被评为省教育科研十强县区，区教师进修学校被评为全国先进教研单位。2010年中考，沈河区夺得全市状元，考入省实验中学、二中、东北育才学校等重点学校达343人，位居市内五区之首，考入省市重点学生比率进一步提高，低分率大幅降低。

【体卫艺工作】 艺术教育特色成果丰硕。2月21日至3月1日，“阳光下成长”全国第三届中小学生艺术展演在上海拉开了帷幕，沈阳市代表辽宁省参演了5个节目，其中沈河区占据4个席位。在本次展演活动中，第九中学的校园剧《男孩与树》、同泽女中的民乐合奏《塔吉克的节日》、沈河区文化路小学的校园剧录像评比3个节目均获得一等奖。此外，沈阳市第九中学的民乐合奏获得了二等奖，该校的校园剧《男孩与树》还被评为优秀创作奖，沈河区教育局荣获全国第三届中小学艺术展演活动优秀组织奖；在2010年沈阳市特色学校艺术团队六项技能大赛活动中，二经街第二小学等6所学校荣获团体金奖，获奖学校数量位居市内五区之首。在“红诗沈河”、“红诗辽宁”、“红诗沈阳”等系列活动中，岸英小学、大南街第一小学等学校的红诗展演得到了省市领导的一致好评。2010年10月沈河区教育局被评为全国学校艺术教育先进单位。

学校体育工作成绩突出。一是注意引导区内体育教师努力提升自身专业化素质，培养和涌现出一批优秀体育教师。在2010年中国十城市体育教学观摩研讨会中，同泽高中女中部教师邹宏蕊荣获体育教学观摩课特等奖，成为目前沈阳市参加此项活动以来唯一的特等奖获得者；二是积极开展体育教学教研活动，不断完善体育校本课程特色体系，文艺路第一小学被评为中国教育学会体育事业委员会“十一五”规划重点课题实验学校；三是着力巩固和发展特色项目，顺通小学连年荣获全国少年乒乓球总决赛男女团体双冠军；教师进修学校附属小学橄榄球队勇夺2010年香港国际青少年U12橄榄球锦标赛碗级冠军；万莲小学夺得中国北方国际标准舞公开赛少儿组团体舞冠军；文艺路第一小学获得“全国足球学校杯”U13男子组亚军。沈河区被市教育局推荐参评省学生文体活动示范区。

【教育信息化】 2010年，沈河区进一步明确了以教育信息化带动教育现代化的工作思路，注重实现教育信息化与全区教育教学管理的有机结合。首先，沈河区电化教育馆由原来的教师进修学校下属部门提升成为直接隶属于区教育局的独立部门，并进一步完善了其内部功能，为教育信息化建设发展提供了动力；其次，研发和启动了沈河区教育行政办公平台系统，实现了教育局与各学校之间的互联互通，大大提高了沈河区教育行政管理工作的效率；再次，对沈河网络教育电视台的功能和栏目不断完善，《e讲堂》、《童铭书场》、《教师厨房》等栏目，为区内各中小学提供了丰富直观的教育教学资源和师生展示的平台。

【特殊教育】 以大力弘扬扶残、助残为基础，以启智实验学校建校20周年为契机，加大资金投入力度，兴建盲校综合楼，完成启智学校无障碍改造工程和塑胶操场铺设工程，营造了良好的特殊教育氛围。打造特殊教育特色，以德育、体育、美育等为载体，促进特殊学生全面发展。启智学校特奥运动员参加了澳门特奥邀请赛、墨西哥唐氏综合症首届特奥运动会、大连足球邀请赛、福州全国特奥会，取得6金7银4铜的好成绩；市盲校代表辽宁省参加了全国首届盲人“威纳邦杯”乒乓球锦标赛，共获得了视障组女团第一名，男团第三名的优异成绩。

【终身教育】 组织沈河区各街道以社区为单位，以社区学校为载体，按照“学校放假，社区开学”的总体要求，举行了社区学校寒暑假开学典礼仪式，并以社区学校为主要载体，开展了一系列的教育活动。组织学生在社区开展了以“迎世博、促环保、爱生活”为主题，以“关注我们的生活环境，提高我们的环保意识，保护我们的共同家园”为主要内容，以“争做环境保护的践行者，争做环境保护的宣传者，争做环境保护的监督者，争做环境保护的志愿者”，“我要为社区环境保护贡献力量”为主要形式的主题宣传服务活动。完成了省级家庭教育实验区研究课题《区域性推动家长学校可持续发展的措施研究》，课题荣获省一等奖。沈河区被评为辽宁省家长学校工作先进实验区。制定、下发了《沈河区终身教育工作三年发展规划》、《沈河区2010年推进全民终身学习活动实施方案》等相关文件，成功召开了沈河区推进全民终身学习工作大会。深入推进社区学院建设，在沈河区教育实践中心建立了“沈河区社区学院”，在沈河区各街道成立了15个“沈河区社区学院分院”，在各社区建立了124个“沈河区社区学校”，并组织了千名社区志愿者，开展了一系列社区教育和终身教育培训活动。认真做好全国全民终身学习活动周相关工作，成功举行了沈河区2010年“全民终身学习活动周”开幕式，举办了“沈河区全民终身学习活动成果展览”和“沈河区社区学院培训活动成果展示”，营造了良好的终身学习氛围。

【民办教育】 把民办教育纳入了沈河区教育发展总体规划，落实民办学校与公办学校同等管理，对民办学校进行教育教学指导、检查评估及评先评优，对学校招生和收费等行为进行监督，对学生的学籍、德育、安全、体育卫生、扶困助学等方面进行统一管理。开展了2010年民办学校工作调研活动，认真统计民办学校相关数据，为制定民办教育政策提供了相关依据；强化民办职业学校学籍管理工作，全年根据毕业生学籍实际数额，统一办理了414个毕业证，为社会各行各业输送了大量合格专业技术人才；努力对民办中学进行扶持，组织统一质量检测、教学工作座谈会等活动，加大了民办学校与公办学校间的交流，使民办中学教育教学质量稳步提升，其中，沈阳市奉天学校2010年中考升学率达到100%。

【民族教育】 继续加强民族特色教育，在坚持做好《民族教育》课程教学的基础上，深挖各民族学校在民族文化方面的教育内涵，结合回族开斋节、满族颁金节等民族节日，组织开展丰富多彩的民族文化活动。满族中学以珍珠球运动为突破口，组织学校开展独具满族特色的体育运动项目，如赛威呼、狩猎、雪地走等，在提升了学生身体素质的同时，使学生进一步了解了少数民族的悠久历史和灿烂文化。回族初级中学、回族小学结合各自学校实际，以“民族团结进步在校园”为主题，开展民族教育活动，增进了多民族学生之间的了解。

【校园安全工作】 全面落实“一岗双责”制，完善安全队伍建设、责任督查制度建设、安全工作培训机制。充分利用“安全教育活动月”、“安全生产月”等教育契机广泛开展安全教育活动。认真开展学校安全隐患排查整改工作，共进行校园安全大检查6次。召开沈河区校园安全专题工作会议，认真落实中央、省、市关于校园安保的会议精神，完成了区内各中小学校、教育局直属单位和校办幼儿园的保安警棍配备工作，共聘用保安276名，并配备了钢叉、橡胶警棍、防刺服、防割手套和辣椒水，配合区政府信息中心，完成了校园门前的视频监控系统的安装和联网工作，使全区校园安保工作得到进一步加强。

【纠风工作】 以2010年沈阳市教育纠风工作会议为契机，做好教育系统行风评议宣传工作，积极参加民心网开展的社会各界民主评议学校的活动，主动接受社会监督；实施“一把手”工程。教育局成立了纠风工作领导小组，同时把行风建设列入各级学校领导班子主要责任目标，实行纠风责任追究制。年初，教育局对领导班子成员和各科室纠风责任进行分解落实，建立了局领导包大学区、联络员包学校、校级领导包年级、中层干部包教师的纠风工作联络网；建立并实行了“1123纠风工作制度”，即每个月局纪委向教育局党政主要领导汇报本月工作情况，并会同职成科、安全科对辖区内社会力量办学机构等实行月检查制度，每两个月召开一次纠风工作例会，每三个月举行一次局长办公会，专题听取行风建设汇报；积极推进廉政文化建设，在各中小学校开展 “四廉”活动（繁荣廉政文化、强化廉洁教育、树立廉洁理念、落实廉洁行动），在沈阳市岸英小学召开了廉政文化进校园活动表彰大会暨现场观摩报告会；严格要求各学校按照收费标准，规范收费行为，严格执行招生政策。沈河区教育局被沈阳市教育局评为教育行风建设先进单位，被沈河区政府评为政风行风建设先进单位。

学前教育

【概况】 2010年，沈河区共有托幼园所78

所，其中教育办园5所，学校办园8所，街道办园9所，部队办园5所，驻区办园51所。在78所幼儿园中有公办园29所，占总数的37%。全区共有省、市级示范幼儿园24所，其中省级10所，市级14所，占全区幼儿园比例的29.1%，示范园所居全市首位。全区0—6岁出生学前儿童23 256人，其中0—3岁11 625人，3—6岁11 631人；0—3岁在园儿童4 515人，3—6岁在园儿童15 331人。全区现有学前阶段教职工2 403人，其中园长136人，教师1 341人。幼儿教师学历达标率99%，专业达标率98%。

【开展幼儿园食品安全专项检查】 3月1至8日，为有效防控幼儿园食品安全事故的发生，区教育局主管科室与卫生监督所联合对区内5所学校办园的食堂及饮食卫生等方面工作进行了专项检查。通过检查了解，各幼儿园能够认真执行上级关于食品卫生工作的文件要求，严格按照食品加工流程制作幼儿用餐，食品从业人员均取得健康证明，各食堂运行情况良好，未发现安全隐患。通过此次检查，各幼儿园进一步加强了食品安全工作，杜绝了重大食品中毒事件的发生。

【强化幼儿园安全保卫工作】 2010年上半年，沈河区认真贯彻中央、省、市关于幼儿园安全工作文件和会议精神，多次召开全区幼儿园园长会议，部署幼儿园建立内部防范机制，严把幼儿园的“入口关”；加大幼儿园“人防、技防、物防”力度，健全保安、保卫、视频监控系统等安全防范手段，为每所幼儿园配备3名保安，并为门卫人员配备必要的保卫器具；积极寻求幼儿园视频监控设施与公安机关联网，提升幼儿园安全保卫级别，坚决杜绝幼儿园恶性伤害事故的发生。沈河区各相关部门联合开展了幼儿园安全工作拉网式检查，进一步规范了各幼儿园安全保卫工作。

【积极做好新划入沈河区的幼儿园接收工作】 4月份，原东陵区25所托幼园所划入沈河区。为做好接收工作，沈河区教育局组织相关科室详细了解了新划入幼儿园的名称、隶属关系、性质、规模，对公办幼儿园特别是教育办园的人员情况、幼儿园的设施、设备进行了详细了解记录，加快了各托幼园所与沈河学前教育的融合；组织开展针对新划入幼儿园的安全、房舍、校车、消防、食品等工作的检查，并进行了重新登记注册备案、重新换证等工作，顺利完成了接收工作。

【开展幼儿教师、园长培训工作】 为加强学前教育队伍规范化建设，提升教师学历层次，针对沈河区幼儿教师专业及学历未完全达标的实际情况，3月份组织部分幼儿教师参与了沈阳市幼儿教师专业、学历达标培训。通过参加市级培训，沈河区部分幼儿教师获得了学前教育大专学历证书，解决了部分幼儿教师学历未达标问题，使幼儿教师队伍学历水平得到进一步提升；1至3月、10月、12月，沈河区各类幼儿园园长、副园长及后备干部分两期参加了“沈阳市幼儿园园长岗位资格培训”工作。培训内容涉及学前教育理论、学前教育政策法规、幼儿园组织管理等方面。通过参加此次培训，沈河区幼儿园领导队伍整体素质得到了进一步提升，为发展幼儿教育提供了坚实支撑。

【城乡“手拉手”工作取得新成效】 为加快农村幼儿教育的发展，沈河区以“城乡联办、资源共享、优势互补、共同提高”为目的，继续开展“手拉手”送教下乡活动。先后在人力、物力、财力、资源等方面为康平县、辽中县的部分幼儿园送去援助。5月份，为辽中县、康平县幼儿园捐赠了大量的幼儿图书、玩具、教学用书、影音资料及桌椅、幼儿床等，帮助其改善了幼儿园的办园条件。同时，积极邀请“手拉手”幼儿园教师到区内幼儿园进行交流学习，促进了农村幼儿教师业务水平的提高，取得了较好的工作效果。

【举办玩教具经验交流及展评】 4月至5月期

间，沈河区广泛组织幼儿教师开展玩教具制作及经验交流活动，进一步提高了幼儿教师动手制作玩教具的能力，丰富了幼儿教学内容，宣传和推广了简单制作自制玩教具的经验，为广大教师搭建了相互学习、相互借鉴的平台。同时，从区内活动中推选100余名幼儿教师，参加了沈阳市玩教具经验交流会和沈阳市第二届幼儿园优秀自制玩教具展评活动，取得了较好的成绩。沈河区有11名教师的作品在辽宁省第二届幼儿园优秀自制玩教具展评活动中获奖，有3名教师在沈阳市幼儿园自制玩教具经验交流活动中获奖。

【开展区域幼儿教学观摩活动】 4月21日，沈河区在朝阳一校幼儿园召开了《沈河区学前教育课程改革观摩教学活动》，6所幼儿园作为展示单位向全区幼儿园教师展示了他们的教学成果。通过此次观摩活动，各幼儿园之间增进了了解，幼儿教师间加强了学习与交流，达到共同提高、相互促进的目的，较好地推动了沈河区幼儿教育教学工作的开展。

义务教育

【概况】 2010年，沈河区共有公办小学34所，共计835个教学班，在校学生28 971人，入学率为100%，巩固率为100%，毕业及格率为100%；共有公办初中12所，民办初中2所，共计370个教学班，在校学生15 355人，入学率为100%，巩固率为100%。九年一贯制学校1所，在校学生4 636人，教学班115个。全区义务教育阶段共有教职工4 707人。

【深化薄弱学校改革】 2010年，沈河区以扩大优质教育资源为目标，以办人民满意教育为宗旨，继续实施强弱学校兼并重组工作，先后组织实施了八十六中学与七中、四十八中学与市实验学校的重组合并工作。通过兼并重组薄弱学校，区内优质教育资源不断扩大，各学校教育教学水平实现了全新提升，人民群众“上好学”的需求得到了进一步解决。

【因时制宜调整大学区】 2010年，面对全市区划调整的崭新形式，沈河区因时制宜，对原来义务教育阶段的八个学区进行了重新调整，把新划入沈河区的学校全部纳入各大学区之中。同时通过加强学区教学交流、教师交流等举措，进一步加快了沈河区东西部教育的融合速度。全年全区交流教师26名，为实现区域义务教育均衡发展提供了充沛动力。

【开展小学学区工作特色展示】 2010年，沈河区小学东部学区以“集科研活力，促学区共赢”为主题，以科研工作为突破口，进行了课堂教学及特色展示；小学南部学区以“凝聚，发展”为主题，本着“开放、共享、合作、共赢”的学区建设理念，精彩呈现了南部学区的和谐促奋进，凝聚促发展；小学西部学区以“着眼学习力的研究，提升师生学习力”为主题，分别从不同角度，展示了学习力的研究成果。小学学区工作特色展示活动充分体现了沈河区小学间和谐、合作、扬长、共进的工作作风，为各小学拓展了发展空间与发展前景，进一步推动了沈河区义务教育的均衡发展。

【开展送教及教学交流活动】 3月15日，沈河区与法库县联合开展了“城乡合作体教师交流活动”。利用三周的时间，组织四批近400名法库县中小学教师到第七中学、市实验学校小学部听课学习。9月9日，沈河区教育局与东陵区（浑南新区）教育局联合举行了“城乡教育合作体送教下乡活动”。一六五中学的语文老师马立阳、数学老师刑丽红为王滨希望学校的师生们带去了两节精彩的观摩课。两位教师别出心裁的课堂设计，激发了学生的学习欲望，极大地提高了课堂效率，受到了王滨希望学校师生的一致好评。

【开展校长进课堂月活动】 4月初，沈河区各中学广泛开展了校长进课堂月活动。活动月期间，各学校校级领导走入教研组参加集体备课与听课，并走上讲台执教公开课。各学校邀请了学生家长、教师、行风监督员、区教研员、区教育局领导等作为听评课人员，对校级领导所执教的公开课进行点评。此次校长深入教学一线的举措，加大了校级干部对教学工作的参与，引导了广大教师的教育教学方向，展示学校校级领导的风采。

【开展“我有一个好习惯”演讲大赛】 4月22日和4月26日，沈河区教育局分别在朝阳一小学和实验学校（中学部）举行了沈河区中小学“我有一个好习惯”小学组和中学组的演讲大赛。区教育局副局长金书革参加了此次活动。此次大赛是沈河区开展的迎全运“与礼同行”文明养成月主题系列活动的一项重要内容，各参赛选手精心的准备，现场精彩的发挥，赢得了评委和领导的赞许与肯定，活动取得了良好效果。

【接待武汉市江汉区教育考察团】 5月10日，湖北省武汉市江汉区教育考察团一行25人到沈河区参观考察义务教育均衡发展工作。江汉区教育考察团由区教育局党委书记陈志敏带队，考察团主要由区教育局领导班子成员、局机关科室科长、江汉区部分小学校长和书记组成。两城区教育同仁在沈河区教育局举行了座谈会。沈河区教育局党委书记洛传光代表沈河区教育局对考察团的到来表示了热烈的欢迎，副局长董雪峰向江汉区的教育同仁介绍了沈河区教育发展概况，并着重就教师交流、薄弱学校改造、大学区一体化建设、教育信息化等推进义务教育均衡发展过程中所采取的措施进行了详细介绍。之后，代表团考察了沈河区文艺二校和实验学校小学部。

【开展中考工作经验交流】 7月29日，沈河区教育局开展了沈河区2010年中、高考教育教学工作经验交流会。初、高中教研室主任分别就2010年中、高考成绩做了详尽地分析。来自全区23所学校的初、高中校长也分别就中、高考工作及一年来的教育教学工作进行了总结，对学校教育教学管理进行了介绍。此次活动的开展对校际间的相互融合、相互学习、相互借鉴提供一次很好的机会。

【举办中小学经典名著演绎大赛】 10月26日至28日，沈河区教育局在朝阳一校举办了以“传承优秀文化 弘扬民族精神”为主题的全区中小学经典名著演绎（课本剧）大赛。区教育局副局长金书革参加了此次活动。全区48所中小学参加了此次大赛，演绎了《我的战友邱少云》、《晏子使楚》、《穿越时空的对话》、《刘胡兰》、《幸福泉》、《泥人张》等经典名剧。各位小演员精湛的演技，充分地表现出剧本的精髓，活动取得良好效果。

【提升接收农民工子女就学功能】 11月3日，沈河区教育局在小西路第一小学召开了接收农民工子女学校校长座谈会。在座谈会上，各学校负责人交流了学校办学，特别是农民工子女就学等工作的办学经验，进一步提升了全区学校接收农民工子女的就学功能。此外，沈河区组织开展了农民工子女教育专题培训，指导各学校围绕农民工子女制定了校园文化建设项目书、学校特色建设项目书等具体工作计划，通过问卷、访谈了解务工子女在校就读情况，进一步加强了接收农民工子女学校的建设工作。

【承办沈阳市中小学安全工作现场会】 12月23日，沈阳市中小学安全工作现场会议在沈阳市实验学校中学部隆重召开。沈阳市教育局局长苏文捷、沈阳市教育局副局长张晓军出席会议，沈河区教育局局长侯德安及各区县教育局局长、市区教育局相关科室领导、市内各中小学校长参加了此次会议。会议由沈阳市教育局张晓军副局长主持。沈河区教育局、沈阳市实验学校分别在会上做了安全工作总结交流汇报。会后，与会领导参观了沈阳市实验学校地震科普馆。

高中教育

【概况】 2010年，沈河区共有高中8所，其中3所为省级重点高中，5所为市级重点高中。共有教学班214个，毕业生3 174人，在校学生8 856人，高中教师980人。

【召开高中生高效学习方法推介会】 4月16日下午，在沈阳市第九中学组织开展沈河区高中生高效学习方法推介会。在本次推介会上，来自区内8所高中的学生代表分别就自己在学习中如何掌握记忆的方法、如何利用课外资料、合理分配时间、做好预习与复习的工作等向与会同学作了经验介绍。会后，把本次活动的实况录像又加以整理，刻成光盘，下发到全区各高中，及时推广这部分优秀学生的学习方法，使更多的学生获益。

【组织高中校长学习先进经验】 上半年，组织区内各高中校长、教学副校长、德育副校长参加了沈阳市普通高中教学精细化管理经验推介会，通过听专家学者报告、观摩课间操、走进课堂听课等活动，充分了解了沈阳市3所知名学校（八十三中学、二十中学、辽中县第二高中）在教育文化、课堂教学和学校管理等各个方面的实施细节，为沈河区各校的精细化管理提供了大量可借鉴的经验。

【做好高中教学质量提升工作】 组织全区高中学习市教育局制定下发的《沈阳市普通高中办学标准》、《高考“出入口”增值方案》，从规范管理、明确质量要素、强化质量考核结果应用的角度做出了规定，为整体提升教育教学质量奠定了坚实的基础。在9月21日市教育局召开的沈阳市普通高中校长大会上，沈河区2010年高中毕业生学业成就“入出口”增值评估指标完成情况名列全市第一，获得了与会领导的高度评价，沈阳市同泽高级中学受到了表彰。

【承办全国女校学术研讨会】 9月26日至28日，中国陶行知研究会女学生教育专业委员会（以下简称中陶会女生专委会）第十一届学术年会在沈河区同泽高中女中成功召开。中陶会女生专委会领导、沈阳市妇联、沈河区区委、沈河区人大、沈河区妇联等相关领导及沈河区教育局领导班子成员出席本次会议。会议特邀中华女子学院女性学系主任韩贺南博士作了《将社会性别意识纳入教育全过程》的报告，李之保教授作了《国家中长期教育发展规划》的报告；与会代表参观了同泽女中，观看了学校合唱团、民乐队、跆拳道队、健美操队的精彩表演，听取了女中校长刘煜《践行按需培养，引领超越发展》的汇报，同泽女中提出的按需培养服务模式和特色活动展示得到了参会专家、代表的高度评价，中陶会女生专委会理事长李建媛在闭幕式上明确指出：同泽女中的办学经验和女中人顽强拼搏、自强不息的奋斗精神应该在全国女校普遍推广。

【举行初、高中考务流程观摩活动】 10月9日，沈河区教育局分别在第七中学和第四十七中学组织开展了初、高中考务流程观摩活动。活动中，来自第七中学和第四十七中学的教学主任就学校的精细考务流程和科学考务管理的经验作了详细介绍，教育局相关部门对今后中学考务工作也提出了明确的要求。此次观摩活动，使各学校进一步增强做好考务工作的责任意识，使考务管理工作由学校的硬性要求逐步转化为教师的自觉行动。活动最后，各学校教学主任还就考务流程的实施情况进行了深入的交流与探讨，达到了相互学习、规范统一的目的。

【开展教务档案精细化管理观摩活动】 10月26日，在沈阳市共青团实验中学开展了高中教务档案管理观摩活动。各高中教务主任听取了沈阳市共青团实验中学主管领导的档案整理工作经验汇报。教育局相关科室对各高中教务档案管理提出了明确的要求，各高中教务主任现场查看了沈阳市共青团中学教务档案，学习了共青团中学的先进管理经验。此次活动进一步促进了全区高中教务档案管理工作规范化、程序化和制度化。

【召开高中校长座谈会】 11月3日，沈河区高中校长座谈会在二十七中学召开，副区长徐爱秋及区教育局领导班子成员、相关科室领导出席了本次会议。会议由教育局局长侯德安主持。座谈会围绕“教育质量提升”这一主题，对沈河区高中教育教学工作的发展状况和今后发展前景及目标进行了深入细致地交流。

教育督导

【概况】 2010年，沈河区教育督导工作围绕沈河教育发展战略，不断完善教育督导评价体系，为全面推进实施素质教育、全面提高教育教学质量提供保障。进一步加强督导制度建设，完善推进素质教育评价制度，促进相关单位履行教育法定职责，促进学校办学水平提升，促进教育优质均衡发展，为沈河教育科学发展做出新贡献。年内，督导室专职督学16个，特约督导顾问4人，兼职督学39人。

【组织开展综合督导工作】 2010年上半年，区教育督导室对文艺路第二小学、文化路小学、文萃小学等7所学校进行了办学水平的综合督导。通过综合督导，为学校准确定位，促进学校持续、自主、个性化地发展提供了可靠的依据，也为教育行政部门领导了解、分析、决策提供诸多个案，为理性决策提供了参考，促进了学校办学水平和教学质量的提升。

【开展“同级督政”工作】 6月至7月间，区教育督导室依据《沈河区推进素质教育目标责任》开展了区相关部委办局和街道办事处共38家单位的年度教育工作的督导评估和考核。在考核内容上，区教育督导室将各单位承担教育法定职责的落实情况作为重点；在考核过程中，通过听主管领导汇报、查阅相关资料、随机访谈等多种方式收集信息，并进行量化打分。最终，区教育督导室以沈河区推进素质教育领导小组的名义对成绩突出的17家单位给予了表彰，授予了“全面推进素质教育先进单位”的光荣称号。同级督政的开展，使区内各单位纷纷结合工作性质，认真履行教育职责，主动为教育提供方方面面的支持和帮助，优化了区域教育发展的大环境。

【补充、完善督导体系】 根据区划调整后全区教育形势，区教育督导室积极组织培训、专题研讨、调查研究等活动，加强督导队伍建设，全面提升督导管理水平和服务能力。一是完善督学责任区制度，对督学责任区进行调整和充实，为每名责任督学分配4—5所学校，使督学工作校校有人，时时督查；二是对新划归学校开展专项督导，摸清了学校发展的总体状况、主要经验和存在问题，完成了调研报告，增强了督学工作的针对性；三是开展督导联络员培训工作，密切了“学校-督导联络员-责任督学-督导室”四级体系之间的联系；四是出台了《沈河区中小学办学水平督导评估方案》、《关于进一步改进教育督导评估工作的通知》、《沈河区教育督导室工作规程》等文件，对中小学管理工作、教育教学工作等常规工作的督导提供了量化依据，为提升中小学办学水平和教育质量打下了扎实基础；五是增加了督导反馈环节，使督导工作更加及时、直观、立体；六是及时调整督导重点，使督导工作与时俱进。

（柳文春　王波）

铁 西 区

总 类

2010年铁西区教育数据表

学校类型 \ 项目		学校数	教职工	专任教师	女教师	学生	班级数
	合计	167	8604	6496	5210	84984	2890
普通高中1	计	8	1427	1144	811	6954	149
	公办	4	1237	973	537	4568	97
	民办（包含4所完中）	4	190	171	274	2386	52
九年一贯制学校2	计	6	563	403	336	2520	63
	公办	6	563	403	336	2520	63
	民办	0	0	0	0	0	0
初中3（不含2）	计	24	2081	1601	1192	22176	980
	公办	19	1793	1467	1038	16396	752
	民办（包含4所完中）	5	288	134	154	5780	128
小学4（不含2）	计	53	2607	2193	1704	36878	1072
	公办	53	2607	2193	1704	36878	1072
	民办	0	0	0	0	0	0
幼儿园5	计	78	1854	1107	1107	16249	605
	公办	15	307	176	176	2367	80
	民办	63	1547	931	931	13882	525
特教6	公办	2	72	48	60	207	21

2010年铁西区教育局领导干部任职及分工情况表

现任职务	姓名	性别	出生年月	民族	政治面貌	文化程度	任职时间	分管工作
局长、党委副书记	李 鸥	女	1965.05	汉	中共党员	硕士研究生	2008.08	教育局全面工作，分管办公室、计财、人事
党委书记、副局长	梁宏新	男	1962.06	汉	中共党员	本科	2007.03	党委全面工作，分管党委各科室、监审、老干办
副局长兼区政府教育督导室主任	吴忠科	男	1958.04	汉	中共党员	本科	2007.07	督学室全面工作，分管初教科、教师进修学校、采购办
铁西区教育局副局长	刘亚军	男	1967.05	汉	中共党员	硕士研究生	2004.03	分管中教、招办、德育科、素质教育基地、信访稳定，协管办公室
副局长兼教育督导室副主任	戴 阳	女	1960.11	汉	中共党员	本科	2007.12	分管职成、民办、基金会、少年宫、青教办、社区教育学院、对外交流
副局长	兰新收	男	1965.12	汉	中共党员	硕士研究生	2008.12	分管基建办、体卫艺、幼教、保健所、教育资源管理中心，协管监审

【概况】 2010年是铁西区教育全面完成“十一五”规划目标的收尾之年。一年来，教育局带领教育系统广大教职员工发扬铁西精神，抢抓机遇，奋勇拼搏，以办人民满意教育为根本出发点，以改革创新的精神、求真务实的态度、埋头苦干的作风，不断加强和改进党建工作，促进了教育事业的科学发展、创新发展、和谐发展，实现了铁西教育事业超常规跨越式发展。

【教育行政】 2010年，区教育局下设行政机构15个：行政办公室、党委办公室、督导室、组织科、人事科、计财科、监审科、职成科、中教科、初教科、幼教科、德育科、安全科、教育工会、体卫艺科；教育局直属单位12个：教师进修学校、教育局基建办、教育资源发展中心、招生办、中小学卫生保健所、青教办、少年宫、老干办、教育局直属幼儿园4所。

【提升从教人员素质，加速教育均衡发展】 制定了《铁西区2010年教师交流方案》，采取“支援性交流”、“支教性交流”、“统筹性交流”等方式，在全区范围内深入实施了教师交流，参与教师达173人。充分发挥优秀教师引领、辐射作用，带动广大教师迅速提高教学、科研和运用现代教育技术手段的能力，制定了《2010年教师节表奖方案》，评选出市教育专家2名，市名师8名，市骨干教师78名，区名师20名，区学科带头人60名，区优秀教师（教育工作者）200名。强化岗位考核与培训，切实提高干部职业化水平。通过培训讲座、交流互访、论文交流等形式，组织300余名校级干部参加“铁西新区教育系统领导干部培训班”，组织80名书记参加“区教育系统书记提高培训班”，进一步提高了广大干部依法治教，依法执教的能力。选派综合素质好，具有发展潜质的中青年后备干部到农村学校挂职锻炼；实行农村后备干部外派挂职学习制度，分期分批安排后备干部到优质学校进行挂职学习，增进城乡学校间的交流与互助，激发农村教育发展活力。

【教育经费】 2010年教育事业费总投入7.1亿元。其中政府投入66 113万元，较上年增长16%；其中人员经费达56 481万元，公用经费7 594万元，其他2 038万元；小学预算内生均教育事业费0.835万元，较上年增长19%；初中预算内生均教育事业费1.649万元，较上年增长24%；在保障教育投入实现“三个增长”的基础上，妥善管理教育事业费，保证学校公用经费满足正常开支需要。完善两个保障一个赶超：保障全区教职工的人员经费，维护教师队伍的稳定；保障学校公用经费的足额投入，促进学校健康发展；中小学经常性公用经费投入比例超过省定额标准。

【基本建设】 2010年，教育局进一步加强了对教育布局的调整和学校标准化改造建设，投资513万元，完成了对应昌小学教学楼改造和齐贤二校、兴华二校、轻工二校、滨河小学操场改造工程；投资1 500万元，完成了第三十六中学等7个（彰驿中学、三十六中学、聋人学校、衡器厂地块新建学校、勋望分校、朝光小学、四中体育馆）工程项目的前期工作；投资650万元，对20所学校进行维修改造；投入1 347.9万元，为接收农民工子女学校购置电脑1 185台、办公桌椅680套、卷柜958个，改造专用教室、微机室、电子备课室34个；投资438万元，购置“班班通”设备330套，使全区班班通覆盖率达100%；投资52万元，购置升降桌椅3 300套，使全区升降桌椅使用率达100%；投资23万元，购置办公桌椅230套，进一步改善了细河开发区学校的办公条件；投资113万元使全区中小学校园安全条件得到极大的改善。

【党建工作】 学习型党组织创建活动。教育系统党（总）支部书记培训班，84名党（总）支部书记通过培训讲座、交流互访、教育考察、论文交流等形式，进一步提高了理论水平和业务素养；组织全系统校级干部开展了“学习实践科学发展观700题网上答题”活动，系统内2 300多名党员参加。

不断强化干部队伍建设。组织300余名校级干部参加“铁西新区教育系统领导干部培训班”，选派6名校级干部到北师大、东师大进修高级研修学者，选派4名校长参加市普通高中校长领导力提升高级研修班，选派1名校长参加全国初中校长高级研修班，促进干部队伍更新理念、拓展视野；举办接收农民工子女学校校级干部专题培训班；强化岗位考核，对87个基层领导班子和306名校级干部进行全方位、多方面的百分量化年度考核，有54个领导班子、179名校级干部评价为优秀，调整完善班子39个。

切实深化党风廉政建设。通过“讲党性修养、树良好作风、促廉洁自律”主题教育活动，修改完善《铁西区教育系统2010年党风廉政建设、行风建设责任状》，加强对违规补课等专项治理，加强政风行风热线回复工作，加强群众诉求渠道建设，为教育事业科学发展提供了监督保证。深入开展创先争优活动。在中学层面，开展党员教师“亮身份、亮技能、亮职责、亮承诺”主题活动；在小学层面，以“强师德、铸师魂，创先争优当先锋”为主题，开展了师德论坛、党员先锋岗等形式多样的活动，创设校园安全先锋岗、师德先锋岗、教学先锋岗等950个党员先锋岗，开展师德论坛、讨论活动50余次，争做“博爱教师”、争做“师德标兵”主题活动30余次。在农村学校层面，以“保民生、促和谐，无私奉献我先行”为主题，党员教师与农民工子女、贫困家庭学生结对子，帮助他们解决生活和学习上的困难。

【德育工作】 2010年，全区中小学德育工作以构建“大德育教育”为目标，全方位、多角度实现常规教育进一步制度化，主题活动更加生活化，区域特色生命教育工作走向常态化。以“班主任月例会”为突破口，使德育队伍培训的灵活性与实效性进一步增强。

“五星红旗，我为你自豪”爱国主义教育活动。齐贤一校开展了“五星红旗，我为你自豪”，争当“热爱祖国，理想远大”好少年活动。

“学经典，促成长”国学经典诵读活动。小学以《弟子规》为主，中学以《论语》为主。各中小学充分利用早自习、课前等时间段开展学习与诵读活动。雏鹰东校举行“学经典，促成长”国学经典诵读活动的启动仪式。一七三中学以“与经典同行，做博学少年”为主题，开展了首届读书节活动，开展征集读书节班级口号、“与经典同行”板报设计比赛、“书香班级”班级文化建设竞赛、“多读书吧，这就是我们的希望”征文和读后感评比等活动。

“感恩伴我成长”孝道教育活动。11月份，区教育局下发《关于开展“感恩教育”主题班会活动的通知》，根据学生年龄层次，设立了“感恩老师，努力学习”，“感恩社会，服务社会”，“感恩父母，孝敬父母”，“感恩他人，乐于助人”，“珍惜生命，自我保护”，“尊重生命，尊重他人”，“珍爱生命，提升价值”等多个班会主题，全区中小学共召开班会1 500余场，反响巨大，效果显著。重工三校举办了“我的孝心故事”演讲比赛，评选出重工三校首届“校园十大孝心同学”。

“迎全运”系列活动。教育局分别下发了《关于2010年清明节期间开展“告别陋习，文明祭祀”活动的通知》，《关于开展“迎全运，文明铁西”活动的通知》，《关于在全区中小学校开展“迎全运，知明耻，礼出行”宣传教育活动的通知》3个文件，全区各中小学开展了丰富多彩的教育活动。

生命教育工作全面推进，构建起课堂与活动相结合的教育模式。6月11日在保工五校召开了铁西区中小学生命教育课程观摩研讨会，展示了铁西区生命教育进课堂工作的阶段性成果，8月份参加了全国生命教育论坛，代表辽宁省在大会上作经验交流。开展“珍爱生命，尊重生命，共享生态文明，远离危险系列生命教育活动。”如卫工一校、肇工一校、肇工三校、一七三中学等结合上海世博会开展“喜迎世博会，争做生态文明小使者”环保护绿活动；结合市教育局开展“三十天养成一个好习惯”活动，开展“小习惯改变大世界”节能环保活动；四中、十五中学、一二七中学、一五七中学、高花中心校、彰驿中心校、新民屯等学校结合世界环境日、禁毒日等开展教育活动。各中小学还积极地开展了“消防安全教育”。高明实验学校邀请开发区消防大队王指导员对全校师生进行了消防安全讲座；光明二校校园广播站向全体队员介绍了火灾逃生十三诀；兴华二校开展“四个一”活动，即召开一次“消防知识天天讲，家家防火日日宁”主题升旗仪式，上一堂消防安全知识主题班会课，观看一次消防事故逃生自救宣传片，进行一次“消除在你身边的火灾隐患”消防安全专项检查活动。同时还以板报、墙报、广播等形式宣传消防知识。

建立以学校教育为主阵地，整合、利用家庭教育与社会教育的“三位一体”教育网络，逐步实现“大德育教育”工作目标。四中开展“在青春期如何教育孩子”主题报告会；雏鹰东校开展“家长教育孩子时应该说的5句话和不应该说的5句话”等专题培训；腾飞小学与凌空社区“五老”代表开展“全民读书月”读书心得交流活动。在积极参与“沈阳市中小学德育网”、“小太阳网”、“网奥赛”等活动的同时，各中小学结合实际，开展了行之有效的教育活动。如七十九中学进行“远离网吧，健康上网，文明上网”演讲，本年度确定了腾飞小学等10所“网络文明试点校”，并有针对性地开展教育活动。

【体育卫生艺术教育工作】 2010年以《学校体育工作条例》、《学校卫生工作条例》、《学校艺术教育工作规程》的精神为指导，在各基层学校的支持和配合下取得了可喜成绩。在市中学生篮球、排球两项比赛中，第三十一中学男篮，第四中学女排分别获得高中组沈阳市冠军；辽宁省中学生“三对三”篮球比赛，第一二七初中，第三十一高中分别获得沈阳市、东北赛区冠军；沈阳市中学生田径运动会，团体总分获第三名；沈阳市中小学足球比赛，第二十二中初、高中分别获得沈阳市冠军；市健美操和健身操比赛，广全中学获初中组健身操比赛一等奖、健美操团体总分第二名；第三十一中学被评为防控近视眼先进单位；第一二七中学、兴工四校被评为辽宁省红十字会示范校；参加全国第三届中小学艺术展演，启工二校舞蹈《东北小妞》获国家一等奖；启工二校被国家教育部评为全国学校艺术教育先进单位；沈阳市艺术特色校六项技能（合唱、舞蹈、器乐、红诗咏诵、绘画、书法）大赛，启工二校、太阳小学获全能金奖，启工二校（舞蹈）、三十一中学（合唱）、第十五中学（书法）获单项金奖；肇工一校获沈阳市“红诗沈阳”咏诵比赛一等奖。

【特殊教育】 2010年铁西区共有特殊教育学校2所：铁西区春晖学校，铁西区聋人学校。两校计有学生207人，教师72人。春晖学校着眼于“满足需要、全程服务”的办学理念，秉承“让每一个残障学生都得到充分发展、让每一个残障学生家庭都充满微笑”的理想，启动“2+1”工程，结合智障学生的身心特点开展工作，尽最大的努力使学生能够掌握两项体育技能和一项身体运动技能。推广特奥传统项目，低、中年推广乒乓球项目，中、高年推广羽毛球项目，使这两个特奥项目走进体育课堂。参加第五届全国特奥运动会相关项目的比赛，陈立宏获得了4×400接力第二名、1 000米第三名、800米第四名的佳绩，参加了首届世界唐宝宝比赛，熊雷获田径项目的特别奖。

在聋校，学生最大的感受就是来自四面八方的关爱，12月3日，铁西聋校部分学生参加了辽宁电视台举办的《与爱相随》——庆祝辽宁红十字会成立十周年晚会演出，学生们用美丽的手语表演表达他们对各级领导、爱心人士关爱的感谢，精彩的表演获得了观众们热烈的掌声。12月29日，团区委张书记、区文体局李局长、少儿图书馆陈馆长以及新北方的记者朋友参加学校新年联谊活动。2010年铁西区聋人学校获沈阳市德育科研先进集体和“和谐德育研究与实验”国家级德育科研工作先进实验学校称号。

【民办教育】 2010年铁西区共有民办教育学校5所，其中初级中学1所，完全中学4所，初级中学在校生5 780人，高中在校生2 386人，初级中学教职工288人，高中教职工190人。制定了《关于规范民办学校办学行为的管理细则》，从安全、收退费管理、学生权益、教职工待遇、招生工作、乱收费、大型活动备案和办学条件规定要求等11个方面提出了明确具体要求，保证全区民办学校逐渐步入了科学化、规范化的发展轨道。针对民办学校常规管理、安全、招生、考试、收费、信访及大型活动等易引起社会热点的工作，进行了细致认真安排，印制了《民办学校新生录取办法说明》。通过督导评估检查等方式进一步规范了民办职业教育和民办教育机构办学行为，全面清理整顿违规办学行为，并积极引导民办学校从关注生源质量向提高办学质量转变，形成了各类教育协调发展和教学质量整体提升的良好局面。制定了《铁西区全民终身学习活动计划》和《铁西区2010年推进全民终身学习活动实施方案》，扩大了社区教育学院规模，广泛开展全民终身学习活动。

学前教育

【概况】 2010年，铁西区共有托幼园所78所，其中，公办园15所，社会办园63所，收托幼儿16 249人。公办教职工307人，其中，专任教师176人。全区共有省级示范园4所，市级示范园3所。为加强幼儿园管理，1—3月份，对铁西区74所幼儿园进行重新登记注册备案，对2所办园条件较差的幼儿园提出整改要求，限期整改。在实验幼儿园举办了铁西区贯彻《幼儿园教育指导纲要》课程改革教学观摩及示范园开放日活动，展示贯彻《纲要》课程改革的教学成果，展示“五大领域”的教学课程，展示幼儿园的环境创设，全面提高铁西区幼儿教师的综合能力，积极推动全区实现学前教育共同提高、均衡发展。2010年铁西区被市教育局评为沈阳市学前教育发展先进区。

【课改培训促均衡发展】 10月27日—28日举办了“铁西区幼儿园贯彻《幼儿园教育指导纲要》课程改革培训”活动，全区共有300多名幼儿教师参加了培训。在两天的培训活动中，区教工园、教工二园、沈阳工业大学园等6所省、市示范幼儿园和民办幼儿园，分别展示了贯彻《纲要》课程改革的教学成果，展示了“五大领域”的教学课程，展示了幼儿园的环境创设。此次活动，对全面提高区幼儿教师的综合能力，实现全区学前教育共同提高、均衡发展起到推动作用。

【拉网查隐患，安检保安全】 全年召开4次幼儿园安全工作会议并下发有关文件，部署幼儿园安全检查工作任务，采取自检、互检、全面检查等形式，按照制定的《铁西区幼儿园安全工作检查记实表》进行拉网式检查，重点排查：门卫管理、保安配备、监控配置、责任落实、园舍设备、消防设施、交通安全、安全教育等，边排查边指导，有效地减少安全隐患，保证了全区幼儿园及幼儿安全。

义务教育

【概况】 2010年，铁西区共有小学53所，教学班1 072个，毕业2 591人，招生3 228人，在校生36 878人。教职工2 607人，其中，专任教师2 193人。小学入学率100%，巩固率100%，毕业及格率100%。九年一贯制学校6所，教学班63个，招生928人，在校生2 520人。初中24所（其中包含4个完中），在校生22 176人。教职工2 081人，其中，专任教师1 601人。特教学校2所，在校生207人。中小学具有高级专业技术职务1 352人。

【加强视导调研，进一步强化常规管理】 3月1日—12日，初教科分学区进行了学期初常规视导，从听、看、问、查四方面了解学校教学管理现状，重点就课程设置和新学期工作安排等方面进行了调研。根据调研情况形成《全区小学各校三级课程落实情况调查表》，对个别学校地方、校本课程没有全部落实的学校给予纠正。初教科与师校小学部联合对全区40所小学进行联合视导中采用全员听课、当堂教学效果反馈、查看教学档案、师生问卷座谈、现场反馈等方式，全面、客观地了解学校教学现状，尤其是对2009年小学文化素质测试中成绩居于后位的几所学校进行重点调研，帮助学校诊断问题，提出改进建议，为区小学素质教育现状分析提供准确依据，进一步提高全区小学教学质量，在反馈中视导员、教研员分析透彻，指导到位，使学校教学常规管理进一步强化。

【以教学为中心的地位进一步强化】 领导深入课堂听课，听课节数基本达到市教育局要求。（说明：要求校长听课30节，副校长听课60节，主任听课80节）从听课记录中看到，太阳小学、保工五校、启工二校、腾飞小学、轻工二校、艳粉小学等校领导听课节数远超规定值。10月29日，铁西区百余名教学领导来到位于沈河区的辽宁省模范学校——沈阳市实验学校小学部进行了考察学习，对教学领导进行专项业务培训，增强了区域间的合作互助交流，共享优质资源。市实验小学部为各位教学领导作了精彩的现场展示和汇报。学校副校长李昕作了题为《扎实创造效益，精细决定品质》的学校教学管理工作专题报告；《有效培养小学生学习力》的课题组组长王芳老师对课题研究工作进行了汇报交流；学校美术、音乐教研组分别以《雕塑之美》、《厚学深研，至专尽美》为题作了团队合作教研的现场展示。

【特色办学成果丰硕】 经过学校多年的经营努力，学校立足实际，特色学校建设取得了长足发展。2010年，重工一校、卫工一校、张士小学、凌空一校被评为市绿色学校。启工三校、肇工二校、保工二校、兴工一校通过市级特色学校验收。启工一校、兴工一校被评为全国科技示范校。启工三校、腾飞小学被评为辽宁省友好型学校。科技教育在学校得到了高度重视。第一五七中学、第一七三中学成功申报英语特色项目校，第一八〇中学成功申报国学特色项目校。第一二七中学、第一七二中学被命名为第二批沈阳市“科技教育特色学校”。2010年全区中小学生近万人参加首届小发明科技创新大赛，上交作品2 000余件，各学区初选后上交近400件作品参加全区角逐。经严格评选，雏鹰小学的作品《永不堵车的十字路口》荣获一等奖，王景秋、刘黎等30名教师荣获优秀指导奖，勋望小学获得优秀组织奖。大赛为全区中小学生搭建了展示科技才华、显露创造能力的良好平台。

【启动教育发展共同体】 初教科与中教科联合继续推进沈阳市城乡义务教育发展共同体工作，年初制定了铁西区与苏家屯区教育局义务教育均衡发展合作体的工作计划。5月7日，在新民屯九年一贯制学校召开了《铁西区教育发展共同体启动大会》，城区19所优质中小学校、13所农村中小学校结成义务教育均衡发展共同体。各参与学校积极开展各级各类的教育交流活动，推进了城乡义务教育的均衡发展。

【组织教学主任培训】 3月4日，师校副校长齐煜作了题为《生本课堂，激扬生命》的培训讲座；4月27日，市教育专家、春晖学校校长苏杰作了《关注差异，为每个孩子提供合适的教育》的培训讲座；5月30日，在勋望北校进行了《大积累，广撷博采；巧训练，厚积薄发》的学生能力培养现场观摩。培训采取理论与实践相结合、讲座与互动研讨相结合的方式，引领了各校教学主管领导对教学管理和课堂教学改革的思考和行动。同时，初教科建立教学主管领导QQ群，下发《铁西区小学教学主管领导专业成长调查问卷》，了解各自的读书学习、专业思考和职业发展等状况，利用网络平台传递信息、交流思想、共享智慧，引领大家读书、思考、研究、实践、发展。

【环境教育进校园】 与区关工委、科协联合召开《2010年中小学科技创新小作品大赛启动会议》，启动全区小学“享低碳生活，做环保小卫士”主题科技小制作竞赛活动；在全区小学开展“环境教育进校园”活动，并组织原市级绿色学校腾飞小学、启工三校、保工五校申报辽宁省环境友好型学校；卫工一校、重工一校、凌空一校和张士小学通过环保局、市教育局验收，并成为“沈阳市绿色学校”。第一五七中学、第一五八中学、第一六二中学、第一七三中学、高花中学、高明中学、翟家中学被推选参评2010年市绿色学校创建单位。三十一中学代表铁西区学校迎接了铁西区晋升省级“生态城区”迎检工作。

【素质教育展示活动】 大学区建设从2006年至今，每学期大学区各校之间的多次交流互动已经成为常态。在“追求优质”的共同目标下，共享文化资源，共建特色课程，共营教研氛围，共创教改经验，初步实现了学区内更高层次的“优质均衡”。区教育局于2010年12月28日在兴工四校召开了铁西区小学“基于生本，自主高效”课堂教学展示暨素质教育现状分析会。会上，教师进修学校进行了“基于生本，自主高效”课堂教学展示。初教科对铁西区小学素质教育现状进行了细致分析。整个分析过程以客观的数据以及统计图为依据对城区及沈辽路、细河地区各小学的教学情况进行了呈现，从而充分反映了铁西区学生能以良好的成绩完成了小学学业，学校重视学生基础学力的提高，重视学生的全面发展。指出了打造铁西教育科学发展、均衡发展、高位发展、和谐发展是每一位教育工作者肩负的责任和义务。

【资源整合彰显活力】 以“品牌扩张，并弱壮强，优化重组，快出精品”为思路，加快全区小学资源整合步伐，实现了勋望小学与云峰小学、雏鹰小学与北三路小学、轻工一校与轻工二校、肇工二校与工人村二校的整合，促进了校际间均衡发展、共同发展。有计划、有步骤地对全区部分初中优质学校与综合改革学校进行资源整合，通过杏坛中学与第一五八中学、第一七三中学整合，清乐围棋学校与第一六二中学的资源整合，进一步缩小了学区内校际间的差距。更多的学区内的学生享受到了优质教育资源，并收到良好的社会效益。积极探索学区建设、管理模式，形成了各学区特色发展的良好局面。积极开展城乡手拉手活动，成立铁西区义务教育发展共同体，促进了城乡义务教育均衡发展。铁西区被评为“全国推进义务教育均衡发展工作先进地区”。

高中教育

【概况】 2010年，铁西区有高中8所，教学班149个，招生4 148人，在校生6 954人，教职工1 427人。其中完中4所，教学班97个，在校生4 568人。高中教师合格率97%。

【课程改革深入实施】 从课程规划、实施、管理、评价等环节加强专业指导和支持，加大推进普通高中课程改革实验的力度，培育各具特色的普通高中，提供优质、特色、适应学生多元发展要求的高中阶段教育。通过在课程开设、课堂教学、班级管理等方面的课题研究，开展高中样本校观摩活动，为高中课程改革的全面实施提供实践经验。

【素质教育质量大幅提升】 2010年高考成绩又有新突破。根据沈阳市教育局2010年沈阳市公办普通高中毕业生学业成就“入出口”统计情况，铁西高考文理一本以上实现率超过100%，位居全市前列。特别是第四中学、第三十一中学在省级重点高中第一集团的7所学校（二中、二十中、一中、一二〇中、四中、三十一中、二十七中）中，一本段实现率分别为97.55%、90.13%，位居全市第一、第二位，并双双获得沈阳市教学质量进步奖；第三十六中学一本实现率超过12所省级重点高中，位居市重点高中第一位。高考升学率再次突破辽宁省总平均值，比全省预计招生计划录取率高1.83%，比铁西区2009年高4.94%（2009年为

82.78%）。本科进线率大幅超过全省平均值，铁西区文史类本科以上进线率51.85%，比全省本科进线率高5%；铁西区理工类本科以上进线率72.54%，比全省本科进线率高23.63%。高分段人数位居全市前列。

【“一周二月”活动】 4月份，在全区开展了“校长进课堂月”活动，校长们主动深入课堂教学一线，上课、听课、评课，参与、了解了教学研究活动。这一活动既提升了校长自身的教科研能力水平，又促进了校长深入实际了解了学校的教学管理情况，活动取得了丰硕成果。9月份开展了以“科技伴我行”为主题的开放周活动和科技展示月活动，促进了铁西区特色教育的发展，同时为各校搭建了一个共同探讨内涵式发展策略的平台。

【创新评价机制，强化过程管理】 认真贯彻落实《铁西区中学全面推进素质教育，全面提高教学质量实施方案》和《铁西区初中生综合素质评价实施方案》，建立符合新课程要求的发展性评价制度与教学水平监测体系，改变过去把学习成绩作为对学生评价的唯一标准，指导学校将学生综合素质和学校教学管理过程，纳入到对学校的评价之中。开展教学过程管理专项视导工作及不定期的抽检工作。对教学环节进行分步监控，到基层学校进行调研，及时发现问题，与学校领导共同协商解决。每学期开学初召开教学校长、教导主任会议，对上学期期末监测成绩进行了分析、反馈。注重成绩分析，在做好毕业班级的过程监控的同时，认真严肃地对待每年一次的质量分析会。严格核对数据，认真进行分析，并不断创新评价模式，如在高考中增加了段内丢失率的统计，确保学校对入学的每个学生的成绩进行跟踪，强化过程监控。

教育督导

【概况】 2010年，区教育督导室结合教育行政工作会议工作部署，深入贯彻落实科学发展观，认真践行区委、区政府对铁西教育的发展要求，充分发挥教育督导的监督、检查、指导作用和教育评价的导向、调控作用，为保障素质教育的全面实施，促进义务教育均衡发展，推进全区教育现代化建设，提升教育发展内涵做出了贡献。督导室现有主任1人，副主任1人，专职督学5人，特邀督学8人，兼职督学21人。

【加强督导机构队伍建设】 实行例会制，实行每周一次工作例会，明确任务，做好安排；每月一次工作交流会，了解各督学工作进程，交流工作体会，对有关问题进行研讨；每学期一次工作总结会，总结本学期工作经验、教训，提出下学期工作设想；实行学习制度，采用个人自学与集体学习相结合的方法，学期结束交流学习体会、读书心得，有关专业信息的摘录和笔记，每人每年撰写1—2篇理论性文章，以提高督学的综合素质、政策水平、专业水准。

【转变督导方式，推进教育强区建设】 为更好地推动铁西教育立足于高位均衡发展向教育强区迈进的进程，督导室在下半年的督导工作中，及时调整了工作方式内容，明确了“目标一致，过程互动，成果共享”的督导理念，确立了以学校为督导工作的主阵地，在督导过程中注重监督和指导并重，促进学校更好更快发展的工作方法。在对兴工学区和建大北学区督导过程中，依据《沈阳市教育强县（区）评估方案（试行）》调整了《铁西区中小学综合评估细则（试行）》，将教育创强的趋势和内容作为宣传和调研的重点，把教育科研、学校特色、教师培训等内容作为检查指导的主要内容。为学校发展把脉，为领导班子决策拓宽思路，为教育教学工作的开展支招。

【开展控辍保学专项督导】 4月中旬，对铁西新区现有农村初中10所学校开展控辍保学专项督导。督导组逐校深入班级清查、核对学生数，逐项查阅相关档案资料，帮助学校进一步梳理控辍工作的典型经验，并对学校迎检工作进行了细致指导。

【对中小学综合督导】 3月29日—5月26日和10月18日—11月18日，先后对沈辽路学区6所义务教育阶段涉农学校和兴工学区、建大北学区开展了综合督导检查。在沈辽路学区的督导检查中，督导室在借鉴以往对城区学校综合督导经验的基础上，结合涉农学校城乡结合的特殊地理位置，以及学校农民工子女较多，学生流动性较大的特点，积极转变督导方式，以加快学区建设为切入口，注重发挥指导作用，分别从加快校园信息化建设，实现城乡优质资源共享、提升教育教学质量等几个方面加大考察力度。督导组深入课堂听课，与一线教师进行了座谈交流，总结了各学校办学经验，分析制约各学校发展因素，提出促进学校发展相关意见建议。同时，把区委、区政府及教育行政部门对于新区教育的谋划和美好愿景及对师生的重视和关怀，带到师生身边，大家深受鼓舞。对于兴工学区、建大北学区的综合督导则以宣传铁西创建教育强区的意义、要求为重点，对于学校全面加强内涵建设给予了重要的指导。帮助基础学校在教师职业专业化发展和学校特色的构建等方面出谋划策，受到学校的好评。

【义务教育均衡发展督导评估研究】 按照关于报送《义务教育均衡发展督导评估试点研究报告》的通知（辽政教督办〔2010〕002号）要求，区教育督导室结合关于《各省（自治区、直辖市）和新疆生产建设兵团义务教育均衡发展试点研究县均衡状况计算结果》的有关说明，组织专人对教育部反馈数据的计算方法及计算结果进行分析研究，并形成相关报告，对铁西区城区教育间差距较大、非服务区生源数量较多的成因进行了准确的分析。对国家衡量各地教育均衡发展程度的量化模型和方法提出了建议。此项工作受到省教育督导办领导好评。

（杨继天　刘云义）

皇姑区

总 类

2010年皇姑区教育数据表

项目 学校类型		学校数	教职工	专任教师	女教师	学生	班级数
	合计	151	7873	5586	5239	79295	2152
普通高中1	计	12	1628	1226	1163	15583	353
	公办	7（含3所完中）	1266	929	899	11546	271
	民办	5	362	297	264	4037	82
九年一贯制学校2	计	2	170	133	116	1341	42
	公办	1	63	45	40	689	18
	民办	1	107	88	76	652	24
初中3（不含2）	计	20	1594	1251	1138	16823	396
	公办	17（含3所完中）	1408	1079	987	14605	340
	民办	3	186	172	151	2218	56
小学4（不含2）	计	39	2613	1958	1820	34695	885
	公办	38	2543	1894	1762	34187	873
	民办	1	70	64	58	508	12
幼儿园5	计	79	1784	947	940	10705	462
	公办	22	702	356	350	4057	150
	民办	57	1082	591	590	6648	312
特教6	公办	2	84	71	62	148	14

2010年皇姑区教育局领导干部任职及分工情况表

现任职务	姓名	性别	出生年月	民族	政治面貌	文化程度	任职时间	分管工作
局长、党委副书记	邓　华	女	1960.05	汉	中共党员	本科	2006.08	行政办公室、人事科、计财科
党委书记、副局长	董　威	男	1955.03	汉	中共党员	本科	2006.08	党委办公室、纪委、工会、教育产业管理中心、房管所
区人民政府督导室主任兼副局长	张素琣	女	1961.01	汉	中共党员	硕士研究生	2006.08	中教科、德育科、教师学校、招生办
副局长（正处级）	宋申利	男	1968.11	汉	中共党员	本科	2009.07	综治办、初教科、职成科、青教办、少年宫、素质教育中心，协管办公室
区人民政府督导室副主任	田　秀	女	1960.01	汉	中共党员	本科	2006.01	督导室、体卫艺科、幼教科、保健所

【概况】 皇姑区现有幼儿园79所，在园幼儿10 705人，保教人员1 784人。中小学校62所，其中独立高中4所，完全中学3所，初中15所（含九年一贯制学校），小学38所，特殊教育学校2所。其中省级重点中学3所，省级示范高中2所。全区在校学生69 026人，中小学在职教职工总数为6 089人。2010年，区教育局以办人民满意的教育为目标，以抓好教育内涵建设和基础设施建设两个建设为主线，紧紧围绕教育强区创建工作，深入实施素质教育，全面提高教学质量和办学水平，促进义务教育均衡发展。

【教育行政】 2010年，区教育局设行政机构14个：行政办公室、党委办公室、计财科、人事科、中教科、初教科、幼教科、职成科、德育科、综治办、体卫艺科、纪委、工会、督学室。区教育局直属单位10个：教师学校、保健所、房管所、少年宫、素质教育培训中心、教育产业管理中心、招生办、青教办、老干部活动中心、实验幼儿园。

【教育经费】 2010年，皇姑区财政收入84 621万元，比上年增长7.62%；教育投入47 470万元，比上年增长9.33%。全区生均教育事业费初中为9 557.02元，比上年增长2 034.64元；小学为5 858.09元，比上年增长869.1元。全区生均公用经费初中为889.63元，比上年增长118.41元；小学为791.53元，比上年增长119.77元。

【基础设施建设】 多方筹措资金，加快完成珠江五校翻扩建工程，到2010年年底工程已进入收尾阶段。投入资金300余万元，对17所农民工子女学校进行改造，提高这些学校的办学品质；投入资金200万元，对聋人学校进行改造；投入资金1 100余万元，完成八十四中学等8所学校的运动场地改造。同时，完成一一〇中学、虹桥中学、十六中学顶楼改造前期准备工作，1 815万元市专项资金已到区财政专户。

【三大主题活动突显国学特色】 2010年共开展了三项全区性的主题活动， 即活动课评比、国学实践展示、最佳主题活动评选，丰富了国学教育的内涵。从4月初开始，在近一年的时间里，全区64所学校都参与到活动中来，学生们通过诵读比赛、主题班会、主题活动等形式，展示了皇姑区国学教育的特色，孝雅教育、幸福教育、“日行一善”养成教育等国学特色在全区内予以观摩和推广，推动了国学活动向纵深发展。

【承办沈阳市中小学国学教育启动仪式】 11月18日，由沈阳市教育局主办，皇姑区教育局和第一二〇中学承办的“沈阳市中小学国学教育启动仪式”在皇姑区隆重举行。与会人员观摩了皇姑区11所中小学的国学课、主题活动和传统文化汇演，给予了高度评价。市区领导称皇姑区的国学教育已经走在了全市的前列，为全市中小学提供了可借鉴的做法。辽宁日报、辽宁电视台、沈阳电视台以及沈阳其他的一些主流媒体对皇姑区开展国学教育的经验和做法予以报道。

【加强班主任队伍建设】 4月22日，邀请了当代著名教育专家王金战老师在区教师学校礼堂为全区的骨干班主任作了题为《改革教育理念，创新教育行为》的报告。

【“三十天养成一个好习惯”主题教育活动】从2010年寒假开始，在全区中小学开展三十天养成一个好习惯主题教育活动，并层层选拔出优秀学生参加全市的总决赛，成绩突出。这项活动促进了学生良好习惯的养成，展示了学校养成教育的成果。

【“玫瑰行动”慰问交警主题教育活动】 4月27日—29日，皇姑区组织学生分别慰问了7个城区的14位警嫂，到皇姑交警大队、泰山交通岗和公安厅交通岗慰问交警，为警察献上了玫瑰花和自制的小礼物，与交警一同向市民发放鲜花，传递文明。

【举办沈阳市健康教育基地经验交流会】 7月6日，沈阳市健康教育基地经验交流会在昆山二校隆重举行。昆山二校获得市健康教育基地校的荣誉称号。皇姑保健所、昆山二校介绍了本单位开展健康教育工作的经验和体会。通过这次会议，皇姑区各校领导充分认识到健康教育工作的重要意义，对皇姑区学校健康教育工作具有巨大的推动作用。

【召开食品安全工作现场会】 9月初，区教育局与食品药品监督局联合召开全区中小学和托幼机构食品安全工作现场会。现场会共分三场，分别在第一二〇中学、岐山一校、省委幼儿园举行，请食品监督所的所长对食堂管理和流程进行了现场培训。这次现场培训会得到了各校领导和幼儿园园长的重视，从而统一了全区中小学、幼儿园食品卫生工作的标准。

【组织艺术特色学校参演节目】 在2010年沈阳市艺术特色学校艺术团队六项技能竞赛中，童晖小学荣获六项技能团体金奖。岐山一校、珠江五校、第四十三中学、第二十四中学、童晖小学、沈阳师范大学附属学校、昆山二校、三台子一小获单项技能优秀奖。在2010年沈阳市中小学生“有画要说”漫画大赛中，三台子第一小学、昆山二校、万方小学、岐山三校、柳条湖小学的学生获得小学组一等奖；光明中学韩天若同学获得初中组三等奖。第四十三中学、第四十四中学、第一一〇中学的多名学生获得初中组优秀奖；第一二〇中学李姝研同学获得高中组优秀奖。第一二〇中学、第四十三中学、虹桥中学代表皇姑区参加市“经典红诗诵读比赛”并获金奖。

【举行皇姑区中小学国防教育工作成果展示大会】 2010年10月15日，皇姑区区举行了“皇姑区中小学国防教育工作成果展示大会”，全区21所学校2 000余师生参加了大会，省、市、区领导莅临会场并给予很高的评价。

【组织“优秀健康教育课”观摩活动】 为切实做好健康教育课指导工作，提高健康教育课教师整体水平，皇姑区组织中小学“优秀健康教育课”观摩活动，受到广大教师的欢迎和好评。虹桥中学、渭河小学、珠江五校、金山路小学、聋人学校5所学校选送的健康教育课被评为省级优秀课。

【开展“五个一”助残活动】 为纪念第二十个助残日，5月17日，全区各学校开展了“五个一”活动，通过宣传标语、专题板报、捐款、捐物等活动形式为残疾儿童奉献爱心。全区小学生共计捐款4万余元。区教育局将这些捐款全部投入到皇姑区的特教事业。《沈阳晚报》等媒体参与此次活动并作了专题报道。

【参加手语诗大赛】 6月3日，皇姑聋校代表皇姑区参加市残联主办的沈阳市手语诗大赛并分获教师组、学生组第一名。

【在第五届全国特殊奥林匹克运动会上获奖】 9月19日至25日，区育智学校8名特奥运动员参加第五届全国特殊奥林匹克运动会，共获得3枚金牌、5枚银牌、1枚铜牌。

【参加“全国民办教育先进集体”评选活动】 11月3日，沈阳私立实验学校获得了由教育部发展基金会颁发的“全国民办教育先进集体”荣誉称号。

【召开全省朝鲜族体音美教育教学研讨会】 5月14日，在和信朝鲜族小学召开了全省朝鲜族体音美教育教学现场会。沈阳市教育局以“创新课堂教学，突出美育特色”为主题推出的3节公开课，全部由和信朝鲜族小学教师执教。省教育学院王英奎教授作了“把美育融入教育教学全过程”的专题讲座。来自沈阳、大连、营口、丹东、抚顺、铁岭等地100多位教师参加了此次会议。

【开展“心连心、手拉手”各族儿童共成长活动】 5月27日，由沈阳市教育局、沈阳市民族事务委员会、沈阳市慈善总会主办的沈阳市“心连心、手拉手，各族儿童共成长”活动在和信朝鲜族小学举行。本次活动由少先队代表发出“少数民族困境儿童与爱心少先队员家庭手拉手结对子”倡议，共有56对孩子互换了联心卡，慈善会还馈赠了礼品。

【创建终身学习基地】 7月15日“皇姑区终身教育学院”揭牌典礼在皇姑区青少年素质教育培训中心隆重举行，沈阳市教育局副局长李铁、皇姑区副区长贺燕等100余人参加本次活动。该学院的创建为皇姑区的社区教育工作奠定了坚实的基础，各社区分院可以通过建立网络信息互动进行远程教育，使皇姑区的终身教育工作信息化、现代化。

【举办终身学习活动周】 10月16日，全国“全民终身学习活动周”启动仪式在沈阳举行，皇姑区在东油馨村社区举办大型宣传活动，通过“学习讲堂”，居民“读书漂流”“全民读书月”等系列活动，来传承皇姑区的人文精神，受到国家、省、市领导的高度赞扬。

学前教育

【概况】 2010年，全区共有幼儿园79所，公办幼儿园22所，民办幼儿园57所。其中省级示范园6所，市级示范园10所。全区共有园长（书记、副园长）114人，参加园长岗位培训93人；教师864人，591人持有幼儿教师资格证，幼儿教师学历达标率100%，专业达标率82%。全区共有在园儿童10 705名，3—6岁儿童入园率保持在99%以上，3—6岁儿童受教育率保持在99%以上。区幼教科被沈阳市教育局评为2010年学前教育工作先进集体。

【开展示范园“开放日”活动】 3月到10月依次在14所省、市级示范园组织开展了“开放日”活动，示范园开放的大、中、小班教育活动、特色活动及专项活动室活动，有近千名教师参加。为全区幼儿园提供了互相学习交流的平台，使示范园真正成为皇姑区学前教育的研究、交流、培训的基地。

【组织开展幼儿园课程改革研讨会】 4月、9月，召开两次课程研讨会。会上实验幼儿园、启智幼儿园、金星双语幼儿园等10所幼儿园的教师分别做了12节以市编幼儿用书为重点内容的观摩活动，全区有70多所幼儿园的580名教师参加了研讨会，研讨会无论形式还是内容都深受全区幼儿园的欢迎，其中有六节活动获市级一等奖，六节活动获市二等奖。

【组织召开民办学前教育经验交流会】 11月18日，区幼教科在小哈津幼儿园召开民办学前教育经验交流会。颐和春美园、小哈津园、六一园分别从不同的侧面向与会人员展示了各自幼儿园的特色。会上介绍的经验细致入微，可操作性强。现场观摩活动注重互动研讨，讲究实效，使与会的全区64所民办幼儿园的园长、教师受益匪浅。

【积极开展幼儿园园长及骨干教师培训活动】 2010年，区幼教科组织93名园长、16名骨干教师参加了沈阳市园长及骨干教师培训活动。聆听了上海幼教专家、著名法律顾问及市药监局相关人员的报告，从专业理念的提升到相关法律法规的解读及现实当中遇到的问题的剖析，富有实效的培训，有效地提升了皇姑区学前教育的师资水平。

【“六一”儿童节走访工作】 “六一”儿童节期间，区政府副区长贺燕、教育局局长邓华、副局长田秀走访了实验、黄河、克俭3所幼儿园，慰问学前儿童并赠送了精美的书籍及玩具，使学前儿童倍感幸福与快乐，使学前教育工作者倍受鼓舞。

【开展评优评先工作】 9月，开展教师节评优评先工作，共评出了学前教育系统先进单位25个，优秀园长25人，优秀幼儿教师50人，学前教育先进工作者50人，学科带头人28人，骨干教师98人。其中有4名教师被评为沈阳市骨干教师，9名教师被评为沈阳市师德先进个人，7名教师被评为沈阳市学前教育先进工作者，6名教师被评为沈阳市优秀幼儿教师。

【加强幼儿园安全工作的管理，树立全方位的安全意识】 1月，区幼教科与各幼儿园签订安全责任状，进一步落实了责任制及责任追究制度。3月，开展了安全隐患排查工作。认真贯彻落实上级有关部门的安全工作精神，要求幼儿园做好相关预案及演练工作，按要求安装监视器，严格出入门登记制度，严把食品安全关。5月初，区教育局联合区药监局、安监局、公安局、行政执法局、工商局对全区79所幼儿园进行全面的安全大检查，发现问题并要求及时整改，将隐患消除在萌芽中，切实保证幼儿园及幼儿的安全。

【开展沈阳市幼儿园情况调研工作】 8月末到9月初，与市教育局学前处深入全区79所幼儿园开展“沈阳市幼儿园情况”调研工作，从办园体制、教师情况、安全措施、园所级别、收费情况入手，全面了解幼儿园的发展情况，为沈阳市学前教育的持续稳定发展提供科学依据。

【组织教师参加“沈阳市第四届幼儿教师技能大赛”】 10月，辽宁省军区幼儿园代表皇姑区参加“沈阳市第四届幼儿教师技能大赛”，充分展示了皇姑区幼儿教师的风采，取得了优异的成绩，获得了特等奖。

【组织开展送教下乡活动】 4月到10月，示范园与各乡镇幼儿园积极开展互动活动，有的园长还亲自带队深入乡镇园所，不仅为其传经送宝，还为孩子们带去了玩教具，弥补了乡镇幼儿园玩教具的不足，有效地促进了城乡幼儿园的共同发展。区幼教科获得了沈阳市学前教育城乡手拉手暨幼儿教师知识技能大赛优秀组织奖。

义务教育

【概况】 2010年，皇姑区有小学38所，特殊教育学校2所，私立学校2所（沈阳师范大学附属小学、沈阳私立实验学校），属地化管理学校1所。

【启动生本教育课题实验】 3月28日，在宁山路小学举办以“以生本激扬生命，让教育充满阳光”为主题的生本教育开放日活动，拉开了皇姑区生本教育的序幕。5月13日—5月16日，组织全区各小学参加全国第21期生本教育研习班活动，共有120多人参加了此次活动。生本教育的发起人——华南师范大学郭思乐教授，接受皇姑区教育局和宁山路小学的盛情邀请到宁山路小学访问，走进生本课堂与学生互动，与学校生本研究组教师座谈，为学校题词。目前，全区有9所学校率先进行生本教育实验。10月—12月，皇姑区的生本教育研究顾问、沈阳市教育专家贺秀宇校长和皇姑区专职教研员到生本实验学校听课、指导，与实验教师共同研讨。邀请各校实验班的学生家长聆听贺校长的专题讲座《教育走向生本》。生本教育已经在皇姑区各所小学生根发芽。

【接收农民工子女学校校长、骨干教师培训】 4月15日，组织全区校长们聆听孙绵涛教授对《国家中长期教育改革与发展纲要》的解读，使全区校长们进一步明确促进教育公平是建设和谐社会的必然要求，更加重视农民工子女的教育问题。6月—10月区教育局先后聘请了华东师范大学胡惠敏教授、中国人民大学附属中学校长王金战、著名教育专家陶继新对全区教师分别作了专题报告。专家引领，实现了教师教育思想的转变。6月—7月区教研室对新并入皇姑区的弘文小学、万方小学、柳条湖小学、明华小学、鸭绿江小学、金山路小学6所接收农民工子女学校的教学进行全学科调研听课指导。11月，区教育局为农民工子女学校的骨干教师推荐了10本书籍，要求每位骨干教师精读一本和学科有关的教育书籍，作读书笔记并开展了交流活动，促进了骨干教师将理论运用于教学实践，提高了教育教学的实践能力和反思能力。指导17所农民工子女学校进行了学校特色定位，校园文化的蓝图构建。其中鸭绿江小学和渭河小学的学校文化建设方案被编入培训文集。

【开展教学领导、后备干部听评课活动】 学期初，一行6人在教育局和教研室领导的带领下，到区内41所小学视导62节推门课，有近160位教学校长、教学主任、后备干部参与了听评课活动。

【举办学区特色活动展】 3月25日，各学区针对语文、数学、英语多个学科开展“名师培训进行时”的主题教研活动。4月21日，中部学区英语名师工作室的成员李冰镜和丁茜在皇姑区师校礼堂举行题为“You are different”的英语培训展示会，也是两位英语教师参加北大英语口语封闭训练的成果汇报。5月20日，组织名师工作室的3位老师到丹东实验小学进行省内巡讲。5月19日，小学南部学区在岐山一校举办皇姑区小学生“读书工程”现场会，会上刘春凤校长以《学苑书为境，厚泽花自开》为题作大会发言。9月20日，东部学区围绕着《新课程背景下的有效课堂教学策略的研究》这一主题开展了有效课堂教学开放周活动。学区的特色教研活动带动了学区教师实施有效课堂教学。

【开展小学校长领导力提升活动】 6月18日，皇姑区教育局在童晖中英文小学举办刘延光校长纵谈活动，该活动通过主题讲座、现场互动等形式，传播刘延光校长的教育管理思想，并在全区小学校长中开展主题为“如何创建一所优质学校”的论文评比活动，强调校长们要提高管理素养，实现突破性地“质变”，通过成熟、高质量的领导行动给学校的各项工作带来深刻变化。5月23日、11月16日，初教科组织教学校长走进丹东市实验小学、沈河区北一经小学参观学习。对这两所名校的校园文化建设、特色建设等方面做调查与研究，在彼此思维的碰撞中引发教学领导们对自己教学管理思想进行有意义的思考。

【城乡义务教育发展共同体建立】 按照市教育局的《关于推进城乡义务教育发展共同体建设的指导意见》，皇姑区教育局与棋盘山教育局、新民市教育局建立起城乡义务教育发展共同体。4月和10月，皇姑区教研室的全体教研员分别到棋盘山的高坎中心校、英达小学等学校视导，共听课近50节，课后与授课教师进行了研讨。5月31日，棋盘山教育局组织开展教学专题研讨活动，区教研室主任和教研员到会进行指导。6月12日，区教育局选派了珠江五校和岐山一校校长到新民市教育局作了关于学校管理方面的专题报告。11月16日，选派区内优秀教学主任就教学主任职责和在教学管理中如何发挥作用等问题作了专题讲座。新民市教学主任级以上的领导200余人次参加了各项培训活动。皇姑区教育局选派5位校长深入到棋盘山开发区各中小学，搭建起自己所在学校与棋盘山学校城乡联动的平台。棋盘山开发区选派了6位年轻干部走进皇姑区四十三中学、岐山一校等5所重点中小学挂职锻炼。

【参加第二十五届创新大赛】 积极组织全区各学校参加省市区科技创新大赛等活动。在第二十五届创新大赛中泰山小学的科技课题《南蚕北养》获得省级课题一等奖，三台子一校在沈阳市逆风车创意大赛中获得一等奖。

【初中各学区开展教学研究活动】 实施学区联动管理，开展以学区为单位的教师专业素质竞赛、教师书法大赛等活动，同时，每个大学区都开展特色教学研究活动，如皇姑中学北部学区“35+10”课堂教学模式改革探索活动；中部学区开展新课程理念下的特色课堂教学模式展示活动；西部学区开展“九年级学生在校时间紧缩，如何提高学习质量”课题行动研究；东部学区开展“同课异构”教学活动。这些活动的开展将各校教育优势有效转化为学区发展优势，推动义务教育均衡发展。

【做好城乡手拉手工作】 3月，在开展城乡手拉手帮扶活动中，虹桥中学校长谭学颖作了《为学生的幸福人生奠基——建设学校的一些做法》的报告；第四十三中学校长杜强作了题为《强化内涵建设，提升办学品味》的报告；语文、数学、外语的优秀教师，进行了优秀课展示。10月，第一三二中学主任李月明为新民教育系统中层干部作了《坦坦荡荡做人，踏踏实实做事》的报告，这些活动，增加了城乡的交流，促进了新民教学实践研究，促进了城乡教育的共同发展。

【环境教育工作成绩显著】 皇姑区一直坚持通过学科教育渗透环境教育，通过课外活动、专题活动、组织绿色环保社团等多种形式推进绿色环保教育的普及与深入。2010年，第二十四中学等3所学校获得辽宁省环境友好型学校称号，光明中学等5所学校获沈阳市绿色学校称号。特别是在皇姑区生态区创建中，专家对皇姑区环境教育给予很高评价，认为皇姑区环境教育是沈阳市环境教育的亮点。

高中教育

【概况】 2010年，皇姑区有高中7所，教学班271个。

【开展学科专业素质培训、竞赛活动】 2010年为中学第6个主题年——皇姑区中学教师专业素质提升年，区教育局针对教学中存在的问题，面向教育发展的需要，开展高中学科专业素质培训、竞赛活动。高中专业素质竞赛，共吸引15个学科130余名教师参与，对皇姑区普通高中一线教师素质与学校教学质量的提高具有积极的推动作用。12月，在第四十三中学召开了皇姑区中学教师专业素质提升年主题活动总结表彰会，表彰了187名高中教师。同时，第四十中学数学组在会上作了精彩的教学基本功展示。

【开展校长进课堂、教学开放周活动】 4月是校长进课堂月，各校领导积极参与课堂教学活动，上教学体验课，并参与听课、评课，参与教研等活动。通过校长进课堂活动，学校领导准确地把握学校教学状况，及时了解并解决教学中存在的问题。9月，在第十一中学举办了皇姑区中学教学开放周观摩活动。会上，总结了皇姑区中学近年教学开放周的经验，展示了教学开放周的成果，为进一步做好开放周工作奠定了基础。

【召开课堂教学模式改革观摩会】 结合教学实例，积极探索新课程理念下的课堂教学模式的改革，在第十一中学、第二十四中学召开课堂模式改革观摩会，观摩、研究生本教育、高效课堂等课改相关问题。

【积极组织备考，高考取得好成绩】 3月，召开了全区中学教学校长备考工作会；4月，召开高中教学质量分析会，倡导教学研究，强调科学备考；5月，面向全区高中教师开设专题辅导讲座，解读高考考试说明；10月，在第一二〇中学召开高考质量分析会，全过程、全方位、多角度、多层次的评价皇姑区高考工作，调动、激励各校的积极性，促进全区高中教学质量的提升和办学水平的提高。在2010年高考中，皇姑区又取得新的佳绩：全区一本进线人数近900人，二本以上进线人数为2 000余人，均为近几年新高。其中，第一二〇中学600分以上考生人数为76人；第四十中学批次录取分数在市重点学校中位列第一名。在沈阳市普通高中学业成就“入出口”增值评估中，全市14个县区仅有10所学校获奖，其中皇姑区的第十一中学、第二十一中学榜上有名。

【推动普通高中建设，提高高中办学水平】 4月，通过普通高中学校健康调查，找到制约普通高中发展的瓶颈；5月，通过举办普通高中读书月活动，促进学校管理者理论水平的提高。创建标准化高中，对于皇姑区全面改善办学条件，实施素质教育，提升普通高中教学质量，有着不可估量的作用。2010年沈阳市第十一中学、第一二〇中学通过标准化高中的评估验收，成为首批标准化高中，并各获经费50万元。

教育督导

【概况】 2010年，皇姑区人民政府教育督导室（以下简称督导室）紧紧围绕创建教育强区的中心工作，以追寻创建服务型督导、责任型督导、效能型督导、法制型督导为目标，突出教育督导的针对性与实效性，围绕“一个中心、两个基本点”，认真完成了2010年工作计划中的工作任务。“一个中心”即以创建教育强区为中心；“两个基本点”即以督导室常规工作为落脚点，以督导队伍建设为切入点。2010年，督导室有专职督学8人，特约督学10人，各校督导信息员60人。

【综合督导工作】 皇姑区教育督导室根据《沈阳市建设教育强市五年计划（2008—2012）》、《沈阳市教育强区评估方案》等文件要求，在分解、细化了考核项目的基础上，制订了《皇姑区中小学校综合督导评估细则》，对全区中学（含重点高中和私立高中）

进行了综合督导评估，并于2010年3月15日至5月25日对全区小学进行了综合督导评估。对照教育强区标准，对各校师资和硬件建设进行了实地摸底普查，完成了各校的师资力量调查表，学校硬件调查表；进行了近万人次的学生问卷调查，近千份教师问卷调查；累计深入课堂听评课240余节，座谈百余次，并与学校领导班子进行了沟通、交流和指导。

【规范办学行为专项督导】 9月，督导室制定了《皇姑区规范中小学办学行为专项督导评估细则》，从校务管理与学校发展、队伍管理与教师发展、教育教学管理与学生发展、后勤服务与可持续发展四方面规范学校的办学行为。对全区中小学进行专项督导，通过监督、检查、评估和指导，切实把规范学校办学行为、深入推进素质教育作为打造教育强区的基础工程，抓实抓好，抓出成效。

【迎检工作】 1月，教育督导室组织协调相关科室及区财政局相关人员，迎接了沈阳市政府教育督导室、沈阳市教育局联合督导组对皇姑区教育经费投入的督导检查。

10月15日，沈阳市政府教育督导室对皇姑区的校安工程及市政府办实事200所接收农民工子女学校改造项目的进展情况进行了专项督导调研。

11月24日，沈阳市人民政府教育督导室“两基”年审工作组与教育局相关处室的联合检查组，对全区的四项工作进行了联合检查：一是2010年区县安全与综治年终考核；二是区县对民办教育属地化管理的落实情况；三是民族团结教育工作；四是“两基”年审工作。区督导室与区教育局办公室协调了各相关科室，进行了细致且周全的迎检准备工作。

【监测工作】 3月，督导室根据省里文件精神，建立了义务教育学校发展水平监测体系，定期组织学校填报数据，并准确、及时地展现皇姑区教育的发展成果和教育常态发展状况，得到省里领导的高度肯定。同时根据市政府教育督导室、市教育局为依法加强政府对教育投入的管理，建立了学校教育经费监测体系。

【包片走访】 3月1日和9月1日是中小学新学期开学的第一天。皇姑区人民政府教育督导室副主任田秀，带领部分督学分别走访了小学中部、西部学区的部分学校，实地察看了新学期学校各项工作落实情况，并与校长座谈，详细了解学校的工作部署和实施情况。

【学校综合考核评价】 12月，督导室根据皇姑区教育工作的主线和市学校综合考核评价方案和评价体系，确定了皇姑区综合考核评价方案和评价体系，并协调组织各业务科室和教师学校教研室，对基层学校进行全面的年度考核评价认定。

【督导队伍建设】 5月，在步云山路小学召开了督导联络员现场会，集中宣传督导中发现的基层学校的好经验、好做法，进而鼓励先进，鞭策后进，促进协调发展和赶超先进。12月，在岐山一校召开了督导队伍年度总结大会，对年度内各校的优秀督导员及优秀督导论文给予了表奖。

（马颖　郭阳）

大东区

总类

2010年大东区教育数据表

学校类型＼项目		学校数	教职工	专任教师	女教师	学生	班级数
	合计	109	6318	4009	3941	60274	1646
普通高中1	计	9	1130	791	716	12408	278
	公办	6	906	659	604	9004	203
	民办	3	224	132	112	3404	75
九年一贯制学校2	计	2	176	147	144	1986	53
	公办	1	50	34	39	387	13
	民办	1	126	113	105	1599	40
初中3（不含2）	计	19	1449	967	1029	10660	303
	公办	15	1211	779	874	7248	222
	民办	4	238	188	155	3412	81
小学4（不含2）	计	33	2157	1351	1542	22778	664
	公办	33	2157	1351	1542	22778	664
	民办	0	0	0	0	0	0
幼儿园5	计	44	1323	682	435	12307	324
	公办	15	395	203	195	2449	96
	民办	29	928	479	240	9858	228
特教6	公办	2	83	71	75	135	24

2010年大东区教育局领导干部任职及分工情况表

现任职务	姓名	性别	出生年月	民族	政治面貌	文化程度	任职时间	分管工作
局长	康长安	男	1962.09	满	中共党员	硕士研究生	2008.12	负责全面工作。分管行政办、计财科、人事科、机关总支、装备站、基建办
党委书记	张国志	男	1959.08	汉	中共党员	本科	2007.11	负责党委全面工作。分管党办、组织科、老干部活动中心
副局长	许子鹏	男	1956.09	汉	民进党员	本科	2006.06	分管安全科、教育产业管理中心，协助康长安局长分管区教育局基建办
政府督导室主任、副局长	张茹君	女	1958.08	汉	中共党员	本科	2005.04	负责教育督导工作，分管体卫艺科、幼教科、国防教育中心、区少年宫、区保健所，协助康长安局长分管行政办、机关总支
党委副书记、纪委书记、工会主席	戴凤芝	女	1969.07	满	中共党员	本科	2008.03	分管纪检监察室、工会，协助张国志书记分管党办、组织科、老干部活动中心
副局长	药建光	男	1957.05	汉	中共党员	本科	2002.06	分管德育科、成职科、招生办、区教师学校、区青教办、区教育实践中心
副局长	王建艳	女	1968.08	汉	中共党员	博士研究生	2009.03	负责中小学教学工作。分管中教科、初教科
副局长（兼）	张振丽	女	1965.11	汉	中共党员	本科	2009.03	分管市第一中学
副局长（兼）	周　琦	女	1958.01	汉	中共党员	本科	2009.03	分管市第五中学

【概况】 2010年是大东区教育工作的“精细化管理做实年”，是大东区教育强区建设的起步之年。大东区教育系统以精细化管理理念为指导，进一步推进义务教育均衡发展，提升教育教学质量，强化师资队伍建设，深化教育内涵建设，有效促进各级各类教育协调稳步发展。大东区教育局被评为教育部关心下一代工作委员会全国家长学校教育实验区、辽宁省高水平高质量普及九年制义务教育合格单位、辽宁省家长学校实验工作先进科研集体、

辽宁省家长学校实验工作先进试验区、沈阳市“十一五”期间中小学干训工作先进单位、2010年沈阳市全民终身学习活动突出贡献奖、“十一五”期间中小学实训工作先进单位、2010年沈阳市中小学安全教育与社会治安综合治理工作先进单位等。

【教育行政】 2010年，大东区教育局机关共有14个科室，分别是行政办公室、党委办公室、中教科、初教科、幼教科、成职科、德育科、体卫艺科、人事科、计财科、安全科、大东区政府教育督导室办公室、组织科、纪检监察科；大东区教育局下属12个直属单位，分别为招生办、老干部科、教师学校、基建办、教育产业中心、青教办、仪器装备站、少年宫、保健所、教育局幼儿园、实践教育中心、国防教育基地。2010年，大东区教育局领导班子共有成员9人。2010年5月，根据大东区人民政府办公室《关于张茹君等同志职务任免的通知》（沈大东政发〔2010〕25号）文件，张茹君任大东区政府教育督导室主任。

【教育投入】 2010年，大东区政府对教育的投入为53 136万元，与2009年相比增长32.2%；初中生均教育事业费为11 237.24元，与2009年相比增长13.85%，小学生均教育事业费为7 067.7元，与2009年相比增长28.59%；初中生均公用经费为2 261.93元，与2009年相比增长15.9%，小学生均公用经费为1 151.43元，与2009年相比增长12.88%。

【教育资源整合初见成效】 2010年，大东区结合《2009—2012年大东区教育资源整合暨中小学布局调整规划方案》，继续推进教育资源整合工作。9月1日开学前，将沈阳市第一三七中学、沈阳市第一四一中学并入沈阳市博才中学，将沈阳市第一六一中学并入沈阳市振东中学。到2010年末，大东区用两年的时间平稳完成了三年的整合任务。先后撤并学校11所，调整校级干部71人，教师722人，妥善安排学生6 205人，学生享受优质教育资源的比例大幅提高。

【推进教育基础工程】 2010年末，东站小学教学楼工程全面竣工并投付使用。全年完成了杏坛小学等6所学校的塑胶操场建设及32项抢危抢险维修项目。完成全区38所学校51栋建筑物的抗震检测工作，30所接收农民工子女学校的维修改造工程不断推进，全区中小学的办学环境得到进一步优化。

【优化教育资源配备】 2010年，大东区学校100%实现了“班班通”，大东区电教馆、大东区杏坛小学、大东区和睦路小学、大东区培智学校成为沈阳市下一代互联网应用示范单位，沈阳市第五中学、沈阳市第二十八中学、沈阳市第一三七中学、沈阳市第一四〇中学、沈阳市振东中学、大东区东新小学、大东区上园路第二小学、大东区杏坛小学、大东区和睦路小学、大东区培智学校10所学校获得沈阳市教育信息化先进单位荣誉称号。沈阳市第三十五中学、沈阳市第九十二中学、沈阳市第九十三中学、沈阳市振东中学、大东区辽沈街第一小学、大东区草仓路小学、大东区中捷友谊小学、大东区东新小学、大东区聋校9所学校晋升为省级图书馆示范校。原大东区小北街第三小学及沈阳市第一三七中学的闲置教学设备在新接收农村学校等10余所学校和社区中得到合理的配备，维修电脑1 704台，全区中小学教学设备得到不断改善。

【深化精细化管理，提升教育质量】 2010年，大东区教育工作继续以精细化管理理念为指导，进一步夯实基础，大力提升教育质量。一是管理不断规范。出台《大东区中小学实施有效教学的基本要求》等5项制度，进一步丰富和完善了《大东区中小学考核评价方案》。把联合视导、基层单位定期上报周安排等作为规范学校常规管理的有力手段，实施视导反馈制度。全年区教育局相关业务科室共深入基层学校2 000余次，听评课300余人次，调阅领导听课笔记710人次，检查听课记录26 721节，检查教案816本、学生作业5 500余本，形成月工作报告90份。二是督导管理日趋完善。完成督学责任区内的随访督导、农村初中控辍保学的专项督导及50所义务教育学校的考核评估工作，完善了综合督导，形成《大东区中小学校发展性督导评估指标体系》（试行稿）。推进了义务教育均衡发展试点区工作，形成《区义务教育均衡发展督导评估研究报告》并按时上报教育部。圆满完成市教育督导室的两次联合检查及两基年审工作。三是质量管理日见成效。建立小学分年段及初中入口监测、出口考核、全程跟踪的质量监测制度，形成了命题、审题、校题三位一体的试题命制流程。通过采取统一时间、换校监考和集中评卷等方式，强化了监考、成绩上报和质量分析等环节，促进了教育质量的不断提升。

【完成区划调整学校接收工作】 1月—5月，大东区教育局积极配合大东区政府，与东陵区教育局开展对接工作。顺利接收原属东陵区教育局管理的沈阳市第一三九中学、东陵区望花小学、东陵区前进街道中心校3所学校，共接收教职工275人，学生2 466人。交接工作期间，大东区教育局主要领导及相关部门科室多次到东陵区教育局、前进街道办事处、交接学校等单位深入调研，查阅教师档案233份，开会研讨10余次。

【启动大东区骨干班主任队伍建设工程】 2月25日，大东区教育局在第五中学礼堂召开中小学班主任工作会议，大东区教育局领导班子全体成员、区教育局机关各部门负责人、区教育系统中小学副校级以上领导干部及全体班主任教师近千人参加了会议。区教育局专程邀请北京市广渠门中学高级教师、有30多年班主任工作经验的高金英老师为与会人员作《静下心来教书，潜下心来育人》专题报告。2月，大东区教育局结合本区工作实际，经过科学论证和反复研究，制定下发《大东区中小学骨干班主任队伍建设实施方案》等文件，正式启动大东区骨干教师队伍建设工程。计划在全区中小学班主任中实行优秀、模范、功勋班主任3个层次的骨干班主任评选、考核与培训，使班主任队伍建设系统化、规范化和层次化。对于评选出的三个层次的骨干班主任，区教育局将通过表彰、增加绩效工资、组织学习培训、晋升职称优先考虑等方式进行奖励。至2010年末，共评选出模范班主任30人，优秀班主任108人。

【加强校园安全工作】 2月25日，大东区教育局在第五中学召开教育系统安全、稳定工作会议。会议要求全区各基层单位要以“明确一个目标、构筑三道防线、确保‘五个不放过’、落实七项举措”为工作重点，全面做好教育系统2010年安全、稳定工作。明确一个目标，即以“管理有序、教育有益、防控有力、整治有效”为安全、稳定工作的总体目标。三道防线，即校园及周边安全生命线，社会、家庭安全保障线，进京访、越级访、个人及集体滋事事件为零的稳定工作底线。五不放过，即学校安全制度不落实不放过，学生安全教育不到位不放过，学校安全隐患整改不到位不放过，校园周边环境治理不到位不放过，上访案件办理不及时不放过。七项举措，即完善管理机制，全力做实安全工作精细化管理；突出重点加大安全监管力度；强化安全教育，进一步提高学生自护自救技能；强力整治隐患，全面提升安全管理工作质量；加大责任追究，全力推进安全工作落实到位；加强协调沟通，共筑“三位一体”安全防护体系；拓宽渠道，化解矛盾，全力做好信访稳定工作。全区教育系统基层单位副校级以上领导干部三百余人参加了会议。

【圆满完成国家级培训计划——“知行中国”培训项目】 2010年5月，教育部根据《2010年中小学教师国家级培训计划——示范性项目实施方案》的总体部署，在2009年项目试点工作基础上，利用中国教育发展基金会设立的“知行中国教师专业成长扶助基金”，扩大实施“知行中国——小学班主任教师培训项目”。同年6月，大东区加入项目。项目培训工作历时半年，全区共有300名教师分三个班参加了培训项目。在项目实施的全过程中，大东区做到了三个“不少”，即一个学员不少、一个学时不少、一个任务不少；达到三个100%，即：参训率100%、有效学习率100%、合格率100%。300名学员全部完成自荐作业及培训总结作业，学员组成的三个培训班均取得满分15分的成绩。大东区被教育部评为知行中国示范区，大东区教师进修学校被评为全国优秀项目团队，2名指导教师被评为全国优秀指导教师，21名学员被评为优秀学员。

【全区学校实现技防全覆盖】 5月中旬，大东区教育局为东陵区划分到大东区的沈阳市第一三九中学、东陵区前进街道中心校、东陵区望花小学安装了监控探头。至此，大东区中小学校共安装监控探头1 049个，其中包括由政府出资安装的探头156个，以及为各校安装的蓝盾报警系统67个，大东区中小学校实现了技防措施全覆盖，校园保安、校园巡逻队已成为各校人防手段的重要力量。另外，区内各校还设立了“五不准”、治安联防公示板、校园警务室等设备和设施，进一步加强校园安全保障。

【中高考成绩提升】 2010年，大东区初中报到率比2009年提升8个百分点，中考参考率达到95.60%，公办学校综合平均分全市排名平均提升7.8个位次。高考一、二批本科进线率均比2009年提高了2个百分点。其中，沈阳市第一中学文、理科本科进线率均为100%，沈阳市第五中学文科本科进线率为100%，沈阳市第二十八中学被评为2010年沈阳市公办普通高中毕业生学业成就“入出口”增值评估奖。

【增设名师工作室】 按照《大东区义务教育学校奖励性绩效工资分配指导意见》和实施方案，平稳实施绩效工资。通过开展名师论坛、课堂教研、网上研讨等活动，推进分层培训，积极构建骨干教师梯队。在2009年设立9个名师工作室的基础上，增设10个名师工作室，使其总数达到19个，涵盖小学2个学科、初中5个学科、高中4个学科，以此为牵引开展了首席教师结对子等系列活动。

【创新干部管理模式】 7月—8月，大东区教育局制定并下发《大东区教育系统基层党、政领导班子决策重大事项议事规则》，使校级领导班子集体决策更加制度化、规范化。暑假期间，通过自愿报名、公开竞聘、群众投票、现场面试问答等一系列环节，遴选产生1名沈阳市第二十八中学校长。区内12所公办初中一把校长重新进行竞聘上岗。竞聘过程将基层教职工的意见作为竞聘者上岗的重要衡量指标。全年共调整校级干部84人，提拔17人，完成了68个校级领导班子和260名校级干部考核，实现班子优势互补，梯次结构搭配合理。

【召开大东区教育工作会议】 9月17日，大东区召开教育工作会议。会议主要体现在六个方面，即：办学基础条件全面改善，教育发展环境彰显新形象；教学服务设施切实优化，教育现代化建设迈出新步伐；各级各类教育协调发展，教育整体水平得到新提升；教育改革向纵深拓展，教育质量实现新突破；师资力量不断加强，教育人才培养取得新成果；依法治教力度进一步加大，教育事业和谐发展再上新台阶。会议提出，今后一个时期，全区教育工作的工作思路和总体目标是：以科学发展观为统领，牢牢把握加快发展这一主题，紧密结合大东实际，全面谋划教育发展蓝图，深化教育改革，推进素质教育，提高教育教学质量，办人民满意的优质教育，把大东建设成为“素质教育优质化、学校教育特色化、区域教育现代化”的教育强区，为加快实现“三大战略”和大东的全面振兴提供强大的人才支撑和智力支持。会议就今后的教育工作提出了三方面要求：一是抓住关键环节，确保教育事业健康发展，深入实施“科研兴教”、“名牌优教”、“人才强教”三大战略；二是推进学校建设标准化、教学质量提升、基础教育素质化、人才建设优质化、管理机制规范化五大工程，确保教育教学质量稳步提升；三是通过加大教育工作投入、健全教育督导评估体系、形成工作合力等有效措施，确保教育强区各项工作落到实处。

学前教育

【概况】 2010年，大东区幼儿园44所，其中，公办园14所，街道办园1所，民办园29所，在园幼儿12 307人，幼儿入园率96%。教职工1 323人，其中，专任教师682人。有省示范园1所，市示范园8所。年内，有计划组织开展大东区2010年春季学前教育课程改革观摩开放活动，开展园长、骨干教师业务培训，进一步促进园长和骨干教师队伍建设，做好托幼园所的安全保障工作。

【开展园长、教师业务培训】 2010年3月，大东区教育局组织区内28所幼儿园41名园长参加沈阳市教育局组织的沈阳市幼儿园园长资格培训。3月10日，沈阳市教育局对参加培训的全体园长进行了综合水平测试，大东区41名园长顺利通过综合水平测试，受到沈阳市教育局的肯定。10月19日—22日，大东区教育局组织本区幼儿园骨干教师、园长共30人参加沈阳市骨干教师、园长培训，使园长和骨干教师进一步提高业务水平，积累教育经验。

【做好托幼园所安全保障工作】 3月份，大东区教育局与全区幼儿园签订《大东区托幼系统安全稳定工作目标管理责任状》。同时进一步加强幼儿园校车交通安全管理工作，有效预防和减少幼儿道路交通事故的发生，保障广大儿童的人身安全，增强驾驶人交通安全意识、法律意识和社会责任意识。2010年7月、8月份外省市幼儿园连续发生意外伤害事件，鉴于较严峻的形势，区委、区政府领导非常重视幼儿园安全工作并及时召开了全区幼儿园园长及主办人大会，对幼儿园的安全工作提出了明确要求。9月到10月由区政法委、公安局、教育局、街道办事处等相关部门共同对幼儿园的安全工作进行检查，检查结果是按照区综治办布置安全工作要求，大部分幼儿园已达标，个别不达标幼儿园正在整改中。

【开展大东区2010年春季学前教育课程改革观摩开放活动】 4月15日，大东区教育局在沈阳大学幼儿园组织召开大东区2010年春季学前教育课程改革观摩会，大东区幼儿园业务园长、骨干教师共100余人参加了此次会议。大东区六一幼儿园教师王晓莹组织的中班科学教育活动《交通标志》、大东区尚品幼儿园教师韩淼组织的小班音乐活动《小老鼠上灯台》、大东区尚品幼儿园教师徐芳组织的大班探究活动《电线变魔术》、大东区教育局幼儿园教师李桦组织的小班科学教育活动《有趣的蛋》、沈阳大学幼儿园教师谭薇薇组织的小班语言教育活动《小蚂蚁大蘑菇》分别在会上进行了观摩。

义务教育

【概况】 2010年，大东区共有小学33所，教学班664个，毕业3 991人，招生3 931人，在校生22 778人。教职工2 157人，其中，专任教师1 351人。小学入学率100%，巩固率100%，毕业及格率100%。初中19所，九年一贯制学校2所，教学班356个，招生8 309人，在校生12 646人。初中入学率100%，巩固率100%。教职工1 625人，其中，专任教师1 114人。特教学校2所，在校生135人。中小学教师学历合格率100%，小学教师合格率100%，初中教师合格率100%。中小学具有高级专业技术职务879人，其中，小学教师41人，中学教师838人。

【开展首席教师与部分教师师徒结对活动】 4月9日，大东区教育局召开了“大东区首席教师与部分教师师徒结对”工作会。中教科丰科长、师校季校长、初中部张主任、相关学科教研员、结对双方学校教学校长以及结对教师共计40余人参加了会议。会上丰科长宣读了“大东区首席教师与部分教师师徒结对实施办法”，首席教师代表一〇七中学的曹媛、徒弟代表一四一中学的崔丽轩和振东中学教学校长杨君分别作表态发言。他们均表示要发挥首席教师引领和指导作用，拼搏81天实现中考新跨越。学校及初中部也表示要提供条件全力支持这项工作，区教育局对此项工作提出了明确具体的要求。

【手拉手共同体共研教学改革】 9月26日，沈阳市第一〇四中学三十余名教师来到辽中立人学校，开展教学交流研讨活动。教师们就辽中县立人学校的“整体教学系统”124课堂教学模式进行了观摩学习。通过现场观摩和聆听经验介绍，教师们对辽中县立人学校课堂教学模式有了深入了解。

【举办中小学教育教学总结表奖会】 11月4日，大东区教育局在第五中学召开2009—2010年大东区中小学教学质量总结表彰大会。会议从中高考成绩、教育教学常规管理、特色校建设、特殊教育发展等方面科学、全面总结了2009—2010学年度教育教学工作的成绩，将新学年的工作思路确定为全面贯彻教育方针，大力实施素质教育，实施有效教学，打造高效课堂，落实精细管理，提升教学质量。会上对2009—2010学年度教育教学工作中表现突出的先进单位及个人进行了表奖，对2010年新增设的10个名师工作室进行了授牌，教育局主要领导与基层单位代表签订了目标管理考核工作责任状。

【实施有效教学，深入推进教学改革】 2010年，大东区教育局以“新课程理念下课堂教学设计”为切入点，强化学法指导，落实自主学习，开展合作探究学习，探索有效教学方式方法，大力推进教学改革工作。区内各中小学均开展了教学改革尝试活动，取得了一定成效。沈阳市第一四〇中学“先学后导、合作探究、自主学习、多元评价”的新课程课堂教学改革的经验已经在全国首届初中新课程教学改革经验交流暨研讨会上进行交流；沈阳市第一中学、沈阳市第五中学的生本教育教学模式正稳步推进；沈阳市第一〇四中学“圆桌分组学习方式”已经全面铺开；沈阳市第五十中学本着“没有教不好的学生，只有想不到的办法”的宗旨，教改中提倡“百花齐放”，其中陈松涛老师的“兴趣式”学习模式使学生学习积极性得到充分的调动，学习小组氛围浓厚，组内“小先生”的作用日渐凸显，课堂教学效率不断提高。大东区教育局进一步加强薄弱学校的视导工作，从教学管理到课堂教学进行全方位把关，帮助学校分析存在问题、制定整改措施、提高教学成绩，有效促进学校管理工作，提升教师业务水平。

【以“大学区”为载体，实现教育资源共享】 2010年，大东区中小学深入推动“大学区”建设工作，根据区域调整的新情况重新进行学区划分。全区教育教学工作以“大学区”为载体，强化均衡发展意识，营造共同发展态势，实现学区内教育资源共享和学区间开放交流。2010年，各大学区通过开展形式多样的教学活动、竞赛活动营造了和谐、共进的学区氛围，小学第二学区被评为2010年沈阳市优秀大学区。

【推进特色校建设工程】 2010年，大东区教育局以“校校有特色、师师有特点、生生有特长”为目标，大力推进特色校建设工程。开展了“特色学校市区级评比，学校文化特色展示交流会”等活动，特色教育不断发展。大东区白塔小学、大东区大东路第三小学、大东区二〇五小学、大东区上园路第一小学被沈阳市教育局命名为“2009年沈阳市科技教育特色发展项目学校”，大东区辽沈街第一小学被市教育局评为“沈阳市科技教育特色学校”，同时被辽宁省科协、辽宁省教育厅命名为“辽宁省青少年科技示范校”，大东区大东路第二小学的“民族教育”、大东区大东路第三小学“培养学生个性化发展”的特色办学通过区级验收。在第二十五届科技大赛中，大东区杏坛小学、大东区辽沈街第二小学、大东区辽沈街第一小学、大东区上园路第一小学等学校共获得国家级奖项6个、省级奖项17个、市级奖项163个，在第十九届青少年计算机表演赛辽宁赛区汇演中，大东区获得23项奖项，在沈阳市青少年“逆风行车”创意大赛中，大东区获得三项团体奖。

【“五个一”助残活动力促教育公平】 2010年，大东区教育局相关业务部门会同教师学校教研员联合视导特教学校12次，指导特教学校教育教学和管理工作。5月17日，组织全区中小学开展“五个一”助残活动，号召社会和师生了解残疾孩子，加入到帮助残疾孩子的队伍之中。指导区内聋校、培智学校两所特教学校开发校本教材，在为残疾儿童提供教育与服务的同时，着力培养孩子们的生存能力和生存技能。2010年，大东区培智学校特奥运动员在第18届田径特奥邀请赛上获4金、1银、4铜的成绩，在第五届全国特奥运动会获3金、4银、1铜的成绩；大东聋校获沈阳市残疾人文化艺术节优秀组织奖、国家级青少年良好行为习惯养成先进学校等荣誉称号。

【中考成绩】 2010年，大东区初中报到率比上年提升8个百分点，中考参考率达到95.60%，公办学校综合平均分全市排名平均提升7.8个位次，与传统强区间的差距逐年缩小。

高中教育

【概况】 2010年，大东区共有高中9所，教学班278个，招生2 764人，在校生12 408人。高中教师学历合格率100%。全年教育经费投入10 565万元，其中，国家拨款9 510万元，自筹经费1 055万元。至年底，全区教育事业拨款53 136万元，比上年增长32.2%。

【开展初、高中教学校长课改观摩展示课活动】 5月25日上午，大东区教育局在沈阳市第一中学进行了中学教学校长工作例会暨课改观摩展示课活动。大东区教育局副局长王建艳、中教科、大东区教师进修学校相关领导和视导员、初高中教学校长共30余人参加了活动。沈阳市第一中学的教学改革模式在活动中进行了详细介绍和推广。活动人员观摩了第一中学的语文、数学公开课，从课改理念、生本课堂学生参与度、教学环节、师生融洽度等方面进行了评课。

【高考成绩】 2010年，大东区高考一、二批本科进线率均比2009年提高了2个百分点。其中，沈阳市第一中学文、理科本科进线率均为100%，沈阳市第五中学文科本科进线率为100%，沈阳市第二十八中学被评为2010年沈阳市公办普通高中毕业生学业成就“入出口”增值评估奖。

教育督导

【概况】 2010年，大东区政府教育督导室围绕大东区教育发展战略，不断完善和创新教育督导机制，为全面实施素质教育、全面提高教育质量提供保障。进一步加强督导制度建设，完善素质教育评价制度和教育质量监控制度。积极促进教育公平、均衡发展，努力为大东区教育的进一步科学发展作出新贡献。年内，督导室专职督学12人，特邀督学12人，兼职督学13人。

【开展公办中小学考核评估工作】 5月24日至7月1日，大东区政府教育督导室依据《关于印发〈沈阳市大东区中小学校考核评估方案〉的通知》（沈大东教督发〔2010〕2号）文件精神，对全区50所义务教育阶段公办中小学校进行了考核评估。考核评估组现场查看了各校的校园环境及活动情况，查阅学校档案资料，访谈师生1 000余人次，对学校的常规工作、创新发展、教师专业发展、学生素质发展及教育发展成果等方面进行了认真细致的评估。

【参加全国教育督导研究协作会第十六届年会】 10月12日至16日，大东区政府教育督导室作为协会理事单位参加了全国教育督导研究协作会第十六届年会。大东区政府教育督导室参与了年会的筹备工作，并在会议期间组织了小组讨论，认真听取并学习了国家教育督导团办公室副主任林仕梁的讲话，以及北京师范大学苏君阳教授的报告。

【完成大东区中小学校发展性督导评估指标体系建设】 按照辽宁省政府教育督导工作的相关要求，大东区政府教育督导室对《大东区中小学校发展性督导评估指标体系》和“一校一案”的综合督导形式进行了学习，并广泛征求了专家、学校等各方面的意见，根据征集上来的意见，对《体系》进行了反复修改和完善，最终确定。

（徐哲茹　李兴涛）

东陵区（浑南新区）

总　类

2010年东陵区（浑南新区）教育数据表

项目 / 学校类型		学校数	教职工	专任教师	女教师	学生	班级数
	合计	50	2791	2421	1743	29815	775
普通高中1	计	2	292	193	137	2662	54
	公办	1	127	116	81	1057	24
	民办	1	165	77	56	1605	30
九年一贯制学校2	计	10	1449	1428	896	18000	436
	公办	10	1449	1428	896	18000	436
	民办	0	0	0	0	0	0
初中3（不含2）	计	2	81	81	60	729	20
	公办	1	61	61	48	545	16
	民办	1	20	20	12	184	4
小学4（不含2）	计	5	306	304	235	4080	96
	公办	5	306	304	235	4080	96
	民办	0	0	0	0	0	0
幼儿园5	计	31	663	415	415	4344	169
	公办	17	223	165	165	2104	78
	民办	14	440	250	250	2240	91

2010年东陵区（浑南新区）教育局领导干部任职及分工情况表

现任职务	姓名	性别	出生年月	民族	政治面貌	文化程度	任职时间	分管工作
局长兼党委副书记	李秀岭	男	1955.12	汉	中共党员	本科	2010.07	主持教育局全面工作
党委书记兼副局长	秦树勋	男	1954.11	汉	中共党员	本科	2006.12	主持教育局党委工作
副局长	赵清华	男	1968.02	汉	中共党员	博士研究生	2010.07	主管基础教育工作
副局长	陈　丽	女	1960.12	汉	中共党员	博士研究生	2007.12	主管德育等工作
副局长	郭经林	男	1969.04	汉	中共党员	本科	2005.07	主管基本建设等工作
副局长	赫　虹	女	1965.07	汉	中共党员	本科	2010.07	主管学前、体卫艺工作
区招考办主任	陶秀梅	女	1967.12	满	中共党员	硕士研究生	2007.12	主管招考办工作

2010年东陵区（浑南新区）政府教育督导室领导干部任职及分工情况表

现任职务	姓名	性别	出生年月	民族	政治面貌	文化程度	任职时间	分管工作
主任兼教育局副局长	马志成	男	1958.04	汉	中共党员	本科	2004.02	主持教育督导工作
副主任	宫春义	男	1965.01	汉	中共党员	研究生	2004.07	负责教育督导工作
副主任	刘建光	男	1970.03	汉	中共党员	本科	2008.10	负责教育督导工作

【开展教师高端培训】 1月16日、17日，利用寒假前的休息时间，区教育局、教师进修学校聘请全国知名教育专家对全区中小学语文学科教师进行高端理论与技能培训，包括全国中语会副理事长、新课标人教版初中教材编委伊道思在内的八位专家、学者、特级教师，亲身指导语文学科的课堂教学改革工作。同时，邀请北京十四中校长王建宗、北京光明小学校长刘永胜、北京课改实验领导小组副组长文喆对全区中小学校长、副校长、教导主任进行新课改业务培训。

【评选2009年东陵教育十件大事】 1月22日，经全系统推荐并广泛征求社会意见，教育局评选出“2009年东陵教育十件大事”和“2009年感动东陵教育人物”。十件大事是：中国共产党东陵区教育局第六次党代会召开，举行学校文化建设启动仪式，代表辽宁省接受教育部教育信息化工作验收，建立东陵特色的课堂教学模式，第五十一中学录取分数线大幅度提高，成立东陵区教学质量监测中心，与沈阳师范大学共建英语教师培训基地，英达九年一贯制学校和惠民幼儿园投入使用，第五十一中学东校区投入使用，望花小学改制为教育局直属学校。感动东陵教育人物是：第四十五中学国学教师于翠华，泉园小学教师李文红，万科学校总务主任李公兴，第五十一中学教师刘永奎，第六十一中学德育副主任关旭萍，第一四五中学教师吴玉艳，第八十一中学教师周和莲，浑河站中心小学校长兼党支部书记郑嘉，教育局基础教育科科员梁冬，五一中学教师崔丽蕊。

【建立辽宁省信息化实验区】 1月21日，辽宁省电化教育馆、沈阳师范大学教育技术学院与东陵区共建《辽宁省基础教育信息化实验区》签字仪式在东陵区举行。为实现“以教育信息化为突破口，创建东陵现代化教育强区”的工作策略，教育局主动在全省寻求高端教育资源，寻求高校的合作与拉动，与合署办公的辽宁省电教馆、沈阳师范大学教育技术学院建立了密切合作的关系。在双方的合作中，将充分利用全省电教系统和沈阳师范大学教育技术学院的优质资源和人才优势，在沈阳师范大学教育技术学院建立东陵区教师培训基地，为东陵区培训教育技术骨干教师，将派专家学者深入学校、课堂，指导东陵区建立“学科整合小组”，加强校本研修，促进教育技术与学科教学的整合。力求在合作期内将东陵区建设成为教育信息化教研和科研基地、区域推进教育信息化实践基地。

【进行行政区划调整】 2月28日，沈阳市委、市政府决定，东陵区、浑南新区、航高基地三区合署办公，并进行行政区划调整，东陵区、浑南新区两区教育系统合并。原东陵区教育系统24所法人学校划归市教育局、沈河区、大东区、和平区、皇姑区和棋盘山风景区。共划出在职教师1 516人，离退休教师902人，教学班443个，学生20 252人；划出教育用地378 659平方米，学校建筑137 569平方米，未经评估的原始固定资产9 104万元。

【组织中小学生走进高校】 6月2日，沈阳市建筑大学校园迎来了一批“小客人”，他们是沈阳市第六十三中学（桃仙九年一贯制学校）的300余名中小学生。为快速提升中小学校的办学思想、教育理念，逐步提升中小学校校园文化建设的内涵，让中小学生更好地了解大学文化，让中学生尽早树立人生目标，明确发展方向，在市教科工委的帮助下，教育局组织了“走进大学校园，体验大学文化”活动。

【召开“合署办公”大会】 7月22日，以《深化改革，创新机制，实现大浑南教育事业新跨越》为主题的东陵区（浑南新区）教育系统干部大会在21世纪大厦国际报告厅举行，标志着东陵区、浑南新区两区教育系统正式合并。会上，教育局局长李秀岭发表了热情洋溢的讲话，对两区教育系统实质性合并提出了可行性安排，对两区学校互帮互学共同提升提出了具体要求，对今后大浑南教育发展表达了坚定的信心和决心。浑南新区第一小学校长冯凝和沈阳市第五十一中学校长温健分别作表态发言，充分表达了两区教育系统干部教师勇立潮头，引领沈阳乃至东北教育新潮流的勇气和信念。区政府副区长孙敏在会上作重要讲话，要求教育系统总结新经验、新成果，稳固发展基础；认清新形势、新任务，抢抓发展机遇；破除旧观念、旧体制，扫清发展障碍；打造新体制、新观念，创新发展模式。区人大副主任朱杰、区政协副主席宋崴嵬出席会议，两区教育系统中层以上干部和部分教师代表参加会议。

【走上世界音乐教育大会舞台】 7月28日晚，第29届世界音乐教育大会学校音乐与教师教育专题活动东陵区（浑南新区）中小学生专场音乐会在沈阳音乐学院音乐厅举行。精彩的演出博得中外音乐教育专家们的赞誉。音乐会在浑南新区第一小学无伴奏合唱《阳光宝贝》中开场，在深井子九年一贯制学校的大合唱《丢手绢、找朋友》、《哪里有秋天》中结束。世界音乐教育大会组委会副主席、中国教育学会音乐教育分会副理事长肖黎声教授，国际音乐教育学会学校音乐与教师教育委员会主席、西班牙格拉纳达大学何塞·路易斯·阿罗斯特吉教授，沈阳音乐学院音乐教育系主任于学友和区委副书记李桂盛、人大副主任朱杰、副区长孙敏、政协副主席宋崴嵬等人走上舞台，与全体参演学生合影留念，祝贺他们演出成功。

【启动“爱生学校”创建工作】 8月4日，区教育局召开项目学校会议，启动“爱生学校”创建工作。“爱生学校”国际项目是教育部与联合国儿童基金会精诚合作的教育创新实验项目，从2001年引入中国，经过十余年的实践，得到了国际和国内教育专家从理论到实践的大力帮助，成果丰硕，已进入大面积扩大推广阶段。2010年，市教育局将东陵区（浑南新区）确定为全市首批试点单位之一，义务教育阶段学校全部加入该项目。

【招聘50名合同聘任制教师】 8月18日，区教育局在浑南人才网、东陵（浑南）教育网发布《东陵区（浑南新区）招聘教师的公告》，面向社会公开为浑南一中、浑南第三小学招聘50名合同聘任制教师。此次招聘采取考试和考核相结合的方式，分笔试、试讲、面试三部分进行。9月20日，招聘的教师到岗上课。

【召开庆祝教师节大会】 9月8日，东陵（浑南新区）区委、区政府隆重召开庆祝第26个教师节大会，代区长赵世宏作重要讲话，要求用市场经济规律认识新区的教育，用改革的办法解决新区教育发展中存在的问题，大胆推进办学体制机制改革，全面推进大浑南教育城市化、现代化、国际化。庆祝大会后，几百名青少年和教师奉献了一台精彩的文艺节目，以“寄情教育，激越大浑南”为主题的庆祝教师节文艺演出，博得与会领导和教师的高度赞誉。

【迎接陈海波市长视察】 9月9日，第26个教师节前夕，市长陈海波、市委宣传部长王凤波、市人大副主任连加诚一行在市教育局局长苏文捷、代区长赵世宏、区人大主任贺程鹏、区委副书记李桂盛、副区长孙敏的陪同下，视察东陵区（浑南新区）教育工作，并先后到浑南一校、嘉华学校亲切慰问教师。

【确定教育系统工作主题】 10月15日，两区教育系统实质性合并后，区教育局在嘉华学校召开了东陵区（浑南新区）教育系统“两个提升”动员大会，区教育局局长李秀岭作动员讲话。大会出台《东陵区（浑南新区）教育局提升教育管理水平，提升教学质量工作实施方案》，五三中心小学、七十二中学、五十一中学、教师进修学校校长分别代表不同层次学校表达了“两个提升”的强烈意愿，全区中小学教研组长、学年组长、中层及中层以上干部，各直属单位党政主要领导，区教育局机关和教师进修学校350人参加大会。

【举行国学教育启动仪式】 12月3日，东陵区（浑南新区）国学教育启动仪式在浑南三校报告厅举行。仪式上，浑南三校介绍了学校国学教育的主要做法和体会；企业家、慈善家、热心国学教育人士王绍臣先生向全区学校赠送了国学教育图书和光盘，区教育局局长李秀岭向王绍臣先生回赠了书法条幅；教育局聘请了6名国学教育顾问，8名国学教育指导教师；区教育局局长李秀岭部署了区中小学国学教育工作。区政府副区长孙敏参加会议并讲话，提出各中小学要充分认识国学教育的必要性，深刻领会开展国学教育的深远意义，用创新思维推动国学教育纵深发展。省中华传统文化协会常务副会长、区国学教育顾问窦杰出席并讲话，省教育厅厅长助理葛洪源、市教育局、市文明办、区文明办领导参加启动仪式。

【召开“创先争优”活动经验交流会】 12月15日，区教育系统“创先争优”活动经验交流会在沈阳市第六十三中学召开。六十三中学、浑南二校分别展示了开展“创先争优”活动以来取得的显著成果，区教育局党委书记秦树勋作了重要讲话。新区教育系统各单位党（总）支部书记、党务干事参加了会议。

【聘任新一期教育行风监督员】 12月23日，区教育局在嘉华学校召开教育行风监督员聘任大会，为43名教育行风监督员颁发了聘书，制发了《东陵区（浑南新区）教育系统行风监督员工作规程》，行风监督员就开展行风监督工作进行了座谈，市教育局纠风办主任关英出席会议并作了重要讲话。

【完成教育投入“三个增长”】 12月31日，据统计，2010年，东陵区（浑南新区）预算内教育经费28 763万元，预算内教育经费占财政支出的比例为9.81%，预算内生均经常性公用经费小学达到1 048.76元，初中达到1 524.9元，满足了教育发展与改革的需要。

学前教育

【概况】 2010年，东陵区（浑南新区）有托幼园所31所，其中，市教育局办园1所，学校办园（街道园）16所，社会办园14所；收托幼儿4 344人。教职工663人，其中，专任教师415人。全区有省示范园1所，市示范园8所。年内，承办“沈阳市庆‘六一’学前教育表彰会暨创建标准化农村乡镇中心幼儿园现场会”，举办第一批市级示范园申报陈述暨名园长经验支流会，组织“让礼仪品格教育落地生根”幼儿园干部教师培训活动，创建城乡园际协同体，创编幼儿科普剧，举办幼儿园课程改革培训研讨，举办幼儿教师技能比赛，汇集资料制作幼儿园宣传台历。

【承办市创建标准化农村乡镇中心幼儿园现场会】 5月28日，沈阳市教育局在桃仙街道中心幼儿园召开了“沈阳市庆‘六一’学前教育表彰会暨创建标准化农村乡镇中心幼儿园现场会”。市教育局局长苏文捷、区政府副区长孙敏及各区、县（市）教育局局长、主管局长等有关领导100余人参加会议。会上区政府对本区的学前教育作了经验介绍，局长苏文捷发表讲话，对沈阳市学前教育工作取得的成绩作了回顾，对今后的重点工作做出了规划和部署，并呼吁全社会都来关注学前儿童的健康成长，支持学前教育，为学前儿童创建一个安全和谐健康成长的教育环境做出贡献。

【名园长交流经验】 7月29日，区教育局召开第一批市级示范园申报陈述暨名园长经验交流会。会议旨在以创建市级示范园为契机，促进区域园所整体办园水平和干部管理能力的提升。会议听取4所幼儿园申报陈述和东北育才幼儿园《打造优秀品质形成名园品牌》专题发言。会议要求各园所认真组织学习4所申报园的经验，找准结合点和生长点，促进园所特色发展。全区幼儿园代表50人参加会议。

【组织干部教师礼仪培训活动】 8月28日，区教育局在东湖学校幼儿园召开了主题为“让礼仪品格教育落地生根”合并后的第一次全体学前教师培训会（学前行政、教研与两区的全体学前教师见面会），同时请市委党校陈欣教授、北京六加一教育培训中心主任许可教授分别从《从沟通的视角谈学前教师的职业道德》、《用孝亲文化做好幼儿园管理》两个方面进行了培训，吉林省洮南实验幼儿园园长赵宏伟进行了经验分享。会议要求各幼儿园把握正确的办园方向，理清办园思路，逐步形成办园特色，构建园所文化，不断提高日常保教工作质量。全区园所干部200余人参加会议。

【创建城乡园际协同体】 9月初，以“互帮互学，共同发展”为目标，创建区内城乡园际协同体，继续推行幼儿园区域化管理。区划调整后，管辖范围扩大，为了提高工作效率，充分发挥示范园的引领作用，根据区域将幼儿园划分为六个片区，每个片区由区域内示范园作为中心园所，明确职责，承担示范、辐射、管理、指导作用，实现园际互动，促进共同成长。

【创编幼儿科普剧参加演出】 9月10日，组织幼儿园参加东陵区（浑南新区）庆祝教师节大会文艺演出。创编了科普剧《相机里的世界》，选择了小哈津（浦江苑）、浑南三校、浑南二校、嘉华学校、东湖学校、东北育才6所幼儿园联合排练，60余名幼儿参加演出，获得好评。

【举办课程改革培训研讨活动】 10月8日至12日，进行了东陵区（浑南新区）幼儿园课程改革教育活动评优工作。通过到12所幼儿园对13节教学活动评比，评出等级，并于10月22日在东北育才幼儿园召开园长、教学园长、教学主任、授课教师参加的研讨活动，由师校教研员分成3组对每节活动进行详细分析、点评，教研员对12所幼儿园工作给予充分肯定，认为各园所抓住教育核心价值，实现多目标有机整合，通过创设良好教育环境，组织多种有效教育活动，调动幼儿的主体性，促进幼儿全面和谐发展。最后推选3节优秀活动参加沈阳市课程改革教育活动评优。来自区内幼儿园的代表50余人参加活动。

【举办幼儿教师技能比赛】 11月20日，东陵区（浑南新区）教育局举办幼儿教师技能比赛。比赛通过教育活动观摩、教师团队研讨等方式进行，分为区赛、市赛2个阶段，笔试、口述、才艺三部分内容。比赛结束后，评出区级优秀单位蓓蕾幼儿园万科新榆分园参加市级比赛。

【汇集资料制作幼儿园宣传台历】 12月末，整理各园所资料，汇总编辑制作成精美台历，通过这种途径，积极宣传扩大学前教育影响，加强招生宣传，推动园所文化建设。区内31所幼儿园全部参与编辑策划。

义务教育

【概况】 2010年，东陵区（浑南新区）有小学5所，九年一贯制学校小学部10个，教学班379个，在校生14 766人。小学入学率100%，巩固率100%，毕业及格率100%；初中1所，九年一贯制学校初中部10个，教学班161个，在校生6 259人。初中入学率100%，毕业生完成率98.33%。

【举办教学管理培训活动】 1月21日、22日，区教育局举办教学管理培训活动，通过主题讲座、现场互动等形式传播教学管理理论，交流教学管理策略与经验。要求各校在教学管理中，做到常规工作抓规范，特色工作抓亮点，做到底数清，方法明，效果实。全区学校主抓教学的副校长、教导主任参加培训。

【接待大学生顶岗实习】 3月22日起，沈阳师范大学教育技术学院25名大四学生到第六十一中学、第六十三中学、第七十三中学进行毕业顶岗实习。4月23日，实习工作总结座谈交流会在第六十一中学召开，省电教馆、沈阳师范大学相关领导参加座谈会。双方领导共同交流、探讨合作与发展新方式，进一步确立了共建教育信息化实验区实施办法。

【参加儿童青少年计算机比赛】 4月，组织全区1 200名学生报名参加第十九届中国儿童青少年计算机表演赛辽宁赛区比赛，浑南一中秦维森等获得一等奖，并被推荐参加全国比赛，500余人分获二、三等奖。区电教馆被评为省级优秀组织单位。

【明确中考工作按原区划进行】 4月6日，沈阳市招考办确定，区划调整后，2010年—2012年，原东陵区、浑南新区、棋盘山风景区户口的考生继续在东陵区（浑南新区）招考办报考，在五十一中学享受省级重点高中指标到校待遇，划出的原东陵区的6个考点学校的考试设施继续由东陵区（浑南新区）管理、使用和维护。

【参加信息技术与学科整合优秀课评比活动】 4月，选拔11名教师参加沈阳市信息技术与学科整合优秀课评比活动，其中6名教师代表沈阳市参加辽宁省、国家信息技术与学科整合比赛，获国家级一等奖1名，二等奖5名。

【修改女童免受性侵害教育教材】 4月29日，团省委和省律师协会与区教育局联合召开座谈会，讨论女童免受性侵害教育教材，提出修改意见。各学校副校长、德育主任、部分健康教育和心理咨询教师参加座谈会。辽宁开宇律师事务所张志毅律师、国际计划负责人出席座谈会。

【开展环保教育手拉手活动】 5月24日，组织全区20名儿童与抚顺市实验小学学生共同联欢，开展环保活动，共庆沈抚同城，迎接六一儿童节。活动中，双方儿童以“童手共绘沈抚蓝图，梦想升腾铸就辉煌”为主题，进行了百米手绘墙绘制、交换手工艺术卡，同台小联欢、拍手印、共唱《同一首歌》等活动。

【召开手拉手课堂教学研讨会】 6月，开展“聚焦课堂——手拉手课堂教学实效性研讨会”，旨在深化新课程改革的研究与实践，学习先进地区的教学经验和有关课程改革的新思路、新理念，进一步提高教师的教学水平和教学质量。会上，东陵区（浑南新区）与沈河区骨干教师以“同课异构”的形式，即通过不同的教学手段和方法，讲授同一个教学内容，展示各学科课改后教学方式方法的变革。

【吸引教育专家加盟浑南教育】 8月26日，省优秀教育专家、省政府督学、市教育专家、原沈阳市第一二六中学校长余秀林正式加盟浑南教育，任区实验学校校长。至此，东陵区（浑南新区）已拥有5位市级以上教育专家。

【开展推广普通话活动】 9月12日至18日，是全国第十三届推广普通话宣传周。区政府领导、区教育局、区语委高度重视，认真组织，广泛动员，以全区各学校宣传为主阵地，社会各界积极参与，大力宣传，开展了一系列丰富多彩的活动，取得了良好的宣传效果。

【举办教师基本功大赛】 10月举办教师基本功大赛。11月，在市教研员基本功大赛中，教师学校的研训教师康艳玲、吴利民、贾辉、李明德均取得一等奖，康艳玲老师代表沈阳市参加省教研员基本功大赛荣获二等奖。12月上旬，教师学校的化学、语文、物理3名研训教师代表沈阳市参加省研训教师基本功大赛，获二等奖。金炳君、王唯彦2名研训教师参加省教研员基本功大赛，获二等奖。

【举办辽宁省航模飞机比赛暨区科技成果展活动】 10月15日，承办了“辽宁省暨沈阳市第八届青少年纸飞机航模竞赛”，来自全市85所中小学的3 000余名参赛选手汇聚浑南。本次比赛实现了沈阳青少年参与科普竞赛活动最多纪录，突破了历届青少年航模竞赛历史最好成绩，体现了东陵区（浑南新区）教育局承办大型竞赛活动的能力和水平。省科技辅导员协会秘书长汪唯学、沈阳市科协副主席李凤伦、沈阳市教育局副局长倪左、沈阳市科技局副局长李朝伟、区委副书记李桂盛、区教育局副局长赵清华、赫红参加了活动。

【资助少数民族贫困生】 12月，对全区3 802名少数民族学生开展普查活动，并与区民委联合，对少数民族贫困生开展资助活动。

【获得市2010年科技教育工作先进单位称号】 市教育局以2010年各类中小学生科技竞赛获奖情况为依据对各区进行了评比，东陵区（浑南新区）每百人获奖人数为1.11，在全市排名第一，东陵区（浑南新区）教育局被授予“沈阳市2010年科技教育工作先进单位”荣誉称号。

高中教育

【概况】 2010年，东陵区（浑南新区）有高中1所，教学班24个，在校生1 057人。高考中一、二批本科进线率达到70.99%，2名学生超过600分。在沈阳市教育局首次进行的“沈阳市公办普通高中学生学业成就入出口评估”中，毕业生中考入口成绩和高考出口成绩对比，一批本科完成率为265%，二批本科完成率为93%，全员升学完成率100%。文科平均分在省重点高中排名第十八名，比入学时提升两个名次，理科平均分排名第十六，比入学时提升四个名次。

【开展学校文化建设调查活动】 3月，对第五十一中学校园文化建设进行了调查，从管理者自我评估、十项特征评估、健康学校调查表和团队调查表等四个方面进行量化评估。经认真统计，根据四项调查问卷撰写了学校文化建设改进报告，以此进行科学论证、科学决策、在科学规划的前提下大胆决策，形成了创新工作、不断进取的工作局面。

【通过国家级课题验收】 4月，第五十一中学参与研究的“十一五”教育部规划课题《信息技术环境下新型学与教方式的理论与实践研究》的子课题《网络环境下高中教学资源的开发与应用研究》被评为优秀子课题，并顺利通过专家组鉴定验收。

【举办高中课程改革专项研讨会】 9月14日，组织第五十一中学举办高中课程改革专项研讨系列活动，活动主题是“在继承中发展，稳步推进新课改”。研讨活动分为“进班听课、论坛研讨、大会交流”三个单元，展示语文、数学、外语、物理、地理、美术、通用技术等10节研讨课，举办了“模块教学研究，整体把握系统思考”、“理解新课程标准、准确把握标高”、“落实三维目标、深化学科德育”、“尊重学生选择、发展学生特长”4个专题论坛。区教育局局长李秀岭、党委书记秦树勋、区政府教育督导室主任马志成、副主任刘建光参加了活动。

【迎接市教育研究院检查指导】 9月21日，为深入贯彻新课程改革精神，进一步实施“走出去，请进来”策略，邀请沈阳市教育研究院教研部主任张彩霞及数学、外语、语文、化学、地理、生物、政治等科目教研员深入五十一中学了解学校情况，开展听评课活动。

【举办中华经典诗文诵读活动】 9月24日，为响应教育部、国家语委会“雅言传承文明，经典浸润人生——中华经典诗文诵读活动”的倡导，在五十一中学举办了中华经典诗文诵读比赛，旨在传承和弘扬中华民族优秀文化，提高学生的文化修养。

【开拓国际化教育之路】 10月13日，来自国际教育创新联盟的三位英国校长——Sue pryor等人到五十一中学参观考察，三位校长与学校领导就办学理念、办学方法及办学细节等各方面问题进行了交流。之后参观了校园，并走进课堂听雒春雨老师的英语课，参加英语俱乐部活动。

职业与成人教育

【概况】 2010年，东陵区（浑南新区）有职业高中2所，其中，民办职业学校1所，职普联合设校1所。另有农村成人教育中心校11所，29个社会力量办学机构累计培训学生1 984人次。东陵区（浑南新区）教育局在沈阳市全民终身学习活动中荣获优秀组织奖。

【完成区划调整工作】 2月28日，浑河站西街道成人教育中心校划归和平区教育局；英达街道成人教育中心校划归棋盘山风景区社会发展局；前进街道成人教育中心校划归大东区教育局。3月19日，沈阳市东陵区全成继续培训中心等35所办学机构划给沈河区教育局；奥诺教育培训中心等5所办学机构划给和平区教育局；鹰迪教育培训中心等3所办学机构划给棋盘山风景区社会发展局；博多教育培训中心划给大东区教育局。8月26日沈阳市现代科技学校（东陵区职业教育中心）划归沈阳市教育局。

【开展“燎原之冬”活动】 4月15日，2009—2010年“燎原之冬”活动结束，全区各街道成人教育中心校累计开展常规培训57 733人次，劳动力转移培训1 869人，“燎原之冬”培训40 825人次。

【深化普职衔接实验】 9月15日，嘉华学校与沈阳市现代科技学校（东陵区职业教育中心）进行普职衔接实验，实施金桥工程，招生49人。

【联合职业教育学校开展培训】 11月，全区各街道成人教育中心校与沈阳市现代科技学校（东陵区职业教育中心）联合办学，开设涉农专业，累计招生532人。

教育督导

【概况】 2010年，教育督导室进一步加强督导制度建设，完善素质教育评价制度和教育质量监控制度，较好地完成了全年的各项工作，为大浑南教育发展做出了新突出贡献。年内由于区划调整，督导室工作人员部分变动，最终确定专职督学为6人。

【考核各乡街教育工作】 1月，对原东陵区所辖的11个涉教乡街的控辍保学、教育投入、治理校园周边环境等方面职责的履行情况进行了督导评估和考核。并将考核结果和新一年绩效考核工作的方案报区委组织部。

【进行控辍保学专项督导】 3月，教育督导室对六十一中学、七十二中学、王滨希望学校、七十三中学、六十三中学、白塔中学共6所初中的控辍保学情况进行了专项督导，并于9月对区内11所初中（含九年一贯制学校）再次进行了控辍保学专项督导，两次撰写了控辍保学工作的专项督导报告。通过专项督导，及时掌握各校控辍最新动态，将控辍工作的现状、存在的问题以及改进意见以督导报告的形式汇报给区政府，反馈给区教育局。

【开展教育教学管理专项督导】 4月，教育督导室对区内初中课程开设情况、教学常规管理、课堂教学改革、教学质量提升、领导深入教学一线情况、后勤管理、学籍管理等方面工作进行了随机专项督导，对各校存在的问题进行了纠正，同时提出了建议和要求，使学校的管理工作更加科学、规范。

【迎接市“两基”年审】 11月18日，市政府教育督导室对东陵区（浑南新区）控辍保学、教育投入、义务教育经费投入、学校卫生、控辍保学、中小学冬季采暖、安全综治年度考核、民族团结教育、民办教育属地化管理等工作进行检查和验收，各项工作得到了充分肯定。

【修订督导评估方案】 12月，经过反复吸纳基层各校的意见、建议和局领导、相关科室同志的修改认定，完成了全部修改工作，制发《东陵区（浑南新区）中小学综合督导评估方案》。

（钟德超　赵清华）

于 洪 区

总 类

2010年于洪区教育数据表

学校类型 \ 项目		学校数	教职工	专任教师	女教师	学生	班级数
	合计	98	3537	2694	2047	39837	1110
普通高中1	计	2	295	267	211	2768	64
	公办	2	295	267	211	2768	64
	民办	0	0	0	0	0	0
九年一贯制学校2	计	4	324	269	216	3409	91
	公办	4	324	269	216	3409	91
	民办	0	0	0	0	0	0
初中3（不含2）	计	9	664	559	312	5653	144
	公办	9	664	559	312	5653	144
	民办	0	0	0	0	0	0
小学4（不含2）	计	39	1141	1066	776	18576	521
	公办	38	1083	1021	738	17796	502
	民办	1	58	45	38	780	19
幼儿园5	计	44	1113	533	532	9431	290
	公办	15	127	72	72	1865	67
	民办	29	986	461	460	7566	223
特教6	公办	0	0	0	0	0	0

2010年于洪区教育局干部任职及分工情况表

<table>
<tr><th>现任职务</th><th>姓名</th><th>性别</th><th>出生年月</th><th>民族</th><th>政治面貌</th><th>文化程度</th><th>任职时间</th><th>分管工作</th></tr>
<tr><td>局长兼党委书记</td><td rowspan="2">单慧玲</td><td rowspan="2">女</td><td rowspan="2">1960.09</td><td rowspan="2">汉</td><td rowspan="2">中共党员</td><td rowspan="2">本科</td><td>2009.08</td><td rowspan="2">负责行政全面工作。主管人事科、计财科、行政办公室、信访稳定工作，协调督导室工作</td></tr>
<tr><td>局长兼党委副书记</td><td>2009.09</td></tr>
<tr><td>党委书记</td><td>魏忠厚</td><td>男</td><td>1964.07</td><td>汉</td><td>中共党员</td><td>大专</td><td>2009.09</td><td>负责党委的全面工作。分管党办、组织科、安全科、德育科、招生办、信访稳定工作、高中部工作</td></tr>
<tr><td>副局长</td><td>王　琼</td><td>女</td><td>1963.09</td><td>汉</td><td>中共党员</td><td>本科</td><td>2001.01—2010.06</td><td>主管中教科、初教科、幼教科、教师学校</td></tr>
<tr><td>党委副书记</td><td>高振国</td><td>男</td><td>1967.04</td><td>汉</td><td>中共党员</td><td>本科</td><td>2008.01</td><td>负责纪委工作。分管群团工作、综合治理工作、老干部工作、统战工作、政协工作，协助局长、书记分管信访稳定工作</td></tr>
<tr><td>副局长</td><td>程淑军</td><td>女</td><td>1969.08</td><td>汉</td><td>中共党员</td><td>本科</td><td>2008.05</td><td>分管幼教科、成职科、体卫艺科、少年宫、扶困助学工作、联系市教育基金会工作</td></tr>
<tr><td>副局长</td><td>金晓文</td><td>男</td><td>1967.10</td><td>汉</td><td>中共党员</td><td>本科</td><td>2008.05</td><td>分管房管所、教产中心、物业办、场馆办，协助书记分管安全工作</td></tr>
<tr><td>督导室副主任</td><td>张玉红</td><td>女</td><td>1968.12</td><td>汉</td><td>中共党员</td><td>硕士研究生</td><td>2010.09</td><td>分管初教科、中教科、教师学校、用书办工作，协助督导室主任分管督导室工作</td></tr>
</table>

【概况】 2010年于洪区坚持各类教育持续发展。加快实施标准化幼儿园建设，提高义务教育整体水平。全区小学、初中阶段适龄儿童少年入学率稳中有升，分别达到100%和98%，中小学辍学率继续降低。深化义务教育课程改革，制定《于洪区初中毕业生综合素质评价实施细则》，发挥新课程改革中评价促进学生发展的功能。促进高中品牌化管理。从高中的文化建设、基础设施、内部管理、师资水平着手，按照相关标准，积极迎接市教育局标准化高中验收工作，增强学校的竞争能力和办学实力。打造学校品牌，开展高中学校文化建设自我诊断活动，改变生源状况，确保高考升学率稳步提升。强化职业教育应用水平。通过推进

校企联合、实习实训基地高效运营、基础能力建设等工作的开展，大力发展优势专业，区职业教育毕业生就业率达到95%以上，增强职业教育服务地方经济的能力。推进民办及成人教育健康发展。坚持实行民办学校年检制度，民办学校办学行为不断规范。制定《于洪区2010年全民终身学习活动方案》，开展全民终身学习活动，树立全民终身学习理念，营造良好社会氛围，推进学习型组织建设。认真落实《农村劳动力培训工作实施方案》，各校劳动力转移培训421人。

【教育行政】 2010年，于洪区教育局设行政机构15个：行政办公室、党委办公室、组织科、团委、工会、计财科、人事科、中教科、初教科、幼教科、德育科、安全科、体卫艺科、成职科、老干部科。局直属事业单位8个：教师进修学校、教育产业管理中心、中小学用书管理办公室、少年宫、体育场馆管理办公室、中小学卫生保健所、房产管理所、招考办。

【教育行政工作会议】 2月25日，于洪区教育局召开本年度第一次教育行政工作会议。主要任务是，以科学发展观为统领，总结上学期的教育工作，部署下学期的工作任务。会上，局长单慧玲作教育行政工作报告，要求全区教育工作将继续围绕“强队伍、优课堂、精管理、建文化、创特色、铸品牌”的方针，大力夯实教育基础，拓展特色教育内涵，全面推进教育改革，努力构建科学和谐的于洪教育体系，办人民满意的教育。具体有八大方面39项工作：一是以学校布局调整为重点，进一步推进教育均衡发展；二是以学生发展为根本，进一步深化内涵建设；三是以制度考核为切入点，进一步强化学校精细化管理；四是以队伍建设为重点，进一步夯实教育发展基础；五是以安全稳定为大局，进一步打造平安和谐校园；六是以教育信息建设为平台，进一步构建现代化于洪教育；七是以优质服务为抓手，进一步解决好群众关注的教育热点问题；八是以全面协调发展为方向，进一步提升教育整体水平。8月26日，召开本年度第二次教育行政工作会议。会上，局长单慧玲作题为《提升质量，深化内涵，全面推进现代化教育强区建设》的工作报告，对上学期工作进行回顾，提出学年度工作指导思想：以办人民满意教育为宗旨，以建设教育强区为目标，以教育内涵发展为主题，不断深化教育改革，全面提升教育教学质量，实现于洪教育事业又好又快发展。重点是做好以下五项重点工作：一是以调整布局为重点，推进教育现代化进程；二是以科学精细管理为重点，推进教育优质化进程；三是以加强队伍建设为重点，推进教育均衡化进程；四是以育人环境创建为重点，推进教育特色化进程；五是以优质高效服务为重点，推进教育和谐化进程。

【教育经费】 2010年全区教育经费投入达到4.03亿元，增长幅度达到7.35%，实现教育投入的持续增长。落实“两免一补”政策，拨付“两免一补”经费1 100万元，免除义务教育阶段学生的学杂费、书费，使27 433名中小学生受益。

【基本建设】 班班通建设工程，投资850万元，完成43所学校932个点的“班班通”工程建设，使“班班通”建设完成比例达100%，极大地改善全区的办学条件。中小学建设工程及校舍维修改造工程，累计投入资金5 032万元，涉及项目学校32个，维修改造校舍37 685平方米。其中，校舍新建工程，东平湖街第一小学正式启用；马三家小学工程，投资700万元，9月投入使用；沙岭九年一贯制小学部教学楼于5月施工，投资1 500万元，现主教学楼工程已竣工。校舍改造工程，于洪小学教学楼改造工程总投资83万元，已于8月25日投入使用；五十六中学刮大白、更换门、校史馆等维修、改造工程，投资200万元，除校史馆外，其他项目均已竣工；第一七〇中学大门、防水、体育馆维修工程和区职教中心消防工程，投资180万元，已全部竣工。塑胶操场工程，新城一小等8所农民工子女学校塑胶操场项目总铺设面积为42 258平方米，总投资为1 989万元，现基础工程部分已竣工。校舍维修工程全年投入380万元。

【干部、教师队伍建设】 通过多种举措，提高全系统干部队伍的整体水平。本着重公论、重实绩、重人品、重能力原则，打破常规，结合工作岗位需要，对28名校级领导干部进行科学调整；坚持开放办学，先后组织104名校级干部外出学习，组织10余名校级干部到东北师大及北师大等地考察学习。派出多名校长书记参加省、市组织的培训；组织全区校长参加“十一五”岗位培训班学习；结合工作岗位需要，依据《于洪区中小学教师岗位练兵活动实施方案》，对中小学副校级以上领导进行理论考试；校级领导岗位上，涌现出许多先进典型，其中杨士中心校校长窦爱军获得沈阳市“五四”青年奖章，一七四中学校长张玉红荣获沈阳市“五一”劳动模范。

教师队伍建设。开展“做让人民满意教师”系列活动。举办“爱满校园，情倾未来”师德演讲比赛。开展“让读书成为教师的习惯”征文活动。开展“感动于洪教育·人民满意教师”的评选活动，评选出以六十中学王峰老师为代表的心系教育、倾情奉献的十佳人民满意教师。重视师生的心理健康教育，举办于洪区首届心理健康教师资格培训班，并组织心理健康志愿者定期深入学校，答疑解惑。完善师德建设的长效机制，健全教师职业道德考核奖惩体系。严格落实《师德一票否决制度》及有关规定。教师业务培训。开展岗位大练兵活动，出台教师学科知识考试办法，创新教师业务练兵工作举措，组织实施教师全员业务考试，又对全区中小学教师的课堂教学能力进行评价。制定名师培养计划，把提高教师素质作为创建名校的首要任务。上学期先后派出92人参加省市各级各类的培训；全年累计培训教师4 000余人次，推荐54名英语教师到北大和加拿大参加封闭训练。通过以训代选、以考促评的方式，培养1名市级教育专家、5名市级骨干校长、4名市级名师、47名市级骨干教师、100名区级骨干教师，走出一条“以骨干力量带动教师群体、以争创名师带动名校建设”的特色教育之路，初步培养一支专家型、科研型教师队伍。

整合教师资源。严格教师资格准入制度，规范定编、定岗、定员、定责工作，根据区情与校情，上半年区内调动教师23人，使师资结构不断优化。强化继教档案工作管理。建立中小学教师培训登记制度，并将教师继续教育完成情况与教师晋级评聘结合起来，促进机关效能建设。重视机关建设，严格执行局机关工作周报制度，按时召开局机关工作月报例会。打造学习型机关，坚持周五集中学习日制度。高标准，严要求，争创一流业绩，于洪区教育局机关被省政府评为文明机关。

【德育工作】 上半年，围绕“节能减排、感恩教育、文明礼仪、心理健康教育”四项内容，开展读书改变了我、春风伴我读好书征文大赛、我有一个好习惯演讲比赛、环保小卫士志愿者广场宣传等活动，并结合重大节日、时事开展活动，如开展“纪念五四运动九十一周年暨教育内涵建设团队文化月活动”、“学雷锋广场宣传日活动”、“喜迎全运会，做文明小主人”活动、助残月“五个一”活动、“交通安全活动月”活动、“知识产权宣传周”活动、“科技创新大赛”等活动，把德育工作融于教育教学全过程，发挥德育教育主阵地、主渠道作用。注重培育挖掘德育典型，探索先进典型激励保障机制，促使各类先进典型不断涌现，其中东湖学校祁文博的先进事迹得到沈阳市委书记曾维的充分肯定，教育局抓住这一有利契机，在广大团员青年及少先队员中又掀起向祁文博同学学习的活动热潮，营造良好的德育氛围，切实推动中小学生思想道德素质的提高。

下半年开展“读书改变了我”系列活动，培养学生热爱读书的好习惯，提升学生的人文科学素养。组建流动少年宫，普及高雅艺术，弘扬民族文化。开展丰富多彩的科技教育活动，其中，三十家中心校在辽宁省航模大赛中获得团体一等奖。开展于洪区中小学环保知识竞赛活动，提高中小学生保护环境的意识。推进国学教育进课堂活动，在寒假期间，组织专人编写区本教材《千字文》、《三字经》和《弟子规》，以国学教育弘扬传统文化。继续挖掘和树立德育典型，在全区召开“奋争改变命运——祁文博事迹报告会”，祁文博同学在马鹏飞之后再一次获得“感动沈阳十大人物”的殊荣，彰显中小学生德育工作的巨大成果，于洪区教育局被市文明办评为2010年沈阳市未成年人思想道德建设工作先进单位。

【体育卫生艺术工作】 组织学生参加沈阳市举办的各类体育赛事。三棋比赛：于洪区获沈阳市三棋比赛团体总分第三名。其中五十六中学获沈阳市围棋比赛高中男子组第五名、女子组第四名；中国象棋比赛高中男子组第二名和第三名、女子组第三名和第六名；国际象棋高中男子组第三名，大堡小学分获沈阳市中国象棋比赛小学男、女组第三名，五十二中学获沈阳市中国象棋比赛初中男子组第五名、女子组第二名和第五名，国际象棋初中女子组第五名和第六名。篮球比赛：五十六中学参加沈阳市篮球比赛获高中男子组第一名，大兴学校获初中女子组第二名。排球比赛：北陵中学分别获沈阳市排球比赛初中男、女第二名。足球比赛：五十九中学参加沈阳市足球比赛获初中女子组第一名。健美操比赛：于洪区获沈阳市健美操比赛团体总分第三名，其中，一七〇中学获沈阳市健美操比赛二组高中团体总分第一名。田径比赛：五十六中学参加沈阳市田径比赛获重高一组男子团体第三名，获重高一组女子团体第四名。一七四中学，参加沈阳市田径比赛获初中二组女子团体第三名。

深入开展阳光体育工程，加强学校体育场地、设施设备建设，严格落实《中小学生体质健康标准》，坚持大课间活动，保证学生每天活动一小时。成功举办2010年于洪区中小学生田径运动会，推动体育事业再上新台阶。开展第四届阳光体育冬季长跑活动，评出沈师二校等11个优秀单位。

加强卫生工作的培训与管理，在迎接沈阳市近视眼防控工作检查中，得到市教育局好评，经验在全市进行推广。顺利完成中招体检和中招体育考试的组织实施工作。组织校医及食堂管理人员进行多次培训，丰富他们对传染病的防控知识。进一步联合药监局召开六次食品卫生安全工作会议，加强对食品卫生的监督与管理。完成学生的医疗保险及“学生乙肝疫苗补种”工作。

在全区中小学生中开展“红诗沈阳”诗歌咏诵活动。大堡小学获得全市第一名，国奥小学、八家子小学、花城学校、于台小学获全市第二名。全区师生为玉树灾区捐款336 325.1元，奉献教育人的颗颗爱心。深化艺术教育，组织三十家中心校、平罗中心校、杨士中心校参加市特色校艺术展演活动，并取得优异的成绩。大堡小学在于洪区第三届文化艺术节活动中获特等奖。

【安全工作】 多次召开全系统综合治理安全稳定工作会议，全面落实学校安全管理工作责任制。组织人员开展学校安全工作大检查，对学校存在的安全隐患进行及时排查，从根本上杜绝安全事故的发生。4月20日，于洪区在东湖学校举办一场校园突发事件应急演练大型现场会。与会人员观摩东湖学校师生与于洪区消防大队、于洪公安分局黄海派出所、于洪区卫生局联合模拟学生伤病、治安、消防、地震等大型校园突发事件应急演练，历时1个小时。沈阳电视台，辽宁法制报等新闻媒体相应给予报道。5月6日下午，于洪区教育局紧急召开全区学校安全工作会议，传达全国、省关于综治维稳工作会议的精神，全面部署学校、幼儿园的安全保卫工作。安排15个检查组，分赴区内各学校、幼儿园检查落实安全工作。加强学校保安队伍建设，按照比例配备保安人员及保安装备。全区中小学上半年没有校园安全责任事故发生。各学校十月份开展“平安校园”活动。11月29日，于洪区教育局召开进一步加强校园安全工作会议，会议决定：区教育局领导及科长分成6组，对全区所有学校校园安全进行突击检查。11月29日—12月3日检查组由教育局局长单慧玲和党委书记魏忠厚的亲自带领，通过现场查看、听取汇报、查阅资料、个别访谈等方式，对全区学校的校园安全、食品卫生及教学等工作进行认真细致的检查。对25所学校食堂进行多次食品卫生大检查，坚决杜绝三无食品进入校园。与区公安分局联合对15所学校的化学危险品进行排查。加强法制宣传教育工作，开展模拟法庭进校园暨预防青少年违法犯罪主题教育活动，预防和减少青少年违法犯罪。在安全教育活动月期间，五十二中学、于台小学代表于洪区接受市教育局的检查，得到好评。11月份，五十六中学顺利通过国家消防安全工作组检查。于洪区教育局被市政府评为社会治安综合治理先进单位。

【全面提升教育教学质量】 强化学校精细管理。贯彻落实《关于加强中小学常规管理的意见》；制定《于洪区中小学工作量化考核细则》，并以此为依据利用一个月时间对全区各校进行系统的年度考核；制定《关于进一步加强于洪区义务教育阶段控辍保学工作的指导意见》，下发《于洪区控辍保学工作考核细则》。发挥教育督导职能，实施联合视导督导、联合考核。期初，对各校进行常规工作大检查，加强课程计划、教学制度管理，规范学校教学行为，督促各校抓好备课、上课、作业布置与批改、考试、阅卷、教研活动等教学常规管理；期中，督导室联合中、初教科采取一看、二听、三查的方式，对全区学校的校园文化建设、教学秩序、办学特色、环境卫生、师生精神面貌五个方面进行全面视导；期末，局领导分组对各校进行安全大检查，将检查结果及时予以反馈和通报。落实《于洪教育三年发展规划》，加强内涵建设。坚持多措并举，提升教学质量。

深化课堂改革。推进“三疑三探”课堂教学模式改革，依托实验点校加强调研指导，充分发挥基地校的示范引领作用。开展区优课、示范课评选活动。成功举办于洪区首届多媒体教学大赛，提高中小学教师信息技术与学科教学的整合能力。组织部分骨干教师将上学期课程的全部内容制成课件，使现代化教育资源服务于课堂教学，促进课堂教学效益的提高。加强科研管理。科研新立项111项，结题41项，29人被评为先进，成功召开于洪区教育科研成果研讨推介会。组织全区校领导及教师开展教学反思活动，反思领导力、反思管理、反思教学，针对存在的不足，分析原因，认真查改。适时总结交流。9月20日，组织召开于洪区中小学教学质量提升工作总结表彰大会，总结2010年的小学期末监测及中、高考成绩，进行经验交流，表彰先进，并对今后一个时期的教学工作提出明确的要求。期末，召开初三学情分析会。开展专题培训。召开教学主任和德育主任培训会，通过专题讲座，提升学校中层干部的管理水平和业务能力。举办全区幼儿教师基本技能大赛，全面提升全区幼儿教师的专业素质。教学质量再上新台阶，顺利完成2010年中、高考工作，中考升入省重点公费的学生比去年有所增加。高考本科达线人数612人，达线率62.96%，各批次进线率较去年有较大幅度的提升。根据市普通高中学生学业成就“入出口”评估统计表数据显示，一七〇中学一本、二本文理科实现率都有较大突破。圆满完成理化实验操作考试及中考体育加试工作，其中理化实验操作参考率97.2%，合格率100%。规范信息技术教学，2010年初三学生信息技术学科毕业考试，参考率100%，及格率83.91%。

【教育行风】 以规范学校收费行为及治理在职教师有偿补课为重点，严惩“三乱”。全面落实义务教育“两免一补”政策，严格执行“一费制”收费办法。畅通群众诉求渠道，发挥行风效能监督员作用，有效整合网络、电话、信访平台。加大查处和化解信访矛盾力度。对违反规定者有报必查、有责必纠，推进于洪区教育行风不断好转。于洪区教育局分别被市教育局和于洪区政府评为行风建设先进单位，被省委、省政府评为文明机关，9月26日，“辽宁省文明机关”授牌仪式在于洪区教育局隆重举行。

【名校创建工程】 名校引进。实施“南联育才，北携实验”发展策略，按照全域城市化发展布局，与东北育才学校成功签订联合办学协议，共同建设东北育才丁香湖小学；与省政府幼儿园联合创办川江省政府幼儿园。特色立校。按照“内涵发展，品牌经营，特色立校”工作思路，开展以名师创名校、以品牌创名校、以特色创名校的“三创建”活动，狠抓平安校园、书香校园、生态校园、文明校园、人文校园建设等工作。六十中学、东湖学校、沈师二校、杨士中心校、北李官小学、郑家小学、花城学校、沙岭中心校、新城一小申报并已接受“市绿色学校”的验收与评估。九十八中学通过市级科技特色学校的评估验收。国奥小学、沙岗子小学被评为市级外语特色学校；三十家中心校、国奥小学被评为市级体艺特色学校。文化立校。12月24日，于洪区教育局在花城学校召开全区校园文化建设现场会议。会上，新城一小、国奥小学、花城学校就校园文化建设工作做经验交流；督学室副主任就于洪区校园文化建设工作作讲话；实地参观新城一小、花城学校、国奥小学。校园文化建设的成果，引领全区校园文化建设向纵深发展。

【召开中小学生田径运动会】 9月29日—30日，于洪区教育局在于洪区人民体育场召开2010年于洪区中小学生田径运动会。全区840名运动员参加10个项目的角逐。大会准备充分，赛场组织有序，各校积极参与，裁判公平执法，选手赛出风格，赛出友谊，展示出良好的精神风貌与合作意识。大会获得圆满成功。

【举行教师“爱满校园·情倾未来”师德演讲比赛】 9月16日，于洪区教育局举行教师“爱满校园·情倾未来”师德演讲比赛。全区中小学校经过学校初选，共推荐37名选手参与本次比赛。经过激烈的比赛，花城学校徐莹获一等奖；于台小学荣蓉、一七〇中学蔡晓姣获二等奖；三十家中心校贾立威等3人获得三等奖；解放学校王聪等4人获优秀奖；六十中学段艳侠等27人获最具潜质奖。于洪区教育局及于洪区政府督学室等领导应邀出席会议，并为获奖选手颁奖。区教育局局长单慧玲在演讲比赛活动中指出，此次演讲比赛，是于洪区教育系统以师德为本，打造高素质教师队伍的又一举措。希望各校教育工作者要以那些具有良好的师德师风的教师为榜样，做到自重、自省、自警、自励，以德修身，以德立威，内铸师魂，外塑师表，在教师岗位上，做一名有爱心、有责任心、品德志趣高尚、业务技能精湛、风度气质优雅的教师。

【开展庆祝第26个教师节系列活动】 9月8日—9日，于洪区委书记戴贺臣、区政府副区长崔颖、副区长孙铁夫、区人大主任王述良、区政协主席王桂英，由区教育局局长、书记陪同分别到于洪区东平湖第一小学、国奥小学、于洪中心校、新城第一小学走访慰问，给各校带去价值两万元钱的书籍。9月9日上午，区政府在区常务会议室隆重召开市、区教师代表，市、区骨干校长代表座谈会。代表们在会上踊跃发言，区长王镇作重要讲话。9月10日，于洪区庆祝第26个教师节暨表彰大会在一七〇中学隆重举行。于洪区委、区政府、区人大、区政协主要领导，区教育局领导，全区教育战线先进个人代表，部分教师和学生代表600余人参加大会，会议由教育局局长单慧玲主持。会上，区委、区政府决定：授予郑桂斌等12名同志"于洪区名教师"光荣称号；授予姚俊成等12名同志"于洪区骨干校长"荣誉称号。会上还表彰于洪区的沈阳市名教师4名、沈阳市骨干校长5名、沈阳市骨干教师47名、于洪区骨干教师100名。

【召开教学质量提升工作总结表彰会】 9月20日，于洪区教育局召开于洪区教育系统教学质量提升工作总结表彰大会。会上，区督导室副主任张玉红总结分析2010年高考、中考及小学质量监测工作并指出，今后一是要激发竞争意识，深化目标管理；二是要强化质量意识，注重过程管理；三是要深化创新意识，提升专业素养。会上，对15个先进单位和69个先进个人进行表奖。三十家中心校刘丹、国奥小学校长孙艳杰、沈师二校籍艳伟、六十中学党支部书记修晶分别在会上作经验交流。

【举行"感动于洪教育·人民满意教师"颁奖典礼】 2010年12月29日，于洪区教育局在沈阳市第一七〇中学礼堂隆重举行"感动于洪教育·人民满意教师"颁奖典礼。2010年3月，在全区中小学教师中开展"做让人民满意的教师"师德主题教育活动。经基层推荐、实地走访，于洪区教育局决定授予六十中学王峰等11名同志"感动于洪教育·十佳人民满意教师"荣誉称号；授予平罗中心校杨金业等30名同志"感动于洪教育·人民满意教师"荣誉称号；授予造化中学退休教师袁凤俊同志于洪区教育系统"突出贡献奖"，予以表彰。颁奖典礼的大屏幕上，展示"十佳教师"的一个个真实生动、感人肺腑的故事，体现他们对事业、对学生的挚爱，折射出他们崇高的师德，他们用爱心与责任全面展示人民教师的光辉形象。

学前教育

【概况】 2010年，于洪区有幼儿园44所，其中，教育办园1所，乡镇中心园11所，校办园3所，民办园29所。在园幼儿9 431人，教职工1 113人，其中，专任教师533人。全区辽宁省示范园1所，沈阳市示范园2所。2010年，举办全区幼儿才艺比赛，组织庆祝"六一"走访慰问幼儿园活动，组织全区幼儿教师基本技能比赛，带队参加沈阳市幼儿教师基本技能比赛，加强标准化幼儿园改造建设指导，组织参加幼儿园园长岗位资格证培训，举办全区幼儿教师全员专业培训，组织课改培训、优秀课评选等活动。

【幼儿才艺比赛】 5月30日，组织于洪区幼儿才艺大赛，进一步提高学前儿童的综合素质，促进幼儿兴趣的发展，使每个孩子得到展示自我、表现自我的机会。7月6日，组织参加沈阳市教育局举办的"我在党的阳光、祖国怀抱里幸福成长"幼儿才艺大赛的决赛。于洪区的参赛舞蹈"闪闪红星"获大赛一等奖。

【庆祝"六一"走访慰问幼儿园活动】 5月30日，教育局走访慰问各级各类幼儿园，了解幼儿入园情况，教师工作情况，为幼儿送上节日礼物和节日祝福，使幼儿有一个真正属于自己的快乐的节日。

【幼儿教师基本技能比赛】 9月—10月，举办于洪区幼儿教师基本技能比赛。参赛教师近200人，幼儿园40余所，极大地调动幼儿园的办园积极性，增强幼儿教师的从业积极性。10月底，组织参加沈阳市第四届幼儿教师知识技能大赛。于洪区参赛队经过团体赛、个人赛、才艺展示、特长展示等项目的比拼，最终获得“沈阳市第四届幼儿教师知识技能大赛一等奖”，为于洪区学前教育争得殊荣。

【标准化幼儿园改造】 7月，参加市教育局标准化改造建设的杨士中心幼儿园和东平湖街第一小学幼儿园的校长、园长两次到浑南新区和辽中县进行参观、学习，深入全区一些高标准民办幼儿园参观考察，让校长、园长了解幼儿园设计、设置和条件及人员配备等情况，为建设改造自己的标准化幼儿园开阔视野。7月—9月，两所幼儿园改造建设顺利进行，并如期完工、交付使用，通过市教育局的初检、复检和验收。

【园长岗位证培训】 1月—12月，组织全区幼儿园园长参加沈阳市教育局举办的历时一年的两期幼儿园园长岗位资格证培训，全区参加培训的园长91人，完成园长岗位培训任务。

【幼儿教师全员岗位培训】 12月22日，举办全区幼儿教师全员岗位培训。结合上海先进教育思想和沈阳市优秀园所的教育方法，聘请沈阳市一线知名教师为于洪区教师作讲座，指导教育教学、常规管理及活动区活动。方法直接，简单易学，有的放矢，效果很好。

【课改培训、优秀课评选活动】 4月、9月，区教育局幼教科组织春秋两季区内课改培训，并开展优秀课评选活动，春季推出区优秀课教师9人，秋季推出区优秀课教师7人。进一步推广近年来于洪区贯彻落实《幼儿园教育指导纲要》的实践成果，提升于洪区学前教育质量及幼儿教师的素质。

【召开幼儿教师基本技能展演暨表彰大会】 10月22日，于洪区教育局举办2010年于洪区幼儿教师基本技能展演暨表彰大会。小哈津（怒江）幼儿园等5所幼儿园被评为“最佳组织单位”，实验幼儿园等10所幼儿园被评为“团体优胜单位”，北李官幼儿园叶岩等5名同志荣获个人一等奖，环北大地幼儿园胡静等10名同志个人荣获二等奖，红霞幼儿园潘勇燕等15名同志个人荣获三等奖，实验幼儿园唐婷婷等74名同志荣获单项优秀奖荣誉称号。颁奖仪式后，部分获奖代表对其参赛的技能进行现场展演。会上，教育局局长单慧玲强调三点：一是要进一步加强管理，提高学前教育质量；二是要进一步加强队伍建设，提高学前教师素质；三是要进一步加强安全工作，打造平安幼儿园。此次大会是贯彻落实于洪教育“强队伍，优课堂，精管理，建文化，创特色，铸品牌”十八字内涵建设的又一次重要体现。

义务教育

【概况】 2010年，于洪区有公办小学38所（不含九年一贯制学校），其中直属校20所，中心小学6所，村小12所，在校生17 796人。教职工1 083人，其中专任教师1 021人，小学入学率100%，巩固率100%，毕业及格率100%。小学教师学历合格率90%，达标人数1 026人，小学具有高级专业技术职务33人。于洪区有初中9所，九年一贯制学校4所，教学班188个，在校生7 289人，教职工总数928人，专任教师706人。

【开展小学校长、教学主任业务讲座活动】 3月10日，于洪区教育局开展小学校长、教学主任业务讲座活动。促进校长、主任抓教学，提高自身和教师业务素质，要求校长、主任对教师进行1—2次业务讲座培训活动，培训后将培训材料、教师培训体会上报，全区所有学校均举办讲座培训并上报材料。

【组织开展第二十五届科技创新大赛活动】4月6日，于洪区教育局开展科幻画活动，全区共上交科幻画100余幅，经区评选推荐39幅参加省、市比赛，其中获省一等奖17幅、二等奖17幅、三等奖5幅。获区科幻画优秀奖53幅。另外，包道小学赵新伟同学发明的“防臭地漏”获省创新发明二等奖，徐洪军获指导教师奖。南李官小学教学主任邢冬梅撰写的科技创新方案“电脑机器人”获省科技大赛科技辅导员科技教育方案二等奖。

【组织开展知识产权宣传周活动】 提高全区中小学生对知识产权的理解、创造和保护意识，4月20日开始，一周时间，全区各小学开展大量的知识产权宣传活动。举办主题升旗仪式，宣传知识产权知识；4月26日，全区各中小学校都举办以知识产权为主题的升旗仪式；开展专题讲座，学习知识产权知识，在活动周期间，全区各校都进行知识产权讲座；召开主题班队会，加深对知识产权的理解；开展知识产权现场知识竞赛活动；组织征文比赛；出专题板报、手抄报，宣传知识产权知识；张贴知识产权宣传挂图；开展致家长一封信活动；向师生发放知识产权宣传资料；结合实际，学习运用知识产权知识。

【组织开展助残月活动】 贯彻落实市教育局组织开展助残月活动通知，5月17日，于洪区教育局组织开展助残月活动。召开一次主题班队会，悬挂一幅助残日宣传口号，开展校际互动，组织一次专项救助，登录一次“沈阳特殊教育网”。全区各中小学紧扣市教育局“残健同行、共创和谐”的主题，积极开展“五个一”活动。全区各小学，先后开展活动4—6次，有2万名师生参与活动，捐助受助学生达100多人次，其中捐款人民币1.8万余元，捐衣物、学习用品1 000余件。

【对学校教学管理工作进行量化考核】 6月1日，于洪区教育局开始由督学室牵头，各科室参加组成量化考核小组，对全区中小学校的各项工作进行检查打分，初教科根据科室制订的“于洪区小学学校管理工作考核细则”内容，对分管的29所中小学、直属学校、九年一贯制学校逐校检查考核量化打分，历时20多天。考核工作中，在检查前，精心设计师生问卷，设计打分表，做好准备工作，在检查过程中，每天科室出2人采取听汇报、实地考察、问卷、查阅档案等方式进行检查。各学校对迎检工作很重视，档案资料规范、健全，自检报告撰写认真，校园室内外环境干净、整洁，师生精神面貌良好，学校管理各项工作都比较规范。教育局对检查进行总结、评分。

【组织开展绿色学校创建活动】 6月30日至7月5日苏家屯区教育局、环保局与于洪区教育局、环保局对申报的绿色学校进行互检，并对检查后的资料上报市教育局、环保局。

【科技、英语特色项目学校申报】 7月9日，根据市教育局的相关要求于洪区教育局组织学校申报科技、英语特色学校，同时要求学校根据自己发展目标和发展特点，可以申报学校其他具有特色的发展项目学校。全区共有16所学校分别申报“英语特色发展项目学校”、“科技特色发展项目学校”、“美术特色发展项目学校”、“足球特色发展项目学校”、“太极拳特色发展项目学校”等项目。南李官小学被市教育局确定为科技特色发展项目学校。南李官小学、沙岗子小学、国奥小学的英语特色学校代表于洪区参加市里创建活动。

【首届多媒体教学大赛总结表彰大会】 于洪区教育局组织开展首届中小学教师多媒体教学大赛活动。经过各校的认真组织，周密策划、精心选拔以及评委公正客观的评选，使比赛圆满落下帷幕。10月28日，区教育局召开“于洪区首届多媒体教学大赛总结表彰大会”，表彰在此次多媒体教学大赛中表现优异的单位和个人。会上，表彰8家先进单位，59名获奖教师，并选定造化中心校老师刘晶晶、三十家中心校校长谭庆芬、国奥小学校长孙艳杰作经验介绍，总结推广应用多媒体辅助教学，提高课堂教学效率的经验，进一步提高全区中小学教师信息技术与学科整合水平，促进教育教学质量的提升。

【召开全区校园文化建设现场会】 12月25日，于洪区教育局在花城学校召开全区校园文化建设现场工作会。会上花城学校、新城一小、国奥小学分别就校园文化建设作经验交流；督学室张主任立足物质文化、制度文化、精神文化建设三个层面就全区校园文化建设工作作讲话。

【小升初工作】 5月初，对2010年部分小学六年毕业生的房证（住房证明材料）、户口本等相关材料及信息进行核实校对，为学区划分方案的形成提供原始数据。6月，对于洪乡小学毕业生的生源情况进行几套方案的划分，经讨论最后形成《2010年于洪区中小学学区划分方案》，上报区政府备案。7月末，交接小学毕业生档案（即小学生成才记实）。按照13所初中所辖的小学数进行划分，并依次核对小学生成才记实，最后形成七年新生升学统计下发给全区各初中。8月，对全区升学的学生统一填写初中入学通知书并下发。

【加强民族团结教育，迎接督导检查】 进一步落实《学校民族团结教育指导纲要（试行）》和省、市两级政府目标责任状中有关民族团结教育要求，推动和加强中小学学校民族团结教育工作，加强对学校民族团结教育工作的指导与管理。10月9日—15日期间，由督导室张副主任带领，对全区民族团结教育工作进行自查，并提出指导性意见，撰写于洪区民族团结教育工作自查报告和工作总结。11月17日，接受市民族团结教育工作专项检查，反馈会上，检查组领导对于洪区此项工作给予高度评价。

【组织教务主任业务培训】 进一步贯彻落实区教育局提出的内涵发展十八字方针，提高教务主任业务能力和管理水平，拓宽教育视野，树立全新的教育管理理念，改进工作方法，加快推进全区教育改革和发展，10月15日—16日，举办学校中层领导教学业务培训班。培训班有两项内容：一是听取沈阳市第七中学校长王浩《构建教学质量评价系统，确立学生优质学业保障机制》和铁西区勋望小学主任贾娜《教学管理这些事》的讲座。二是外出参观考察学习。经过培训，提高教导主任的自身修养和业务能力，提升整个于洪区中小学教学主任的管理水平及综合素质。

【组织学生开展环保知识竞赛】 为使学校师生充分认识环保的重要性，进一步提高环保意识，于洪区教育局和于洪区环保局联合开展“于洪区中小学环保知识竞赛”活动。通过富有知识性、趣味性的知识竞赛，宣传学习环保知识和环保法规，使广大中小学生自觉爱护校园、保护环境，营造一个“天天环保，人人环保”的良好氛围，让地球充满生机，让校园充满绿色。此次活动，评出一等奖15名，二等奖30名，三等奖40名，颁发荣誉证书并给予物质奖励。

【组织校长参加专题培训】 为促进农民工子女学校校长更新观念，提升学校管理水平，促进学校快速健康发展，圆满完成市政府为民办实事工程的任务，教育局组织于洪区校长参加沈阳市教育局举办的专题培训。培训内容：农民工子女学校校长如何进行学校规划制定、内涵发展、校园文化建设、特色建设等。全区有2所学校的校园文化建设方案，2所学校的特色文化建设方案，1名校长的培训心得被收录编辑成书，1名校长获得优秀学员称号。

【建设教学资源库，搭建资源共享平台】 12月27日，于洪区教育局召开建立于洪区教学资源库部署会议。进一步加强全区中小学信息技术教育资源库和教育信息化建设，深化新课程改革，推进素质教育，促进教育均衡发展，使中小学师生都能共享网上丰富的教育教学资源，结合全区实际情况，制定《于洪区中小学校教学资源库建设指导意见》。于洪区教育局教学资源库涵盖从小学到初中各个学段的各主要学科，学科的覆盖率要达到95%以上；各学科单元覆盖率要达到70%以上。资源库主要内容包括：学科电子教案和学科多媒体课件等。区电教馆负责上传资源库信息到于洪教育网，全区教师资源共享。

高中教育

【概况】 2010年，于洪区有高中2所，教学班64个，在校生2 768人，教职工总数295人，专任教师267人。

【学籍建立工作】 做好第五十六中学和第一七〇中学这两所高中一年级的学籍建立工作，按时上交纸质名册，并按时进行网上学籍注册、分班，并仔细核对省学籍信息管理平台上的学生原有信息，认真录入缺失信息，核对确认后，统一上报市教育局基础教育处。

【高中“入出口”评估工作】 暑假前录入完2所学校的基本数据，学期内对其进一步核实、统计并与市教育局进行数据确认，仔细分析数据，形成《于洪区高中质量分析报告》。第五十六中学高考在理科高分段人数上实现2个人的突破，第一七〇中学在理科一本段人数上实现1个人的突破。两所学校的理科的各段实现率比文科好。

【先进集体、先进个人的评选表彰】 为配合省教育厅开展全省实施普通高中课程改革工作先进集体、先进个人的评选表彰活动，于洪区积极推荐第五十六中学为省普通高中课程改革先进集体，第一七〇中学主任段立柱为省普通高中课程改革先进个人。

职业与成人教育

【概况】 2010年，于洪区有职业高中2所，都是独立设校，民办1所。开设专业14个，教学班17个，招生165人，完成招生计划60%，毕业生204人，在校生544人。教职工224人，其中，专任教师119人。专任教师学历合格率100%，高级专业技术职称63人。

【促进学习型城区建设】 4月中旬，区委区政府贯彻落实《市委办公厅、市政府办公厅建设全民学习终身学习的学习型城市的指导意见（试行）》（沈委办发〔2010〕1号文件），立即着手开展相关工作，并成立活动领导小组，重点抓三个方面：一是领导重视，精心组织，引导全区人民树立终身学习理念，推动学习型社会建设工作向纵深发展，使全民终身学习活动周工作落到实处；二是广泛宣传，营造氛围，随着全面终身学习活动的不断深入开展，新闻媒体、信息网络及时报道和广泛宣传活动周信息，扩大社会影响力；三是开展活动，形式多样，建设学习型组织的同时，全区又树立品牌活动项目，如区委宣传部、区文体局打造的精品文化服务——于洪文化讲坛。以弘扬文化，培育区域人文精神为主线，围绕“打造书香于洪，建设文化名区”的主题，致力于提高于洪百姓的人文素质。《辽海讲坛》汇集社会科学各个学科领域的专家学者作为主讲人，采取开放式、报告方式，为百姓提供文化大餐。讲座活动辐射到全区各个层面，下基层，进社区，进村屯，进家庭，进学校，进军营，活动开展得非常广泛。如今，服务模式进一步拓展，在沈阳市乃至辽宁省于洪区第一个将讲座办到广场，让百姓休闲纳凉的同时享受文化盛宴。《沈阳日报》在6月26日曾给予专题报道。

开展农村实用技术培训活动，全年累计开展培训活动600余场次，听课人数达70 000人次以上。为丰富居民的业余生活，举办各种比赛及文化汇演等活动累计100余期。

【成校培训工作】 一是大力开展农村剩余劳动力转移培训，认真落实市教育局《农村劳动力培训工作实施方案》，全年，各成校劳动力转移培训1 314人，其中大部分学员走上新的工作岗位，工资大多在1 000元左右；二是初中毕业生职业技能培训，2010年全区中学毕业生总数为2 728人，其中未升入上一级学校的应届毕业生为44人，全部完成职业技能培训，培训比例为100%，学生出席率达到90%左右；三是对当地农民的技术指导与培训工作，全年，各成校开办长短培训班460余期，共培训与指导近3.9万人次，深受各地农户的欢迎和好评。

【举办终身学习节】 组织开展于洪区"全民终身学习活动周"，一是组织交流，各部委办局与各乡街普遍开展学习型组织交流活动共计28起，全区机关工作人员普遍投入到活动之中。10月22日，机关工委组织全区各机关在各党支部活动室开展创建学习型党组织党员读书学习日活动，全区共有近2万人参加活动。二是主题展示，机关工委、组织部、教育局、团区委、科协、妇联、农林局及沈阳元邦电业有限公司等单位开展主题推介展示活动14项，民政局开展面向弱势群体、宣传方针政策、增强生活信心主题展示活动，科协召开"社区科普大学经验交流会"，妇联召开 "文明示范在岗位，巾帼奉献在于洪"经验交流会等。三是宣讲活动，全区开展讲堂21起，共计听众7 500多人次。22日，区委宣传部、区文体局、区图书馆在第一七四中学开展"于洪文化讲坛"法制教育讲座，共有1 200人参加这次活动。四是志愿者宣传活动，各单位共计开展志愿者活动32起，参与活动的志愿者近500名，全区各层面居民普遍受益。城东湖街道三隆社区与正洪开发公司组织志愿者到当地红霞敬老院开展夕阳红联欢会，给老年人送温暖。北陵街道小韩社区开展低碳生活志愿者宣讲活动，倡导绿色节能生活，环际社区开展文明出行志愿者宣传活动。五是普惠制技能培训，科协、妇联、民政局、科技局、农林局、各乡街开展培训活动及技术指导咨询活动73项，共计培训7 700余人，培训内容包括种植、养殖、化肥等农业技术，也包括美容、烹饪、老年保健、法律等生活中的常用知识，还有声乐、书法、轮滑等青少年喜爱的课外活动。六是终身学习总动员活动，全区悬挂条幅、树立展板400多件。11个乡街共同开展"践行终身学习"志愿者签名活动，众多社区居民踊跃签字，仅北陵街道在小韩社区组织的活动，签字的居民就超过1 000人。终身教育理念深入人心，活动取得实效。

教育督导

【概况】 2010年，于洪区教育督导室以深化改革为动力，以切实规范办学行为、深入实施素质教育为主题，以监督、检查、评估为手段，以指导、引领、服务、促进学校发展为目的，强化督政，深化督学，全力推进教育现代化，积极推进于洪区教育均衡、优质、协调、持续发展。年度内，督导室专职督学12人。

【控辍督导检查】 为加大控辍保学的工作力度，制定《关于进一步加强于洪区义务教育阶段控辍保学工作的指导意见》，并下发《于洪区控辍保学工作考核细则》，于4月9月，两次对全区9所中学及4所九年一贯制学校进行控辍检查，并及时通报检查结果，提出整改意见。10月30日，召开中学校长和德育主任会，进行控辍工作培训，并对控辍检查中存在的问题进行反馈和总结。

【迎接财政检查】 4月13日，顺利通过市政府教育督导部门对于洪区财政“三个增长”、财政投入和经费监测、体卫艺工作、科技特色学校教育及控辍等工作的综合检查。

【中小学工作量化考核】 6月1日至6月30日，对全区39所法人单位的中、小学校进行为期一个月的综合督导检查。此次检查依据《中小学工作量化考核细则》，通过听汇报、实地考察、座谈问卷、查阅档案等方式进行，逐项打分，现场反馈，并将检查结果向全区中小学进行通报。

【督导室、教育局联合调研】 10月19日至11月12日，由督导室、初教科相关人员组成调研小组，按照预先拟定的调研方案，对于洪区所有小学的校园文化建设、教学秩序、办学特色、环境卫生、师生精神面貌五个方面情况，采取一看、二听、三察的方式进行调研，形成调研报告。召开专题会，对调研中发现的好的做法、存在的问题及时反馈、总结，并提出相应的建议。

【迎接市政府教育督导部门组织的“两基”年审】 11月17日，市教育督导室与市教育局组成检查组，对于洪区教育发展规划、教育投入、“控辍保学”、安全综治、民办教育属地化管理、民族团结教育和教育信息化工作进行联合检查，市领导对于洪区教育相关工作给予高度评价。

（杨世维　高波　李景和）

沈 北 新 区

总 类

2010年沈北新区教育数据表

学校类型＼项目		学校数	教职工	专任教师	女教师	学生	班级数
	合计	49	2813	2357	1862	27300	742
普通高中1	计	4	460	392	233	4904	112
	公办	4	460	392	233	4904	112
	民办	0	0	0	0	0	0
九年一贯制学校2	计	9	1276	1104	812	10326	309
	公办	9	1276	1104	812	10326	309
	民办	0	0	0	0	0	0
初中3（不含2）	计	3	307	271	199	2498	63
	公办	3	307	271	199	2498	63
	民办	0	0	0	0	0	0
小学4（不含2）	计	10	488	411	375	7911	185
	公办	10	488	411	375	7911	185
	民办	0	0	0	0	0	0
幼儿园5	计	23	282	179	243	1661	73
	公办	17	143	121	123	1120	47
	民办	6	139	58	120	541	26

2010年沈北新区教育局领导干部任职及分工情况表

现任职务	姓名	性别	出生年月	民族	政治面貌	文化程度	任职时间	分管工作
局长、区纪委副书记、局党委副书记	于东溟	男	1969.05	汉族	中共党员	本科	2007.09	全面工作
局党委书记副局长	李秀红	女	1963.11	汉族	中共党员	硕士研究生	2007.09	党委、人事
政府督导室主任、副局长	王贵宝	男	1956.02	汉族	民进党员	本科	2002.03	督导、成教
副局长	丁来洲	男	1966.03	汉族	中共党员	本科	2005.09	教育教学
副局长、市八十三中学校长	张德波	男	1968.04	汉族	中共党员	硕士研究生	2007.08	高中教学

【概况】 2010年，沈北新区中小学27所，其中，高中4所（包括完中1所），职业高中1所，九年一贯制学校9所，初中3所，小学10所，教师进修学校1所。在职教师2 742人，其中，高中教师545人，初中教师862人，小学教师1 335人。在校学生28 830人，其中，高中112个教学班，学生4 904人；初中63个教学班，学生2 498人，小学185个教学班，学生7 911人，九年一贯制学校309个教学班，学生10 326人；职业高中29个教学班，学生1 530人；幼儿园73个教学班，学生1 661人。教育局设行政机构10个：行政办公室、党委办公室、基础教育科、计财科、人事科、安全教育科、德育科、幼教科、体卫艺科、成职教科。另设区政府教育督导办公室和青少年教育办公室。教育局直属单位10个：教师进修学校、招生办、保健所、房管所、少年宫、幼儿园、体校、素质教育实践基地、教育产业管理中心、贫困学生资助中心。

【教育经费的投入】 2010年，沈北新区教育局教育经费投入51 754万元，比上年增长31.02%。其中，财政拨款47 655万元，比上年增长36.46%；事业收入839万元，比上年增长133.7%；其他收入3 260万元。财政拨款中的教育事业经费拨款为43 430万元，比上年增长40.11%。其中，中学教育拨款23 422万元，小学教育拨款14 124万元，学前教育拨款222万元，其他教育拨款5 662万元。

【基本建设情况】 2010年，沈北新区教育局以九年一贯制学校建设为重点，整合教育资源，进一步改善中小学布局，筹集资金13 650万元，完成总建筑面积为77 117平方米的4所九年一贯制学校建设。投资600万元建设4 480平方米的电子学校实验楼；投资1 100万元建设4 400平方米的高标准幼儿园；投资700万元进行新城子街内4所中小学塑胶操场建设；投入资金1 679万元，对全区12所学校127 047平方米的校舍进行维修、改造；投资115万元，对全区学校专用教室进行改造；投资200万元，购入计算机1 538台；投入资金108万元，购置学生桌椅5 783套；投资101万元，购置音乐、体育器材；投入资金74万元，购置65套多媒体设备；投入资金320万元，购置640 000册图书。

【传统美德教育示范区创建工作】 1月17日，沈北新区教育局在沈阳市第一四六中学召开了传统美德教育示范区创建工作经验交流会。会上，虎石台镇第二小学等10所学校的德育主任就各自学校开展传统美德教育示范区创建工作的经验做了交流发言。这次经验交流会，对各学校学习成功经验发挥了典型示范作用，对实现全区德育工作整体水平的提高起到了积极推动作用。传统美德教育示范区创建工作的显著成效和成功经验得到了市教育局领导的充分肯定，参加这次会议的领导和来自全区各中小学的德育校长、德育主任共45人。

【师德师资培训工作】 1月19日至23日，沈北新区教育局联合东陵区（浑南新区）教育局在翔宇中学组织开展了为期5天的传统文化与德行教育师资培训活动。特邀请到在教育界享有盛誉的杨淑芬、李毅多和倪敏达等多名专家前来授课，来自东陵区（浑南新区）和沈北新区的中小学部分校长、主任和优秀班主任等共220人参加了此次培训活动。

【体育、卫生工作】 3月4日，沈北新区教育局召开2010年学校体育卫生工作大会。会议宣读了《关于加强青少年体育，增强青少年体质的意见》和《体育工作条例》，对沈北新区中小学体育工作提出具体要求。要求必须开足开全体育课，保证学生每天锻炼一小时，认真落实“健康第一”的指导思想，让学生掌握至少两项日常锻炼的体育技能，形成体育锻炼习惯，重视学校卫生工作，加强食品卫生安全工作，做好学校卫生监督和学生体检工作，抓好传染病的防控工作和学生体质健康调研工作。

【加强校园周边环境整治，创“平安校园”】 3月9日，沈北新区教育局召开整治校园周边环境，创“平安校园”工作会议。一是建立学校法治校长工作制度，法制校长到各学校积极开展工作，教育违纪学生，协调学校与周边单位和居民的关系，处理涉及学校安全稳定的疑难问题。二是积极开展专项整治活动，教育局积极配合区综合治理委员会组织的网吧专项治理活动，对学校周边200米网吧（歌舞厅、游戏厅）进行清理，并大力宣传远离网吧、拒绝网吧、告别网吧的重要性和紧迫性。三是针对个别学校存在不法青年在学校周围闲逛，向学生索要钱物，翻墙损坏学校公物等现象，联合公安部门，通过检查摸底，重点打击的方式，确保师生人身及财产安全。四是积极清理流动商贩，将学校周边流动商贩扰校，严重影响正常教学秩序的现象进行全面清理，确保学校教育教学工作的顺利进行。

【“骨干教师工作室”启动】 3月20日，沈北新区“骨干教师工作室”启动仪式在教师进修学校举行。“骨干教师工作室”的宗旨：共同读书、共同研究、共同成长。实行“走出去”，参加全国班主任先进工作报告会，向先进人物学习；“请进来”，请市内外专家讲学，介绍先进经验。通过课堂展示、经验介绍与讨论交流，使骨干教师的实践水平和业务能力有很大提高。骨干教师的深入培养，有助于打造一个精品骨干教师团队，进一步促进教师的示范辐射作用，推动全区教师健康发展。

【艺术教育成果和艺术教师培训工作】 4月26日，沈北新区中小学才艺大赛在沈北新区文化馆举行，全区中小学都参加了活动，共演出节目98个，征集美术作品200幅，本次活动参加人数多、节目质量高、书画作品种类齐全、形式多样，展示了学生的艺术才华，检验了学生艺术教育的成果。同时做好艺术教师的培训工作，教育局组织艺术课教师参加了沈阳市教育局在黄家学校组织的为期4天的沈阳市音乐美术教师培训活动，培养艺术课教师综合素质和驾驭艺术课的能力，参加培训的教师95人。

【“文明上网、健康成长”网奥赛】 9月3日至10月10日，沈北新区教育局在全区中小学生中开展网络签名承诺活动，“我推荐我评议身边好人”和“A+1”网络征文活动，中小学生上网浏览“红色中华网络展播”，建立校园特色博客和团体博客，征集网奥赛创意策划方案等活动。全区各中小学校积极行动起来，认真组织广大师生进行实名制签名，签名达13 600人，参与率达到50%。每所学校提供“A+1”征文作品5篇以上。多数中小学生上网浏览了“红色中华网络展播”。全区网络文明试点校5个，每个试点学校都建立了校园特色博客和团体博客，上传了网奥赛活动创意策划方案。

【举办全民终身学习活动周】 10月16日，沈北新区“全民终身学习周”启动仪式在虎石台镇古城新都社区举行。沈北新区教育局组织开展了一系列活动。打造“书香校园”，营造“人人皆学、时时可学、处处能学”的浓厚氛围。大力弘扬传统文化，全面提升教育行政干部、教师、学生人文素质，推动“终身学习”理念，培养良好的阅读习惯和读书兴趣。实现读书与教育管理、教育科研、教育改革、生活实践有机结合，促进了教育发展。

【校域发展推进会召开】 11月19日，沈阳产学研战略发展暨沈北新区校域推进会在沈阳宾馆召开，沈北校域联合会由沈阳高校、科研单位、沈北新区政府及驻区企业组成，是区政府、高校、科研单位及企业合作共赢的合作体。主要任务是发挥高校、科研单位优势，积极参与沈北新区发展战略研究，为沈北新区科学发展提供决策依据。沈北新区教育将继续深化与沈阳高校、科研设计单位的合作，在积极推进沈阳科技与经济相互融合、促进产学研紧密衔接的创新体系上取得新的进展，促进科技成果尽快转化成生产力。加强校域联合会的发展，加快构筑产学研相结合的创新体系，快速推动教育教学及学校管理工作的全面发展。

【参加“全国青年骨干班主任成长”高级研修班】 11月20日、21日，沈北新区教育局组织青年骨干班主任，参加了由《班主任》杂志社在沈阳举办的“全国青年骨干班主任成长”高级研修班。促进班主任队伍的持续发展，激励班主任特别是青年班主任立志投身教育事业。此次研修活动中，各位班主任听取了教育专家关于《新时期班主任素养与自我定位》的报告，并与专家和其他与会的优秀青年班主任一起挖掘、总结、提炼了班主任工作的经验和成果。参加活动的班主任将在工作中用学得的理论指导实践，再将实践经验升华为理论，引领全区班主任的成长与发展。参加活动的教师36人。

【启动国学教育活动】 12月10日，沈北新区教育局召开了国学教育启动大会。会上，副局长宣读了《沈北新区中小学开展国学教育实施方案》，对近阶段有关国学教育工作进行了安排和部署；局长做了重要讲话，强调了开展国学教育的目的和重要意义，提出了有关工作要求。这次启动大会为沈北新区中小学开展国学教育拉开了帷幕，国学教育将浸润在课堂教学和文体活动之中，以经典传统文化，指引中小学生健康成长，并让孩子们受益终生。参加会议的领导和教师60人。

【召开青少年法制教育工作会议】 12月21日，沈北新区青少年法制教育工作会议召开。会上，沈北新区法院、沈阳市第八十三中学等单位的领导分别交流了青少年法制教育工作经验。会议全面总结了中小学法制教育工作，肯定了青少年法制教育取得的成绩。大会对青少年法制教育工作先进单位、先进个人进行了表彰，向新聘任的33名校园法制辅导员颁发了聘书。参加会议的有团区委、法院、检察院、教育局、乡镇、街道、社区、中小学等单位领导共300人。

【推进绩效工资实施进程】 12月22日，沈北新区教育局召开全区校长和人事干事工作会议，进一步落实绩效工资实施方案，加快绩效工资实施进程，会议指导基层单位做好本单位绩效工资分配方案及审批工作，把握各单位绩效工资进度，沟通实施情况，做好政策的解释工作，确保教师队伍的稳定。全区义务教育学校只有一所学校正在操作中，其余学校已实行绩效工资，参加这次会议有65人。

学前教育

【概况】 2010年，沈北新区共有托幼园所23所，其中，教育办幼儿园2所，街道中心幼儿园14所，学校办幼儿园1所，民办幼儿园6所。共有73个教学班，在园儿童1 661人，入园率82.2%。教职工282人，其中，专任教师179人，女教师243人，本科以上学历12人，专科学历120人，中专（高中）学历148人，学前教育大专以上学历15人，中幼师（职高幼师）学历138人。全区有3所沈阳市示范幼儿园，2所幼儿园已达到省颁标准化幼儿园标准，成为首批标准化农村乡镇中心幼儿园，学前教育水平又上一个新的台阶。

【加大投入不断改善办园条件】 1月12日，为进一步提升农村乡镇中心园的基础设施水平，改善办园条件，市区两级政府共投入专项资金70万元用于辉山学校幼儿园、二井中心幼儿园的标准化建设，这两个幼儿园更换了桌椅、儿童床、玩教具、图书，新建了室内大型玩具和多媒体教室等。2所幼儿园已达到省颁标准化幼儿园的标准，成为首批标准化农村乡镇中心幼儿园。

【园长工作经验交流】 2月25日，沈北新区教育局在二井中心幼儿园召开全区幼儿园园长工作经验交流会。会上二井中心幼儿园园长和蒲河镇中心园园长分别做了经验介绍，根据各园实际情况进行特色办学，完善办园的设备设施，提高教育教学及管理能力，努力办成办好标准园。全区各园园长进行座谈和交流，以创建沈阳市农村标准化幼儿园为重点，加速农村乡镇中心园标准化建设进程。全区幼儿园园长23人参加了会议。

【“手拉手” 送教下乡】 3月10日，沈北新区教育局充分发挥区第一幼儿园市级示范园的引领示范作用，促进城乡学前教育均衡发展，开展了送教下乡活动，缩小城乡学前教育发展差距。幼教科组织区第一幼儿园的优秀教师深入到二井中心幼儿园、兴隆台镇中心幼儿园进行了示范课观摩，指导教师如何提升教学设计、动手操作、教育教学及班级管理等方面的个人能力，促进教师整体水平的提高。最后教师座谈交流，共同进步。

【课程改革培训】 5月11日，沈北新区教育局幼教科在区第一幼儿园二部组织召开了沈北新区学前教育改革教学观摩暨幼儿教师培训活动，重点深化学前教育课堂教学改革，提高教师队伍的整体素质。全区幼儿教师共听教育改革观摩课6节，骨干园长骨干幼儿教师培训中做了展示课，主要培训教师的驾驭教材能力、教育教学能力、动手操作能力和管理能力。本次活动选送两名幼儿园教师参加沈阳市课程改革评比活动，双获一等奖。全区210名教师参加了培训。

【幼儿艺术节】 5月27日，沈北新区教育局组织了“飞扬的旋律，快乐的六一”沈北新区幼儿文艺汇演，全区23所幼儿园的小朋友们演出了歌舞、快板、相声等精彩节目。展示全区学前艺术教育成果，并选送辉山学校幼儿园的快板、区第一幼儿园的相声、福宁社区幼儿园的舞蹈参加了沈阳市幼儿文艺展演均获一等奖，幼教科获优秀组织奖。

【师德教育活动月】 6月3日，沈北新区教育局认真落实沈阳市教育局《关于全面整顿沈阳市幼儿园教师队伍的通知》精神，在全区幼儿教师中积极开展教师职业道德教育活动月活动。认真组织教师学习“教师职业道德规范”，同时，要求所有幼儿教师签订《沈阳市学前教育教师职业道德承诺书》，规范教师的行为习惯，促进教师健康发展。

【规范管理，不断推进依法治园】 9月12日，沈北新区教育局幼教科加强检查督导。依据《幼儿园教育指导纲要》，对各园教育收费、园务管理、保教工作、队伍建设等方面进行督查指导，加强目标管理。依据《沈北新区幼儿园评估细则》，对各园进行检查评估定级，同时加强对民办园的监管，依法对民办幼儿园进行检查，在管理制度和保教质量等方面强化监管，促进其依法办园。严把幼儿园开办许可审批关，对提出幼儿园开办许可的单位或个人严格依据沈教发〔2008〕34号文件要求逐项审核和指导，未达到标准的一律不予审批，确保每一个幼儿园的依法办园和办园质量。

【积极创建，不断提高保教质量】 10月15日，沈北新区教育局以创建优质园为抓手，不断提高优质资源的覆盖率。幼教科会同区幼儿教研室到创建园具体指导环境布置、课程设置、玩具器械配备、施教方式、活动安排等多方面的达标工作，促进其规范管理、整合课程、提高质量。各优质园提供创建经验和教授、管理方法，协助师资培训，发挥了示范带动作用。区第一幼儿园教师在各乡镇中心园定期指导教师上课，做示范课。不断提高全区幼儿教师教育教学的整体水平。

【教师技能赛】 11月24日，沈北新区教育局为加强幼儿教师队伍建设，提高教师队伍素质，在全区幼儿教师中开展声乐、舞蹈、乐器、绘画、演讲等技能大赛。大赛设东、西、中三个会场，教育局组织专业人员进行评比，在参赛选手中选送6名优秀教师参加沈阳市教师技能赛，1人获一等奖，5人获二等奖，幼教科获优秀组织奖。

【强化特色不断提升办园品位】 12月15日，沈北新区教育局推荐蒲河镇中心幼儿园、清水镇中心幼儿园申报市级特色幼儿园。两所幼儿园充分利用本地民间文化资源，强化特色，不断提升办园品位。以拓展教育内涵、创新教育形式、提升教育品牌等方式提炼教育特色。分别创编《皮影》和《泥塑》园本教材，在幼儿中进行民间艺术启蒙教育，使皮影和泥塑这一古老的民间艺术得以传承和弘扬。

义务教育

【概况】 2010年，沈北新区小学10所，185个教学班，在校生7 911人。教职工488人，其中，专任教师411人。小学生入学率100%，巩固率100%，毕业生及格率100%。初中3所，63个教学班，在校生2 498人。教职工307人，其中，专任教师271人。九年一贯制学校9所，309个教学班，在校生10 326人。教职工1 276人，其中，专任教师1 104人。

【适龄儿童报名工作】 4月17日，根据市区教育局关于2010年适龄儿童入学的有关文件，沈北新区教育局于4月17日下发了《2010年小学入学报名通知》。通知分三条途径下发。一是由沈北新区电视台向全区播报；二是由幼教科向全区幼儿园下发通知；三是由基教科向乡、镇、街小学下发通知。报名工作稳步进行，首先4月23日至25日在少年宫和虎石台镇第二小学定点集中报名，然后5月12日在少年宫补报名，最后少数漏报名的适龄儿童将采取随时到基教科补报名的方式。报名本着公平、公正、公开和方便学生的原则，做好常住和暂住人口适龄儿童的入学工作，适龄儿童入学率100%。

【中考实验操作考查圆满结束】 5月18日，沈北新区《2010年中考实验操作考查实施细则》和《2010年中等学校招生考试理化实验操作考查方案》，由教育局基教科牵头，联合教师进修学校共45人，分3组对全区14所中学（包括6所九年一贯制学校）进行为期4天（5月6至8日为考试，14日为补考）的考查，取得圆满结束。沈北新区初中毕业生报考人数是3 668人（含往届生和社会考生65人），本年度理化实验操作考查总合格人数3 559人，合格率为97%。

【小学科技周启动仪式】 8月30日，沈北新区教育局在沈北新区二井小学举行“我体验、我快乐、我成长”为主题的科技周启动仪式。沈阳市科学技术协会主任以及专家、《小哥白尼》杂志社吴凯先生、沈北新区教育局主管局长、基教科科长以及科技负责人，还有来自各校的科技辅导员一同参加了本次盛会。会上基教科科长作了讲话，阐述了探索科技的意义，使科技辅导员看到了希望，更对未来的工作充满信心。《小哥白尼》杂志社为学校赠送了科技器材及科普材料，市科协又为沈北新区参加第七届智力七巧板团体赛获奖单位颁发了奖牌。最后专家给二井小学的学生作了精彩的讲座，与学生互动环节使本次科技活动推向高潮。

【小学课改观摩汇报课展示活动】 9月30日，沈北新区教育局为总结几年来课堂教学改革工作，提高教师课堂教学的有效性，交流推广基层学校教学改革成果，积极组织推广典型骨干教师课堂教学改革经验和教学方法，培养全区教师队伍，促进教学质量的提升。教师进修学校小学教研室工作人员于10月26日、27日、28日连续三天在新城子街第一小学、新城子街第二小学举行了小学课改观摩汇报课展示活动。共上课18节，组织评委31人，听课领导、教师共430人。

【把脉教学，提升质量】 10月16日至18日，沈北新区教育局在教师进修学校召开试卷分析会。此次试卷分析会分学科进行，中考学科教研员按照“认真统计、精准剖析、研究策略、找准方向”的原则，从命题思路、题型分类、成绩状况、解决措施等方面进行了全面分析指导。与学科教师进行面对面交流，了解教情、学情，探讨教学方法。教育局及师校领导参加了此次会议，并对抓好教学提高质量提出具体要求。

【开放课堂，提升质量】 12月15日，沈阳师范大学沈北附属学校“教学开放月”活动，历时一个月的时间，圆满落下帷幕。此活动主要请家长及社会各界人士走进课堂，了解学校的教学情况，了解学生在校学习状况，了解学校的校园文化建设及日常管理情况等。让家长和教师共同体验学校全面实施阳光教育两年来各方面的发展变化，共同促进学校“阳光课堂”的进一步深入，推动课改进程，推进学校教育教学质量的再提升。同时征求各方面的合理化建议，为学校下一步工作开创新局面奠定基础。

【开展教学论坛，提高管理层次】 12月28日，沈北新区教育局在新兴中学召开了“中小学教学主任教学论坛”大会。与会的32家学校的教学校长、教学主任根据自己学校的教学特点做了汇报。主要围绕如何利用科技信息手段，提高教育教学质量，提高教学管理层次进行讲谈。最后，大家把自己鲜明的特点、独到的方法、生动的图片等进行交流，切磋“技艺”，拓宽视野，改进方法，提升理念。

高中教育

【概况】 2010年，沈北新区高中4所，112个教学班，在校生4 904人，高中入学率88.2%。教职工460人，其中，专任教师392人。职业高中1所，29个教学班，招生398人，在校生1 530人。

【沈阳市教育精细化管理推介会】 4月8日，沈阳市教育精细化管理推介会在沈阳市第八十三中学举行。为此学校做了积极而充分的准备工作，每一位教师都将自己多年来形成的严谨的工作作风、深厚的教学功底通过有限的几节开放课展示出来，不仅为学校赢得了良好的口碑，也使自身的业务水平得到了提升。精细化管理推介会，对学校不仅是一次检阅，更是一次练兵。

【“践行科学发展观党员示范课”活动】 4月16日，沈北新区教育局在沈阳市第一四六中学开展了党员示范课活动。全校27名在职党员教师精心准备，为全校教师上了一节公开课。党员们充分发挥个人的教学特色，严格落实“三个务必”——务必用科学发展观指导教学，务必体现新课程理念，务必实践课堂教学模式改革。全校教师积极参加观摩活动，认真填写学校制定的《课堂评价表》，自觉当好评委，公正评课，学生课后认真填写意见反馈表。整个活动有力地推动了师生平等交流，共同进步。活动结束后，教务处将汇总各项评分表，上交党支部。活动总结大会老师们畅所欲言，交流讨论听课心得，反思自己工作的不足，总结深化教学发展的经验，及时调整改进，努力锤炼富有生命活力的课堂。

【第二届优秀教师工程】 5月28日，沈北新区教育局在沈阳市第八十三中学开展的第二届优秀教师工程正式拉开序幕，秦凤娟、韩秀萍等55位一级教师向全校教师展示以更成熟的教学思想、更先进更科学的教育教学理念为支撑的优质课堂教学，这成为学校校本教研的重要组成部分。学校每周都有展示课，不仅要求同组教师积极听课，而且提倡跨学科听课，每次课后都要求上课教师进行自我总结反思，听课教师予以中肯评价，以校园网为平台，展开讨论，对进一步提高课堂效率起到积极作用。

【家长学校实验工作】 6月16日，沈北新区教育局在沈阳市矿务局中学召开家长学校实验工作总结大会。会议总结如何配合学校改变家庭教育现状，提高家庭教育质量，实现家校联动，开办家长学校，对学校实际教育教学工作进行理论指导。在试验过程中，推进家庭教育工作措施落实，加强教师家庭教育专业队伍建设，做好、做实家教科研，引领家长读书，提升家长的教育素养。会上，沈阳市矿务局中学介绍了工作经验，与会的领导、教师进行了交流。参加总结会210人。

【城郊联合体学校“特色教学”年】 9月8日，沈北新区教育局配合城郊联合体学校“特色教学”年在沈阳市第一四六中学认真筹备教学活动，一四六中学在9月至10月期间承办了3个学科的特色教学公开课评比活动。活动期间，各高中组织教师上体育、音乐、美术等特色公开课，互相听评课，互相交流经验，共同进步，真正做到教学有特色。参加活动的领导和教师620人次。

【高中办学上台阶，高考创佳绩】 9月21日，沈北新区教育局在东北育才学校召开的2010年沈阳市公立高中高考“入出口”增值评估报告大会中，肯定了沈阳市第八十三中学和沈阳市矿务局中学的办学特色和教学质量，并受到市教育局的嘉奖。沈阳市第八十三中学校长在大会上做了经验汇报。工作操作办法：一是根据全市考生高考高分段（600分以上）人数、一本以上、二本以上、三本以上、大专（高职）以上各段进线人数，确定在三年前中考考试（按照中考分数从高到低排序）中理论上该校应该进入各段各批次的人数。二是统计各校实际高考各段各批次的进线人数，确定各项指标和实现率。参加会议的领导和教师350人。

职业与成人教育

【概况】 2010年，沈北新区职业高中（区职业教育中心）开设专业8个，教学班29个，普通教室26个，专用教室23个，多媒体教室1个，招生398人，毕业生411人，在校生1 530人。教职工86人，其中专任教师53人，高级职称教师27人，中级职称教师39人，市学科带头人1人，市级骨干教师2人，大学本科学历教师81人。成人教育中心校11所，成人教育专职干部11人，专职教师22人，兼职教师118人，社区分校21所，村分校132所，进行新型农民科技培训，农村劳动力转移培训，农村初中毕业生职业技术培训等，年内成人学校完成职业教育培训42 000人次，占劳动力总数的30%。

【创名牌、品牌专业】 3月5日，职业教育中心对职业高中的电子与信息，机械加工与数控实验设备进行了更新，投资40万元，新购进部分先进科学设备，全面投入使用，改善实验环境，创造先进条件，提高了教育质量。学校自身投入5万元，对学校的监控设备进行了更新，强化学校日常工作管理，确保师生有序地工作和学习，学校管理更加科学化，推动学校的整体发展，为打造名牌品牌学校专业打下坚实基础。

【加强设施建设，改善办学环境】 3月12日，沈北新区教育局投资600万元，为职业高中新建实验楼4 480平方米，改善实验环境，为学生动手操作创造良好条件，为培养学生职业技能，提高社会竞争能力打下基础。12月30日，实验楼竣工并投入使用，同月，职教中心投资25万元，对学校的教学楼和宿楼舍进行整体修缮，极大地改善了学校的办学环境。

【新型农民科技培训工程】 4月15日，沈北新区教育局历时5个月的时间，认真组织区职教中心、乡（镇）街成人教育中心校和村分校的教师，抓住农闲时间，全面实施新型农村科技培训工程，把科技知识、实用技术送到农民手中。主管局长带领成职教工作人员深入到各乡（镇）街参加培训活动，指导培训工作，推动培训工作的开展。全区组织各种培训727期，参加培训61 470人，占劳动力总数的69%，发放科技资料23 750份，为农村经济发展提供智力支持。

【农村剩余劳动力转移培训】 4月20日至6月20日，沈北新区职教中心开展农村剩余劳动力转移培训。一是开展职业技能培训，开设了计算机、电焊、机械加工与数控、财务管理等课程，共培训733人。二是开展引导性培训，开展了政策、法律法规等方面的培训，同时大力宣传进企业，自主就业，多方面增加农民收入。三是建立培训学员档案，掌握学员的联系方式，以备就业之用。全区累计培训学员3 434人，就业1 416人，就业率为41%。

【全区终身学习活动】 5月21日，沈北新区召开全民终身学习部署会议，会上下发了沈北新区委办发〔2010〕22号文件，《关于印发〈沈北新区2010年推进全民终身学习活动实施方案〉的通知》。建立了沈北新区全民终身学习活动领导小组。根据活动开展的不同时期，召开3次协调会议。活动期间，制作宣传条幅36条，制作终身学习活动成果展板5块。10月16日，在沈北新区虎石台街古城新都社区召开全民终身学习活动周启动仪式，把活动推向高潮。此项活动全区参加人数近5万人次。

【发挥优势，拓宽服务功能】 7月12日至8月30日，沈北新区职业教育中心充分发挥学校的辐射培训作用，使学校与社区联合举办计算机培训班，共招收学员43人，授课84学时，合格率100%，43人全部就业。学校与财政局开展会计人员继续教育培训，共招收学员637人，共培训120学时，学员合格率95%，基本胜任会计工作。学校与广播电视大学开展残疾人专干培训，共招收学员53人，学员经过培训，发挥自己潜能，增强了服务意识和能力。

【开展农村初中毕业生职业技术培训】 8月20日至9月20日，沈北新区职教中心，农村初中学校，乡（镇）街成人教育中心校对初中未升学的毕业生开展职业技术培训。一是培训先进的农业技术，做一个新型农民；二是职业技能培训，引导他们掌握一技之长就业，使他们成为建设小康社会的有用人才。全区未升学的农村初中毕业生192人，参加培训177人，培训率为94%，培训总课时688节。

【校企合作，就业有了新进展】 一年来，沈北新区职业学校先后与远大集团、创维有限公司建立新型合作关系，定期、定向、定目标培养新型合格人才，输送给企业。9月28日，当年毕业生的411人，除了有10名学生升入上一级学校外，其余毕业生都安置就业。同时推荐600名学生顶岗实习，为学生就业奠定基础，这也是培养合格人才的有效途径，高职升学率100%。

教育督导

【概况】 2010年，沈北新区教育督导室围绕沈北新区教育发展战略，不断完善和创新教育督导机制，为巩固“双高普九”成果，全面提高教育质量提供保障。积极开展了控辍保学，深化课程改革，抓好学校的内涵建设，强化学校管理，创建特色学校，中小学体卫艺工作督导，乡（镇）街依法履行教育职责情况专项督导等工作。进一步加强督导制度建设，完善素质教育评价制度和教育质量监控制度。积极促进教育公平均衡发展，有力推进了教育现代化进程，为实现教育强区的战略目标奠定了良好的基础。年内，督导室专职督学7人，兼职督学5人。

【聘任新一届督学】 1月12日，沈北新区政府召开教育督导室新一届督学聘任会。会议宣布聘请5名兼职督学、7名专职督学，并颁发聘书。

【强化督导检查控辍保学工作】 3月18日、10月12日，沈北新区教育督导室两次对全区13所初中学校（含七十六中学初中部）的学生出席情况和控辍保学档案建设情况进行了督导检查。教育局与各初中校长签订了控辍保学责任状，学校校长与班主任教师签订了控辍保学责任状，班主任教师与学生家长签订了控辍保学责任状，学校有班主任家访记录，有帮教记实材料，有学生日出席报告单，控辍四联单，记录翔实。各校学生出席率较去年同期有了不同程度的提高。通过这次督导检查，有力地促进了控辍保学工作，促进了义务教育发展，为市督导室督导检查奠定了坚实的基础。

【积极开展“两基”年审工作】 4月14日、11月15日，市督导室到沈北新区开展“两基”年审工作。区督导室到相关学校对资料档案、汇报材料等迎检工作进行了预检，从而顺利通过了“两基”年审，得到了市督导室领导的表扬。

【开展初中体卫艺专项督导检查】 5月3日，沈北新区教育督导室对全区12所初中学校进行体卫艺专项督导检查，通过听课、检查档案、查看体卫艺专用教室、器材设备、检查间操眼操大课间、现场测试学生视力、坐位体前屈、立定跳远、男1 000米、女800米跑等，促进学校对体卫艺工作的重视，让全社会都来“关爱生命，关注健康”，为每个学生一生发展奠定良好的身体基础。

【促进课程改革深入发展】 5月12日至6月14日，沈北新区教育督导室督导人员到全区27所中小学校进行深化课程改革督导检查。这次教学督导检查，重点听体育、音乐、美术、心理健康课。共听课72节，检查形式主要有查看教学资料、听课、建议、反馈等。教学督导的主要内容有三项。一是督校。对学校议教、重教、教学改革、教学规章制度、教学管理和执行上级要求等方面的工作进行督导。二是督教。对教师的教学态度、教学水平、教学效果进行督导。三是督学。对学生的学习态度、学习方法进行督导。通过这次专项督导检查，了解了这些学校的办学理念、教师的教学理念、学生的课堂表现，对沈北新区教育教学改革起到了推动作用。

【召开中小学校体卫艺工作专项督导总结表彰会】 8月5日，沈北新区教育督导室在教育局四楼会议室召开了沈北新区中小学体卫艺工作专项督导评估表彰大会。会议宣读了优秀单位和先进个人的表彰决定和名单，督导室主任做了《关于对沈北新区中小学体卫艺工作情况专项督导检查》的报告。9所学校被评为优秀单位。这次督导检查将促进各中小学今后一如既往地坚持“以人为本”的理念，丰富学生课余生活，减轻学生课业负担，培养学生个性特长，促进学生身心健康发展，努力构建文化校园、活力校园、和谐校园，推动学校体卫艺工作健康发展，切实提高实施素质教育的水平，为建设教育强区奠定基础。教育局科室以上领导、督导室全体成员、中小学校长等80人参加会议。

【依法督政，促进乡（镇）街政府依法履职】 8月31日至9月17日，沈北新区人民政府教育督导室的专职督学与兼职督学组成专项督导检查组，依照相关法律法规对全区11个乡（镇）街人民政府在2009年7月1日至2010年6月30日期间依法履行教育职责工作情况开展了专项督导检查。督导检查的主要内容：乡（镇）街政府组织适龄儿童入学及控辍保学；维护学校安全和治理校园周边环境；为新建扩建学校划拨或征用土地；补充教育经费不足；成人教育和学前教育等六个方面。通过此次督导检查，不但增强了政府贯彻落实《义务教育法》等法律法规的责任意识，进一步促进了全区基础教育、成人教育、学前教育的发展，而且巩固了“双高普九”成果，促进了各类教育协调发展，推进了沈北新区教育现代化进程，加快了沈北新区社会主义新农村建设的步伐，为实现教育强区的战略目标奠定了良好基础。督导室专职督学7人，兼职督学5人参加督导检查。

（王学忠　于龙）

苏家屯区

总　类

2010年苏家屯区教育数据表

项目 学校类型		学校数	教职工	专任教师	女教师	学生	班级数
	合计	75	4430	3902	2909	48224	1239
普通高中1	计	5	516	474	309	6362	133
	公办	4	478	437	279	5818	119
	民办	1	38	37	30	544	14
九年一贯制学校2	计	13	1325	1282	802	13595	326
	公办	13	1325	1282	802	13595	326
	民办	0	0	0	0	0	0
初中3（不含2）	计	10	616	569	375	6160	138
	公办	9	580	535	349	5835	129
	民办	1	36	34	26	325	9
小学4（不含2）	计	14	806	732	586	12336	280
	公办	13	719	650	517	11498	254
	民办	1	87	82	69	838	26
幼儿园5	计	32	1136	819	819	9709	354
	公办	23	309	221	221	3566	105
	民办	9	827	598	598	6143	249
特教6	公办	1	31	26	18	62	8

2010年苏家屯区教育局领导干部任职及分工情况表

现任职务	姓名	性别	出生年月	民族	政治面貌	文化程度	任职时间	分管工作
局长兼党委书记	赵建华	男	1960.11	满	中共党员	本科	2009.03	全面工作
党委书记兼副局长	郭志美	男	1966.09	汉	中共党员	硕士研究生	2009.06	党委工作、德育
督学室主任兼副局长	付向阳	女	1964.07	汉	中共党员	本科	2010.08	督学全面工作，学前、成职、安全、综治、少年宫
正处级调研员	邱振文	男	1953.01	汉	中共党员	本科	2010.08	
副局长	刘红丽	女	1968.06	汉	中共党员	硕士研究生	2010.08	体卫艺、基础教育、师校、招办保健所
副局长兼三十中学校长	李福广	男	1964.04	蒙古	中共党员	硕士研究生	2006.05	第三十中学
督学副主任	刘大千	男	1971.03	满	中共党员	本科	2005.02	纠风、纪检
督学副主任	钱学杰	男	1960.01	汉	中共党员	本科	2008.05	督学

【概况】 苏家屯区教育局内设办公室、人事科、计财科、基础教育科、学前教育科、职成教育科、德育科、体卫艺科、安全科等9个科室。所属单位52个，其中学校（含局属幼儿园）43所，直属单位9个。在43所学校（含局属幼儿园）中，有高中6所（含1所职业高中），农村九年一贯制学校13所，初中10所，小学14所，特殊教育学校1所，幼儿园2所。在9个直属单位中，有招生办、房管所、教育产业管理中心、青教办、保健所、少年宫、教师学校、学生资助中心、退休协会。全局共有职工6 239人，其中在职3 442人，临时工287人，离退休2 510人（离休58人）。在职教师中国家级优秀教师8人，省级优秀教师20人，市级优秀教师173人，市级劳动模范8人，教育专家1人。全区共有学生39 650人，其中高中6 362人，农村九年一贯制学生13 595人，初中6 160人，小学12 336人，职高1 135人，特教62人。另有电大成人教育1 023人。全区有幼儿园32所，除局属2所幼儿园外，有涉农街道中心园12所，乡镇分园1所，小学附属园8所，个体及社会办园9所。2010年教育投入38 250.4万元，其中高中教育投入5 119.5万元，初中教育投入10 603.4万元，小学教育投入14 012.6万元，特殊教育投入268.5万元。

【实施校园建设工程，全面改善学校办学条件】 2010年，投入资金2 000余万元新建四十六中学新校区和一七六中学宿舍楼；投入资金600余万元，新建沙柳路小学、朝小、四十六中学玫瑰校区、青松中学4块塑胶场地；新建的教师学校完成主体工程；全面完成了“班班通”建设工作，全区43所学校全部实现

“班班通”，新添多媒体教育设备993套，新建多媒体教室43个，配备白板43套；新开通了教育网，丰富了教研网，教育信息化已初步形成；完成了7所学校的省级图书馆创建工作，为学校添置图书及设备计用100余万元；8所九年一贯制学校完成了再提升工程。

【落实责任，做好控辍保学工作】 为进一步巩固“双高普九”成果，促进苏家屯区教育健康、和谐发展，区教育局与各中学签订了控辍保学工作责任状，明确责任和任务。一是确保完成省、市规定的控辍工作指标；二是加强对控辍保学工作的领导；三是建立和完善控辍保学工作制度；四是加大对控辍保学工作的宣传力度；五是建立和完善控辍保学工作档案；六是从源头上抓好控辍保学工作。

【搭建交流平台，促进民办教育健康发展】 为促进苏家屯区民办教育的良性、健康发展，2010年3月17日，区教育局局长赵建华深入绿岛学校调研。在听取学校关于教育教学、招生考试、发展规划等情况的汇报后，针对学校发展所面临的实际问题，提出了几点建议。一是高中要抓好学生出口工作，要有针对性的与知名高校、艺术院校联系，采取定向、委培等形式，输送优质人才，提高升学率，扩大办学知名度；二是初中要与名校联合办学，借助名校、名师的优质资源，吸引优质生源，打造品牌教育；三是小学要办出特色，注重内涵发展，开展特色教育，为学校的长远发展做好铺垫。同时，区教育局将为民办学校提供更多学习、交流的机会，搭建交流平台，与公办学校开展教研活动，促进民办教育发展，逐步形成特色民办品牌。

【召开体卫艺工作会议】 2010年3月18日，区教育局召开了全区教育系统体育、卫生、艺术工作会议，下发了《关于加强学校体育工作提高中小学生体质的实施意见》等文件，对加强苏家屯区中小学生体育、健康教育、卫生和艺术教育工作提出具体要求。

【全面开展“学生阳光体育运动”】 苏家屯区中小学校体育工作以普及“学生阳光体育运动”为契机，采取有效措施，开足、开全体育课，认真落实学生每天一小时体育锻炼，并以此为主线，通过全区中小学生田径运动会、中学生篮球赛、中小学生三棋赛等来推动青少年体育运动有声有色地开展，9月份通过大课间活动的评比，各学校展示了“学生阳光体育运动”的成果。积极开展“体育特色校”的创建工作，经过评比苏家屯区雪松路小学、沈阳市第一七五中学、沈阳市朝鲜族第二中学3所学校被授予“苏家屯区体育特色校”。此外积极参加沈阳市八项体育竞赛，2010年苏家屯区获市体育工作综合总分郊区县组第一名。

【加强培训和督导，确保师生安全】 2010年苏家屯区教育局体卫艺科联合苏家屯区中小学校卫生保健所对学校保健医进行每月一次的培训，与区食品药品监督管理局联合对食堂管理员进行定期和不定期的培训。10月份开展了全区中小学校“眼保健操评比”，11月份开展了“中小学校常见病知识竞赛”，以促进传染病防控工作扎实有效地开展。4月份、10月份进行食品卫生安全专项督导检查，对在检查中学校存在的问题下发督导意见书，并限期整改。通过培训、督导，保障了全区师生的安全。

【积极开展艺术教育活动和艺术特色学校创建工作】 2010年4月，苏家屯区雪松路小学、沈南第一小学代表苏家屯区参加了“沈阳市艺术教育特色校六项技能大赛”，取得了较好的成绩，区教育局以此为契机开展了全区中小学校“红诗沈阳”诗歌咏诵评比活动。2010年苏家屯区积极开展“艺术特色校”的创建工作，经评比苏家屯区朝鲜族小学、沈阳市青松中学两所学校被授予“苏家屯区艺术特色校”。

【召开软环境暨行风建设工作会议】 3月30日，为了优化经济发展软环境，加强教育行风建设工作，区教育局召开了教育系统软环境暨行风建设工作会议。会上教育局驻行政审批大厅负责人、沈阳市第一七五中学等3所学校校长分别进行了表态发言。区教育局与全区中小学签订了《苏家屯区教育行风建设责任状》。这次大会使教育系统全体干部职工统一了思想，明确了优化软环境建设工作任务，为办人民满意的教育奠定了良好的基础。

【举行中小学“安全教育活动月”启动仪式】 3月31日，区教育局举行了 中小学“安全教育活动月”启动仪式。本次活动月，将以“遵守交通法规，安全伴我同行”为主题，以增强学生交通安全意识为重点，实施“六个一”宣传教育实践活动，即举行一次主题升旗仪式，召开一次主题班队会，邀请交通安全教育辅导员上一次交通安全辅导课，举办一次中小学生交通安全知识竞赛，开展交通安全宣传教育主题日活动，举办中小学生交通安全教育管理“金点子”议案征集活动。

【创建养成教育示范区】 苏家屯区教育局制定下发了《苏家屯区中小学养成教育工作推进计划》，修订了《苏家屯区德育工作常规管理考核细则》，完善了《苏家屯区中小学生养成教育示范校评价标准》，实行了养成教育工作局领导包校制度，坚持每月一个主题活动教育，深化了养成教育工作，使中小学生文明素质得到稳步提升。为加强队伍建设，4月2日和6月5日分别请教育家魏书生和陆士桢对全区德育工作者进行了培训。10月28日，区教育局在十里河九年一贯制学校召开了养成教育工作现场会，观看了十里河学校养成教育成果展示，听取了十里河学校、文化路小学、沈南二校的经验交流，下发了《苏家屯区养成教育工作经验材料汇编》。

【撤并农村小学】 5月13日，区教育局将金宝台小学和前谟小学撤并到城郊九年一贯制学校。6月陆续将城郊朝鲜族小学撤并到苏家屯区朝鲜族中心小学，塔山小学撤并到陈相九年一贯制学校，康家山小学撤并到白清九年一贯制学校。共撤并农村小学5所。全区中小学全部告别了平房和危房，为学生提供了安全优质的教育教学环境。

【实施接收农民工子女学校维修改造工程】 2010年暑期，投入资金2 000余万元，对39所学校进行维修改造，其中有17所学校为接收农民工子女学校，学校办学条件得到全面改善，为建设教育强区奠定了基础。

【实施名校战略，促进教育均衡发展】 8月，苏家屯区教育局为促进教育均衡发展，将新建的沈阳市第一八一中学与沈阳市第四十六中学合并为新的沈阳市第四十六中学，形成沈阳市第四十六中学南北两校区格局，创建了资源共享、共同发展的新型办学模式。新学校的组建，缓解了原沈阳市第四十六中学学额大的压力，有效地避免了择校热问题。在两校学教师的共同努力下，原沈阳市第一八一中学教育教学成绩显著提升，得到了学校家长的认可和好评。

【召开师德事迹报告会】 9月8日，区教育局在中国人民解放军65182部队俱乐部召开了“苏家屯区师德事迹报告会”。全区中小学校长、书记及部分教师代表等1 000多人参加了此次大会。沈阳市第六十九中学刘金生、城郊九年一贯制学校李淑清、红菱九年一贯制学校郭玉荣等3名教师分别作了师德事迹报告。会上，区教育局局长赵建华同志作了重要讲话，提出了“实施师德建设工程，实现教师队伍素质明显提升”的工作任务，在全区中小学中开展师德建设“五个一”和“六个一”活动。

【从师资培训入手，打造物流专业品牌】 5月7日，选派3名教师，参加了人力资源和社会保障部主办的国家职业资格物流师师资培训班，均通过了国家级考试，取得了国家级物流师师资培训证书。目前，职教中心正在积极申请国家职业资格物流师职业全国统一培训项目，项目申办成功后，区职教中心将成为沈阳市首家国家职业资格物流师职业全国统一培训鉴定机构，有资质开展物流专业师资培训及组织全国物流师职业资格鉴定工作，将为推进苏家屯区建设东北亚现代物流集散区的进程提供智力支持和人才保障。

【构建“三位一体”网络，确保师生安全】 区教育局坚持“安全第一、预防为主”的原则，构建了“三位一体”安全教育网络。一是发挥学校主渠道作用，开展安全教育。以法制安全教育课为主阵地，以安全教育月为切入点，开展安全演练、法官进课堂、知识竞赛、安全卫士评比等活动，对学生进行安全教育，提高学生安全意识和自我防范能力。二是发挥综治职能作用，开展安全专项治理。区综治办协调公安、行政执法、交通、文化、社区等部门，对学校周边环境、校园安全、交通设施、校门车辆拥挤、校车等重点内容开展专项整治，保障校园安全。三是发挥家教平台作用，共建育人网络。家校联谊会、家校通、致家长一封信等活动，和家长共同对学生进行安全和思想教育。通过“三位一体”安全教育，全区各中小学均达到平安校园标准，学校周边环境明显改善，学生安全意识进一步增强，学生思想素质大幅提升。两年来，学生在校生犯罪率为零，实现了历史性突破。

【全面完成农村九年一贯制学校配套建设工程】 2010年区教育局投入950余万元，实施了沙河、姚千、王纲、城郊、林盛5所农村九年一贯制学校操场和城郊、沙河、王纲、永乐、姚千、大沟6所学校的食堂及配套设施建设工程。截至11月工程建设全部完工，至此全面完成了农村九年一贯制学校建设任务，学校办学条件得到全面改善。

【做好创建残疾人工作示范城市工作】 区教育局将残疾人教育工作已纳入《教育强区实施意见》和《“十二五”教育规划》中。2010年，全区残疾儿童义务教育入学率为100%，72名残疾学生享受了“两免一补”政策，三十中学、四十六中学、沙柳路小学、实验幼儿园均完成了无障碍设施建设。

【创建国家生态区工作】 为做好创建国家生态区工作，根据区委统一部署，区教育局制订了《苏家屯区绿色学校创建报告》，完成《苏家屯区国家生态区创建工作目标责任状》、《苏家屯区国家生态区技术核查迎检工作实施方案》、《国家生态区指标》中关于绿色学校创建的相关工作。2010年底，苏家屯区有30所市级绿色学校，其中，2010年有12所学校通过市级绿色学校验收。

【扎实开展创先争优活动】 区教育局党委充分借鉴学习实践科学发展观活动的成功经验，以“创先争优树形象，爱岗敬业作表率，促进发展作贡献”为主题，针对教育系统自身特点，精心安排部署，突出实践特色，使创先争优活动取得了阶段性成效。局党委先后出台了专题组织生活会、公开承诺制、六有标准、四进四建、党员办实事解民忧、学习李源朝讲话精神等文件，推动了教育系统创先争优活动的深入开展。多次召开党委会、座谈会、调度会、碰头会，对活动全面推进。局党委以“组织建设坚强有力，师德师风明显好转，教学质量不断提升，教育事业科学发展”为目标，精心设计了五项载体活动：“党性教育”活动、“岗位奉献”活动、“服务群众”活动、“亮牌示范”活动、“组织创新”活动。为加强对基层活动的检查指导，局党委成立了6个指导检查组，按阶段到基层进行领导点评，并及时把上情下达，下情上报。在2010年召开的“七一”大会上，表彰了23个基层支部、26名优秀党务工作者、128名优秀共产党员。

【有效开展驻村帮扶活动】 在驻村帮扶活动中，区教育局与林盛镇的沙河站村、南乱村、达连村、北乱村、长兴村、史三村建立了联系点，到帮扶村走访慰问贫困户20余人。同时，结合村里实际，发挥教育局优势，向驻点村派人讲解科技知识，提高经济作物生产和畜牧业发展的科技含量，促进农村经济发展。

学前教育

【概况】 苏家屯区现有登记备案幼儿园32所。其中公办幼儿园23所、民办幼儿园9所；城区幼儿园18所、农村幼儿园14所；省级示范幼儿园1所、市级示范幼儿园1所；达标幼儿园19所，占幼儿园总数的59.4%。全区共有3—6岁学前儿童10 643人，入园幼儿9 409人。其中，城区3—6岁幼儿3 955人，入园3 724人，入园率94.2%；农村3—6岁幼儿6 688人，入园5 685人，入园率85%。

【签订《农村学前教育工作目标考核责任状》】 2010年，与各个乡镇街道签订了《农村学前教育工作目标考核责任状》，进一步明确了乡镇政府对当地学前教育工作的管理责任和义务，尤其是乡镇对中心幼儿园的管理、资金的投入、人员的任用要求、入园率的达标情况等，都在责任状中逐条列出，使今后乡镇中心幼儿园的管理工作更加规范、有序。

【完成了2010年幼儿园年检工作考核】 1月—3月，对苏家屯区实验幼儿园等42家登记备案的幼儿园进行了年检工作考核。本次考核主要对幼儿园办园规模与房舍、设备设施、人员队伍、卫生保健、教育教学、行政管理等六方面进行了全面的检查和考核，其中有32所幼儿园通过考核。

【扶持4所乡镇中心幼儿园】 市、区两级政府共投资140万元，扶持了陈相镇中心幼儿园、姚千镇中心幼儿园、林盛镇中心幼儿园、八一镇中心幼儿园4所乡镇中心幼儿园，用于完善幼儿园的设备投入、园舍改造等，使幼儿园的环境得到了明显的改善。

【整顿无证家庭幼儿园】 为保证苏家屯区幼儿都能在正规的幼儿园接受良好的学前教育，健康地成长，9月对全区的无证家庭幼儿园全面整顿，对无办园许可证，私自招收幼儿的幼儿园给予非法办园警告，并根据《幼儿园管理条例》下发停园整顿通知书，以保证全区学前教育事业更加有序、规范，为全区幼儿的平安、健康成长创造良好的教育环境。

【强化对幼儿教师的师德教育】 组织全体幼儿园园长学习沈阳市教育局下发的《关于全面整顿沈阳市幼儿教师队伍的通知》，对教师的资格、持证上岗等做了具体的要求，并要求各幼儿园教师要爱岗敬业，不断提高自己的政治素质和业务水平。每位教师都与幼儿园园长签订了一份《学前教育职业道德规范承诺书》，自愿承诺爱国守法、爱岗敬业、热爱幼儿、教书育人、为人师表、终身学习等内容，树立苏家屯区幼儿教师的良好形象。

【举办春季学前教育课程改革优秀课观摩活动】 4月，在实验幼儿园举办了2010年苏家屯区春季学前教育课程改革优秀课观摩活动。全区共有124名幼儿教师、29名园长参加了此次观摩学习活动。此次活动对苏家屯区的幼儿教师能够从正确的角度理解新课标，按学前教育规律组织教育教学活动起到了导向作用。

【开展城乡手拉手活动】 为了提高农村中心幼儿园教师的业务水平，区教育局安排实验幼儿园与姚千镇中心幼儿园、八一镇中心幼儿园，教工幼儿园与红菱镇中心幼儿园、十里河镇中心幼儿园结成手拉手共建单位，每月一次活动，保障了送教下乡的有序开展。2010年共送教28节，经验交流4次。

【幼儿园半日活动观摩】 10月，组织全区34

名园长及55名教师对苏家屯区省级示范幼儿园——实验幼儿园的半日活动进行观摩。实验幼儿园活泼、生动的课堂教学，欢快、新颖的课间操，充满童趣的活动角，可爱的活动室设计，以及整个幼儿园完整统一的规划设计，整洁清新的卫生环境，给参加观摩的教师及园长留下了深刻的印象，为学前教育的发展提供了借鉴。

【在沈阳市幼儿教师技能大赛中获得好成绩】 9月，教工幼儿园代表苏家屯区参加了沈阳市幼儿教师知识技能大赛。在大赛中教工幼儿园以出色的表现分别获得了声乐类、器乐类、语言类、书画类、特色表演类特等奖，舞蹈类一等奖，知识竞赛组一等奖，苏家屯区教育局获得优秀组织奖。

义务教育

【概况】 2010年，苏家屯区小学14所，280个教学班，在校生12 336人，教职工806人，其中专任教师732人。小学入学率100%，巩固率100%，毕业生及格率100%。初中10所，138个教学班，在校生6 160人，教职工616人，其中专任教师569人。九年一贯制学校13所，326个教学班，在校生13 595人，教职工1 325人，其中专任教师1 282人。初中入学率100%，巩固率99.958%，毕业生合格率100%。小学专任教师学历合格率100%，中学教师合格率99.5%。中小学具有高级专业技术职务668人，其中，小学教师39人，中学教师629人。

【召开教学工作会议】 3月25日，区教育局召开了教学工作会议。会上表彰了课改先进单位和个人、教学常规工作先进单位和个人，并对苏家屯区教学质量进行了全面的分析和总结，提出了进一步提升教学质量工作意见。一是确立教学工作中心地位，教学质量是重要研究课题，必须务实，潜心研究，求效益，要质量；二是抓准切入点，即抓教师队伍建设，做好思想教育和业务培训工作，抓教学氛围，搭建优秀经验交流平台和教科研成果转化平台；三是注重内涵发展，打造学科特色，形成品牌教育。

【开展“强化有效课堂教学，提高教学效率”主题调研活动】 3月27日，中学教研室开展“强化有效课堂教学，提高教学效率”的主题调研，各学科围绕这一主题进行分解，通过集体调研、教学研讨、听评课以及各种类型的教研活动，立足学科教学，推进初中课堂教学改革，优化课堂教学，加强学科教研组建设以及骨干教师的培养。同时在调研结束后形成高质量的调研报告。通过一系列调研，深化教学改革，关注常态教学，积极探索提高课堂教学有效性的策略，积极探索有效课堂的教学模式，促进了教育教学质量的提高。

【举办《区域性九年一贯制学校教学一体化研究》课题研讨会】 4月26日，区教育局召开《区域性九年一贯制学校教学一体化研究》课题研讨会，13所九年一贯制学校校长参加了本次会议。

【召开科研工作开题会】 5月13日，苏家屯区教师学校科研部在沈南一校召开了省级科研课题开题会，课题主持人苏家屯区教育局党委书记郭志美宣读了《区域性中小学特色学校方法与途径研究》实验课题的立项证书，沈南一校作为课题组成员作了经验介绍，省规划办副主任袁跃出席开题会。

【举办了小学大学区教研活动】 5月28日，在苏家屯区解放小学举办关于课堂提问研究的小学大学区教研活动。

【举办了教学科研成果推介会】 6月11日，在苏家屯区城郊学校举办了教学科研成果推介会。

【“我的低碳生活——2010年苏家屯区青少年科学调查体验活动”启动仪式】 7月22日，在苏家屯区解放小学举办了“我的低碳生活——2010年苏家屯区青少年科学调查体验活动”启动仪式。

【开展提升教学质量大调研】 9月中下旬，区教育局、区教师学校相关人员对全区4所高中、4个初中大学区进行了专项调研，认真听取了各校在教育教学中存在的困惑以及针对存在的问题所采取的措施。此次调研活动进一步加强了全区初、高中教学管理，有力地促进了全区教育教学质量的提升。

【召开小学教学质量分析会】 10月中旬，区教师学校小学教研室，对全区小学期中文化素质监测的情况进行了全面的分析，并以学区为单位，分别撰写了4份期中教学质量分析报告。使基层学校领导进一步了解本校教学中的问题，明确了今后改进教学工作思路的方向。

高中教育

【概况】 2010年，苏家屯区高中5所，教学班133个，在校生6 362人，教职工516人，其中专任教师474人，高中教师学历合格率98.6%。

【调整高中布局，取消农村高中】 8月，调整了高中布局，将沈阳市第一七六中学与青松中学整合为青松中学，沈阳市第六十七中学与沈阳市第六十八中学整合为沈阳市第一七六中学，取消了农村高中，形成了1所省重点，3所市重点，1所民办高中的新的高中发展格局，整合了优质教育资源，促进了高中教育的健康发展。

【第三十中学成为大连海事大学“优质生源基地”】 6月11日，第三十中学与大连海事大学签订“优质生源基地”协议，从2010年起，学校高考考生有资格参加大连海事大学自主招生考试，并享受高考录取的优惠政策。

【深化教学改革，展示教学风采】 为了增进联合体各校间的联系，使教师们有更多业务沟通的机会，青松中学于4月15日精心安排了教育开放日活动，第八十一中学、第一四六中学、第一七〇中学、第一七六中学等兄弟学校60多名教师前来观摩、交流，并为学校教育教学工作留下了宝贵意见和建议，青松学校也充分展示了良好的校风校貌和蓬勃的师生风采。

职业与成人教育

【概况】 2010年，苏家屯区辖区面积783平方千米，人口43万，18个街道、127个行政村、43个社区，社区教育专职工作人员180多人，兼职工作人员和志愿者500多人。区社区教育学院1所，学院有专职工作人员112人，学院的电大教育资源、中等职业教育资源、短期培训教育资源为全区广大居民的终身教育服务，定期到社区、乡镇开展讲座、培训等活动，有力地带动和指导了全区城乡终身教育工作。社区教育分院18所，社区教育学校28所，科普大学26所，学校家长学校54所，社区家长学校36所。全区有文化体育活动场所4处，有文化馆、图书馆、体育馆和业余体校。其中，文化馆面积2 118平方米，各种活动厅室齐全，有戏剧票友活动室、书法展室、民间画展室、摄影展室、多功能厅等各种展室。图书馆面积1 750平方米，现有馆藏图书13万册，年订报刊300余种。设有报刊阅览室、成人借书处、少儿借阅处、少儿电子阅览室、参考咨询阅览室、韩文书刊资料室6个服务窗口，直接面向全区人民开放。体育场馆面积1万平方米，设有篮球馆、羽毛球馆、乒乒球馆、足球场、健身器材等文体设施，全部面向全区人民开放。业余体校面积2 000平方米，设有柔道、中长跑、乒乓球、摔跤等体育项目，常年对外培训。全区4处文体活动场所为全区开展终身教育活动提供了有利的平台。另外，全区各街道、行政村、社区的文化活动中心，总面积8 625平方米。行政村、社区有文化活动室152个，总面积17 280平方米，全部对外开放，成为本地区终身教育活动基地。

【建立组织领导机构，构筑终身教育体系】 4月14日，为推进全区全民终身学习活动的深入开展，苏家屯区成立了推进全民终身学习活动领导小组，主任由区委副书记担任，副主任由区委常委、宣传部部长，区政府主管教育副区长担任，组织部、宣传部等21家单位为成员单位，各个成员单位都有明确的职责分工。领导小组下设办公室，地点设在区教育局。终身学习领导小组负责统筹协调全区及社会诸方面力量，充分开发利用社会教育资源，构建有利于终身学习、持续发展的管理运行模式，广泛开展不同类型人群教育培训，创建学习型城市，逐步实现教育社会化和社会教育化，提高全区居民的整体素质和生活质量，推动苏家屯区经济建设和社会各项事业的发展。

【赵金城会长率市终身教育工作组到苏家屯区调研】 5月27日下午，市终身教育研究会会长赵金城同志率市终身教育工作组到苏家屯区就关于终身教育资源情况及推进全民终身学习工作情况进行了调研。苏家屯区推进全民终身学习活动领导小组副主任、区委宣传部部长程心同志从苏家屯区现有终身教育资源状况、资源整合情况、资源建设及整合存在的问题、对资源建设和整合的建议及推进全民终身学习工作等方面向工作组做了详细的汇报。程心部长的汇报吸引了工作组的每一位同志，工作组对苏家屯区终身教育资源情况及开展全民终身学习工作给予了高度评价。

【全民终身学习活动周启动仪式】 10月16日，由中共苏家屯区委、苏家屯区人民政府主办，区教育局、文体局承办的以“推动全民学习，让生活更加美好”为主题的“2010年全民终身学习活动周”启动仪式暨“红诗红歌颂家乡”专场演唱会在苏家屯区雪松体育馆举行。这次活动的启动对于大力宣传终身教育思想，提倡树立全民终身教育、终身学习的观念，促进更多的人和社会机构积极参与到全民终身学习中来，使学习成为人们生活的一部分，全面提高市民整体素质，具有重要意义。区委、区政协领导、区终身学习领导小组成员单位的主要领导，以及区内部分中小学教师、学生共2 400余人出席了启动仪式。沈阳市全民终身学习活动形象大使、奥运会冠军、家乡的王娇同志为这次活动的特邀嘉宾。启动仪式由教育局局长赵建华主持，副区长郑滨作了重要讲话。启动仪式结束，进行了“红诗红歌颂家乡”专场文艺演出。

【社区教育学校挂牌仪式】 10月20日，在苏家屯区湖西街道葵花社区进行了社区教育学校揭牌仪式。苏家屯区全民终身学习活动周领导小组办公室成员参加了揭牌仪式。揭牌仪式上，湖西街道书记致词，“活动周”领导小组办公室副主任作了讲话，并揭牌，同时进行了社区教育学校校歌演唱及社区居民老年健身操表演，整个揭牌仪式隆重而热烈。

【积极支持沈阳市承办全国“全民终身学习活动周”开幕式】 2010年10月，沈阳市承办2010年全国“全民终身学习活动周”开幕式，苏家屯区积极配合市里工作，为开幕式圆满成功做出了贡献。全民终身学习活动办公室（区教育局）认真筹划、制作展板电子图稿，展示苏家屯区近几年来终身教育活动成果；积极筹划、上报专题宣传片、宣传画册素材；推荐奥运冠军，家乡的王姣同志成为终身学习形象大使并积极主动做相关工作；收集、整理、上报关于开展终身学习活动的工作经验材料；推荐、上报市“十佳社区”、“优秀志愿者”。上报的葵花社区及3名志愿者在市“活动周”开幕式上受到表彰。根据苏家屯区一年来全民终身学习工作取得的成绩及在沈阳市承办2010年全国“全民终身学习活动周”开幕式的准备过程中所做的贡献，沈阳市学习型城市建设指导委员会办公室授予苏家屯区教育局沈阳市全民终身学习工作特殊贡献奖称号，付向阳局长、高艳辉同志获得了先进个人称号，付向阳局长还获得了终身教育研究会先进理事荣誉。

教育督导

【概况】 2010年，苏家屯区教育督导室围绕苏家屯区教育发展战略，不断完善和创新教育督导机制，为全面提升教育质量，促进教育公平、均衡发展提供有力保障。年内，督导室工作人员10人，其中在编5人，设主任1人，副主任2人。

【做好“控辍”工作督导】 3月和9月，是苏家屯区的“控辍活动月”。3月8日至12日，9月9日至16日，苏家屯区教育督导室对全区学校的“控辍保学”工作进行了两次全面的督导检查。检查采取听取汇报、现场座谈、个别访谈、实地检查等方式进行，重点查看了各校学生的出席情况和学籍规范化管理等工作。经过检查，苏家屯区“控辍保学”工作落实到位，成果显著，初中阶段学生年辍学率严格控制在1%以下。

【加强对涉农街道办事处的督导考核】 10月11日至15日，区教育督导室依据《苏家屯区2010年度党政绩效评估指标细则》，对苏家屯区涉农街道办事处落实教育职责、加强教育管理等情况进行了督导检查。各街道办事处能够积极落实教育职责，做好相关工作，但也存在一定问题，督导组在检查后的反馈中给予了中肯的可行性建议，并要求其限期整改。

【实施学校综合督导评估】 根据沈阳市建设教育强市的要求，苏家屯区教育督导室将在三年内完成对全区中小学的综合督导评估工作。2010年，此项工作已全面展开。8月，完成了《沈阳市苏家屯区学校教育综合督导评估方案》及《沈阳市苏家屯区学校教育综合督导评估细则》的制订工作。9月，召开了有教育局领导及全区学校校级领导参加的教育督导工作会议，就即将实施的学校综合督导评估工作进行了详细部署。10月中旬，教育督导室对文化路小学、雪松路小学、第一八四中学和第六十九中学进行了为期一个月的综合督导评估。11月中旬，督导组到各校将检查情况进行反馈，在肯定成绩的同时，指出学校在教育教学工作中存在的问题，并协同学校制定解决方案，推动学校工作全面提升。

【积极开展专项督导工作】 4月下旬，联合体卫艺科，开展了学校体育、卫生工作专项督导；5月上旬，联合安全科，开展了学校及幼儿园的安全工作督导；9月下旬，开展了学校养成教育工作专项督导。通过专项督导，推动了苏家屯区学校的体育、传染病防控以及养成教育工作，促进了相关部门对校园周边治安秩序以及交通秩序的整治工作，打造了安全有序的良好的教育教学环境。

【做好上级教育督导的迎检工作】 4月28日，沈阳市教育督导室对苏家屯区的学校“控辍”工作、高中标准化建设以及政府教育经费的投入情况进行综合督导检查；11月16日，对苏家屯区的“两基”工作进行年审。在督导检查中，苏家屯区教育督导室积极发挥职能作用，认真做好工作部署，落实工作措施，全力以赴做好一切迎检工作，为上级教育督导的顺利进行提供保障。

（高东野 李玉明）

新 民 市

总 类

2010年新民市教育数据表

学校类型 \ 项目		学校数	教职工	专任教师	女教师	学生	班级数
	合计	205	6301	5026	3085	75213	1902
普通高中1	计	3	601	515	296	6786	145
	公办	3	601	515	296	6786	145
	民办	0	0	0	0	0	0
九年一贯制学校2	计	27	3585	3004	1592	41571	957
	公办	26	3493	2918	1527	39787	921
	民办	1	92	86	65	1784	36
初中3（不含2）	计	4	417	318	172	3525	68
	公办	4	417	318	172	3525	68
	民办	0	0	0	0	0	0
小学4（不含2）	计	8	583	482	320	8220	155
	公办	8	583	482	320	8220	155
	民办	0	0	0	0	0	0
幼儿园5	计	162	1086	684	684	15051	569
	公办	28	305	100	100	3922	121
	民办	134	781	584	584	11129	448
特教6	公办	1	29	23	21	60	8

2010年新民市教育局领导干部任职及分工情况表

职务	姓名	性别	出生年月	民族	政治面貌	文化程度	任职时间	分管工作
局长	张相飞	男	1963.10	汉族	中共党员	本科	2008.01	负责教育局全面工作。分管行政办、计财、安全、教材管理办、招考办、校产办、房管办、供热管理所、招商引资
党委书记	高广友	男	1966.01	汉族	中共党员	本科	2006.07	负责党委全面工作。分管党办、人事、信访稳定、纠风办
市政府教育督导室主任、副局长	吕玉君	女	1962.12	汉族	中共党员	本科	1998.01	负责市政府教育督导室全面工作。分管体卫艺（国防教育）、学前教育、德育、中小学卫生保健所、市幼儿园、青教办、少年宫、机关支部
副局长	李延玉	男	1964.12	汉族	中共党员	本科	2006.07	分管基础教育、职成教育、特殊教育、教师进修学校、信息中心、远程教育
纪委书记	张立伟	男	1960.08	汉族	中共党员	本科	2008.10	分管纪检监察、纠风工作
副局级	陈珂山	男	1965.05	汉族	中共党员	本科	2010.12	分管安全工作

【教育行政】 2010年，新民市教育局有13个职能科室：党委办公室、行政办公室、基础教育科、计财科、人事师资科、德育科、职成教科、学前教育科、体卫艺科、纠风办公室、教材管理办公室、安全科。市政府教育督导室设在新民市教育局。新民市教育局直属非教学单位9个：教师进修学校、招生考试办公室、教育系统房产管理所、信息中心、中小学卫生保健所、少年宫、青教办、教育系统供热管理所、校办产业管理办公室。

【教育经费】 2010年，教育经费总支出78 147万元，其中政府财政对教育预算内经费拨款72 845万元。财政预算内拨款中人员经费支出40 865万元，其中工资福利性支出23 962万元，对个人和家庭支出16 903万元。财政预算内拨款中公用经费支出31 989万元，其中日常生均公用经费支出3 214万元，初中生均公用经费达到587.13元，小学生均公用经费达到519.81元。九年一贯制学校建设和大型维修等支出28 775万元，其中九年一贯制学校建设支出21 881万元，大型维修等支出6 894万元。

【基本建设】 落实“校安”工程，开展校舍安全排查、鉴定和改造工作。完成了39 329平方米“校安”工程隐患排查和组建任务，投资4 377万元（其中地方配套1 471万元），改造了22栋单体建筑。拨款300万元（其中地方配套100万元）承建城区第八小学，按照500名生员标准建设，建筑面积2 500平方米（其中教学楼

1 880平方米，食堂、厕所等620平方米），11月初建成并正式启用。继续做好2所九年一贯制学校（即胡台、公主屯学校）的续建工作任务。9月初，胡台学校已经竣工并交付使用。投资100万元对金五台子等6所中心园进行设施设备和内部环境建设的综合改造。争取上级资金近385万元，实施11所九年一贯制学校标准化建设，取得很好效果。投资70万元完成部分校园的整体绿化工作。共栽植乔木4 000株、灌木7 800株，种植草坪花木1 500平方米。完成部分学校教学仪器设备配备工作。投资114万元，装备了19所学校的教学仪器设备配备；投资260万元，装备了11所学校的微机室（每所学校80台）；投资51万元，完成胡台学校的实验室建设；投资60万元完成16所学校的体育器材配备工作。继续完善第二高级中学校园基础设施建设，改善了办学条件。积极配合市政府搞好新城高中、新教师进修学校和信息中心的建设论证、规划工作。签订了教师进修学校异地搬迁建设协议。

【体卫艺工作】 在全市广泛开展了大课间体育活动，保证中小学生每天锻炼1小时。举办了城区中小学乒乓球赛、“三棋”比赛，参加了沈阳市中小学运动会，对1 560名学生进行了体质测试等。狠抓了初中学生综合素质评价工作。新民市教育局组织人员深入到各校对全市初中学生综合素质评价进行全程指导，将学生综合素质评价结果记入成长记录档案，作为学生升学的参考依据，改变了以往单纯以考试分数作为唯一录取依据的传统做法。组织4 070名初中生毕业进行了升学体育与健康考试。加强对学生的健康教育，培养良好的卫生习惯。加强了六种常见病及传染病的防治工作，免费为各中小学校下发了龋齿防治宣传挂图2 000多张、学校预防传染病手册3 000多册。会同食品药品监督局对各学校食堂进行了2次联合督导检查，对存在的问题责令其整改，保证了全年无食物中毒事件发生。同时，各学校普遍开设了心理健康教育课，部分学校还建起了心理咨询室，对学生的偏差行为起到了很好的矫正作用。加强对学生的艺术教育，学生各方面素质均有了较大的提高。

【德育工作】 深入开展行为养成教育，举办“我有一个好习惯”演讲比赛，“示范校”“示范班”“示范生”及优生、优班、优干等评选活动；加强学生公德意识，组织全市近万名中小学生参加清洁辽河大街两侧护栏“擦亮新民”公益活动；开展了以“扬中国精神，做时代新人”为主题的民族精神、民族团结教育；开展“为玉树遇难者哀悼”主题活动，捐款约30万元；在各中小学举办“一次主题班队会”、“一次主题升旗仪式”、“一次礼仪知识讲座”、“一次文明学生评比”等活动。贯彻法制教育“四落实”，努力提高中小学生的法制意识。

【群众关心的热点难点问题得到了较好解决】 加大工作力度，解决“三乱”问题。出台了《新民市教育局关于整治中小学教师乱补课行为的补充规定》等文件，签订教育行风建设工作责任状，严格规范中小学收费行为，加强对教材及教辅资料的管理，开展中小学教师乱补课专项整治行动，治理义务教育阶段择校、高中阶段招收借读生等突出问题，向社会公布举报电话，聘请了363名教育行风建设监督员，自觉接受群众监督，对违规收费问题，发现一起，处理一起。一年来，共办理行风电话投诉21件、来信来访3件、民心网投诉51件、市局转办单53件，办结率100%。严厉查处教育乱收费案件，追究相关责任人和领导的责任。查处乱补课、乱收费2件，处理违规教师和校领导8人。认真做好内部审计工作。组成了审计组对下属27家单位进行财务收支内部审计，同时对10名领导干部进行离任审计。

【切实做好扶贫帮困助学工作】 加大“两免一补”发放和监督检查力度，解决贫困家庭学生上学困难问题。2010年，全市共减免“两免一补”资金1 274万元，受益学生达51 389人次。加大了普通高中政府助学金的发放力度。补发2009年高中特困生126.2万元，补发2010年68.9万元，累计金额195.1万元，惠及学生1 760人。2010年高考寒窗基金资助57人，资助金额15.9万元。为确保落到实处，市教育局组织工作组多次深入到各校、各村监督检查落实情况，走访学生家长，确保让贫困家庭学生享受到国家的惠民政策。

【学校安全稳定工作进一步加强】 完善各项制度，层层签定目标管理责任状，确保不出安全事故。深入开展平安校园建设。召开了全市中小学安全工作会议10余次，开展安全教育活动月2次，抓实消防、校车及应急演练专项检查等工作，加强校园周边环境、学校食品、饮食卫生传染病防治工作。开展了学校安全工作大检查8次，自5月4日以来，全市共召开5次专题会议，部署落实安保工作，并组成联合检查组对各学校安全保卫工作的隐患进行了地毯式排查。各学校、幼儿园按相关要求配齐了校园保安（共计116人）；落实了加强校门把守、校内执守、日常巡查、上学放学重点时段秩序管理的人员责任；规范了学生乘车实名登记和秩序管理；学校还开始自行安装视频监控摄像头（全市现有视频监控摄像头1 251个，平均覆盖校园面积的95%）；增添了橡皮警棍120个、手柄式金属探测仪50个、长木棍等必要的自卫和安检器具；进一步密切与当地党委、政府及公安派出所的联系和协作，主动配合并积极开展联防联控及群防群治等。完成了城区视频监控建设升级工程。投入40万元，添置了公安系统专用的硬盘录像机17台，红外探头70个，并与全省公安系统治安报警平台联网。认真做好接待和处理信访工作，严格落实“四位一体”稳控包保责任制。一年来，共受理群众来信23件，接待上访700余人次，省、市交办的重要信访件结案率达100%，维护了教育系统稳定。

【不断提高干部、教师队伍建设】 加大干部培训力度，不断提升后备干部队伍的整体素质。分别举办了中小学校长提高培训班、中小学后备干部培训班，培训学员191人。严格干部选拔和任用标准，不断提升干部队伍的整体水平。一年来，共调整干部35人，其中交流校长11人（正职4人，副职7人），增强了校级领导班子的合力。加大各学科教师培训力度，组织中小学教师全员培训3 791人次，学历提升159人次，专业对口培训68人次，新教师培训36人次，保证了每名中小学教师完成不少于48学时的全员培训任务。完善了教师交流制度，交流了骨干教师27人。切实做好教师招聘工作，解决学校专业教师不足问题。招聘了19名高中教师（含职教中心），114名农村中小学教师，极大地改善了中小学的师资队伍结构，为教师队伍注入了新鲜血液，保持了教师队伍的可持续发展。表彰先进，弘扬高尚师德。组织评选了4名沈阳市名师、20名新民市优秀教育工作者、30名新民市名师，与新民电视台共同推出“优秀教师系列报道（共5期）”，提高了广大教职工的职业道德水平。继续深化中小学校人事制度改革，职称评聘平稳进行。2010年，组织评审高级职称44人、中级职称121人、初级职称44人，总计209人。

【民族教育稳步推进】 按照沈阳市教育局统一部署，中小学部分年级增加民族教育教材，增设民族教育课；认真做好新民市高中新疆班工作，通过系统、完善的教育教学管理，新疆班学生的教学质量稳步提升。同时，和新疆克州建立了良好协作关系，为民族团结工作做出贡献。

学前教育

【概况】 2010年，新民市有托幼园所162所。其中教育办园1所、机关事业单位办园6所、乡镇中心幼儿园21所、民办幼儿园134所（城区43所、农村91所）。全市3—6岁儿童17 863人（城市3 929人、农村13 934人），在园儿童15 051人，入园率84%，受教育率达到94%。幼儿教师1 086人（其中专任教师684人），学历合格率57%。7月15日，梁山镇中心幼儿园被沈阳市教育局命名为“沈阳市示范幼儿园”。新民市现有沈阳市级示范幼儿园3所。

【严格审批程序，提高准入标准】 1月1日—31日，根据《新民市幼儿园举办标准和审批程序》要求，对全市新申请和年检换证的幼儿园进行资料审查、实地勘验，162家符合办园标准的幼儿园颁发《开办许可证》，并且报沈阳市教育局登记备案。

【召开学前教育年度工作会议】 2月27日，在新民市教师进修学校召开学前教育工作会议，总结了2009年有关工作，部署2010年工作任务，教育局副局长吕玉君作重要讲话，全市公办幼儿园园长和民办幼儿园举办人参加了会议。

【全面落实幼儿园园长持证上岗制度】 依据《全国幼儿园园长任职资格职责和岗位要求》的通知，全面实行幼儿园园长资格准入制度，严格实行持证上岗制度，组织162名园长参加沈阳市教育局组织的园长任职资格培训，经过24个学时的培训，共150名园长通过了任职资格考试，并获得了园长任职资格证书。

【开展教学观摩活动】 为提升学前教育质量，提高幼儿教师素质，分别于4月和9月开展了春季和秋季教学观摩活动，以观摩课的形式展示幼儿园教育教学成果。经过选拔，共有12名教师做了公开教学观摩课，参加观摩培训的教师达200余人，并将做课内容录制光盘送交沈阳市进行评比，有2名教师获得沈阳市学前教育教学活动评比一等奖、1名教师获得二等奖、3名教师获得三等奖；开展2010年城乡手拉手暨春季课程改革活动，选拔6名优秀幼儿教师进行教学观摩课展示，全市150名教师代表参加了培训。

【做好优秀园长和教师的典型培养工作】 为进一步推进学前教育的健康发展，培养一批开拓进取、爱岗敬业、无私奉献的先进典型。教师节期间，有8名幼儿教师被沈阳市教育局授予“沈阳市师德先进个人”荣誉称号，7名幼儿教师被沈阳市教育局授予“先进幼儿教师”荣誉称号，7名园长被沈阳市教育局授予“沈阳市学前教育先进工作者”荣誉称号，6名园长被沈阳市教育局授予“沈阳市骨干教师”荣誉称号，同时，新民市学前教育科被评为“沈阳市学前教育先进集体”。

【园长培训交流】 组织全市幼儿园园长参加全国中小学校园安全管理国家级远程专题培训；组织25名园长参加沈阳市骨干园长和骨干教师培训；组织部分乡镇中心园园长参观辽中县茨榆坨镇幼儿园、东陵区桃仙镇幼儿园标准化建设情况。

【广泛宣传，营造良好氛围】 以教育信息网为载体，开展各种宣传教育活动，办好宣传园地，抓好庆“六一”主题宣传活动。6月1日，新民市委、市政府、教育局的领导分别走访慰问了新民市幼儿园、梁山中心幼儿园，并向全市儿童恭贺节日快乐。各幼儿园组织开展形式多样的庆祝活动，并在全市幼儿园报送的节目中选出优秀节目代表参加了沈阳市学前儿童“我爱祖国、我爱党、我幸福成长”暨2010年沈阳市学前儿童才艺大赛的活动并获得金奖，新民市教育局获得优秀组织奖。

【开展幼儿教师基本功大赛活动】 新民市幼儿教师代表参加了辽宁省玩教具制作比赛，新民市幼儿园的作品获得一等奖，梁山中心幼儿园的作品获得二等奖；组织开展幼儿教师舞蹈、绘画、手工制作、教案的培训活动，参加培训的幼儿教师达200余人；开展幼儿教师技能比赛，比赛内容分为师德演讲、绘画、声乐、钢琴、舞蹈五项，参加比赛的教师达70余人；选派8名幼儿教师代表参加沈阳市第四届幼儿教师知识技能大赛，并获得一、二、三等奖。

【进一步规范民办幼儿园管理】 新民市学前教育工作是以公办园为骨干、民办幼儿园为补充，公办与民办两种体制并存的学前教育体系和格局。每年执行年检换证制度，对民办幼儿园实行动态管理。新民市政府成立了清理整顿非法办幼儿园工作领导小组，召开2次清理整顿非法办幼儿园工作会议，下发了清理整顿工作实施方案，有效遏制了非法民办幼儿园的滋生。

【制订学前教育三年行动计划】 12月1日，新民市委组织全市公办园园长和城区民办幼儿园举办人参加全国学前教育电视电话工作会议。会议要求贯彻落实《国务院关于当前发展学前教育的若干意见》，部署近三年的学前教育工作。12月14日—15日，为制订学前教育工作三年行动计划，在乡镇中心园中进行了调研，下发了调研提纲，初步形成了新民市学前教育工作三年行动计划讨论稿，并上报新民市政府。

【促进幼儿园标准化建设，扩大优质园覆盖率】 根据沈阳市农村学前教育发展规划的有关要求，2010年，着力推进6所乡镇中心幼儿园开展达标活动，对设施设备和内部环境建设进行综合改造。农村学前教育经费100万元用于金五台子、梁山、周坨子、前当堡、罗家房、胡台中心幼儿园桌椅、床、大型玩教具的购置和多媒体的配备及地面和墙面的改造等，幼儿园面貌焕然一新。

基础教育（含义务教育、高中教育）

【概况】 2010年，新民市共有中小学43所，在校生总数61 077人。其中高中3所，在校生6 786人；职教中心1所，在校生915人；城区初中4所，在校生3 525人；城区小学8所，在校生8 220人；农村九年一贯制学校26所（含续建1所：公主屯学校），在校生39 787人；特殊教育学校1所，在校生60人；民办学校1所，在校生1 784人。另有教师学校1所。小学阶段有818个教学班，在校学生33 610人，小学入学率100%，巩固率100%；初中阶段有375个教学班，在校学生17 163人，入学率为100%，辍学率为0.26%。

【召开基础教育教学工作总结表彰大会】 3月23日，在新民市第一高中召开新民市2008—2009学年度基础教育教学工作表彰大会。会议对2008—2009学年度基础教育教学工作进行了总结，对市高中等19个单位进行了表彰，市高中等3所学校校长作了典型发言，为新学年开展教学质量提升工作奠定良好的基础。

【高中文化品位不断提升】 新民市高中正式启动校内“名师”工程，20名教师赴全国名校交流学习，100名教师赴上海、济南等地深造学习。第二高中的“尝试教学法”和“五为管理模式”在全国推广，与俄罗斯语言专科学校和鲁迅美术学院正式签订合作办学协议，并开展教师交流和正式启动生源基地计划。

【开展控辍保学活动月活动】 3月份，新民市教育局召开控辍保学专题工作会议，认真部署各学校，特别是初中阶段控辍保学工作任务，积极开展控辍保学活动。各学校以家长会、致学生家长一封信、校园广播、板报、班会等形式积极宣传控辍保学的重要意义。此次活动，使广大学生和家长充分认识到完成九年义务教育是每个公民的义务，学生辍学是违法行为。

【积极参加沈阳市青少年科技大赛】 3月5日，以兴隆堡学校（沈阳市科技特色学校）为代表，积极参加沈阳市青少年科技大赛，经过充分准备，共有20名学生和多名指导教师获得省级表奖。

【开展校长进课堂活动月活动】 4月，新民市教育局开展校长进课堂月活动，各高中、初中、小学校长深入课堂，听课、评课、上指导课；组织人员深入学校认真指导和检查，有关情况上报新民市教育局，并作为年终目标管理考核一部分。

【举办中小学学科知识竞赛】 5月22日，在新民市实验小学举办小学五年级，初中七年级语文、数学两个学科的知识竞赛，小学阶段7%的学生、初中阶段10%的学生参加了竞赛。新民市教育局认真组织筹备此项工作，各中小学积极参与，对教学质量的提升切实起到了推动作用。

【开展教学开放周活动】 按照沈阳市教育局统一部署，9月第一个完整的教学周为学校教学开放周。各高中、初中、小学，充分利用这一契机，让学生家长走进学校、走进课堂，把学校的教育教学工作展示给学生家长，赢得了学生家长的理解和支持，为创造家长和学校和谐的关系奠定良好的基础。

【教师基本功大赛】 12月，组织高中、初中、小学教师参加沈阳市教师基本功大赛。通过学校推荐、评选等层层选拔的形式，推选出基本功扎实、教学能力突出的教师代表新民市参赛。多人在本次比赛中获奖。

职业与成人教育

【概况】 新民市职业教育中心创建于1983年，1995年被评为省级重点职业学校，2004年被评为省标准化职教中心，现已发展成为一所融远程开放教育、中等职业教育及各类职业技能培训为一体的综合性职业学校。学校校园占地108亩，实习基地100亩。建筑面积约1.8万平方米，可同时容纳30个教学班、1 000人住宿和2 000人就餐，校内有环400米跑道的运动场，各种体育设施齐全。图书馆藏书6万册，各类报刊100余种。固定资产总值约1 830万元。2010年全年教育经费投入908.139万元（其中省市投入120万元，县级财政投入641.139万元，学校自筹147万元）。中职毕业生498人，成人高等学历教育毕业生242人，中职在籍生1 120人，成人高等学历教育在籍生970人，各类培训1 500人次。中职教育开设计算机应用、畜牧兽医、数控技术等10个专业，电大成人高等学历教育开设金融、法律、会计等13个专业。有能满足学生实验实训的专用教室22个。有教职工100人，其中专任教师58人，大学本科以上学历56人，高级职称17人，中级职称33人。国家级优秀教师1人，市级学科带头人3人，市级骨干教师4人。

有26所农村成人教育中心校，有专职教师91人，其中：校长26人，高级教师15人，中级教师63人，初级教师13人，男教师占86%，女教师占14%。兼职教师36人，其中农艺师13人，外聘教师23人。农村成人教育中心校承担初中应届毕业生职业教育培训，培训率为100%。面向农村劳动力年培训约1万余人次，面向农村人口进行文化素质培训，年培训约3万余人次，劳动力转移年培训约3千余人。

【课程体系改革】 3月2日，新民市职业教育中心率先以畜牧兽医专业为试点对专业课程进行了改革，并由学校高级讲师于永在2009畜牧兽医班主讲了第一节课改公开课，全校领导及专业课教师听课并于课后做了评估。领导及师生一致认为这是一次非常成功的教学，他一改以往重理论、轻实践、忽视能力培养的传统教学思想和教学内容，而是对教材内容进行了合理调整，结合当地常见、最新的病历进行教学，而且当场处置门诊病历。这种边教学边实践的方法，使理论与实践真正地结合起来，实现了课堂与岗位的“零”距离。学校以畜牧兽医专业的课程体系改革带动其他专业的课程体系改革，改变“学科本位”思想，构建“岗位能力本位”课程体系。

【全国计算机信息高新技术考试基地落户】 4月7日，“全国计算机信息高新技术考试基地”正式落户新民市职业教育中心。新民市职业教育中心将承担新民地区的全国计算机信息高新技术培训及考试工作，填补了新民地区计算机信息高新技术领域培训与认证的空白。这也是在辽宁省范围内继海城市后第二家在县级市设立的“全国计算机信息高新技术考试基地”。辽宁省人力资源和社会保障厅职业技能鉴定中心部长罗辑、大连方正计算机考试中心站主任周宝龙、新民市教育局副局长李延玉、新民市教育局职教科科长孟秀霞到校祝贺并揭牌。12月，成功对35名学员进行了培训并组织了鉴定考试，学生均顺利通过考试并已获取资格证书。

【德育活动】 为全面贯彻党的教育方针，推进新民市职业教育中心素质教育实施，倡导健康优质和具有内涵的校园文化，促进学生全面和谐发展，结合学校特点，开展了校园之星评比活动，以班为单位评选出学习之星、技能之星、文艺之星、体育之星、劳动之星、礼仪之星、诚信之星、俭朴之星、孝敬之星、爱心之星等十星评比活动，争当校园之星活动蓬勃开展，学校班级、学生的精神面貌发生了巨大的改变，学生的整体素质得到了提高，达到预期效果。

【主题活动】 “教会学生做人”是德育工作的出发点，以德育实践为主体，新民市职业教育中心将德育工作寓于丰富的活动之中，让学生在活动和实践中体验感悟，从而提高学生的道德素质。4月，开展了“欢迎救人英雄钱锋荣归母校”的主题报告会，钱锋同学在该校毕业后参军入武，巡逻时，在冰河中救人，事迹轰动京城，本人也荣立二等功，通过钱锋本人的报告，讲述了一个职教学子成长成才的艰辛历程，全校师生和新民市教育局的领导参加了报告会，全体学生深受感动，纷纷表示要向英雄学习，努力钻研、刻苦学习，掌握专业技能，报效祖国、报效家乡。

【联合办学效果显著】 2010年，根据本地区对用工情况市场的调研，了解到目前社会上对计算机动漫、游戏制作及计算机平面设计专业的毕业生需求量很大，学生就业前景非常好，为此，新民市职业教育中心在已有2个合作办学的基础上又与通州彩虹动漫制作有限公司合作开设了新专业。暑期首次招生就有67名学生报名。8月12日，通州彩虹动漫制作有限公司的领导和老师来新民市职业教育中心对新生进行外观形象、口语表达、微机简单操作、才艺和综合素质等方面的面试，此次面试有42人合格。

【阳光工程】 4月，根据上级有关文件精神，在新民市阳光工程办公室的指导下，新民市职业教育中心积极组织开展对农村劳动力的实用技术培训，初次对柳河沟乡各村农民进行暖棚蔬菜、食用菌生产等实用技术培训，共培训六期计438人次。在培训中特聘请专业教师主讲了《劳动法》、《安全生产法》、《蔬菜大棚》、《食用菌生产》等方面的知识，并请专家进行现场指导。参加培训的学员，能按规定完成学时计划并顺利通过了考试，取得了《农村劳动力转移培训阳光工程》结业证书。

【残疾人学历培训】 1月，新民市职业教育中心与新民市残联合作对36名残疾人进行了成人大专学历教育培训，在学习期间残联对参加学习的学员在学费上给予一定的照顾，在学习及考试期间尽可能地为学员提高方便条件，安排了残疾人考生停车位、休息室、专用考场及配备的专用考试桌椅等。12月，新民市职业教育中心、新民市残联及新民电视台电联合举办一次关爱残疾人的新闻宣传活动。新闻节目播出后，在新民地区反响很大，受到了社会各界的好评。

【办学就业双丰收】 2010年，新民市职业教育以就业为导向，适应市场需要，增开了航空服务专业、汽车维修专业、地铁专业等。职教中心增加到18个专业，校企合作增加到5家。学生毕业率达到95%以上。2010年投资45万元改善了教师办公条件，美化了校园，实训室由原9个增加到17个。开展教师基本功大赛、学生技能大赛，应届毕业生双证率达到97%，教师的基本功也有较大提高。积极参与社会培训，在柳河沟等地开展劳动力转移培训589人，残疾人培训50人，兴隆大家庭商场管理人员培训320人，公务员电子文档培训350人，社区学院培训120人。

【实用技术培训成果显著】 2010年，成人教育充分发挥学习村和农村远程教育的作用，变农闲冬闲培训为不同季节开展不同活动的常年培训，以乡、村为单位，请专家和致富带头人集中授课培训，组织各类培训50余项，涉及专业50多个，各类小型培训近千次，全年完成农村人口培训14 987人次，完成农村劳动力转移培训1741人次。在各农村九年一贯制学校校长的大力支持下，借助学校的设备和师资，开设专业24个，培训达300学时，培训面达100%，全年初中毕业生职业教育培训2 058人次。

【全面启动全民终身教育工程】 10月17日，新民市委、市政府召开全面深入推进全民终身学习活动专题会议，启动“新民市全民终身学习活动周”仪式，成立了新民市全面深入推进全民终身学习活动领导小组，下发了《新民市2010年全面推进全民终身学习活动实施方案》，发放图书500余册，发放宣传单500余张。一是建立健全了政府、街道、社区三级终身教育管理体制和政府引领、社区自主活动、群众广泛参与的运行机制，建成4个社区教育学校，15个农村分校，2个社区教育学院。二是突破传统教育体系，构建与新民经济社会发展相适应、面向社会所有成员的教育网络，依托新民市职教中心、沈阳市中医药学校、新民市职业技术学校、新民市职工就业岗前培训中心、新民市劳动技术学校等，面对社会各层面人员进行培训，2010年共培训各类人员108 605人次。三是在有关部门的积极配合下，形成了学校积极支持主体活动、群众广泛参与的教育管理模式，把职业教育、远程教育、学校教育、成人教育、家庭教育等纳入终身教育的实践中，从学校、家庭、社会各个不同领域体现出终身教育的终身性、全民性、广泛性和实用性。四是学校利用现有的教育教学设备、师资力量、图书馆等资源为社区开放服务，为广大人民群众的终身学习提供了机会和条件，最大限度地实现了资源共享。

教育督导

【概况】 2010年，新民市人民政府教育督导室以推进教育强县（市）建设为抓手，坚持督政与督学相结合，重在督学的工作原则，加大教育热点、难点工作的督导力度，切实发挥教育督导“监督、检查、评估、指导”的职能作用，为推动新民教育事业均衡、协调和可持续发展，发挥了积极作用。

【教育强县（市）创建工作有序推进】 认真总结“双高普九”工作经验，同时依据上级创建教育强县（市）要求，主动取得上级对工作的指导，加强调度和培训，大力宣传发动，营造创强氛围，着力促进区域内教育均衡发展，努力提高教育强县（市）创建目标的实现度。

【卓有成效地开展督政工作】 1月，将2009年对乡镇政府履行教育职责情况的绩效考评结果，上报新民市政府绩效评估工作领导小组，作为新民市政府2009年对各乡镇政府绩效考评结果之一进行公示。3月，围绕新民市“建设区域中心强县、全国百强县、科学发展先进县”这一目标，制定了《新民市2010年乡镇政府履行教育职责情况考评细则》，在控辍保学、校园安全、经费筹措、教师稳定、学前教育等五个方面提出了具体的考评要求。12月，依据《新民市2010年乡镇政府履行教育职责情况考评细则》，教育督导室对全市25个乡镇政府履行教育职责情况进行了考评。考评以听取报告、查阅资料、走访座谈、过程纪实等方式进行，对有关乡镇政府履行教育职责情况作出了客观、公正的评价。

【强化督学工作】 一是开展安全工作专项督导。督导检查的内容涉及安全工作的制度建设、设施设备、安全教育、卫生保健、食品卫生、消防安全、交通安全、安全保卫、档案建设等方面。对每次督导不达标的学校及幼儿园，坚持进行督导回访复查，增强了督导工作的针对性和实效性，对学校和幼儿园建立健全安全保卫工作的长效机制，提高安全保卫工作的制度化、规范化水平发挥了积极作用。二是开展控辍保学工作专项督导。通过听取汇报、核查人数、访谈、查阅资料，随机指导等工作方式进行，督导室还将控辍工作不达标的学校，作为重点监控点，实行跟踪督导。专项督导对增强乡镇政府和学校工作的责任感和使命感，推动学校“依法控辍、制度控辍、管理控辍、教改控辍、扶贫控辍”工作的落实，创新控辍保学工作机制，探索解决“学困生”辍学问题等方面取得了新的成效。三是推进省标准化学校创建工作。11月，督导室对已申报接受“省标准化农村九年一贯制（寄宿制）学校”验收的10所学校进行了工作指导。

【科学实施目标管理考核工作】 3月，制订下发了《新民市2010年学校及教育局直属非教学单位目标管理考核方案及考核细则》。12月，由督导室牵头组成2010年学校及教育局直属非教学单位目标管理考核小组，依据考核方案及考核细则对全市43所中小学和8个局属非教学单位进行了2010年目标管理考核。考核工作坚持督从严、评从公、导从诚的原则，通过听取报告、查阅资料、座谈访谈、问卷调查、实地察看、过程纪实等方式进行，全面、准确地采集信息，客观、公正地作出评价，诚恳、有效地提供服务和指导，对促进学校及单位内涵式建设的提升，凸显了目标管理考核工作的功能和作用。

【评优工作】 8月，组织开展了普及九年义务教育先进地区、先进工作者评选工作，并将评选结果以“辽宁省普及九年义务教育先进地区（单位）申报表”和“辽宁省普及九年义务教育先进工作者推荐表”的形式上报沈阳市人民政府教育督导室。

【迎接上级检查】 10月9日，迎接沈阳市教育督导室和教育局对新民市校安工程及市政府办实事项目进行的专项督导调研。11月12日，迎接沈阳市教育督导室和教育局对新民市“两基”年审，同时接受沈阳市教育局对新民“2010年区县安全及综治年终考核”、“区县对民办教育属地化管理的落实情况”、“民族团结教育”、“教育信息化建设情况”等工作的联合检查。

（刘朝侠　张永夫）

辽 中 县

总 类

2010年辽中县教育数据表

学校类型 \ 项目		学校数	教职工	专任教师	女教师	学生	班级数
	合计	149	5195	4564	3697	60712	1337
高中1	计	4	581	492	433	6353	127
	公办	2	354	329	218	3669	76
	民办	2	227	163	215	2684	51
九年一贯制学校2	计	16	2287	2155	1624	21346	366
	公办	16	2287	2155	1624	21346	366
	民办	0	0	0	0	0	0
初中3（不含2）	计	4	795	649	476	8805	166
	公办	3	533	484	363	5345	98
	民办	1	262	165	113	3460	68
小学4（不含2）	计	7	871	817	599	13655	260
	公办	6	671	635	457	11099	204
	民办	1	200	182	142	2556	56
幼儿园5	计	117	630	429	539	10500	411
	公办	24	66	19	59	1530	52
	民办	93	564	410	480	8970	359
特教6	公办	1	31	22	26	53	7

2010年辽中县教育局领导干部任职及分工情况表

职务	姓名	性别	出生年月	政治面貌	文化程度	任职时间	分官工作
局长	王　煜	男	1959.03	中共党员	硕士研究生	2006.01	负责教育局全面工作，分管计财科、信息与督查科
党委书记	郝维文	男	1957.05	中共党员	本科	2010.06	分管党委办公室、行政办公室、人事科
副局长	陈　瀚	男	1965.12	中共党员	本科	2006.12	分管学前教育科、基础教育科、成职教育科、教产与房管办
副局长	王　鑫	男	1972.07	中共党员	硕士研究生	2010.06	分管德育科、体卫艺科、安全与信访科，分管少年宫、青教办
县政府教育督导室副主任（正局级）	杜春山	男	1957.03	中共党员	大专	2010.12	负责县政府教育督导室全面工作，协助党委书记管理纠风和群团工作
县政府教育督导室副主任（副局级）	李广大	男	1970.06	中共党员	硕士研究生	2010.06	负责六间房九年一贯制学校全面工作
县招考办主任（副局级）	韩维庆	男	1960.02	中共党员	本科	2008.07	分管招生考试办公室，协管成人职业教育、终身教育工作
县一高中校长（副局级）	董清海	男	1962.07	中共党员	硕士研究生	2010.06	负责县第一高级中学全面工作
调研员	匡永良	男	1953.03	中共党员	本科	2010.06	2010.1—2010.6任教育局党委书记；2010.6转为正局级调研员
调研员	赵晓光	男	1952.05	中共党员	大专	2009.06	正局级调研员
调研员	于用明	男	1953.01	中共党员	本科	2010.01	正局级调研员
调研员	郑延权	男	1953.08	中共党员	本科	2010.09	2010.1—2010.9任县政府教育督导室副主任，2010.9转为正局级调研员

【概况】 2010年，辽中县共有中小学校32所，其中：小学7所（含1所私立学校），初中4所（含1所私立初中），高中4所（含2所私立高中），九年一贯制学校16所，特殊教育学校1所。直属单位6个：职业教育中心1所，教师学校1所，机关幼儿园1个，少年宫1个，中小学卫生保健所1个，中小学综合实践基地1个。在职教师5 195人，其中专任教师4 564人。在校学生60 712人。

2010年，辽中县教育局先后获得“辽宁省文明机关”、“沈阳市先进集体”、“沈阳市学前教育先进单位”、“沈阳市教育行风建设先进单位”、“沈阳市学习型党组织建设示范点”、“沈阳市教育系统信访稳定工作先进集体”、“沈阳市未成年人思想道德建设先进单位”、“沈阳市招生考试工作优秀单位”、“沈阳市小记者活动先进单位”、“沈阳市教育系统安全教育与社会治安综合治理工作先进单位”、“沈阳市教育技术装备先进单位”等荣誉称号。

【教育行政】 辽中县教育局内设机构11个，即人事科、计划财务审计科、基础教育科、职成教育科、体卫艺科、学前教育科、德育科、安全与信访科、信息与督查科、行政办公室、党委办公室。另设县政府招考办公室、县政府教育督导室、县教育产业与房屋管理办公室。

【党组织建设】 辽中县教育局党委制定了《关于进一步做好“五个好”党组织创建工作的实施意见》，明确创建标准、创建步骤和要求，与各学校党支部签订了基层党组织建设责任状，各支部都按照“好的班子、好的队伍、好的发展思路、好的管理方法、好的工作业绩”五好标准来提升学校的发展，从而使党建工作更好地为教育教学工作保驾护航，促进了教育教学质量的提高。2010年，教育系统涌现出了市级以上先进集体8家，先进个人16人。加强领导班子建设。进行了四期农村九年一贯制学校副校长选聘工作，选聘了13名同志担任农村九年一贯制学校副校长。按照干部任免条例对全县38家单位的领导进行了续聘和任聘，规范了干部推荐考核任命程序。按照沈阳市教育局的要求，组织了中小学校长参加了两期沈阳市农村校长培训，组织第二批再提升工程项目学校校长参加教育信息化培训。

坚持“三会一课”制度，定期召开党员大会、党支部会和党小组会，定期给全体党员上党课。充分利用辽中教育网、《辽中教育信息》及通过开办一高中、二高中、职教中心业余党校等形式，促使党员干部树立勤于学习、终身学习理念，用先进的理念、科学的发展观和现代管理知识武装党员领导干部，增强服务学生、服务家长的能力和意识。通过党员个人自学、撰写心得体会、电化教育、讨论交流、理论测试等形式，进一步增强了学习效果。根据党组织隶属关系，辽中县教育局负责15家直属学校和事业单位的创先争优活动的组织和领导工作，并对乡镇党委负责的其他23家学校的学习实践活动进行指导。全县教育系统共有1 532名党员干部、教师参加了本次学习实践活动。各学校、各直属单位都通过不同方式开展了创先争优活动。

【教育经费】 2010年政府对教育的拨款为51 800万元，比上年（36 485万元）增长41.98%。2010年财政经常性收入31 230万元，比上年（26 047万元）增长19.89%。2010年政府对教育拨款增长的比例高于财政经常性收入增长的比例。预算内生均教育事业费：小学，2010年小学预算内生均教育事业费为9 030.48元，高于上年（6 198.23元）。初中，2010年初中预算内生均教育事业费为11 603.77元，高于上年（7 603.39元）。预算内生均公用经费：小学，2010年小学预算内生均公用经费为1 461.56元，高于上年（831.54元）。初中，2010年预算内初中生均公用经费2 045.15元，高于上年（1 133.40元）。

【基本建设】 2010年教育局配合协调有关部门对于家房九年一贯制学校、杨士岗九年一贯制学校、老观坨九年一贯制学校、冷子堡九年一贯制学校、朱家房九年一贯制学校、城郊九年一贯制学校、牛心坨九年一贯制学校、乌伯牛九年一贯制学校、茨榆坨中学、茨榆坨小学等11所学校进行消防检测、消防验收、防雷验收等工作。并对辽中镇三小、辽中镇五小、城郊九年一贯制学校等19所幼儿园进行维修改造。维修改造总面积22 066平方米，投资845万元。

【学生食堂食品统一采购，排除校舍安全隐患】 2010年，辽中县有30所学校参与了学校食堂食品统一采购工作，就餐总人数32 754人。2010年7月，成立了辽中县学校食堂食品定点采购工作管理委员会，以“公开、公平、公正、规范、廉洁、阳光”为工作原则，对学校食堂所需食品面对社会进行公开招标，确保了学生饮食安全。制订《辽中县中小学食堂采购管理方案》、《辽中县中小学食堂采购管理细则》，以“双五个统一”为标准，供货方（厂家）做到五个统一：统一送货车、统一送货员证、统一商标、统一票据、统一价格。接收方（学校）做到五个统一：统一合同、统一标识、统一样品封存、统一安装监控设备、统一结算。会同辽中县建设局，水利局、地震局、气象局等多个部门对全县中小学校舍进行全面排查，逐校逐栋登记，并将校舍基本情况录入《全国中小学校舍安全工程》管理系统，实行信息化管理。对全县29所公办学校主体建筑进行逐栋检测鉴定，共检测、鉴定单体建筑物119栋，总面积341 883平方米。配合辽宁省建筑科学研究院对2002年以前的建筑物进行全面检测、鉴定，共检测、鉴定单体建筑物47栋，总面积111 346平方米。对2002年以后的建筑物进行全面检测、鉴定，共检测、鉴定单体建筑物72栋，总面积230 537平方米。

【行业纠风】 2010年，以规范学校办学行为、规范教师从教行为为目标，以办人民满意教育为宗旨，重点治理“乱补课、乱办班、乱收费、乱订材料和体罚学生”，实现了举报案件处理率100%，重大案件发生率0，重大案件媒体曝光率0的工作指标，巩固了连续7年沈阳市行风建设先进单位，辽宁省规范教育收费示范县的成果。辽中县教育局的“实施七七五工程，给力教育行风建设”的工作经验在沈阳市纠风工作会议上进行了交流，“民心网”群众诉求办理综合评价，辽中县教育局位居全市十三区县第一名，牛心坨九年一贯制学校被评为辽宁省规范教育收费示范校，辽中县教育局、于家房九年一贯制学校、老大房九年一贯制学校、辽中镇第四小学被评为沈阳市教育行风建设先进单位。

【德育工作】 开展了以突出民族精神为主的爱国主义教育活动，以弘扬中华传统文化为主的国学教育活动，以《中小学守则》、《中学生日常行为规范》、《小学日常行为规范》、《十要十不要》为主的习惯养成教育活动，以上海世博会为主题的宣传教育活动，以感恩为主题的感恩教育活动，以诚信为主题的诚信教育活动，以领导队伍和班主任队伍为主的队伍建设，以全面提高学生素质的综合评价工作，以德育管理、分层次确立德育工作目标的德育分层次教育工作，开展贫困学生资助工作和国家助学金发放工作。共发放国家助学金770 250元，705名高中贫困学生得到了国家助学金的救助，确保了品学兼优的贫困学生完成学业。

组织中小学生开展安全乘车、消防、逃生、疏散、防震等实际演练，掌握了自救自护的能力、技巧和本领。利用“消防宣传日”、“宣传周”、“活动月”等活动，强化了学校、社会、家庭三结合安全教育模式。深入开展“安全、法制教育”进课堂活动，做到了“有计划、有教材、有教师、有课表”，学校统一制定计划、安排教师、课程表，采用国家或校本教材，采取不同形式上课，保证了安全、法制教育的经常化和制度化。深入开展法律知识讲座进校园活动，通过开展“青少年模拟法庭”活动，普及了《未成年人保护法》、《预防青少年违法犯罪法》、《治安治理处罚条例》等法律法规。2010年共举办法制报告95场，举办法律知识竞赛31次。紧紧围绕“抵制毒品，珍爱生命”开展禁毒教育活动，在“珍爱生命，拒绝毒品”手抄报评选活动中，60余名中小学生获得市里荣誉证书，中小学生受到了“珍爱生命，远离毒品”教育。

【体卫艺工作】 全县各个学校都结合本校实际，有序地开展了特色教育，各校至少要有一项主打特色，逐步实现了“一乡一校、一校一品、一品一优”的目标。体卫艺科被县委、县政府评为“文明科室”。2010年辽中县教育局组织代表队参加沈阳市教育局主办的五项体育竞赛中均获得第一名；成功筹办了“沈阳市农村九年一贯制学校艺术特色创建工作现场会”；创新了学校食堂五大类食品原料政府统一采购新模式、食堂操作流程和重要部位实时监控的好方法；4名一线体音美教师被命名为辽中县“名师”；拓展了体育、艺术特长生初升高就学的发展途径。开展军训的学校都建立了军、警、校共建关系，连续2年获得沈阳市学生军训优秀单位。中招体育考试满分率达到83.26%，在辽宁省“千校万人大会操”活动中，沈阳市立人学校、辽中镇第三小学荣获优秀单位。辽中县教育局协同县卫生监督所、县疾控中心、县食药监局等部门对学校进行了6次常规性检查，发现问题127个，用一个月的时间全部整改到位，整改率达到100%。与县卫生监督所联合对学校桶装水和改造的30多所自备水源学校的自备水源水处理设施，水处理指标进行了检查、检验，全部过关。校医、食堂管理员和饮水管理员共进行了7次业务培训，使学校的卫生工作得以扎实开展。

【特殊教育】 5月中旬至6月中旬沈阳市第四个“助残月”期间，在全县中小学开展了“五个一”活动，即召开一次主题班队会、悬挂一幅助残日宣传口号、开展一次校际互动、组织一次专项救助、登录一次“沈阳市特殊教育网”。“五个一”活动较好地营造了扶残助残氛围，形成了理解、尊重、关心、帮助残疾人的社会风尚。7月，特殊教育学校顺利完成了校舍的扩建、改造工作。学校占地面积11 200平方米、建筑面积3 200平方米，新校舍各种配套设施设备基本齐全，已经正式投入使用。9月，特殊教育学校开设了职业教育特色课程，包括十字绣、面点制作、烹饪技术、美发等，受到了家长和社会的认可和好评。

【民办教育】 依法规范民办学校的办学行为，积极鼓励、大力支持民办教育的发展。民办学校的教育教学管理与公办学校统一要求、统一检查和考核评估，形成了公办学校和民办学校优势互补、资源共享、公平竞争、共同发展的格局。4月28日，中国教师报在辽中县立人学校成功召开“高效课堂走进沈阳研讨会”，来自全国各地800人参加了这次会议，国家副总督学郭振友到会并讲话。

【民族教育】 以课堂教学为主阵地，强化渗透民族团结教育。按照《学校民族团结教育指导纲要（试行）》的要求，9月份在全县中小学设置了民族团结教育课程，按年级订阅和使用规定的教材，配备了专兼职民族团结教育任课教师，严格执行《纲要》规定的教学时间，并确保教学质量。同时要求各学科教师结合《纲要》及新课标的要求，进一步细化各学科、各年级的民族团结教育的渗透点、结合点，适时融入、补充和延伸。民族教育学校经常利用主题班会、主题升旗仪式、校园小广播、专题讲座对学生进行民族团结教育。开展了“四个一”活动，即学唱一首民族歌曲，学跳一个民族舞蹈，画一幅民族风情画，讲一个民族英雄故事。黄旗堡满族小学组织精干力量编写了《满族历史风俗》校本教材。为了弘扬和传承满族文化，开展了民族音乐、美术、体育进课堂活动。如音乐课的《中国民族音乐赏析》，美术课的剪纸，体育活动中的抓嘎拉哈、撞拐等，并设立了具有满族特色的教育展室。

【终身教育】 5月26日，辽中县推进全民终身学习活动工作会议召开。会上确定了“学习型村屯”创建工作由“试点”向“示范”稳步迈进的工作目标，县终身教育办公室研究制订了《辽中县创建学习型社会工作方案》、《辽中县“村校捆绑式”终身教育工作方案》等12套工作方案。先后制订了《辽中县学习型村屯学习制度》、《辽中县学习型村屯基本标准》等11项考评细则。从运行机制上规范了各成员单位的常规管理、培训标准、考核办法。“以终身教育体系为基础、以学习化社会理念为原则、以区域百姓为服务对象”的工作思路已基本形成。在全民终身学习活动周全国总开幕式期间，组织各委办局、乡镇完成19类工作任务，总计532份报表。安排创建七类学习型组织活动等282项活动。制作辽中县创建学习型城市活动专题片20分钟。2010年，辽中县终身教育工作经验先后被搜狐新闻网、中国经济网等多个网络媒体广泛报道26次之多。辽中县创建学习型村屯活动被评为沈阳市全民终身学习精品活动，获得沈阳市全民终身学习活动突出贡献奖。刘二堡镇皮家堡村、大黑乡东于村、老观坨镇大兰坨村、朱家房镇侯头沟村等4个村屯被评为沈阳市终身教育先进社区。王煜、王福会、边防被评为终身学习活动先进个人。

学前教育

【概况】 辽中县目前有各级各类幼儿园117所，其中公办幼儿园24所，民办幼儿园93所，全县有适龄幼儿10 500人，其中学前一年幼儿3 800人，入园率为100%；学前二年幼儿3 500人，入园率为100%；学前三年幼儿3 200人，在园2 089人，入园率为67%。全县有幼儿园园长及教师630人，其中幼儿园园长117人（大专以上学历59人，持有教师资格证98人），幼儿教师429人（大专及以上学历216人，持有教师资格证155人）。幼教专业毕业的247人，达到38%。辽中县县教育局被评为沈阳市学前教育先进单位。

【农村中心园建设】 辽中县将幼儿园建设纳入九年一贯制学校建设的整体规划中。抓住沈阳市标准化幼儿园建设的大好时机，从市教育局争取资金110万元，重点建设了辽中镇四小幼儿园、茨于坨中心园等6所幼儿园，为各园配备了设施、设备和玩教具。目前全县17所中心园均拥有配套的幼儿活动室、寝室、保健室、盥洗室和幼儿厨房等完善的设施，以及钢琴、闭路电视、DVD、电脑、电子白板及大中小型幼儿玩具等齐全的设备。

【茨榆坨中心园示范引领】 茨榆坨幼儿园于5月交付使用，5月20日招生，招收幼儿200余人，并于7月顺利晋升为市级示范园。“六一”儿童节，市教育局苏文杰局长率领教育局领导班子到茨榆坨中心园参观并给予了高度的评价。6月份，市教育局组织全市涉农县区的教育局主管领导及学校校长、幼儿园园长到茨榆坨中心园参观学习。11月份，全县公办幼儿园园长到茨榆坨中心园参观学习，在茨榆坨中心幼儿园召开中心园建设现场会。

【清理整顿个体幼儿园】 2010年，辽中县狠抓了民办幼儿园的管理工作，规范家庭幼儿园的办园行为，清理取缔无证园所。依据沈教发《关于坚决取缔非法幼儿园的通知》的文件精神及沈阳市人民政府2009年第14号令，辽中县政府会同教育局、公安局、食品药品监督局、各乡镇政府组成联合检查小组，对全县所有无证园所进行地毯式排查，并对148家无证园所下发了停园通知单,限其立即停止招生。地毯式排查后，那些通过整改基本达到办园标准的幼儿园的主办人向教育局提交办园申请书和办园方案，教育局再把提交办园申请的幼儿园转给县公安局和县食品药品监督管理局，教育局负责检查办园条件，审查主办人、园长、教师的资格。公安局负责检查幼儿园消防安全，对检查合格的出具《消防验收意见书》。食品药品监督管理局负责检查幼儿园的饮食饮水卫生，对检查合格的出具《餐饮许可证》。截至6月22日，全县共有95家幼儿园递交了办园申请书。辽中县教育局对所有提出办园申请并经消防检查合格的幼儿园逐家检查，并提出整改意见，待幼儿园整改后，再去验收。为了解决全县幼儿的入托问题，既按照市教育局的文件精神，又结合全县实际，在保证幼儿园安全的前提下，适当放宽条件，对那些通过各部门审查，基本符合办园标准的幼儿园秉着合格一家审批一家的原则，下发了《沈阳市幼儿园开办许可证》，并报市教育局备案。经过整顿，共取缔40余所无证园。公安局对一些不服从管理的家托负责人依据有关法律法规进行了处罚，行政拘留7人，罚款21人。

【安全工作】 2010年，先后召开了7次全县幼儿园园长安全工作会议，及时传达了省市关于安全工作的有关文件。与县公安局共同组织幼儿园保安人员参加业务培训。利用每月例会强调饮食、饮水、消防及交通等安全工作，极大地督促了各幼儿园的安全工作意识。为了将安全责任落实到位，教育局和各级各类幼儿园园长签订了安全责任书，各幼儿园制定了安全工作应急预案，全年没有发生一起安全责任事故。

全县幼教工作者齐心合力，共同防治手足口病。为了最大限度地控制疫情，确保全县幼儿的身体健康，多次召开各级各类幼儿园园长会议，会上请县疾病防控中心的同志对各位幼儿园园长就如何有效预防手足口病及流感工作进行了认真的培训。通过培训，全县的幼儿园不仅提高了防范意识，更掌握了有效的防治措施，极大地保证了辽中县幼儿的身心健康。

【教师培训工作】 3月和10月，辽中县教育局分别在机关幼儿园开展了幼儿教师春季和秋季课改培训，举办观摩课，共推选出11节优秀课参加了沈阳市幼儿教师课程改革培训。在这次活动中，五小幼儿园的谢欣、老观坨中心园的梁玉婷获得了沈阳市一等奖。多次组织全县各级各类幼儿园园长参加市教育局举办的幼儿园园长岗位培训学习。97%的园长已经通过了考试，取得了幼儿园园长资格证，基本做到了持证上岗。5月末，辽中县教育局参加市教育局组织的庆“六一”颂党情活动，获得优秀组织奖，参赛的3个节目均获得金奖。11月，参加市幼儿教师知识技能大赛，获得优秀组织奖，吴微等人分别获得个人才艺展示一等奖，知识问答一等奖，钢琴一等奖，声乐、绘画二等奖的好成绩。在城乡手拉手活动中，多次组织幼儿园园长及幼儿教师到示范园参观学习。沈河区向辽中县结对子幼儿园赠送农村中心园大量设施设备，做到了城乡间幼儿园的广泛交流。组织进行幼儿教师玩教具制作及声乐、舞蹈、绘画、钢琴大赛，参赛教师近百人，每项评比出一、二、三等奖，辽中县机关幼儿园等5所幼儿园获优秀组织奖，颁发了荣誉证书。

义务教育

【概况】 2010年，辽中县共有义务教育学校28所，其中，九年一贯制学校16所，初中4所（含1所民办初中），小学7所（含1所民办小学），特殊教育学校1所。共有教学班799个，在校学生43 859人。其中，九年一贯制学校学生21 346人，初中学生8 805人，小学学生13 655人，特殊教育学校53人。在职教职工3 984人。小学适龄儿童入学率100%，小学教育完成率100%，三类残疾儿童入学率100%，小学升初中入学率100%，初中在校生年辍学率0.01%，16—17周岁初中教育完成率98.78%以上，升学率95.5%。

【教学常规管理】 为进一步规范教学常规管理，针对全县中小学教学工作实际，制定了《辽中县中小学教学管理规程》，于5月21日下发至中小学校贯彻执行。下半年对全县各中小学执行《规程》情况进行了全面检查，保障《规程》得以贯彻实施。通过检查促进了学校的教学工作，突出了教学这个中心工作。

【教学质量监控】 全面落实《沈阳市基础教育教学质量提升行动计划》，依据辽中县《关于全面推进素质教育提高教育教学质量工作方案》，突出教学的中心地位，把提高教学质量和学生的学习质量作为核心内容，严把质量关，科学有效地做好了质量监测工作。上半年配合中考，对初三年级进行了一次质量监测。下半年，对六年级进行了一次质量监测。通过严密组织、统一命题、严格考试过程管理、集中评卷、公平评价的环节，两次抽测对客观掌握学生学习质量起到相当重要的作用。2010年辽中县中考各科质量及录取分数线居沈阳市郊区县前列，考入省级重点高中的学生数大幅提高。

【课改工作】 继续抓实课改，积极赴外地学习课改先进经验。4月份，组织各校领导和教师一行19人赴山东杜郎口进行了考察，学习课改先进学校的宝贵经验。5月，在满都户九年一贯制学校召开了“辽中县中小学课堂教学改革观摩研讨会”，展示了先进学校课改成果，提供了课改交流的机会，为新的课堂教学模式在全县推广奠定了基础，进一步推动了全县的课改工作。承办中国教师报在立人学校召开的“高效课堂走进沈阳研讨会”。经过一个月的筹备，4月28日，中国教师报在立人学校成功召开“高效课堂走进沈阳研讨会”，会议旨在深化课堂教学改革的研究与实践，探求高效课堂的途径与方法，学习全国先进地区的教学经验和课堂教学改革的新思路、新理念，进一步提高教师的教学水平和教学质量。来自省内外专家、教师代表800多人参加会议。此次会议的召开，进一步推动了辽中县中小学教学改革，为全县中学校际间沟通与交流搭建平台。

【“特色优教、质量强校”工作】 加大了特色学校工作力度，指导各学校针对本校实际发展特色学校，通过“特色优教、质量强校”工作推动特色教育和质量提升两手抓、同步走。各学校均把学校特色教育列入学校发展规划，特色领导小组机构健全，分工明确，相关制度与措施完善，特色教育档案资料完备。学校把特色教育纳入校本课程、研究性学习和相关课程教学中，积极开展特色教育活动，学校校园特色文化浓厚。11月上旬，在于家房九年一贯制学校召开了“特色优教、质量强校”活动现场会，此次活动进一步优化教育管理，丰富办学内涵，提升学校品位，形成特色立校、特色优教、质量强校的发展态势，全面提升全县教育整体实力。

【“名师工作室”工作】 充分发挥辽中县名师的示范、引领、带动、辐射作用，促进教师素质的再提升，实现全县教育均衡发展和教育教学质量的稳步提高，制定《辽中县名师工作室实施方案》，下发到各学校。以“名师工作室”创建为契机，充分发挥名师的专业引领作用，努力打造一批师德高尚、理论功底扎实、学科知识宽厚、教学业务精湛、具有较强创新意识和实践能力的教师，逐步把名师工作室办成全县优秀教师的孵化器，教师队伍建设的助推器。

【控辍工作】 采取普及高中教育、加强初中内涵建设、加强教师队伍建设、加强职业教育、加强教育督导评估的方式进一步加大依法治教的力度，建立自上而下的控辍保学体系。以法律法规为依据，继续完善了十项控辍制度，即入学通知书制度，控辍保学合同制，乡、校、教师、村四方面层层责任制度，控辍档案管理和工作记实制度，辍学报告制度，控辍奖惩制度，控辍执法制度，控辍活动月制度，控辍工作月报表制度，小升初交接制度。做好了3月和9月控辍活动月工作，对各校控辍工作进行了专项检查，包括控辍制度等文字材料和实际辍学率等方面，掌握控辍的第一手材料，期初和期末二次实地核查学生人数，准确掌握学校辍学动态，切实巩固了双高“普九”成果。

高中教育

【概况】 2010年，辽中县共有普通高中4所（含民办），其中，辽中县第一高级中学是辽宁省示范高中，在校生1 775人，在职教职工173人。辽中县第二高级中学是沈阳市重点高中，在校生1 894人，教职工181人。辽中县第一私立高级中学是民办高中，在校生1 484人，教职工114人。辽中县新时代高级中学是民办高中，在校生1 200人，教职工113人。2010年，辽中县普通高中教育继续呈现出又好又快的发展势头，教育质量继续提升。

【新课程改革】 辽中县本着“积极稳妥”的原则，推进高中课程改革。各校开展了各种措施改进课堂教学，促进教学工作的不断创新，形成了各校独特的教学模式：辽中县第一高级中学构建了“2515课堂模式”（导学研讨25分钟、练习或考试15分钟），开展有效课堂教学，准确定位教学难度，狠抓双基，提高课堂教学的针对性，实施有效教学方法（不拘一格、百花齐放），提高学生学习积极性，落实和强化每课一练或一考，学生建立“错题本”，设立学生疑问报告单，在有效教学上狠下工夫；辽中县第二高级中学形成了“211”教学法，即教师讲课20分钟，师生互动、生生互动10分钟，学生演练10分钟，开展“二·八”工作法，激发了学生的学习热情。课前2分钟，学生背诵学科知识，一是强化学生对基础知识的记忆能力；二是集中学生精力，为上好本节课作好充分准备。课间8分钟，教师在班为学生解答疑难问题，管理课间纪律。

【精细化管理】 精细化管理是学校内涵发展的基础，辽中县各校借鉴企业精细化管理的理念，做精做细学校管理的各个方面和环节，目标求精，准确定位，过程求精，细分管理对象，细化管理流程，结果求精，实施科学评价，通过不懈的努力，实现学校管理从粗放到精细的转变。6月12日，辽中县第二高级中学成功召开了题为《让每棵秧苗都茁壮》的沈阳市普通高中精细化管理经验推介会。此次推介会全面展示辽中县第二高级中学在学校文化建设、领导力提升、“二·八”教学工作法实施、“211”教学模式建构、课堂教学活动自评、学生助教辅导和XZT质量评价等方面的管理经验。

【特色发展】 普通高中要在激烈的竞争中始终保持优势和强势，除了要保持原有的传统优势，更要找准新的突破口，开拓新的发展空间，走出特色发展的新路子。大力支持普通高中做好科技、外语、美术、体育、音乐等特色学校的建设。实现普通高中特色发展的多元化和多样化，使每一个学生接受适合自己发展的教育。辽中县第一高级中学的特色方向是外语和艺术，辽中县第二高级中学的特色方向是艺术和体育。

【打造高素质的教师队伍】 辽中县政府依法实施教师资格制度，强化教师职业准入机制，核准和落实教师编制，确保合格师资得到及时补充，满足教育教学需要。县教育局建立和完善高中教师继续教育制度和校本研训制度，健全教师培养、培训、培优机制，加大新课程培训、骨干教师培训、学历提高培训力度。各校坚持“请进来、走出去”，加强教师学习与培训。辽中县第一高级中学曾请哈尔滨师范大学教授鄢佴作《深刻理解课改精神，实施有效教学》的讲座，请国家命题中心张老师作《新课改教学与文综合备考》讲座；校长亲自带领教研组长到本溪、北京参加课改教研和高考备考活动，苦练内功，增长才干，采取有效教学策略，提升教学质量。教师论文多篇被评为省、市优秀论文。陈晓霞、刘海鹏等多名教师在省、市评优课中获奖。

【教学质量逐年提高】 2010年高考中，辽中县第一高级中学进入一本线110人，进入二本线257人，共计367人，进线率为63.49%，再创历史新高。本科进线率达90%。600分以上的尖子生7人，其中宋菲菲、王现、闵冠中三名同学分别以645分、643分和640分在9家联合体中名列第一、第五和第十名，并分别考入南京航空航天大学、南京大学和同济大学。辽中县第二高级中学进入一本线32人，进入二本线322人，共计354人。本科进线率达83.77%，位居沈阳市市重点高中前列。

职业与成人教育

【概况】 2010年，辽中县职业教育中心占地面积136 841平方米，建筑面积36 860平方米；图书馆藏书6万册，各类报纸26种、杂志近200种；学校分南北两个校区，现有教职工129人（外聘教师39人），其中，专任教师81人，占教职工总数62.8%；在校生2 412人，招收新生792人，其中，升学方向330人，就业方向462人；毕业生916人，其中，升学187人，就业729人；完成建筑、机械加工、家政、农学等短期培训1 992人；全年教育经费投入1 236.1万元，其中，国家拨款1 036.1万元，自筹资金200万元。

职教中心开设有机械加工、汽车运用与维修、学前教育、计算机应用、农业机械化、农业经营管理、物流、美容美发、化工类、建工类等20余个专业。学校现拥有35个专用教室和2个标准汽车、机加实训车间；有稳定的校外实习基地57个，学生就业率96%以上。2010年学校成功承办“近海职教杯”第七届辽宁省中等职业学校美容美发技能大赛，荣获辽宁省“卫生模范单位”称号。

【改善办学条件】 在全球经济危机的压力下，国家、省、市资金紧张的情况下，2010年职教中心经多方努力，通过各种渠道争取国家、省、市级资金550万元，用于学校基础建设。争取到2010年度中央财政支持的职业教育实训基地建设项目（计算机专业）资金260万元（设备），设备到位后将使计算机专业硬件建设实现跨越式发展。与此同时，学校享受沈阳市教育局直属学校待遇，为学校下一步发展打下了良好的基础。

【招生工作】 创新招生模式，实行“教师全员参与”、“分片包村入户”的招生模式，招生工作既分工又合作，全体教师分区域、定指标，包村屯、包家庭，较好弥补了以往工作中的漏洞，招生工作由被动变主动，收到了较好效果，2010年招收新生630名，列郊区县之首。实现转型，由原来以联办专业为主过渡到以服务县域经济的自主专业为主，服务县域经济发展的功能得到强化。

【提高学生动手能力】 扎实推进“工学”结合，增加实践课比例，强化实训室建设，注重培养动手能力。扎实开展“创先争优”活动，打造职业教育为终身教育服务品牌，9月份职教中心组织开展了技能大赛活动，调动和激发了学生对技能学习的积极性，学生动手能力普遍增强。学前教育专业学生表现优异，在幼儿教师资格证考试中通过率达到85%以上，在郊区县专业中名列前茅。专业合格率提高，部分专业学生在辽宁省中专计算机统考中通过率达100%，在“近海职教杯”第七届辽宁省职业院校学生技能大赛中，职教中心多名学员分别获得辽宁省一等奖，国家二等奖的好成绩，职教中心在质量提升年获得“先进单位”称号。

【拓展就业渠道】 继续深入实行“联合办学”，开展“订单”培训。为毕业生搭建提供技能培训和就业机会的平台，同时也为适龄青年和下岗职工就业和农村劳动力转移提供培训和就业机会。成立专职指导员队伍，强化职业指导，为毕业生架设就业桥梁，积极进行二次、三次推荐，千方百计确保学生就业，2010年累计为470名应、往届毕业生找到了适合自己的工作岗位，使学生就业率始终保持在96%以上。

【突显职教办学特色】 为县域经济的发展打造人才库，为三农服务，为企业发展提供人才保障，职教中心长短班结合，学历教育与非学历培训相结合，努力创办具有辽中特色的职业教育，2010年经教育局和职教中心共同努力，免费培训各业劳动者2 000多人，使更多的农民工带着技术进城。依照沈阳近海经济区招商局要求，职教中心为沈阳好特达物流有限公司招收和培训的押运员、危货运输驾驶员、物流业务员以及汽车修理工等，共计270名。教育局紧紧依托县职教中心与57家规模以上企业组建的“沈阳近海职教集团”优势，实行“订单”培养，基本满足了企业对技能型工人的需求，逐渐缓解了企业用人压力。职教中心与沈阳近海职教集团内企业建立长期人才培养关系。11月20日与沈阳机床银丰铸造有限公司签订用工培养协议，3年内为沈阳机床银丰铸造有限公司培养1 200名技术工人。

【“9+2”义务职业教育试点】 “9+2”义务职业教育试点工作，主要招收家庭经济困难、自愿接受职业技术教育的初中毕业生。根据学生报考情况和学校专业设置情况，采取独立编班和插班相结合，费用由政府财政负担，让贫困家庭享受财政的阳光，让贫困家庭子女享受免费职业教育，掌握一技之长，为家庭脱贫致富打好技能基础。从2007年试点以来，已为1 237名农村贫困家庭子女免除学费近500余万元，仅2010年就免除贫困家庭子女学费100余万元，解决了这些家庭子女读书难问题。此项试点工作在职教中心继续顺利开展，得到了上级部门的认可和赞誉。

【创建学习型社会工作】 积极承担《辽中终身教育信息》简报的策划、撰稿、编辑和出版工作。到2010年末，出刊19期，发行38万份，为创建学习型社会做了大量的宣传工作，营造了很好的学习氛围。开展短期培训工作，举行汽车、水暖、瓦工、会计等培训班3期，累计培训近2 000人。11月份举办种植、养殖、家政服务等培训，全年累计培训人次超过3 000人。

【“近海职教杯”第七届辽宁省职业院校学生技能大赛】 5月7日—8日，“近海职教杯”第七届辽宁省中等职业学校美容美发技能大赛在辽中县职业教育中心隆重举行。辽宁省各城市12个代表队的选手、模特和多家媒体记者等200余人参加了本次大赛。此次大赛共设有：板寸推剪造型，女士翻翘发型，新娘妆、盘发及整体造型（真人模特），晚宴妆、盘发及整体造型（真人模特）四项内容。辽中县职业教育中心取得了4人进入前十名的好成绩。

【辽中县全民终身学习活动周启动仪式】 10月16日，辽中县“终身学习活动周”启动仪式在职教中心北校区举行。充分发挥职教中心资源优势和功能作用，完善县、乡、村三级学习网络建设，为学习型社会建设搭建终身学习平台。

【乡镇成人教育工作情况调研】 3月，对成人教育工作进行了8次工作调研，认真分析了成人教育的现状，列举了成人教育工作中的困难和难题，提出了辽中县成人教育发展的思路和建议，并写出了9 000余字调研报告。

【各类社区教育培训活动】 2010年，利用1所社区教育学院、20所社区教育分院，面向社区居民，开展了各类短期培训活动50余场，培训人数1万余人次，重点面向下岗职工、失地农民、外来务工人员等弱势群体，有计划、有重点开展教育培训活动，满足广大人民群众对提高自身素质和生活质量的迫切需求。

教育督导

【概况】 2010年，辽中县教育督导室紧扣全县教育均衡、优质这两大主题，创新了工作思路，加大了督导力度，促进了全县教育均衡发展、内涵发展和整体发展。2010年辽中县被评为辽宁省普及九年义务教育先进地区；辽中县被评为辽宁省高水平高质量普及九年义务教育合格单位；刘二堡镇、杨士岗镇、满都户镇、六间房镇、城镇二中、养士堡九年一贯制学校被评为辽宁省普及九年义务教育先进单位。

【督导检查】 按照辽中县教育督导室下发的〔2010〕2号文件《关于对乡镇校教育工作进行督导的通知》精神，会同县教育局基础教育科、德育科、行政办公室、安全与信访科、体卫科、教育产业管理办公室、纠风办组成联合检查组，于3月3日—15日，对全县17个乡镇履行教育责任情况和36所中小学及教育局直属单位学期初的安全、消防、德育、教学、卫生、行风、绿化等工作进行了督导检查。并向各乡镇和学校下发了《关于对2010年乡镇履行教育责任和学校学期初工作的督导检查报告》，对全县17个乡镇履行教育责任情况和36所中小学及教育局直属单位学期初的安全、消防、德育、教学、卫生、行风、绿化等工作情况进行了通报。

【迎检工作】 1月12日，接待沈阳市人民政府2010年对区县政府教育工作目标绩效评估，评估内容包括：九年一贯制学校再提升工程项目学校的改造情况，预算内中、小学生均经常性公用经费完成情况等，全县成绩位居一市三县第一名。4月13日，与相关科室通力配合，妥善做好了接受市教育督导室和市教育局联合检查工作，杨士岗九年一贯制学校作为科技特色学校顺利通过验收，近视防控、控辍保学、教育经费保障等工作也受到了上级领导的肯定。11月11日，接待沈阳市人民政府对区县“两基”年审，对全县教育发展情况、冬季采暖情况、控辍保学情况给予高度评价。

【纠风工作】 2010年，教育局行风建设工作，以规范学校办学行为，规范教师从教行为为目标，以办人民满意教育为宗旨，重点治理“乱补课、乱办班、乱收费、乱订材料和体罚学生”，实现了举报案件处理率为100%，重大案件发生率为0，重大案件媒体曝光率为0的工作指标，巩固了连续7年沈阳市行风建设先进单位，辽宁省规范教育收费示范县的成果。辽中县教育局的“实施七七五工程，给力教育行风建设”的工作经验在沈阳市纠风工作会议上进行了交流，“民心网”群众诉求办理综合评价，辽中县教育局位居全市十三区县第一名，牛心坨九年一贯制学校被评为辽宁省规范教育收费示范校，教育局、于家房九年一贯制学校、老大房九年一贯制学校、辽中镇第四小学被评为沈阳市教育行风建设先进单位，李德斌、喜春军、张国新同志被评为沈阳市教育行风建设优秀工作者，吴凤海同志被评为沈阳市教育行风建设突出贡献者。

（胡殿友　陈瀚）

法 库 县

总 类

2010年法库县教育数据表

学校类型＼项目		学校数	教职工	专任教师	女教师	学生	班级数
	合计	113	4008	3357	2246	55001	1476
普通高中1	计	2	328	268	183	4052	78
	公办	2	328	268	183	4052	78
	民办	0	0	0	0	0	0
九年一贯制学校2	计	12	1635	1439	800	23643	551
	公办	12	1635	1439	800	23643	551
	民办	0	0	0	0	0	0
初中3（不含2）	计	9	626	509	334	7289	150
	公办	9	626	509	334	7289	150
	民办	0	0	0	0	0	0
小学4（不含2）	计	54	1008	853	643	13232	447
	公办	53	973	830	613	12746	431
	民办	1	35	23	30	486	16
幼儿园5	计	35	366	256	256	6714	243
	公办	14	168	81	81	1998	61
	民办	21	198	175	175	4716	182
特教6	公办	1	45	32	30	71	7

2010年法库县教育局领导干部任职及分工情况表

现任职务	姓名	性别	出生年月	民族	政治面貌	文化程度	任职时间	分管工作
党委书记 局长	靳万勋	男	1954.05	汉族	中共党员	大专	2003.03	党委、行政全面工作，分管计财科、财务核算中心
党委书记	毛凤武	男	1955.10	汉族	中共党员	本科	2009.12	党办
党委 副书记	鲍玉彩	男	1956.04	汉族	中共党员	大专	2005.05	党办、工会、团委、纠风办、考评办、老干部办、师校培训部（干训）
副局长	张丽娟	女	1963.11	汉族	中共党员	本科	2002.06	基教科、德育科、体卫艺科、成职教科、招考办、保健所、仪器站、师校中小学教研部、科研所、教育学会、德育研究室、电大
副局长	纪文彬	男	1970.04	汉族	中共党员	本科	2004.10	人事科、安全科、学前教育科、教育志办公室、信息教育科、用书办、校办产业中心、师校培训部（师训）、电教馆
正科级 助理督学	张建华	男	1957.06	汉族	中共党员	大专	2003.03	督导室全面工作，分管教育督导办公室
副科级 助理督学	田文明	男	1962.06	汉族	中共党员	本科	2004.02	教育督导工作、行政办、信访办
工会主席	赵　伟	女	1962.08	汉族	中共党员	硕士 研究生	2005.11	工会全面工作
纪检委员	马中罕	男	1969.09	汉族	中共党员	硕士 研究生	2006.12	纠风、纪检、团委

【概况】 2010年，全县有中小学校80所，中小学在校学生48 287人，中小学在职教职工3 642人。其中，高中2所，九年一贯制学校12所，初中9所，小学54所，爱心学校1所，职业中专1所，教师学校1所。

【教育行政】 法库县教育局设行政机构16个：行政办公室、人事科、计财科、基础教育科、党委办公室、团委、纠风办、财务核算中心、体育卫生与艺术教育科、安全科、德育科、职业教育与成人教育科、学前教育科、教育志办公室、信息教育科、考评办。法库县人民政府教育督导室办公室设在县教育局。县教育局直属单位21个：法库县高级中学、第二高级中学、教师进修学校、职业中等专业学校、第一初级中学、第二初级中学、第三初级中学、实验小学、太阳升小学、石桥小学、德华私立学校、少年宫、幼儿园、第二幼儿园、爱心学校、招生考试委员会办公室、教育教学仪器站、中小学卫生保健所、教育产业管理中心、中小学用书管理办公室、青少年素质教育基地。

【教育经费】 2010年，法库县教育经费总收入36 351万元，比上年29 869万元增加了6 482万元，增长了21.7%。地区生产总值实现1 750 000万元，教育支出36 351万元，占地区生产总值的2.08%。全县财政支出为182 176万元，教育经费占当年财政总支出比例19.95%。

【基本建设】 2010年，学校办学条件进一步改善。积极实施“班班通”工程，市教育局、县财政局共筹集资金610万元，完成了镇内学校和农村初中共550个大投影设备的安装和调试。为促进“双高普九”工作，加强硬件建设，购置计算机960台，解决资金336万元。从市计算机学校、市化工学校等筹集到学生桌椅、床、教师办公桌椅、计算机等，价值200余万元，补充到非九年一贯制学校中，改善了办学条件。为法库高中、卧牛石九年一贯制学校安排桌椅5 100套、黑板150片；完成了卧牛石九年一贯制学校5个专用教室设备引进及装修工作，并达到了市级一流水平。完成了五台子初级中学教学危楼重建的前期工作。投资85万元，完成了五台子、包家屯2所中心园共1 000平方米的建设工作。从沈阳市悲鸿学校和东北育才学校筹集桌椅1 500套，床240张，计算机70台，价值68万元，为非九年一贯制学校和县幼儿园及时补充了所需的设备。积极号召社会各界捐资助学，县（市）直各部门和企业共筹集款物折合资金250万元，改善了义务教育学校办学条件。

【德育工作】 2010年开展了“感动校园的好教师”和优秀德育工作者评选活动，树立教师群体良好形象。大力开展了文明养成教育活动，各校制订以养成教育为主旋律的“十入手，十培养”原则，并开展宣传教育活动。法库县将3月份确定为全县中小学文明养成教育月。制定《中小学文明行为养成教育活动方案》，下发至各中小学校。以民族精神为主线，开展《国旗下讲话》征集活动，共征集讲话稿285份，评选出100篇优秀作品报沈阳市教育局，其中有15篇被入选编书。3月30日，举行了法库县中小学生“我有一个好习惯”演讲比赛，五台子初中、太阳升小学代表法库县参加沈阳市比赛，分别取得二等奖、指导奖和组织奖。规范升国旗仪式，严格升国旗程序和相关要求，特别强化唱国歌环节，师生同唱，声音洪亮。文明迎全运，开展“六个一”活动，即发出一封倡议书，进行一次主题升国旗仪式，致家长一封信，召开一次主题班团队会，举办一次礼仪知识讲座，开展一次文明学生评比活动。聘请校外辅导员何恩福老人，在县内中小学开展了“心系玉树，大爱无疆”活动，师生们亲手制作的慰问信及慰问卡，由他送往灾区。参加了沈阳市举办的“书香溢满校园，阅读浸润人生”读书成果评比活动，全县共评出96名“读书之星”报市教育局。按照市教育局德育工作总体要求，开展了评选市、县优生、优干、优班工作，共评选市级优秀学生96名，优秀班级15个；县级优秀学生390名，优秀班级149个。

【体卫艺工作】 2010年，体卫艺工作以提高管理为途径，在全县中小学树立“健康第一”的思想，推进了素质教育发展。体育工作方面：对2010年初三、高三毕业生体育合格进行认定和验收，合格率达95.2%。落实学生每天1小时体育锻炼并进行了全面检查。5月15日—5月21日，举行了全县初三毕业生集中体育考试。全县中小学师生参加了法库县全民运动会，出色地完成了县政府交给的前导队、团体操表演和裁判工作任务；法库县教育局派出的田径代表队，取得了职工组第一名的优异成绩，获得精神文明代表队荣誉称号。各学校开展了阳光体育运动，每校组织了三项以上的校内体育比赛，并开展了长跑活动。完成了1 300人的全民体质测验任务。

卫生工作方面：开学前，对学校食品卫生

安全工作进行了全面检查，强化了食品及饮水安全管理工作。7月份，对全县校医、体育教师进行了红十字救护培训，经严格考试颁发了急救员合格证书。完成了学生医疗保险工作，共有9 234名同学参加保险。组织校医参加了市持证上岗培训工作，参加人员达到90%以上。向全县师生发放救助款达10万余元，解决了特困、重病师生的燃眉之急。

艺术工作方面：创建学校艺术长廊，做到定期更换；学校举办艺术节活动，提供展示平台，发挥学生特长；组织部分教师、学生参加市艺术节比赛，组织部分教师参加市合唱、舞蹈等专项培训，提高了教师业务水平；成功举办了第26个教师节文艺晚会。

学前教育

【概况】 2010年，法库县共有托幼园所35所，其中，县立园2所，乡镇中心幼儿园12所，社会办园21所；教职工366人，其中，专任教师256人。全县有沈阳市市级示范园2所，市级早教基地2个。3—6岁幼儿入园率为75.6%。2010年，法库县学前教育完成了年初确定的各项工作目标任务，为普及学前三年教育奠定了坚实基础。

【基本建设】 2010年，市、县两级政府共投入资金120万元，新建了包家屯中心幼儿园和五台子中心幼儿园。同时，加强了其他幼儿园的续建和发展。法库县第二幼儿园投入资金12.3万元，对园内环境进行了布置，购置了桌椅、玩具、图书、防盗窗等，安装了全方位监控设备，增开了4个消防通道，在办园条件、管理水平、师资队伍建设上又上了一个档次，顺利晋级市级示范幼儿园。各乡镇中心幼儿园不断加强自身建设，投入10万余元，进一步改善了幼儿园办园条件，让幼儿园环境更利于幼儿成长。

【规范办园行为】 2010年，法库县进一步规范学前教育办园行为，维护学前教育发展正常秩序。法库县委、县政府高度重视幼儿园管理工作，11月2日，法库县组织召开全县相关委办局参加的幼儿园管理工作会议，针对如何解决当前学前教育管理工作中存在的问题，提出了明确要求：主管教育副县长抓好幼儿园的管理工作；由各乡镇负责，对辖区内幼儿园进行全面清理整顿，同时，公安部门积极配合工作。此次整顿工作共分五个步骤进行：一是宣传政策，无证幼儿园停园整顿；二是督促幼儿园进行整顿；三是各乡镇政府，教育、城建、卫生、公安联合检查幼儿园整顿结果；四是积极为合格幼儿园办理审批；五是做好幼儿园的后续整改工作。

【加强幼儿教师师德建设】 2010年，按照《幼儿园管理条例》以及县教育局关于加强师德师风建设的相关规定，加强幼儿教师师德方面的教育和管理，与幼儿教师签订责任状，要求教师在工作中严于律已，爱护每个幼儿。各幼儿园把提高幼儿教师职业道德水平，作为一项常规工作来抓，使幼儿教师责任心、工作能力都得到了进一步加强。

【幼儿园安全工作】 各幼儿园安装了监控设备，配备了保安人员，对外来人员进行检查和登记，外来人员经允许后方可入园。把安全工作作为常规工作来抓，定期对设备、设施进行检查，发现问题及时处理，决不留下安全隐患，为幼儿生命安全提供有效保证。

义务教育

【概况】 2010年，法库县共有小学54所，教学班447个，在校学生13 232人，教职工1 008人，其中，专任教师853人。九年一贯制学校12所，教学班551个，在校学生23 643人，教职工1 635人，其中，专任教师1 439人。初中9所，教学班150个，在校学生7 289人，教职工626人，其中，专任教师509人。

【教学常规管理工作】 一是组织召开了中小学校长、副校长、教导主任工作会议。3月初，对本年工作进行了详细部署，明确了学校阶段性工作。二是就《关于进一步加强教育教学常规管理的通知》（法教发〔2008〕5号）落实情况，对全县学校进行了检查指导，对在管理过程中出现问题的学校提出了整改意见，推动了学校教学常规管理的规范化，提高了学校的管理意识和管理水平。三是组织开展了“校长进课堂月”活动。4月份，在全县开展了系列活动。在活动月期间，增加了校长、副校长、教导主任听评课任务量，他们听评课节数比平时增加一倍，促使他们深入教学一线。在活动月期间，全县中小学校长都上一节公开课，九年一贯制校长上3节公开课，校长上课总数达到75节、副校长上课总数达262节，校长听评课节数达725节，副校长听评课节数达1 237节，校长、副校长在课后评课时，向授课教师提出了指导性意见，促进了教师业务水平的提高。四是科学组织了九年级的模考、初中毕业考试和六年级、七年级的教学质量监测，并召开了教学质量分析大会。

【课堂教学模式改革】 2010年，在新课程标准和先进理论指引下，结合法库县实际，学习杜郎口课堂教学模式，加强课堂教学改革的综合效益。5月12日，在秀水河子初中召开了初中课堂教学改革现场会。本次现场会是自法库县试点运行初中课堂教学改革以来的一次阶段性成果展示和汇报会，是在借鉴杜郎口教学模式的经验上，不断发展、自我创新、自主研究的成果。同时，秀水河子初中“三三四”教学模式的成功实施，为其他学校树立了良好的样本，进一步推动了法库县课堂教学改革的发展和深化。

【九年一贯制学校建设】 2010年，以再提升工程为契机，推动九年一贯制学校提高管理水平。一是九年一贯制学校都完成了学校发展规划，制定了管理制度，并在此基础上积极探索适合本校的管理模式，真正发挥了九年一贯制学校的优势。二是对九年一贯制学校“三抓一建”工作进行了检查与指导，完善了九年一贯制学校“三抓一建”工作，特别是文化建设方面，各校都能注重内涵式发展。

【质量提升工程】 2010年，制定了提升教学质量行动计划。积极推进基础教育课程改革，落实沈阳市素质教育评价内容、方式、标准，注重学生的全面发展，结合法库县实际，完善了形成性评价和终端性评价相结合的教育质量监控机制。

【教师培训新模式】 10月26日，东北师范大学教师教育创新法库实验区签字授牌仪式在法库县教师学校举行。东北师范大学、辽宁省教育厅、沈阳市教育局、法库县的领导同志出席了签字授牌仪式。东北师大校长助理兼教务处处长高夯和法库县教育局局长靳万勋共同签署协议书。东北师范大学副校长刘益春和校长助理高夯为法库实验区授牌。这次合作把东北师范大学的教育理念、教育思想和法库本地实际相结合，互相促进，互相发展，共同研究，找准基础教育发展的突破口，起到辐射引领作用，培养出更多优秀人才。实验区开辟了教师教育新模式，合作共建“教师教育创新实验区”，是沈阳市教师培训的创新之举，是对“置换培训”的深化，进一步构建了“十二五”教师继续教育的“法库模式”。东北师范大学送来优秀实习学生，送来各层次不同形式培训。法库县为东北师范大学的学生提供教育实习基地，在学生实习、教学研究、课题实验等各方面提供教学一线最真实的、有价值的资料。此次合作，探索了教师培训的新模式："师范大学——地方政府——中小学合作"。

【安全工作】 严格执行"一岗双责"制、安全事故责任制和责任追究制度。完善了主管领导为直接责任人、负责教师为具体责任人的责任体系，做到制度清、责任明，形成了安全工作层层有人抓、事事有人管的格局。各校积极开展各种载体活动，对学生进行安全工作宣传教育，形成了全社会人人关注学生安全的良好氛围。积极配合有关部门对各校校舍、消防、食品卫生、交通、宿舍、饮水、门卫、校园周边环境等安全工作逐一排查，发现隐患，及时整改。开展了中小学校、幼儿园安全整治工作，为学校保安统一购置了服装、胶皮棍、金属探测仪等器械，为各中小学校安装了电子监控系统。

高中教育

【概况】 2010年，法库县有高中2所，教学班78个，在校学生4 052人。高中教师328人，其中专任教师268人。高中学校贯彻落实科学发展观，依法治校，依章行政。坚持德育为首的教育方针，以人为本的管理理念，不断优化教师队伍结构，规范学校管理，以新课程改革为指导，全面推进素质教育，加强教育教学改革，不断提高教育质量，关注课堂，积极营造温馨、动感、和谐的校园氛围。

【德育工作】 2010年，高中学校德育工作在完善中创新，在创新中发展。一是积极构建高中学校德育网络，完善各项制度，全面实现全员德育。继续完善德育管理网络，实行校长总负责，主管德育副校长具体负责，德育主任、副主任操作执行，教务处、总务处通力协作的德育管理体制，根据德育工作目标、内容，建立健全岗位责任制，形成齐抓共管的合力。二是建立健全各级各项规章制度。重点抓好班主任队伍建设，健全班主任队伍科学管理机制。构建以学校为主体的社会、学校、家庭三结合的德育工作机构。大力加强德育科研工作，使科研工作规范化、制度化。同时，狠抓制度的执行与落实，带班领导、值日教师、学生干部每天对学生的日常行为、班风、学风进行检查评比，做到每天检查公布，每周小结通报，每月汇总公开，把考核结果纳入班级量化考评，收到了较好效果。三是强化德育的课程渗透，将德育教育具体化。把德育渗透于教育教学各个环节中，贯穿于学校教育、家庭教育和社会教育各个方面。学校通过心理健康教育课程、专题教育、主题班会等强化德育教育。以丰富多彩的活动为平台，给学生充分展示才华的机会，把提高学生思想道德素质寓于各种活动之中。

【教育教学管理】 2010年，高中学校以教育教学为中心，以面向学生、面向家长、面向社会"三个面向"为办学思想和理念，全面提升教育教学管理水平。一是建立、完善了学校各项教育教学制度。完善了《法库高中教学管理制度》、《教师讲师德树形象准则》，制定了《法库县高级中学学校章程（草案）》，建立了《教师值班制度》、《教师奖励制度》、《研究性课程管理细则》等一系列规章制度。法库二高中加强对班级的量化考核工作，结合本学校实际，制定了《法库二高中班级管理量化考核细则》。这些制度、细则从源头上规范了教师队伍、班级管理机制。二是建立健全管理责任制。校长、主管副校长负责教师管理制度的制定、执行和监督；主管副校长直接领导、监督教务处工作、教师培训、继续教育、教科研活动，了解掌握其他先进学校先进管理信息。教务处具体负责教师队伍日常管理。教务主任监督年部主任管理工作，全面负责全校教师考核，汇总教师具体表现情况，提出表扬、批评方案，负责组织各年级阶段性考试、教师公开课、汇报课等工作，直接负责与市郊区联合体兄弟学校沟通和交流；年部主任负责本年部教师的具体管理，明确、实施各项考核；教研组长负责本教研组的日常管理，传达落实教务处布置的各项教学任务，组织本教研组的教研活动；备课组长负责本备课组集体备课、教学进度、单元测试等。这样，形成自上而下的管理网络。三是培养教师树立先进的教学理念。改变传统教学模式，积极吸收先进教学理念，采用先进教学方式。采取了“走出去，请进来”的措施，积极组织教师参加业务培训、教科研活动，到周边先进学校听课、交流。四是实行教师竞聘制。年部主任聘任班主任，班主任聘任科任教师，由三年级至一年级逐级竞聘；在综合考核的基础上，实行班主任末位淘汰制；落实教师的奖惩机制，增强了教师责任感和敬业精神。

【高考成绩取得新突破】 2010年，法库高中参加高考的学生中，达到国本分数线以上的人数为150人，省本分数线以上人数为446人，三本分数线以上人数为666人。总平均分在辽宁省重点中学沈阳市郊区联合体中，理科排名第四名，文科排名第二名。

【教师培训工作】 2010年，高中学校全面完成了沈阳市教师“十一五”继续教育工作，全员参加了教育部组织的现代教育技术培训。法库高中有20名教师参加了辽宁师范大学研究生课程班在职学习，现已有80名教师获得了研究生同等学力证书。学校开展了教师电子课件制作培训，同时举行了电子课件制作比赛。

【教研教改交流制度】 2010年，法库二高中积极组织教师参加了沈阳市教研院举办的各项教研活动。教师积极参与课题研究，每个教研组均确定了研究题目，在市、县级科研部门立项，并认真组织实施，有29篇教学论文被评为优秀论文，其中国家级3篇，省级16篇，市级10篇。

法库高中研究性课程研究受到教师高度重视，有23名教师参加课题研究活动，并取得一定研究成果。撰写出一批质量很高的论文，获得省、市优秀论文证书。

职业与成人教育

【概况】 2010年，法库县有职业中专1所，开设专业11个，教学班12个，在校学生405人，教职工68人，其中，专任教师51人。法库职专秉承“对接产业，工学结合，提升质量，为法库县域经济服务”的办学思想，在招生工作、教育教学、校企合作、改善环境等方面作出了很好成绩。应届毕业生升学率持续增高，就业渠道逐步拓宽，就业率逐年增加。本年，有17名应届毕业生报名参加高考，全部升入了高等院校，升学率达到了100%；应届毕业生就业率达到98%以上。依托农村成人中心校，开展了初中应届毕业生实用技术培训。积极开展了全民终身学习活动。成人教育面向农村、农业和农民，重点培养实用技术人才，成教中心的作用日益突显。卧牛石成人中心校被教育部评为全国成人教育先进单位。

【招生工作】 2010年，法库县职业中专采取春、秋两季招生办法扩大招生规模。在认真总结以往招生经验基础上，本年春季招生更加注重务实地工作。3月初，对各初中初三下学期有学习职业技术愿望、走就业道路的学生进行有针对性的招生宣传工作。4月初，开设单独班级，即春季班，进行理论和实践教学工作，完成了春季招生30人的任务。秋季招生注重了广泛宣传，扩大招生范围，采取走乡串户的办法，积极宣传职业中专办学思想、办学优势和社会责任感，实现秋季招生人数达176人。

【升学就业】 2010年，法库职专靠质量引生源，凭声誉招学生，坚持狠抓高考不放松，为确保有升学意愿的学生升入上级院校深造，职业中专专门开设了高考复习班，学生升入高三起，就开始全面复习，重点复习专业课。本年，职业中专有17人报名参加高考，均升入了上级院校，高考升学率达100%。就业是学校另一工作重点。学校经考察多家企业，先后向法库、沈阳、天津、大连、常州等地输送优秀毕业生119名，就业质量不断提高。

【教育教学】 为提高职业学校学生动手操作能力，在教育教学中继续采用以赛带练、以赛促练的教学方式，在比赛中不断找出不足，从而提高学生动手操作能力。学前教育学生参加辽宁省教育厅举办的“技能大比武”活动中，有17人次获奖，提高了学生自信心，提升了学校声誉。

【校企合作】 2010年，按照“对接产业、工学结合、提升质量、为法库县域经济服务”的办学目标，积极构建了就业信息网络，加强校企合作，开展了“半工半读”、“订单”培训。1月8日，动漫专业与通州彩虹动漫公司进行就业安置签约，标志着动漫专业的校企合作工作走向了实质性阶段，解决了学校、学生及家长的后顾之忧。8月初，学校选派17名动漫专业优秀学生，成功走进企业实习并上岗工作。学校继续与沈阳装备制造工程学校、大连海尔集团、法库陶瓷工业园区等大中型企事业单位合作，加深用人合作关系，共安置毕业生100余人，实现了学生待遇好，家长放心，社会满意。

【助学金、免学费工作】 2010年，职业中专为在校学生办理了中职学生资助卡，一次性办理311人，全部通过。从2010年秋季学期开始，为涉农专业和农村家庭经济困难学生办理免学费。为使这项惠民工作真正落到实处，校长担任免学费领导小组组长，会同小组成员逐一排查，逐一落实，确保万无一失，共有申请免学费70人次，涉及金额31 750元，按时足额发放到学生家长手中。

【改善校园环境】 2010年，法库职专投资45万元，购置15台维修电工实训考核装置，改善了学生实训环境。投资5万元，完成了2 000余平方米的校园硬覆盖工程，美化了校园环境，为师生创设了安静、舒适的工作、学习和生活环境。

【文艺体育工作】 法库职专文艺体育工作开展得有声有色，利用业余时间举办丰富多彩的文艺体育活动，先后举办了元旦文艺汇演、广播操比赛、趣味运动会、教职工排球赛等。在法库县教职工排球赛中，学校排球队经过顽强拼搏，夺得第二名的好成绩。法库职专还获得“沈阳市群众体育工作先进单位”荣誉称号。

【师资队伍建设】 2010年，法库职专根据专业需要，先后引进了紧缺的专业课教师，有重点地强化在岗教师专业技能培训，有计划地组织教师参加各类学历、师资培训。通过招聘方式，从高等院校引进了1名具有本科学历的专业课教师，从其他学院调来1名具有本科学历的文化课教师，弥补专业师资队伍的不足。安排了2名重点专业课教师参加省级骨干专业课教师培训，有1名教师被确定为“学科带头人”。

【教研教改】 2010年，法库职专注重转变观念，强化专业课程改革，突出职教特色。本年，法库职专重点强调把提高教学质量作为学校工作的重中之重，走“产、学、研”一体化路子，进一步推进以“模块教学，任务趋动，目标考核”的教育教学改革，要求每个专业定期开展教学教研活动，计算机、学前教育等重点专业确立了专门研究课题，倡导使用校本教材，强调实训教学必须突出“三个结合”，即教师与师傅相结合、学生和工人相结合、实训室与车间相结合，让学生学习实用的技术，学自己喜欢的知识，从根本上提高了学生的专业技能水平。

【德育、安全工作】 法库职专通过制订和完善各项规章制度，加强师德建设，抓好班主任队伍管理，全力抓好养成教育，举行德育教育活动，树立了良好的学风、校风。学校坚持“预防为主、防治结合、加强教育、群防群治”的原则，通过安全教育，增强学生的安全意识和自我防护能力；齐抓共管，营造全校教职员工关心、支持学校安全工作的局面，从而增强师生安全意识。学校采取多种形式、多种渠道对学生进行安全教育，举行了消防、防震演习，交通安全宣传展等活动。学校被沈阳市教育局授予“沈阳市中小学安全教育与社会治安综合治理工作先进单位”荣誉称号。

【全民终身学习活动周】 2010年，法库县全县全面启动了全民终身学习工作。一是4月15日，法库县委、县政府在县教师学校会议室召开了工作大会，宣布了《法库县2010年全民终身学习工作实施方案》，县委常委、开发区党工委书记马立伟安排部署了全民终身学习工作，县委副书记张海涛作讲话。二是7月8日，县全民终身学习领导小组在法库高中报告厅召开了全县各部门有关领导会议，为全面做好市里下发的各类统计报表工作，进行了详细地讲解。各单位按时保质保量上报了本部门开展活动的基本情况和下一步活动计划。三是从5月份开始，全县各部门根据市、县统一部署，开展了丰富多彩的活动。10月16日，法库县在法库高中报告厅举行了2010年法库县全民终身学习活动周启动仪式，会上宣读了《法库县2010年全民终身学习活动周方案》，县交通局、法库镇团结社区、孟家镇政府和卧牛石成人教育中心校在大会上发言。法库镇内主要街道和各乡镇政府所在地悬挂了“2010年全民终身学习活动周”和“人人终身学习，促进法库发展”等条幅；法库电视台在活动周的七天内播放了专题片，向广大居民全面地介绍了法库近年来在全民终身学习活动中所取得的成果，使人们进一步了解法库日新月异的变化；职业中专师生在镇内吉祥广场向群众发放了全民终身学习的宣传资料。在七类学习型组织学习交流活动中，县交通局和孟家镇政府工作突出，在组织学习的过程中紧紧与实际工作相结合，与打造学习型机关、提高机关人员业务水平和执政能力相结合。孟家镇被省、市委宣传部门评为学习型组织先进单位。在十大主题推介展示活动中，县教育局、就业局和各乡镇充分发挥各自优势，围绕全县设施农业、养牛产业等主导产业，开展了各类培训达1 500余次，培训各类人员2万余人。

教育督导

【概况】 2010年，法库县教育督导室围绕法库教育发展战略，不断完善和创新教育督导机制，为全面实施素质教育、全面提高教育教学质量提供保障。以做好法库县迎接沈阳市督导检查工作为中心，开展全面督导和专项督导工作，全力实施“双高普九”达标工程，积极促进教育公平和均衡发展，为法库教育科学发展做出了贡献。

【迎接市政府教育督导室检查】 4月中旬，法库县接受了沈阳市政府教育督导室对教育投入情况和控辍保学工作的专项督导检查。市政府教育督导室对2009年法库县政府教育投入情况进行了检查，法库县“三个增长”、生均预算内公用经费、生均预算内教育事业费等方面基本达到省里要求。同时，对法库县控辍保学工作进行了检查，法库县控辍保学工作进步很大。

【制定督导室工作规程和学校综合评估细则】 按照沈阳市政府教育督导室的要求，为进一步规范法库县教育督导部门工作程序，进一步规范学校综合评估工作，法库县结合省、市教育督导室工作规程，制定了《法库县人民政府教育督导室工作规程（试行）》、《法库县中小学综合评估细则》，进一步促进了教育督导工作和学校综合评估工作的规范化、程序化。

【专项督导检查工作】 2010年，法库县政府教育督导室主要进行了四项专项督导检查工作：一是对法库县部分学校教育教学工作进行了督导检查；二是对法库高中申办省级示范性高中进行了检查和指导；三是对法库县幼儿园各项工作进行了督导检查；四是制订方案，对法库县九年一贯制学校工作运行情况进行督导评估。

【控辍保学工作】 控辍保学工作是教育督导部门重要工作，按照沈阳市工作会议精神，法库县政府教育督导室对全县控辍保学工作进行了专项督导检查，进一步加大控辍工作力度，确保中小学生辍学率控制在省定标准以内。

【“双高普九”达标工程】 2010年，法库县政府教育督导室围绕“双高普九”达标工程，主要做了以下三方面工作。

一是强化宣传，营造氛围。强化宣传是落实“双高普九”规划实施工作的重要保证。法库县通过广播、电视、报纸等新闻媒体，加大了落实“两类新三片”规划实施工作的宣传力度，县电视台开辟了“双高普九”专题节目。7月13日，在法库高中报告厅召开了法库县“双高普九”动员大会。县电视台、法库县报、法库教育网、《法库教育》（内刊）分别开辟了“双高普九”工作专栏，重点宣传“双高普九”工作。法库县“双高普九”规划实施办公室还创办了《“双高普九”工作简报》。

二是强化督导，有效推进。法库县建立了督导检查制度，要求各单位、各责任部门周汇报，规划实施小组月检查，县政府季总结。县政府主要领导亲自主持召开协调会，听取“双高普九”工作推进情况做到“自查内容不漏，自查结果真实，差距定位准确，整改措施可行，档案资料完善”。县教师进修学校对学校教育教学管理、教师教学水平、学校教学质量等方面进行严格监控，把提高教学质量作为加强学校管理的重要指标和全面推进素质教育的重要内容。2010年，县政府教育督导室制定了《法库县“双高普九”验收评估细则》，成立县“双高普九”达标评估验收组，对全县义务教育学校“双高普九”工作情况逐一进行达标评估验收，为申报省“双高普九”达标区奠定了坚实基础。

三是攻坚克难，合力达标。县委、县政府由副县级以上领导承包乡镇，县、市直有关部门承包学校的工作机制，帮助学校解决实际困难，切实改善办学条件。县（市）直各部门和企业共筹集款物折合资金250万元，积极有效地完成了包校任务。

（周航　纪文彬）

康 平 县

总 类

2010年康平县教育数据表

学校类型 \ 项目		学校数	教职工	专任教师	女教师	学生	班级数
	合计	97	3261	2846	1746	40398	1185
普通高中1	计	3	364	311	254	5237	92
	公办	3	364	311	254	5237	92
	民办	0	0	0	0	0	0
九年一贯制学校2	计	15	2090	1942	964	22105	703
	公办	15	2090	1942	964	22105	703
	民办	0	0	0	0	0	0
初中3（不含2）	计	1	133	117	102	1806	42
	公办	1	133	117	102	1806	42
	民办	0	0	0	0	0	0
小学4（不含2）	计	57	435	286	231	3836	90
	公办	57	435	286	231	3836	90
	民办	0	0	0	0	0	0
幼儿园5	计	20	211	172	172	7362	252
	公办	20	211	172	172	7362	252
	民办	0	0	0	0	0	0
特教6	计	1	28	18	23	52	6
	公办	1	28	18	23	52	6
	民办	0	0	0	0	0	0

2010年康平县教育局领导干部任职及分工情况表

现任职务	姓名	性别	民族	政治面貌	文化程度	任职时间	分管工作
局长	杜怀君	男	汉	中共党员	本科	2010.01	主抓全面工作，分管计财审计科
党委书记	郝洪涛	男	汉	中共党员	本科	2007.04	负责党委、工会、纪检工作，分管幼教科、纠风办、记者站、仪器站、教育产业管理办公室
副局长	李　锋	男	汉	中共党员	本科	2009.09	分管办公室、人事科、德育科、体卫艺科、保建所
副局长	黄　光	男	汉	中共党员	本科	2006.01	负责高中工作
副局级督学	李继军	男	汉	中共党员	本科	2004.05	分管教育督导办公室、安全科
副局级督学	李兴斌	男	汉	中共党员	本科	2004.05	分管基础教育科、职成科
副局级督学	曾庆海	男	汉	中共党员	本科	2007.05	分管基建规划科

【召开教育工作会】 2月23日，康平县教育局召开康平县教育系统工作会。全县中小学校长和教育局机关全体干部参加了会议。会上局领导就分管工作进行了安排和部署。杜怀君局长就2009年工作进行了总结，并就2010年工作提出了要求。2010年工作：一是全面掌握、抓住重点、理清头绪。二是全县教育系统要内提素质、外塑形象，机关要打造队伍，实现勤政、务实、廉洁、高效的机关作风，创一流业绩，创一流机关。中小学要保安全、提质量、普九"提高片"达标。三是管好院、看好门、培养教育好自己人。

【启动"五个一"工程】 3月1日，康平县教育局"五个一"活动动员部署会召开。集中一个月时间，在全县中小学开展"五个一"活动，即开展一次安全隐患大排查，开展一次紧急疏散大演练，开展一次全县中小学生健康体检大行动，开展一次全体师生参与的教育教学管理"金点子"献计献策大征文，开展一次转变机关干部工作作风当一天学生大体验。其间，走访学校39所，排查问题136个，采集金点子建议2 907条，健康检查35 292人次，开展应急演练53 110人次，机关干部下课堂42人，听课305节。

【召开推进全民终身学习工作大会】 4月22日，在康平县文化馆召开康平县推进全民终身学习工作大会。副县长张继明主持会议。会上教育局局长杜怀君宣读全县推进全民终身学习工作小组领导名单和《康平县2010年推进全民终身学习活动实施方案》，宣传部部长王一平讲话，全县各有关部、委、办、局领导、乡镇政府领导和新闻媒体记者90余人参加会议。

【开展行为养成教育活动】 5月7日，康平县创建中小学生文明礼仪养成教育示范县现场会召开。主管教育副县长和教育领导到会并讲话。会上下发《中小学生养成教育评定手册》，通过图板、挂图等多种形式展示了文明礼仪养成教育示范县创建成果。在深入开展"我有一个好习惯"活动中，苏家岗小学和海洲九年一贯制学校举行"我有一个好习惯"主题活动。县教育局组织开展“我有一个好习惯”演讲比赛活动。全县有40名中小学生参加比赛，并从中选出初中、小学各2名优秀学生代表参加市“我有一个好习惯”演讲比赛，成绩优异。

【开展“喜迎世博、做文明小主人”活动】 以中国2010年在上海举办的世界博览会为契机，开展“迎全运，做文明小主人”和“爱护公物·美在校园”主题活动。小城子九年一贯制学校开展“喜迎全运会，争当文明小主人从我做起”主题活动。以“十要十不要”为基础，在校园和社会大力倡导环保意识和节能减排意识。暑期，县教育局和县水利局联合举办首届全县“爱我家乡山和水”水保杯中小学生征文竞赛，分组评出一等奖9名，二等奖90名，三等奖300名，分别进行表奖。

【开展读书征文活动】 开展“中国精神”读书征文活动，开展芒种杯“经典润心灵·读书伴成长”读经典写作文活动。各校累计上报优秀征文1 000份。在“书香溢满校园，阅读浸润人生”活动中，有20名学生被评为市级校园读书之星，张艳华和张百英老师被评为阅读课优秀指导教师，含光小学和康平二中被授予该项活动优秀组织奖。

【开展学榜样、树典型活动】 开展学习马鹏飞、祁文博先进事迹活动，自觉践行社会主义荣辱观，培养学生孝老爱亲、奉献他人、服务社会良好品质。柳树九年一贯制学校开展“学习祁文博·传承中华文明”主题升旗仪式。涌现出许多以向阳小学王海涵为典型的身残志坚、自强自立的道德小模范，感动校园好孩子。县评选出市孝心小使者12名，县孝心小使者31名。

【开展“三优”评选活动】 制定、下发《康平县优秀学生评比条件及办法》、《康平县优秀学生奖励基金会章程》，表奖品学兼优学生共计41人，其中特优生3名，分别是向阳小学王海涵、东关九年一贯制学生袁轶、含光小学张家瑞。评选出市优秀学生58名、市优秀学生干部18名、市优秀班级13个，县优秀学生138名、县优秀学生干部23名、县优秀班级21个，评选市级文明生135名、县级文明生406名；市级优秀德育工作者14人，县级25人；市级特色学校1所，县级特色学校14所。

【改革农村中小学管理体制，实施一体化管理】 根据年初县政府领导调研教育要求，结合农村九年一贯制学校建设总体目标规划，经县政府批准，康平县教育局对农村中小学教育管理体制实施重大调整，在农村中小学实施一体化管理，把原农村小学与中学分散管理的体制整合为农村九年一贯制学校一体化管理。此前，由教育局在两家子乡、西关乡、二牛镇三所九年一贯制学校进行了试点，取得了很好的效果。伴随教育资源的进一步优化整合，从暑期开始在全县中小学实施一体化管理。

【组织校长实地考察学习】 7月15日，教育局长杜怀君带队，全县中小学校长及相关部门人员一行38人到辽中县立人中学进行实地参观考察学习，与立人中学全体师生进行了交流和互动。实地考察了立人中学教育发展变化，听取了立人中学经验介绍，进课堂听名师授课，进食堂与学生同吃，学习和感受立人先进教育理念、严谨的教育管理，收获颇丰。

【邀请专家授课】 7月30日，康平县教育局聘请沈阳大学成人教育学院副院长赵海涛、干训主任郭文咢来康平授课。两位专家分别就《以人为本的教育》和《校园安全事故的预防和处理》作了报告，全县中小学中层以上领导共计400人与会听课。

【设立名师、优秀学生奖励基金】 为进一步实施“科教兴县”和“人才强县”战略，办好让人民群众满意的教育，多出人才、快出人才，在全县倡导尊师重教的良好风气，努力形成崇尚先进、争先创优、乐于奉献的浓厚氛围，以此引领和推动康平县教育工作良性发展，设立名师、优秀学生奖励基金。并于9月1日，对第一批14名名师和41名优秀学生进行表彰，发放奖金63.8万元。

【承办辽宁大学与康平县交互支教实习生活动】 9月10日，辽宁大学赴康平县交互支教实习生送遣活动在康平县举行。副县长李奎星在欢迎活动上致词，辽宁大学学院领导和实习生代表发言。这次“交互式”支教活动中，辽宁大学将送实习生到康平县中小学实习锻炼三个月，康平县将选送优秀教师代表赴辽宁师大深造学习。

【参加市学生艺术展演】 9月10日，康平二中、向阳小学、含光小学、悦明小学参加市学生艺术展演竞赛活动，获得一等奖2个，二等奖3个，三等奖3个。含光小学在参加全市艺术特色校的文艺节目评比中获得书法类金奖。

【优化整合教育资源，改善办学条件】 2010年康平县教育局撤并不足100人农村小学32所。新建胜利九年一贯制学校1所。总建筑面积32 197平方米，总投资3 716万元。同时对东关、张强、二牛所口、山东屯、郝官、小城子、康平镇7个乡镇的农村小学进行整合。在原九年一贯制学校建设小学部教学楼，总建筑面积25 860平方米，总投资2 327万元。新建沙金红旗小学、北四家子刘家坨子小学，2所小学总建筑面积1 260平方米，总投资97万元。九年一贯制学校配备计算机800台，安装餐桌椅760套，装修微机室19个。

【加强行风建设】 3月1日新学期教育工作会上，教育局长与中小学校长签订责任状38份，校长与教师签订行风建设责任状2 902份，责任状签订率达到100%。3月份，局纠风办对全县中小学教辅材料订购、使用情况进了专项检查，检查学校33所，深入班级120个，问卷调查学生达1 500多人。全年受理投诉、信访共141件，其中：电话投诉25件，来人来访2件，市教育局转办件12件，省民心网和县纠风办20件。结案率和群众满意率100%。

【师德师风建设】 继续狠抓师德师风建设，特别加大了对在职教师参与有偿补课活动的监督和惩治力度。完善师德考核档案，把师德表现与教师本人的资格认定、职务评聘、职称晋升联系起来，实行师德一票否决制，树立师德高尚、业务精良的优秀教师典型，并在教师节进行表彰和奖励，全年表彰市级名师3人，县级名师14人，县级优秀教师（教育工作者）、学科带头人、教学标兵68人，形成了良好的社会舆论氛围，促进了教育行风的进一步好转。

【扶困助学】 确保每名学生都能够公平、平等地接受教育，确保每名学生不因贫困而辍学，教育局对高中阶段贫困学生进行了摸底和调查，全县普通高中应届毕业贫困学生334名，拨付扶困资金100万元，在校高中贫困学生1 524人，拨付助学金1 677 750元。

【民办教育】 依据“国家对民办教育实施积极鼓励、正确引导、依法管理的方针”，加大对民办教育机构的扶持与管理力度，促进民办教育的健康发展。建立办学许可证的审批制度、年检评估制度和常规管理制度，规范社会办学，保护受教育者合法权益。2010年有持证民办非学历教育机构13家，教职工达到118人。结业学员1 100人，在学人数2 980人，年培训总数4 080人。有33人考入音乐和美术院校。

学前教育

【概况】 2010年，全县有各级各类幼儿园20所，其中教育办园1所，学校附属园4所，乡镇中心幼儿园15所。另外家庭幼儿园约65所，学前班34处。全县学前儿童共计15 396人，其中3—6周岁儿童9 066人，城乡3—6岁入园儿童

7 362人，接受非正规教育儿童1 574人，3—6周岁儿童入园率81%，受教育率98.5%。全县幼儿园教职工211人，其中乡镇中心园教职工126人，城镇教职工85人。

【改善办园条件】 按照沈阳市教育局促进标准化幼儿园建设工程的要求，对张强镇中心幼儿园、向阳幼儿园这两所幼儿园进行了整体规划，多元投入，改善办园条件。市里对这两所幼儿园共投入了25万元的设备设施进行标准化建设。添置了崭新的桌椅、推拉床、玩教具、大型玩具等设备设施。

【举办幼儿教师培训和岗位练兵】 2010年，全县公办、校办幼儿园园长全部持证上岗。选派了10名教师参加市里组织的农村教师进城学习周活动。评选出县级优秀课12节，并在县中心幼儿园举办了全县幼儿园骨干教师课改观摩课活动，6名优秀幼儿教师在全县做了课改观摩课，同时参加了沈阳市的课改观摩课活动，分别取得了优异的成绩。

【开展评优活动】 6月1日，儿童节共评选出了沈阳市骨干幼儿教师2名，沈阳市师德先进个人5名，沈阳市学前教育先进工作者3名，沈阳市优秀幼儿教师3名，沈阳市才艺小明星5名，沈阳市文明小娃娃5名，沈阳市探索小专家5名。康平县优秀幼儿教师14名，康平县学前教育先进工作者11名，康平县学前教育先进集体5个。

【参加省幼教手工大赛】 9月18日，参加辽宁省组织的幼儿教师手工大赛。康平县选派2名幼儿教师参赛，一等奖1名、三等奖1名。沈阳市组织幼儿教师知识技能大赛，县中心幼儿园代表队，在大赛中获得优异成绩。

【开展“手拉手”活动】 与沈阳市沈河区的幼儿园结成手拉手姊妹园，采取走出去，请进来的形式，引进优质教育资源，开展学前教育交流。定期派教师到姊妹园学习深造，并邀请优秀教师来康平传经送宝，并实地帮助解决实际困难。

义务教育

【概况】 2010年，康平县有小学57所，学生3 836人，教学班90个；九年一贯制学校15所，学生22 105人，教学班703个；初中1所，学生1 806人，教学班42个。2009—2010学年度小学适龄儿童、少年21 150人，入学率100%；初中适龄少年12 121人，入学率99.22%；三类适龄残疾儿童26人，入学率100%。小学在校生年辍学率0，初中在校生年辍学率为0.99%，残疾儿童在校生年辍学率0。14—15周岁人口小学教育完成率99.97%，16—17周岁人口初中教育完成率97.33%。中小学毕业率分别为99.52%、100%。

【启动“普九”达标工程】 2010年是实现“普九”提高水平达标关键一年。县委、县政府高度重视，县委主要领导经常深入到教育一线，为教育把关定向。县政府主要领导亲自到学校了解办学情况，现场办公，并多次召开会议进行调研，帮助分析解决实际问题。7月8日，召开康平县普及九年义务教育提高水平迎检工作会，对迎接省政府2010年下半年对康平县“普九”提高水平验收进行安排部署，会上继明县长做了重要指示。9月27—29日省政府教育督导团正式对康平县进行考核检查。对康平县“普九”提高水平工作给予了高度评价，考核打分344分，高标准高质量通过“普九”“提高水平”达标，进入“双高”“普九”阶段。

【开展“一周二月”活动】 4月为校长进课堂月，校长集中听课、评课、上课，提高学校领导对课堂教学的关注和参与程度。9月第一个完整的教学周为教育开放周，全县中小学向社会开放，接受社会各界对学校管理和教学情况的监督检查。11月为教师教学基本功竞赛月，各校组织教师开展基本功竞赛活动，促进教师开展岗位练兵，提高教学技能。教师节评选出学科带头人10名，教学标兵10名。

【规范管理提升质量】 教育局对全县小学五、六年级和初中三年级进行了教学质量监测，根据监测结果并结合实际形成中小学教学质量分析报告。中考参考人数为2 639人，700分以上的有87人，650分以上的有529人。康平二中、山东屯九年一贯制学校、向阳小学等8所义务教育学校被评为康平县2009—2010学年度教学质量提升先进单位。

【九年一贯制提升工程】 2010年列入农村九年一贯制学校再提升工程计划的学校6所，分别是西关、二牛、山东屯、北四家子、方家、郝官九年一贯制学校。12月初西关九年一贯制学校被市教育局确定为第二批再提升文化建设重点扶持学校，下拨10万元专项经费，用于文化建设。通过市教育局考核验收，6所学校完成九年一贯制学校再提升工程。

【承办手拉手活动】 11月10日，与和平区开展手拉手送教下乡活动。邀请和平区中小学语、数、英学科优秀骨干教师到康平送教下乡，活动在8个会场同时进行，康平县每所中小学语、数、英学科选派3名教师参会听课，和平区优秀教师做了示范课，和平区教师就先进教学理念、教学手段和先进教学方式做了经验介绍，听课教师参与评课交流等活动。

高中教育

【概况】 2010年，康平县有高中3所，学生5 237人，教学班92个。教职工364人，教师学历达标率100%。

【高考工作】 2010年，康平高考工作取得新的突破。康平县高中一批本科上线人数272人，二批本科以上上线人数720人。600分以上人数达17人。各项指标与沈阳市省重点高中“郊联体”比有大幅提升，超600分人数、一批本科上线人数、二批本科以上上线人数在“郊联体”均列第一名。

【普通高中“入出口”评估】 在沈阳市普通高中学生学业成就“入出口”增值评估工作中，全市共有10所高中获得增值评估奖，康平县高中名列其中。2010年康平县高中被评为省课程改革工作先进集体。教师节期间，康平县高中、康平一中均被评为康平县教学质量提升先进单位。

职业与成人教育

【概况】 2010年，职业教育中心1所，学校现有教职工95人，其中专任教师69人，全部具有本科学历。在专业课和基础课教师中，有高级教师18人，占33%；获“双师证书”17人，占专业教师55%；学历在校生452人，劳动力转移培训346人，教学班22个。有多功能计算机室、多媒体教室；有电气实验室、电焊实验室、舞蹈室、琴室、声乐室、种植实验室、会计模拟实验室、服装实习室等11个实验室。全县有专职农村成人教育干部16人，教师35人，兼职教师120人。有3所学校达到市级农村乡镇成人学校标准。

【启动全民创业工程】 落实市委、市政府2010年沈阳市推进全民终身学习工作大会精神和《沈阳市2010年推进全民终身学习实施方案》，制定《康平县2010年推进全民终身学习活动实施方案》，组织、协调召开康平县全民终身学习工作大会。各单位报送终身学习活动方案102个，活动内容77项，参与人数达到8万余人，全县终身学习活动有序开展。同时圆满完成市终身学习办公室下达的各项工作任务，有2个先进集体，3个先进个人受到沈阳市终身学习活动指导委员会的表彰。

教育督导

【概况】 康平县人民政府教育督导室，机构性质是相对独立的实体性单位。教育督导室设主任1人，副主任1人，并设教育督导室办公室负责日常工作。依照《沈阳市教育督导条例》，进一步加强了教育督导室建设。一是配备专职督导人员4人。在选人方面按照“坚持标准，严格把关，从优选聘，宁缺毋滥”的原则，逐步建立起数量足够、结构合理的教育督导队伍。二是建立了教育督导联络员制度。在每所学校聘请一名副校长任教育督导联络员，负责学校的年度自查和学校发展档案建设工作。三是努力提高督导人员的素质，不断完善学习、培训、调研等规章制度，有成效地开展了综合督导工作。在推进素质教育，加强示范高中建设，实施义务教育“两类新三片”发展规划等方面，进行了督导检查。及时向被督导单位反馈了督导结果，并向教育局和县政府递交督导报告。有针对性地开展了专项督导工作。配合省、市督导部门开展了教育投入、初中控辍、行风建设、学校安全等专项督导工作，及时解决教育的热点、难点问题。

【“提高片”专项督导】 3月份，督导室联合教育局对全县各义务教育学校进行了一次全面性的摸底检查工作，全面掌握“提高片”达标的进展情况，及时向县政府、县教育局报告情况，通报存在问题，提出解决建议。6月18日，召开全县迎接“提高普九”工作会议，通过互联网、宣传栏等媒介在全县上下广泛宣传。7月15日，迎接省、市教育督导团对康平县实施“普九”提高水平工作进行审核性预检。8月末9月初，分别召开“普九”提高迎检会和第六届教育督导联络员培训会。

（刘建权　吴凯）

棋盘山开发区

总　类

2010年棋盘山开发区教育数据表

学校类型＼项目		学校数	教职工	专任教师	女教师	学生	班级数
	合计	17	422	382	292	4856	142
普通高中1	计	1	50	41	24	502	12
	公办	1	50	41	24	502	12
	民办	0	0	0	0	0	0
九年一贯制学校2	计	0	0	0	0	0	0
	公办	0	0	0	0	0	0
	民办	0	0	0	0	0	0
初中3（不含2）	计	2	106	97	63	1372	31
	公办	2	106	97	63	1372	31
	民办	0	0	0	0	0	0
小学4（不含2）	计	5	231	218	171	2395	79
	公办	5	231	218	171	2395	79
	民办	0	0	0	0	0	0
幼儿园5	计	9	35	26	34	587	20
	公办	6	23	17	25	489	12
	民办	3	12	9	9	98	8
特教6	公办	0	0	0	0	0	0

2010年棋盘山开发区社会局领导干部任职及分工情况表

现任职务	姓名	性别	出生年月	民族	政治面貌	文化程度	任职时间	分管工作
局长	刘凤楠	女	1968.07	汉	中共党员	本科	2006.05—2011.01	全面工作
书记	张冬波	女	1967.09	汉	中共党员	本科	2005.07	党务、卫生工作
副局长	董继辉	男	1973.03	汉	中共党员	本科	2010.10	教育教学工作

【概况】 2010年是棋盘山开发区教育工作的“规范化管理实施年”，是棋盘山开发区教育强区建设的开局之年。棋盘山开发区教育系统以规范管理理念为指导，规范办学思想、规范办学目标，进一步推进义务教育稳步发展，全面提升教育教学质量，强化领导干部队伍建设、强化师资队伍建设，努力挖掘内部资源优势，深化教育内涵建设，有效促进各级各类教育协调稳步发展。2010年获得沈阳市行风建设优秀单位、沈阳市安全先进单位。

【教育投入】 2010年，棋盘山开发区对教育的投入为5 477万元，初中生均公用经费为1 385元，小学生均教育事业费为1 090.5元。

【推进教育基础工程】 2010年，棋盘山开发区投入资金完成对东陵路小学进行校舍加固改造；投入171万元（市区各承担一半）为英达中小学配备了实验桌椅和仪器柜，为英达中小学等4所学校配备200台电脑，1 000套学生桌椅，150套办公桌椅和卷柜；投入7.7万元完成高坎中学4个机房的防雷工程；投入约400万元完成了高坎中小学塑胶操场施工建设工作；投入25万元配备了高坎中学地理实验室；为高坎小学投入18.3万元配备厨房设备，投入5.8万元配备实验室设备，投入8.2万元装备音美教室，投入11万元装修高坎小学会议室；投入15万元维修东陵路小学和满堂小学校舍；投入100万元续建英达中学道路和围墙。全年完成全区8所学校14栋建筑物的抗震检测工作，5所接收农民工子女学校的维修改造工程不断推进，全区中小学的办学环境得到进一步优化。

【优化教育资源配备】 2010年，棋盘山开发区100%的学校实现了“班班通”，全区中小学教学设备得到不断改善。

【深化规范化管理，提升教育质量】 一是管理不断规范。出台《棋盘山开发区中小学实施有效教学的基本要求》等6项制度，进一步丰富和完善了《棋盘山开发区学校综合考核评价方案》。把联合视导、基层单位定期上报月安排等作为规范学校常规管理的有力手段，实施视导反馈制度。全年教育局相关业务部门共深入基层学校20余次，听评课300余人次，查阅领导听课笔记76人次，检查听课记录608节，检查教案419本，学生作业1 230余本。二是督导制度管理日趋完善。完成督学责任区内的随访督导、农村初中控辍保学的专项督导及7所义务教育学校的考核评估工作，完善了综合督导。通过采取统一时间、换校监考和集中评卷等方式，强化了监考、成绩上报和质量分析等环节，促进了教育质量的不断提升。

【完成区域划分调整后的学校接收工作】 1—3月，棋盘山开发区教育局按照棋盘山开发区政府要求，与东陵区教育局开展对接工作。顺利接收原属东陵区教育局管理的沈阳市东陵区英达中学、东陵区英达小学2所学校，共接收教职工105人，学生1 018人。交接工作期间，棋盘山开发区教育局主要领导及相关人员多次到东陵区教育局、英达街道办事处、交接学校深入调研，查阅教师档案105份，开会研讨10余次。

【启动干部交流挂职锻炼工作】 2月23日，棋盘山开发区教育局和皇姑区教育局联合召开学校干部交流挂职锻炼工作会议（挂职期为一学期），皇姑区选派唐涛、徐浩、林媛媛、朱延红、吴淑杰等5名同志到棋盘山开发区高坎中学、高坎小学、东陵路小学、满堂小学、新屯小学挂职任副校长，把皇姑区先进的教学管理经验带入棋盘山开发区，同时棋盘山开发区教育局也选派刘晓霞、姜艳、杨冬玲、刘丽英、肇宁等5名后备干部到皇姑区四十三中学、岐山一校、宁山路小学、珠江五校、昆山二校等学校挂职锻炼，学习先进的管理模式、理念和管理经验。在会议上两区教育局领导分别作了讲话，要求交流干部在交流学校一定要认真学习，努力工作，完成教育局和学校交给的任务。

【加强校园安全工作】 5月5日，平安校园现场会在英达中学召开。棋盘山开发区教育局领导和英达街道办事处领导出席了会议，英达中学李宏伟校长作了《加强学校安全工作，创建平安校园》的经验报告，棋盘山开发区教育局和街道领导分别作了重要讲话。

【全区学校实现安全监控技防措施全覆盖】 5月中旬，棋盘山开发区教育局为区内学校安装了监控探头。至此，开发区中小学校共安装监控探头45个，实现了技防措施全覆盖，校园保安、校园巡逻队已成为各校人防手段的重要力量，进一步加强校园安全保障。

【召开教师节表彰会议】 9月9日，棋盘山开发区召开教育节表彰工作会议。棋盘山开发区常务副主任高示范宣读表彰名单，棋盘山开发区党工委书记、棋盘山开发区主任田东泉作了讲话：全面总结近年来全区的教育工作，明确指出今后一个时期开发区教育改革发展的工作思路。会议指出，近年来，棋盘山教育事业取得了明显进步，各级各类教育全面发展，素质教育水平不断提升，教育质量切实改善，教育惠及民生、促进发展的作用充分显现。会议提出，今后一个时期，全区教育工作思路和总体目标：以科学发展观为统领，牢牢把握加快发展这一主题，紧密结合棋盘山实际，深化教育改革，推进素质教育，提高教育教学质量，办人民满意的优质教育。区各委办局、街道办事处主要负责人，全体教师近500人参加了会议。

【加强农民工培训和农民职业技术培训】 2010年，棋盘山开发区教育局针对全区农民工、农民群体集中的特点，以高坎街道成人教育培训中心为依托，大力加强农民工培训和农民职业技术培训。全年培训达500人次以上。棋盘山教育局依托成人教育培训中心与沈阳农业大学联合开展农民技术培训，聘请农业大学专家深入社区和田间地头实地为农民讲课，传授科学种田知识，受到农民的热烈欢迎。

【学前教育】 2011年，棋盘山开发区共有托幼园所9所，其中，区立园1所，学校园5所，社会办园3所，收托幼儿915人。教职工35人，其中，专任教师26人。5月31日，为迎接“六一”儿童节的到来，东陵路小学幼儿园开展了“放飞美好的希望”幼儿文艺汇演，活动中孩子们载歌载舞，共同欢度自己的节日。其中舞蹈《竹林圆月》、武术《精忠报国》、英语童话剧《小红帽》等节目深得家长们的好评。2010年10月20日，棋盘山实验幼儿园试园，试园当天15名新生入园，到12月31日全园共有37名儿童（冬季是幼儿园招生淡季）。用爱孩子的实际行动赢得了家长和社会的认可，继续宣传招生，为2011年春季招生做充分准备，稳定幼儿情绪，明确办园思路，以实现管理精细化、文化精品化、发展个性化、办园特点多样化为目标，使棋盘山实验幼儿园区别于其他幼儿园。

基础教育

【概况】 2010年，棋盘山开发区共有小学5所，79个教学班，在校生2 395人。教职工231人，其中，专任教师218人。小学入学率100%，巩固率100%，毕业及格率100%。初中2所，教学班31个，在校生1 372人。初中入学率100%，巩固率100%。教职工106人，其中，专任教师97人。中小学教师学历合格率均为100%。中小学具有高级专业技术职务65人，其中，小学教师4人，中学教师61人。高中1所，12个教学班，在校生502人。教师50人，其中专任教师41人。

【参加2009年沈阳市中考学科质量分析会】 2月26日，在区教研室带领下，高坎中学共有中考学科教师18人参加了在二中举行的2009年沈阳市中考学科质量分析会。会上仔细聆听了市教研院任荣辉院长作的报告，通过此次活动教师受益匪浅，更加坚定了提高教育教学成绩的决心。

【开展小学语文、数学学科集体备课教研活动】 3月4日，在棋盘山开发区教研室召开会议，确定了开展小学数学（三年级）、语文（四、五年级）集体教研活动的时间、主题和负责单位。数学为3月末《如何提高学生计算的准确性》（东陵路小学）；4月末《如何根据长方形面积计算公式来灵活地解决实际问题》（高坎小学）；5月末《怎样将小组合作学习落到实处》（新屯小学）；6月末《如何提高中、差生的学习效率》（满堂小学）。语文为4月初《在阅读教学中如何强化字词的积累运用》（高坎小学）；5月初《如何在阅读教学中进行句的训练》（满堂小学）；6月初《如何在阅读教学中进行“读”的训练》（东陵路小学）；6月末《怎样在语文课堂教学中体现读写结合》（新屯小学）。通过以上集体教研活动加强了学校之间的联系，提高了教师的业务素质和教学能力，达到了预期的效果。

【召开棋盘山开发区学校评优会议】 3月29日、4月8日，棋盘山开发区教研室分别召开初高中和小学教学评优工作会议。会议宣读了评优方案，确定了各校参加评优活动的人数和上课的时间及评比方法，此次评优设立了集体奖。在此次评优中高坎中学、高坎小学、东陵路小学分获初高中组、小学组优秀集体；高坎中学张敏、宋爱红，十三中学金希红，英达中学齐雅娟等获初高中组一等奖；高坎小学夏德凤，东陵路小学徐爽、陈艳艳、高娟，满堂小学崔楠等获得小学组一等奖。

【皇姑师校下校视导】 4月9日、5月10日，在棋盘山开发区教研室的陪同下，皇姑师校小学部、初中部、高中部分别到英达小学、英达中学、十三中学进行下校视导。各学科教研员听取了教师的课堂教学，课后与教师进行了交流，对课堂进行了点评。通过此次活动，教师的视野变得开阔了，对新课标有了更深的认识。

【待评名师送教下乡】 6月24日，沈阳市待评名师市电教馆陈莹，省实验中学赵志彦等高中教师，实验合作校卞恩艳、八十四中学赵隽等初中教师，宁山小学李萍、童晖小学郑慧颖等小学教师在皇姑师校时洪副校长的带领下分别到十三中学、高坎中学、高坎小学送上了精彩纷呈、生动活泼的送教下乡课，给棋盘山开发区的师生留下了深刻的印象。

（左大为　安勇）

各级各类学校、园所（部分）

GEJI GELEI XUEXIAO YUANSUO (BUFEN)

幼 儿 园

沈阳市蓓蕾幼儿园

【概况】 沈阳市蓓蕾幼儿园位于沈阳市沈河区南二经街84号。建于1995年，隶属于沈阳市教育局。建筑面积1 835平方米，设有9个教学班，属全日制幼儿园。2004年晋升为省级示范性幼儿园，2009年在浑南新区开办了万科新榆分园。先后被评为“全国巾帼文明岗”“辽宁省先进集体” “沈阳市首批十佳幼儿园”。

【办园条件进一步改善】 教育局给每个班级配置了电子白板，更新了电脑，这些电教设备的投入不仅提高了蓓蕾幼儿园的硬件水准，也使幼儿园在应用现代化教育教学水平上有了很大的提高。同期，幼儿园投资近6万元给各班活动区提供了多种样式新颖、经济实用的大中小型玩具，使得幼儿园老式陈旧的玩具得到了全面更新。办园条件的改善，进一步优化了育人环境，为实现幼教现代化奠定了坚实的基础。

【教师师德素养进一步提升】 幼儿园坚持不懈地开展教师师德建设，要求教师要有高尚的职业道德，提升教师内在素质，心中要充满爱。在开展的“迎教师节、树师德标兵”演讲活动中，大家参与热情高，演讲状态好，很多老师结合工作中的实际，诠释了自己对幼儿教师职业道德的认识。其中8位老师获得幼儿园一等奖，4位老师获得沈阳市幼儿教师才艺大赛演讲比赛一等奖。

【园本特色进一步加强】 总园和分园共享专业体育教师资源。每周开展体育课，在重视提高幼儿身体素质的同时，有计划地锻炼幼儿各种基本动作，有目的地训练幼儿的基本技能：列队、行进、投掷技巧等，丰富了幼儿园体育活动。

【安全教育常抓不懈】 目前社会上不安全因素越来越多，培养孩子的安全意识和保护自己的能力显得尤为重要，为此幼儿园将安全工作放在首位，经常组织全园教职工和幼儿进行安全疏散演习。通过这样的演习活动，孩子们懂得着火时如何进行自救、如何逃生、如何拨打119电话，学会遇事不慌张、不害怕、沉着冷静。提高了孩子应对突发事件的生存能力，增强了孩子自我保护意识，为孩子的健康成长，创造安全的教育环境。

【家园共育沟通零距离】 幼儿园除了利用家园联系栏、电话和家长沟通外，各班建立了QQ群，利用现代通讯工具加强与家长的联系，并充分利用家长资源管理QQ群，不但使家长及时了解幼儿园的情况，教师也能了解家长心态、需求，为家长之间搭建了沟通的平台。幼儿园还开设延时班，将接孩子时间延长到晚上6点半，安排了专职老师负责，为有困难的家长解决了后顾之忧。

【“建园十五年”园庆】 6月6日，在沈阳市儿童活动中心隆重举行了“建园十五年”庆祝活动，各界领导和全园家长、小朋友一起参与了活动。在活动中，最感人的一幕是在幼儿园毕业的孩子，有的已经是大学生了，和家长一起为幼儿园送上了最真诚的问候和祝福。

（张新军）

大东区教育局幼儿园

【概况】 沈阳市大东区教育局幼儿园是大东区教育局直属公办幼儿园，辽宁省示范幼儿园。2010年有总园、分园两处，总建筑面积10 200平方米。园内环境幽雅，内部设施先进，是省内率先采用地热采暖、全自动灭火装置和全自动监控系统的幼儿园。楼内设有独立幼儿活动室、寝室、更衣室、卫生间和淋浴间，有儿童室内游泳馆、淘气堡、宝贝工作室、微机室、图书室、多功能演播大厅及毕加索美术工作室和贝多芬舞蹈教室等，还有为即将入园幼儿特设的亲子园。总园内分为托班、小班、中班、大班，共有16个班级，全年在园幼儿500余名，入园幼儿109人，离园幼儿102人。有正式教职工51人，聘用教职工81人，其中专任教师59人，100%达到大专以上学历。幼儿园教师的平均年龄为30岁。其中，省特级教师1人、市名师2人、市学科带头人5人、市骨干教师10人、区名师3人、区首席教师4人。幼儿园现有国家、省、市级实验项目14个，其中11位教师、4个实验项目分获“十五”、“十一五”期间优秀科研成果奖。

【环境创设与教师指导研讨会】 3月31日和4月1日，托班、小班、中班以及大班分别以两个平行班为单位进行了活动区环境创设与教师指导研讨会。研讨内容有：针对小班、中班、大班幼儿年龄特点，设置哪类活动区比较适合幼儿的能力和发展水平；在为幼儿提供各种活动区材料过程中，幼儿对哪些玩具或者用品特别感兴趣；在指导幼儿活动过程中，教师怎样向幼儿渗透活动区规则；小班活动区游戏中，遇到过哪些令人困惑的问题，是否已经解决，或者正在尝试解决。

【开展消防疏散演习活动】 5月19日，组织全园师生开展了消防疏散演习活动。活动预设一楼食堂为起火点，每一个楼层都有专人负责协助疏散，并在师生全部撤离后由楼层负责人立即向郭红伟园长报告。班内教师则带领幼儿按不同的楼层和逃生路线迅速向前操场撤离，在2分钟的时间内，教师与幼儿全部安全疏散，无拥挤情况发生，无幼儿遗漏，撤离工作井然有序。

【迎接“六一”儿童节】 5月31日，为迎接“六一”儿童节的到来，开展了一系列活动。活动之一：举办“第九届文化艺术节”，使幼儿充分展示自我、表现自我。活动之二：快乐中午自助餐。幼儿园为全园的小朋友准备了丰盛的自助餐，让孩子度过一个开心的儿童节。活动之三：我真漂亮。晚间离园前，幼儿园为每一个小朋友赠送了老师设计的服装作为儿童节礼物。

【环境、区域创设评比活动】 10月19日，开展了环境、区域创设评比活动。根据《幼儿园教育指导纲要》精神，结合班级幼儿不同的年龄特点，教师们充分发挥创造力，利用废旧物等资源进行环境、区域更新活动。在评比过程中，幼儿园教学研究部组织主班、副班教师分两轮参观，每走到一个班级，班内教师主动为大家讲解、介绍主题环境、区角设置、新增添的自制玩具等等，随后所有参观教师按照“幼儿园环境、区域创设评比标准”进行打分，填写评分表，给予每个班级综合评价。

【承办第十二届年会】 12月21日，“沈阳市教育学会教育专业委员会第十二届年会”在幼儿园隆重召开。省、市、区10余位领导和来自市内五区及郊区县的200余位教师参加了此次会议。会议通过了沈阳市教育学会教育专业委员会工作报告，对理事会、优秀分会、优秀园所、优秀会员进行了颁奖。市教育局李铁副局长在会上作了重要讲话。

【市领导参观】 12月30日，沈阳市市长陈海波、副市长王玲、市教育局局长苏文捷、大东区区委书记王开军、区长王健、副区长张艳红、区教育局局长康长安等一行30余位领导来到幼儿园参观慰问。陈市长实地察看了教育局幼儿园班级、小舞台、淘气堡、宝贝工作室、比尔工作室、毕加索、金色大厅等功能室，观看了突出幼儿园艺术教育特色的多种艺术活动，亲切地与孩子们握手、拥抱、合影，耐心地参与幼儿的活动，并询问了幼儿在园的生活、学习情况及幼儿园发展的思路，对教育局幼儿园给予了高度的评价。

（徐哲茹　张倩）

沈阳市和平区南宁幼儿园

【概况】 沈阳市和平区南宁幼儿园始建于1948年，是辽宁省示范性幼儿园，被教育部确立为贯彻《幼儿园工作规程》试点园、贯彻《幼儿园教育指导纲要》实验园、园本教研制度建设实验园，先后承担了国家、省、市级实验项目9个，其中77位教师，8个实验项目分获“八五”、“九五”、“十五”、“十一五”期间优秀科研成果奖。现在园幼儿900名，教职工168名，专任教师93人，100%达到大专以上学历，23%达到研究生学历。全国模范教师2人、省特级教师2人、省拔尖人才1人、省优秀教师5人、省骨干教师3人、市优秀专家1人、市教育专家1人、市名师2人、市学科带头人5人、市骨干教师8人、市优秀教师15人、区优秀教师标兵5人、区骨干教师37人、区优秀教师59人。各级优秀和骨干教师占专任教师总数的95%。南宁幼教集团先后被评为全国巾帼文明示范岗、辽宁省精神文明单位、省学前教育先进集体、省教育厅“幼儿教师及园长培训基地”、省教科研先进集体、辽宁省儿保标兵单位、沈阳市首批十佳幼儿园、沈阳市首批A级食堂、沈阳市师德标兵单位、和平区标兵单位等多个荣誉称号。先后出版了《南宁幼儿园工作标准》、《儿童行为塑造魔法书》、《南宁园本课程指导用书》等书籍，为服务社会、服务家长做出了应有的贡献。

【科研引领教学，打造优质品牌】 早在1992年，幼儿园就被国家教育部确立为贯彻《幼儿园工作规程》实验园，幼儿园抓住这一契机，把幼儿教育的新理念运用到教育教学实践中，落实到教师的教育行为上，使幼儿得到更充分的发展。2000年，南宁幼儿园又大胆引入了瑞吉欧教育模式，突出以幼儿为本、终身发展的教育理念，构建出生活课程、环境课程和学习课程融为一体的园本课程。同年，独立承担了中国学前教育研究会科研项目，在幼儿活动中形成“合作探究式师幼互助”新型师幼关系，关注师幼共同成长。2003年，又独立承担了中国学前教育研究会科研项目《让幼儿在区域环境中学习与成长》，充分挖掘和利用了区域环境在幼儿学习、成长中的重要作用，为幼儿创设丰富适宜的多种活动区域，让幼儿在自主的游戏中学习，在活动中健康快乐地成长。

【实施“一三三”管理模式】 为实现幼儿园的可持续发展，启动了“一三三”工程，即围绕一个核心——打造优质品牌；实施三个关注——关注幼儿生动和谐发展，关注教师主动积极发展，关注幼儿园科学发展和内涵发展；实现三项突破——突破幼儿一日保教工作，突破教师园本研修的方式，突破幼儿园教育服务功能。为了保证“一三三”工程能够取得实效，利用一年的时间，认真梳理，重新规范了工作流程，制定了各项工作标准，力争做到全方位、全过程、全天候、全视角。《南宁幼儿园工作指南》一书，在全国出版发行，为“一三三”工程的全面实施提供了行动指南。“一三三”工程的实施，使“不断思考优质教育，不断追求优质教育”成为幼儿园办园态度与办园精神的标识，成为幼儿园办园质量与服务品质的标识。

【集团化管理，扩大优质资源】 随着幼儿园的不断发展，幼儿园的办园品质得到了社会各界的认可和好评。为了扩大优质教育资源的辐射半径，满足区域居民的需求，和平区委、区政府提出，优质资源要纵向延伸、横向扩大，实行集团化管理。2008年，区委、区政府将闲置的原中兴街小学改造为南宁实验分园。2008年，又先后接收了长白地区两所小区新建的幼儿园：万科城分园、远洋天地分园。为了使新接收的园所条件、设施达到优质幼儿园的要求，区委、区政府先后投入700万元用于装修、购置设备，并于2008年正式投入使用。对新接收的园所，实行“克隆式管理模式”，即各分园与主园教育理念一样、管理模式一样、师资队伍一样、课程设置一样。现在，4个园所共有900个孩子，比原先增加了近500个学位，基本满足了周边居民对优质学前教育的需求。

【优质低价，致力教育惠民】 关怀每一个孩子，让教育公平惠及所有孩子，做到有教无类，不仅体现在所有孩子能有园上，更要体现在他们能够上好园，这是和平区委、区政府多年来的工作要求和发展方向，也是一直以来的工作目标。2008年，区政府投入480万元，将原中兴街小学进行改造，建立了沈阳市第一所惠民幼儿园，并于2009年6月投入使用。为保证惠民幼儿园的教育质量，区委、区政府决定将惠民幼儿园交给南宁幼儿园来全方位管理，将南宁幼儿园的办园理念、管理模式、课程设置、环境设计、教师配备等全部引入到惠民幼儿园中去。同时，对低保家庭的孩子采取低价格收费的办法，按托费成本计算，每月仅收取托管费380元，不足部分由教育局每年对南宁幼儿园给予一次性补贴20万元中弥补，使区域内的低保户、低保边缘户家庭子女都能享受到最优质的学前教育，让更多的低收入家庭的孩子享受到政府阳光的沐浴。

（董立剑　于立尚）

皇姑区实验幼儿园

【概况】 2010年，皇姑区实验幼儿园建筑面积3 750平方米。固定资产总值422万元。全年教育经费投入721万元，其中，财政投入271万元，自筹450万元。幼儿园建有6个专项活动室：角色游戏室、科学发现室、创意教室、美术工作坊、表演教室、游泳厅。幼儿园现有12个幼儿班，大、中、小班各4个，招收3—6岁幼儿。在园幼儿405人，入园幼儿120人，离园幼儿140人。有教职工84人，其中，专任教师43人。专任教师95.3%以上具有大专以上学历，中学高级教师1人，小学高级教师27人，工勤人员20人。

【教师的玩具材料交流】 3月，幼儿园开展教师专业学习即“玩具材料交流与分享”。教师为班级的孩子购买一件玩具，自制一件玩具。“为什么选择”是在指明教育价值取向和表明一种文化；“选择什么”是在引领教师思考认知的重要性；“怎么选择”是在帮助孩子如何理解儿童，如何理解教育。之后，以班级为单位举行“妈妈会”，在“妈妈会”上每位母亲分享交流为孩子选择玩具的想法和做法，帮助老师了解和学习家庭是如何选择玩具的。

【“三八”节课程】 每年的3月8日对于实验幼儿园的孩子、教师、家庭来说都是一个很重要的日子，不仅因为它是“国际劳动妇女节”，更重要的是它是孩子们一起来学习“爱”的日子，是“妈妈日”。通过“妈妈日”课程同家庭学习“五大爱语”，即身体的接触、肯定的言词、服务的行动、接受礼物、精心时刻。同家长探讨父爱与母爱、和谐家庭与健康儿童的关系。爱是一门艺术，也是一种能力，它需要学习。

【“六一”美食节】 6月1日，幼儿园在户外游戏花园里举行“我们爱节日 · 我们爱生活”六一美食节，幼儿园以文化角落的方式准备日式、韩式、西式等美食，让幼儿品尝，每个家庭也准备一种食物参与家庭间的分享。在音乐、鲜花、美食中，孩子们体验分享、合作、学习，感受食物与生命、生活的关系；家庭全程参与感受亲子的快乐，感受“饮食和为美，人生和则贵”。

【参加省示范园评估大会】 6月2日—4日，在锦州举办“辽宁省省级示范幼儿园评估总结大会”。会上，园长、教学园长、教学主任分别从“园所文化”、“美术工作坊”、“幼儿户外游戏花园”三个方面与全省专家及各园所进行交流，使幼儿园的专业思考成果与更多的人分享。

【新年会】 12月30日，全园举办新年会。新年会是幼儿园的课程内容，也是幼儿园的传统。全园共有400个家庭，1 200人参加。新年会活动包括：团拜时间、唱歌跳舞时间、游戏时间、欣赏表演时间、精心时刻。“爸爸妈妈木偶剧团”也在新年会上带给孩子们精彩的表演，当节日蛋糕在蜡烛的映衬下缓缓推出，孩子们感受着生活的美好，此时此刻的幼儿园也成为一个幸福的大家庭。

（马颖　董秋雯）

沈阳市沈河区教育局第二幼儿园

【概况】 沈阳市沈河区教育局第二幼儿园成立于1991年5月，隶属沈河区教育局，现为辽宁省示范幼儿园，属自筹自支体制。幼儿园现占地面积2 940平方米，建筑面积1 786平方米，户外有大型多功能体育器械10余件。室内环境宽敞明亮，设有多功能活动室、教研活动室、沈阳市首家交通模拟场地等，现代化教学设备齐全，是幼儿生活、游戏、学习的良好场所。幼儿园在园300名幼儿，设大班2个、中班2个、小班3个，托班2个。教职工共39人，一线教师18人，全部为省、市幼儿师范学校毕业。

【参加市学前教育课程改革观摩课】 4月26日，吕丹丹老师组织的大班数学活动《长度守恒》，参加了沈阳市学前教育课改现场观摩会，获得一等优秀课。9月25日，何孝坤老师也参加了课改现场观摩会，组织的中班音乐欣赏活动《水族馆》获得一等优秀课。

【组织开展幼儿拍球、跳绳比赛】 每年的四月份是幼儿园的健康运动月，为了增强幼儿体质，提高孩子们的运动技能，4月29日，幼儿园举行了大班跳绳比赛和中班排球比赛，并进行了颁奖仪式。

【举行庆“六一”文艺汇演活动】 5月28日，第二幼儿园在沈阳儿童活动中心进行了“与爱同行”庆“六一”文艺演出。沈河区委、区人大、区政府、区政协等主要领导观看了此次演出，与小朋友们共同庆祝儿童节的到来，与会领导还向参加表演的幼儿们赠送了玩具。此次活动表现了区委、区政府对全区少年儿童的亲切关怀及对学前教育事业的关注。

【举行2010年幼儿毕业典礼】 7月12日，幼儿园为大班幼儿举行了“绽放的花蕾”毕业典礼，并邀请每位家长共同参加。三年的生活，让老师和孩子们留下太多的回忆，精彩的文艺节目后，幼儿园还进行了餐会，孩子们和老师合影留念。

【举行安全教学观摩活动】 幼儿园始终把安全工作放在首位，11月份，幼儿园开展了安全教学观摩活动，教师根据不同的年龄段，对幼儿进行安全教育。

【举行家长开放日活动】 为让家长了解幼儿园的安全工作和幼儿一日生活情况，11月16日，幼儿园举行了家长开放日活动。活动中，家长观摩了安全教学活动及活动区活动，观看了幼儿进餐、盥洗等情况。此次活动，增进了家长对幼儿园各项工作的了解，家长满意率高。

【迎接国际安全示范幼儿园检查】 11月30日，香港国际安全认证组织首席顾问黄黛玲博士、黄妙泉博士及沈阳市安全局、沈河区安全局、沈河区大南办事处等领导一行十几人到第二幼儿园进行国际安全示范园的认证。专家组对幼儿园室内外的安全设施及环境进行了考查，又观看了交通安全模拟场地游戏，并给予很高的评价，第二幼儿园被认证为国际安全示范幼儿园。

【开展老帮青活动】 9月至11月，幼儿园积极开展老帮青活动，促进青年教师业务能力尽快提高。每月由老教师与青年教师共同设计一个教育活动，共有8名青年教师与8名老教师开展此项活动。

【举办庆新年家园同乐会】 12月31日，幼儿园以班级为单位开展了庆新年家园同乐会活动。各班编排了精彩的文艺节目，并举行了趣味亲子游艺活动，让家长和孩子们共同度过了一个快乐的新年。

（柳文春　孙菲）

沈阳市铁西区教工幼儿园

【概况】 沈阳市铁西区教工幼儿园始建于1957年，是隶属于铁西区教育局的省级示范园所。幼儿园占地面积5 503平方米，建筑面积3 518平方米，绿化面积1 031平方米。幼儿园固定资产168万元，2010年预算81万元。幼儿园共开设教学班13个，其中小班4个，中班4个，大班4个，亲子班1个。招收3—6岁的幼儿。幼儿园现有教职工60人，均为省、市幼儿师范毕业。专任教师均持证上岗，学历达标率100%，幼儿园教师共有本科学历13名，占教师总数40%，大专学历共有18名，占教师总数的60%。全年在园幼儿320余名，入园幼儿70人，离园幼儿60人。幼儿园内部注重构建和谐的生态区域环境，室内建有图书室、淘气堡、彩虹屋、亲子班、多功能厅及先进的电教设备。室外鲜花汇集在操场的四周，操场中央铺设了4 050平方米的仿真草坪，外塑安全并具有童趣的体育运动场地、大型滑梯、玩沙戏水设施，为幼儿提供了广阔的活动空间。

【环境布置活动】 3月份幼儿园开展了环境布置活动，目的是给幼儿创设一个自己参与活动，与教师一起完成的主题。3月14日各领导与全体教师进行评比与检查。

【奥福培训】 3月3日、4日，来自于北京奇德儿奥福培训中心的专家，给幼儿园教师进行奥福的培训。在奥福的音乐教学中教师要进一步熟练掌握乐器演奏课程、音感课程、节奏课程、歌唱课程等四种不同课程类型的教学模式和方法。

【打造教工精品课程】 4月6日，幼儿园继学前教育区域活动全市观摩后，积极践行省级课题《幼儿园生态区域活动》。针对区域活动中存在的问题，开展了“突破瓶颈、打造精品”的生态区域的研讨、交流活动。各班教师能够以幼儿为本精心设置区域，现场讲解展示，介绍班级区域的空间设置、内容选择和材料提供等内容，对区域创设的年龄针对性、区域之间内容均衡性、区域与课程之间的关系有了许多创新的举措，为突破瓶颈细化区域活动奠定良好的基础。

【首届艺术节开幕】 5月12日幼儿园艺术节隆重开幕，在开幕式上，教师代表向全体小朋友发出倡议，期待小朋友们在艺术节上有精彩的表现。开幕式邀请了艺术学校的同学们为幼儿园小朋友作了精彩表演，有杂技《银蛇狂舞》《传棒》《双软》《小晃板》，相声《反正话》，故事《小猴吃西瓜》等，不同形式的艺术演出，开阔了孩子们眼界，陶冶了孩子们的情操，受到小朋友的热烈欢迎。为期一个月的教工幼儿园艺术节还将设立“民族舞蹈艺术周”、“六一班级精品节目汇报日”、“家长演出日”等。

【“同课异构”教学研讨活动】 6月，开展“同课异构”教学研讨活动，即各位教师根据自己对同一教学内容的理解，向大家展示了不同教学风格的活动。课后，老师们针对活动的目标制定、过程设计、操作材料的实用性、教师教学观念、活动效果等方面展开了积极讨论和交流。在听取评课意见后，教学者反思自己教学过程中的得失，设计更好的教学思路。听课者也从中发现哪些环节适合幼儿发展特点，哪些环节对解决教学重点、突破教学难点有帮助，哪些处理方式不妥，应引以为戒……不同的目标定位，不同的教学切入点，呈现出了一样的精彩。“同课异构”不仅拓宽了老师们的眼界，也为教工幼儿园的教研活动增添了新的活力。

【探究科学教学活动】 6月13日，幼儿园认真落实《铁西区幼儿园主题教育活动评优的通知》精神，在全园开展了以“做中学，自己动手探究科学”为指导方向的主题教学活动评比。通过认真评选，4名教师脱颖而出，并代表幼儿园参加了区优秀活动的评比。在“做中学”探究活动中，教师精心构造问题情境，将孩子们直接推向现实世界。通过假设、验证假设、记录数据、交流讨论等步骤解决了身边的实际问题。

（杨继天）

沈阳浑南新区东湖学校幼儿园

【概况】 沈阳浑南新区东湖学校幼儿园由市、区两级政府投入200多万元，并依托东湖学校雄厚的教育资源开办，为沈阳市示范幼儿园。占地面积2 800多平方米，建筑面积1 800多平方米。园内配套设施齐全，环境优美而又舒适，1 000多平方米的塑胶场地既安全又美观，各类大型游乐设施配备完善，为幼儿提供了良好的户外活动空间。园内设有幼儿蒙氏教室、感统训练活动室、多功能活动厅等专用教室。同时还配备了电脑、电视、交互式电子白板、钢琴等先进的教学设备。共设教学班5个，有幼儿145名，教职员工17名。

【开设古筝特长班】 4月1日，为了增添幼儿兴趣爱好，增强宝宝们的艺术涵养，幼儿园增设了古筝特长班和外教英语课。

【为青海玉树地震灾区募捐】 4月23日，幼儿园举行献爱心为青海玉树地震灾区募捐活动，共筹集善款2 161元人民币。幼儿园全体教师、家长和宝宝祝福灾区人民尽快渡过难关、重建家园。

【开展父亲节活动】 6月18日，在父亲节来临之际，幼儿园开展了“我的好爸爸”主题活动，大班孩子亲手制作小领带、小钱包等，送给爸爸们最真心的礼物；中班孩子则在纸上用彩笔画精美的贺卡，把最真心的祝福送给爸爸；小班的宝宝给爸爸做了一个大大的项链，表示对爸爸纯真的爱。

【开展教师培训活动】 8月11日，为强化教师队伍专业化建设，提高教师的业务水平，提高保教质量，幼儿园开展了新学期岗前培训活动。培训内容包括幼儿的一日常规教育、礼仪教育等。

【建立课题实验基地】 9月30日，幼儿园园长在沈阳体育学院参加了“国家科技支撑计划课题实验基地”的授匾仪式。体育学院对幼儿园的体育课题研究过程给予了较高的认可和赞誉。通过一年多的课题研究与实践，幼儿园在体育教学中取得了多项科研成果，并在教学中应用。

（钟德超）

沈阳市于洪区实验幼儿园

【概况】 沈阳市于洪区实验幼儿园成立于1988年，是于洪区教育局的直属幼儿园，于洪区幼儿教师培训基地。幼儿园教职工共计30人，90%以上具有大学专科学历，教学经验丰富，有多名省、市级优秀教师。教师撰写的论文多次在全国、省、市获奖，多个教育活动成为市、区教师培训的典型学习案例，编排的幼儿舞蹈等多次参加全市幼儿汇演。幼儿园环境优美、整洁、富于童趣，宽阔的操场上有适合不同年龄孩子的大型运动器械，以及种植园和饲养角；各项教学、生活设施齐备，玩具、图书数量丰富、种类繁多，能够充分满足教学和游戏需要。幼儿园还设有音体室、多媒体教室、亲子活动室、图书室等多个专项活动室，能够满足孩子们全方位的活动需求。多年来，幼儿园先后获得辽宁省先进集体、沈阳市学前教育教学优秀园所、沈阳市幼教工作先进集体、沈阳市教育信息化先进幼儿园、沈阳市语言文字先进单位、沈阳市“三八”红旗集体等荣誉称号，并于2006年成为省级示范幼儿园。

【举办家庭教育讲座】 3月中旬，幼儿园邀请北京东方国际教育研究院张教授进行一场“新思维家庭教育”的精彩讲座。通过学习，不但解开家长们的各种困惑，同时也获得许多先进的教育思想和方法，为进一步加强家庭与幼儿园之间的合作，共同促进孩子们的健康发展。

【开展教具制作评比活动】 3月末，开展教师自制玩教具比赛，以能有效利用废旧物、实用性强、有一定的科学性、安全卫生、数量丰富为评比标准，全园14名教师全部参赛，其中3人获奖。

【申报特色幼儿园】 《幼儿园指导纲要》中明确指出：“幼儿园必须把幼儿的生命和促进幼儿的体育工作放在首位。”所以，幼儿园把体育特色活动作为特色教育，并于4月中旬向市教育局申报体育特色园，计划尝试在多种途径相互影响下开展各类体育活动，以推动儿童身心健康发展。

【家长开放日活动】 4月、9月，幼儿园向家长开放，家长们到园参加班级的教育活动，与孩子们共同游戏，并参观幼儿园环境，每次都有近200位家长参加活动。家长开放活动进一步加深了家长对幼儿园及教师工作的理解，对幼儿园日后工作的开展起到促进作用。

【参加省级示范幼儿园风采展示活动】 5月，参加省教研室举办的省级示范幼儿园风采展示活动，以图文结合的方式宣传幼儿园的办园理念、教育特色等。

【举办《国家通用语言文字法》知识培训与测试】 5月，为加强广大师生的语言规范意识，全园形成在公共场合、课堂教学中说普通话的风气，聘请专业教师来园讲课，之后又进行文字法知识测试，效果明显。

【开展庆“六一”系列庆祝活动】 5月末，为庆祝“六一”儿童节，幼儿园组织一系列的庆祝活动，包括幼儿绘画比赛、诗歌朗诵、文艺汇演等。此次活动本着面向全体的原则，让每一个孩子都感受到快乐、体验到成功、享受到友情，让每一个孩子都能真正成为节日的主人。

【举办亲子趣味运动会】 9月末，邀请全园家长到园参加幼儿趣味亲子运动会，除幼儿游戏项目外，教师还设计很多适合家长和孩子共同参与的游戏，操场上掌声不停、笑声不断，亲子关系更加密切，家长们也好像又回到自己的童年。

【开展优秀教师公开教学活动】 9月，为尽快帮助新教师胜任幼儿园教学工作，幼儿园指定3位骨干教师为大家展示3个优秀教育活动。活动后，全园教师进行研讨，对内容选择、目标确定、教学过程的组织等方面进行分析，之后新教师也进行展示，并有较大幅度的进步。

【开展语言文字推广月活动】 10月，为迎接二类城市语言文字工作评估，加强普通话宣传，营造推普氛围，幼儿园将10月作为幼儿园语言文字推广活动月。通过悬挂横幅，张贴标语、宣传画及教师会议、宣传栏等方式宣传“推普”的意义和作用，并在教师中开展推普宣传海报评比、规范用字自查自纠、教育案例评优等系列活动，以提高教师普通话水平。

【举办教师基本功大赛】 11月至12月，幼儿园组织全体教师进行基本功大赛。赛间，教师们以优美的舞姿、动听的歌声、富有趣味的讲述、娴熟的绘画技巧、悦耳的弹奏、雄秀一体的书法、充满想象力的海报设计将比赛的舞台装点得精彩纷呈。本次比赛，为教师们提供一个锻炼、学习和相互交流的平台，促进幼儿园教师队伍素质的整体提升，对推动幼儿园教育教学质量的发展起到积极的促进作用。

【参加感动校园好教师评选活动】 12月，幼儿园苏海燕老师当选全区十大感动校园好教师荣誉称号，成为幼儿园全体教职员工学习的榜样。

【开展新年亲子大联欢活动】 12月末，邀请全园家长到园参与孩子们的新年庆祝活动，孩子们表演舞蹈、歌曲、朗诵、舞台剧等小节目，家长们也纷纷登台表演展示才艺，孩子、老师、家长玩在一处，乐在一起，将新年的喜庆气氛推向高潮。

（杨世维　高波）

沈阳市苏家屯区实验幼儿园

【概况】 2010年，沈阳市苏家屯区实验幼儿园占地面积为6 339平方米，建筑面积4 720平方米。固定资产总值636万元。全年教育经费投入447万元，其中，国家拨款352万元，自筹95万元。园内设有大、中、小、托四个年龄段，10个班级，其中大、中、小班各3个，托班1个。招收2.5—6岁幼儿。在岗职工57人（其中正式36人，临时21人），班子成员9人，教师26人，保育员10人，其他人员12人。省、市、区骨干教师10人，区模范教师、爱岗敬业标兵、优秀教师等20余人。全年在园幼儿229人，入园幼儿125人，离园幼儿52人。园内建有功能齐全的现代化教室，融活动室、寝室、盥洗室、卫生间一体，自成单元。室内配有钢琴、DVD、录音机、电视机、洗衣机、净化饮水机、消毒柜、红外线灯等，中大班配有幼儿电脑；另外园内还设有保健室、隔离室，还有蒙台梭利教室、形体教室、演播大厅、淘气堡等各种幼儿专项活动室。户外有700多平方米的操场和800多平方米的大型阳台；有富于童趣的“长城”、沙地、跑道、大型组合玩具等设施。

【举办幼儿知识竞赛】 3月和12月，开展了中大班幼儿知识竞赛活动，竞赛是以幼儿日常所学知识为基础，内容涉及幼儿园教育活动的五大领域，同时兼有记忆力训练、日常行为规范、安全知识常识、脑筋急转弯和乐理知识等。中大班幼儿和家长有300余人参加本次活动。

【庆“六一”文艺演出】 5月28日，举办庆“六一”文艺演出，本次演出以班级为单位，力争给更多的孩子参与的机会，参加演出幼儿达200人，教师们编排了精美的舞蹈为大家演出，全园53名教师参加活动。

【参加市“我爱祖国，我爱党”幼儿才艺大赛】 7月，代表区参加了市幼儿才艺大赛，其中幼儿舞蹈《老师的目光》获市金奖，大班的健身操获金奖。参加人数为48人。

【2010年“我运动，我健康，我快乐”运动会】 9月30日，开展了“我运动，我健康，我快乐”趣味运动会，全园的教师、孩子和家长共500人参加本次活动，运动会上一场场精彩的比赛和热闹非凡的气氛给大家留下了难忘的回忆。

【开展送教下乡活动】 为促进学前教育的均衡发展，共享优质教育资源，长期以来幼儿园充分发挥省级示范园的辐射作用，带动农村乡镇幼儿园共同发展。10月22日、11月17日幼儿园分别派教师到姚千、八一幼儿园送教下乡，取得了很好的效果。

【跳绳比赛】 11月22日举行教职工跳绳比赛，全园教师53人参加活动。此次活动增进了教师之间的了解，活跃了校园的气氛，缓解了繁重的教育教学任务的压力，增强了校园的凝聚力，为实验幼儿园的校园文化建设增添了新的亮点。

【庆元旦家园联欢会】 12月28日，在新年到来之际，为使幼儿和家长度过一个愉快、祥和的元旦佳节，幼儿园的9个班级举行了9场别开生面的“庆元旦家园联欢会”。老师们用气球、彩带和拉花等，把教室装饰的分外美丽，充满了节日喜庆的气氛，小朋友们和爸爸妈妈欢聚一堂，共同度过了一个美好的上午。全园教师、幼儿及家长500人参加活动。

（高东野）

沈北新区第一幼儿园

【概况】 2010年，沈北新区第一幼儿园占地面积1 649.7平方米。自筹教育经费38万元。园内建有大型淘气堡，多功能厅，英语教室等设施。沈北新区第一幼儿园创建于1986年，隶属于沈北新区教育局。2010年4月正式接收原“盛世阳光少年宫幼儿园”，并更名为沈北新区第一幼儿园二部。幼儿园共开设5个班级，其中，大班2个，中班1个，小班2个，招收3至6岁适龄幼儿。幼儿园共有教职工22人，其中专任教师18人，75%以上持有大专以上相关学历。具有单独为幼儿配餐的食堂，专业烹饪人员3人，保证幼儿每日都能达到营养配餐。园内安保人员3人，保证幼儿及园所的安全。全年在园幼儿212人，入园幼儿79人，离园幼儿36人。

【全园教师学英语活动】 4月15日，幼儿园领导班子商讨决定，一线13名教师利用午休时间学习适合园幼儿教学的浸入式英语。经过3个月的努力，7月15日，幼儿园两位园长及沈阳英语机构教授毛老师亲自审核教师们的学习成果，

13名教师全部试讲，并由毛老师、两位园长及所有在场教师给予点评。这次活动提高了教师的自身素质。

【消防演习活动】 5月11日，举行了消防演习活动。幼儿园警报声急促地响起，小朋友们在班级教师紧张有序的组织下迅速进行自我保护措施后，按指定的路线有序地逃离了“火灾现场”，在指定安全场地集合并清点人数。“你是平安的，我就是快乐的”，这是每位家长和教师的心愿。本次演习活动，增强了小朋友的自我保护意识，懂得着火了要如何进行自救和逃生，学会了遇事不慌张、不害怕、沉着冷静，让消防知识真正渗透孩子们的生活中。

【“六一”文艺汇演】 5月28日，沈北新区教育局在幼儿园多功能厅举行“飞扬的旋律，六一汇演”城区部分。幼儿们献上了多个精彩的节目，小主持人和摄像师让全区幼教同行赞叹。汇演的成功包含着演员们的辛勤努力，更离不开后台工作人员和教师的紧密配合。

【“亲子”运动会】 5月31日，幼儿园举行了首届“亲子运动会”。运动会开始前孩子们表演了动物模仿操《青蛙最伟大》《奶牛操》作为热身。运动会项目有《螃蟹运球》《采莲忙》《穿爸爸的鞋》，幼儿与幼儿配合、幼儿与家长配合。家长和老师之间的拔河比赛增进了“家、园”之间的友谊与团结协作。全园的小朋友、幼儿教师、幼儿家长、园领导和区教育局领导共计200人参加了此次运 动会。

【玩教具评比】 7月19日，幼儿园举办了幼儿教师玩教具评比大赛。大一班的教师佟欣瞳和小一班的教师王晶晶，分别制作的玩教具“脑筋转转转”、“小巧手”和“文明安全行”入选。经过两位教师3个月的多次改良和精心设计，终于通过层层筛选，分别夺得了本届幼儿教师玩教具评比大赛的二等奖和三等奖。展示了教师的聪明智慧。

【普通话检查】 11月24日，市、区领导一行7人组成的检查团莅临幼儿园，检查普通话普及工作。检查团听取园长作的普通话工作汇报，全园上下已经掀起了“讲标准普通话，从我做起”的热潮。教师们相互学习纠正，并教育幼儿讲标准普通话，鼓励孩子回家与父母、家人一同讲普通话。领导和教师共同努力，把普通话说得更标准更流利了。随后检查团对幼儿园教师逐一审查、指导，并作了试卷审核，幼儿园领导和教师普通话合格，并获得了审核领导的好评。

（王学忠）

康平县中心幼儿园

【概况】 康平县中心幼儿园是康平县教育局直属公办幼儿园，沈阳市示范幼儿园。幼儿园成立于2001年9月，占地面积7 080平方米，户外活动场地4 500平方米，园内环境幽雅，内部设施先进。楼内设有独立幼儿教室、寝室、洗手间，有专用的多功能活动室、舞蹈室、资料室、保健室、隔离室、幼儿专用食堂等。设大中小三种班型共10个班级，在园幼儿300人。有教职员工35人，专任教师26人，均大专以上学历，其中省级骨干教师2人，市级骨干教师4人，优秀教师6人，县级优秀教师、名师、师德标兵共12人，市优秀课教师占50%，县优秀课教师占100%。2010年中心幼儿园先后被评为沈阳市学前教育先进集体，沈阳市平安校园，康平县优秀园所。多次接待各级各部门督导、检查，均得到很好的评价。

【环境创设与教师指导研讨会】 3月15日，幼儿园全体教师进行了活动区环境创设与教师指导研讨会。主要针对小中大班幼儿年龄特点，讨论设置哪类活动区比较适合幼儿的能力和发展水平，在为幼儿提供各种活动区材料过程中，幼儿对哪些玩教具或者用品特别感兴趣，在指导幼儿活动过程中，教师怎样向幼儿渗透活动区规则。

【开展消防疏散演练活动】 5月12日，组织全体师生开展了消防疏散演练活动，幼儿按不同的楼层和逃生路线迅速向前操场撤离，在3分钟的时间内，教师与幼儿全部安全疏散，无拥挤情况发生，无幼儿遗漏，撤离工作井然有序。整个活动聘请消防大队大队长参加。

【迎接"六一"儿童节】 为迎接"六一"儿童节的到来，中心幼儿园开展了一系列活动。活动一：5月28日举办了幼儿绘画大赛，小朋友们利用一个半小时时间现场作画；活动二：5月31日举办庆"六一"文艺联欢会，每个小朋友都表演节目。县长、教育局局长、书记等和小朋友们共同联欢。幼儿园还给每个孩子赠送了节日礼物。

【参加市级课改竞赛】 6月20日，参加市级课改竞赛，派2名教师参赛，1名获一等奖，1名获二等奖，3名教师参加玩教具比赛，1名获省级一等奖，2名分别获市级一、二等奖，5名教师指导幼儿参加市级比赛获得优秀指导教师奖。

【教师观摩课活动】 10月13日，举办了全体教师观摩课赛课活动，新老教师相互学习，互相进步。并请教育局幼教科和教师进修学校幼教部老师现场指导，评选出3名优胜代表参加市级比赛，1名教师在市教育局举办的观摩课比赛上获得了特等奖，并参加送教下乡活动。

【参加市教师基本功竞赛】 10月15日，参加沈阳市第四届幼儿教师基本功大赛，取得了团体一等奖，单项钢琴二等奖；舞蹈一等奖；声乐一等奖；绘画二等奖；个人才艺展示一等奖的好成绩。10月20日参加2010年沈阳市儿童才艺大赛，派20名幼儿参赛，分别参加了绘画、歌曲大赛。3名教师参加沈阳市幼儿教师基本功大赛获得了团体一等奖的好成绩。

（刘建权　韩雪）

辽中县机关幼儿园

【概况】 辽中县机关幼儿园坐落于辽中镇政府路124-2号，西邻辽中县政府，是辽中县唯一一所教育办园。幼儿园始建于1958年，现占地面积2 917平方米，建筑面积2 356平方米，教学楼宽敞明亮、结构合理、功能完善，内设舞蹈教室、英语教室、小礼堂等专用教室及电教设备，普通教学班活动室、盥洗室、寝室为一体化设计，方便幼儿游戏、生活。在岗教职工42人，其中专任教师19人，全部为省、市幼儿师范毕业。教师学历全部达标，其中研究生1人，本科5人，专科13人，省级骨干教师1人，市级骨干教师5人，县级骨干教师8人，90%教师取得小学高级教师职称。现在园幼儿180人，开设8个教学班，其中，大班3个，中班2个，小班3个，其中包括蒙氏教育特色班4个。辽中县机关幼儿园多次荣获省市县授予的幼儿教育先进集体荣誉称号。

【师德大讨论】 1月18日，幼儿园开展了师德大讨论活动。针对"提升素养，以德立师"，从师德、师爱、诚信等方面进行反思与讨论，教师们把自己的亲身感受通过文字形式表达出来。所有教师进行了深刻的自我剖析，明确了自己的责任，树立了发展的目标，努力把爱无私地奉献给幼儿园的孩子们。

【园本研究交流】 3月4日，幼儿园举办了"园本研究"交流活动，一线教师围绕"主题环境创设的思考"这一专题进行了交流，在热烈的互动氛围中，教师们在探讨中引发思维碰撞，在探讨中产生共鸣，在探讨中寻求专业的指导，为进一步提高幼儿园环境创设水平开启了思路、提供了方法。

【安全月活动】 4月，幼儿园以交通安全教育为主题，开展了为期一个月的"安全月"活动。结合《道路交通安全法》等道路交通法律法规的施行，通过由公安交警讲授交通安全课，举行“交通安全、从我做起”集中教育和开辟交通安全宣传专栏、悬挂交通安全条幅等形式，向幼儿及家长宣传交通安全常识，增强他们的交通安全意识。

【联合安全检查】 5月25日，幼儿园通过省、市、县三级检查组检查。检查组由省公安厅、市教育局、县教育局、消防、防疫等部门共14人组成，采取听取汇报、查阅资料、查验安全设施、与相关责任人座谈等方法，对辽中县幼儿园门卫、食堂、活动室、消防器材、安全设施进行了全面细致检查，并提出了整改建议。机关幼儿园整体达到了检查标准。

【迎“六一”文艺汇演】 5月31日，幼儿园以“放飞童心、快乐成长”为主题举行了迎“六一”文艺汇演，教育局、妇联、国防教育办公室等有关领导一起观看了文艺汇演。整场节目节奏明快、主题突出、积极健康，在充分感受快乐节日的同时，也展现了幼儿昂扬向上、充满朝气、富有希望的勃勃生机。

【行风监督员座谈会】 9月2日，幼儿园组织召开了行风监督员座谈会，家长、退休教师等十几名代表应邀参加了座谈会。幼儿园园长向代表们就师德师风建设、教育行风建设、幼儿园建设与发展、收费问题等作了详细汇报，广泛听取了行风监督员对幼儿园师德建设、民主管理、幼儿园扩建等方面的一些建议，为进一步加强幼儿园全面管理，提高办园水平提供了有力依据。

【“爱与责任同行”演讲比赛】 10月14日，幼儿园在全体教师中举办了“爱与责任同行”演讲比赛。广大教师踊跃参赛，参赛者从不同角度讲述了自己在工作和教学中的所想所感，演讲现场激情飞扬，感动四座，其中3人获奖。通过比赛，进一步增强了教师的责任意识，提高了教师对幼教事业的热爱。

【师生消防演练】 10月22日，幼儿园进行了一次全园性的消防演练。各班幼儿在老师的带领下按照安全疏散路线，迅速撤离“火场”，按规定时间到达安全地带。通过演练，幼儿学会了火灾发生时如何逃生和保护自己，以更好的心理素质和安全常识应对生活中的“红灯”。

【“大手拉小手”迎新年活动】 12月31日，幼儿园组织“大手拉小手”迎新游艺活动。通过大班小朋友带中班、小班小朋友游艺，培养大班幼儿做哥哥姐姐的自豪感，有关爱弟弟妹妹的愿望和能力，也让中班、小班幼儿体验被关爱的情感。鼓励幼儿大胆、积极地与同伴一起参加活动。同时也让幼儿在玩乐的过程中感受新年来临的欢乐气氛，体验游戏成功的乐趣。

【办园特色】 为进一步形成自己的办园特色，打造品牌幼儿园，2010年机关幼儿园引进了“奥尔夫”音乐教育课程。本着“家园互动，音乐融入生活”的原则开展奥尔夫音乐教育，鼓励每位幼儿喜欢音乐、欣赏音乐、运用音乐并享受音乐。共同培养孩子们对音乐的情感、态度、审美能力，培养孩子热爱祖国、热爱生活的品德和情操，在音乐的陪伴下尽享快乐丰富的童年，从而拥有美好幸福的人生。

（胡殿友）

新民市梁山中心幼儿园

【概况】 新民市梁山中心幼儿园是辽宁省级幼儿园，也是“沈阳市示范幼儿园”之一。占地面积6 600平方米，建筑面积1 800平方米，其中教室面积240平方米，寝室面积150平方米。园内设有活动室、舞蹈室、图书室、食堂、寝室、医务室、盥洗室等专用场所，教室均配有空调、超大屏彩电、DVD机、消毒柜、饮水机等现代化的生活设施，园所的音乐教室配有先进的钢琴、电子琴等乐器，完全适合3—6岁幼儿的学习及生活之用。园外设有安全、独立的2500平方米活动区（区界设有安全护栏），区内新装备了蹦蹦床、荡荡船、秋千、滑梯等各种活动器材和多种多样的玩具。全园现有教职工10人，其中大专学历2人，中专学历5人，另3人学前教育专科在读。现有幼儿168人，设有大、中、小6个教学班，开设国家教委规定的语言、艺术、科学、健康、社会等五大领域课程，还开设与梁山学校同步的“书香校园”及“特色舞蹈”等特色活动。

【搭建家园共建桥梁】 3月6日，组织召开了新学期第一次幼儿家长会。在家长会上，教师针对本班的具体情况向家长介绍了上学期幼儿的发展情况、存在不足以及本学期的办园思路、方向等等。各班成立了班级家委会成员团，明确了义务和责任。园医就幼儿生理特点、饮食营养要求、对奶类的几点建议等几个问题，联系生活实际，用简单易懂、深入浅出的语言把专业知识传达给家长，使家长对孩子的营养保健方面有了更理性的认识。园长就幼儿相关的学习问题作了专题讲座。

【努力提升教师业务水平】 3月，开展了“教师培训月”活动，活动采取了多种形式相结合的方式，组织全园教师到联谊校沈阳育鹏小学幼儿园参观学习，组织骨干教师专业基本功及教材教法、教育理论等方面的集中培训，先进教师与新教师“一对一”、“一帮一”结对学习，新教师自学幼儿教育学、心理学、幼儿园班级管理、幼儿园工作规程、幼儿园教育指导纲要、幼教杂志等内容。此次累计培训达80余人次，极大地提高了教师的整体素质，使他们成为业务精、能力强的复合型幼儿教师。

【大力改善办园环境】 4月，投资10万元进行园内文化建设。对园内厅廊、楼梯壁画、春景吊饰等进行重新装修。同时，对各个活动室也进行了改造，更新地板、儿童床褥、旧有设备，添置电子白板等先进的教学仪器、一大批室内外儿童玩具及幼儿图书2 000余册等。楼内外安装了6个摄像头，幼儿的学习、生活安全得到保障。温馨舒适而又充满现代化信息的优美环境，成为了儿童幸福的乐园。办园环境的极大改善，潜移默化地影响熏陶幼儿，收到了良好的教育效果。

【举办庆“六一”系列联欢活动】 5月27日—6月1日，新民市梁山中心园举办了庆“六一”系列联欢活动。此次活动形式多样、内容丰富，“幼儿画展”绘出了孩子们天真的童心，“小歌唱家”唱出了孩子们幸福的童年，“巧手儿比赛”表现了孩子们丰富的想象力和创造力，“结对跑”体现了孩子们合作的快乐，“我最棒”蕴含着孩子们勇敢无畏的精神。全园教师、幼儿及家长400余人参加了活动。

【参加幼儿教育活动展评并获奖】 9月，开展了自制玩具、教具活动。师生们精心设计，认真制作，涌现出许多优秀的作品。其中，刘芳同志制作的《时间快车》在“沈阳市第二届幼儿园优秀自制玩教具展评活动”中获得二等奖，同时获得辽宁省该项活动三等奖，其本人荣获“2010年沈阳市学前教育优秀幼儿教师”称号。大班学生王美格、吴浩洋获得沈阳市学前教育幼儿绘画大赛金奖、银奖。

【承办农村先进幼儿园现场观摩会】 10月20日，召开新民市农村先进幼儿园现场观摩会。与会人员参观了园所室内外的设施，园长作了经验介绍，孩子们进行了语言、数学、说话、听话、唱歌、舞蹈等活动的精彩表演，得到了一致好评。新民市政府及教育局相关领导对梁山中心幼儿园的工作给予充分的肯定，并对农村幼儿园的建设和发展提出“三加”的建设性意见，即“加大投资力度，加紧队伍建设，加快发展步伐”。

（刘朝侠）

法库县幼儿园

【概况】 2010年，法库县幼儿园占地面积4 482平方米，建筑面积3 553平方米。在园幼儿500人，设教学班17个。有教职工75人，包括专任教师27人，其中高级职称教师1人，中级职称教师35人，市级学科带头人2人，市级骨干教师2人，大学本科以上学历28人。现有普通教室17个，专用教室1个。

【实行目标管理】 2010年，幼儿园实行目标管理。首先由领导班子与教代会共同商议，提出幼儿园发展战略目标规划；然后将目标层层展开，达到组织目标与个人目标科学一致；最后围绕目标制订计划，使管理工作科学推进，逐步实现幼儿园发展目标。幼儿园实行人性化管理模式，合理分工，团结互助，互相督促，管理到位；发现问题及时沟通、及时协商解决，工作效率得到一定提高。

【加强队伍建设】 幼儿园坚持崇尚“敬业、乐业、专业”师德追求。师德培训中规范学习制度，政治学习有计划，有主题，有互动，有指导，有效果，不断提高教职工政治理论素养，重塑师德。2010年，组织全园教职工开展了“新时期教师职业道德规范”解读与大讨论，推荐《研训一体教师成长丛书》《现代教师读本》等读物，每位教师撰写学习心得并集体交流，倡导开卷有益阅读风气。通过学习，申请入党人数增多了，党员先锋模范事迹增多了，克服困难顾全大局事迹增多了。丰富的活动，使教职工心灵得到净化，思想境界得到升华。

【注重教科研活动】 根据《幼儿园教育纲要》，制定符合幼儿身心发展学期目标。以四个办园特色（新蒙氏教学、幼儿象棋、幼儿围棋、幼儿英语）为教研突破口，努力提高教育教学质量，完善教科研规章制度，定期进行业务学习，提高教师教科研水平。现有一线教师《幼儿园蒙氏阅读教学过程中阅读能力培养研究》《幼儿园美术创新活动实践研究》科研课题正在研究之中。

【深入推进课改】 幼儿园以“幼儿发展为本”为理念，以实施“主动有效课堂”为重点，借助各类培训学习、实践锻炼活动，推动教师专业素养稳步提高。3月份开展声乐、美术、舞蹈、口才等教师基本功培训，提高教师专业技能；8月份组织全体教师参加沈阳市全脑开发、全脑学习“华夏七田”培训学习，提高了教师教育教学水平。

【开展结对联动】 “结对联动”是培养教师的有效方法，为此，幼儿园积极为教师创设“结对联动”机会。一是园内结对带教，二是与市幼儿园结对，三是与名师结对。同时还承担全县乡镇幼儿园带教，2010年，先后组织教师开展开放结对活动2次、开放教师活动3次、研讨活动4次，在合作教研中加速带教者成长，提高了教师课堂驾驭能力、评析反思能力。

【搭建展示平台】 为使教师不断提高专业技能，更好服务于幼儿发展，幼儿园从不同层面为教师搭建展示平台。9月份参加了县教育局举办的教师节文艺展演活动；10月份组织教师参加沈阳市第四届幼儿教师知识技能大赛，分别荣获绘画一等奖、演讲一等奖、声乐一等奖、知识问答一等奖、教学二等奖、舞蹈二等奖、特长展示二等奖以及集体一等奖；11月份参加县教育书法协会教师绘画比赛，共有3名教师荣获一等奖；12月份参加了幼儿园工会举办的庆新年联欢会。

【注重幼儿发展】 幼儿园根据《幼儿教育指导纲要》中幼儿发展评价指标，月月有目标、周周有安排，关注幼儿学习能力培养、生活习惯养成和文明礼仪形成。采用日常巡视观察法、个别跟踪法、集中测评法等，不断助推全体幼儿全面、和谐、健康发展。2010年，积极组织幼儿参加各类比赛活动：如6月份参加沈阳市“我爱祖国，我爱党，我幸福成长”学前儿童才艺比赛；9月份参加县教育局团委举办的“迎国庆，畅想东湖，共绘新城”幼儿绘画比赛活动；11月份参加县教育书法协会首次幼儿绘画比赛活动，有2名幼儿荣获一等奖。此外，幼儿园还根据季节和节日开展庆“六一”幼儿文艺演出活动，举办大班幼儿毕业典礼活动，以班级为单位开展庆新年“亲子游戏”活动等，丰富多彩的活动促进了广大幼儿健康发展。

【做好安全工作】 2010年，幼儿园加强安全工作领导，定期对全园大型玩具、电路、电器、厨房设备、消防设施、幼儿活动场地进行检查，彻底消除隐患；加强门卫管理，实行进出、来访登记制度；把好幼儿接送关，制定幼儿接送制度，确保幼儿安全。结合幼儿生活进行安全教育，加强教职工安全知识培训，以多种途径、多种形式提高教职工及幼儿自我保护意识和能力，最大限度杜绝安全事故发生。

【做好家长工作】 坚持开展家长开放活动，让家长了解幼儿在园一日的学习与生活，并开设了亲子活动班。2010年，举办了“六一”文艺汇演，庆新年家园联欢会，以班为单位召开家长会。积极办好《家园联系栏》，发挥家教资源导向作用；坚持利用《家园联系手册》，教师与家长每月一次互相留言，简介和评价幼儿在园及在家表现、特点等；各班建立班级博客，使家长工作多角度开展；电话家访与上门家访相结合，幼儿园网站与校讯通平台相结合，宣传单与宣传板相结合，LED与电视屏相结合。这些工作得到家长支持与理解，实现了幼儿园教育、家庭教育、社会教育紧密结合，达到了家园共育目的。

（陈鸿鹏　纪文彬）

小　学

大东区杏坛小学

【概况】　2010年，沈阳市大东区杏坛小学占地面积6 816平方米，建筑面积6 058平方米。图书馆藏书4万册，学校固定资产总值176万，全年教育经费投入496万元。毕业生150人，招生246人，在校生1 024人。学校开设教学班30个。有教职员工72人，专任教师62人，其中小学的中学高级教师2人，小学高级教师60人，省特级教师1人，省骨干教师1人，市级学科带头人1人，市名师3人、市骨干教师5人，大学本科以上学历90.3%。学校建设有多功能演播厅、体育馆、机器人实验室、图书馆、陶吧室、音乐教室等专用教室，并实现了班班通。

【开展教学研修系列活动】　3月20日，开展了“实施有效教学，提升教师专业素养”教学研修系列活动。活动包括“同课异构课堂教学研讨”——聘请学科教研员全程参与、指导集备、听课、评课、互动研讨，专业引领实现专业突破；品读“课堂因生成而精彩”高效教学的生成智慧——教师读书心得展评；教学工作月例会；教师教案展评、学生作业展评、教师黑板字展评等。大东区区教育局副局长王建艳亲临大东区杏坛小学参观指导。

【参加全国科技创新大赛获奖】　4月，参加了沈阳市第二十五届青少年科技创新大赛。比赛中学校共有14项作品获得一、二等奖，并在辽宁省大赛中获得两金两银的佳绩。其中，甘禄添祥同学发明的“太阳能冰雪消除装置”获得一等奖并推荐参加全国大赛，获得全国青少年科技创新大赛三等奖。

【协办“全国小学数学有效教学展示与评价研讨会”】　10月29日—30日，协办了“全国小学数学有效教学展示与评价研讨会”。全国著名小学数学特级教师徐长青、夏青峰、朱玉如、华应龙老师上示范课并作学术报告，大东区杏坛小学教师凌洋与专家同台献课“折纸——分母不同的分数加减法”，得到专家及与会领导、老师的一致好评。

【成立祝威、凌洋名师工作室】　12月7日和12月17日，以名师祝威和凌洋名字命名的祝威名师工作室和凌洋名师工作室分别成立。祝威名师工作室成立当天，祝威老师上了一节题为“试卷讲评·借题发挥”的教学研讨课，以“借题发挥，一题一练”的方法给老师们指出了试卷讲评的新途径。12月17日，凌洋名师工作室暨小学数学“多维度、全方位课堂观察有效性尝试”专题研讨活动在大东区杏坛小学召开。大东区教育局副局长王建艳、教师进修学校校长纪云亲临指导。在会议上，名师工作室成员吉俊英老师为大家展示了一节二年级的数学课《铅笔有多长》，并和在场的教师进行了互动交流。

【“节能减排，低碳生活”系列活动】 10月，组织3—6年级参加了由中华环保联合会主办的全国环保知识竞赛，共上交答题卡720份，大东区杏坛小学被评为优秀组织单位。12月，“节能减排，低碳生活”赠书仪式在大东区杏坛小学隆重举行，杏坛小学学生代表向全市学生发出了“节能减排，低碳生活”活动倡议。市、区环保局领导参加了活动并向学生赠送1 200本《低碳生活指南》口袋书。

【获得市廉政文化示范单位】 2010年，开展了创建沈阳市廉政文化示范单位工作，围绕“承传统、扬正气、颂清廉、促和谐”的廉政教育主题，区分层次，明确内容，完善制度，落实责任，开拓渠道，创新载体，尝试和探索了学校开展廉政教育的有效途径，并顺利通过了沈阳市委教科工委、纪工委、区纪委联合验收，成为第一批沈阳市廉政文化示范单位。

（徐哲茹　李亚明）

沈阳市和平区和平大街第一小学

【概况】 2010年，沈阳市和平区和平大街第一小学学校占地面积26 000平方米，建筑面积20 000余平方米，体育馆面积3 854平方米。现有教学班57个，学生2 050人，教职员工130人。百余名教职工中有全国、省市优秀教育专家1人，中学高级教师9人，小学高级教师93人；各级名优教师、骨干教师93人，各级优秀课教师102人次。教师均达到大学专科或专科以上学历。李晓东校长被沈阳市政府评选为“沈阳市优秀专家”、“沈阳市劳动模范”。图书馆藏书6万册，晋升为省级图书馆。档案室晋升为省一级档案室。

【接待教育考察团】 1月6日，在副区长裴达树，教育局副局长师晓星、王伟的陪同下，海口市琼山区教育考察团一行10余人到校进行教育考察。南京一校、望湖路小学的校长也参加了此次教育交流活动。海口市琼山区教育考察团由海口市琼山区人大副主任、琼山区政府办公室主任等领导及5名小学的校长组成。他们首先参观了和平一校的环境，然后副区长裴达树介绍了和平区教育的发展状况，接下来和平一校校长李晓东代表学校，向海口市琼山区教育考察团作了汇报。李校长从学校的制度、特色两个方面介绍了学校的校园文化，赢得了海口教育考察团的高度评价。在亲切友好的氛围中，海口市考察团和学校还就感兴趣的话题进行了互动。此次教育考察活动，促进了南北教育理念的交融。5月13日下午，迎来了江苏省教育现代化调研组一行3人。校长李晓东为调研组的领导细致地介绍了楼内每一处设计的理念，专家们对学校恢弘的校园建设和厚重的文化表现出浓厚的兴趣。学校为调研组的专家们播放了反映学校教育、教学成果的片子，对学校取得的办学成果，专家组给予充分的肯定。专家组围绕着“一所名校怎样来引领文化发展”“如果有外来学校来学习，学校想展示什么”等几个问题，和领导班子进行了深入的交谈，大家畅所欲言，结合和平一校的办学实践，作了深入、全面的介绍，获得专家组的好评。

【组织市牛津教材培训】 3月5日，沈阳市牛津教材培训研讨会在校五楼演播室隆重召开。会议由市教研员组织，并邀请了上海牛津教材编委会的张老师做主讲人。参加此次会议的人员为全市小学中年段的英语教师。会上，来自沈阳和上海的老师分别上了两节示范课。然后，主讲人和上课老师结合示范课和在座的老师做了牛津教材分析和课堂教学的研讨。此次牛津教材培训，提高了教师的教材把握能力和驾驭课堂教学的能力。

【举办市教学基本功科学学科现场会】 3月19日，沈阳市小学科学教师基本功成果展示在校隆重召开。本次活动共有6个教师团队以及1个教研员团队参与展示。每个展示团队的成员虽然来自不同学校，但他们配合默契，以饱满的热情展示出他们精彩的“教材分析”、“课程资源开发与利用”、“多媒体课件制作及使用说明”、“说课”、“特色基本功展示”5个方面内容，充分体现了教师扎实的基本功及对学科的热爱。与会领导及时地、有针对性地对每个团队的表现进行了精彩的、有效的现场评价，使参会的教师们真实地感受到自己与这次参赛教师在教学基本功某个方面还存在着一定的差距。教研员团队的基本功展示是本次活动中的一个亮点，充分显示了教研员们的示范引领作用，赢得了现场热烈的掌声。此次活动通过合作展示的这种新形式，不仅促进了教师间彼此的合作交流，达到了共同提高的效果，同时也有效地为新学期教学工作的开展提供了优秀的教学资源。

【“我环保，我自豪”启动仪式拉开帷幕】 3月22日，“我环保，我自豪”主题系列活动正式启动，人类靠环境生存，环境靠人类保护。学校号召每位同学通过班会时间制作精美的环保名片和环保爱心袋并向路人发放，学唱环保歌曲并教会身边的家长，从而带动更多的人提升环保意识，积极参与环保行动。省群体处处长宣忠仁、团市委张鹏、团区委书记高千舒应邀前来。3月24日，和平一校“绿色行走”宣传小队正式组建，在老师的带领下，走到校外，向路人宣传“绿色行走”的重要性，各大媒体广泛关注，3月30日的《沈阳日报》、3月25日的《沈阳晚报》均给予报道。

【校长、教师获省表奖】 4月9日，在金剑大厦的会议厅隆重举行了“辽宁省教育学会2010年工作会议暨教育表奖会”。此次辽宁省教育学会评选出了50名专家型名校长和100名研究型教师。和平区中小学仅有六位优秀的校长获得此项荣誉，李晓东校长就是其中的一位。曲丽老师获得了“100名研究型教师”的荣誉称号。此次评选活动必将推动中小学校长的专业化队伍建设再上新台阶，同时也加快了中小学校名优教师的成长，为教师队伍专业化发展推波助澜。

【参加省传唱优秀“童谣”表演】 为庆祝“六一”儿童节，5月31日下午省文明办、团市委、和平区教育局在中华剧场联合举办辽宁省传唱优秀“童谣”启动仪式。创编的情景剧《童谣童趣》受到好评。此次活动时间紧、任务急，学校承担创编童谣、出观众队伍400人、13名礼仪少年为领导送奖牌、20名学生与省市领导交流沟通等任务。李晓东校长高度重视，专门召开会议，提出要团结协作，保证质量。校长助理谢文军周密部署，在全体音乐组教师精心编排、指导，一、二年级组班主任老师大力支持下，圆满完成了各项任务，和平一校的观众队伍良好的精神风貌也受到领导赞赏。

【红杉林名师基地校展示】 6月3日，在校五楼演播厅召开了“红杉林名师成长研究基地”阶段性工作汇报会。旨在进一步明确共同愿景、建立和谐团队、体验成长快乐，推动整体工作攀升新高度。会上，和平区教研室主任王桥治汇报了“双名工程”开展以来取得的阶段性成果，基地校负责人和平一校李晓东校长、望湖路小学校长高峰到会致辞；红杉林四大精英团队作了阶段性工作的精彩汇报。备课导师团的老师们从如何引领年轻教师备课入手，谈了团队的工作经验和实践经历。授课指导团从生本教育为切入点，总结了如何进行教学改革，真正做到以生为本。心理咨询团在汇报中把成立团队的意义和开展的活动作以盘点，并请心理咨询教师为现场领导老师做了心理互动培训。事迹巡讲团的老师们将他们的感人事迹呈现给大家，每一位听者都深受感动，受益匪浅。

【感动校园十佳教师颁奖盛典】 9月8日下午，学校为庆祝第二十六个教师节，在礼堂举行“感动校园十佳教师”评选活动的颁奖仪式。经过教师、学生、家长投票选举，评选出李佳、李欣、曲莉、马晓航、季红、侯古佳、温爽、杨悦、高鹏、许楠10名教师。

【《直播生活》展示“扬长教育”】 9月20日晚间，沈阳电视台《直播生活》携手辉山乳业，走进和平一校，进行一小时的艺术展示大赛录播，这是《直播生活》第一次走进校园录制才艺展示。和平一校非常重视此项活动，通过之前的广泛宣传，从预赛、复赛的近百名学生当中，评选出30余名佼佼者参与当晚的决赛展示。孩子们精彩的表演充分体现出和平一校“扬长教育”和“以美启真，以德育人”的办学理念。

【迎接“廉政建设进校园”验收】 11月4日，迎接了“廉政文化进校园”活动的验收。此次验收工作是由沈阳市教育局科教工委根据活动的相关要求，对学校此项工作的组织领导、开展层面、学习基地建设、活动成效、活动宣传与报道等方面进行的检查验收。验收组成员2人，共查看党支部、德育处、少先队等部门文件、材料约200多份，听取了党支部书记曹晶的活动汇报，并给予了高度评价。

【迎接市特色文化建设验收】 11月15日，市教育局领导来校验收学校特色工作。红杉林心理咨询团的老师们将他们开展的工作和心理培训活动向大家作了精彩汇报；“校园清风”教师读书沙龙的10位教师用诗歌创作的形式抒发自己读书的感受和收获，表现了和平一校较高的道德情操和崇高的文化理念。数学名师工作室研发了数学绿色网络平台，将他们如何借助网络，打造绿色质量的具体做法呈献给大家；政治学习团队现场展示了三大模块学习内容：国内外实事新闻、校园动态、介绍健康生活方式的《人生百态》栏目；学校微笑礼仪天使社团作为学生社团代表在现场进行了礼仪课汇报，他们的精彩表演博得了台下一片掌声。本次的特色团队文化展示，受到了市、区领导高度评价和赞誉。

【代表区参加市迎新年联欢会】 12月17日，许楠、张天竹等13名教师代表和平区教育局，参加了市教育局主办的迎新年联欢会，13名教师经常利用个人的休息时间，认真排练舞蹈《阿里山的姑娘》，通过近一个月紧张而有序的排练，在演出当天，良好的表现受到沈阳市委书记曾维、副市长王玲的高度评价，为校争得了一份宝贵的荣誉。

（董立剑　李晓东）

沈阳市和平区南京街第一小学

【概况】 2010年，沈阳市和平区南京街第一小学占地面积总校区8 661平方米，建筑面积5 979.88平方米，东校区建筑面积4 092平方米，体育馆面积660平方米。图书馆藏书5万册，固定资产总值584万元，全年教育经费投入431万元。毕业生258人，招生375人，在校生2 436人，开设67个教学班。教职工178人，全部为专任教师，其中，具有副高级职称8人、中级职称164人，市级学科带头人3人，市级骨干教师13人，大学本科以上学历108人。普通教室67个，实验室及专业教室10个。

【一年级大语文特色展示】 1月17日，一年级"古韵今曲·快乐成长"大语文活动展示在沈阳市文化宫举行。本次活动一年级全体学生向和平区教育局领导、全区各小学校长、一年级全体家长展示了一年来学校大语文特色训练的成果，受到各界人士的广泛赞誉。

【省委组织部到校调研科学发展观活动】自和平区第二批开展学习实践活动以来，学校紧紧围绕"党员干部受教育、科学发展上水平、人民群众得实惠"的总要求，以"坚持内涵发展，突出办学特色，加速实现和平教育现代化"为主题，以"践行科学发展 创办全国名校"为载体，创造性地开展学习实践活动。1月19日，学校代表沈阳市中、小学基础党支部迎接了辽宁省委组织部的调研活动，在调研中组织部领导听取了校长、书记就学校开展科学发展观活动的汇报，在听取汇报后就学校各方面工作给予了高度的评价。

【舞蹈队参加央视少儿春晚】2月3日，学校舞蹈队自编自导的舞蹈《欢庆》在北京参加了中央电视台2010年少儿春晚的演出。

【开展"三月雪，看我家乡美"主题活动】 3月15日，举行"三月雪，看我家乡美"主题活动，在活动中，学生们来到沈阳市北陵公园，参加第二课堂活动，看皑皑白雪、赏家乡美景。此次活动《沈阳日报》予以报道。

【加入国际创新教育联盟组织】 作为联合国教科文俱乐部成员单位，近年来学校十分注重对外交流与合作。4月6日，学校又被总部设在英国的国际创新教育联盟吸纳为成员单位，为学校与世界一流教育接轨搭建了平台。

【迎接市教研院调研与评估】 4月8日，代表和平区29所小学迎接了市、区两级教研室领导对学校教学工作的指导与评估。市、区教研员对学校的课堂教学改革给予了高度的评价，他们认为南京一校的教学水平代表了和平区、沈阳市乃至辽宁省的最高水平，尤其是学校提出的"15+25"课堂教学研究具有一定的前瞻性、发展性，特色鲜明、成果突出。沈阳市小学教研室今后也将继续把南京一校作为沈阳市小学教学研究基地学校，来推动全市小学教学研究工作向更高的台阶迈进。

【建浑南新区分校】 4月10日，浑南新区教育局与和平区教育局、和平区南京一校正式签订协议，于2010年在浑南新区金地长青湾建南京一校分校，并于2011年9月正式招生。

【举行教育教学开放周活动】 4月19日—23日，"教育教学开放周"活动在学校多功能厅拉开了序幕。社会各界人士、各小学的领导、家长代表及丹东市教育考察团的各位校长参加了开幕式。开幕式上王凯校长作了题为"打造优质特色学校，办人民满意的教育"专题报告。开放周期间，由辽宁省教育厅指派的丹东市教育考察团由丹东市教育局基教处处长带队，包括东方红小学在内的19所丹东市知名校长全程参加了南京一校教育教学开放周活动。

【举行情系玉树人民募捐活动】 4月21日举行"情系玉树人民"募捐活动。本次活动共募集爱心善款70 667元。

【微格推进校本教研系列活动】 4月26日，校长结合一年组教学观摩具体案例进行剖析，剖析点："15+25"在教学推进中的问题。案例主要问题：合作效能不高，教师主导作用过大，有包办行为；学生课前作业没有针对性。提出改进措施：如何设计课前作业，前置性作业重点夯实在"识字"上。教师交给学生小组合作的识字方法，让每个小组成员有层次汇报。年内开展了以教研组为单位的微格校本教研活动20余次。

【召开市中小学经典阅读基地学校启动仪式】由市委宣传部、市教育局组织的沈阳市中小学经典阅读基地学校启动仪式，于2010年4月29日在学校举行。北京大学博士生导师曹文轩教授进行《阅读的意义》专题讲座，市委宣传部副部长唐明、市教育局副局长张晓军为沈阳市中小学经典阅读基地学校揭牌，王凯校长代表首批37所沈阳市中小学经典阅读基地学校发言。一年三班小同学在大会上进行了“大语文——经典阅读”展示，得到了与会领导及专家的好评。

【推出白板技术教学展示课】 5月27日，教师娄国卿参加中国教育学会在厦门举行的交互式白板数学教学评优活动并获得了一等奖。该活动由中国教育学会主办，围绕“现代教育技术与课程整合”主题，采取观摩、交流、研讨等形式，娄国卿教师利用普罗米修斯电子白板技术，展示了数学学科课堂教学内容。来自全国15个省市地区30所学校干部、教师260人参加。

【名师送教】 6月12日、13日，区教师进修学校小学教研室的教研员带领语文名师万飞、伊君两位老师到辽西北铁岭市昌图县送课下乡。此次活动是辽宁省基础教育教研室组织下的辽西北“送课下乡”小学语文教师培训活动，也是支援辽西北小学语文教学系列活动之一。名师李红霞、王渌、刘晓峰、张曼娜、张慧君、张扬、王奕轩等名师先后多次为辽中、沈北、辉山、浑南、青海、黑河及手拉手学校送课及培训。

【名师团队参加《同课异构》教学比武】 6月9日，南京一校4名国家级优秀课名师团队（语文万飞、英语李红霞、体育王渌、音乐刘晓峰）随同区教研室领导到浑南参加《同课异构》教学比武活动。

【迎接国家基础教育司对大学区调研】 2010年7月8日，作为沈阳市中小学的代表，迎接了国家教育部基础教育司对大学区整合工作的调研。校长王凯对于学校开展大学区工作所取得的成绩和经验，与基础教育司调研团的领导进行介绍与交流，得到了一致首肯。

【接待日本三角山小学访问】 8月31日，学校迎来了日本札幌市三角山小学代表团和日本札幌市中日友好协会代表团一行33人来校参观考察。校长王凯陪同客人参观了南京一校的各项硬件设施，介绍了学校的基本校情、办学理念、办学特色等情况。

【名师建设】 一是示范引路。2010年9月，针对重组后的教师队伍的现状，学校开展了“名师引路”教学观摩研讨活动。学校分年级，由各年段的名师上示范课，他们的课堂也由此发生了巨大的变化。二是展示评比。学校鼓励教师在各级各类比赛中展示自己的风采。2010年，南京一校又有10名教师参加国优课评比，12名教师参加省市优秀课评比，18名教师参加了省市级的送教活动。另有42名教师受到省市区教育行政部门的表彰。体育教研组获国家级优秀教研组称号，美术教研组在沈阳市教研组评比中获得总分第一名，在省美术教师基本功竞赛中被评为省优秀教研组。南京一校的名师队伍不断壮大，在各个层面不断展现着迷人的风采。

【聚焦PK赛，锻造名师】 10月12日，区小学一年级精品课堂PK赛在校进行。主持人：王冉红、张连双。授课人：和平一校曲莉，南京一校张曼娜。评课人：和平一校教学校长万迎，南京一校教学校长高忠贤。10月26日，南京一校与和平一校教学PK赛，高顺的课得到大家高度评价，倪校长、丛轶进行了精彩的说评课。年内，南京一校教师共参加省市区举办的教学PK赛6次。

【艺术社团参加辽宁省暨沈阳市中小学红诗咏诵会】 2010年10月，沈阳市红诗咏诵会在辽宁电视台演播大厅举行，学校的舞蹈队、合唱团共计107名小演员参加了演出。所排演的七个节目包揽了第一篇章《古韵今扬》，并获辽宁省暨沈阳市中小学红诗咏诵会一等奖。

【接待英国校长访问考察团】 10月13日，英国校长访问考察团一行4人到校访问。校领导与来访的英国小学的校长就课程设置、课堂教学、师资培训等方面进行了交流。

【教师参加全国教学大赛】 2010年10月16日，张曼娜老师代表区小学语文教师参加了在长沙市举行的全国第二届小学语文论坛说课比赛，并获得了本次说课大赛的特等奖和第一名的佳绩。12月李舒参加在广州举行的《信息技术与学科教学整合》说课大赛，获得二等奖。

【田径队参加首届全国少儿趣味田径运动会】 10月22日，校田径队代表辽宁省小学参加了在北京国家体育场（鸟巢）举办的首届全国少儿趣味田径运动会。在本次比赛中学校获团体总分第四名的好成绩，陈雷老师获得了优秀教练员称号，张姿美卉同学获得了优秀运动员称号，学校获得全国少儿趣味田径运动会优秀奖。

（董立剑　王凯）

沈阳市皇姑区昆山路第二小学

【概况】 沈阳市皇姑区昆山路第二小学位于皇姑区昆山西路17号，是皇姑区西部学区龙头学校。校园占地面积10 672平方米，建筑面积6 633平方米。图书馆藏书3万余册。2010年学校毕业生共计216人，招生280人，现今在校生1 562人。开设教学班33个，实现了班班通。学校还拥有音乐教室、舞蹈教室、语音室、计算机网络教室、电子备课室、实验室、室内森林动物园、多媒体功能厅等十多间高档次专业教室。有教职工81人，包括专业教师71人，其中，具有副高级职称1人，小学高级职称67人，小学一级职称7人；辽宁省优秀教师1人，省骨干教师3人，沈阳市名师1人，沈阳市骨干教师6人；大学本科及以上学历27人。

【拜师会引领青年教师成长】 3月18日，召开了以“专家引领，让魅力课堂成为立校品牌”为主题拜师会。拜师会上省语文教研员来到青年教师身边，亲自指导课堂教学，学校积极为青年教师马俊牵手，与常娟老师正式结成师徒关系。“名师引领”将为青年教师搭建成长平台，学生成为最终的受益者。

【立足校本开展培训】 4月17日，开展了《培养良好课堂行为习惯，促进小学生学习力提升》的专题校本培训。培训以讲座、案例分析、互动研讨的方式，由教学校长和教学主任主讲，针对学生存在的实际问题，归纳了可操作性的方式方法，对教师进行了具体引导，受到与会教师们的普遍欢迎。

【心系玉树，情暖人间】 4月27日上午，举办了“心系玉树，情暖人间”的主题捐款活动。活动中大队部首先向全体少先队员发出倡议，这一倡议得到了在场所有人的积极响应，学生们把节省的零花钱投入捐款箱中，活动共募得师生的捐款13 280.90元。

【成立校园“爱心储蓄所”】 5月18日，为了深入开展学生文明礼仪教育，校大队部在校园里建立了一个“红领巾爱心储蓄所”。“红领巾爱心储蓄所”由大队部公开招聘少先队员，担任红领巾储蓄所所长及管理员。学生将自己捡到的东西或自己的好品行和好习惯填写在“文明储蓄单”上并存储在爱心储蓄箱里。此次活动得到社会及家长的一致好评，辽宁电台青少频道对此次活动进行了专题报道。

【参加省人文社会科学研究项目实验】 8月26日，在共青团网脉工程辽宁执委会与沈阳师范大学教育科学院的支持下，《网脉信息技术与课堂教学效率提升》实验课题正式开题。昆山二校是皇姑区唯一一家参与这项实验的学校。这项实验将利用网脉信息技术大幅度提高学生的学习效率，同时又能把生本教育思想融入课堂。

【日本茨城MK会社来校友好访问】 9月5日，日本茨城MK会社访问团一行13人在区宣传部部长唐励、区教育局副局长宋申利的陪同下到校进行友好访问。来宾们参观了学校教学楼、国学长廊、中日交流展示板等处。那薇校长发表了热情洋溢的欢迎词，还特意将“一曲流淌在心里的歌”艺术相册和学生的书画作品卷轴赠予日本友人留作纪念，这美好的瞬间记载着日本友人与昆山二校的情谊，开启了两地友好交流的新篇章。

【家校互动携手管理】 9月8日，开展了“共同成长，携手共建温馨精神家园”家长开放日活动。听课后学校广泛听取家长及社区代表意见，并通过校长、班主任与家长座谈的形式，及时让家长了解学校、班级的新变化。学校为这次开放活动赋予了新的含义：让家长了解教师，让市民了解学校，让社会了解教育，赢得社会和家长对昆山二校教育教学的关注和支持。

【“感悟国学 快乐成长”教育系列活动】 10月19日，开展了“感悟国学 快乐成长”教育成果展示活动，标志着历时一个多月的国学教育主题活动落下帷幕。四年六班等15个班级被评为“快乐国学最棒班级”和“快乐国学快乐诵读班级”。本次活动得到了《辽沈晚报》的关注，并以《够国学、够多才，全班成绩顶呱呱，号称“考不倒”》为题进行了报道。

【火灾自救进校园】 11月18日，利用全国防火宣传日这一良好的宣传契机，与皇姑分局华山派出所一起开展了以“防火患，学逃生”为主题的消防宣传活动。民警通过讲解怎样预防火灾隐患、应对各种火灾和逃生自救等知识，进一步增强学生的消防安全意识和自防自救能力。《辽宁法制日报》于11月19日对本次活动进行了报道。

【学生阳光体育活动】 12月15日，由区教育局、青教办共同举办“皇姑区中小学生健美操大赛”，学校获得了团体总分第二名、男单第一名、女单第二名的好成绩，且荣获最佳音乐效果奖。

（马颖　那薇）

沈阳市沈河区文艺路第二小学

【概况】 沈阳市沈河区文艺路第二小学（两校区）占地面积13 565平方米，建筑面积13 341平方米。图书馆藏书7万册，固定资产总值2 261万元。2010年，全年教育经费投入2 167万元。毕业473人，招生393人，在校生2 611人。开设教学班69个。有教职工220人，包括专任教师214人，其中，具有副高级职称8人，中级职称187人，特级教师2人，市级学科带头人5人，市级骨干教师14人，大学本科以上学历118人。普通教室69个，专用教室19个，实验室2个。

【推进校园书香工程】 确定了“读书引领提升内涵，品牌创建特色发展”的学校发展思路。3月31日下午，学校全体教师齐聚一堂，开展读书经验交流活动。来自不同年段的5位教师就建立读书角、同读一本书、读书交流会等方法进行交流，折射出教师们的智慧。学校六年级毕业生积累书写读书手册人均6册，阅读总量人均达到200万字以上。

【开展“知心姐姐”在身边活动】 4月15日上午，学校主要领导带领全体班主任来到沈政俱乐部，聆听著名的教育家——“知心姐姐”卢勤的题为《为每个学生发展提供适合的教育》的讲座。在讲座中，卢勤老师深层次地分析了青少年情感淡薄、精神文化缺失的深刻原因，引导教育者反思如何驱除“心魔”，帮助孩子找回精神世界的阳光。会后，学校召开教师座谈会，要求广大教师要真正学会欣赏不同孩子的美，开发不同孩子的潜能，为孩子营造快乐的童年，用好的心态去抵御一生中将会遇到的不幸，展开孩子快乐的人生。

【辽宁省百名辅导员到校参观】 5月19日，辽宁省第二期骨干辅导员培训班成员来校参观。

四（2）中队和二（5）中队的队员们分别作了中队会展示，辅导员刘敬一老师汇报了文艺二校少先大队工作的情况，辽宁省总辅导员杜功礼老师对少先队工作给予了高度的评价。

【参加全国交互式电子白板优秀课观摩活动】 5月27日，在深圳召开的全国第三届中小学新媒体新技术教学应用研讨会中，文艺二校共有11节课被评为国家级优秀课，徐晶老师代表沈阳市作了说课观摩，受到了专家及参会者的好评。

【喜迎新加坡圣希尔达小学师生】 6月8日，学校再次迎来了姊妹校新加坡圣希尔达小学的文化交流团。在近一周的时间里，新加坡的孩子们在文艺二校上课、活动。同时，新加坡的老师也为学校教师作了教学展示，实现了两个学校之间的文化交流。新加坡的小同学们还深入“手拉手”小伙伴的家庭中，在共同游玩中进一步感受中国家庭文化。文艺二校加强对外交流，使学校在国际化的交流中向着“做国际化品牌强校”的目标不断迈进。

【扬旗活动树先锋】 6月30日，党总支召开了“一支一品展特色、一人一旗树先锋”最佳党日活动，庆祝中国共产党建党89周年。活动中，学校四个党支部通过访谈、情景再现等方式展示了在“一支一品”特色支部创建中的阶段成果。党总支结合“创先争优”活动设计了党员亮旗环节，全体党员在“扬旗”活动公示板上签上了自己的名字并作争旗承诺。这次最佳党日活动，不仅是“一支一品”特色支部创建的展示，还是开展“创先争优”活动的再一次动员。

【多元考试个性评价】 7月9日，尝试在一年级以“动笔又动口”的多元考试来代替“一张卷纸一支笔”的单一化考试的形式。针对学生所学内容，采取师生面对面的形式进行考试，使考试成为了学生展示自我、收获自信的教育行为，活动取得较好效果。

【迎接国家教育部信息化工作调研】 9月27日，国家教育部教育管理信息中心领导及市电教馆等领导来到学校进行信息化工作调研。学校主要领导就近年来对信息化投入及工作的开展情况作了深入交流。教育部领导认为文艺二校信息化工作具体扎实，突出实效，具有超前的理念。

【迎接廉政文化进校园工作检查】 10月9日，市委教科工委检查组到校对廉政文化进校园工作开展情况进行检查指导。检查组参观了校园环境、廉政走廊及廉政画廊，认真听取了学校党总支专题工作汇报，希望学校在今后的工作中不断开拓新方法新渠道，总结出更多更好的经验，充分发挥示范作用。

【接受国际安全评估考核组检查】 11月30日上午，香港国际安全评估考核组的三位专家到校检查安全工作。校长田冬介绍了文艺二校安全工作，并陪同专家和领导在操场、教学楼、教室等地考察，仔细讲解了学校的安全举措。三位专家对学校的安全工作表示肯定和满意，尤其是对家校通设备的使用、班级安全日记、学生的安全疏散演练等几项工作非常感兴趣。看到操场的人造草坪、教学楼的地面铺设的地胶、体育器械的立柱包裹等设施，各位专家均表示赞许，认为这些设施有效地减少了学生意外伤害事故的发生。

（柳文春　尹哲）

沈阳市铁西区腾飞街第一小学

【概况】 2010年，沈阳市铁西区腾飞街第一小学占地面积10 800平方米，图书馆藏书4万多册。固定资产总值390多万。毕业生172人，招生174人，在校生964人。开设教学班25个。有教职工62人，包括专任教师50人，其中高级职称1人，中级职称59人；市骨干教师3人，区学科带头人3人，100%达到大学专科及以上学历。普通教师25个，专用教室8个，实验室1个，电视台1个。获得辽宁省教育厅颁发的收费工作模范单位、辽宁省未成年人思想道德建设示范校、辽宁省未成年人思想道德建设测评双十佳学校，沈阳市“十一五”期间校本培训工作先进单位、沈阳市小记者活动先进单位、沈阳市青少年科技教育星级学校，铁西区先进职工之家、铁西区十佳少先大队等诸多荣誉。在第四届中国青少年创意大赛沈阳赛区选拔赛中获团体三等奖及获优秀组织奖。

【在党员中开展“争先创优”活动】 在助学帮教活动中，校级干部共捐款4 000元，教师党员共捐款5 600元。召开民主生活会，每位班成员能够树立服务意识，工作中以身作则，从小事做起，深入基层，讲求实效。在日常工作中，领导能深入一线，听课、评课，一学年听课节数在全区领先。肖辉、马嘉老师到外校作师德经验介绍。学校多次收到家长的表扬信。袁丽红、孟欣等老师带病坚持工作。

【组织抗震救灾系列活动】 2010年3月31日，大队部号召全体学生为云南受灾地区群众自愿捐献1元钱，用于统一购买饮用水。全校同学积极响应号召，纷纷拿出自己的零花钱捐款献爱心，全校共募集捐款1 660.5元人民币。2010年的5月16日是我国第二十个法定日“全国助残日”，腾飞小学组织全校师生继续开展助残活动，使学生自发、自愿地关心、帮助身边的残疾人。

【铭记党的希望，争当四好少年】 5月31日，学校召开了“铭记党的希望，争当四好少年”主题大队会。大队会上，队员们通过歌曲、舞蹈等形式表达了争做四好少年的决心。

【“队旗飘飘，童心飞扬”入队仪式】 10月13日，在操场上召开了“队旗飘飘，童心飞扬”新队员入队仪式。一年级全体同学表演了《弟子规》，孩子们那铿锵有力的话语使人们看到了新时代少先队员的精神面貌，看到了祖国的希望和美好的明天。

【迎接市区领导巡检】 7月5日，市人大领导在市、区教育局相关领导的陪同下来到学校，实地考察学校实验教学器材的配置情况、图书配备情况及互联网的建设和使用情况，对学校专用教室的配置与使用给予充分的肯定，对学校的信息技术特色更是称赞不已，对校园文化建设、校园环境给予表扬。

【参加省市计算机比赛】 在2010年沈阳市计算机表演赛上，29名学生分别获得一、二、三等奖。有6名学生在沈阳市电脑作品比赛中获得一、二等奖的好成绩，孟凡义、康永锋、王丹、许红梅获得教师指导奖。2010年辽宁省计算机表演赛上，腾飞小学13名学生获得二、三等奖的好成绩，学校被评为辽宁省计算机表演赛优秀参赛单位。孟凡义老师获得辽宁省计算机表演赛优秀辅导教师。

【带领学区开展教研活动】 在大学区教育教研活动中，学校邀请教师学校小学部主任为凌空学区全体教师作了一次关于课堂教学有效性的思考的业务讲座。精彩、生动、深刻、理性的报告，使教师们受益匪浅，为推动凌空学区全体教师整体思想素养和课堂教学能力的提升起到了积极的作用。

【“聚焦美文，智慧共享”活动】 在全体教师中开展了“聚焦美文，智慧共享”活动，由教师配乐朗诵哲理小故事，由此联系教育教学实际，反思自己的教育行为，故事内容有人生感悟、处事哲理，工作态度、为师之道，心灵鸡汤、健康生活等。每位教师的“领读”，让大家开阔了眼界，提升了境界，从而悟出“为人师表”的道理。

【参加市区教学基本功竞赛活动】 南雪和韩晓青两位教师代表铁西区参加了沈阳市第三届

教师基本功竞赛展示活动，两位教师出色的表现，展示了扎实的教学功底，受到了与会专家领导、教师的好评。学校王丹老师代表铁西区参加了辽宁省信息技术学科评优课活动，获得了一等奖，并于2010年11月代表辽宁省参加全国信息技术优质课大赛，获得全国一等奖的第一名。刘畅老师代表铁西区参加了沈阳市信息技术与学科整合评优课大赛，获得了一等奖。11月3日，在长沙举行的第二届全国小学语文论坛活动中，腾飞小学省优课教师、区语文学科带头人刘畅老师代表铁西区参加了这次活动，她的《登上企鹅岛》一课，以精彩的演讲技压群芳获得了全国说课大赛特等奖的好成绩，为铁西区、学校争夺了荣誉。张琳、赵艳芳老师在全区上的音乐、英语教学观摩课得到了听课领导教师的一致好评。肖辉、刘畅老师被评为沈阳市骨干教师。

（杨继天）

沈阳市浑南新区第一小学

【概况】 沈阳市浑南新区第一小学建于2005年9月，学校占地面积17 550平方米，建筑面积10 050平方米，体育场（馆）面积5 500平方米，图书馆藏书3.5万册。现有教学班26个，教师60人，学生1 200余人。学校秉承“以人为本、生态发展、优质教育、国际一流”的办学目标，以管理精细化、教学高效化、科研全员化为“三化”办学方略，本着“教师队伍素质高、教育教学质量高”的办学标准，培养学生具有“中国心、现代脑、世界眼”，和谐发展有所长，知能并举有个性，成为未来社会各行各业的领军人物。校长冯凝积极开展教育创新，五年间，将名不见经传的学校打造成了扬长教育的品牌特色校。

【特邀日本大学神田教授来校】 3月12日，特邀日本大学神田教授来校为师生分别作了两场题为“牵手国际，牵手未来——暨神田教授与‘一校’师生文化交流互动现场会”的礼仪讲座，并与师生进行了互动交流。

【召开重点科研课题开题会】 3月30日，教育部课程材料研究所“十一五”规划重点课题《小学生解决问题能力培养的实验与研究》开题会暨培训会在校隆重召开。省教育厅基础教育教研培训中心主任韩国海、省教研室小学教育部主任李晓梅等专家、领导及省市区教研员出席了开题会议。

【入围央视文艺晚会】 4月中旬，学校舞蹈队、合唱队参加了全国“阳光下成长”庆“六一”电视文艺晚会节目海选活动，凭借原创歌曲《阳光宝贝》和舞蹈《小蚂蚁的童话》轻松征服了央视评委，直接获得进军央视星光大道的通行证。

【迎接教育部调研组】 5月14日，代表新区迎接了国家教育部调研组的检查指导。在沈阳市教育局基教处处长胡显伟陪同下，调研组先后参观了校园文化建设，欣赏了校“三队”表演，听取了冯凝校长题为《扬长显特性，特色铸品牌》的汇报。调研组对浑南一校所做出的教育探索及取得的喜人成绩给予了高度的肯定。调研结束之际，调研组领导留下了“中国教育现代化的学校典范”的题词。

【结成姊妹学校】 5月20日，美国Southlands Schools International学校国际部校长Brandon Shultz等一行3人在教育专家赵宇女士的积极促成和引荐下，专程到校进行参观访问并与浑南一校结成国际姊妹合作学校，以加强两校间的国际教育交流与合作，共同勾勒灿烂的教育蓝图。冯凝校长与Southlands Schools International学校国际部校长Brandon Shultz签订了《姊妹校合作协议书》，并互赠了校旗、校徽和礼物。

【开办家长大课堂】 6月5日，教育科学研究专家、中国青少年研究中心副主任兼《少年儿童研究》月刊主编孙云晓到校为家长和孩子作报告。纵深剖析了性别不同在教育“显像”上的差异，横向对比了中日教育在对待儿童意志力培养上的不同态度。很多家长受益匪浅。

【诚邀专家来校讲学】 7月14日，沈阳市政府教育督导室主任张振忠教授应邀到校讲学，为全体教师解读《国家中长期教育改革和发展规划纲要》，深入浅出的报告引发了所有教师的思考和共鸣。

【牵手郎朗做客学校】 8月27日，钢琴家郎朗做客学校，送给校长冯凝一块刻有“名校出名师，名师出高徒”的纪念牌匾，而冯校长则将“浑南一校名誉校长”的聘书颁发给了郎朗，郎朗激动地表示：“我很荣幸能和自己的恩师同样成为学校的校长，希望我能给孩子们带来更多的快乐！”

【承办省中小学美术研训教师培训和基本功大赛】 12月8日，由学校承办的“辽宁省中小学美术研训教师培训和基本功大赛”如期举行。省教研中心主任刑进、人民教育出版社美术编辑室主任刘冬辉、鲁迅美术学院版画系主任徐宝中、王家增教授、东北师范大学美术系王连敏教授等多位美术界权威与会。美术组单老师为各位来宾上了一节省级优秀课《百变团花》，整堂课从上海世博会波兰馆的剪纸艺术追溯到中国悠远的剪纸艺术，从团花的寓意讲到团花的做法，极具欣赏性和可操作性的高效课堂得到了与会领导和教研员的一致赞誉。

（钟德超）

沈阳市于洪区国奥小学

【概况】 沈阳市于洪区国奥小学成立于2006年9月，位于于洪区赤山路，占地面积15 000平方米，建筑面积5 500平方米。现有13个教学班，497名学生，29名教师。其中，高级教师22人，一级教师3人；市级骨干教师2人，区级骨干教师2人，市级以上优秀课教师8人。学校配有音乐舞蹈教室、科学实验室、综合实践活动室、卫生室、少先队室、语音室、微机室、美术教室、图书阅览室、多功能报告厅、心理咨询室。

【精彩国奥扇舞，尽展国奥新貌】 2010年9月29日，于洪区中小学田径运动会如期召开。学校的国奥扇舞经过一个月的积极训练，在会场上展演成功，国奥扇舞融合太极与其他武术、舞蹈的动作，展现了国奥孩子们的积极、向上、活泼、乐观精神，故称之为“国奥扇舞”，这已成为国奥小学体育工作的一大特色。学校也被评为于洪区团体操展示优秀单位。

【倡廉扬新风，施政显正气】 2010年10月19日，学校代表于洪区接受市纪工委廉政文化进校园工作专项检查。自《中国共产党党员领导干部廉洁从政若干准则》颁布实施以来，学校相继开展教师的廉政书法展览、知识问卷、家长评校评教等活动，同时在德育处负责的学校党支部内部刊物《一树春风花万枝》上继续刊登廉政警句，让廉政工作深入人心，从根本上提高教师的师德水平。这次检查得到市级领导的高度肯定，并对学校提出的“教育一个孩子，带动一个家庭，影响整个社会”的廉政工作目标给予高度赞誉。

【让英语真正走进孩子的世界】 2006年9月1日，国奥开课的第一天起，学校就大胆提出：

“不再让英语成为孩子成长路上的绊脚石！”2008年，学校被确立为沈阳市英语特色项目发展学校。2010年11月5日，沈阳市英语特色学校检查评估工作开始了，市级领导检查双语校园环境、双语课、英语大课间活动、专项档案等，并希望学校在这条特色之路上展现出自己的风采。

【坚实体育工作特色，开启体育工作新篇】 2010年11月10日，作为沈阳市体育工作特色学校的国奥小学承办于洪区小学体育冬季现场会。市区有关领导、全区各小学体育工作的主管领导及体育教师参加这次现场会，观看学校的冬季体育课、学生广播体操、大课间体育活动等。

【推广普通话，做好中国娃】 2010年11月24日，国奥代表于洪区迎接辽宁省语言文字工作检查，对学校教师的普通话水平以及为学生营造的优质环境给予肯定。

（杨世维　高波）

沈阳市苏家屯区沙柳路小学

【概况】 沈阳市苏家屯区沙柳路小学于2009年9月正式成立，地处沈阳市苏家屯区沙柳路31甲。学校占地面积为26 000平方米，建筑面积为8 818平方米，固定资产总值为238.3万元。全年教育经费投入703.6万元，系国家拨款。图书馆藏书42 000册，耗资48万元。塑胶跑道200米，校园绿化面积为7 800平方米。规划36个教室，现已全部使用，专用教室5个，实验室2个，活动教室2个。安有36个班班通。有校园广播系统和安全监控系统。学校有教师59人，包括专任教师56人，其中副高职称的1人，小学高级职称的53人，医师1人；市级骨干教师4人；大学本科以上学历22人。学生毕业生人数为156人，招生人数为233人。现有学生1 480人，农民工子弟占42%。建校一年来，学校被评为区教育先进单位、先进党支部、沈阳市中小学安全教育与社会治安综合治理工作先进单位。

【打造艺术校园】 3月8日，成立艺术小组，拉开“打造艺术校园”的序幕。设立口风琴课，每周每班开课2节，由专业教师教授，使之成为苏家屯区独一无二的普及大众艺术的艺术课堂；成立17个艺术小组，每个艺术小组每周开课2节，由学校学有专长的教师指导，吸引有特色的孩子，发挥自己的特长。活动一年来，学生已经能用口风琴吹奏指定曲目。艺术小组获得的成绩有：在沈阳市红诗比赛中获一等奖，在区运动会中花鼓表演获特殊贡献奖，在区中小学生三棋比赛中总分获第二名，在区艺术技能大赛中个人获奖17人次。各项艺术活动的举行，丰富了学生的校园生活，加强了少先队的凝聚力，符合素质教育的发展要求，为社会培养了拥有特长的合格人才。

【自办《创先争优》党刊】 4月7日，党支部自办的《创先争优》党刊第一期出版。这是一本立足本校、旨在提高党员素质、增强战斗力的校级党刊，设有《思想动态》、《师德建设》、《党建风采》等几大栏目，文章都是党员自己撰写的。党员们通过党刊交流工作、学习情况，共同进步。《创先争优》党刊的发行被《沈阳日报》报道，受到兄弟单位的好评。

【绿色校园，书香校园】 6月1日，推出“绿色校园，书香校园”建设口号。该校把二楼大厅设为开放图书角，27个教学班各有一个书架，学生把自己的藏书带到学校资源共享，课间学生可以在这里阅览。教学楼每层设有不同的主题文化，每个楼层以各自不同的风格彰显“扬善、勤勉、感恩、求进”的校风。走廊的墙上有师生的书法、绘画、手工等作品和励志的名人名言。

【接收农民工子女工作受到表彰】 12月8日，学校的特色建设方案被评为优秀方案，文化建设方案被评为优秀方案，校长姜红珊被评为沈阳市接收农民工子女学校校长培训优秀学员。该校本着“善进”的办学思想，以“礼仪校园、书香校园、艺术校园、特色校园”为导向，坚持办家长放心的学校。在校园文化建设上精益求精。学校的农民工子弟约占42%，解决了农民工子弟入学难的问题。

【被评为市英语特色学校】 12月15日，被评为沈阳市英语特色学校，论文《快乐英语，快乐生活》在沈阳市教育局出版的《加强特色学校建设，扎实推进素质教育——2010年沈阳市特色学校建设成果汇编》上发表。学校从建校之日起，就主动营造英语特色氛围，师生用英语交流生活，使学生感受“生活即英语，英语即生活”的育人环境。学校领导带头说英语，英语教师利用先进设施，对学校全体教师进行培训，提高教师英语口语水平。通过开展英语活动周、英语书法PK、Singing for the future、“空中英语”校园广播、扩展英语小天地、午读英语好习惯等多种形式，坚实学生的英语基础。活动一年来，学生已能克服开口说英语的畏难情绪，积极转变观念，能主动用英语互相问好，在英语角能进行流畅的英语交流。英语特色活动使他们结识了新朋友，提升了自我表达的意愿，增强了交际能力，每名学生都在学校的“善进”教育中培养了良好的学习习惯，逐步成为最好的自己。

【省级图书馆达标验收合格】 12月20日，沙柳路小学省级图书馆达标验收合格。该图书馆于建校时同期建立，配备1个图书馆，1个教师阅览室，1个学生阅览室，共投资48万元，拥有图书42 000册。按省级图书馆要求，图书种类分为马列主义毛泽东思想、语言文字、文学、军事、科学等。有专人负责图书馆的管理工作。学校全体教职工和学生都持有借书证，每周一到周五下午可以借阅图书。教师上交读书心得72篇，学生写读书笔记人均3篇。

（高东野）

沈阳市沈北新区新城子街第二小学

【概况】 2010年，沈阳市沈北新区新城子街第二小学占地面积14 950平方米，教学楼面积4 138平方米，体育场面积5 500平方米。图书馆藏书41 860册。固定资产总值398万元。全年教育经费投入115万元，国家全额拨款。毕业生219人，招生278人，在校生1 528人。开设教学班30个，有教师79人，其中副高级职称1人，中级职称76人，小学一级2人；省级骨干教师3人，市级骨干教师19人，市级学科带头人2人；国家级优课教师1人，省级优课教师7人，市级优课教师23人；大学本科学历41人，大学专科学历32人。普通教室30个，专用教室8个，实验室2个。

【参加区“红诗沈阳”咏诵大赛】 4月16日，由69人组成代表队参加沈北新区教育局举办的“红诗沈阳”咏诵大赛。作品《在党的阳光雨露下茁壮成长》以诗、歌、舞为一体的表演形式，获得一等奖，并代表沈北新区参加沈阳市评选。

【参加区教学质量监测】 5月26日，五年级学生参加区教研室组织的语文、数学、英语、科学、品德与社会五个学科18个乡校参与的教学质量监测，取得语文、数学、英语三科总分第一的成绩。学校重教学方法，抓质量提升。11月24日，四年级又参加区教研室组织五科18个乡校参与的教学质量监测，取得五科总分第一的成绩。12月23日，区四年级质量监测分析会上，街第二小学1名教师上语文公开课《夏夜》，2名教师作教学经验介绍。

【“和之韵”学生特长展示汇报】 6月21日至23日，举办“和之韵”学生特长展示汇报演出。本次汇报演出一年级至六年级29个教学班共140人参与，学校领导、评委、教师计40人参加。学校把学生表演的精彩镜头汇集一起，制作6块展板，展示在校园内，供学生学习、家长欣赏。

【参加辽宁省航模赛获奖】 10月15日，科技小组参加辽宁省第八届青少年航模赛（沈阳赛区）。该比赛面向全省中小学生，沈阳赛区小学组来自市内五区54个组，郊区11个组。新城子街第二小学科技小组在小学65个小组中，获得沈阳赛区团体一等奖。

【首届“校长杯”三棋赛】 11月1日，以培养学生兴趣、发展学生多向思维为目的，开展首届“校长杯”围棋、中国象棋、国际象棋三项棋类赛。参赛选手来自一年级至六年级学生，报名达200余人，比赛分高、低两个组，各组进行初赛、复赛、决赛三个层次选拔，经过一周时间的比拼，累计个人、团体分数，最后评选出优胜团体奖5个、季军3名、亚军2名，三年五班夺得“校长杯”团体冠军。

【迎接省二类城市语言文字工作检查】 12月15日，接待辽宁省语言文字检查团。检查团一行6人，由市、区领导陪同，听取校长工作汇报，查看语言文字有关档案，实地考察校园文化、语言文字氛围，对部分教师进行听课、问卷调查。在沈阳市语言文字检查总结会上学校受到表扬。

（王学忠）

沈阳市康平县含光小学

【概况】 2010年，沈阳市康平县含光小学占地面积18 000平方米，建筑面积8 800平方米。图书馆藏书3万册。学校固定资产总值156万。毕业233人，招生220人，在校生1 323人。学校开设24个教学班。有112名教职员工，专任教师98人，其中小学的中学高级教师4人，小学高级教师94人；省优秀教师1人，省先进班级1个，市优秀班级6个，市名师3人，市骨干教师8人，市先进教师18人。学校建设有多功能演播厅、体育馆、实验室、图书馆、音乐教室、美术教室等专用教室，并实现了班班通。

【“感恩”系列教育活动】 3月，开展了“感恩父母”主题班会系列活动；同期开展了“我和妈妈换角色——当一天家”的体验活动，4—6年级进行体验活动经验交流。

【我运动，我快乐】 4月，开展了“我运动，我快乐”运动会。活动期间，师生同台，竞技赛场。

【“缅怀革命烈士，继承先烈遗志”系列活动】 4月4日，开展了“缅怀革命烈士，继承先烈遗志”系列活动。活动包括学生演讲、献词等多项活动；整理、收集革命烈士先进事迹。

【“乐在棋中，智多星杯”象棋五子棋大赛】 5月，组织4—6年级学生参加了学校举办的第一届象棋五子棋大赛，县电台对此项活动进行跟踪报道。

【第三届“全民读书月”启动仪式】 6月1日，康平县委宣传部、康平县委文明办和康平县教育局携手在含光小学举行康平县第三届“全民读书月”活动启动仪式暨中小学生《弟子规》诵读活动。通过“品读书香，传诵国学”的升旗仪式，学生受到国学魅力的洗礼，广大师生了解了做人的道理和人生的意义，民族精神得以传承和发展。

【沈阳市小学语文优秀课展评活动】 6月，沈阳市小学语文优秀课展评活动在学校举行。全县各小学的教学领导及语文学科的骨干教师参加了活动，另外本校张秀红等6位教师进行了公开教学展示活动。

【德育工作创佳绩】 开展了创新德育新思路活动，以抓学生养成教育为突破口，形成德育教育新层面。7月份，被评为沈阳市德育工作先进单位。“新童谣”德育广泛开展，被康平县教育局评为“新童谣”德育特色学校。

（刘建权 龙海洋）

辽中县茨榆坨小学

【概况】 辽中县茨榆坨小学始建于清光绪三十四年（1908），迄今已有百年的发展历程，是一所历史悠久、校园文化底蕴深厚的小学。辽中县茨榆坨小学现一校四址。占地面积101 744平方米，建筑面积23 342平方米，体育设施与器械完备。学校设有微机室、电教室、音乐室、图书阅览室、档案室、医务室等，学校教育教学设施齐全。共有82个教学班，学生3 740名。教师264人，其中小学高级教师245人。本科学历18人。专任教师260人，专科以上学历占90%，计算机合格率100%。坚持“以德启智，规范管理，育人为本，强调质量，突出素质，办出特色，全面发展”的方针办学，形成良好的校风、教风、学风、考风，各项工作取得了显著成绩，社会声誉高。

【德育工作】 学校全面建立德育工作制度，完善德育教育网络。开展了重大节日、纪念日教育活动。如利用纪念小烈士活动，看谢荣策影片，开展“和小烈士比童年”征文比赛、“红五月”书法绘画健美操文艺汇演、“六一”文艺演出，“践行弟子规，美德伴我行”文艺演出等活动，从身边的一些看得见、摸得着、听得见的小事做起，结合学校开展的践行“弟子规”活动，把如何做人、做事当成学校德育工作的中心，地上无纸屑、校园无骂声、墙壁无脚印、学生懂礼貌……让每一堵墙都说话，让走廊、墙壁、围墙都成为活生生的教材。一走进校园，每名学生都能受到“润物细无声”的熏陶感染，陶冶了学生情操，提升了文化品位。

【教学工作】 学校认真开展“教育质量创新年”活动，进一步深化课程改革，开辟新的教学途径，并多次派骨干教师到课改学校学习、交流、研讨，使得学校教师在教学方面取得了优异的成绩。在县举办的评优课活动中，学校有3名教师在此活动中脱颖而出，获得一等奖，并在全县范围上了观摩课。学校的音美教师参加了市基本功大赛，也获得了一等奖。

【科研工作】 学校现有国家级科研课题6个，其中国家级和谐德育科研课题“培养健康心理，用‘阳光心态’看待人生”经中央教育科学研究所审定后一致通过，顺利结题。其中，参与课题研究的5名教师先后取得了一些可喜的科研成果，他们撰写的论文、案例、实验笔记分别荣获国家一、二等奖。除此之外，学校倡导每位参与课题研究的教师每学期读一本专著，写一篇心得，撰写一篇随笔、案例评析或论文。通过多种形式开展教科研活动，推动教育教学工作稳步向前发展。

【特色教育】 “育教人，德为先”是学校特色教育的宗旨。学校一贯重视“弟子规”教育，主要做法体现在以下几个方面：绘有《弟子规》内容的彩绘墙壁画不仅教育学生从小怎样做人，而且陶冶人的性情，给人以美的享受；晨读时间师生同步学习《弟子规》内容，心灵得以净化；生动感人的国学课极有教育意义；定期抽测小学生背诵《弟子规》内容，利于学校进一步主抓养成教育；市县领导参观的大课间活动，游戏部分加上《弟子规》配乐内容，让孩子们在轻松愉悦的环境中快乐成长。

精彩的“践行弟子规，美德伴我行”文艺演出活动利于学生身心健康发展。

（胡殿友）

新民市实验小学

【概况】 新民市实验小学占地面积1.2万平方米，建筑面积5 621平方米，操场面积7 150平方米。图书馆藏书4.87万册。固定资产总值360万元。2010年，教育经费投入926万元（其中国家拨款893万元、自筹经费33万元）。有在校生1 530人（其中毕业246人、招生276人）。开设教学班29个。有教职工121人，其中具有副高级职称4人，中级职称109人；省优秀教师3人，沈阳市优秀教师6人，沈阳市级学科带头人2人，沈阳市级骨干教师8人，新民市名师3人，新民市骨干教师13人；研究生学历3人，大学本科45人，专科53人；普通教室32个，专用教室9个，实验室1个。

【启动首届“实验杯”青年教师教学系列大赛】 3—6月，开展了竞赛形式的校本研训活动，即首届“实验杯”青年教师教学大赛活动。共有30位青年教师从上课、教案设计、课件制作、课后反思、教学故事五个方面进行精心设计与实践。本次大赛从策划方案、动员、实施、评价到表奖历时4个月，活动按方案评出综合一等奖2名，二等奖4名，单项奖16名。本次活动的开展大大调动了青年教师的工作热情，挖掘出一批有潜力的青年教师走上一线队伍。这项活动为青年教师的成长提供了平台，开创了学校校本教研工作的新形式，为今后的校本教研工作提供了宝贵的经验。

【“彰显艺术特色，活跃校园文化”系列活动】 4—9月间，代表新民市参加2010年沈阳市艺术特色校六项技能大赛。此次大赛共有6个项目的比赛，在4—5月参加了书法、绘画及红诗咏诵活动的比赛，9月又参加了舞蹈、合唱比赛。其中在合唱曲目《山童》《青春舞曲》比赛中，指导教师恰当地加入了舞蹈动作，收到了很好的效果；表演的舞蹈《红花·绿叶》不仅在动作上体现了孩子天真、活泼、可爱的天性，服装设计也新颖、别致。这次“技能大赛”贯穿整个学期，不仅给学生创造了展示自己艺术特长的舞台，同时也促进了本校校园艺术活动的开展和提高。

【组织抗震救灾捐款活动】 4月23日，组织全校师生为青海省玉树县地震灾区人民捐款的活动。少先大队部向全体少先队员发起“情系玉树，大爱无疆”的捐款倡议，传承了“一方有难，八方支援”的中华传统美德。师生合计捐款1万余元。同时也为青海玉树的同胞们祈福，希望他们一切安好。

【组织教学开放日活动】 11月18日，开展了教学开放日活动。邀请部分学生家长走进校园，走进孩子所在班级，了解孩子在课堂上的表现，活动邀请了二至六年级的120位家长参加。活动首先邀请家长走进课堂（共同听取一节班主任、一节科任汇报课，分别听取24位班主任、24位科任教师的课，共计48节），请家长对本次活动留下宝贵意见，及时给家长发放信息反馈单，每位家长都能够认真填写，为学校以后开展工作提供了依据；邀请家长观看了学校的宣传片；最后曲宝印校长对学校教学工作的开展情况向家长作了全面的介绍。通过教学开放日活动，加强学校、教师、家长之间的沟通。

【启动城区小学学区教研活动】 10月28日，举办了新民市城区小学学区教研活动即沈阳市沈河区文艺一校名师送课活动。本次活动观摩了沈河区文艺一校6位教师的精彩授课，课后几位教师针对各自授课情况作了设计说明和教学反思。本次活动是新民市教育局成立学区以来的第一次城区小学学区的大型教研活动，邀请沈阳市名校名教师传经送宝，为新民市城区小学各学科教师提供了一次很好的学习机会，缩小了城乡教学差距，促进了新民市教师教学水平的提高。

11月23日—25日，开展了新民市城区小学学区评优课活动。这次参评的有城区7所小学11节课，教学内容含从低段到高段，涉及语文、数学、英语、品社、音乐五个学科。

【开展“我感恩，动起来”主题活动】 少先大队以11月25日感恩节为契机，开展“我感恩，动起来”主题系列活动，旨在教育学生做一个知恩、感恩的好孩子。大队部通过“四色密令”的形式，如橙色密令代表帮父母捶捶背，说说你的悄悄话，粉色密令代表画一幅感恩的画或写一篇感恩故事等，并把11月25日定为校园感恩日。通过此次活动，孩子们体会到父母的辛苦，主动为父母做家务，有的家长高兴地流下了眼泪；孩子们体会到老师的辛苦，班干部组成小队，主动维护校园环境……这个活动的开展，唤醒了孩子们的爱心、感恩之心，人与人、人与社会变得更加和谐。

【国学教育系列活动】 12月8日，启动国学教育仪式。学校利用12月29日—30日，举行了“诵读国学经典，弘扬传统文化”经典诵读大赛。经典诵读作为学校能力测试内容已有两年多的时间，同学们早已经能把《弟子规》、《三字经》、《中华童铭》、《百家姓》、《论语》及《小学生必备古诗》等一些国学著作诵读流利，在原有基础上变换了以往的抽测背诵诵读形式，充分发挥了全体班主任老师和同学们的聪明才智，将这些古典文学以快板、说唱、舞蹈、乐器伴奏等形式融合在一起，创编出了蕴含着丰富底蕴的诗词歌赋。让孩子们精神生命的根须深深扎在民族文化的沃土里。

（刘朝侠）

沈阳市法库县太阳升小学

【概况】 2010年，沈阳市法库县太阳升小学占地面积9 831平方米，建筑面积4 084平方米。在校学生1 138人，设教学班26个。有教职工84人，包括专任教师76人；其中高级职称教师3人，中级职称教师74人；市级骨干教师4人；大学本科以上学历28人。现有普通教室26个，专用教室2个，多媒体教室1个。

【打造和谐团队】 学校坚持“以人为本”，管理上坚持“和顺为先，德法兼备”。充分利用妇女节、青年节、教师节、重阳节等节日，开展形式多样的活动，融洽干群关系。在管理、考核、奖惩等重大决策上，让全校教职工民主参与，讨论决定，调动了每位教师的积极性。学校高度重视师德师风建设，把教师师德表现纳入工作目标考核，同教师签订《师德师风责任书》，建立较完善的行风管理机制，树立了教师良好的师表形象。

【注重课堂教学质量】 组织教师认真研读《课程标准》，钻研教材，精心设计教案。为向40分钟要质量，学校领导深入课堂听课，及时与教师沟通，提出建议，反馈意见。尤其对中青年教师，督促其掌握现代化教学手段，创造机会让其走出去，学习其他学校先进教学经验，开阔眼界；精心设置教师展示平台——做公开课，以此提高教学水平，提高课堂教学质量。

【深化教科研活动】 为提高教师课堂教学水平和效益，学校积极开展数学、作文、英语教学研讨活动。每个年级组老师按照“集体备课、集思广益——分头做课、共同评议——反思总结、内化吸收”步骤进行，听课后认真评课、及时反馈，通过理论学习与实践研讨，集体备课与听、评课有效结合，教师教学理论和课堂调控能力得到提升。

【开展特色体育活动】 每学期开展跳绳比赛、体操队列过关比赛；坚持开展阳光体育活动、大课间活动；保障学生每天参加1小时体育活动；9月底召开了“迎十一”趣味体育运动会。

【打造特色教学品牌】 为传承传统文化精神，学校通过积累、背诵古诗、成语，阅读名著等活动，扩充课外阅读量，丰富文学底蕴。组织教师利用一至五年校本教材《生活习作》进行作文教学。通过作文教学研讨活动，引领教师重视并搞好作文教学，使学生乐于写作，勤奋写作，努力提高学生写作水平。

【开展多彩主题活动】 采取寓教于乐形式，开展“主题教育月”活动：如“文明教育养成月”、“培育和弘扬民族精神月”，通过国旗下讲话、设计主题展板、组织开展演讲、绘画、征文比赛等，学生在活动中受到教育。开展爱心教育活动：如学雷锋纪念日进社区捡拾白色垃圾；“三八”妇女节为妈妈倒杯水，做一件家务活，送一件亲手制作的小礼物；教师节组织学生向教师赠鲜花，送亲手绘制的贺卡；重阳节让学生为老人送上温馨祝福，做一些力所能及的事情等。

【创建平安校园】 建立了安全工作长效机制，制定了安全工作紧急预案。建立了校长、分管领导、班主任、学生等安全责任管理机制和责任追究制度，落实“一岗双责”制，层层签订《安全责任书》，对重大安全事故直接责任人实行一票否决。利用班会、黑板报、橱窗等，对学生进行思想和各项安全知识教育，特别是夏季防溺水、防雷电以及地震、交通等安全教育，增强学生安全意识，懂得自救、互救常识。定期对校舍、消防、交通、周边环境等进行安全检查，发现问题及时处理。在一楼大厅专设教师安全岗，做到校园任何一个位置都有专人负责。

（陈鸿鹏　纪文彬）

沈阳棋盘山国际风景旅游开发区高坎中心小学

【概况】 2010年，沈阳棋盘山国际风景旅游开发区高坎中心小学建筑面积7 315平方米。学校固定资产总值620万。全年教育经费投入727万元。毕业170人，招生148人，在校生812人。学校开设24个教学班。有59名教职员工，专任教师50人，其中小学高级教师54人；市骨干教师3人；大学本科以上学历59%。学校建设有多功能报告厅、会议室、音乐室、美术教室、微机室等专用教室，并实现了班班通。

【开展教学研修系列活动】 5月13日，开展了骨干教师示范课活动，活动包括“同课异构课堂教学研讨”汇报课，学校2名骨干教师刘琳和赵凤娇分别上数学、语文示范课，全体班主任教师参加了听课，课后以学年组为单位进行研讨，指出课堂中存在的问题，提出建议，促进了课堂教学水平的提升。

【开展教科研活动】 4月，结合全国科研课题《小学生解决实际问题的策略研究》开展了中期小结活动。组织课题组教师进行课堂教学观摩，评课纪实，上交科研论文和课堂评课纪实各3篇，3人获得评课纪实一等奖，1人获一等论文奖，2人获论文二等奖。

【开展国学诵读和手抄报活动】 5月，开展国学知识诵读和手抄报活动，围绕“品读国学精粹，弘扬传统文化”的主题，学生们诵读《三字经》《弟子规》和古诗等，三至六年级学生还上交设计精美的手抄报数十篇。活动丰富了学生文化生活，提高了学生语文素养，促进了传统文化的传承。

【协办“教育局党委庆祝建党九十周年红诗红歌会”】 6月28日，协办了“教育局党委庆祝建党九十周年红诗红歌会”活动。活动在高坎小学三楼报告厅举行，高坎小学的唱诵组合节目《党啊，我亲爱的母亲》获一等奖，并代表开发区党委参加沈阳市的红诗红歌节目评选。

【参加区趣味运动会】 6月10日，参加了开发区小学趣味运动会，派出彩旗队和几十名参赛队员，队员们发扬团结合作精神，勇于拼搏，取得团体总分第一名的好成绩。

【“节能减排，低碳生活”系列活动】 10月，组织全校参加了“节能减排，低碳生活”宣传活动，学校组织学生参观宣传画，召开主题班会，开展“节能减排，低碳生活”知识竞赛等活动。

（左大为　刘艳菊）

沈阳棋盘山国际风景旅游开发区东陵路小学

【概况】 2010年，沈阳棋盘山国际风景旅游开发区东陵路小学占地面积9 516平方米，建筑面积3 358平方米。图书馆藏书1.2万册。在校学生430人。学校开设12个教学班。有35名教职员工，专任教师26人，其中小学的中学高级教师2人，小学高级教师30人；市级学科带头人1人，市骨干教师2人；大学本科以上学历90.3%。学校建设有多功能教室、实验室、图书馆、音乐教室等专用教室，并实现了班班通。东陵路小学以“生态校园、文明校园、书香校园、和谐校园”建设为重点，为学生的发展、教师的发展和学校的发展创造优良的人文环境。学校成为师生身心愉悦的成长乐园，形成能够充分展示学校个性魅力和办学特色的校园文化。

2010年5月，东陵路小学在棋盘山开发区教育局组织的课堂教学大赛中获优秀团体奖；2010年7月，东陵路小学在“快乐成长”辽宁省暨沈阳市中小学生红诗咏颂活动中获一等奖；2010年12月，东陵路小学在棋盘山开发区组织的中小学冬季铁人三项赛中获小学组团体总分第二名；2010年12月，东陵路小学获沈阳市“十一五”期间群众体育先进单位称号。

【开展教学研修系列活动】 3月份，区教育局、教研室开展了“互助互研、共享共赢”的系列教研活动。三年组数学教师，四、五年组语文教师参加了这项活动。10月份，东陵路小学三年数学组、五年语文组和低年级英语组分别承担了教研室“数学第五册第三单元集体备课”、“如何上好语文作文评改课”和“低年组如何培养学生的良好学习习惯”三项主题研究。6月10日，东陵路小学代表棋盘山区迎接了市教研院下校教研活动，活动中，教研员共听了7位教师的7节课。课后教研员和任课教师共同研讨，对任课教师所上的课给予了很高的评价。

【参加区教师基本功大赛】 4月中旬，有6名教师代表学校参加了棋盘山开发区教学评优大赛。在上课、说课大赛中，各位参赛教师教学各有特色，经过激烈角逐，徐爽、陈艳艳、高娟老师荣获全区一等奖，崔巍、杨晓冬、张秋丽老师荣获二等奖，东陵路小学获得了优秀集体奖。11月中旬，5名教师代表学校参加了棋盘山开发区教师基本功大赛。在教案设计、说课比赛、现场评课及个人才艺展示等比赛中，各位参赛教师经过积极准备，激烈角逐，崔巍、杨晓冬老师荣获全区一等奖，聂晶、孙鹤、张秋丽老师荣获二等奖。

【参加市中小学生“红诗沈阳”咏颂活动】 4月份，东陵路小学参加了沈阳市中小学生“红诗沈阳”咏颂活动。五年一班全体同学的《有一首歌》、《七月的天空》，六年一班郝南翔同学的《一个神圣的名字——中国》，六年一班徐可欣、刘岳同学的《七月的天空》获得一等奖，崔巍、彭瑞严、高娟、王征宇获得优秀指导教师奖，学校获得团体总分一等奖。

【王雅同学当选为市文明小使者】 2010年5月，王雅同学当选为沈阳市文明小使者。5月份，在沈阳市少年儿童宫举行的表奖仪式上受到了沈阳市委书记曾维等市里领导的接见。

【“三十天养成一个好习惯演讲比赛”获奖】 2010年7月，王雅同学作为棋盘山开发区唯一进入决赛的选手，参加了7月份在市第五中学举办的沈阳市“三十天养成一个好习惯演讲比赛”的决赛，并在比赛中取得了三等奖的好成绩。

【“弘扬民族精神”民族教育宣传月活动】 9月份，在全体师生中开展了“弘扬民族精神”民族教育宣传月活动。9月初，东陵路小学利用校园网组织收看了有关民族教育的三集电视片《五星红旗》。9月中旬，学校利用校园广播站、学生作品展示窗、板报等宣传阵地，大力宣传和弘扬民族精神。9月下旬，以少先大队牵头在全校及班队活动中组织开展了与民族教育有关的班队会和德育实践活动，激发学生对祖国、对人民及家乡的热爱。

【召开争当“四好少年”主题大队会】 2010年10月13日，为深入贯彻落实胡锦涛总书记致少先队建队60周年贺信精神和第六次全国少代会精神，以节庆日为教育契机，进一步增强广大少先队员的组织意识，更好地培养少年儿童对党和社会主义祖国的朴素感情，引导少年儿童心向党、心向祖国，积极争当“四好少年”，东陵路小学少先大队部组织了“入队光荣，争当四好”主题大队会活动。

【国家级科研课题顺利结题】 2010年12月，德育处承担的国家级科研课题“小学特殊家庭学生教育对策及方法”进入结题阶段。课题研究中，课题组教师总计完成教学随笔、案例88篇，优秀论文44篇，论文集4本，上交心理沟通纪实132篇，帮教纪实99篇。形成了单亲家庭子女、农民工子女、下岗工人子女的教育方法的研究报告。

（左大为　王征宇）

初 中

沈阳市第一〇七中学

【概况】 2010年，沈阳市第一〇七中学占地面积19 272平方米，建筑面积6 700平方米，体育场馆面积4 200平方米。图书馆藏书67 766册，各类报纸、杂志30种。固定资产总值1 567万元。全年教育经费投入2 089万元。毕业420人，招生428人，在校生1 144人，开设教学班29个。学校拥有多功能体育馆、篮羽球馆、乒乓球馆、学术报告厅，红绿相间的塑胶跑道、操场，容纳800人同时就餐的A级学生食堂，多媒体配置、标准化设施的理、化、生实验室，功能先进的AMD信息技术体验中心、语音教室、音乐教室、舞蹈教室、美术画室及心理咨询室。学校拥有一支师德高尚、业务精湛的教师队伍。教师学历达标100%。在一线教师中，中青年教师占全校的70%，其中荣获市学科带头人、名师、市区骨干教师、首席教师、明星教师等称号的有50人。

【美国印第安纳州凯斯琳中学校长比尔·威尔姆森来访】 4月17日，美国印第安纳州凯斯琳中学校长比尔·威尔姆森到学校进行了为期一周的友好交流访问。活动期间，双方就中美教育发展体制、教育理念及发展方向等进行了深入交流，交换了意见。比尔·威尔姆森校长对学校管理和各项工作给予了高度评价。

【接受校园安全检查】 5月5日，省市领导到校实地检查学校安全工作。检查组详细了解了学校门卫管理、安全制度、安全监控设施落实和保安人员力量配备等安全管理工作情况，深入学校食堂、教学区及各个监控点进行了细致检查，听取了学校的工作汇报，对学校安全工作给予了充分的肯定和高度的评价。

【举办学区学生名篇佳作诵读比赛】 5月11日，在校多功能厅举办大东区东南学区学生名篇佳作诵读比赛。沈阳市第一〇七中学、沈阳市第一四〇中学、沈阳市沈东中学、沈阳市振东中学、沈阳市奉天中学等校参加了比赛。

【开展教职工心理辅导活动】 5月19日下午，学校为全体教职员工进行了一场生动而有实效的心理辅导讲座。心理辅导活动以“快乐工作，享受生活”为主题，为全体与会者营造了温馨、舒适、宽松的交流氛围，让教职工畅所欲言，释放压力，力求通过活动，引导教职工逐步树立“快乐工作”的工作理念，明确了平和、乐观、积极待人的处事方式，传递了“逆境成长”的人生哲理，让教师们对“珍惜拥有”的感恩心理、“学会放弃”的生活态度和“积极暗示”的心理素养有了全新领悟。

【明星教师手拉手结对子暨初三冲刺复习示范观摩课活动】 5月21日，为营造浓厚的课堂教学氛围，进一步深化课堂教学改革，提高毕业班课堂教学效率，举行了“明星教师手拉手结对子暨初三冲刺复习示范观摩课”活动。区教育局、区教师进修学校学科教研员及相关学校各学科备课组长参加了活动。初三年级数学、英语、语文、化学4个学科的4位明星教师为与会人员进行了教学展示。

【作为市首批“爱生学校”接受媒体采访】 9月6日，作为市首批“爱生学校”试点单位，接受了辽宁日报、华商晨报、时代商报、沈阳晚报等多家媒体的采访。新闻媒体对学校每周一次的校长对话日活动和学校开设的健美操、京剧、十字绣、纸浮雕、吹墨画等23个特色校本课程活动情况进行了专题报道。校长对话日的设立，是让学生参政议政，参与学校管理，真正成为学校的主人的新举措。

【校园文化艺术节隆重开幕】 9月29日，举办“庆祖国繁荣，展艺术辉煌”校园文化艺术节，市区领导及教育专家参加了开幕式。艺术节中，师生表演了自编自导自演的文艺节目，全面展示了学校的艺术教育和校园文化建设成果。

【承办区2010年中考质量分析会】 10月13日，大东区2010年中考质量分析会在学校召开。区教育局副局长等相关人员60余人参加了会议。与会人员观摩了有效教学管理展示，全面总结2010年中考工作，分析问题，查找不足，对2011年大东区中考工作进行全面部署。副区长张艳红在会上要求各校要认真总结，深刻反思，再接再厉，努力完成2011年中考工作任务。

【参加第十七届东北三省四市青年教师素质教育研讨会获奖】 11月1日，教师殷红代表沈阳市参加第十七届东北三省四市青年教师素质教育研讨会。殷红老师在研讨会上向与会人员展示的《圆周角》一课，被评为特等奖。

【承办文明交通进校园宣传活动】 11月12日，由市公安局、市教育局联合主办，市第一〇七中学承办的沈阳市中小学生文明交通进校园宣传活动在学校举办。会议由市教育局副局长倪佐主持。全体与会者共同观看了市交警支队为全市中小学生专门制作的交通安全教育片——《生命无法重来》。市领导为文明学生代表赠送安全教育光盘。七年五班孙啸嶙同学向全市中小学生发出《关爱生命，安全出行》倡议。沈阳市教育局副局长倪佐就学校师生的交通安全工作提出了三点要求：一是思想认识到位，二是宣传教育到位，三是工作责任到位。

【迎接市政府督学室领导到校指导】 11月22日，市、区领导到校检查管理规范化工作落实情况。督导组领导听取了学校关于规范化工作的汇报，查看了相关档案资料，实地考察了校园及周边环境，采取座谈和问卷调查相结合的方式对学校办学条件、学校管理、民族团结教育、信息技术教育四方面工作进行了全方面的验收检查，对学校工作表示满意。

【承办区名校名师课堂教学展示暨九年级学科深度教研活动】 12月14日，“大东区名校名师课堂教学展示暨九年级学科深度教研活动”在学校举办。市、区相关部门领导参加了教研活动。活动期间，学校共开放了语文、数学、外语、物理、化学、历史、政治七个学科，14节公开课，接待了全区300余名学科教师。教研活动分为两部分，第一部分：七学科教师公开课展示。第二部分：学科深度教学研讨。专家结合公开课例现场评课，在肯定成绩的同时，指出不足，并从教育理念、教学方法等方面提出了建设性的意见和指导性建议。市教育研究院各学科教研员就2011年市中考备考复习工作分学科进行了专题报告。

【接待江西省南昌市教育考察团】 12月6日上午，江西省南昌市教育考察团一行14人莅临学校开展教育访问活动。考察团参观了学校的校园环境和硬件设施。听取了学校开展工作的经验介绍，并就南北方学校建校历史、办学理念以及发展规划等方面进行了探讨和交流。

【开展国学经典教育】 12月，在学生中间开展了国学经典系列教育活动。学校举办了“从‘头’做起”主题展板教育活动，在学生中间开展了对“学生应该留什么发型”的讨论，引导学生树立正确的审美观。活动期间，学校利用每天午检10分钟的时间播放由学生们自己录制的《国学经典——中华孝子故事》，对学生进行感恩教育，收到良好成效。

【成立校园爱心基金】 12月，成立了校园爱心基金。全体教职员工捐助的6 800元作为第一笔爱心基金，对获得“感动校园好少年”的学生进行了特别奖励。

（徐哲茹　黄英宇）

沈阳市第一三四中学

【概况】 2010年，沈阳市第一三四中学拥有南九、振兴、长白三个校区，总占地面积43 755平方米，总建筑面积38 309平方米。图书馆占地面积为939平方米，藏书6万余册，被评为辽宁省图书馆工作示范校。更新改造现代化档案馆，拟申报辽宁省特级档案馆。在校生2 370人，专任教师196人，教师培训投入20万。高级教师占61.7%，博士生课程班、研究生学历及研究生课程班39人。全国优秀班主任5人，市名师2人，市骨干教师16人，区名师5人，区级骨干教师97人，各级骨干教师占到61%。在生源全部是学区学生的情况下，中考以总分高于第二名学校10.8分的绝对优势，居全区第一名。学校成为“和平区教育领域的一个优秀品牌和金字招牌”，成长为在全国具有较强影响力的集团式优质学校，被中国教育学会赞誉为“全国初中教育改革创新示范校”。学校获得全国初中教育特色学校、中国美术教育先进学校、辽宁省“十一五”规划课题《提高教师心理素质的实践研究》先进实验单位、沈阳市中小学科技教育特色学校、沈阳市体育学科“教研基地”学校、沈阳市教育学会先进单位、和平区政府标兵单位等40多项荣誉称号，承办全国生本教育理论与实践研习班现场会等国家省市区各级现场会，迎接检查工作20余次，均获圆满成功。师生个人获国家、省、市、区级荣誉500余人次。

【领导关怀、调研】 5月，国家教育部“我国发达地区推进义务教育现代化实践研究”课题组第一组来到学校调研，调研组组长为彭钢，副区长裴达树、副局长师晓星陪同。6月，为和平区高考中心考点，市公安局副局长刘晓竞、区长程晓龙与副市长王玲视频对话，汇报考点工作；为和平区中考中心考点，副区长裴达树与副市长王玲视频对话，汇报考点工作。9月，区人大副主任张伟代表学校授予区委区政府颁发的“标兵单位”荣誉牌匾。

【吴艳校长教育影响力】 吴艳，沈阳市教育专家，全国十佳初中校长，和平区第十六届优秀人大代表。获辽宁省“五一” 劳动奖章、辽宁省第五批优秀专家、首届辽宁省基础教育系统专家科研型名校长、沈阳市劳动模范、沈阳市优秀教育工作者等多项荣誉。兼任中国教育学会初中教育委员会副秘书长、全国中学教育科研联合体常务理事等职务。主编《中学生京剧校园双语读本美术》等学术书籍多部，承担各级科研课题30余项，在全国各类刊物发表优秀论文、各级教育类大型会议发言50余篇次。

【名师工程】 3月，表彰6个“十佳”模范。模范名师有姚晔等10人，模范班主任有尹凤英等10人，模范学科教师有梁雪梅等10人，模范管理人员有傅巍川等10人，模范后勤服务人员有李冬梅等10人，模范退休老干部有李锦韬等10人。9月，王秀梅被市人民政府评为市名教师，邹丽丽等5人被评为市骨干教师。

【互动式校本培训】 继续开展互动式校本培训。60余人次到北京、重庆、丹东、绵阳、天津、山东等地考察学习，英语教师王莹、郑杨赴英国进修学习，为期42天；100余人听教育专家知心姐姐卢勤报告。吴艳校长应《辽沈晚报》特邀为广大考生家长主讲《2010中考志愿填报指导》的公益讲座。市中小学语文教师高效阅读培训现场会、市初中语文教学基本功大赛、市义务教育质量监测命题人员培训大会、区中考备考工作展示会、第二十一期全国生本教育理论与实践研习班现场会分别在学校举行。

【喜庆建校60周年暨集团成立5周年】 10月17日，学校举办了大气恢弘的60年校庆，国家教育部、省市区领导、兄弟学校来宾、历届校友以及在校师生5 000余人共享盛会，共同见证了学校60年尤其是近5年所取的辉煌成绩。国家总督学顾问陶西平、副市长王玲、国家教育部基础教育一司、中国教育学会等分别发来贺信，全国政协副主席张怀西、省副省长陈超英、全国人大教科文卫委员会委员柳斌、中国教育学会会长顾明远等领导专家题词祝贺。中国教育学常务副会长郭永福、副市级调研员刘兴烈、副区长裴达树、美国枫叶湾学校校长马克分别在庆典大会上致辞，吴艳校长发表讲话。来宾对学校60年的变化感慨万千，纷纷对学校表达了良好祝愿。一三四中学此次校庆活动在传承、凝聚、引领、发展的氛围下获得圆满成功，辽宁广播电视台教育青少频道《教育新视界》，沈阳广播电视台新闻频道《沈阳新闻》、《看今天》、《沈视早报》、《沈阳日报》等多家新闻媒体对一三四中学校庆盛况进行了报道。

【中外校长教育漫谈】 以校庆为契机开展了以下活动：原国家教委副主任王明达、区委书记汪涛等领导来宾参观“跬步之光”校史馆，该馆馆名由中国教育学常务副会长郭振有题写；中外中学校长教育漫谈，美国印第安纳州枫叶湾学校校长马克·斯尔、上海沪新中学校长刘永和、校长吴艳先后就自己的办学思想、办学特色作了精彩报告，北京天下智慧教育集团总编闻立伟对三位校长的报告作了中肯的点评；成立校友会，主题为“我与学校共发展，志在兴华”，大会选出了理事会成员，通过了《沈阳市第一三四中学校友会章程》，理事会理事长为齐绪礼；“伙伴式”课堂教学研讨课。

【引领辐射】 在沈阳市开展的“建立城乡教育发展共同体”工作中，校长吴艳到沈北新区辉山学校进行考察，与沈北新区教育局局长、书记会谈，研究合作意向。区教育局与沈北新区教育局签订了合作协议书。26日，“和平区、沈北新区教育发展共同体暨辉山学校—一三四中学合作项目”启动仪式在辉山中学举行，副校长李冬云任辉山学校校长三年，正式托管辉山学校。此后，多次到辉山学校送教下乡。还组织了校际间的、区域间的各种教育教学活动，青海省级数学骨干教师培训班每年都来校参观学习，学校再次获市优秀大学区先进单位称号。

【对外交流】 7月，沈阳市友好城市伊尔库茨克市学生代表团一行9人应邀参加学校九年级学生毕业典礼，市副市长黄凯接见代表团，代表团还参观了沈阳故宫等沈阳文化名胜古迹。8月，学生代表团受市政府的委托参加了“俄罗斯伊尔库茨克市政府与沈阳市政府友好城市交流——中学生夏令营互访活动”，吴桐等6名同学前往伊尔库茨克进行为期6天的访问。100余名师生赴上海参加明德励志修学夏令营活动。

（董立剑　姚锁立）

沈阳市第四十四中学

【概况】 2010年，沈阳市第四十四中学占地面积15 620平方米，建筑面积8 323平方米。图书馆藏书5万册。在校生754人，包括1名日籍留学生。开设教学班24个。有教职工91人，包括专任教师86人，其中，具有副高级职称27人，中级职称40人；全国“五一”劳动奖章获得者1人，省学科带头人1人，市级骨干教师2人；大学本科以上学历82人，其中研究生学历（含研究生课程班）14人。普通教室24个，专用教室14个，实验室5个。学校网址：www.44.syn.cn。

【成为北师大“生命教育实验学校”】 积极打造“生命教育”特色品牌，积极引导教师关注生命的缤纷状态，关爱生命的成长过程。学校通过“校园文化10条”的建设，积极引领构建和谐的师生关系；通过深入持久读书活动的开展，涵养教育者的生命情怀；通过打造有生命气息的课堂，提升师生生命质量；通过校本课程“生命乐章”的设计与实施，搭建展示自我、合作学习的互动平台。生命教育，使四十四中这所改革示范校焕发勃勃生机。2010年，学校被评为辽宁省中小学生命教育先进校。

【开展生本教育实践活动】 2010年3月，以成为沈阳市教育专家协会组织的生本教育联合体（初中）成员学校为契机，积极开展“以生为本，打造富有生命气息的课堂”教改实践活动。通过“风采杯”生本同课异构课、“教育走向生本，教育激扬生命”、“奇思妙想话生本——生本教育理念学习会”、“集思广益践生本——生本框架模式研讨会”等系列活动，促进教师们重视生本教研并积累了丰富的经验，取得了令人瞩目的成绩。皇姑区教师进修学校先后组织语文、英语、数学、思想品德等学科在四十四中学召开全区生本学习研讨会，得到与会人员充分肯定和高度评价。

【努力打造“学习型干部队伍”】 积极倡导树立终身学习的观念，坚持开展领导班子读书交流和班子例会前读书论坛活动，每学期班子中的每名成员至少读书12本。2010年，改变了以往单一的读写学习模式，每次例会前用2小时时间开展读书论坛活动（如《中层领导成功手册》、《高品质沟通》、《责任意识》、《沈阳市中长期教育改革和发展规划纲要》（2011—2020年）、《情商教育》、《跟随者引发的思考》等），班子成员轮流做主持人，会上大家各抒己见、热烈讨论，会后一周内形成书面文稿，发邮件给主持人，由主持人整理成文。阅读使班子成员的思考更加厚重和有根基，论坛使干部的交流更加顺畅和富有启迪。

【扎实开展教师读书系列活动】 坚持每学期组织教师读书交流活动。2010年，组织全校教师分8组开展了“读书三会”活动（“把最好的书推荐给最好的朋友”读书推荐会，“生活与教育”读书分享会，“大师眼中的生命”读书论坛会）。同时，引导、鼓励教师积极撰写“品读经典，感受教育魅力”教育随笔等读书交流活动。校领导积极参与每一次活动，倾听教师的心声，感受他们的成功与失意，共同品味人生。心灵的互动、情感的交融，点燃了教师的激情，唤起了教师们对生活的无限热爱和对崇高教育理想的不懈追求，亦使干群关系更加密切。

【重视网络信息建设】 学校成立了网络信息部，经选举推荐市骨干教师（学校网站创建者）任主任，逐步完善了校园信息化网络平台，开展了网上评课和键盘小组等多项活动，全校师生的现代化技术水平有了大幅度提高，学校被评为“市基础教育下一代互联网应用示范校”，成为市唯一一所获此殊荣的初级中学。2010年，学校网络部继续开发管理电子资源服务教学，建立学科FTP题库；给每个老师办公桌安装了电脑并联网，为老师提供舒适便捷高效的网络办公环境；为学校网站主机更换联通托管IP增速器（12月9日开始，下载速度增速至少10倍），空间扩容（由原来200M增加为1T）；为39名教师报名参加全国中小学教育技术培训；网络部引进交互电子白板并负责全员培训。

【全校实现班班通】 3月2日，班班通工程全面落实。3月1日，学校网络部在电子备课室对七、八年级教师进行了使用培训，3月2日把钥匙交付各班班主任，正式使用。第一周内网络部陆续对此设备进行了细节调试、操作规则和管理制度的制订、学生管理员的培训等工作。至此，学校24个班级班班通工程全面落实，所有班级可用多媒体展台上课，为学校学科教学、信息整合以及提高课堂教学效率和教学成绩提供了有力的支持。

【承办“沈阳基础教育下一代互联网应用示范项目”培训会】 5月10日下午，“沈阳基础教育下一代互联网应用示范项目”培训会在学校报告厅召开。此次培训会由沈阳教育学会信息技术专业委员会主办，包括应用示范单位在内的全市各区、县（市）电教馆馆长以及近20所学校校长和技术人员共计70余人参加了培训。邀请了东北大学教授、博士生导师王兴伟博士作专题培训讲座。学校作为示范校之一，校长作了汇报，介绍了学校在网络管理和应用方面的规划和措施，受到了与会专家领导的充分肯定。

【在省市中小学电脑制作大赛中获奖】 2010年7月，八年级学生杨睿博、贺威在市中小学电脑制作大赛中电子报作品《七彩家园》获得一等奖，同年12月获得省二等奖。

【开设国学大课堂】 从本校学生实际入手，始终如一地将国学教育融入德育管理。国学大课堂的主要内容是“明礼”。把传统教育形式与国学相结合，将文明礼仪知识贯穿整个德育工作的始终。德育处胡主任亲自上课，同时有礼仪示范生当场示范表情和动作，包括：鞠躬问好礼仪、仪容仪表礼仪、走廊礼仪、课堂礼仪、食堂用餐礼仪、进老师办公室的礼仪等。课后，组织各班同学召开了以“明礼”为主题的班会，班主任引导学生们以活泼多样的形式，多角度对文明礼仪进行了讲解和演示，起到事半功倍的效果，使文明礼仪教育深入人心。

【组建学生社团】 秉承“让每一个生命都绽放光彩”的教育理念，成立各类学生社团。2010年，文学社团组织了以“古韵今声——中秋诗会”为题的诗歌朗诵会，英语社团开展了迎世博英语口语大赛及课本剧展演活动，美术社团举办了精美泥塑作品展览，文艺社团为全校师生演出了一台精彩的“激扬生命，绽放青春”大型迎新晚会。特别值得一提的是学校组织学困生、边缘生等特殊学生成立了球类和武术社团，由德育主任、年组长带队，坚持训练，并积极开展师生友谊赛。学生社团丰富多彩的活动，为学生搭建了展示自我的平台，体验到了成功的喜悦。

【成立“阳光爱心社”】 学校成立了“阳光爱心社”。“阳光爱心社”由每个班的班长组织形成，在成立之初向全体同学发出了“让我们以主人翁的姿态投入到环保、低碳、献爱心的行动中来，轻轻地伸出你的手，捐出一张废纸，奉献一片爱心”的倡议。号召全校师生定期把办公室、班级积攒的废纸、旧书报等统一卖给废品收购站，并用所得的款项购买学习用品捐赠给学校各班的学优特困生。此项活动的开展，使同学们树立了低碳、环保的理念和节约意识，增强了学生对社会的爱心和责任心。

（马颖　苏虹）

沈阳市第七中学

【概况】 2010年，沈阳市第七中学占地面积40 840平方米，建筑面积28 693平方米，体育馆面积1 612平方米。图书馆藏书14.2万册，各类报纸13种，杂志73种。固定资产总值1 685万元。全年教育经费投入2 898万元。毕业104人，招生1 136人，在校生3 593人。学校共有78个教学班。有教职员工348人，包括专任教师274人，其中具有高级职称115人，中级职称109人；全国优秀教师1人，省特级教师2人，省、市学科带头人3人，市名师、市骨干教师14人；大学本科以上学历321人。普通教室78个，专用教室11个，实验室11个。

【召开师德报告会】 1月18日，在学术报告厅召开师德报告会。该活动由学校党支部、德育处共同组织，报告会以“春风化雨育七中英才，润物无声铸瑰丽师魂”为主题。6位优秀班主任代表，从不同角度向大家展示了作为教师，尤其是作为一名班主任，除了要有高水平的教育教学能力外，更要有对学生一生负责的责任心，以及母亲般的爱心。本次师德报告会，旨在提高教师的师德修养及班级管理能力，鼓舞七中全体教师以崭新的精神面貌投入到教育教学工作之中。学校被评为沈阳市政风行风建设先进基层单位、沈阳市未成年人思想道德建设先进单位。

【专家引领打造精品团队】 2月9日，省委、省政府授予七中校长曹淑君辽宁省优秀专家称号，还被评为辽宁省“五十名专家型名校长”，在她的带领下，七中人以稳健的步伐迈入了全市领先、全省一流、全国知名的现代化学校的行列。9月，7名教师被评为市名师、市骨干教师。万平老师获得沈阳市感动校园好教师称号，沈河区成立万平名师工作室，引领一方带动一方。文艺骨干进社区活动中周齐艳被评为沈阳市先进个人，冯梅老师获得沈阳首届职工才艺大赛美声组冠军。宋阳老师的《全国信息技术与课程整合》获国家级优秀课一等奖；张璐老师赴四川重庆参加了物理国优课评比，获国家级优秀课二等奖；万平老师赴四川参加全国中语会“创新杯”青年语文教师课堂教学观摩活动获一等奖；肇宁宁老师获得三省四市青年教师教学观摩课一等奖。

【召开百日誓师大会】 3月20日，中考百日誓师大会在沈阳二中体育馆隆重举行。初三年级全体师生及家长共2 000余人齐聚二中，副校长王浩作了百日复习动员报告，初三年级班主任代表及家长代表先后发言，2009年中考状元施雯同学在大会上作了发言，全体初三学生进行了庄严的宣誓，校长曹淑君激励鼓舞全体师生共创中考佳绩，二中校长刘辉送上了美好祝福。

【举办“城乡合作体”交流活动】 3月22日，承办沈河区、法库县“城乡合作体”教师交流活动。此项活动由区教师进修学校、七中教务处、张芳名师工作室共同组织，沈河南部学区各学校领导、教师代表，法库县九年一贯制中学部的学科骨干教师，近二百人参加了此次活动。省特级教师张芳作了题为《提高自身素质，享受职业幸福》的报告，为“城乡合作体”教师交流活动拉开序幕。在接下来的一周时间里，法库县教师在学校参加一系列的听评课、集备、教学研讨等交流活动。此次活动促进了城乡教育均衡发展，2010年，学校获得“沈河区城乡合作体工作先进单位”的称号。

【深入开展“青蓝工程”】 2010年学校深入开展“青蓝工程”。学校通过以老带新，充分发挥优秀教师的“传、帮、带、导”作用，重塑青年教师的发展路径，使他们在教育教学上迅速成长成熟，提升了学校的发展内涵。6

月，在辽宁省辽阳市召开的全国教育系统关工委“青蓝工程”现场会上，学校开展“青蓝工程”的经验及成果得到了上级领导和专家的一致肯定。2010年，学校被评为沈阳市“十一五”校本培训先进单位。

【开展创先争优活动】 6月，学校党总支在全校开展“创先争优”活动。以“开展创先争优活动，推进教育质量提升”为主题，以“工作争先、服务争先、业绩争先”为目标，以培养“学习优、作风优、素质优”的教师队伍为重点，本着有利于党组织开展、有利于党员参加、有利于活动取得实效的原则，根据学校实际情况和党员的岗位特点，创新党组织活动途径和党员教育方式，精心设计了特色鲜明、务实管用的活动，以多种形式的活动为载体，确保了创先争优活动扎实开展。12月，张芳老师被评为沈阳市“创先争优先进个人”，学校被评为沈阳市文明单位。

【师生共同咏诵《少年中国说》】 6月23日，由市教育局主办的“辽宁省暨沈阳市中小学生红诗咏诵会”在沈阳儿童活动中心剧场举行。会上，2位教师和60名同学以火热的激情表演咏诵了《少年中国说》，师生们深情满怀地演绎了这首诗，让现场观众充分感受到了传统文化历久弥新的魅力，充分展示了七中师生朝气蓬勃、全面发展的精神风貌和努力学习、勤于探索、敢于创新的风采。

【两校合并】 8月，为打造沈河教育强区，放大优质教育资源，实现教育均衡发展，区政府、区教育局作出重要决策，薄弱初中市第八十六中学正式并入市第七中学。使两所学校顺利完成融合，实现了优质资源的有序扩张，完美演绎强弱合并，教育优质均衡策略。

【召开规模宏大的秋季运动会】 9月30日，在市建筑大学体育场隆重召开了2010年秋季田径运动会。全校78个班级、4 000余名师生及部分家长代表参加了此次盛会。全体教师裁判员本着公平、公正的原则，运动会一直在“隆重、热烈、团结、振奋”的气氛中进行。4 000余名学生伴着《祖国您好》欢快的音乐，进行了大型扇子舞表演，成为运动会的一大亮点。首创的扇子舞《祖国您好》已成为学校课间操的一大特色。

【开展校园艺术节】 10月1日，在操场上举办了以“唱响红歌，喜迎国庆”为主题的艺术节启动仪式。此次活动，由德育处、团委、音乐组共同组织，一直关心并支持七中教育教学事业的各级领导、学校领导和全校师生及学生家长代表4 000余人参加了此次盛会。演出分为“风雨历程、民族大团结、和谐社会”三大篇章，师生齐上阵，节目质量高，艺术性强，充分展示了师生的综合素质和学校艺术教育的丰硕成果。

【举办班主任沙龙】 12月11日，在学术报告厅举办2010年班主任沙龙活动。学校领导和78位班主任参加了此次活动。本次班主任沙龙分别由三个年级组长主持，采取互动交流的形式，围绕沙龙主题谈自己的看法、观点和经验，为提升学校的办学质量、提高班主任的专业素养，搭建了更多更宽广的平台。

【召开国学教育启动仪式】 12月28日，沈河区中小学国学教育启动仪式在七中隆重召开。活动目的是认真贯彻落实市教育局关于全市中小学开展国学教育相关文件的精神，营造传承和弘扬优秀民族文化的良好氛围。沈阳七中在国学教育工作中，注重与现有德育特色工作相结合，与课堂教学改革相结合，得到市区教育局肯定，初二年部的国学课本剧《崂山道士》进行了现场表演，得到了与会领导的好评。在区教育局组织的课本剧比赛中，学校选送的《崂山道士》、《孙权劝学》分别获得了一等奖第一名、第二名。学校被评为市德育特色学校。

（柳文春　刘娜）

沈阳市浑南新区第一初级中学

【概况】 沈阳市浑南新区第一初级中学坐落于沈阳市浑南新区中心地带彩霞街3号，是引进辽宁省实验中学教育品牌，采取政府投资、名校管理、联合办学模式，于2009年5月创办的一所公立初中义务教育学校。学校占地面积18 000平方米，建筑面积14 600平方米，总投资4 100万元。学校教学规划设置3个学年部24个班型，最多可容纳1 500名学生。学校部分教师来自原省实验中学、省实验学校，教师中研究生比例高达75%，另有3名博士生教师。聘请了国家级专家、天津大学教授、博士生导师、管理学大师罗云威为学校名誉校长和管理顾问，聘请山西大学教育科学学院院长、课程与教学研究所所长刘庆昌教授为学校教育教学高级顾问，聘请物理特级教师、全国劳模、五一劳动奖章获得者杨永威老师及原辽宁教育学院中学数学研训部主任、教授、国内教育评价和课改专家魏超群作为青年教师导师。学校秉承省实验中学的教育理念，实施影响学生一生的教育，进行具有一中特色的系列BQ（行为智商）、SQ（心灵智商）、TQ（全人智商）等EQ训练和培养，立志创造新兴初中教育品牌。

【受聘担任大学课外辅导员】 在4月份启动的全省“千名先进模范进大学校园”活动中，校长雷军被聘为沈阳航空航天大学动力与能源工程学院的课外辅导员。11月，学校收到了来自中共辽宁省委宣传部、辽宁省精神文明建设指导委员会办公室、中共辽宁省高等学校工作委员会和辽宁省教育厅的公开感谢信。感谢雷军校长不计报酬，不为名利，无怨无悔地用自己的爱心和真诚，教育和引导大学生健康成长。

【入选《基础教育参考》】 5月，《基础教育参考》杂志将浑南一中的介绍发布在了内封上。《基础教育参考》由教育部主管，教育部教育管理信息中心主办。

【参加省实验中学教研活动】 10月15日，23名教师参加了在营口鲅鱼圈实验中学举行的辽宁省中学课改实验发展基地优秀课观摩教研活动。此次活动中，英语教师方丽萍和语文教师李娜参加了优秀课评比，分别获得了八年级组一等奖和七年级组二等奖的成绩。

【邀请专家进行课改指导】 11月13日，中央教育科学研究所韩立福博士莅临学校进行课改指导。韩博士对关明月和刘健两位教师的展示课进行了细致指导，又对全体教师进行了“走进有效教学，构建卓越课堂”的专题指导，从如何实施有效备课、有效上课、有效课后拓展及有效实施评课等方面进行了详细的论述，深入浅出地阐明了新课程理念下课堂教学的先进理念，指导教师如何走进有效教学，做一名智慧型教师。

【荣获科研课题奖项】 11月18日至21日，全国教育技术研究“十一五”重点规划课题《基于交互式白板的课堂教学重构研究》课题中期交流研讨会在湖北宜昌举行，方丽萍老师的*Can you come to my party*一课获得中期成果评比一等奖，数学教师郑海波的《平行四边形》一课获得中期成果评比三等奖。

【参加课改研讨会】 11月19日，部分教师到辽宁省实验中学合作学校参加中国教育学会“十一五”规划《校本课堂开发的研究与探索》总课题组辽宁省中学课改实验合作学习教学研讨会。历史教师林金宇的《宁为战死鬼，不做亡国奴》和体育教师赵琪的《女生健美操》双双被评为优秀课一等奖。

【接待俄罗斯客人来访】 12月14日，俄罗斯联邦驻沈阳总领事馆领事波德别列兹科夫、俄罗斯列宾美术学院教授阿涅科夫·阿纳托利、邱德诺夫·弗拉基米尔应邀参观浑南一中。

（钟德超）

沈阳市第四十六中学

【概况】 沈阳市第四十六中学始建于1958年，是一所初级中学，位于苏家屯区香柏路9号，占地面积25 610平方米，建筑面积6 634平方米。学校建有标准化的教学楼、微机室、图书室、语音室、多功能电教室、国家一类标准的物理、化学、生物实验室等专用教室，教学设备齐全，设施先进。学校现有教学班24个，学生1 290多人，教职员工165人，其中，市区学科带头人、骨干教师43人，省市优秀教师9人。被区政府命名为教育工作先进单位。

【开展学生自主学习课堂教学模式研讨活动】 4月15日至11月20日，开展学生自主学习课堂教学模式研讨活动。114名教师全员参与，层层推进。按照活动实施计划，本次活动是从学校语文、数学两大学科开始，经过两轮的课堂教学展示，先后有44位教师参与其中，大家将此次活动当作自身业务提升的一次机会和展示自我课堂艺术的一个舞台。尤其是第二轮的12位教师，不负众望，精心设计教学环节，展示了个性课堂的风采。课堂教学灵动，课改理念鲜活。新课程“三维目标”得到较好的落实。同时教研组、备课组发挥作用，团队意识增强。活动中有6名教师荣获教学精彩奖、教学风采奖、教学绚采奖。此后学校将其他学科纳入此次活动中来。在学生自主学习课堂教学模式研讨活动中逐渐创建特色学科。语文学科何方老师的作文教学，杨丽老师的“名著接龙”阅读都使学生们受益匪浅，张雪书老师结合教材文本的写作训练教学都取得明显效果。数学学科卢殿成老师总结出学习三部曲：课前自学——我的知识我做主，课上研究与探索——独立探索我能行，帮助与合作——有了困难怎么办，我帮你。通过学生课前自学、课上研究与探索、课后巩固与训练等办法，学生体验了成功，增强了学生学习自觉性。

【参加市青少年科技创新大赛获奖】 3月25日，学生参加第25届沈阳市青少年科技创新大赛获奖。6名学生获创新项目一等奖，10名学生获创新项目二等奖，11名学生获科幻画二等奖。学校获优秀组织奖。

【健全校本研修体系】 3月4日，学校成立了以校长任组长的教科研领导小组，并建立了“教研、教务处——教研组——备课、课题组——教师个人”四级教研网络。强化师资培训，搭建校本教研的学习平台，抓好“两个工程”即教师读书工程和教师外出培训工程，邀请专家来校指导，实现专业引领。逐步完善教研、备课、课题组管理制度，营造“百家争鸣，共同成长”的学术氛围，强化教师的研究意识。积极探索校本教研激励机制，重视案例研究，倡导深入反思中提升自我。完善校本教研的服务制度。学校通过频繁开展专题研讨、教师与专家对话、学术报告、名师讲课等活动，提高教师教研能力和学校教研的整体水平。

【打造高效课堂、魅力课堂】 9月15日，召开新课程改革总结会。教师李莹作了题为《我同课改一同成长》的典型发言，校长作了题为《走内涵发展之路，创优质特色学校》的主题汇报。几年来，学校围绕“走内涵发展之路，创优质特色学校”主题进行了系列“课例研讨活动”、“基本功达标竞赛”、“小课题研究活动”，锻炼了教师的语言表达能力、板书设计和书写能力、课堂组织设计指导能力、新技术运用能力、课后反思能力、总结写作能力、改革创新能力、交际活动能力、学科合作能力以及科研能力。共有82人获省、市、区优秀课教师称号。市、区骨干教师达40余人。191人次获国家级、省级、市级、区级论文奖。校长主持的省级规划课题《初中课堂教学策略的研究》通过验收。市级一线教师科研立项已经结题及已经立项的近40余人。学校每名教师都有校级课题研究，科研氛围空前高涨。学校向上一级学校输送出高层次、高质量的优秀人才。

【以养成教育为载体培养新世纪精英】 3月12日，开展“以养成教育为载体培养新世纪精英”为主题的系列活动。该系列活动包括“学雷锋，树新风”活动，“为受灾地区学生募捐”活动，开展“科技之春”科教活动，参加市、区科技创新大赛并且获得好成绩，“五四”发展新团员活动，德育处联合体育组开展广播操比赛、校运会，“远离毒品、远离艾滋”签名活动，“爱护地球，做环保小卫士”黑板报评比活动，“迎全运，懂礼仪”手抄报展览活动，开展校园艺术节的书画作品展活动，少年模拟法庭活动，每周的国旗下演讲，组织学生观看具有教育意义的电影及法制辅导员的专题讲座，办好心理咨询室，把德育与心育结合起来。学校及时制定和修正了具有四十六中学特色的“德育校本教材”、“养成教育学习手册”等相关资料，这为积极推进此项工作提供了保障。同时学校坚持“七年抓适应，八年抓养成，九年抓提高”的原则，对学生进行良好的卫生习惯、守纪习惯、文明习惯、学习习惯的培养。学校对每一个年级的学生的养成教育提出具体不同的要求。学校1 290多名学生参加此次系列活动。

（高东野）

沈阳市新兴初级中学

【概况】 2010年，沈阳市新兴初级中学占地面积10 525平方米，建筑面积9 443平方米，图书馆藏书36 281册，各类报纸12种，杂志61种。固定资产总值346万元。全年教育经费投入626万元，其中国家拨款621万元，自筹经费5万元。毕业363人，招生292人，在校生1 042人。升入省级重点高中119人，升入市级重点高中125人，升入一般高中和普通中专109人，升学率97.24%。开设教学班24个。有教职工82人，专任教师68人，其中副高级职称46人，中级职称30人，市级骨干教师13人，大学本科以上学历73人。普通教室24个，专用教室3个，实验室3个。学校网址：www.xinxing1995.com。

【“安全教育活动月”启动仪式】 4月5日，沈北新区教育局在沈阳市新兴初级中学召开中小学“安全教育活动月”启动仪式大会。与会人员观看了新兴中学消防演练的过程，区教育局领导及全区中小学德育校长及德育主任参加大会。会上公布了工作方案，区教育局主管局长作了重要讲话，局长从提高认识、强化意识、落实责任、狠抓管理等几个方面对学校安全工作提出了具体要求，并对下一段工作进行详细部署。

【举办全区中小学“德育论坛”】 4月27日，沈北新区中小学“德育论坛”在新兴中学召开，该论坛由新兴中学德育处组织，把“感恩教育”作为德育工作的切入点，树立品牌，打造学校文化特色，将“感恩教育”作为学校德育课程化课题和学科德育的重要内容立项研究，让“感恩教育”走进课堂，设计多样性的、学生感兴趣的活动实施“感恩教育”，构建教育网络，使学生形成良好的思想品德素质和健康心理，提高其综合素质。

【申报农民工子女学校成功】 7月15日，学校申报农民工子女学校获得成功。之前，学校硬件设施陈旧，农民工子女学校申报成功以后，学校进行了一系列改造工程，重新更换了暖气管路，解决了取暖设备严重老化的问题，更换了塑钢门窗，各教室和办公室更加宽敞亮洁，粉刷了内外墙壁，重做了防水，使得学校的整体面貌焕然一新。并对食堂进行了全面改造，就餐环境更加清洁卫生，饮食更安全，为农民工子女创造更好的学习环境。

【参加全国英语叙事大赛】 7月18日，代表沈北新区参加了全国中小学生Think Quest英语叙事大赛。学校组织学生积极参赛，英语学科是学校的龙头学科，借助本次大赛活动的平台，师生将课堂所学的知识延伸到课外活动中。这次全国性的英语叙事大赛，提高了学生综合运用英语的能力，真正让学生在活动中得到锻炼，能力得到提高，特色的英语教学得以展示。

【“班班通”设备装配到位】 8月28日，班班通设备装配到位。学校安排专人分年组分批次进行了培训，并组织了观摩课，老师们普遍感到信息技术与学科整合的必要性和重要性。使用班班通，增大了知识密度，丰富了课程资源，呈现方式更加灵活多样，提高了课堂效率，教师们应用的热情很高。

【开展“推普周”活动】 9月12日至18日，开展了第十三届全国推广普通话宣传周活动。学校召开推普工作会议，研究部署推普周活动安排。在学校大门、教学楼处张贴以宣传推广普通话为主题的标语和宣传画，悬挂宣传横幅，电子屏幕滚动播出推普周宣传口号，组织师生学习相关法律法规及相关知识。利用新生入学、开学典礼和教师节，进行推普宣传活动，培养学生说普通话、写规范字的积极性和自觉性。学校教务处和德育处组织关于推普周内容的主题黑板报评比、手抄报比赛等活动，评选出优秀作品。由语文教师牵头，组织学生进行查找并纠正错别字的活动。学校组织“啄木鸟小队”查找学校黑板报、标语及学校周边招牌、广告牌等不规范的字，并及时纠正、汇报、总结。

【开展多媒体教学公开课活动】 9月20日至12月10日，开展了多媒体教学公开课活动，目的是让任课教师能了解班班通，使用班班通，能熟练制作多媒体教学课件，并应用于课堂教学。教务处对本次活动做了认真的安排与部署，活动结束后，又做了全面的总结与反馈，本次活动取得了圆满成功，达到了预期效果。共有47名教师参加活动。

【实施“生命教育工程”】 10月11日至11月5日，全面实施“生命教育工程”，全面提升心理健康教育思想，积极探索心理健康教育最优化模式。找准学生的精神需求，开发和设计教育内容，设立学生心理咨询信箱，举行了专题国旗下演讲，同时利用校园橱窗、班级墙报、校园广播等多种形式，做好学生心理疏导工作和生命教育工作，引导学生认识生命的可贵和人与自然的关系。

【参选辽宁省文明学校】 10月12日，学校被辽宁省政府评为“辽宁省文明学校”。领导班子团结和谐，作风民主，开拓创新，勤政廉政，以身作则，为师生树立了榜样。构建和谐师生关系，学校育人成效显著，校风、教风、学风纯正，教学科研成绩突出。文体活动丰富多彩，校园环境整洁优美，师生员工生活方式健康文明。管理工作严格规范，安全工作责任落实，学校呈现物质文明、政治文明、精神文明全面协调和可持续发展的良好态势。

【参观学习外校经验】 11月24日、25日，组织全体任课教师到沈师大附中参观学习。学习先进的教育教学方法和理论，提高教师的整体教学能力。本次活动由校长、书记亲自带队，分批次到沈师大附中听课、学习。听课后，分组组织教师讨论和交流体会，更好地促进自己的教学工作。参加此次活动的领导和教师72人，共听课140节。

（王学忠）

辽中县茨榆坨初级中学

【概况】 2010年，辽中县茨榆坨初级中学占地面积76 950平方米，建筑面积21 509平方米，由教学楼、综合楼、实验楼、学生宿舍楼、师生食堂等主体建筑构成，集教学区、生活区、住宿区、活动区为一体。图书室藏书45 000册，各类报纸12种，杂志25种。学校现有30个教学班，学生1 302人。在岗教师150人，其中高级教师43人，一级教师104人。其中，市级名师1人，县级名师1人，市级学科带头人8人，市级骨干教师12人，大学本科以上学历135人，占教师总数的90%。实验室6个，各种专用教室16个。2010年，学校先后获得沈阳市环保示范学校、沈阳市教育学会先进学术团体、沈阳市群众体育先进单位、辽中县绿色生态校园四星级先进学校、辽中县德育先进学校、辽中县先进团委、辽中县“大课间活动”四星级先进单位等荣誉称号。学校网址：www.cytcz.syn.cn。

【综合治理】 学校牢固树立“安全第一，生命与使命同行，生命高于使命”的安全意识。学校综合治理机构健全，组织领导到位，学校投资近万元，在校园和教学楼内的重点位置安装了监控等安全设施；各科室、部门工作责任到位，请专家上课，进行普法教育和安全意识教育；完善规章制度，及时排查矛盾到位，加强夜巡工作，强化门卫责任。稳定的教育教学秩序为学生创造了良好的学习生活环境。经过认真、细致的工作，2010年没有出现任何安全事故。

【教学工作】 以培养名师为突破口，通过开展学科评优课和教师基本功系列比赛及骨干教师课堂教学竞赛，完善教育教学成果奖励办法，确保了教育教学水平的提高。9月份，学校制定《教师教学绩效考核奖励方案》；11月份，思品教师周红、历史教师山绍成、化学教师郑英获得辽中县优秀课评比一、二等奖；12月份，化学教师陈宝伟参加辽宁省化学优秀课评比荣获二等奖。

【德育工作】 不断完善《班级百分赛评比制度》，构建学校、家长、社会三结合的德育教育网络。注重养成教育和感恩教育。利用3月13日谢荣策烈士纪念日开展祭扫烈士墓和团员宣誓活动，利用升旗仪式和班团会进行爱国主义和文明习惯养成教育活动，利用父亲节、母亲节进行感恩教育。5月举办特色德育“学生才艺展示”活动，7月举行“远离网吧、文明上网”签名活动启动仪式，9月开展学习《弟子规》教育活动，12月开展以“知识、科技、创新”为主题的科技教育周活动。

【教研教改】 以学科为单位，成立了6个教研组，制定了《茨榆坨初中优秀教研组评比奖励方案》。积极举办每周一次的教研活动，以组内听评课和骨干教师课堂教学比武为主要教学活动模式，抓好教学练兵。通过“走出去、请进来”等活动，大力推进教育科研进课堂活动，提高课堂教学效率，巩固教育科研成效，积极推进课程改革。学校有32篇论文分别获国家、省、市优秀论文奖，24项沈阳市一线教师首期科研课题全部结题，18项国家级德育课题立项成功。

【“班班通”工程】 经过技术人员的紧张施工，12月20日，学校42套“班班通”设备完全安装调试完毕。为了让教师尽快掌握这些新设备的使用方法，学校以教研组为单位举办了“班班通”系统培训专题讲座。内容包括“班班通”设备的使用方法及注意事项。“班班通”的启用，丰富了教师的教学方法，增加了学生获取知识的渠道，促进了教学环境的改善，有力地提升了学校教育信息化水平。

【教师业务培训】 先后组织32人次到辽宁省凤城六中、沈阳市一三四中学等学校观摩学习及听取专题课程讲座，不断提高教师教学理论水平和业务素质。一线教师100%参加师德、新课改、专业课、校本培训等继续教育培训。进一步完善学校学习计划，保证每周一次的业务学习时间，促进教师专业化发展。12月1日至31日，103名教师参加了沈阳市中小学教师教育技术能力（初级）远程培训活动，课程包括教学方法与媒体选择、信息化教学资源的收集、信息化教学资源的加工等模块。通过培训，教师切实提高了教育技术应用能力和水平。

【开展创先争优活动】 2010年3月，按照上级要求，学校成立了创先争优活动领导小组，积极开展创先争优活动。6月份举办了教职工创先争优书法大赛和教职工创先争优现代教育技术课件应用比赛，7月份胡碧琼老师荣获全县教育系统创先争优演讲比赛二等奖，9月份学校获得辽中县创先争优经验材料优秀奖，11月份评选出七年十班为创先争优活动党员示范班，七年组为创先争优活动党员示范组。

【加强校园文化建设】 采用传统文化展示、校园小广播、班级文化园地、书法班、绘画小组等多种形式，打造具有茨榆坨初中特色校园文化建设。学校先后举办特色德育“学生才艺展示”、“金秋十月文化艺术节”等丰富多彩的校园文化活动。特色校园文化现已成为激励师生不断发展的无形动力。

（胡殿友）

新民市实验中学

【概况】 2010年，新民市实验中学占地面积3.5万平方米，建筑面积9 510平方米，体育场（馆）面积11 230平方米。图书馆藏书21 348万册，各类报纸11种，杂志13种。固定资产总值1 357万元。全年教育经费投入844.049 1万元，毕业349人，招生349人，升入沈阳市和新民市重点高中197人（包括指标到生和自费生），升入普通高中84人，另68人升入新民市第二高级中学和职业高中或其他中等专业学校，升学率100%。现有教职工116人，其中专任教师92人，高级教师36人，中级职称62人，沈阳市学科带头人1人，沈阳市名师1人，市级骨干教师1人，本科学历85人，学历合格率100%。有专用教室11个。

【以德育工作为抓手】 学校树立德育为首理念，广泛开展各类主题教育活动。一是抓好德育队伍建设，建立了校长—分管领导—德育主任—德育干事—班主任的德育管理网络机制，分工合理，职责明确，制度齐全，德育常规全面落实，各类考核严格。二是深化德育活动，利用传统节日、纪念日、升降旗仪式等时机，开展爱国主义、集体主义、革命传统教育，以及法制教育、诚信教育、尊严教育、心理健康教育、青春期教育等专题教育活动。

【教育教学工作有序推进】 落实教学工作目标责任制，把教学目标分配到各年级，学校对教学质量监测情况向全校教师通报，及时召开总结会，查漏补缺。加强校本教研，抓集体备课、教法研讨、命题研究、质量分析，增强教研活动实效性、针对性；发挥备课组作用，促进同学科教师沟通，抓细抓实集体备课各个环节，提高课堂教学质量。强化教学常规，执行课程计划，细化教学管理，完善和修订教学常规要求。

【实施校本课程开发】 2月24日，召开校本课程开发专题会议，通过了校本课程开发工作方案——开发背景、开发目标、开发原则、开发内容、开发步骤、开发管理，成立了校本课程开发领导小组，全面负责校本课程开发工作。

【开展学雷锋活动】 在学雷锋活动月中，通过学生干部会议、主题班会、校会、板报、橱窗、校园广播等各种形式广泛宣传雷锋精神，

"学雷锋、树新风，争当文明学生"活动广泛开展起来。活动期间，教师组织学生集体到社区义务劳动9次，学生做好人好事达数百件，收到表扬信27封，在社会上产生很大反响。此次活动增强了学生对学校、家庭、社会的责任感，达到了预期效果。

【课改工作取得新突破】 3月10日，召开了课改工作会议。强调教师要更新教学理念，转变教学观念，改进教学方法。要求教师学习先进经验，充实新理念，思考在新课标下如何推进课堂教学改革；总结课堂实践，完善新理念，共同研讨，找方法、创模式；改革课堂评价，实践新理念，集思广益，创新评价方法，适应教改需要；完善课题研究机制，提高新理念，促进教师改革意识。

【教育安全工作稳定】 在第十五个"全国中小学生安全教育日"到来之际，学校于3月22日召开了安全教育工作会议，对全校师生进行安全教育，会上宣读了安全工作制度、工作方案，同教师签订了安全事故责任状，教育学生有序上下楼、文明把路行，进一步普及防震防火减灾知识。23日组织开展了"加强疏散，确保学生平安"防火防震大演练，演练达到了预期效果。同时，为加强学校安全管理，新聘用保安2人。

【组织向玉树灾区捐款活动】 4月14日，青海玉树发生了7.1级地震。在全校范围内开展向青海玉树灾区捐款活动，弘扬伟大的抗震救灾精神，充分表达对灾区同胞的深情厚谊，真正体现"地震无情、人间有爱"，广大师生慷慨解囊，争相捐助，积极支援玉树人民的抗震救灾和灾后重建，共捐人民币10 219.4元。

【开展新生军训活动】 9月24日—30日，对七年级新生进行了为期7天的军事训练。在军训期间，同学们头顶烈日，练习站军姿、转体、齐步走、正步走、跑步走等队列动作。同学们都认真刻苦，按照教官的要求，像军人一样，做到一切行动听指挥，整队迅速，意志坚强、纪律严明。通过军训，激发了学生的爱国主义热情，增强了学生的国防观念和建设祖国、保卫祖国的责任感。

【国学传统教育】 12月10日，学校邀请郭庆斌教授进行《传统文化与智慧人生》的国学讲座。活动中，郭教授以生活中的事例，采用互动的方式，用自己的人格潜移默化地影响着每一位听报告的教师，他以其深厚的国学修养，从不同的角度入手，深入浅出，风趣幽默地给教师们阐释了中国传统教育的一系列观念，特别是以专业的国学角度为教师剖析了为人师表的真谛以及如何教学相长的技巧，帮助教师正确认识职业角色，学会合理安排教学与个人生活。随后，又对八年级学生进行了《弘扬传统文化，体会快乐人生》国学讲座，使学生了解中华传统文化经典和优秀的中华文明，为树立正确的道德观念奠定了基础。

（刘朝侠）

法库县第一初级中学

【概况】 2010年，法库县第一初级中学占地面积18 000平方米，建筑面积6 540平方米。在校学生1 042人，设教学班21个。有教职工94人，包括专任教师85人；其中高级职称教师32人，中级职称教师62人；市级学科带头人1人，市级骨干教师1人；大学本科以上学历61人。现有普通教室24个，专用教室8个，理化生等实验室4个。学校树立"以人为本"的管理理念，学校内部管理实行校长负责、中层干部参与、教师民主监督管理体制，保证了学校管理透明、公开。2010年，共有110多名学生考入省级重点高中，其中考入省实验中学1人，教学成绩连续多年居全县榜首。

【抓实德育工作】 学校坚持德育为首，建立健全学校德育工作组织机构，认真贯彻落实《未成年人思想道德建设实施纲要》。加强理论学习，组织教师认真学习《未成年人保护法》、《教育法》、《教师法》、《沈阳市中小学教师职业道德规范》等。要求教师每人写一篇心得体会，全体教师政治素养和师德修养发生很大变化，教师敬业精神增强。实际工作中，学校坚持养成教育，培养学生良好习惯。利用自习课、晨检、班会时间，宣传学习《中学生日常行为规范》和《中学生守则》。本年召开大型主题班会12次，组织大型德育活动3次，组织学生观看爱国主义影片3次，参观禁毒图片展2次。通过多种渠道、多种形式使师生知法、懂法、守法，聘请法制副校长作法制报告2次。开展国学教育，传诵国学经典，弘扬传统文化，组织七、八年级师生听国学讲座2次，组织开展国学知识竞赛1次。

【抓好常规教学】 根据沈教发〔2005〕73号文件精神，学校以提高教育教学质量为核心，强化教学常规管理，认真执行备课制度、上课常规制度、教案检查制度、作业评价和测评考核制度，有检查，有记录。各种教学活动有计划，有总结，有研讨。本年组织大型教学活动6次，参加教研活动4次，检查教案8次，检查作业8次，校级公开课20节，县级公开课2次，组织开展九年级各类学科知识竞赛1次，组织七、八年级阶段测试6次，九年级中考模拟考试5次，召开各教研组会议8次。

【强化课堂教学质量】 加强集体备课，各教研组总计集体备课80次，组内公开课累计70节，教师人均听评课15节，组内教研会议合计20次。领导深入课堂，加强听评课，研讨课堂教学质量，做到听课有目的，评课有实效。

【加大科研兴校力度】 教师中有10人申报市县级科研课题，另有2人通过国家级科研课题组验收，1人通过省级科研课题组验收；15人参加校内外优秀课评比活动，有8人获得县级优秀课，7人获得电教优秀课；教师撰写教育教学论文20多篇。与东北师范大学联办教师培训基地；各教研组经常利用组会、教研活动，组织教师进行教育教学改革前沿理论学习，丰富教师教育教学理论储备。

【加强校本课程开发】 根据本校特点，组织教师编写校本培训教材，丰富学生学习生活，全面提高学生综合素养。

【抓好安全教育】 学校请法制副校长来校作安全教育讲座2次，带领学生去县消防支队参观2次，举办消防演练2次、防震演练1次；并通过班办《安全教育班报》，校办安全教育展板，利用校园广播、文化橱窗等宣传阵地，加强安全教育宣传，提升师生安全意识。

【强化综合治理】 为创造良好的教育教学环境，学校加强了校园环境综合治理。教学楼内共设立电子紧急疏散标志牌20个，消防应急照明灯12盏，各楼层添置消防灭火器材箱1个，设置安全警示语和提示语标牌，在操场和教学楼周围安装摄像头6个，校门外设立机动车减速带1处，对学校水电暖设施安排专人定期检查，及时消除安全隐患，保证教育教学正常开展。

【加强校园文化建设】 投入资金6万元，建立校园文化长廊，设立学生作品展板、优秀学生光荣榜、校园活动展示、教师光荣榜等6个板块；教学楼内设立爱国主义教育、科技教育、励志教育、国学教育等5个板块；各教学班设有班级文化板块，在师德建设、文化熏陶、环境美化方面走出了自己的特色之路。

【努力改善办学条件】 投入资金近17万元，对教学楼、教室、楼道墙壁进行粉刷，为各教研组铺地板砖近900平方米，更换暖气管道和上下水管道，配置了班班通设备，对中型会议室实施改造，安装了大型电子屏幕。

（陈鸿鹏　纪文彬）

沈阳棋盘山国际风景旅游开发区英达中学

【概况】 沈阳棋盘山国际风景旅游开发区英达中学位于沈阳市棋盘山开发区英达街道办事处英达村境内，地处天柱山北麓，距离清太祖努尔哈赤陵寝——福陵1.5千米。学校东约三千米处为棋盘山风景区和沈阳世博园，马宋公路和沈吉线铁路在校门前通过。学校环境优美，交通方便，是一所农村公办寄宿制初级中学。现有教师40名，学生近400名，教学班12个。学校占地面积44 232平方米，建筑面积13 551平方米。

【“控辍保学”工作】 3月3日，全体领导班子和班主任深入山梨、赵家、辛家等地走访，特别到新学期以来3名因厌学尚未到学校上课的学生家走访。家长们很受感动，纷纷表示愿意和学校一起做好学生的思想工作，让孩子重返校园。英达中学处于城乡结合部，外来人口、流动人口很多，控辍保学工作尤为重要。学校高度重视并认真落实“控辍保学”工作，每年的新学期都是英达中学“控辍保学”活动月，为健全“控辍保学”网络，学校层层签订责任书，实行领导包片、班主任包班、科任教师配合的“控辍保学”负责制，并且建立留守学生档案，联系村社、社区进行跟踪了解，严格落实责任。

【开展“青年教师研讨课”活动】 3月7日至3月31日，开展“青年教师研讨课”活动。此次研讨活动重点围绕“如何提高课堂效率”这一课题来进行，全校21名青年教师都参加了此次活动。初三政治教师张海霞上了一节《投身于精神文明建设》的复习课，教师整节课都是在引导学生自己来归纳知识点、编织知识网、探寻中考答题规律。张艳老师的《爱莲说》设计思路清晰，重、难点突出，语言精练，课件精美。所有的研讨课都有领导和学科教师参加听课、评课。本次研讨活动，为英达中学教师搭建了一个相互学习、相互交流的平台，对提高课堂教学效率，提升教师专业水平起到了积极的推动作用。

【皇姑区教研员莅校指导教学】 4月30日，皇姑区教研员一行10余人来到英达中学视导。他们分别听取了3个年级7个学科的14节课，课后，各学科教研员与教师进行了热情交流，教研员们对上课教师进行了细致入微的点评，对学科教学的进度、策略予以了指导。英达中学教师则是把集体备课中遇到的疑难问题总结成书面材料虚心请教。

【教学手拉手新老教师喜结对子】 9月16日，举行了师徒结对子仪式。新大学毕业生与有经验的骨干教师签订了师徒结对子协议。根据协议，老教师在一年内负责指导新教师备课、组织教学、上课、评课等常规教学，新教师要紧跟老教师听课学习，使新教师熟悉教学大纲，在一年内过好“三关”。手拉手活动使新教师更快成长，对教师队伍的专业化成长起到了积极的推动作用。

（左大为　齐先文）

九年一贯制学校

沈阳市第九十六中学

【概况】 沈阳市第九十六中学地处大东区的东北部，前身是陶瓷厂子弟学校，1998年归属于大东区教育局管辖。2010年，学校占地13 600余平方米，建筑面积9 670余平方米，教学班13个（小学教学班6个，初中教学班7个），全校共有学生387名（小学学生208名，初中学生179名）；教职工50人，专任教师36人；副高级职称教师15人，中级职称教师28人，初级职称教师4人，事业编工人2人；研究生学历4人，本科学历35人，专科学历11人；沈阳市学科骨干教师1名，沈阳市优秀教师2人，是大东区唯一一所公办九年制学校。

【领导关怀，莅临指导】 1月8日和11日，区教育局局长康长安和副局长王建艳先后到校进行工作调研和座谈。校长就近期学校工作及学校2010年工作发展方向和工作设想向局长作了汇报。两位局长肯定了学校的工作成绩，要求学校在今后工作中要做好三点：一是搞好学校班子的建设，团结务实的工作态度才能做出工作成绩；二是做实精细化管理，向管理要质量；三是提高学校教学水平，加强教师业务能力培训，强化学校班主任队伍建设，为做大做强大东区唯一一所九年制学校打好基础。

【同听同评，教学相长】 3月10日，在全体教师中开展了“同听一节课”活动。开学初至6月份，全体任课教师每人上一节教学公开课，同学科、同年级教师要随堂听课，认真做好听课记录，并在课程结束后进行讲评。

【让爱心充满世界，用真情照亮大地】 4月6日，开展了“让爱心充满世界，用真情照亮大地”向西南旱区捐款活动。全体师生共捐款1 100元整。

【大手牵小手，文明迎全运】 4月12日，按照市教育局文件要求，开展了“大手牵小手，文明迎全运”活动启动仪式。会上学生代表于新颖向全校同学提出文明迎全运的活动号召。

【省下一元钱，爱心献玉树】 4月23日，组织全体师生开展“省下一元钱，爱心献玉树”募捐善款活动。在活动中，首先向玉树遇难同胞降半旗，默哀致敬；学校德育处主任对全体师生提出捐款倡议，全校师生捐款活动开始。全校师生共为灾区捐款2328元。

【举办第四届校园艺术节】 6月13日，第四届校园艺术节汇报演出拉开序幕。校园艺术节历时一个月，开展了形式多样、丰富多彩的文艺活动。汇报演出共22个节目，参演师生达275人次，时长120分钟，全面展示了学校艺术教育与校园文化建设成果。

【弘扬爱国爱家精神】 9月3日，沈阳市文明市民林家荣老人来到学校，向全体师生作了一次“爱国主义教育”讲座，受到师生的欢迎。沈阳电视台对讲座进行了现场录制，并在当晚的《沈阳新闻》中进行了专题报道。

（徐哲茹　王昊）

沈阳市第一二二中学

【概况】 2010年，沈阳市第一二二中学占地面积7 000平方米，建筑面积5 160平方米。图书室藏书1.7万册，各类报纸10种，杂志9种。固定资产总值508万元。全年教育经费投入621万元，其中，国家拨款604万元，自筹经费17万元。毕业148人，招生176人，在校学生总计689人，其中，初中学生240人，小学学生449人，特困生22人，另有农民工子女347人。中、小学生升学率均达到100%。学校开设教学班18个，每个年级设为2个班额，其中，初中6个班，小学12个班。学校有教职工62人，包括专任教师45人，其中，具有高级职称11人，中级职称41人，初级职称9人；具有大学本科以上学历45人，专科以上学历15人。学校设有普通教室20个，专用教室4个，实验室3个。

【启动“小荷绿地”拓耕活动】 5月6日，在校园内举办了“小荷绿地”拓耕活动启动仪式。校长公布了“小荷绿地”拓耕活动的方案，并向全体师生提出了具体的要求。随后18个班级立即行动起来，在本班绿地里播撒了不同的种子。学生们要根据植物的生长情况进行浇水、松土、除草、捉虫、施肥、搭架等。学期末学校将评选出绿荫使者、劳动能手、关心集体的小标兵、创艺大师等并予以表彰，对班级的成果也将给予表奖。此次活动共有655名学生参加。张素珸副局长对“小荷绿地”的活动给予了充分的肯定和赞扬。

【开展军训活动】 9月1日，组织初一和初二的学生到65022部队进行了为期5天的军训。5日上午，在广场上举行了军训汇报表演。校领导和教官当场评出了队列优秀班级和优秀个人，并向他们颁发了证书。此后，学生们又参加了在皇姑区体育场举行的“皇姑区军训队列汇操比赛”，并获得优秀组织奖。

【迎接教学视导】 9月8日，区中教科、教师进修学校等相关单位一行13人到校进行教学视导。由教学校长汇报学校教师的专业发展规划以及本学期的教学工作计划。教研员分别随机听取了语文、数学、英语、化学、物理、生物、政治等九节不同学科的推门课，听课后与授课教师进行了面对面的交流，同时给予教学指导。由各学科教研员向学校领导进行反馈、交流。

【纪念“10.13”大队会活动】 10月13日，学校团委少先队举行了“庆少先队六十一华诞，展一二二雄鹰风采”主题大队会。本次队会与以往不同的是，除全体少先队员参与外，初中部的全体师生作为大会的特约嘉宾也应邀出席。在“为新队员授队标”的环节，改变了由老少先队员代表为新队员佩戴红领巾的传统模式，改由团员及团外积极分子担任，当团员代表们把鲜艳的红领巾系在新队员胸前的一刻，在场所有人都激动不已。本次活动使中学生们重温了入队情节，所有团员更是以胸前的团徽为荣，对学生是一次很好的教育。

【组织教学研讨】 10月25日至11月3日，学校举行了为期两周的“青蓝工程”系列教学研讨暨课堂教学研究课竞赛活动。这次活动的主要目的是：打造“精品课程”，贯彻落实“新课改”精神，集中展示教师运用现代教育信息技术的综合能力，发扬民主意识以及团队合作意识，提高学校教师队伍的整体素质。本次活动现场听课的学校领导及教师共有59人，参赛教师12人，其中，获得一等奖的教师有4人，二等奖5人，优秀奖3人。比赛结束后，在学校多功能会议室举行了表奖会，赵校长针对每一节课的优点及不足之处进行了评价、总结。校级领导亲自给获奖教师颁奖。

【参加大学区诗歌诵读会】 11月17日，初一年级的8位学生参加了在光明中学举办的“皇姑区东部学区学生诗歌诵读会”。在此次诵读会上，初一·一班的刘杉同学朗诵的《声声慢》、初一·二班的黄佳龄同学朗诵的《一句话》荣获大会诵读一等奖，初一·一班的卞春森同学朗诵的《陋室铭》、初一·二班的王雪同学朗诵的《再别康桥》、王春月同学朗诵的《金色花》荣获诵读二等奖，刘娜等3名同学荣获了三等奖。会上，东部学区各校领导、语文教师代表参与了奖项评选，并对一二二中学所取得的成绩给予了充分的肯定。

【扶助特困生】 12月2日，25名党员干部积极响应区教育局号召，纷纷奉献爱心，慷慨解囊，向全校困难家庭伸出援助之手，开展与特困学生“手拉手，一帮一”活动。校长、书记帮助特困学生解决生活实际困难，给学生买书包等文具用品，教学校长和德育校长给学生捐款、捐物，工会主席和闫妙龄老师为特困学生买了面、米、油，还有5名教师义务为学生补课。

【开展国学教育】 学校把国学教育作为学生的必修课，并纳入课程表，即：每周三第六节是学校统一的国学课。设置固定的国学教材，低年级以《三字经》、《弟子规》、《千字文》、《百家姓》为主要内容，并穿插唐诗宋词；中年级以《唐诗宋词》、《论语》、《孟子》、《庄子》为主要内容；高年级以《大学》、《中庸》、《孝经》、《道德经》、唐诗宋词为主要内容。根据学生、班级、学校的实际情况，教师可灵活选择诵读方法，主要包括：老师领读、学生代表领读、跟磁带读、跟VCD读、齐读、分小组读、全班集体读、听读、自由诵读、配经典音乐读、默读。每周安排两次早自习为诵读国学时间。学校德育处定期检查，并及时进行总结。评价原则是：只鼓励、不批评。注重激发学生诵读的兴趣。学校采取多种激励措施，开展国学主题教育活动。例如班级之间国学诵读比赛，年组之间国学演讲比赛，不同年组的书法大赛，全校国学知识大赛。同时，学校还在教室、走廊、办公室等公共场所张挂一些经典字画、格言。

（马颖　王洪昌）

沈阳市实验学校

【概况】 2010年，沈阳市实验学校占地面积48 005平方米，建筑面积42 038平方米，体育场（馆）面积4 646平方米。图书馆（室）藏书18.4万册，固定资产总值8 046万元。全年教育经费投入3 790万元，其中，国家拨款3 445万元、自筹经费345万元。毕业1 328人，招生1 291人，在校生共计5 056人。应届中考省重点达线率90%以上。全校开设教学班130个。有教职工422人，包括专任教师400人，其中，具有副高级职称95人、中级职称251人，全国优秀教师1人、辽宁省特级教师1人、省级骨干教师2人、沈阳市名师4人、市级优秀教师2人、市级骨干教师22人，大学本科以上学历348人。普通教室123个，专用教室43个，实验室12个。学校网址：http://www.sysyxx.com。

【承办沈河区、法库县“城乡合作体”教师交流活动】 3月22日，作为被选中的两所优质学校之一，实验学校小学部承办沈河区、法库县“城乡合作体”教师交流活动。此次交流活动为期5天，实验学校与法库教师以学科为单位进行教师对接，开展一系列的听评课、集备、教学研讨等活动，为参加交流活动的教师提供良好的学习机会和交流平台。

【举办中学部成立十周年“恰同学少年”主题文艺汇演】 5月27日，实验学校隆重举行庆祝中学部成立十周年“恰同学少年”主题文艺汇演。辽宁省教育厅、省基础教育中心、市教育局、沈河区委区政府、区教育局领导及关心实验学校成长的各界朋友应邀观看了本次演出。同时参加本次演出的还有应邀来访的新加坡圣安东尼女子中学的师生。文艺汇演中，同学们通过拉拉操、舞蹈表演、民乐联奏、情景散文表演等多种艺术表现形式突出展示了实验学校中学部成立十年来蓬勃发展的历程，同时也展现了全体实验人满怀激情与斗志迎接美好未来的决心，到会的省市领导对本次展演予以高度评价。中学部全体师生2 000余人共同观看了本次汇演。

【合并重组，成立中学二部】 8月，沈河区教育局为“推动全区教育均衡发展，满足百姓优质教育需求”实施了实验学校与四十八中学重组合并，实验学校成立中学二部。至此，实验学校已拥有6个校区、422名教职员工、5 000余名在校学生。在合并重组过程中，学校对中学二部进行校园改造：改建食堂、新建操场、粉刷教室、更换教学设备等，市、区教育局领导到中学二部视察、指导工作，对合并重组相关工作的稳步实施给予了高度肯定和评价。随着学校合并重组工作的完成，沈河区优质教育资源，尤其是百姓特别关注的初中优质教育资源将进一步扩大，此举必将为全区教育优质均衡发展带来深远的影响，同时也为沈阳市教育局在“扩大优质教育资源规模、办人民满意的教育”政策的制定与实施方面提供了一个很好的范本。

【承办全国综合实践活动研讨会暨第四届学术年会】 9月28日，全国综合实践活动研讨会暨第四届学术年会现场会在实验学校中学部隆重举行，来自北京、福州、沈阳等地的6名教师进行了优秀课展示。实验学校荣获2010年度《综合实践活动与师生发展》课题研究先进单位称号，中学部陈丹在会上作了《班级篮球赛》一课的展示并获得全国综合实践活动课程现场教学观摩与说课比赛一等奖，在课堂教学中通过指导学生小组展示、汇报的形式，充分展示了实验学校学生的综合实践能力。各地综合实践学科的专家、教学精英近200人，参加了现场研讨课活动，实验学校300名学生参与了此次年会相关活动。

【承办国家级课题培训】 10月15日，中国教育学会中小学整体改革专业委员会辽沈协作体在实验学校小学部召开“十一五”重点科研课题“中小学生学习力培养的研究”实验教师培训会。中小学整体改革专业委员会主管领导参加了此次培训活动。培训期间，整改委副主任赵宏为17所实验校的教师作了以“小学数学建模”为主题的讲座，为所有课题实验校教师指明了研究的正确方向，提供了研究的基本方法，使全体实验校教师更加深刻理解了本课题研究的意义，在操作课题研究时更有目的性和指向性。小学部200余名教师参加了此次活动。

【艺术教育喜结硕果】 10月29日，实验学校小学部获得由沈阳市教育局组织的艺术教育特色学校6项技能大赛金奖。此次活动是对学校艺术教育水平和成果的一次验收，正是因为有这样一支优秀的艺术教育教师团队，在本月11日举行的辽宁省中小学音乐学科优秀教研组评比暨辽宁省三队（器乐、舞蹈、合唱）比赛中，实验学校才能荣获辽宁省三队比赛一等奖的好成绩。沉甸甸的奖牌凝聚着实验学校对艺术教育工作的高度重视，凝结着市区教研员老师的智慧，更是对实验学校艺术教育成果的高度认可。评审组专家7人，教师230人参加活动。

【被授予全国防震减灾科普教育基地并获得国家级“和谐校园”称号】 2009年，实验学校建成沈阳市首个地震科普教育馆，经国家地震局有关专家审查验收后，于2010年10月被授予国家级防震减灾科普教育示范基地称号。2010年11月，实验学校参加在山东潍坊召开的全国中小学安全工作经验交流会议暨中国教育学会中小学安全教育与安全管理专业委员会学术年会，教育部、中国教育学会、辽宁省教育厅安全处及市、区教育局领导出席了会议，实验学校副校长姚彤代表沈阳市中小学校在会上作了题为《谋安全保障之本，走和谐发展之路》的经验介绍，与此同时，实验学校获得国家级“和谐校园”称号。

【实验爱心筑起安县小学新希望】 2010年11月16日，四川安县传来消息，由沈阳市实验学校等几家爱心集体捐资兴建的学校、医院业已建成。实验学校小学部校长张瑾随沈阳市红十字会一行赶赴四川，对在当地的援建项目进行验收。早在2008年5月，实验学校正在积极筹措五十年校庆之际，汶川地震噩耗传来，实验学校毅然将校庆从简，多方筹措资金总额达140余万元，捐助四川灾区，同时开展了“沈阳·绵阳，同一个太阳”为主题的特色校庆捐赠活动。实验学校也因此成为了全国以学校为单位捐款额最高的一所学校，被国内媒体纷纷关注。而今，实验学校捐资援建的安县黄土镇仁和学校已经正式投入使用，镌刻着“沈阳市实验学校”字样的碑石矗立在仁和学校显著位置。实验学校校级领导与仁和学校继签订了捐赠协议之后又签订长期帮扶协议。

（柳文春　孟祥虹）

沈阳市高明实验学校

【概况】 2010年，学校占地面积24 000多平方米，建筑面积13 874平方米，体育馆面积1 200平方米，食堂面积1 200平方米，学校有接近7 000平方米的人造草坪操场，图书馆（室）藏书1万册。固定资产总值149万元，全年教育经费投入445万元，其中，国家拨款445万元。毕业208人，其中，小学112人、初中96人；招生245人，其中，小学110人、初中135人；在校生1 060人，其中，小学740人，中学320人。应届中考省重点率8%，市重点率49%。开设教学班24个，其中小学15个班，中学9个班。有教职工68人，其中专任教师54人，具有中学高级职称3人，中学一级职称2人，中学二级职称18人，小学超高职称1人，小学高级职称22人，小学一级职称8人，其中大专学历5人，本科学历48人，研究生1人。普通教室52个，专用教室10个，实验室4个。提出了一、二、三、五的发展目标（即一年打基础、二年抓赶超、三年求巨变、五年成名校）。坚持“一切为了学生的终身发展和未来幸福夯实基础”的办学观念；遵循“内涵发展，全面提升质量，创建特色学校”的办学目标；以“知荣辱，明是非，求知为国，感师恩，孝父母，发奋读书”为办学宗旨；以“诚实、守信、宽容、博爱”为校风；以“致和、立德、博学、创新”为校训；以“笃学、精思、慎问、力行”为学风，以“师表为先，育人至上”为教风，以“团结、民主、廉明、笃行”为领导作风；以“德育为首，注重基础，开发智力，培养能力，发展特长”的教学模式，开拓创新，办好让人民满意的学校，构建和谐的美好校园。

【举办“创作采风基地”和“小记者站”揭牌仪式】 11月12日，辽宁省散文学会在学校首建“创作采风基地”，并为学校“小记者站”揭牌，同时《高明校报》创刊。仪式由辽宁省作家协会会员、辽宁省散文学会副秘书长、《高明校报》执行主编任淑荣主持。仪式上，辽宁省散文学会常务会长、《当代化工》主编王雪丽致辞，校长姜学明发表重要讲话，学生代表、小记者站副站长尹茂源同学作了精彩发言。在此次活动中，省散文学会副会长、著名作家、书法家崔春昌，原《辽宁省老年报》副总编、书法家、教授孙洪海，中华当代文学学会理事会常务理事、辽宁省作家协会会员、辽宁广播电视台主任编辑朱岩为大会泼墨挥毫。

【构建“书香校园”校本课程体系】 品味经典 、润泽人生，全校树立“读书是一种责任”、“读书是一种乐趣”、“读书是一种有益的生活方式”的教育理念。“以读书长知识，以读书增智慧，以读书促养成，以读书树理想，以读书塑人格”为读书活动的出发点。学校有计划、有目的、有指导性地开展全校性读书活动，初步形成学校特有的书香校园特色，不断提升学校的办学品位。

【参加区青少年科技创新大赛】 学校以“享低碳生活、做节能表率”为活动主题，号召全体学生发挥想象力，利用生活中的废旧物品和材料，制作具有实用性、艺术观赏性的小作品。各班级积极行动起来，把此次活动当成一次科技环保教育，从搜集到制作过程，生动的教材让广大学生意识到环保的重要意义。选拔出的刘向磊、张洪玉婷同学的作品“节能控水系统”和“未来建筑”参加铁西区关工委、铁西区教育局、铁西区科协联合举办的铁西区青少年科技创新小作品大赛，分别获得一、二等奖。

【解读西游文化，演绎猴王精神系列活动】 11月4日上午，著名表演艺术家六小龄童来到学校，受到全校老师、同学的热烈欢迎。六小龄童向广大学生讲述了他与《西游记》的故事，现场的学生小记者提了许多问题，六小龄童都做了详细解答，在讲座中，六小龄童教育广大学生只有刻苦努力才会收获成功的道理。当学生向他请教舞弄金箍棒时，六小龄童提出与这名学生合影，答对问题的学生得到六小龄童随身携带的一套明信片，在场学生羡慕不已，整个会场紧张热烈。北方图书城得知学校农民工子弟很多，家庭条件不是很富裕的情况后，特意为学生带来教辅书及名著等。这次活动学生不但收获了快乐，还进一步了解了古典名著，提高了学生的读书兴趣，为“书香校园”的建设绘出点睛的一笔。

（杨继天）

沈阳市浑南新区嘉华学校

【概况】 沈阳市浑南新区嘉华学校是一所新建的九年一贯制学校，由3所中小学合并组成。目前，学校建筑面积27 000多平方米，占地60余亩。现有47个教学班，其中，中学23个，小学24个；在校学生1 859人，其中中学872人，小学987人。教师168人，中学高级教师28名，中学一级教师和小学高级教师91名，中学二级教师和小学一级教师11名；区级以上名师1名，区级以上骨干教师20名。学校现为“全国名校共同体成员校”、“全国教育创新示范单位”。

【成立学生轮滑队】 3月10日，学校成立了由30余名学生组成的轮滑队，丰富学生的课余生活，提高学生的身体素质。

【举办首届家长篮球赛】 3月22日，学校组织了为期3天的嘉华学校首届家长篮球比赛，活动拉近了家长和学校及老师的距离，也展示了家长的风采，树立了家长在孩子心目中的形象。

【迎接广东省教育参观团访问】 3月23日，广东省教育参观团到嘉华学校参观学习，对学校校容校貌及各项工作给予高度评价，并介绍了广东先进的教育教学理念，双方进行了充分的沟通和交流。

【举办首届运动会】 4月29日，嘉华学校首届运动会如期召开，全校学生人人上场，大展英姿，各个班级秩序井然，使本次运动会得以圆满成功。

【接待省“十一五”教育干部培训班】 5月12日，辽宁省“十一五”教育干部培训班一行200多人到嘉华学校参观考察，关宝平校长介绍了学校发展历程，展示了学校教育教学发展的新思路、新理念。

【成为沈阳音乐学院实习基地】 6月2日，学校正式成为沈阳音乐学院实习基地，并举行了挂牌仪式，区教育局局长李秀岭亲自为实践基地揭匾，区教育局投入大量资金组建了嘉华学校行进乐队，成为嘉华学校一道亮丽的风景。

【开展心理疏导工作】 6月5日，中国青少年研究中心研究员、副主任，中国家庭教育学会常务理事、中国科普作家协会副理事长、儿童教育专家孙云晓教授光临学校，为全校师生作了《拿什么来爱你，我的孩子——当代未成年人心理危机调查》的报告，使全校师生受益匪浅。

【迎接艾廷隽视察】 6月7日，原副市长、市关工委主任艾廷隽到嘉华学校检查指导工作，对学校关心下一代工作给予充分肯定，并对学校发展方向和工作重点给予指导。

【市长陈海波慰问全体师生】 9月9日， 陈海波市长到嘉华学校视察学校工作慰问全体师生，对嘉华学校的教育教学工作给予肯定和称赞。

【接待省骨干校长培训班学员】 9月15日，200多位辽宁省骨干校长培训班学员到嘉华学校参观学习。嘉华学校的先进教学理念和教育教学中取得的优异成绩受到各位学员的赞誉。

【召开随笔化写作现场报告会】 10月10日，召开中小学随笔化写作现场报告会。随笔化写作创始人成浩作“写作生命的美丽”的报告，两位国家优秀教师做现场公开课。学校被定为全国随笔化教学重点实验校。

【邀请濮存慧作报告】 10月15日，全国优秀班主任濮存慧老师在嘉华学校为教育系统全体班主任作“做一个永远和学生在一起的班主任”的报告。

【举行初三优秀学生拜师仪式】 10月22日，举行了初三优秀学生拜师仪式，为初三的优秀学生搭建了更好的学习平台。

【举行学生安全员培训会】 10月27日，学校举行学生安全员培训会，使全体师生再一次受到了“安全高于一切”的教育。

【推动课改专题报告会】 11月5日，《中国教师报》辽宁记者站林樯站长为全体教师作课改报告。

【举办构建数学课堂教学讲座】 11月14日，特邀教育专家、全国数学特级教师钱守望为全校教师作《如何构建有深度的数学课堂》的教学讲座，中国人大附小两位特级数学教师上了现场观摩课。

【承办市接受农民工子女学校校长培训成果汇报会】 12月8日，市教育局在嘉华学校召开“沈阳市接受农民工子女学校校长培训成果汇报会暨学校科学发展论坛”。

【特邀大学教授作报告】 12月9日、10日，学校特邀华中师大张剑教授到校作“中小学英语阅读教学”报告，并在中小学各上一节引路课。

【开展“大语文”展示活动】 12月14日—22日，学校举办了小学六个年段的“大语文”展示验收活动。一千多名学生参加了展示活动，收到了良好的效果。

【成为全国名校会员单位】 12月24日，学校被中国名校共同体接收为全国名校共同体会员单位。

（钟德超）

沈阳市于洪区东湖学校

【概况】 于洪区东湖学校是于洪区人民政府于2003年9月成立的综合型的九年一贯制学校，是在原一六三中学与东湖小学的基础上合并而成的。学校现有31个教学班，在校学生1 300余人，教职工100人。教师队伍中省、市、区学科带头人或骨干教师30余人，青年教师占80%以上，是一个朝气蓬勃充满活力的团队。学校以创新校园文化价值理念为引力，在“建和谐美丽校园，塑德艺双馨教师，育全面发展学生”办学目标的指引下，追求以“美育”为核心的办学特色。荣获于洪区学习科学发展观先进党支部、质量提升先进单位、秋季运动会风尚奖、先进工会、“书香雅韵”读书征文集体组织奖等荣誉称号，荣获沈阳市绿色学校、沈阳市学校特色建设优秀方案奖、沈阳市“十一五”期间校本培训工作先进单位、沈阳市中小学综治工作先进单位、“2010年沈阳市教育学会工作先进单位”称号。

【德育工作】 2010年9月，红领巾广播站建立，丰富了学生的校园生活，开阔了视野，陶冶了情操。学校还以精品意识开展了读书周、书画周、英语周、才艺表演周等活动，丰富了校园文化。全校60%的学生参与活动，共有260多人次获奖。10月14日，学校小学部在金海岸大酒店召开了主题为“庆队日·颂祖国”大队会。11月17日，学校代表全区迎接沈阳市“两基年审”和“民族教育”工作，不仅以高质量通过验收，学校的校园文化建设还受到了省市领导的高度赞扬。学校把开展教育科研与推动实践工作、提高教育教学质量结合起来，每个部门都结合自己的工作实际确定教研目标。学校德育处研究的国家级课题《当前中学生常见心理问题的解决策略与研究》于11月20日顺利通过验收。

【教学工作】 2010年2月，通过教代会及领导班子研究决定，对学校原有的规章制度进行整改，推行分层责任管理制。校级领导包年组抓教学，中层干部深入一线参与教学的管理模式。历经一年的探索，初见成效。“三疑三探”校本教研活动的开展进一步转变了教学理念，加大了落实新课程理念的脚步。2010年4月、2010年10月，学校的骨干教师、优秀党员教师及省、市、区优课教师上观摩课、示范课。省、市、区教研员每学期都到学校进行教学指导，并听优秀教师的公开课，一年来学校的王娇、郭艳君、胡永玲、赵继戎老师分别获得省、市级优秀课荣誉，为学校的教学工作增添了活力。发挥科研优势，带动学校工作全面攀升。“十二五”开局之年，继续做好古诗词诵读、词语赏析、作文探索等校本课程的开发研究，使之在原有的基础上不断升华提高、形成特色。加强科研队伍建设，推出成果创出品牌。2010年11月，学校征集论文，举办教育科研成果展示，并将教育成果编撰成书。

【体卫美育工作】 学校创编的韵律操获得市级领导的好评，并代表于洪区参赛取得第一名的好成绩。2010年3月新增了乒乓球台，首届乒乓球大赛的举办充分展示了全校师生爱生活、懂健康的精神面貌。2010年9月，美术教研组申报了省级课题《美育引领，创建和谐校园文化的理论与实践研究》，创建了校本教材《小学生古诗词诵读与欣赏》、《健美操》、《素描》、《砂色意趣》等。“和美大厅”、“书画长廊”及各式展板的构建，既美化了校园环境又丰富了学生的校园文化生活。

（杨世维　高波）

沈阳市苏家屯区十里河九年一贯制学校

【概况】 2010年，沈阳市苏家屯区十里河九年一贯制学校占地面积268 618平方米，校舍建筑面积5 930平方米，图书馆藏书3万册。毕业学生115人，招收一年级学生69人，在校生732人。开设教学班21个。有教职工98人，专任教师89人，其中本科学历40人，专科47人，具有副高级职称16人，中级职称71人；市级骨干教师1人、区级骨干教师13人，校级骨干教师20人。有标准的实验室、微机室、多媒体教室及音乐、美术、劳技等专用教室，图书馆通过了辽宁省图书馆示范馆验收。

【获市教育行风建设先进单位】 2月，学校被评为沈阳市教育行风建设先进单位，至此沈阳市苏家屯区十里河镇九年一贯制学校已连续两年被评为沈阳市教育行风建设工作先进单位。学校深入贯彻落实科学发展观，以行风评议为抓手，坚持标本兼治、纠建并举的方针，严格规范办学行为，改进工作作风，加强师德师风教育，提高学校管理、教育教学、后勤服务质量，扎实改善和优化办学环境，实行民主管理，推进依法治校，努力提高办学水平，受到学生家长和社会各界的广泛赞誉。

【教研组科学整合】 3月，学校被苏家屯区教育局评为教学工作先进单位。作为“九年一贯制”学校，学校把年级的跨度大、学科分散的特点充分利用起来，打破了原来的中小学教学各自为战的局面，把分设的中小学教研组进行了科学整合，重新设立了中小学一体的语文、数学、英语、科学、综合、体卫艺、信息共7个大教研组。学校从3月10日起，将每周二、周四的第六节课定为“校本教研课”时间，今天初中教师上课，明天就是小学教师登场，大教研组成员每人都要讲课、听课、评课。教师们一个个备课精心，组织有方，教师讲课上水平，学生学习有实效。几个月来，教师们感受颇多，小学教师们切身体会到了初中课堂的严谨，初中教师更是感受到了小学生活泼的课堂气氛，真正实现了寓教于乐。当中小学教师互相学习、互相切磋教学艺术时，他们的教学方法也在互相取长补短中共同提高。

【积极开展信息技术培训与应用活动】 4月20日，学校3名教师在苏家屯区组织的中小学信息技术与学科整合优秀课评比活动中分别荣获一、三等奖。十里河学校十分重视信息技术培训及应用工作，实行三级管理，即主抓教学的副校长直接负责信息组工作，信息组3名教师负责对全校教师的培训工作。定期开展集中培训和自学相结合活动。所有任课教师都能熟练地制作多媒体课件，教学效果明显增强。

【开展师德演讲活动】 4月29日，学校开展了“树立师表形象，争做师德标兵”师德演讲活动，在广泛开展活动的基础上，评出一等奖2人，二等奖4人。其中金梅老师参加区教育工会师德演讲比赛，以优异的成绩取得全区第一名的好成绩。

【高度重视健康教育与疾病防控工作】 学校以健康教育课和宣传栏作为重要的健康安全教育宣传途径，效果显著。6月份，健康教育课教师张丽馥、郭静琴2人设计的《珍爱健康，拒绝吸烟》宣传栏，在辽宁省中小学健康教育优秀宣传栏评比活动中荣获一等奖。10月份，张丽馥老师讲授的题为《预防艾滋病》一课被评为省级优秀课。

【组织开展社会综合实践活动】 9月12日，十里河学校组织七、八、九年级学生和九年级学生的家长到三十中学、青松中学、沈阳工业技术学校参加社会实践活动，学生们感触颇深，表示回到学校后会更加珍惜在校学习的时光，努力掌握更多的知识，为今后升入上一级学校更好地服务于社会打下坚实的基础。

【区中小学生养成教育现场会召开】 10月28日，苏家屯区养成教育现场会在十里河学校召开，市、区教育局主要领导和全区40余所兄弟学校莅临现场参观考察。十里河学校从“教师学生一日常规”着手，培养学生的良好行为习惯，确立了“1112”养成教育工作思路，即坚持一个原则，明确一个目标，制定一日常规，创建两个环境。在吴校长的带领下，目前，培养学生良好的行为习惯已初见成效。“一日常规”已成为教师、学生的自觉行为，师生精神饱满，学生彬彬有礼，学校秩序井然，学习自觉性空前高涨，初中的学生不再辍学，初中毕业率、报考率均超额完成规定指标，中考升学率连年攀升。年内没有发生一起师生违规违纪事件，更没有一起扰校事件。

【创建书香校园】 将创建书香式校园作为办学理念之一，学校建设了达到省级标准的图书馆，由图书室、阅览室（师生各1处）、漂流读书角（2处）和班级图书角组成，共藏书3万余册。每周一至周五定时开放，能容纳100余人共同阅读，同时学校在二、三楼走廊东侧设立了“漂流”图书角，开展以“信任、传播、分享”为主题的“图书漂流”活动。围绕国学主题完善学校厅廊文化建设。校园里有宣传标语、橱窗，班级设有图书角，布置了书法条幅。每周每班有一节阅读课以及分时段“经典诵读”活动，每位教师每月写一篇读书笔记，每学期期末学校开展一次“课本剧”汇报演出，每年4月开展以“做个快乐读书人”为主题的读书教育月活动。这样的活动提高了学生的阅读能力和表演能力，丰富了学生的文化知识。

【区体育工作现场会召开】 10月28日，学校召开了全区体育工作现场会。旨在推广阳光体育运动的大课间活动，以及九年一贯制学校间操运行模式的一次展示活动。全区各个学校的主管领导和体育组长参加了此次现场会。现场会上十里河学校进行了大课间活动和间操“两曲、两操”的展示，还进行了中小学部体育教师的展示课。此次现场会为全区大课间活动、九年一贯制学校间操确立了模式，整个活动得到了领导及各校同仁的高度评价，取得了圆满成功。

【国学经典进校园】 11月26日，学校开展了一次题为“传统文化要继承，国学经典在身边”的文艺节目汇演。演出中，学生们以朗诵、快板、歌曲、故事、短剧等形式，充分展示了对祖国的热爱，对知识的渴望，对文明的倡导和对社会的感恩。一年来，十里河学校在国学经典教育中，安排每周每班按课表上一节国学课，做到教师有教案，学生有笔记。每天每班学生分三个时间段开展“经典诵读”活动。即晨检10分钟，课前2分钟，午检3分钟。根据不同年级选择不同内容，如低年级《三字经》、《百家姓》，中高年级《古诗》、《三字经》等。为了巩固教育效果，在12月30日，再次组织一次一至九年学生参加的“国学”知识竞赛。此次“国学”知识竞赛，就是对学期初国学计划会的一次检验，让国学真正地深入教学中去，使老师、学生更加重视国学，从而了解中国渊源的历史文化。

（高东野）

沈阳市辉山学校

【概况】 2010年，沈阳市辉山学校占地面积48 336平方米，建筑面积13 656平方米。建有一个标准300米跑道的操场，5个篮球场地，4个室外乒乓球场地，两个室内乒乓球场地，1个排球场地，35组室外体育健身器材，2个小果园。学校订阅报纸7种，杂志30种，图书馆藏书42 000册。固定资产总值1 773万元，全年教育经费投入1 154万元。在校生1 276人，开设30个教学班，其中小学20个教学班，学生892人；中学10个教学班，学生384人，包括寄宿生300人。九年级毕业121人，小学一年级招生200人。学校现有教职工114人，包括专任教师103人，其中具有副高级职称24人，中级职称73人；市级骨干教师3人，区级骨干教师10人；大学本科以上学历55人。普通教室37个，专用教室13个，实验室4个。

【委托管理办学】 3月26日，学校成为沈阳市教育局在城乡义务教育发展共同体内组织跨区域委托管理的一所学校。这是深化办学体制改革，进一步推进城乡义务教育资源整合的重要决策，是由沈北新区教育局与和平区教育局联手，采用名校托管办学形式实施的“手拉手”共建工程。根据工作需要，选派沈阳市一三四中学副校长兼副书记李冬云同志出任沈阳市辉山学校校长兼书记，同时选派和平区教师进修学校教研员赵红同志出任沈阳市辉山学校副校长。

【制定新目标，引领发展新起点】 3月28日，学校在整合优质资源基础上改革创新，追求内涵发展和质量提升。提出了“为每个学生提供适合的教育，为每个学生的终身发展奠基”的办学理念；又提出“依法治校，文化立校，科研兴校，质量强校，创建优质教育精品学校”的办学目标，“培养志存高远，善于合作，举止文雅，身心健康的学生”的育人目标；还提出了“自信进取，追求卓越”的校训，“厚德笃学，团结创新”的校风，“博爱善学，精业尽责”的教风，“乐学善思，勤奋超越”的学风。引领学校在新的发展起点上推进素质教育。

【开展教师校本研训】 4月初，学校本着“从实际出发，注重实效”的原则，借脑引智，把优质学校的名师请进校园。其中，有沈阳市一三四中学和南京一校的名优教师，还有由和平师校副校长王颖带队的和平区国家级优秀课名师团的教师。这些名师精品课的展示活动使学校教师开阔眼界，思想震动很大，点燃了教育激情，增强了责任感。5月份聘请有丰富实践经验的专家、学者来校讲学，并对学校文化建设与策划的具体路径和策略提出建议。

【让每一个学生感受到成功的喜悦】 4月12日至6月10日，学校以“人人参与”为目标，以塑造优良品格、陶冶高尚情操为宗旨，引导学生崇尚文化、热爱艺术，有计划地开展各种活动，提升学生综合素养。学校相继举办了科学学科的标本制作大赛，综合实践学科的缝口袋比赛，品德学科的“保护地球”演讲比赛，一年级的英语朗读比赛，二年级的英语书法比赛，三至六年级的英语百词大赛。每次比赛过后，学校对于获奖的学生及时给予奖励，并将获奖喜报邮送到学生家里。活动的开展为学生搭建了展示的平台，提高了学生的学习兴趣，更让每一个学生感受到了成功的喜悦。

【聚焦实效课堂】 8月26日，学校出台了聚焦实效课堂的策略。一是以提升集体备课的价值为重点，开展常态化教学设计的实践研究。形成个人备课与集体备课相结合的常态化教学设计流程：个人独立备课（形成教学设计）——集体备课与个人二次备课（研讨与修改教学设计）——上课与观摩（验证教学设计）——课后个人三次备课（完善教学设计）。这是一个自主探究——合作交流——新课引领——总结反思教学设计的实践研究过程。二是以构建“和谐高效课堂”为重点，开展常态化评课的实践研究。学校把备课、上课、评课和谐地结合起来，开展说课、上课、听课、评课一条龙校本研究活动，以赛促研，以研促训，为教师提供更多的相互学习、合作研究的机会。

【构建书香校园】 9月10日，学校读书长廊建立。在办学条件标准化建设上不断完善基础设施，积极创建“书香型校园”。学校现有300多平方米图书馆、400多平方米阅览室，在原有图书馆藏书的基础上，再购图书12 000册，学生捐赠2 000册，社会各界赠书13 200册。图书涉及天文、地理、军事、趣味、游戏等学生喜欢的内容。可同时容纳200人的读书长廊是课间学生最喜欢去的地方，在学生的自我管理下，优雅的环境，沁人的书香，使师生们流连忘返。

【班级特色文化建设】 9月1日至15日，学校引导学生成为“自己教育自己”的主体，每个班集体都根据班级特点，形成了班级文化建设的方案。通过系列主题教育、特色专题教育及相关的教育活动，给予学生适当的点拨与引导，升华学生对道理的理解和认同。并且把行为习惯的养成教育作为思想品德教育的切入点，培养学习习惯、行为习惯、文明习惯、劳动习惯、卫生习惯等好习惯，落实思想行动，实现知情意行的统一。同时重视班级的群体性特色的挖掘，鼓励班级组建自己的特色舞台，记录班级建设的全过程，开展以班级为单位的剪纸、变废为宝、无限创意、宣讲中华美德故事、音乐之声、诵读古诗文、手抄报等特色活动。

【推进信息技术与课程整合】 9月15日，学校部分教师参加了由教育部数字化学习支撑技术工程研究中心、全国现代教育技术培训中心和东北师范大学联合主办的“全国中小学信息技术与课程整合优质课大赛”。本次大赛，总结并推广全国基础教育信息化应用的研究成果，深入开展信息技术促进学科教学方法创新的研究，培养现代型优秀教师，全面提升全国中小学教师现代教育发展水平。大赛分别在天津市和广东省顺德市举行，每组有400名教师参加，大赛按10%、40%、30%的比例设一等奖、二等奖和三等奖。田敏、宋志强老师获初中组二等奖，赵凯辉老师获小学组二等奖。

【组建学生社团】 9月24日，学校为了鼓励师生充分利用学校的人文资源，根据学生的兴趣和爱好成立了8个社团。8个社团以社区为依托，以家庭为重点，以学校为核心，通过开展比赛、作品展、竞赛、反思、国旗下演讲等形式，拓展学生知识能力体系，培养学生人文科学精神，陶冶情操，塑造人格。这些社团与学校原有的57人的铜管乐团、40人的舞蹈队、100人的合唱队，还有美术书法、棋类、乒乓球、足球、篮球、田径等团队，以及小记者团、红诗会等学生社团组合起来，形成了一道校园风景线，让学生的潜能都能得到发展。

（王学忠）

沈阳市康平县东关九年一贯制学校

【概况】 沈阳市康平县东关九年一贯制学校有62个教学班（中学部20班、小学部42班），教职工238人（中学103、小学135），学生1 953人（中学1 016人，小学937人）。主校区学校占地面积10万平方米，教学楼5 000平方米。操场22 000平方米，硬覆盖15 000平方米，树木7 000棵，绿篱1 600平方米，三季有不谢之花，四季有长青之树。图书馆藏书3 000册，各类报纸杂志20多种。固定资产总值170万元，全年教育经费投入4 000多万元。配有多媒体配置、标准化设施的理化生实验室，多媒体教室200多平方米。有音乐教室、美术教室及心理咨询室。学校拥有一支师德高尚、业务精湛的教师队伍，教师学历达标100%。全校教师中荣获市、县学科带头人、名师、骨干教师约占25%。学校建立了校园网，光纤入网，安装了远程双向视频设备，实现班班通工程。

【团市委书记邢鹏来校视察】 3月29日共青团沈阳市委书记邢鹏在副县长李奎星、团县委书记姚丽洁、县教育局局长杜怀军的陪同下，来东关学校检查指导共青团工作。邢书记一行听取了校长王砚书关于学校发展情况的专题汇报，就当前共青团工作的热点、难点问题和与会人员进行了研讨。又到学校团委办公室、团队活动室查看共青团工作阵地建设情况并认真查阅了资料。对学校近年来的快速发展和共青团工作给予了充分肯定，勉励校团委要始终坚持以“服务学校中心工作，服务团员青年”为目标，不断加强共青团工作的规范化、制度化建设，为推动学校发展，为进一步提高共青团工作水平做出贡献。

【介绍校园安全工作经验】 4月2日，全县教育系统召开安全工作会议，听取了东关学校校长王砚书作的安全工作经验交流报告，受到与会领导和同志们的一致好评。4月20日，县长赵连渤在副县长张继明、教育局局长杜怀军陪同下来东关学校视察工作，给学校的各项工作给予了高度评价。

【举办文体活动比赛】 5月4日，全校举办“红歌大家唱”歌咏比赛，全体师生踊跃参加，情绪激昂。有2个班组获得一等奖，3个班组获得二等奖，4个班组获得三等奖。6月23日，全校举办体操表演比赛，有7个班级获奖。9月在团委主持下举办“迎国庆，校园个人美术画展”，各班踊跃参加，参展美术作品100多幅，获奖的作品达30余幅，调动了学生的积极性。

【召开辽宁师范大学实习生来康平县实习现场会】 9月13日，辽宁师范大学实习生来康平县实习现场会在东关学校召开，县委书记徐凤翔、县教育局局长杜怀军参加，校长王砚书代表各接收学校致欢迎词，11月19日实习结束，在东关学校举行欢送会，校长王砚书作了大会发言。

【举办校园应急疏散演练】 为了打造平安校园，提高学校处理突发事件的能力，争强师生的安全意识，强化学生的安全逃生技能，学校定期举办消防疏散演练和预防拥挤踩踏演练。于3月19日和10月26日分别进行实际演练，收到良好效果。

【举办文明交通进校园宣传活动】 学校以沈阳市中小学生“文明交通进校园”活动为载体，在全校开展创建无声走廊活动，向全体学生进行“学习规范，落实行动，创建无声走廊”活动总动员。活动期间，通过校园广播、板报、校园期刊等多种渠道对学生进行文明养成教育。同时，专门邀请县交警大队副大队长訾凤国来校作交通安全教育。然后，各班以班为单位举行主题班会，收到良好效果。

【开展中华国学经典教育】 12月，在全校学生中间开展中华国学经典系列教育，开展了“孝敬父母，尊敬师长”的大讨论，对学生进行文明礼貌和感恩教育，收到丰硕成果。

【掀起爱心捐助活动】 康平高中王拓同学身患白血病，东关学校首先在全县掀起爱心捐助活动，学生踊跃参加，捐款近万元，解决了病人的实际困难。

【市教育局局长苏文捷来校视察】 12月28日，市教育局局长苏文捷在副县长张继明的陪同下来东关学校视察，对学校的各项工作表示满意。

（刘建权　徐春萍）

辽中县于家房九年一贯制学校

【概况】 辽中县于家房九年一贯制学校占地面积52 974平方米，现有教学楼一幢，图书馆楼一幢，艺术楼一幢，幼儿园一所，食堂楼一幢。配备标准理化生实验室各一个，科学实验室一个，多媒体教室8个，音乐教室3个，美术教室2个，可容纳150人的多媒体报告厅一个。现有39个教学班，在校生1 812人，专任教师161人，中学高级（含小学特高）18人，中学一级

（含小学高级）136人，中学二级7人，其中，市学科带头人1人，市骨干教师4人。学校坚持“管理育人、服务育人、活动育人、环境育人”的原则，确立了“以德治校、科研兴校、特色立校、质量强校”的办学理念。

【德育工作】 实行“国学熏陶、心理辅导、习惯养成、教育赏识、文化补习”五位一体的创新教育模式。诵读经典成为师生共同的兴趣。学生每天早晨必读《弟子规》，并定期举行《弟子规》诵读比赛。随着朗朗的诵读声，“经典”在学生幼小纯洁的心灵中撒播开来。

【构建“二四八”教学模式】 4月，校长赵忠海、教学副校长吕军亲赴山东杜郎口学校考察。结合学校教学实际，广泛争取一线教师意见。构建学校新课改“二四八”教学模式。即完成二个目标（教学任务、学生发展）、四个环节（自主学习、合作探究、指导点拨、反馈提高）、实施八个步骤（设疑激趣、独立解疑、分组合作、展示成果、点拨深化、训练达标、分层检测、反思评价）。从四年到九年六个年部，新课改再一次如火如荼地开展起来。这一模式得到了上级教育部门的认同。

【组建名师工作室】 9月，学校宋立群老师荣获辽中县名师称号。为了充分发挥名师的示范、引领、带动、辐射作用，促进骨干教师培养，促进名师自身素质的再提升，实现优质教育资源共享，学校于10月成立名师工作室。

【召开特色优教、质量强校工作现场会】 11月26日，“辽中县特色优教、质量强校工作现场会”在学校召开，辽中县教育局局长王煜亲自率领教育局领导及辽中县各校校长、教学副校长、中小学骨干教师共150余人参加了会议。会上听取了校长赵忠海的经验介绍、苏月峰老师的语文课经验介绍等。与会的领导老师深入课堂，听取了学校30余名老师的公开课，参观了名师工作室、艺术展室、图书馆、大课间等，对学校的课程改革给予高度评价。

【科研工作】 为鼓励学校教师参与科研的积极性，学校在人力、物力、财力方面给予大力支持。学校由赵忠海校长主持，带领31名教师和800名学生参与，承接的国家级科研课题《和谐德育的研究与实验》已于7月10日结题。省级科研课题《中小学信息技术学业评价研究》，研究和学习过程中取得了较好的成绩。4月13日，在丹东进行的省级科研课题中期总结中，由学校李天彪老师作了中期总结经验交流，得到了省里专家的认可和表扬。

【文化建设】 以科学的教育发展观为指导，以育人为宗旨，以丰富多彩的活动为载体，按照“校园建设营造整体美、绿色植物营造环境美、名人佳作营造艺术美、人际和谐营造文明美”的思路，既重视硬件建设，也重视软件建设，既体现主旋律，又倡导多样化，既加强规范引导，又注重个性发展，从而实现了学校校园文化的不断发展和全面繁荣。

（胡殿友）

新民市法哈牛九年一贯制学校

【概况】 2006年，法哈牛镇小学、中学、成人教育中心校三校合为一体——新民市法哈牛九年一贯制学校。学校占地面积56 655平方米，总建筑面积16 919平方米，综合教学楼建筑面积10 320平方米，内设学生教室56个，教学行政办公室47个，专用教室8个，另设有320平方米、288个座席的多功能报告厅。学生公寓楼建筑面积4 800平方米，可容纳600人入住。学生食堂楼建筑面积1 800平方米，具有先进的卫生的餐饮设备，可容纳900人同时就餐。学校现有56个教学班（其中小学38个，中学18个），有学生2 592人（其中，小学1 737人，中学855人），有教师198人（其中，高级教师22人，中学一级教师46人，中学二级教师5人，小学高级教师112人，小学一级教师13人，大学本科学历46人，专科学历96人，中师学历38人）。

学校始终坚持“以德立校，以法治校，以人为本，质量至上”的办学思想，树立“立一流品牌、探一流蹊径、求一流学识、创一流业绩”的办学理念。强化“教学育人、管理育人、环境育人、服务育人”的教育手段。坚持“德智并举、全面发展、多元施教、彰显特色”的办学方向，为学生一生奠基，对民族未来负责。

【举办数学学科课改研讨会】 4月12日，学校举办数学科课改研讨会，会议由新民市数学科教研员主持。会议紧紧围绕学习杜朗口的教学经验为主线，以“新课程下的数学教学”为主题展开讨论。会上学校中学教学副校长作了“农村中学数学科教学的思考”发言，分别听取了新民市教研员的新课改数学教学的尝试和讲解，沈阳市数学学科教研员的指导，学校年轻教师陈娇、董广权两位教师的教学课。通过本次活动，数学科教师对新的课改理念有了更加深入的认识，推动了学校教学工作的开展，课堂教学有了新的追寻目标。沈阳市数学学科教研员、新民市教育局有关领导、数学科教研员参加了会议。

【开展“十佳孝星”评比活动】 4月25日，学校下发了“校园十佳孝星”评比通知，通过一个月的层层推荐，经过学校领导小组的认真考评，学校评选出十名“孝星”。并把他们的事迹介绍给全校学生，陶冶学生的情操，鼓励学生发扬中华民族的传统美德。

【召开全校运动会】 5月22日，学校经过两个多月的筹备，举行了并校后的第一届田径运动会。本次运动会完满举办，学生的热情非常高，参与率近50%。新民市教育局有关领导、镇政府有关领导参加了开幕式，并给予了很高的评价。

【参加新民市学科知识竞赛】 5月26日，五年、七年的部分学生参加了新民市教育局举办的学科知识竞赛。学校荣获小学农村组第一名，中学农村组第二名。全市有31名农村同学获奖，法哈牛学校占9名（其中于淼同学获全市小学组第十四名）。

【召开教师节表奖会】 9月10日，学校召开了教师节表奖会，会上校长王英文作了工作报告。会议表奖了18名优秀班主任、32名优秀教师、6名优秀共产党员、2名获突出贡献奖教师、12名控辍保学先进个人，并有2名优秀班主任、3名优秀教师在会上进行经验介绍。

【举办学校艺术节活动】 9月30日，举办了学校艺术节汇报演出。历时一个月时间，集书法、绘画、摄影、征文、文艺、演出为一体的艺术节，使更多的学生得到了锻炼、校园文化建设的氛围更浓。本次活动共评出优秀班18个，学生获奖达285人次。

【教学公开课】 10月22日，在法哈牛九年一贯制学校学区片举行教学公开课活动。黄贵仲老师作了语文公开课，课后，对本节课进行了教学设计说明，参加活动的领导、教师对本课进行评析。学区片各校主管教学的副校长、小学部教务主任、五年级语文科骨干教师参加了此次活动。

【引领典型示范】 11月5日，法哈牛九年一贯制学校代表新民市农村九年一贯制学校接受了沈阳电视台的专访。通过此次媒体宣传，提高了办学的品位，提升了学校的知名度，也昭示着法哈牛学校的美好发展前景。

（刘朝侠）

双台子九年一贯制学校

【概况】 2010年，双台子九年一贯制学校占地面积35 785平方米，建筑面积12 084平方米。在校学生1 236人，设教学班32个。有教职工130人，包括专任教师123人。其中高级职称教师16人，中级职称教师96人；市级学科带头人1人，市级骨干教师5人；大学本科以上学历53人。现有普通教室32个，专用教室8个，理化生等实验室4个。

【加强新课改力度】 学校以新课程理念为先导，以教学反思为抓手，以课堂教学改革为重点，组织教师进一步解读新课程、实践新课程，探索行之有效的实施模式，重点在五、七年级探索了杜郎口教学模式。

【加强教科研力度】 着重在课程三维目标落实、学生学习方式变革、师生评价制度改革等方面作深入探索，积极参加西南片联片教研活动。坚持“科研先导”，深化校本教科研，组织教师开展“立足课堂，面向学生，服务教学实际”校本教科研，全校共有38人申报科研项目。

【加强校本培训】 做到理论学习与基本功训练相结合、信息技术掌握与课堂教学实践相结合、发现问题与教学反思相结合。培训工作实行制度化、内容化、科学化，以点带面提高教学管理水平。教学中做到五个认真：认真备课、认真上课、认真布置作业、认真辅导、认真评价。

【丰富校园文化生活】 认真学习《学校艺术教育工作规程》，健全组织，落实分工，责任到人。充分利用有限教学资源，以教学为中心，以审美为核心，以培养道德为动力，大胆实践，注重个性发展，加强学科整合，提高学生艺术素养。积极营造学校艺术氛围，开展丰富多彩的艺术教育活动，举办校园文化艺术节。投资5万余元进行室内外文化建设，实现了学校美化、香化、绿化。组建课外艺术活动小组，坚持“三化”：多样化、经常化、制度化。

【实施科学有效管理】 以队伍建设为根本，每月举行一次例会，提升德育整体质量。以传承优秀民族文化为内容，利用周一升旗仪式开展各种主题教育活动。开展以养成教育为主旋律的“十入手、十培养”宣教活动，组织师生学习、研讨，并制成宣传板块，每月更新一次内容，从小处入手，培养学生良好行为习惯。

【彰显体育特色】 坚持体育兴校办学特色，投资8万元，铺设篮球场1 800平方米。开展群众性体育活动，抓好两操、课外体育活动、大课间体育活动，积极贯彻全民健身活动纲要。常年进行业余训练，在县全民运动会中，学校中、小学组均获团体总分第一名，并有多名队员代表法库县参加市里比赛。

【打造平安校园】 建立健全《门卫登记制度》、《危爆物品管理制度》、《值日制度》、《安全工作奖惩制度》、《消防管理制度》、《设备检查与维修制度》、《安全事故报告制度》、《安全隐患排查制度》、《重大安全事故应急预案》。每月召开一次安全工作会议，定期进行隐患排查，随时整改。为强化责任，逐级签订《安全工作责任状》，一级抓一级，层层抓落实。注重学生安全教育主题活动，如“11·9”消防日宣传活动、“3·29”安全教育日活动等，4月和10月“安全教育活动月”活动。加强警卫室管理，配备保安加强巡逻，举办“安保及反恐应急疏散演练”。加强食堂管理，健全各种制度，确保全校师生饮食安全。确保校车安全运营。学校现有合格校车15辆，乘车学生712人。投资3万元，建校车专用停车场1个、校车专用通道1个。严格落实“实名制”乘车制度，安排1名领导和1名保安监督检查学生乘车情况，杜绝超员现象。定期检查，及时更新安全设施。经常会同公安、乡政府等有关部门加强安全检查，及时主动反映存在的问题，争取相关部门的支持和配合。

（陈鸿鹏　纪文彬）

省级重点高中

辽宁省实验中学

【概况】　辽宁省实验中学是辽宁省教育厅直属、辽宁省首批示范性高中。前身为东北实验学校，创建于1949年5月4日。学校占地面积10万平方米，建筑面积63 000平方米。现有42个教学班，2 000多名学生，176名教师，其中特级教师13名、高级教师80名、外籍教师4名。教师中有硕士研究生86人，博士研究生3人。学校先后获得“全国文明单位”、“全面贯彻教育方针示范学校”等20多项国家级奖励。高考成绩在全省始终名列前茅，考入北京大学、清华大学、美国麻省理工等国内外名牌大学的学生逐年增加；学生特长突出，成绩优异，在各种大赛中多次夺得全国乃至国际金银牌。学校成为培养优秀人才的摇篮，为国家培养了近4万名优秀毕业生。他们中有院士6人，有中共中央委员、全国人大、政协常委，有国家部长级干部，有著名科学家、艺术家、企业家、军事家、教育家，有全国劳动模范和先进工作者等。学校已成为我国教育对外开放的窗口。先后与国内50多所著名学校及美国、英国、德国、加拿大、澳大利亚、日本、韩国、新加坡等许多国家的中学、大学建立了校际协作关系。为了充分发挥实验中学示范辐射作用，满足社会对优质教育的需求，创建了辽宁省实验中学合作学校、辽宁省实验中学营口沿海产业基地分校等。

【破解学校岗位聘任问题】　按照省人社厅〔2009〕97号文件精神，学校专业技术人员要在5月1日前实现平稳入轨，即将高级教师分别聘到为5、6、7级岗位上，将中级教师聘到8、9、10级岗位上，将初级教师聘到11、12级岗位上。学校班子出台了平稳性与激励性并重、资历与贡献并重的岗位设置与聘任方案，并多次与省人事厅沟通协调学校面临的职称评聘体系僵化的问题，最终将岗位聘任的难题转化为激活学校职称评聘体系的机遇，使全校教师受益率达到93.3%，圆满完成岗位设置聘任工作。

【落实和抓好新疆班工作】　创建新疆班是学校响应国家民族政策的重要举措。虽然在新疆班的问题上，学校一直存在着师资条件不足、硬件条件不足及对实验学校多年品牌及特色的担忧等诸多困难，但在厅领导的大力支持下，班子多次商讨，初步筹划方案已经形成，办学地点设在北校区国际交流中心。2010年8月30日，学校迎来第一批新疆班学生。此后，学校在正常教学的同时开展了一系列适应新疆学生需要的活动，如为同学们庆祝新疆独有的肉孜节、古尔邦节，带领同学们参观沈阳的世博园，乘坐沈阳新开设的地铁等，并获得社会好评。

【着眼未来，谋求学校未来五年优质特色发展】 经征求专家意见、领导班子研讨等系列程序，学校制定了五年发展规划。学校给自己定位为已经步入了“全国著名、世界知名”学校的快车道。在未来五年中，全面建设全国著名学校。全国著名的办学理念：以“明心知往、力行求至”为核心，完善独特、成体系、省内外有影响的办学理念。以创新运行机制为切入点，形成有特色、高质量，有方法、高效率的管理运行机制。全国著名的教师队伍：以名师工程为依托，打造一批在教改理论和实践上国内著名的具有话语权的名师。全国著名的学生群体：以素质教育为方向，培养一批在国内有影响的高素质的拔尖人才。全国著名的教育成果：以彰显特色为目标，推出多种全国著名的教育成果。未来五年中，通过全国著名学校建设，打开省域内示范、东北区域内示范和全国示范空间，全方位省内示范、部分经验东北区域内示范、特色经验全国示范。在未来五年中，全面建设世界知名学校。让世界了解实验，让更多学生走进国际名校，让更多学生参与国际有影响的活动，让校长、教师在国际性教育论坛上有话语权，让实验中学参与世界名中学的合作与交流。学校制定了十大发展战略，即：机制创新战略、人才培养战略、教师专业发展战略、科研创新战略、课程优化战略、学科发展战略、国际化战略、校园数字化战略、后勤服务战略、精品校园建构战略。

【理顺关系，管理体制建设体现以人为本】 重大事项经教代会讨论通过后执行。实行校务公开制度，定期召开全校大会，向全校教工公布校务。增加学校主要工作的透明度，公开的内容有：合作办学情况、教师公寓建设情况、毕业和招生情况、中层干部聘任情况、学校基本建设、投资等有关情况。改革教工考勤制度：出台了符合校情的人性化考勤方案，并且将考勤结果每月进行统计，统计结果和每月全勤奖以及教师进级、职称评定、评优直接挂钩。管理体制创新：一是以总校为中心，以合作校、营口分校、浑南一中3个分校为辐射点，完善实验、示范办学格局，充分发挥优质资源的辐射作用；二是中层干部竞聘上岗，2010年7月20日，学校领导班子出台了《中层干部岗位设置细则》，通过自愿申报、竞聘演说、民主测评等过程，组成了新一届领导干部团队；三是强化年级组和教研组职能，实行全员聘任、双向选择的用人机制，适应教职工队伍面临的优化结构、合理流动、有序竞争的发展形势；探索年级组、教研组双轨运行机制。

【抓住一个中心，让教学改革扎实推进】 强化教学常规工作管理。以日常教育教学工作为抓手，学校领导、有关处室坚持听评课，共听课300余节、听外聘教师课115人次；学校对教学工作进行常规考核统计，每周上报统计结果，发现问题及时解决。每学期组织一次学生评上课教师，每学期开展7—8次教研组活动，制订教研组工作计划，创新教研组活动形式，加强了学科教研组的网站建设，编写了有实验特色的高水准的学科教辅材料。

【引导教师转变教学方式，打造科学高效的课堂】 成立了学校课堂教学督导组，做好课堂评价与反馈的督导工作；开展听评课，对教师课堂教学做出评价和引导；开展“小百花”、“名师生本课堂”、“高三深度课堂”等大型观摩示范课，探讨课堂观察法，建立课堂教学示范与引领的团队。

【建设学校课程体系，推进课程改革】 学校积极探索建立具有校本特色的课程体系：高一年级根据部分学生的兴趣爱好开设选修课程，高二年级按照国家课程标准开设选修课程；体育课和美术课实施学生选课制，心理课程系统化、常态化；通用技术课程分必修、选修和课外活动，必修课程按课程标准开设，每班每周1节，在通用技术实验室上课；选修课程即汽车模拟驾驶，每班每周两节，同时加强课外活动，即服装设计、机器人制作等。

【学科竞赛硕果累累】 学校成立学科奥赛中心，设立教练员工作室，为学科奥赛辅导提供制度保证，加强奥赛工作规划，全面梳理了以往奥赛工作。2010年，学校奥赛成绩：2010年全国中学生数学联赛（省赛区）成绩：一等奖2人，其中1人进入省队，准备全国决赛；二等奖13人；三等奖5人；辽宁省初赛优胜奖7人。2010年全国中学生物理竞赛奖项情况：物理学竞赛全国决赛二等奖（国家银牌）2人；全国联赛（省赛区）一等奖5人，二等奖11人，三等奖5人。2010年第24届全国中学生化学竞赛奖项情况：全国联赛（省赛区）一等奖5人，其中1人进入省队，准备全国决赛；二等奖15人；三等奖16人。2010年全国中学生生物竞赛奖项情况：全国联赛（省赛区）二等奖4人，三等奖1人。

【科技创新活动获奖】 学校曹人天、孙浚桐、钟雅琼3位同学在广州召开的第25届全国青少年科技创新大赛上荣获金奖。3位同学还同时荣获了广东省人民政府省长奖（这是辽宁省参赛选手首次获此殊荣），以及茅以升基金专项奖和先导科技专项奖3项大奖。曹人天同学从100名青少年科技精英中脱颖而出，获得了“明天小小科学家”称号。全国一共只有3位同学获得了这一殊荣，曹人天同学是辽宁省唯一获此奖项者。学校张思浩、范平两名同学在第十届中国青少年机器人竞赛上荣获了银奖。刘之源同学制作的作品《保卫战》荣获“长江杯”第十一届全国中小学电脑制作活动高中组程序设计三等奖。张疏朗、关闰午、赵允铎、许淮、李博男、杨晔、王之瑜在辽宁省第十一届运动会无线电测向比赛上取得了各参赛组别的第一名。11月23日，学校因在青少年创新人才培养方面的优异成绩被中国科协评为“中国科协青少年创新人才培养项目——优秀项目实验学校”，唐彪被评为优秀科学教师。

【学生工作】 在体制建设上，学生处建立学生成长指导办公室（在心理咨询室），在制度上，将建立班级学生成长导师制，形成心理咨询、学业指导与生涯规划的学生发展指导格局。在高一年级推出学生人生发展规划活动。具体措施：在班主任、成长导师和学生家长的指导下，结合学生的理想，为学生规划出自身人生目标，包括远期目标和近期目标。并根据学生的需要，确定学生的成长导师。实行双向选择制度，学生处将以表格的形式在学生中展开问卷调查。结合学生实际情况成长导师为其量身制定确实可行的行动计划；以座谈会等形式对规划活动进行跟踪和总结。学校现有A类社团10个：风华杂志、语意学社、学生电视台、学生广播站、微尘志愿者协会、金话筒学社、环境学社、模拟联合国、学生艺术团、仪仗队。基本属于实践服务类、文学类、文艺宣传类社团。B类社团20余个。学生活动分三个层次，即常规大型活动、系列德育主题教育活动、社团活动。制作符合实验学子精神风貌的校服。聘请专家指导，设计出了具有实验理念的新校服。

【扎实推动科研与教育教学的深度结合】 教研室负责“十一五”科研课题的4项结题工作分别是：《新课程背景下的学科教学方式的新探索》、《中国科协科教合作共建教师专业发展支持系统》、《示范高中管理机制创新研究》、《中学生情感教育目标体系的构建与操作模式研究》。启动校内校课题研究，出台了6项小课题，收到显著效果。出刊了2009小课题成果集锦——《创新·责任》一书。2010年下半年又推出了7项小课题，30多名老师积极参与到教育科研中来。第十九届东北三省12校科研协作体年会在大庆中学举行，学校提出的“既重科学精神，又重人文关怀；既对分数负责，又对能力负责；既重视能力的全面培养，又重视特长的充分张扬；既关注学生的三年，又关注学生的一生”的“实验育人模式”得到与会学校的普遍认同。

【青年教师工作】 组织完成了三省四校第19届青年教师研讨课活动。落实培养青年教师的“1358工程”和“青蓝工程”，打造高素质青年教师队伍，组织了新入校教师汇报课活动。为教师创设“成就感平台”，向全校10年教龄以上的教师征集优秀教案本，为青年教师提供范例，共征集了不同学科15本模范教案，存入校史馆，供青年教师学习。

【拓宽视野，全面推进国际交流】 加强和完善留学生招生工作，“直通车”合作协议之后，已有4名优秀留学生到学校高一年级就读。打造交流项目，由校长带队，带领部分学生到美国参加了哥伦比亚大学学生领袖育成项目；与瑞典联办孔子课堂的项目正在进行中；与新东方联合办学继续进行，为高一、高二年级学生开办了托福班；美国驻沈领事馆副签证官贾远鲲来校讲座；接待加拿大南波尔特学校校长鲍德温先生，与该校签订了合作协议；接待加拿大休伦学院招生主任特瑞莎女士，高三学生共7人参加考试。

（赵雪江　王慧）

东北育才学校

【概况】 东北育才学校是1949年由张闻天、徐特立等老一辈无产阶级革命家创建的一所具有光荣革命传统的学校，是沈阳市教育局直属的省重点中学，是辽宁省首批示范性高中，1993年被沈阳市教育局确定为优才教育实验学校。2006年，东北育才双语学校落成，标志着东北育才教育集团正式成立。2007年，学校被评为“全国教育系统先进集体”。目前学校共有8个校区13个办学层次，占地面积约66.3万平方米，建筑面积约34.3万平方米，教师千余人，学生人数发展到13 000余人，实现了国有资产的大幅度增值。已经形成了从学前教育到高中教育相互衔接，学校、家庭、社会教育相互结合，学历教育、业余培训、远程教育相互沟通，公办、民办、联合办学形式相互促进的集团办学格局。

【实施素质教育，注重学生全面特长发展】 学校在研究性学习、双语教学、分层次教学、信息技术与学科教学整合、高中学分制、优秀学生导师制、考试评价等方面进行了积极探索和改革，在全国中学中率先创立了尖端科学研究实验室，并建立起《东北育才学校领袖素质人才培养360度课程体系》。学校相继开发了103门选修课，并形成了与课改配套的综合实践中心，为每一个学生成为优才提供条件，使人尽其才，各展才华。2009年，占地15亩的国内基础教育首家生态科普基地投入使用，袁隆平院士为科普基地题名。

【在国内外中学生学科竞赛中独占鳌头】 2010年获亚洲及太平洋地区青少年信息学奥林匹克竞赛金牌。目前学校在国际中学生学科竞赛中已取得了15金、8银、8铜（其中国际中学生学科奥林匹克竞赛9金、3银、2铜）的骄人成绩。在全国中学生学科竞赛中，获得146枚奖牌，金牌总数达到38枚。学校先后被确定为“中国数学奥林匹克培训基地”、“辽宁省中学物理教学基地”、“全国计算机奥林匹克竞赛先进学校”，并多次圆满完成中国数学奥林匹克国家集训队的培训任务。学校先后成为“中国科协青少年科技创新人才培养项目实验学校”、

"全国青少年科技创新优秀实验校"、"中国创造教育实验基地"。2010年，高阳同学在第61届英特尔国际科学与工程大奖赛中获得三项大奖。2003年—2010年上半年，在国家级青少年科技创新比赛中共获金、银牌32枚。

【学生课外活动丰富多彩】 2007年，学校被教育部确定为全国培养体育后备人才学校。学校赛艇队在沈阳市两届龙舟大赛中成绩优异，2010年，在北京第二届国际名校龙舟邀请赛中蝉联男子四人赛艇和龙舟两项冠军；学校射击队在国内各类赛事中大显身手，截至目前已有13人获国家一级运动员称号，54人获国家二级运动员称号。学校还被确定为"教育部全国培养体育后备人才学校"、"清华大学射击队后备人才基地"。

【弘扬学校核心价值，推进精神文化建设】 学校在全校教师中大力开展了"讲述教师自己的育人故事"系列活动，并以教师健美操大赛、校园摄影大赛等形式广泛、持续开展爱国、爱校教育活动，突出育才精神在师生中的价值引领。

学校成功召开东北育才学校第六届教职工代表大会第四次会议，进一步凝聚了全体教职工的思想；成功举办了集团首届"育才杯"教师健美操大赛，这是建校以来覆盖面最广、参与人数最多、年龄跨度最大的教师文娱活动；成功召开了东北育才教育集团首届学代会，首次选举产生了东北育才教育集团学生会；成功举办了"东北育才教育集团首届少代会暨周恩来中队成立大会"，周恩来、邓颖超的秘书，原全国政协副秘书长赵炜亲自为首批4个周恩来中队命名授旗；2010年，学校将"心怀大爱大责，勇于为国担当"的育才品质推向更高水平，育才各级学生组织针对南方五省区旱情开展了"爱润心田行动"，募集善款317 596元，并通过省红十字会在最短的时间内转至灾区，学校关注青海玉树震灾，党团员带头奉献，全集团师生累计捐款114 780元。精神文化建设各项活动，充分发挥了广大师生在学校发展中的主人翁地位，增强了全校师生对育才的价值认同和归属感。

【着眼教师的专业发展，加强教师队伍建设】 学校注重培养教师的科学精神、创新精神、超越精神，积极创建超越自我、追求卓越的学习型、研究型团队。通过"聚焦课堂"、"百家一课"等活动，突出名师工程的过程引领，作为沈阳市普通高中语文学科教师培训基地，充分发挥了育才名师在全市乃至全省学科建设中的示范引领作用。2010年5月，东北育才教育集团"肩负责任提升品位——学校可以做得更好"班主任工作主题研讨会在双语学校召开，拉开了全集团班主任培训工作的序幕，拓宽了班主任的工作思路和教育视野，增强了班主任的责任心和使命感。2010年暑期，校领导、中层干部一行52人赴上海华东师范大学教育部中学校长培训中心开展了为期4天的培训，为育才下一步的发展积蓄了力量。学校一批优秀教师从学校走向全国公开课堂：其中2人参加了"聚焦课堂—同课异构"全国部分地区教学研讨会；1人参加了"第七届全国高中英语教学观摩研讨会"，并荣获全国一等奖；1人参加了全国"中学思想政治课教学有效性研讨会"；1人在首届全国语文教师教学基本功大赛上获一等奖；1人在全国第四届小学英语教师基本功大赛优秀课展示活动中获全国一等奖；1名教师在全国青少年艺术人才选拔大赛中获全国优秀教师指导奖；1名教师荣获"第四届香港国际青少年艺术节"国际优秀导师奖。

【深入实施课程文化建设】 学校以三个课程纲要的编写为工作抓手，认真梳理、整合学校实施优才教育实验以来的课程改革成果，充分体现课程对各方面领军人物领袖资质培养的支撑作用。上半年，语数外三科率先完成了《国家课程校本化纲要》及实施方案的编写工作，并正式出版。《纲要》进一步明确了学校人才培养规格，统合了东北育才从小学教育到高中教育各学段的教育实践，作为全国基础教育领域第一套国家课程校本化教材，《纲要》对我国整个基础教育国家课程校本化的改造实施、创新发展将起到重要的推动作用。学校还围绕特长班课程建设开展了主题调研，集中力量，对初高中学段特长班课程进行了重新梳理和调整完善，并拟定了以“课程标准”为核心内容的特长班办学指导纲要。2010年，学校在高中部新建了创新实验班，对创新实验班的课程结构，学校也是几经研讨和论证，最终立足于学生创新潜能的激发和创造能力的培养，将其确定为“基础+专业必修+定向选修”。

【实施人才培养模式的创新】 为落实《纲要》中提出的“创新人才培养模式”措施，2010年8月，东北育才学校“创新实验班”正式组建，成为优才教育实验的重要组成部分和在新形势下的进一步延伸。“创新实验班”在本质上有别于单纯强调学业成绩的“重点班”，“创新实验班”由经过“创新潜质和实践能力”考核而选拔出的45名学生组成。学校积极构建“基础课程”、“专业必修课程”、“定向专业选修课程”相结合的课程体系，经过短短三个月的时间，创新班学生的优势潜能明显得到激发，各方面表现颇为突出。各大媒体竞相报道学校创新实验班情况，并赞誉其为“牛人班”。

【推进育才国际教育特色，提高国际影响力和竞争力】 2010年1月以来，日本京都大学、关西语言学院、东北大学、九州大学等多所知名学院来校洽谈招生事宜，对学校优才教育成果表示出极大兴趣。8月17日，中美文理精英教育论坛在学校浑南校区行管中心大会议厅举行，汇集了来自包括美国Wesleyan University在内的11所知名文理学院的招生办主任和教育专家。这些交流不但扩大了育才教育品牌的国际影响力，而且推进了育才国际教育的进程。学校向世界名校迈进的发展目标有了实质性进展。2010年7月，学校应邀参加了首届创新人才培养国际研讨会，学校的创新人才培养模式和办学经验得到了与会代表的一致认同；同月，国际交流中心两位老师应国家汉办的邀请，作为汉办特派的汉语和艺术类教学专家赴美国南部，对300余名汉语教师进行课程培训；8月，由美国文理教育交流论坛和东北育才学校共同举办的精英教育论坛在学校举办。学校与法国米其林公司、德国宝马公司签订办学协议，并创建了“东北育才德语部小学班”，进一步扩大了学校在非英语国家的影响；10月，美国密歇根州牛津学区与东北育才学校姊妹校签约仪式在牛津高中小剧场隆重举行，美国密歇根州当地媒体给予高度关注和报道；12月，学校与美国密歇根州牛津学区孔子课堂签约仪式在东北育才浑南校区小剧场隆重举行，同时也成为辽宁首个海外孔子课堂。

【全面落实党风廉政建设的各项要求】 2010年，学习贯彻党的十七届五中全会精神，学校领导班子严格执行《中共中央纪委关于严格禁止利用职务上的便利谋取不正当利益的若干规定》和其他各项党纪政纪法规条例，恪守中央省市委和教科工委对领导干部“规范管理，廉洁从政”方面的要求。在创先争优活动中，领导班子成员参加支部点评和各项实践活动。一年来，学校领导班子在工作中执行“三重一大”决策制度，贯彻落实中央关于厉行节约六个方面要求，认真履行“一岗双责”，经常研究部署反腐倡廉建设工作，强调在干部选拔任用、工程项目招投标、招生、治理“小金库”和校务公开等方面加强制度建设，营造了良好的制度环境。

【五项工程顺利推进，文化建设取得突破性进展】 精神文化建设工程，通过广泛、持续地开展庆祝建国、建校60周年活动，突出育才精神在师生中的价值引领，增强了全校师生对育才的价值认同和归属感；队伍文化建设工程，通过开展全国“聚焦课堂”、校内“百家一课”等活动，积极发挥学校骨干级以上教师在学科教学中的示范带头作用。在全校范围内深入推进以“深入学习，提升教师自身素养”为主题的读书学习活动，持续提升教师的自我学习意识；课程文化建设工程，在工程领导小组和学科核心组的工作努力下，在华东师大课程专家、上海市学科专家参与论证的基础上，顺利完成了语数外三科国家课程校本化纲要的修订工作，这学期，其他各学科将逐步跟进；制度文化建设工程，在小学、初中学段办学标准和后勤保障工作管理标准制度完成的基础上，高中学段办学标准及学校制度标准建设也已经进入收尾阶段；校园文化建设工程，北校区改造工程中东楼已拆除完毕，浑南校区游泳馆运营方案已经形成，4月中旬将面向学生正式开设游泳课。

【提高国际化人才培养力度，教育国际化发展战略成果卓著】 为提高国际化人才培养力度，2009年，学校正式提出了校本课程国际化的课程建设策略。目前，已经形成了活动性、语言类、学科类三个类别的国际化校本课程。第一，活动性课程。如世界文化遗产与年轻人、模拟联合国等。2010年寒假，学校师生56人组团，分别参加了第42届海牙模拟联合国大会和第22届芝加哥大学模拟联合国大会，多名学生获得大会和委员会奖项。第二，语言类课程。如日语、法语、德语等。当前，选修法语的学生参加TEF考试，都达到了B1级，有的学生达到B2级。选修德语的学生参加“2009年世界德语奥林匹克竞赛——中国区决赛”，在全国近60所学校的参赛选手中脱颖而出，进入最高级别C1级别的四人总决赛。第三，学科类课程。如SAT、TOELF、IB、AP课程等，学校正式引入了IB、AP课程，面向国际部学生陆续开课，高中学生也可以根据自己的兴趣爱好，参加课程选修。教师队伍的高层次培训陆续展开。2010年年初，学校派送4名英语教师参加了剑桥大学国际技能拓展课程（SDP）教师培训，SDP课程是特别针对中国学生在学习技能和综合素质方面的相对弱势，设计开发的短期技能强化课程，主要培养中国学生的思辨能力、创新能力、独立学习和研究能力、团队精神以及交流和展示能力。

（李百玲）

沈阳市第二中学

【概况】 2010年，沈阳市第二中学拥有南北两个校区，均属国有，占地339亩，建筑面积13.1万平方米。南校区位于沈河区五爱街6号，北校区位于沈北新区沈北路198号。学校共有教职工332人，其中高级职称教师129人，中级教师64人，初级教师87人。其中，教育专家2人，特级教师7人，市学科带头人、名师、市骨干教师21人。学校拥有国内一流的实验楼、图书馆、艺术中心、语音室、计算机广场、网络控制中心、多功能厅、天文观测台、体育馆、游泳馆、运动场、学生公寓、餐饮中心等教辅设施。图书馆藏书95 668册，各类报纸、杂志158种。南北两校在校学生共3 319人。2010年沈阳二中荣获“盛京环保奖”、“最佳环保学校”称号。

【获2009年沈阳公共服务单位百姓口碑榜“金榜单位称号”】 3月1日，在沈阳公共服务单位百姓口碑榜颁奖大会上，沈阳二中获得2009年沈阳公共服务单位百姓口碑榜“金榜单位”称号。沈阳二中获得了50 000多张沈阳公共服务单位百姓口碑榜金榜选票，总排名第四位，教育行业第一名，赢得“2009年沈阳公共服务单位百姓口碑榜金榜单位”殊荣。

【委局领导来校宣布干部任职决定】 3月9日，副局长张振忠与市教科工委组织部部长赵慧来校宣布干部任职决定，陶华慧由副处级提为正处级；副校长李江涛试用期满转正；郎伟岸、沙冰任二中副校长，试用期一年，起始时间为2009年12月29日。

【“绩效工资方案”通过】 3月31日，全体教代会代表讨论通过“绩效工资方案”。此方案由校工会和校办共同起草。

【北校体制转变为公办体制】 4月9日，接到沈阳市政府、市教育局“关于沈阳市第二中学北校转变为公办性质的请示”批复，沈阳二中北校占地面积为240亩，建筑面积近9万平方米，由国家评估机构评估固定总资产4.5亿元。

【组织“天佑中华，爱我玉树”募捐活动】 4月22日，11届12班携红十字会利用午休时间在学校主楼前组织了“天佑中华，爱我玉树”募捐活动，师生积极参加，共捐款39 604.90元。

【刘辉校长赴京参加劳模表彰大会】 4月27日，2010年全国劳动模范和先进工作者表彰大会在北京人民大会堂隆重举行。刘辉校长与全国各行各业的近3 000名全国劳模和先进工作者欢聚一堂，并代表劳模登上主席台接受党和国家领导人的颁奖。

【“两先两优”活动受表彰】 6月28日，由陶华慧副书记等一行7人到东北大学汉卿会堂参加沈阳市教科系统党员“两先两优”活动表彰大会。沈阳二中第三党支部获先进支部称号，王玉全获优秀共产党员称号，陶华慧获优秀党务工作者称号。

【麻省理工学院著名物理学家、美籍华人叶丘（Sidey yip）教授来校作报告】 7月2日，麻省理工学院著名物理学家、美籍华人叶丘教授来校为12届全体同学作《我的科学旅途》报告。报告反响很好，结束后，刘辉校长与其进行了亲切交流，并赠送纪念品。

【“阿迪达斯”全国联赛举行】 7月23日，“阿迪达斯”全国联赛在沈阳二中举行。NBA明星霍华德、国家篮球运动员孙悦以及省体育局领导出席开幕式，进一步推动了沈阳二中篮球运动的开展。

【迎接日本清田高中代表团访问】 8月31日，日本札幌市的清田高中代表团访问沈阳二中，刘辉校长接见，校交响乐团作精彩的演出。此次访问，不但加强了中日两国的文化交流，更加促进了两国文化的互相学习和开展。

【承办辽宁省化学观摩课】 9月7日，辽宁省化学观摩课在学校举行。化学组的孙畅、李海林两位老师进行了说课。

【被市教育局确定为“英语骨干教师培训基地”】 9月27日，在实验楼举行了市教育局“英语骨干教师培训基地”的启动仪式。北京专家刘鹰来校进行指导讲座。

【化学组部分教师参加全国化学教学研讨会】 9月27日，化学组李海林、薛峰、孙畅、李祥赫等老师在伊春全国化学教学研讨会上，上课或说课均获全国一等奖。充分展示出了沈阳二中老师的教育教学水平，推进了沈阳二中化学课程改革，总结了新课程实施以来的成功做法，使沈阳二中的新课程改革得以更加深入有效的实施，也加强了与其他知名学校的交流与学习。

【赴长春参加东北三省三校“友谊杯”青年教师教学大奖赛】 10月10日，刘辉校长带队，郎伟岸、邵李宁、王淑等一行20余人赴长春参加东北三省三校“友谊怀”青年教师教学大奖赛。

【市生物研讨课举行】 10月19日，沈阳市生物研讨课在学校进行。生物教研组长李铁军和高三备课组长姚兰为全市生物教师上示范课，反响很好。

【刘辉校长上“小班化”教学示范课】 10月20日，刘辉校长为进一步推动小班化教学的深入开展，在阔别讲坛25年后又重返课堂，为全体教师上了一堂精彩的示范课。

【中科院院士都有为到校作报告】 10月20日，中科院院士都有为为学校全体师生作“让青春飞翔”科普报告。

【深化教育改革 实施小班化教学】 2010年，沈阳二中抓住北校体制转变为公办体制，教育资源倍增的有利契机，在市教育局的大力支持下，沈阳二中于2010至2011年的下学期，开始实施“小班化教学”，成为沈阳唯一一所有条件实现小班教学的省级示范高中。小班化教学有效地推进了新课程改革的深入，在小班教育过程中，教师采用合作教学、分层教学、创意教学等形式，一切围绕“促进学生全面发展”这个主题，积极倡导“自主、合作、探究”的教育理念，在改善教法的同时，也加大了多媒体等现代信息技术的运用，使教学更加具体化、信息化，增加了学生的兴趣，为学生们全面发展奠定了基础。

【“中加班”首届毕业生全部被国外知名大学录取】 2010年中加班首届48名毕业生全部被加拿大和美国录取。每名学生平均收到3—4份录取通知书。其中，5名学生被世界排名前五十名的大学录取，34名学生被加拿大排名前十名的大学录取。赵梓涵、栾霄洋等多名同学还获得了由戴尔豪斯、温莎大学提供的1 000—20 000加元的奖学金。

【东北三省四市地理学会举行】 11月18日，东北三省四市地理学会在沈阳二中举行。王宏伟老师的研讨交流课《河流地貌发育》获得一等奖，张孟华获优秀指导奖。

（季廷飞）

沈阳市第一中学

【概况】 2010年，沈阳市第一中学占地面积4.4万平方米，建筑面积2.2万平方米，绿地面积1.2万平方米。学校拥有两座教学楼，还有图书馆、多功能信息实验楼、体育馆、餐厅及1.3万平方米塑胶操场。图书馆藏书10余万册。固定资产总值2 041万元。全年教育经费投入1 801万元，其中国家拨款1 552万元、自筹经费249万元。毕业586人，招生450人；在校生1 500余人，包括寄宿生62人；高中录取分数线统招公费生713分，择校生704分，应届高考本科上线率100%。开设教学班48个，有教职工159人，包括专任教师133人。其中，具有副高级职称54人、中级职称57人；省级优秀教师2人，省级学科带头人1人、市级教育专家1人，市级名师3人，市级骨干教师5人；大学本科以上学历159人，研究生学历23人。普通教室50个，专用教室6个，实验室8个。

【迎接区委王开军书记检查指导工作】 4月12日，大东区委王开军书记等区委、区教育局领导到沈阳市第一中学视察指导工作。王开军书记认真听取了沈阳市第一中学关于学校教育教学质量和课堂教学模式改革的工作汇报，对沈阳市第一中学教育教学改革方向表示肯定。学校西部准备新建一座占地9 000余平方米，包括学生专用教室、报告厅、体育馆、食堂、宿舍等多个场馆和设施的综合楼，王书记对校园西部工程改造方案表示同意，同时希望学校将教改与高考结合起来，再上一个台阶，使学校成为大东区教育教学水平的重要标志，切实办好人民满意的教育。

【开展读书节等系列活动】 针对学生的发展需要，举办了社团节、体育节、艺术节、读书节等系列活动，丰富学生课余生活，提高学生综合素养，提升学校文化内涵。4月22日、23日，沈阳市第一中学开展了读书节系列活动——跳蚤书市。本次书市以“书香飘逸校园，阅读丰富人生”为主题，通过开展好书分享、好书交换、好书销售三项主题活动，引导鼓励学生间共享好书，共读好书，为学生们展示自我提供了平台。

【美国印第安纳州凯斯林校长比尔到校参观访问】 4月22日，美国印第安纳州凯斯林初中校长比尔到沈阳市第一中学参观访问。比尔校长先参加了沈阳市第一中学学子讲坛，与学生们就儿时印象深刻的动画片亲切交流，然后与张振丽校长就中美中学教育状况进行探讨，他还深入课堂听课，并在听课后与学生交谈感想和体会。沈阳市第一中学学生自发组成翻译团队，为比尔校长提供服务，得到了比尔校长的赞扬。

【继续深化新课堂教学模式改革】 8月30日，召开期初校务工作会议，推出沈阳市第一中学《备课组精细化管理考核方案》、《班级精细化管理考核方案》，加强备课组和班科任教师团队建设，为继续深入推进新课堂教学模式改革提供坚实保障。9月6日，学校组织各备课组对高一、高二年级学生假期预习学案和高二年级学生错题本进行认真检查，并纳入考核范围。检查后，学校进行了及时反馈，对于优秀预习学案和错题本公开展示，并且对优秀学生予以表奖，提高了学生对预习和总结整理两个学习环节的重视。学校在高一、高二年级继续开展生本研讨课活动，从研讨课到示范课，校长带领全体班子成员深入课堂听课、评课，新课堂教学模式改革在沈阳市第一中学有序、高效开展。

【积极推进校本教研工作】 11月24日，学校坚持以教学质量为中心，以课程改革实验为突破口，大力推进校本教研工作，逐步形成教研理念人本化、教研管理层次化、教研内容综合化、教研形式多样化，学校依托校本培训，学习新理念，促进教师的自我反思；转变观念抓好教研组同伴互助合作工作，引导教师从“经验型”向“研究型、专家型”转变；立足校本培训，完善学习制度，加强学习管理；实施课题牵动，以科研促教研，以教研提质量，关注教师的专业成长和学校的可持续快速发展。

（徐哲茹　宋东宇）

沈阳市第二十中学

【概况】 沈阳市二十中学由两个校区组成。总占地面积462 220平方米，建筑面积49 693.4平方米。主校区坐落在沈阳市和平区中心地带——中山广场附近。自然分校位于苏家屯区，依山傍水，钟灵毓秀。学校在“十二五”期间提出新的办学目标：创办“省内著名、全国闻名”的特色优质高中。学校现有54个教学班，2 300余名学生，教职员工230人，其中高级教师占43%，省市区骨干教师102人，占教师比例44%。学校已经打造出一支理念先进、师德高尚、业务精良、结构合理的教师团队。沈阳市第二十中学是辽宁省首批重点中学、省示范高中，是沈阳市标准化高中、沈阳市先进单位、沈阳市普通高中数学学科和化学学科教师培训基地，是辽宁省新课程改革样本校、辽宁省课改先进单位、辽宁省教育系统先进单位、辽宁省精神文明学校。

【“清华之友”奖学金颁奖会】 4月17日，召开“清华之友”奖学金颁奖会。1964年高中毕业生、清华大学计算机系博士生导师林闯教授和1968年初中毕业生、清华大学航天航空学院博士生导师庄茁教授两位校友回到母校，两位校友和学校领导为首批获奖的6位同学颁发了奖牌和奖金。随后两位校友分别介绍了个人成长经历，表达了对母校的感激、怀恋之情，鼓励同学们自强不息、厚德载物，以优异的成绩完成学业，争取考上清华大学。8月9日，再次召开“清华之友”奖学金颁奖大会。会上清华大学航天航空学院博士生导师庄茁教授与校长俞万祥为二十中学2010年文理状元李诗羽和陈昱彤同学颁发了奖牌和奖金。庄苗教授结合自己的亲身经历作了《仰望星空，脚踏实地》的报告，鼓励同学们自强不息，向着理想目标努力。

【第十三届教学开放周】 4月22至23日，第十三届公开教学周暨沈阳市普通高中精细化管理活动获得圆满成功。此次活动有东三省、内蒙古22所协作体学校、沈阳市129所兄弟学校，共计2 700名各级领导、教育专家及一线教师前来观摩二十中学的“生本”课堂，与会领导和教师给予二十中学开放周极高的评价，盛赞二十中学“课改深入，教师精干，教学高效，学生优秀，成绩显著”。整个活动场面壮观，意义深远，学校声誉和社会影响力、示范作用及辐射广度和深度得到了极大的提升。

【市化学学科培训基地培训活动】 7月26日，2010—2011年度化学学科骨干教师研修班开展了首次培训活动。在基地校与学员的对接会上，校领导孙吉泰副校长对学员们的到来表示热烈欢迎，并向学员讲解了培训方案，提出了具体要求和殷切期望，还向学员们发放了培训问卷调查，了解学员的基本需求，增强培训的方向性、针对性和实效性。在第一次培训活动中，特别邀请了辽宁省基础教育教研培训中心主任刘莉，为培训基地的老师和学员们作了题为《问题、思考及解决策略》的专题报告。2010年8月26日，沈阳市普通高中化学学科教师培训基地第二次培训活动，听取了二十中学化学组组长包广军老师为学员们作的《天高任鸟飞——新课程改革下教学的点滴体会》的报告。包老师在报告中介绍了二十中学课程改革的艰辛历程和目前所取得的辉煌成绩，并用诙谐、通俗的语言讲述了自己在课程改革下教学的体会。他以“物质的量的单位——摩尔”、“气体摩尔体积”、“配制一定物质的量浓度溶液”等八个教学案例的设计为例，和在场的教师们一起分享了在课程改革中如何引导学生自主、合作、探究学习的乐趣。

【市数学学科培训基地培训活动】 8月25日，数学学科基地开展了第二次培训活动。此次活动邀请了市教研院周善富老师详细解读新高一数学必修一教学中存在的一些问题和解决的方法，并把2010年高考试卷与2009年高考试卷进行了详细的对比与分析。针对教学中存在的困惑，周老师还提出了以下的解决方法：一是控制难度，增加学生感性知识的理解，根据大纲的内容不宜过早地引入后续知识及增加难度；二是关注数学文化，领会数学的实用价值，用数学的趣味性来激发学生学习数学的兴趣，变被动为主动。2010年9月23日，培训基地开展了开学以来的第三次活动。本次活动主要内容是观摩沈阳市第二十中学第二届“以生为本”教学擂台赛。当天参赛的刘华颖老师所讲的内容是“函数的奇偶性”，于姝老师展示的是高二“均值不等式”的内容，这两节课均采取的是学生自主、合作、探究 “生本”教学模式。通过两个实例，引出本节内容，其立意新颖，别具一格。

【百名专家探讨“学生自主管理”】 11月5日，辽宁省重点高中22所学校协作体“学生自主管理”德育研讨会在沈阳市第二十中学举行。本次会议共交流论文40余篇。协作体各学校的校长、德育副校长、德育主任及班主任代表百余人参加了研讨。会上，二十中学副校长孙吉泰、东北育才学校教师庄建平等6人，分别以《探究学生自主管理，为学生终身发展尽责》、《让优秀成为一种习惯》等为题作了中心发言。

【河南周口地区教育考察团访学】 12月中旬，周口市教育局副局长郭劳动组织部分高中校长到学校考察学习。在考察报告中郭局长写到：二十中学目前进步很快是源于课改、得于课堂，成熟在于创建出适合学生发展的教学模式。具体讲，他们构建了一类课型框架，即新授课：引导发现→互动实践→点拨提升→反馈体验；复习课：体系构建→核心规律→困惑呈现→方案演练；习题课：知识梳理→典型剖析→思考交流→归纳提炼；试卷评析课：统计反馈→自悟交流→疑难剖析→变式拓展。

【三位教师在全国获奖】 12月4日，俞万祥校长、贺梅老师、栾靖老师来到了庄严的人民大会堂，同来自全国各地的教育一线荣膺全国优秀称号的班主任和校长代表，参加了中国教育学会第六届颁奖大会。俞万祥校长荣获了最高等级的全国优秀校长特殊贡献奖，贺梅老师、栾靖老师分别荣获全国百名中学班主任之星、全国优秀班主任的称号。

【教育的核心是培养思考能力】 3月8日，中国教育报刊登了记者文艺撰写的二十中学课改纪实。编者按中写道：自2003年以来，沈阳二十中凭借扎实的研究与实践，全面推行“两纲一模”和“两动一主”的生本教学，教育教学质量稳步提升，国本率在全省重点高中名列前茅，比同类学校高15个百分点左右。近两年，许多学校纷至沓来，参观二十中学生机勃勃的课堂；许多家长慕名而来，希望孩子能就读二十中学。沈阳二十中学原本是一所基础良好，在沈阳市有一定影响，但在辽宁省影响力不是很强的学校，目前正以势不可挡的姿态崛起，成为当地乃至东北课改的中坚力量。

（董立剑　孙吉泰）

沈阳市第十一中学

【概况】 沈阳市第十一中学创建于1952年，属省级重点中学和示范性高中。2010年，十一中学校园占地13万平方米，建筑面积8万多平方米，拥有省示范级及沈阳市高中建筑面积最大的图书馆，国内一流的校园网络系统以及其他先进教学配套设施，为学生全面发展提供了良好的硬件保障。学校现有2 000多名学生，在岗教职工243人，其中省市优秀教师、市学科带头人、市区骨干教师共141人。学校是沈阳市首批对外开放窗口学校，与国外多家学校建立了良好的合作关系。学校秉承“创办绿色教育，创建绿色校园”的办学理念，坚持“全心全意为学生服务”的办学宗旨，大力弘扬“爱与创造”的学校精神，倾力打造“搏·爱”校风，遵循“安全为先、质量为本、效益为重、形象为上”的办学原则，贯彻“精细化、实效化、人文化、特色化”的办学方针，努力建设让社会和人民满意的沈阳特色名校。校园网址：www.sy11z.edu.cn。

【特色家访，温暖人心】 2月份的寒假期间，全校班主任弘扬“搏·爱”校风，把责任心和爱心以特有的方式传递给每一个学生家庭。54名班主任每人至少进行两次电话家访，与班级每一位学生家长及时取得联系，了解学生假期学习情况，并进行有效的督促、指导，实现班级和年级学习管理的连续性和整体性，获得了家长和学生的高度认可。对于个别学困生，学校领导还亲自家访，对其进行鼓励和帮助，努力实现家校合作的实效化及德育管理的人文化。

【获巾帼教师团队殊荣】 “三八”国际妇女节，副校长周丹荣获“沈阳市三八红旗手”称号，高三全体女教师先后荣获“沈阳市三八红旗集体”和“辽宁省三八红旗集体”称号。这殊荣凝聚着巾帼教师在三尺讲台上辛勤耕耘的汗水和智慧，更是对她们无私奉献、勇挑重担的赞许与肯定。

【生态文明，绿色科技】 3月15日，以“生态文明，绿色科技”为主题的校科技节拉开帷幕。先后举行了“净化校园，从我做起”、“持续发展，走向和谐”主题升旗仪式；德育处举办“人与自然报告会”，邀请辽宁省环保志愿者联合会副会长、沈阳理工大学生态研究室主任周海翔教授为师生作《走向滨海湿地生态报告》；团委组织开展“废物利用 变废为宝”手工制作创意大赛；教务处以第二课堂的形式开展《试试自己做酸奶》生态实验课活动。

【心系灾区，爱心无限】 3月、4月，西南旱火，玉树地震。大灾面前显真情，在抗震救灾的爱心捐款中，校学生会、“存在文学社”、高二·十三班团支部及高三年级学生会相继向全校师生发出了“心系灾区，爱心无限”的募捐倡议，全校同学以巨大的热情投入其中，很多同学多次捐款，西藏学生把自己珍藏的民族饰品拿来义卖，为灾区同胞奉献爱心，全校累计捐款达6万余元，全部捐至沈阳市红十字会和皇姑团区委。

【学生自治，自我教育】 为充分调动学生自治管理的积极性，真正实现自我教育、自我管理、自我服务，5月18日，高一年部成立了学生自治委员会，下设纪检部、学习部、生活部、体育部、文艺部、宣传部6个部门。职责明确，权责分明，天天有总结，周周有评比，把学生眼中的年级状况及时反馈，问题得到有效解决。这种管理模式，解放了老师，锻炼了学生，提高了年级部的管理效率，是生本教育理念的有益探索。6月份，学校团委组织30名优秀的学生干部赴上海复旦大学、世博园参观学习，成为年度首批外出培训学习的优秀学生干部队伍。

【研究性学习PK大赛】 7月2日，十一中学科研培训处组织了高一年级“研究之光”杯研究性学习最佳课题PK大赛。对阵双方是高一·十八班的《中国古代丧葬文化》研究小组和高一·五班的《当代大学生求职情况调查》研究小组。PK赛上，在指导教师的帮助下，同学们把自己精心研究的文化成果，用话剧、辩论赛、视频直播等喜闻乐见的形式进行阐释，会场里掌声阵阵，欢呼不断。最后通过大众评审公开投票，高二·五班代表队技高一筹，成功问鼎。

【学习型校园内涵式建设】 7月29日，由中共沈阳市委宣传部和皇姑区委宣传部主办的“走向学习型城区的书香皇姑主题学习会”在十一中学隆重举行，市委常委、宣传部长王凤波，皇姑区区长闫石、区宣传部长唐励、副区长贺燕等领导亲自到会。会上潘晓宏校长就创建学习型学校汇报了学校的做法和经验。按照皇姑区《关于学习型城区建设的实施方案》的基本精神，学校结合校情认真研究制定了《关于创建学习型学校实施方案》，确定了以学习条件、学习过程、学习成效三个方面包括十个项目的实施考核评价细则，注重以人为本，将培养学习型园丁作为创建工作的重中之重，坚持高标准，确保严格化。

【承担西藏班培养任务】 目前十一中学已成为全省承担西藏学生高中阶段培养任务的骨干力量，成为沈阳市唯一一所接受培养西藏学生的普通高中。从2010年起，学校西藏生每年扩招至50人，三年后增设预科班，在校西藏生总数将达200人。为做好西藏生的管理工作，8月份，学校专门成立了西藏生工作领导小组，设置了民族教育办公室。8月27日，伴随着D9次列车到站的长鸣声，学校扩招后的首批50名西藏学生平安顺利地抵达沈阳北站，潘晓宏校长率领相关工作人员冒雨迎接。

【健美操名师，十年磨一剑】 9月份，国家体育管理总局体操运动管理中心向学校发出邀请函，特聘十一中学健美操教练员顾玉香老师代表中国参加国际健美操教练学术班。此次活动由国际体联组织，是首次在亚洲和中国举办的具有国际影响力的健美操教练员高级学术交流活动。10年来，顾玉香老师一直奋战在学校健美操教学竞赛的第一线，她的积极进取和不断成功，让每一个十一中人倍感骄傲。

【语文教学，竞技争先】 11月15日至16日，辽宁省“高中语文省优课”大赛在十一中学隆重举行。省、市语文教研员以及来自全省各地的语文教学精英200余人莅临。语文教育专家郑浩作了关于语文教育热点以及今后发展方向的演讲，省教研员孟庆新、市教研员阮晓峰对参赛教师的课进行了精彩的点评。语文组金莉波老师在大赛中脱颖而出，荣获一等奖中的第一名。

【艺术搭台，青春唱戏】 11月份，以“青春·健康·和谐”为主题的第十六届校园文化艺术节落下帷幕。本届艺术节继启动仪式后相继开展了“棋乐无穷”棋类比赛、“我爱校园”摄影大赛、“搏·爱”师生秀、西藏民族风情展演、校园解说大赛、佳片赏析、“学校我画”现场速写表演以及艺术节汇报展演等主题活动。活动中既注重发掘学生个人潜质和艺术特长又注重学生的广泛参与，是历届艺术节中参与人数最多的一次，同时也涌现出大批志愿者，提高了学生服务意识。

【生本课堂，高效教学】 学校以生本教育理念为指导，以高效教学为实践，以学生发展为目的，一切为了学生，高度尊重学生，全面依靠学生，努力探索高效生本的班级管理和课堂教学。强调课前要先学先练先悟；课上要先学后教，先思后议，先练后讲，先析后写；课后要先复习后作业，先辅导后反馈，让课堂成为学生的舞台，让学生真正成为学习的主人。

【科研培训，地理先行】 学校地理学科作为全市唯一的“沈阳市普通高中地理学科教师培训基地”，本学年继续坚持进行每月专题培训工作，培训内容越来越丰富，形式更加灵活多样，既有科研风格浓厚的专题讲座，也有展示教师风采的竞赛活动，在相互学习与交流中，增长了技能，开阔了视野，相互取长补短，高质量地完成了基地的各项工作任务，促进了全市地理教学水平的提高。

（马颖　潘晓宏）

沈阳市第二十七中学

【概况】 沈阳市第二十七中学创建于1953年，1959年被确定为辽宁省首批重点中学，2003年被评为辽宁省示范性高中，2010年被评为沈阳市标准化普通高中。学校占地面积33 200平方米，建有教学楼、实验楼、综合楼、体育馆、学生宿舍、食堂、塑胶跑道、人工草坪足球场及现代化的教育网络体系，为全面实施素质教育，培养高素质人才提供了优质的育人环境。多年来，学校始终坚持“以学生发展为本，为学生终身发展服务”的现代教育理念，形成了“创新办校、以德立校、依法治校、科研兴校、民主理校、环境美校”的“六校”办学理论，办学效果显著。学校先后获得全国培养体育后备人才学校、辽宁省德育工作先进集体、辽宁省教育科研先进单位、沈阳市教育教学管理先进单位等多项荣誉称号。

【名师工程喜结硕果】 近年来，学校紧紧抓住教师的培养、吸引、用好三个环节，通过实施五个“工程”（师表工程、青蓝工程、学历工程、名师工程、保障工程）构建了一个层次分明、功能多样的教师教育模式，涌现出一批教育教学方面的领军人物，如辽宁省特级教师、全国优秀教师邹春艳，辽宁省优秀教师闫小英、田欣，辽宁省学科带头人刘丽，沈阳市骨干教师谢严、董妮等。他们精研业务，育人不倦，积极培养青年教师，取得突出业绩。

【名师工作室名师垂范】 年初，沈河区首批名师工作室开始运作，以二十七中学陈松鹤老师名字命名的陈松鹤语文名师工作室也随之开展了卓有成效的教研工作。工作室以语文教学的有效性为核心，关注课堂教学，关注高考考情。活动安排创新灵活，既有专题性报告，又有互动接力课，既有集中在一起面对面式的课题研讨，又有网上平台的多元交流。区教师进修学校和二十七中学精心构筑的这一全新的教学交流平台，真正地发挥了名师的引领作用。名师近距离的指导，使青年教师在更高的起点上获得了更快的成长。

【学科基地辐射全市】 7月，市省级示范性高中语文学科基地正式在二十七中学设立。学科基地活动立足于构建一个开放、平等的对话平台，深入研究新课程背景下语文学科的基本规律，努力为全市语文学科教学水平的提升贡献力量。课例研讨、同课异构、成果展示、观摩学习等多种形式的教研活动充分激发了每一位学员的教研热情，也很好地发挥了二十七中学这一省级示范性高中的辐射作用。学科基地建设提升了教研组的合作意识，促进了二十七中学教研文化的形成。

【养成教育特色突出】 养成教育面向全体学生，又针对不同年级的特点，从高一到高三分步实施，贯穿高中学习生活全程。在实施的过程中，通过“寓学生养成教育于学校制度之中，各种活动之中，学习之中，校园文化之中，日常生活之中”这五种方式，逐步形成“规范行为——养成习惯——内化素质”的育人氛围，进而达到使学生成人、成才的目的。近年来，学校以养成教育为主旋律开展德育工作，使校容校貌及师生精神风貌焕然一新，养成教育已成为学校德育工作一道风景线。

【开展业余党校学习活动】 学生业余党校第二十七期培训班自4月28日至2011年1月28日结束。本次培训班活动呈现三大特点：培训形式贴切，效果显著；活动内容丰富，安排合理；培训制度健全，管理规范。学生通过本期党校的学习，初步了解党的基本知识，在思想觉悟和道德素质上有所提高，培养了青年学生对中国共产党的深厚感情，为青年学习马克思主义思想奠定了基础。

【成功举行校园艺术节】 学校第十四届校园文化艺术节于5月24日拉开帷幕，此次艺术节活动以“艺术燃激情，活力舞青春”为主题，推出包括舞蹈、相声、小品、武术、魔术、花式跳绳、独唱、合唱、器乐合奏、书法等26个节目。艺术节进一步推动学校艺术教育的发展。

【开展一二·九长跑活动】 12月9日下午，“一二·九长跑”比赛在操场上隆重举行。本次活动是学校群众性体育活动的一个传统项目，旨在纪念“一二·九”学生爱国运动。比赛中，运动员们都充分发扬了拼搏、进取的精神，赛出了水平、赛出了风格，尽显二十七中学子的风采。同时使学生将饱满的精神和强健的体魄投入到学习生活中去，为学校课外体育活动增添了美妙的乐章。

【文化建设锦上添花】 半个多世纪的发展，学校积淀了比较丰厚的文化底蕴，这是学校最具价值的人文资源。近年来，学校积极推进文化建设，除了开发历史文化资源外，还根据现代学生特点，组织若干社团和兴趣小组，经常开展辩论赛、演讲赛、文艺汇演、读书报告会等丰富多彩的校园文化活动。通过学生广泛的对外交流和社会实践，营造学生展示自我、完善自我、健康成长、和谐发展的广阔空间，使学生学会生存、学会学习、学会合作、学会创造、学会做人，努力培养德、智、体、美、劳全面发展的新型中学生。

【积极推进课程改革】 在名师、各学科骨干教师的引领下，学校先后进行了“活动教学”、“合作学习”等课堂教学模式的探索，创造性地将自主学习、探究性学习、合作学习等多种教学模式有机地整合在一起，让学生在课堂中分别进入“交流学习”“互动探究”“分层提高”“总结归纳”“巩固提高”

五个阶段，通过推进课堂教学改革，逐步实现了由粗放课堂到精致课堂，应试教育到素质教育的转化，真正实现了教与学的双赢。

【获得“辽宁省科研百强校”光荣称号】 2010年学校荣获“辽宁省科研百强校”称号。学校在科研先导的教育思想指导下，注重理论联系实际，并将课题研究工作作为提高学校办学水平、提高教育教学质量的重要途径之一。几年来，广大课题研究教师，扎实推进课题研究，开发了一批优秀的教学资源，形成了具有一定理论价值和应用价值的研究成果。“十一五”期间，《中青年骨干力量的培养》等11项课题顺利结题，教师们编写的教辅用书、校本教材50余种，发表国家级论文23篇，省级论文67篇，40余万字的教育科研成果由国家级、省级出版社出版。

（柳文春　汪研）

沈阳市第三十一中学

【概况】 2010年，沈阳市第三十一中学占地面积近4万平方米，建筑面积2 397平方米，体育场馆面积5 050平方米。图书馆藏书9.3万册，各类报纸80种、杂志400种。固定资产总值2 860万元。全年教育经费投人3 184万元，其中，国家拨款2 655万元、自筹经费529万元。毕业791人，招生588人。中招录取分数线715分，应届高考国本上线率63.31%。有教职工183人，包括专任教师178人，其中，具有副高级职称76人、中级职称67人；市级骨干教师8人。普通教室45个，专用教室11个，实验室8个。年内，学校先后荣获中央教科所艺术教育示范校、辽宁省实施普通高中课程改革先进集体、辽宁省教育学会美育研究基地、辽宁省暨沈阳市中小学生红诗咏诵活动突出贡献奖、辽宁省机关档案工作省一级单位、沈阳市科技教育特色发展项目学校、沈阳市教育信息化先进集体、沈阳市中小学艺术展演特殊贡献奖等，被命名为沈阳市普通高中政治学科教师培训基地、北京科技大学优质生源基地、大连理工大学优秀生源基地，还被沈阳市人民政府评为政风行风建设基层先进单位。

【教师专业发展】 派遣教师赴东北师大附中、本溪高中、盘锦高中等名校听课学习，派教师出国学习，开阔教师视野，提升教学水平。鲍春荣老师参加全国中小学优秀英语教师公派留学国家奖学金项目考试，获得全国第二十八名的佳绩，作为辽宁省唯一的英语教师2011年将赴英国留学。王强老师参加第四届全国中小学体育教学观摩展示活动作了体育教学课的现场展示，受到一致好评。张学才老师参加全国化学年会现场课，获得全国化学优质课。陈超、倪颖等十多名教师分获省市一等优秀课。2010年2月，第三届德育工作会议以新颖的方式召开，学校通过温馨的提示、经典案例的分析、经验介绍、互动活动等多种方式调动班主任教师的积极性和主动性，取得了很好的效果。2010年9月，学校召开拜师结对子仪式暨教师节座谈会。

【教科研工作】 学校开展“落实精细管理，推进有效教学”活动，坚持每日一课活动，组织新岗位教师汇报课以及数学学科特色展示课，加强听课评课，并对听课情况进行汇总反馈，取得良好效果。2010年4月，葫芦岛市各高中校长来校听课考察，6月，西宁教育界领导一行十几人来校学习新课改落实情况，给予高度评价。完成国家级科研课题《各类问题高效解题规律探究》的结题工作。国家级课题《发明创新教育与各类课程相融合的研究》正在结题。省级课题《高中体育学科校本课程开发与实践的研究》按时开题。同时还申报31个市级科研课题和50多个校级课题。为此学校被中国教育学会中国教育发展研究中心“发明创新教育”总课题组授予课题研究先进集体奖。

【学科骨干基地建设】 学校政治教研组承担沈阳市政治学科骨干教师培训基地工作，先后开展了4次教研活动，进行了讲课、听课、评课方面的培训，编著了三本辅助材料，得到了市教育局、市教研院、区教育局及基地学校领导的高度评价。

【学生活动】 开展“美丽校园在你我手中”主题系列活动，分别进行加强学生的日常行为规范、“感恩生活，感动生命”专题活动、“一二·九爱国主义”专题活动等，增强学生参与意识，形成家校、师生互动，逐步形成全校教职员工共同参与的德育工作氛围，使工作取得实效。多次组织学生参加沈阳市青少年科技创新大赛、尚德电力杯全国中学生创新大赛以及市科技局、市教育局组织的“逆风行车”比赛等，开拓学生们的创新能力和人生视野。学校本年度共有129人次在沈阳市青少年发明创造大赛中获奖并获得专利提名，此项成绩在全市名列前茅。

【特色活动】 举行篮球队建队30周年庆典活动，历届为球队做出过突出贡献的市区老领导以及俄罗斯布拉戈维申斯克大学生联队出席了庆典活动。三十一中学球队参加辽宁省中学生篮球锦标赛暨全国耐克高中男子篮球联赛辽宁赛区比赛，荣获冠军。校女生小合唱队按照学校的要求和指导老师的科学训练，克服重重困难，参加省市中小学艺术展演，获得一等奖，参加全国魅力校园合唱比赛，获中学组二等奖。日前女子合唱队参加了沈阳市中小学艺术教育六项技能大赛，获得声乐类金奖第一名。

（杨继天）

沈阳市第五十一中学

【概况】 2010年，沈阳市第五十一中学分为两个校区，总占地面积37 000平方米，总建筑面积27 000平方米。学校固定资产总值1 974万元。有普通教室34个，专用教室6个，实验室5个。学校共有在编教职工127人，其中教师编制112人，职工编制15人。现有教师职称情况为：高级职称57人；中级职称39人；初级职称21人。现有教师学历情况为：硕士研究生11人；研究生课程班结业59人；其余均为本科毕业。2010年有24个教学班，在籍学生1 040人。全年教育经费投入1 466万元。2010年高考共有355名学生参考，其中一批本科进线87人，二批本科进线累计252人，本科以上进线共333人，本科以上升学率已达到93.8%。学校网址：www.sy51zx.com。

【国台办新闻发言人到校赠书】 1月8日，国台办新闻发言人、宣传局副局长范丽青来到五十一中学，向学校捐赠1 360册图书，价值30 000余元。并为全校师生作了有关台湾问题的精彩讲座。

【开展集体家访】 1月21日和22日，学校领导与班主任老师分别进行了高一、高二年级的家访活动，这次活动传递了全校教职员工的爱心，加强了学校与学生和家长的沟通。

【参加郊联体教师基本功竞赛】 3月5日，辽宁省重点高中沈阳市郊联体语文教师基本功竞赛在本溪县高中举办，学校派出付琳琳、王丹、焦洁3名教师参赛，荣获团体第三名。付琳琳老师获得即兴演讲个人单项第一名。4月2日，沈阳市高中化学教师基本功竞赛在沈阳市第五十六中学举办，五十一中学关俊霞老师获得实验个人单项第三名。

【举办学生成人仪式】 4月20日，在东校区举行了高三年级学生成人仪式。仪式上，学生们走过成人门，面对国旗庄严宣誓“以我火红青春，建设锦绣中华”。学校领导、教师代表、家长代表分别对宣誓成人的学生给予了殷切的期望，表达了美好的祝愿。

【举办青年教师演讲比赛】 5月4日，学校举办以“春风化雨润物无声，与时俱进追求卓越”为主题的青年教师演讲比赛。本次比赛主要目的为充分调动青年教师投身教育事业的积极性，提高参与新课改的热情，树立以生为本的理念，同时向全校师生和社会各界展示五十一中学青年教师风采。共有18名青年教师参赛。

【举行睿智杯竞赛表奖活动】 5月19日，第二届睿智杯竞赛表奖会在五十一中学隆重召开。来自6所初中的50名获奖学生和家长、获奖学校的领导老师参观了五十一中学校园，听取了温健校长的学校介绍，与师生展开了深入广泛的交流。

【承办市高中化学优质课大赛】 5月26日，沈阳市高中化学优质课大赛在五十一中学举行。来自全市5所学校的老师各展风采，五十一中学高中阁老师参赛并获一等奖。

【举办校园室内音乐会】 6月25日，校园室内音乐会在音乐教室举行。学生们分别表演了钢琴独奏、独唱等节目。

【启动英语学科骨干教师培训基地】 7月2日，沈阳市省级重点高中英语学科骨干教师培训基地对接仪式在五十一中学隆重举行。对接仪式标志着五十一中学英语学科骨干教师培训基地正式启动，来自全市重点高中的20名英语骨干教师将在五十一中学接受为期一年的培训。

【开展教师专业发展校本培训】 7月27日、28日，学校组织开展了教师专业化成长专题培训，邀请沈阳大学师范学院刘凌波和赵海涛两位教授分别进行了关于教师专业发展和教师专业素质的报告。

【确立有效教学模式】 9月，学校领导全程参与教学研讨课和集体备课活动，并对各备课组进行考核。每学科每周至少集体备课一次，要求有中心发言，认真讨论周教学任务目标，并做好记录。每两周上一次组内研讨课。在集体备课的基础上，确立形成了学校的“两类、三型、六步”有效教学模式。

【开展图书漂流活动】 11月1日，以“信任·传播·分享”为宗旨的图书漂流活动正式展开。不用借书证，不必付押金，把书带回家。看完后，再将它放到指定地点，让它“漂流”到下一位读书人手里。图书漂流，是一段文明美丽的奇妙之旅。

【举行青年教师汇报课活动】 12月21日—29日，开展了青年教师汇报课活动，王磊等8名新招聘的教师在全校教师面前展示了自己的教学水平和实力。

【举办第十六届艺术节】 12月31日，在沈空俱乐部举办第十六届校园文化艺术节，东陵区人大副主任朱杰、副区长孙敏、区政协副主席宋巍巍、区教育局局长李秀岭、书记秦树勋、教育督导室主任马志成等有关领导和全校师生共同欣赏了精彩的文艺演出。

（钟德超）

沈阳市第三十中学

【概况】 2010年，沈阳市第三十中学总占地面积12万平方米，建筑面积5万余平方米，其中绿化29 000平方米。图书达到62 000册，各类报纸36种，杂志140种。固定资产总值3 392.8万元。全年国家拨款1 731.3万元。在校生1 620人。高中录取分数线594分，应届高考本科进线率95%，升学率近100%。开设教学班36个。

有教职工140人，包括专任教师127人，其中具有高级职称39人，一级职称58人，二级职称21人，见习8人；省特级教师1人，市名师4人，市骨干教师17人，市学科带头人5人；大学本科以上学历132人。普通教室47个，专用教室10个，实验室7个。学校网址：www.sy30.com。

【成为首批市标准化普通高中】 1月12日，学校成为首批沈阳市标准化普通高中。2007—2009年，学校将创办标准化普通高中视为学校跨越式发展的必由之路，坚持以科学发展观为先导，以创办标准化普通高中为契机，以前瞻性、可持续发展性、可操作性为原则，进行高起点谋划，高标准要求，高水平实施。新建了电子阅览室、通用技术教室、数字化理化生实验室、校史室；着力提升教学质量，全面推进素质教育，倾力打造人民满意学校。2009年11月接受并通过沈阳市标准化普通高中评验工作组检查。

【举行“大爱无疆，情系玉树”捐款活动】 4月21日，全校师生在操场参加哀悼仪式，各班利用早检时间收看新闻，利用板报写出激励的话语，利用班会表达爱心和支持。4月22日，学校组织全校师生举行“大爱无疆，情系玉树”捐款活动。共募捐现金47 231元（其中教师14 650元，学生32 581元）。

【学校党支部改建为党总支】 5月12日，学校召开全体党员大会，以五项议程完成学校党支部改建为党总支的工作，苏家屯区教育局主要领导参加会议。经苏家屯教育局2010年17号文件批复，大会审议并通过民主投票，产生第一届党总支委员会。

【获省“文明学校”光荣称号】 5月14日，苏家屯区区委宣传部领导向学校授予辽宁省2008—2009年度“文明学校”的光荣称号。此次获得辽宁省省委、辽宁省省政府颁发的“文明学校”光荣称号的单位全市仅10所学校。在授奖仪式上，校长李福广代表全校师生表示，将以成绩为起点，务实进取、勤勉创新，不辜负区委、区政府的关怀，不辜负全区人民的厚望，努力争创市区一流学校，办人民满意教育。学校曾于2005年获得辽宁省人民政府颁发的“辽宁省文明单位标兵”的光荣称号。

【参加市中招咨询会】 5月30日，学校参加在奥体中心举行的2010年沈阳市中招咨询会。学校在近年招生中，凭借鲜明的办学特色、优美的环境、全面达标的教学设施、卓越健全的管理体制、精英级教师团队、创新的教学模式、丰富多彩的校园文化生活等，越来越受到社会的关注。而学校以“学生成绩提升幅度最大”的实力始终居于省级重点中学前10名的优势，更是赢得家长们的普遍看好。

【参评“沈阳市名师”】 7月6日、7日，苏家屯区参评“沈阳市名师”观摩课活动在学校举行。苏家屯区教师进修学校相关学科教研员主持活动，全区相关学科教师参加听课、评课活动。化学科于颖老师主讲“化学反应对生活的影响”，语文科关楠老师主讲“小说阅读探究能力训练”。两位教师已通过“沈阳市名师”第一轮资质条件审核。

【实行“部门管理人员竞聘制”】 7月21日，学校召开“部门管理人员推荐测评大会”。这是学校在办学管理上的一次改革创新之举——实行“部门管理人员竞聘制”。为了加强办学管理，学校决定新增设团委书记、学年部副主任岗位，采取成立领导小组、公布考核方案的方式，通过自荐、公开述职、无记名民主测评，产生人选。在会上，共有10名教师发表竞聘演讲。

【校友开展“30年相聚母校”活动】 9月23日，恰逢中秋节，由1980年毕业于学校的校友发起的“30年相聚母校”活动如期举行。100余名已是不惑之年的校友从全国各地，甚至海外风尘仆仆赶来。他们邀请当年的学校领导和老师一起合影留念，看到学校的巨大变化，他们无限感慨，纷纷表示自己今天的发展和成就源于母校的教育和培养。学校党总支书记李蓓代表学校接受毕业生赠送母校的纪念品，并希望校友们发扬“超越自我，追求卓越”的精神，为祖国的建设和发展多做贡献。

【举行第十六届校园艺术节】 7月23日—8月30日，学校举办第16届校园艺术节，9月1日晚，举行艺术节汇报演出。在汇报演出中，古筝合奏、葫芦丝独奏、二胡合奏，散发着浓郁的民族气息；小提琴独奏、萨克斯独奏，则带来清新的异乡情调；民族舞表演与街舞表演形成东西方文化的碰撞。《一生有你》、《妈妈我爱你》、《江南》等优美旋律回荡在每名同学心间。刚刚考入北京电影学院表演系的2007级毕业生曹博特意赶来为母校献歌，将会场气氛推向高潮。技艺纯熟的《变脸》表演，令会场掌声雷动。本届艺术节是学校“按照美的规律发展”的特色办学理念的实施，为全校师生送上了一套丰富的文化艺术大餐。

【举办以“手机进校园”为主题的“校园辩论赛”】 10月20日，学校举行“校园辩论赛”决赛。全校共有24个班级参赛，赛程为初赛、复赛、半决赛、循环赛、决赛。以“手机进校园”为辩题（正方：中学生带手机进校园弊大于利，反方：中学生带手机进校园利大于弊），一方面辩题的普遍化给予广大同学思考的空间，另一方面，辩题紧扣时代发展的需求，具有较强的导向价值。最终决出了冠、亚军队和最佳辩手。

【召开第二十期青年党校学员结业暨第二十一期青年党校开学典礼】 10月29日下午，学校团委组织召开了第二十期青年党校学员结业暨第二十一期青年党校开学典礼。学校青年党校创办于1987年，已有1 500余名学员结业，其中有98%的学员递交了入党申请书，近40%的学员在高中阶段成为党外积极分子。青年党校以管理的规范性、内容的丰富性、形式的多样性以及教育效果突出得到了上级领导的好评。

【开展祝福教师生日的活动】 学校决定从11月1日起，开展祝福教师生日的活动，即在教师生日的当天送上鲜花和祝福。学校工会将把这项活动作为“关爱教师，凝聚人心”的特色工作长期开展下去，让三十中学真正成为教师自己的家，使校园的和谐氛围更加浓厚。

【校长李福广获“第九届沈阳市优秀科技工作者”光荣称号】 11月30日，苏家屯区人大、区科协领导来到学校，向荣获“第九届沈阳市优秀科技工作者”光荣称号的校长李福广颁发荣誉证书。“第九届沈阳市优秀科技工作者”评选活动经基层初选、组织审查、单位推荐、专家举荐、专家评审委员会评审，市科协、市委组织部、市委宣传部等联合决定，评选出160人，全市中小学教育系统仅有5人获此殊荣。李校长表示在今后的学校管理工作中，继续坚持将“培养青少年的科技创新意识和科技创新能力”作为学校全面实施素质教育的重要内容，突出办学特色。

【迎接“国家二类城市语言文字工作检查评估”】 12月16日，“国家二类城市语言文字工作检查评估”工作小组来学校检查工作。工作小组听取了副校长郑旭东所作的工作报告，与部分教师、学生进行了座谈，对教师、学生进行了抽样测试，参观考察了学校的语言文字环境。对学校的语言文字工作给予了肯定。

（高东野）

沈阳市第八十三中学

【概况】 2010年，沈阳市第八十三中学占地面积120 000平方米，建筑面积42 300平方米。

其中，学校的主体建筑是14 500平方米的功能设施居省内领先水平的现代化六层教学楼，学校体育馆建筑面积5 400平方米，高标准建筑面积是9 100平方米的学生公寓2栋，2 200平方米现代化食堂1栋。学校还建有辽宁省内最大的“青少年心理健康中心”。全年教育经费投入551万元。2010年，在校学生1 829人，毕业学生632人，住宿生920人，开设42个教学班。高中录取分数线统招公费生688分，择校生642分。有教职工154人，包括专任教师140人。其中，具有中学高级职称38人，中级职称59人，市骨干教师8人，大学本科以上学历147人。普通教室45个，专用教室8个，实验室7个。学校网址：www.sy83.cn。

【评选先进教研组】 3月1日，召开全体教职工会议，评选先进教研组。学校各教研组以“亮点推介”为契机，强调教研活动的主动性、个性化、高收益。其中政治教研组的“每日新闻焦点”和“学案教学”；英语教研组的“英文风采大赛”；化学组骄人的教学成绩；语文组活跃的学生竞赛等最为突出，从而被推选为学校先进教研组。

【为地震灾区捐款】 4月26日，党总支组织全体教职工为玉树灾区捐款共计13 850元。地震无情人有情，在得知来自灾区的报道后，沈阳市第八十三中学党总支部迅速召开学校全体党员大会，全体党员对灾区人民的情况表示深深的同情，并积极表示要尽个人的一份力为灾区人民捐款。其中，行政党支部捐款2 750元，高一党支部捐款4 800元，高二党支部捐款3 400元，高三党支部捐款2 900元。

【缅怀先烈，参与社会实践】 5月8日，深入贯彻新课程标准，提高学生社会实践能力，开阔学生的视野，组织高一、高二年级学生参加第二届“缅怀先烈、感受祖国改革开放伟大成就和沈北新区日新月异变化”的远足社会实践活动。“缅怀先烈”使学生了解现在良好的学习环境和安全和谐的社会是先辈用鲜血和生命换来的，激发学生爱国和为国勤奋学习的热情。参观位于沈北新区的“禾丰”牧业和“伊利”牛奶企业，让学生参与到社会实践中，使学习更有方向和目标。

【参加各种学生竞赛】 5月9日，郑学昊等8名同学参加了全国中学生生物竞赛（辽宁赛区）的复赛。这是学校近年参加的各种比赛中获得复赛资格人数最多的一次。8名同学均获得省级一等奖。数学组、物理组也分别组织学生参加全国奥林匹克竞赛。郭翔宇、杨环宇同学获得全国高中数学联赛三等奖。郭翔宇同学还参加了第十九届全国计算机表演赛动画制作专项，取得辽宁省第一名的好成绩。

【开展“创先争优”活动】 6月15日，沈北新区教育局党委召开动员大会，要求在党员中广泛开展“创先争优”活动，沈阳市第八十三中学党总支部积极响应号召，组织全体党员开展学习并制订活动方案。党总支部下设的4个党支部积极落实，并与日常教书育人工作相结合，培养优秀学子。在此次活动中，学校党总支部评选出党员示范岗11人。其中，行政支部2人，高一支部3人，高二支部3人，高三支部3人。评选杨帆同志为学校“创先争优”优秀代表。

【迎接“可持续发展”检查】 7月22日，国家“可持续发展”检查团莅临沈阳市第八十三中学进行评估、检查工作。检查团对学校构建“以文化育人为基础、以课程育人为核心、以环境育人为特色”的学校育人模式，对学生学习的环境、人口与可持续发展的教育给予肯定。此次检查对八十三中学的领导和教师起到了积极的促进作用。

【教师参加解题能力大赛】 7月28日，全体教师参加了第二届以研究高考真题为核心的教师解题能力大赛。此赛秉持“真、实、细、恒”的工作原则，跳出高三抓高考。其中11名教师表现特别突出，成为单科成绩第一名。教师获得的良好成绩展示了深厚的基本功，同时也发现了存在的一些问题，教师间互相交流，以此促进教师勤奋学习，提高解题能力。

【启动“选拔学校后备干部”活动】 8月31日，13名教师参加了“八十三中学后备干部”竞聘会。报名的教师将通过资格审查、文字陈述、民主选举、业绩考核、专家答辩等程序参加竞聘，然后选拔一批德、才、能、绩、责全面发展，人生态度积极的教师作为学校干部队伍的后备力量。此次活动对学校可持续发展做好准备工作。

【特色活动提升学生素质】 9月18日，开展学生特色活动创建工作。围绕学生特色活动创建，具体开展了“午间同唱一首歌和早晨跑”活动，同时进一步采取措施提高了间操和队列质量，通过创建活动，学生的精神面貌得到展示，身体素质得到提高，同时，这些活动也成为展示学校教育教学成果的一个窗口。

【教师及学生获得荣誉】 9月22日，杨永梅老师被市教育局和精神文明办评为“市感动校园十佳教师”；侯位、兰义兴、林煜力等三名班主任被评为“区安全综治先进个人”；张明慧等9名学生被评为“沈阳市文明学生”；靖东升等8名学生被评为“区优秀学生”；顾翀宇等8名学生被评为“区优秀干部”；高一十一班等5个班级被评为“区优秀班级”。荣誉的获得是对全体师生的肯定，也是激励全校师生向着更高目标前进的动力。

【迎接语言文字检查】 10月28日，辽宁省语言文字检查团一行5人，在区教育局领导的陪同下进行“创建省语言文字示范校”工作检查。校长向检查组介绍了八十三中学的基本情况及对此项工作的深刻认识，副校长向检查组作了工作汇报。此次语言文字工作检查进一步增强了八十三中学师生“说普通话、写规范字”的意识。八十三中学荣获“辽宁省首批语言文字示范校”称号。

【学校增设校本课程】 11月19日，韩秀萍等老师开发的陶艺课、报纸罐不断丰富着学校的校本课程，深得同学们的喜爱。在陶艺课上，学生动手制作了“原创”的艺术陶罐，欣赏美、发现美的同时也体验了个人成就。目前，学校的通用技术、计算机、心理健康和美术等校本课程的开发，不断丰富着学校的课程体系，使每一个在八十三中学就读的学子在备考的同时也度过快乐而充实的3年高中生活，极大地提高了学生的个人素质。

（王学忠）

沈阳市康平县高级中学

【概况】 沈阳市康平县高级中学是辽宁省省级重点高中，始建于1978年8月，旧址位于康平镇原天主教堂院内，1983年年末迁至现址。2010年校园面积70 000平方米，建筑面积32 370平方米。学校现有57个教学班，在校学生3 000余人，教职工226人。学校拥有教学楼、实验楼、信息楼、学生公寓、师生餐厅、体育场等教育教学设施；图书馆藏书100 000册；教师配有笔记本电脑，可在校园无线上网；57个教学班均为多媒体教室。专职任课教师179人，有辽宁省优秀教师5人，沈阳市名师2人，沈阳市学科带头人4人，沈阳市骨干教师11人，具有研究生学历或同等学力的教师18人。2010年，康平高中被评为“沈阳市综合治理先进单位”，被推荐为“市政府文明单位”，被沈阳市评为“未成年人思想道德建设先进单位”，被推荐为“沈阳市行风建设先进单位”。

【确立新学期总体工作思路】 2月，学校新一届领导班子按照县委、县政府和县教育局的工作部署，吸收学校的传统积淀，保持学校的创新活力，继续弘扬“为学生的全面发展服务，为学生的个性发展服务，为学生的终身发展服务，为全体学生的发展服务”的生本教育理念，确定了“从严从细抓管理，凝心聚力谋提升”的新学期总体工作思路，努力把学校的各项工作提升到一个新的水平。

【开展“雷锋战友说雷锋”活动】 10月10日，特别邀请到了中国雷锋精神研究会常务副会长乔安山同志为全校师生作弘扬雷锋精神专题报告。为进一步激发师生工作和学习热情，让雷锋精神融入到日常教育教学工作中，康平高中党总支还在全校师生中开展了“听乔老报告，向雷锋学习，做高级中学高尚的人”主题大讨论活动，激励全校师生坚定理想信念，在本职岗位上学雷锋、做雷锋。

【开展爱心捐助活动】 12月初，党总支召开会议专题研究为高二15班患重病学生王拓捐款，由校工会和团委发起倡议，开展爱心捐助活动，师生自愿捐款。全校师生捐款总额达28万余元。全校师生用实际行动展现了雷锋尊重他人、乐于助人的高尚精神。

【教师专业发展】 本学年开展骨干教师上“示范课”活动，充分发挥骨干教师的引领和辐射作用。开展青年教师上“汇报课”活动，促进了青年教师的成长。学校鼓励任课教师开展促进教师专业发展的“三我活动”。“三我活动”之一是“我看我自己”，引导班主任和任课教师进行反思，帮助他们查找问题；“三我活动”之二是“我学身边人”，为班主任和任课教师提供相互交流的平台，帮助他们寻找学习对象；“三我活动”之三是“我做现代教师”，鼓励班主任和任课教师进行深层积累，激励他们成为理想中的自我。

【政治理论学习】 全校教职工学习温家宝总理答中外记者问摘要，学习师德建设文章，组织党员收听收看雷锋传人郭明义的事迹，组织教职工收听收看于丹论语讲座《心态决定状态》等。采取集中、自学相结合的方法，采用了讲座、听报告、看专题片等形式，大大增强了学习教育效果。

（刘建权　李洪宽）

辽中县第一高级中学

【概况】 辽中县第一高级中学创办于1954年，1961年9月（高中部）改称为辽中县高级中学。1979年被确定为辽宁省重点中学。2006年被评为省级示范性高中。学校占地60 000平方米，建筑面积22 000平方米，绿化面积8 307平方米。图书馆藏书12.3万册，教育教学设施齐全，办学条件优越，育人环境优美。在岗教职工171人，专任教师127名，本科学历100%。其中，研究生学历13人，中学高级教师61人，中学一级教师88人。沈阳市劳动模范1人，全国优秀教师2人，省优秀教师1人，市、县学科带头人和骨干教师66人。有36个教学班，1 800名学生。

学校被授予辽宁省中小学心理健康教育先进单位、沈阳市绿色学校、沈阳市招生考试研究会先进会员单位、沈阳市教育学会先进会员单位、辽中县“两争一助”教育实践活动廉政好班子、辽中县文明学校、辽中县“双拥窗口”示范单位、辽中县教育系统安全教育综合治理及信访稳定工作先进集体、 辽中县教育系统“四星级”绿色生态校园、辽中县“十佳巾帼”文明示范岗、辽中县“红五月艺术节”先进单位等荣誉称号。在“快乐成长”辽宁省暨沈阳市中小学生“红诗咏诵活动”中荣获二等奖。

【深化内涵，精细管理】 修改和完善了《教职工工作职责与目标》、《任课教师管理常规》等11项制度；建立了完善的“三位一体”

的领导体制（即校长负责制、党组织的政治保证、教代会的民主监督与民主管理）和“四位一体”的管理机制（即全员聘任制、岗位责任制、考核评价制和绩效工资制）。制订各层次学年工作计划，各项工作顺畅有序，落实到位；管理层面认真督促、检查、指导、纪实、评价、反馈、总结；执行层面认真履行职责，保证各项工作高效完成；制定各岗位考核评价方案，形成了科学准确的评价体系，调动了教职员工的积极性、主动性和创造性。

【德育为先，育人为本】 制定和完善《学生礼仪常规》、《红旗班级评比制度》等制度，签订了全员育人岗位责任状。通过开展系列德育活动，落实德育层次目标，开展传统文化学习，提高学生的政治思想和品德修养；通过法治安全教育，落实“一岗双责”，努力创建“平安、文明、和谐”的校园环境；通过特色心理健康教育模式，培养学生健康向上的人格；开展“阳光助学”活动，全年减免贫困学生学费、住宿费、教材费约14万元；帮助212名贫困学生申请政府助学金约31.8万元。

【立足教学，提升质量】 通过构建公平竞争的教学平台、落实教学（高考）各批次目标、强化教学制度管理、明确教学的重点对象等管理手段，提高教学质量。实施有效教学，构建了“2515课堂模式”，开展有效课堂教学。抓教学常规落实，加强集体教研备课，发挥教研组长作用，指导和管理教研组，校长和教学领导听推门课。学校从教师学习培训、做好“抓尖保底”工作、严格考试管理、建立有效激励机制等多角度狠抓教学管理，促进教学质量的提高。

【科研兴校，打造品牌】 建立完善教研工作制度，举办公开课、示范课、竞赛课及学术讲座等教研活动，搞好校本师资培训工作；认真组织教改课题的申报、立项、鉴定、评奖等工作；组织一年一度的教育教学论文大赛；深入开展校本课程研究，创办教研网，建立教研资料库，搞好教研信息发布和宣传。《农村高中和谐德育教育模式的研究与实验》等6项国家、市级科研课题顺利验收，并应用于教学实践；3个省级科研课题正在验收中；教师9篇论文获中央教科所表奖。学校被评为“德育科研先进实验校”。

【后勤保障，民主办学】 建立健全《校产管理制度》等各项规章制度，做好安全检查工作，全心服务学生。实行收费公示制，严格按照上级规定的收费项目收费，建立完善的财务管理制度。学生食堂、宿舍有中层领导负责管理。做到科学管理，严格管理，服务师生。

【社团活动，特色鲜明】 开展“创建学习型组织，争做知识型教职工”活动，提高教职工队伍的整体素质；结合传统节日，开展丰富多彩的文化娱乐及慰问活动；认真开展好教职工年度考核。加强团组织的思想建设和“荣辱观”教育，强化“激励机制”和先进示范效应，提高团支部委员的整体综合素质。加强青年教师和学生思想教育，成立了青年业余党校，发展教师预备党员1名，学生预备党员7名。

【校园文化，多姿多彩】 学校举行红五月艺术节、金色十月体育节和第22届校园文化艺术节，丰富校园文化体育生活；开展“弘扬雷锋精神，共建和谐校园”座谈会；组建了《浪花》文学社、《雏鹰》书画社、校园之声广播站、新星艺术团、鸿鹄棋社等各种艺术社团。校园文化做到了教育性、知识性和艺术性的完美统一，增强了管理育人的氛围，做到“墙壁说话教育人，名言警句激励人，优秀文化感染人，优美环境熏陶人，角角落落都育人”。

【特色学校，争创佳绩】 学校从创建“特色课堂”、“特色教师”、推广“特色成果”工作入手，创建特色学校。创建“一、二、三、四”特色心理健康教育模式，全方位开展心理健康教育，即自编心理健康校本教材，开设心理健康教育课程；开展心理健康教育课题研究、定期举办专题心理讲座；开展心理健康教育主题班会活动、开设家长心理课堂、设立心理教育辅导网站；坚持学科心理教育渗透、面对面心理指导、设置心语信箱、办心灵之窗板报。

创建“一个培养”、“二个促进”、“三个围绕”、“五个结合与优化”特色英语课堂教学模式，提高师生英语水平，即培养具有英语语言能力和文化底蕴的人才；以科研促教学，提高教师素养；以情境促学习，提高学生英语综合水平；围绕“师资建设、英语课堂教学、营造英语环境”，提高学生英语语言能力；采取“走出去”与“请进来”相结合，优化英语师资；英语教研组资源共享与教师个人教学特色相结合，优化英语教学；生动活泼的课堂与形式多样的英语课外活动相结合，优化英语环境；英语教材与丰富多彩的课后学习资源相结合，优化英语资源；采用科研引导教师与竞赛激励学生相结合，优化教学成果。

（胡殿友）

新民市高级中学

【概况】 新民市高级中学始建于1907年，2003年8月迁入新校区，是省级示范性普通高中。学校占地21.6万平方米，建筑面积8万平方米，新校区的办学规模、总体布局、单体设计、环境创意、工程质量、技术装备等均达到国内先进、省内一流水平。学校设有60个教学班，在校生2 640人。现有教职工273人（其中教师231人，职工42人），高级教师55人，一级教师100人，二级教师73人，未晋级教师3人，研究生以上学历168人。学校设有理、化、生实验室12个、通用技术教室2个、计算机教室3个、多媒体教室3个、音乐美术教室各2个、心理咨询室1个、医务室2个，图书信息中心藏书15万册，计算机603台，生机比6.4:1、师机比1:1。学校的办学条件优良，师资队伍优秀，多年来，为国家培养了大批优秀人才。

【队伍建设工作】 学校设立科研处，专设主任，以保证教学研究、教学改革不断深入发展。有充足时间做实验和研究，有充足经费做保障，确保“科研兴校”发展战略实施。学校专门建立了教师培训领导小组，2010年，学校先后派出教师近300余人次分别到山东、河南、吉林、黑龙江等地的名校进行培训交流学习，派出3名英语教师到加拿大参加业务培训。在教学实验研究方面，有34项沈阳市一线教师二期课题申请结题；以班主任为主的德育课题已通过验收结题；新立项并实施沈阳市一线教师三期课题19项，德育课题国家级子课题13项，新立项辽宁省规划课题14项；申办成功国家级一对一数字化技术与学科课程整合子课题实验的实验校；立项校级课题39项，全校有90%的教师参与教改实验，涌现出一大批教学骨干。其中，有1名教师获得电化教育与课程整合国家级说课二等奖，6名教师在沈阳市教学竞赛或教学基本功竞赛中获奖，7名教师在辽宁省课件大赛中获二、三等奖，1名教师在沈阳教育网组织的博客大赛中获一等奖，4名教师在联合体教学竞赛中获奖，10余名教师在省市级教学论文评比中获奖。

【开发校本课程】 随着课程改革步入健康发展的轨道，校本课程开发也越来越成为学校教学改革的一项新举措。几年来，从学生和教师的实际出发，以开发书法、美术、普通话、体育、心理健康、自然科学类、人文科学类的课程为主线，进行了大胆尝试，取得了初步成效，通过运行，备受师生的认可和喜爱。在开发与实施过程中，学校高度重视任课教师的在职培训。组织教师自学了大量有关材料，对校本课程的宗旨有了深入的了解，为教学实践活动的开展奠定了良好的基础。还组织教师到外地学习取经，与兄弟学校经常互通经验，交流提高。

【后进生转化工作】 后进生主要表现在学习习惯差、承担责任意识差、明辨是非能力差、诚信感恩观念差、文明行为修养差、习惯作风养成差。学校针对后进生的特点，制定了后进生转化的具体措施，挖掘“闪光点”，帮助后进生建立自信；因材施教，激发后进生的求知欲；加强系列思想教育，增强责任意识；强化管理，培养良好习惯；领导、班主任及科任教师与后进生结成帮教对子，有计划实施后进生转化工作。通过一个学期的实践，学校后进生转化工作收到了较好的效果。

【开展丰富多彩的校园科技活动】 学校把科技教育作为推进学校素质教育的重要突破口，建立了科技活动领导小组，成立了科技社团，并将科技创新活动纳入教育教学工作的评估。学校坚持以发展学生个性，激发学生创新精神为目的，精心设计各类科技活动，开展科技节、科技运动会、科普讲座、橱窗展评、小报制作、科技小制作、科普主题班会、参观考察、观看电影录像、读科普读物、征文、演讲、科技知识竞赛、科技书画等活动，扎扎实实地进行科学知识的普及教育，取得了比较好的效果。同时，将科技教育与学校德育工作相结合，形成“相互渗透、相互补充、相互配合”的教育合力；把科技教育与学科教育相结合，发掘教材本身的科技教育因素，寻找对学生进行科技教育的结合点。

【培养学生自我管理能力】 学生自我管理以年级为核心，以班级为单位，强化学生的自我教育和管理，强化学生干部在学校德育管理中发挥的重要作用，将常规管理的一些工作，如室内外卫生、间操、眼操、课间纪律、文明行为等检查交给学生管理，充分体现了“以学生为主体”的教育理念。此项工作经过较长时间的实践，取得了良好效果，形成了学校鲜明的德育特色。

【对外交流工作】 近年来，在国际交流方面，学校派出多位教师去加拿大、英国和美国进行短期培训；也有长、短期外教来校工作。这些工作极大地促进了学校教师与外境的交流，拓展了他们的学术视野。联合办学是学校对外交流的另一个重要方向。为了引进国外的优质教育资源，学校与澳大利亚迈科瑞教育集团签订了联合办学协议书，还与美国康考迪亚大学签订了联合办学意向书。此举的目的是引进国外的先进教育理念，办有特色的学校。

（刘朝侠）

法库县高级中学

【概况】 2010年，法库县高级中学占地面积14万平方米，建筑面积3.1万平方米。在校学生2610人，设教学班52个。有教职工204人，包括专任教师172人；其中高级职称教师67人，中级职称教师65人；省优秀教师1人，沈阳市名师、沈阳市劳动模范、沈阳市学科带头人、沈阳市优秀教师、沈阳市骨干教师等20余人；全部为大学本科以上学历，其中研究生7人、研究生同等学力70余人。现有普通教室60个，专用教室3个，理化生等实验室5个。

【开展创先争优活动】 以创建“五个好”先进基层党组织、争当“五带头”优秀共产党员为主要内容，确定实践主题为：“创先争优，提升党员发展力，办人民满意学校”，并根据学校实际和办学特色，以“创建学习型党组织，争当学习型党员”为载体，以共产党员工程为抓手，确保创先争优活动取得实效。

【建立健全各级各类规章制度】 建立完善德育管理网络，实行校长总负责，德育校长具体负责，德育主任、副主任操作执行，教务处、总务处通力协作德育管理机制，根据德育工作目标、内容，建立健全岗位责任制，形成全校上下齐抓共管合力。重点抓好班主任队伍建设，构建班主任队伍科学管理机制。筹建以学校为主体的社会、学校、家庭三结合德育工作机构。大力加强德育科研，使德育科研工作规范化、制度化。同时狠抓制度落实与执行，值日领导、教师、学生干部每天对学生日常行为、班风、学风进行检查，每天评比公布，每周小结通报，每月汇总结账，并把考核结果纳入班级量化考评，收到较好效果。

【强化德育渗透】 把德育渗透于学校工作各个环节，贯穿于学校教育、家庭教育、社会教育各个方面，通过心理健康教育、专题教育、主题班会，进行德育强化教育。以丰富多彩的活动为平台，给学生充分展示才华的机会，把提高学生思想道德素质寓于各种活动之中。3月份开展文明礼仪教育、学雷锋活动；4月份开展心理健康教育、交通安全月活动；5月份开展“我有一个好习惯”演讲比赛；6月份开展珍爱生命远离毒品教育；7月份开展暑假禁止野浴、防雷击等安全教育；8月份开展新生“军训”活动；9月份开展“培育和弘扬民族精神月”活动；10月份以建国61周年为契机，开展系列爱国主义教育；11月份开展“学生书画作品展”评选活动；12月份召开法制报告会、元旦文艺联欢会。

【抓好常规管理】 从《中学生日常行为规范》、《学生一日常规》入手，重点进行养成教育、学习生活习惯、社会公德和文明礼貌等教育。完善《法库高中教学管理制度》、《教师讲师德树形象准则》、《法库高中学校章程（草案）》、《教师奖励制度》、《研究性课程管理细则》等规章制度，从根本上形成规范教师队伍管理机制。

【建立健全教学管理责任制度】 校长、主管副校长负责教师相关管理制度的制定、执行和监督。主管副校长直接领导、监督教务处工作，教师在岗及离岗培训、继续教育、教科研活动，了解掌握其他先进学校相关管理信息。实行教师竞聘制，年部主任聘班主任教师，班主任聘科任教师，由三年级至一年级逐级竞聘；在综合考核基础上，实行班主任末位淘汰制；落实教师奖惩机制，增强教师责任感和敬业精神。教务处负责教师队伍日常管理：教务主任负责领导、监督年部主任管理工作，负责全校教师考核，汇总教师具体表现情况，提出表扬、批评方案；负责组织各年级阶段性考试、教师公开课、汇报课等；直接负责与市郊联体其他兄弟学校沟通和交流。年部主任负责本年部教师具体管理，明确、实施各项考核，如教师出缺勤、备课、集体备课、作业、单元测试、上课、听课、学生反馈等。教研组长负责本教研组日常管理，传达落实教务处布置的各项教学任务，组织本教研组教研活动。备课组长负责本备课组集体备课、教学进度、单元测试等。由于形成了自上而下管理网络，教师纪律观念、集体荣誉感大大增强，迟到、早退、旷工等现象杜绝。

【教科研活动】 各教研组加强集体备课活动，对教学内容、教学环节、学生状态深入研究、探讨，在探讨中得出切合实际的结论；绝大部分教师自觉参加相互听、评课活动，找出问题，共同提高；教师备课质量、作业批改质量都有大幅度改进。研究性课程研究受到教师高度重视，有23名教师参加课题组课题研究活动，并取得一定研究成果。一些教师经过认真思考，总结实践经验，撰写出一批质量很高的论文，获得省、市相关部门优秀论文证书。

【实验教学工作】 2010年，学校理化生实验室搬迁至新实验楼。上半年，在市、县教育局大力支持下，投入资金近70万元，在新实验楼装配5个标准实验室，其中物理2个，化学2个，生物1个；同时装配3个准备室，物理化学生物各1个。另投入资金30万元，新建通用技术教室和数字地理实验室各1个。下半年，按照省级配备标准，对理化生3个实验室仪器设备和药品进行配置，基本达到省一类配备标准，实验室各项制度及文化建设工作全部完成。

【教育信息化工作】 随着新校区投入使用，学校教育信息化工作实现跨越式发展。60个教室全部实现多媒体和班班通，保证了各学科正常授课需要。建立完善的多媒体教室使用管理制度，确保所有多媒体设备完好率和使用率100%；完善微机室、电子备课室、报告厅、2个电子监控室使用管理制度，确保所有多媒体设备正常使用，保证学校各项工作正常开展，以及每年高、中考工作圆满完成。学校网站建设圆满完成。本年，学校被评为沈阳市“教育信息化先进单位”。

【教师培训工作】 全面完成了“十一五”继续教育工作，全校170名教师全部完成学业。同时全员参加教育部组织的现代教育技术培训，有102名教师获得初级培训证书；有20名教师参加辽宁师范大学研究生课程班在职学习，迄今已有70余名教师拿到研究生同等学力证书。开展教师电子课件制作培训，并举行了电子课件制作比赛。

【发挥工会作用】 坚持校务公开，加强行风建设，坚持教代会制度，充分发挥工会监督职能，实行民主管理。以和谐校园建设为目的，定期组织体检，关注教职工身心健康。各个节日开展相关活动，努力提高教职工福利待遇。切实帮助教师解决实际困难，把工会办成教职工之家。组织开展排球赛、篮球赛、老同志门球赛、舞蹈锻炼等文体活动，丰富教职工业余生活，加强学校精神文明建设。配合学校教务处、德育处加强教职工理论学习；深入开展结对子“青蓝工程”；开展“陶瀧杯”青年教师基本功讲课大赛。提高了教师思想素质和业务素质。

（陈鸿鹏　纪文彬）

市级重点高中

沈阳市第二十八中学

【概况】 2010年，沈阳市第二十八中学占地面积27 823平方米，建筑面积10 328平方米。图书馆（室）藏书44 819册，各类报纸80种，杂志55种。固定资产534.28万元，全年教育经费投入1 631.53万元，其中，国家拨款1 470.44万元、自筹经费161.09万元。毕业516人；招生532人，其中公费368人，择校157人，体艺优生7人；在校生1 537人。学校录取分数线公费638分，择校585分，应届高考本科上线率59.3%。开设教学班35个。有教职工158人，包括专任教师105人，其中，具有高级职称46人、中级职称60人；市级骨干教师2人；本科以上学历140人。普通教室36个，专用教室5个，实验室5个。学校网址www.zhongxue28.syn.cn。

【开展班班通教师培训工作】 3月10日—20日，开展班班通使用培训工作。培训针对各年级的教学实际开展了分阶段理论培训和操作指导，提高了教师对班班通使用的认识，重点强调了正确使用、安全使用，保证设备的正常运行，提高设备使用率。在理论培训之后，每位教师进行实践操作考核，在确保每位教师通过考核之后，学校的班班通设备开始投入正常的使用，提高了课堂教学效率、质量。

【举办第三届教育教学开放周暨高效课堂展示会】 5月17日，举办第三届教育教学开放周暨高效课堂展示会，大东区教育局、兄弟学校相关领导及学科教师共计140人参加活动。本次展示会的宗旨是做实精细化管理、构建优质高效课堂，进一步深化课堂教学改革，促进学校教育教学质量的可持续发展。沈阳市二十八中学题为《学校三年发展规划》和题为《用智慧打造高效课堂——二十八中学课堂教学改革探索之路》材料在年会上进行了交流。年会活动中，学校向与会人员推出了8个学科9位教师的高效课堂观摩课和2位班主任教师的全区示范性班会。大东区教育局对沈阳市第二十八中学系统化的发展规划与思路，立足于本校实际，探索实践着构建高效课堂的方法和途径给予充分肯定，并对进一步探索课堂教学改革的方法和途径提出具体建议。

【举行庆祝重阳节活动】 重阳节，107名离退休教师共聚一堂，参加学校组织的重阳节庆祝活动。学校领导班子到会与离退休教师共议学校发展大计，听取离退休教师的意见和建议。

【举办辽宁省高中政治学科优秀课大赛】 11月22日，辽宁省高中政治学科2010年度优秀课大赛在学校举行。来自辽宁省各城市的14位优秀政治教师参加比赛，比赛以说课形式进行，来自全省的近100名政治学科教师参加了听课。沈阳市第二十八中学的学科教师也参与了听课活动。

【第八届全国信息技术与课程整合优质课大赛取得佳绩】 11月27日—29日，第八届全国信息技术与课程整合优质课大赛在四川省攀枝花市米易县举行，来自全国各省市自治区1 460名教师参加了比赛，480名教师进入决赛。沈阳市第二十八中学化学教师孙靖、政治教师刘晨、生物教师杨卉、美术教师唐冉经过3天比拼，均获得大赛一等奖，沈阳市第二十八中学获优秀组织奖。

（徐哲茹　田春雨）

沈阳市第一二四中学

【概况】 2010年，沈阳市第一二四中学占地面积37 517平方米，共有两座教学楼，建筑面积15 226平方米，有300米跑道的塑胶操场和1 100平方米的室内体育馆。毕业264人，招生367人，在校生1 008人。公费录取分数线590分，择校录取分数线512分。应届高考上线率98.44%。共开设19个教学班，有教职员工107人，其中专任教师77人，全部为本科学历，参加研究生课程班培训的有27人，有硕士学位的4人；学校有高级教师53人，占49.5%；一级教师31人，占29%；二级以下（含二级）教师 11人占10.3%。市骨干教师5人，区学科带头人5人，区骨干教师30人。普通教室24个，专用教室5个，实验室5个。学校网址：www.sy124zx.com。

【招生工作】 一二四中学的招生工作又取得突破性进展，学校通过各种渠道宣传学校的办学成果和优势条件，吸引了众多学生和家长的关注，学校的公费录取分数线为590分，择校录取分数线为512分，由2009年市内五区公立市重点的第十名一跃上升到了第八名，大大缩小了与市重点第一军团的差距，为学校进一步发展奠定了坚实的基础，从而步入了良性循环的轨道。

【参加省暨市第八届青少年纸飞机航模竞赛】 2010年10月15日，“辽宁省暨沈阳市第八届青少年纸飞机航模竞赛”在市第六十三中学隆重举行。本届航模竞赛是有始以来参与人数最多的一届。来自沈阳市84所中小学的参赛选手以及六十三中学的部分同学近3 000人在操场上整齐列队共同参加了开幕式（苏家屯区、沈北新区设分赛场同步进行）。经过激烈的角逐，沈阳市第一二四中学高东同学以31秒13的成绩获得了高中组第一名，学校也获得了高中组团体竞赛第一名的好成绩。

【参加沈阳市“逆风行车”大赛】 5月15日，参加了“沈阳市青少年‘逆风行车’创新大赛”，这是2010年沈阳科技周活动期间的一项重要活动，来自沈阳市六城区18所中小学100余名青少年参加了“逆风行车”创新大赛。经过激烈的角逐，最后共有3所学校分获小学组、初中组和高中组一等奖，14所学校分获各组二等奖，一二四中学派出的由辅导员姚申萌老师和佟帅（女）、张坤梅（女）、高韩、刘策、宋博文5名同学组成的代表队获得了高中组一等奖。

【迎接区教育督导检查】 4月26日，和平区教育督导室在督导室副主任张丽梅的带领下一行6人到学校进行关于创建沈阳市教育强区的督导检查。此次教育督导检查从师资队伍建设、德育管理情况、教学常规管理、学校特色发展、学校管理工作等几大方面对一二四中学的整体发展建设情况进行了调研，督导室对学校的整体工作给予了高度肯定，认为学校硬件先进、环境一流、师资水平高、管理工作实、学校特色突出、辐射作用显著，同时也对学校下一步发展提出了建议。

【迎接创建国家级可持续发展实验区工作检查】 7月20日，代表和平区迎接创建国家级可持续发展实验区的检查，检查团由国家23个部委抽调的各方面专家组成，对学校的硬件建设、课程设置、科技特色、环境教育等方面进行了全面调研，对学校给予了高度评价，认为学校自然环境清新幽雅，可持续发展教育落实到位，科技发明与环保教育相结合独具特色，不仅体现了学校的可持续发展理念，更体现出对学生教育的可持续发展，为和平区创建工作做出了贡献。

【制定学校三年发展规划】 9月，根据和平区教育局的要求，制定并出台了《沈阳市第一二四中学三年发展规划（2011—2013）》，学校首先面向全校教职员工从学校各个方面广泛征集未来发展意见和建议，然后由学校规划领导小组的成员进行讨论研究，制定了三年发展规划的讨论稿，再由全校教职员工提出修改意见，最后提交教代会讨论通过。规划从现状分析、办学理念、发展目标、实施系统和保障系统五大方面对学校未来三年的发展提出了具体的目标。

【创建“高效课堂”活动】 为提高课堂效率，优化教学模式，开展了创建高效课堂活动。首先通过参观学习、教研活动让教师明确高效课堂的基本元素、基本模式、如何评价等。在建立了教师的理论基础后，学校通过同备课组听平行课的方式予以落实。另外，学校还通过质量提升小组跟踪听课，提升薄弱学科教师水平。对于青年教师更是采取理论培训和教学活动相结合的指导方式，采取上课、听课、议课等方法让年轻教师在反思、学习、落实中不断进步，并用《青年教师发展手册》记录他们的成长和收获。学校现已经建立起一整套高效课堂评价体系，学校课堂正在向高效优化的方向迈进。

【参加区“课改之星”大赛】 11月，组织教师参加了由和平区教育局举办的争做“课改之星”活动并取得了良好成绩。首先学校以教研组为单位进行推荐，选拔出了23名优秀教师参加初选比赛。这些教师都进行了精心准备，同组教师倾力协助，在近一个月的角逐中，有15名教师脱颖而出，代表学校参加了和平区教育局组织的全区比赛。在区级比赛中，教师们使出了浑身解数，展尽风采，取得了骄人成绩，10人获得了区“课改之星”称号，5人获得了区“教学能手”称号。

【体卫工作蓬勃开展】 重视加强校业余运动队的训练，2010年取得和平区女足第一名，男足第三名，男篮第三名，田径第四名，全年竞赛总分第三名的优异成绩。卫生工作方面，建立健全各项制度，如：晨检制度、甲型流感的日报告制度、传染病隔离报告制度等。做好日常卫生宣传工作。另外针对中学生青春期的一些心理健康问题进行心理健康教育，引导学生正确处理自身存在的一些问题，促进学生健康快乐的成长。学校卫生室被评为和平区先进卫生室。

【科研工作】 省级课题《开展校本教研与构建学习型校园文化的研究》一项结题，市级课题《课程改革与提高课堂教学效益的研究》、《强化学生主体活动的诗歌教学模式探究》、《高中数学“学案”的设计与应用研究》3项结题，区级课题有18项已结题，10项课题获十一五区级优秀科研成果奖，2项市级课题正在进行中。学校被评为沈阳市先进教育学会。

【学校晋升为省图书示范校】 12月，学校顺利晋升为省图书示范校。为达到省级要求，学校增加了一间74平方米的藏书室，使图书馆整个面积扩大为500平方米。新增精品书柜15个，资料柜10个，报刊架2个，电脑12台，同时对图书馆整个馆室进行了维修及装饰，粉刷了墙壁，更换了窗帘和桌布，使图书馆的阅览环境更加温馨和舒适。在硬件设施不断完善的同时，图书馆全体管理人员参加中小学图书馆室学习活动，提高了自身的业务能力，在校内组织开展了多种多样的读书活动，协助多位教师完成了多项国家级和省级的课题和论文，使图书馆发挥了应有的作用。

（董立剑　吴倩）

沈阳市第二十四中学

【概况】　沈阳市第二十四中学是一所完全中学，高中是市级重点高中。占地面积25 000平方米，建筑面积14 000平方米，标准化运动场地，塑胶跑道、篮球场、乒乓球案台等一应俱全。学校教学设备一流、设施齐全，有能容纳300余人的多功能报告厅、多媒体电脑室、电子监控室，实验楼内有符合国家标准的化学实验室、物理实验室、生物实验室，还有微机室、语音室、图书室、阅览室、舞蹈教室、画廊和画室。图书馆藏书2.3万册，各类报纸、杂志共计89种。学校现有35个教学班，193名教职员工，1 800名在校生，省、市、区骨干教师41人，硕士研究生及同等学力36人，高级教师75人，中级教师74人。普通教室40个，专用教室9个，实验室8个。

【创立“1234高效课堂” 教学管理模式】

3月，创立“1234高效课堂”模式，具体说就是：一转变、两学案、三课型、四流程的高效课堂模式，即导学案、训练案并举；新授课、复习课、讲评课三课型兼顾；“自学/自补/自纠—合作—展示—反馈”四个教学流程并进。在常规教学管理中，教务处制定了相关的考核方案及实施细则，分别从备课、课前培训、高效课堂的实施、学案的检查等四个方面对日常教学进行引导、督促、管理，进而完善“高效课堂模式”的预期效果。

【推行“1133联检”高效德育管理模式】

4月，推行“1133联检”高效德育管理模式：党政领导抓好学校高效率的管理；明确分工，实行承包责任制；落实三元管理措施（年级组设专管干事、安排轮流值周教师、安排好值周学生）；坚持三会制度（每周召开承包领导汇报会、每日召开值检人员碰头会、晚检通报会）。“1133联检”高效德育管理模式，从师生入校到放学离校，对学生着装、发型、迟到早退、上课状态、课间纪律、午睡情况、放学情况进行全天候、全方位、全过程、不间断地联合检查。对教职工岗上出勤、工作态度进行抽查。联检教师深入班级，发现问题，严格督促学生改正，以保证学校各项工作健康有序进行。校长亲自指导，并实行“跟踪管理”，连续关注问题个案，直至问题消失。“1133联检”高效德育管理模式，受到师生的欢迎，收到了意想不到的效果。

【“青春与诚信”启动仪式暨18岁成人宣誓大会】　4月12日，“青春与诚信”启动仪式暨18岁成人宣誓大会在操场隆重举行。大会由校学生会主席张鹏同学主持。校优秀青年教师代表柴爽老师向全校同学发出了“构建和谐校园，谱写诚信乐章”的倡议。成人学生代表、学生会社团部部长王放同学精彩发言。在成人宣誓环节，各成人方队之间展开了“立青春誓言”宣誓竞赛。伴随着激昂的《团歌》，各班同学紧张有序地完成了“挥洒青春、诚信一生”创意手印画作品。最后，校党总支书记胡占武向成人学生表达了由衷的祝贺和殷切的希望。成人学生共计256人参加。

【“让青少年远离毒品”耿永康专题报告会】4月14日，全国著名的禁毒志愿者、禁毒形象大使耿永康同志为全校师生作了“让青少年远离毒品”专题报告。耿永康同志向学生发放了禁毒知识宣传画册，讲解了毒品的危害性，宣传禁毒知识，并带领学生进行了“拒绝毒品，从学生做起”的宣誓活动，受到了师生们的热烈欢迎。最后在耿永康所带的“拒绝毒品，关爱生命”的万人签名条幅上，师生们郑重地签上了自己的名字。本次活动使学生对毒品的危害有了深刻的了解，受到了深刻的教育。本次活动受到了皇姑区委的重视，区政法委高翔科长出席本次活动，沈阳晚报等媒体对此进行了采访报道。

【李鹰校长被授予“皇姑区五四荣誉奖章”】4月28日，共青团皇姑区委在沈阳市第十一中学音乐厅隆重举行“纪念五四运动91周年暨建团88周年全团表彰大会”。团市委郭书记以及区四大领导班子成员分别为受表彰人员颁奖。校长李鹰光荣地被授予“五四荣誉奖章”，表彰其多年以来对共青团工作的大力支持与密切协作。

【纪念“五四运动”91周年暨建团88周年新团员宣誓大会】 5月4日，二十四中学隆重召开纪念“五四运动”91周年暨建团88周年新团员宣誓大会。大会由校学生会宣传部部长王放同学主持，2009年度区优秀共青团员、团干部为18名新团员佩戴了团徽。市优秀共青团员张鹏同学带领新团员庄严宣誓，新团员代表王谦谦同学发言表明了决心。李鹰校长向全校青年学生致以节日的问候，向新团员们表示衷心的祝愿。本次活动，进一步激发了全校学生的爱国热情，很多学生表示，今后会把爱国的精神化成学习的动力，以全新的状态投入到学习中，创造佳绩，回报学校。全校学生1 000人参加。

【举行与沈阳师范大学美术与设计学院建立教育基地剪彩揭匾仪式】 5月12日，隆重举行“沈阳市第二十四中学与沈阳师范大学美术与设计学院建立教育基地”剪彩揭匾仪式。揭匾仪式由德育校长刘健主持，沈阳师范大学美术与设计学院院长张鹏、皇姑区政府副区长贺燕、皇姑区教育局局长邓华、校长李鹰为教育基地剪彩，张鹏院长、贺燕副区长为教育基地揭匾，张鹏院长和邓华局长致辞。近年来，二十四中学先后被授予“中国教育学会艺术教育实验学校”、“沈阳市艺术教育特色学校”、“沈阳市艺术教育教学研究基地”称号。学校将打造特色定位艺术育人理念。在人才培养方向上，既考虑到学生个性发展的多元化倾向，又要考虑到高等艺术教育的共性基础；既要抓住素质教育的核心，以人为本，又要慎重对待高考，将升学作为艺优生专业人才培养的接续，将可持续发展作为学校的发展战略。全校师生1 800人参加。

【市级重点高中“高效课堂”现场会举行】 6月18日，由沈阳市教育研究院主办，皇姑区教育局中教科、皇姑区教师进修学校、沈阳市第二十四中学协办的“沈阳市市级重点高中‘高效课堂’现场会”在二十四中学隆重举行。市教研室主任祝玉峰、教育局副局长张素珸分别作了重要讲话，校长李鹰对二十四中学高效课堂教学模式、高效课堂的关键、“1133”联检高效管理模式、“八·一六”联检细则等学校全新的改革情况做了详细的介绍。在“课堂观察”环节，与会人员共听了刘洋、王玉、王守秦等17位优秀教师的课。会后又进行了“分组交流”，市区领导对二十四中学的“高效课堂”模式给予了高度评价。全市前来听课的领导、教师共计170多人。

【“励精图治育栋梁，改革创新著华章”教师节大会】 9月17日，庆祝第二十六个教师节大会在秀湖北岸碧月潭宾馆会议大厅隆重召开，本次大会的主题是“励精图治育栋梁，改革创新著华章”。校级领导为区模范工作者、区记大功、记功和校先进教师进行了颁奖，各处室、年组教师准备了精彩纷呈的文艺节目。本次教师节活动历时两天，通过活动明确了新学期目标，增强了教职工的凝聚力、战斗力，为再创辉煌积蓄了力量。

【举办秋季校运动会】 9月28日，二十四中学秋季校运会开幕式在学校操场隆重召开，本次体育运动大会的主题是“我运动、我健康、我参与、我能行”。本次校运会由校学生会主席王放同学主持，大会执行主席、精神文明评比组、裁判员均由学生担任，每位学生都有项目和任务，全员参与，这是二十四中学德育教育要由“他管”转变为“自教、自育、自管”的一次大胆尝试，是德育民主管理的体现。本次大会历时两天，共设置了30多个常规竞赛项目和10余个趣味项目。在校运会上高一新生军训方队进行了汇报表演，教工代表进行了太极拳表演。全校师生1 800人参加。

【区初中政治高效课堂模式研讨会举行】 10月20日，初一政治教师许爱萍、初二政治教师张艳，为皇姑区初中政治教师分别上了一堂别开生面的高效课堂模式的研讨课。课堂一改从前“老师讲，学生听”的枯燥模式，学生成为整个课堂的主人，由学生就老师提出的问题进行“自主学习、合作探究、展示与点评”，其中的不足之处由老师进行纠正，这充分调动了学生的积极性、主动性、创造性，整个课堂气氛异常活跃，受到全区政治教师的一致好评。课后，皇姑区教研员黄美霞老师召集全区初中政治教师就本次高效课堂研究课进行研讨。

【“高效课堂模式”大放异彩】 10月29日，教师王玉带领高三·四班全体学生参加了在里仁宾馆举行的“全国名师巡讲团暨中小学语文课堂教学及观摩活动”。在此次活动中，王玉老师和她的学生用“高效课堂模式”给大家呈现了一堂生动的高三诗歌鉴赏复习课，同学们认真的自主学习，激烈的合作探究，从容大方的讲解，有深度、有质量的质疑，教师精彩的点拨给与会的全国各地教师留下了深刻的印象。会后，有很多教师向学生们询问能否将课堂上使用的“学案”送给他们，可见，独具二十四中学特色的“高效课堂模式”已得到了众多同行的认可。

【区领导到校调研】 10月27日，区政协副主席李跃、文教办主任彭克俭及部分政协委员在区教育局党委书记董威、办公室主任郭阳的陪同下，来到二十四中学进行调研，了解义务教育阶段初级中学师资建设情况。政协委员们与校级领导亲切交谈，对皇姑区整体师资队伍建设及发展情况进行研讨，并听取了李鹰校长对二十四中学高效课堂教学模式、“1133”联检高效管理模式、“八·一六”联检细则等学校全新改革情况的详细介绍。政协委员们对师资建设工作给予了充分的肯定，并对“高效课堂”模式给予了高度评价，对今后的工作提出许多宝贵建议，为二十四中学进一步推进“高效课堂”教学模式有着重要的指导作用。

【区人大到校督导基层工作法落实情况】 11月16日，皇姑区人大副主任石宝焕一行，在区教育局局长邓华、书记董威的陪同下，来到沈阳市第二十四中学，就教育系统落实基层工作法情况进行督导检查。会上，邓华局长汇报了一年来教育系统工作创新在基层的主要做法和成果。会后，李鹰校长陪同督导组和教育局领导深入课堂听取了高二·四班张艳老师的语文课，了解了“高效课堂模式”改革创新情况。在随后的总结部分，石宝焕副主任代表督导组成员，对教育系统一年来锁定一个目标，创新三个载体、实现三个突破、达到三个满意的做法给予了充分肯定，对二十四中学高效课堂模式给予了高度评价，赞扬二十四中学为皇姑教育做出的重大贡献，并祝愿皇姑教育在基层工作法的引领下，取得更加辉煌的成绩。

【“高效课堂”沈阳培训会隆重举行】 12月8日—9日，由中国教师报、全国教师培训基地主办、沈阳市第二十四中学协办的“高效课堂”沈阳培训会暨课堂操作与诊断专场培训会在学校隆重举行。这是建校以来首次承办全国性重要会议。区教育局局长邓华致开幕词。本次会议由中国教师报、全国教师培训基地、昌乐基地主任胡超主持，旨在“相互借智，协同发展，致力于高效课堂实践，全方位提升教育质量，探索中国创新教育发展的路径和方法”，与会者分别就高效课堂建设与突破、循环课堂模式解读、促进教育均衡发展、推进素质教育等问题展开深入探讨。山东昌乐二中副校长刘树忠、山东临沂四中校长李长青、河北武安六中校长齐向东、校长李鹰等作为“高效课堂”典型引路人分别就学校课改作专题报告。在本次会议中，来自山东昌乐二中的夏东臻、杨本才、钟国辉和沈阳市第二十四中学的张艳、王闯、李晓岩、甘雪珍共计7名教师作为优秀教师代表，展示“高效课堂模式”示范课。此次培训会的举办，成功为全国各地中学搭建学习与交流的平台，为各校教师提供研究与借鉴的样本，更为切实提高沈阳市普通高中课堂教学质量起到重要的示范作用。辽宁电视台、沈阳电视台、沈阳日报、华商晨报等新闻媒体对本次会议进行了报道。来自全国各地的领导、教师共计300多人参加了本次会议。

【“纪念一二·九运动，传承民族精神”红歌大合唱比赛】 12月10日，团委在高一各团支部组织开展了“纪念一二·九运动、传承民族精神——红歌大合唱”比赛。根据团委的要求，每班演唱两首曲目，一支为《国歌》，另一支为自选曲目。高一年级8个团支部进行了充分的准备，《奔跑》、《我相信》等学生喜爱的歌曲表达出同学们澎湃的激情；雄壮的《国歌》唱出了同学们对祖国的无限深情；配乐诗朗诵再现了英雄年代，传承了民族精神。各班还精心编排了合唱队形，选出了报幕员和指挥，有的班级还编排了舞蹈动作和造型。团委、德育处、学生会组成了“评审委员会”，依次进入各班教室进行评比和审查。最终，高一8支部、高一1支部、高一2支部夺得了一等奖。

【创建“学生自主管理，自我服务的特色校园”】 12月，施行“学生自主管理，自我服务的校园”特色学校创建方案。围绕“育人为本，德育为首”的理念和“自主管理，充分发展”为主题，着力将原来的常规管理转化为自主管理，创建学生自主管理、自我服务的特色校园。优化学生角色意识，促进学生自我认定和自我调控，探索学生良好的行为习惯内化的途径；构建学生自主管理机制，充分激发学生民主管理意识；充分发挥学生会组织能力，促进自主管理，自我发展，建立班级自主管理体系；探究学生自主管理模式，培养学生独立人格，形成多样化、规范化、特色化的管理体系。

（马颖　李鹰）

沈阳市第九中学

【概况】 沈阳市第九中学坐落于南运河畔、彩电塔下，始建于1737年，前身为清朝皇学，1994年首批被沈阳市政府命名为市级重点高中。占地面积10 941平方米，建筑面积7 599平方米，综合楼建成后，建筑面积将达到14 183平方米。现有30个教学班，学生1 295人，教职工142人，其中高级教师39名，中级教师54名，省、市、区级优秀教师36名，市、区级骨干教师13名，20余名教师参加硕士研究生课程班学习。图书室藏书54 502册，各类报刊150种。固定资产总值687万元。全年教育经费投入1 634

万元，其中，国家拨款1 538万元、自筹经费96万元。2010年高中公费录取分数线655分，择校录取分数线618分。应届高考本科上线率73.3%。学校教学设施齐备，普通教室30个，专用教室5个，实验室5个，满足了现代化教学的需求。班班实现多媒体教学。学校网址：www.sy9z.com.cn。

【学校发展新思路】 学校秉承“拼搏成就未来”的校训，坚持“脚踏实地、追求卓越、学校发展、师生共进”的办学理念，追求卓越的途径就是脚踏实地地学习和工作，追求的目标就是学校、教师和学生三位一体的发展和成功，其内在的含义和目标为，学校发展——夯实基础、厚积薄发；教师成功——工作快乐、事业成功；学生成才——毕业升学、适应社会。对学校文化的成功提炼，理清了学校发展的思路，凝聚了师生的力量，明确了前进的方向，产生了较为深刻的动力。学校遵循“安全为前提、德育为灵魂、教学为中心、艺术为品牌、管理为保障”的办学策略，以办中心城区精品示范高中为办学目标，树立“知书明理、和谐向上”的校风和“砺志有为、勤学致远”的学风，倡导“育人为本、效率为先”的教风，实施“深备、精讲、细练、勤考、粗判、详评”的有效教学策略，开创“20+20”课堂教学模式，坚持学校精细化管理和学生自主管理。几年来，取得了突出的教育成果，学校曾获得市、区级“文明学校”、“教育教学工作先进单位”等称号。

【新建综合楼主体竣工】 12月，综合楼主体建设顺利完成。将设有体育馆、图书馆、报告厅、排练厅、学生食堂等设施，极大地改善了学校办学条件，提升了办学水平。学校校园艺术化氛围浓厚，厅廊建设体现了九中的文化特色，较好地发挥了校园环境的育人功能和宣传功能，一楼以“艺术殿堂”为主题，二楼以“放飞梦想”为主题，三楼以“科技时代”为主题。新楼以“真我风采”为主题。走廊悬挂学生的才艺表演和艺术作品，不仅让学生亲身感受到了艺术就在身边，而且展示了学生在九中艺术特色的氛围中的学习和生活片段。

【“20+20”课堂教学模式改革】 以“20+20”有效教学模式改革为突破，实施新课程改革，促进教师的专业发展。以“备、讲、练、考、判、评”为策略，以“堂清、周结、月测”为手段，以2011年理科高考和文科（不含乐团学生）高考、期中、期末考试各科目平均分居市级重点高中前两位，部分科目达到市级重点高中第一名为目标，实行任课教师负责制，切实提高教育教学质量。凭借多年的教育积淀，学校积累完成了几万字的《沈阳市第九中学达标工程手册》，体现了教育管理的特色。教学管理以落实《沈阳市第九中学达标工程手册》内容为载体，进行常规管理，规范教学行为。2010年，学校成立教研室，设学科教研员，通过听课交流等活动，加快青年教师成长的步伐。开展“教学公开周”及“每日一课”活动，展示“20+20”有效教学模式，通过观摩研讨，进一步推行“20+20”教学模式改革，同时通过教研组集体参与导课、教学设计、试讲、听课、评课等同伴互助活动，营造教研氛围，促进教师间的交流合作，提升教研组整体教学水平。2010年，九中的高考成绩跃升到全市前两名，中考录取分数线已经跃升到全市前三名，学校教务处被评为区优秀教务处。

【名师工作室成立】 刘大江数学名师工作室在沈河教育网成功建立，刘大江老师及数学教研组的成绩得到了区教研室的肯定，学校将全力支持数学组和刘大江老师名师工作室的建设工作，发挥其引领和辐射作用。九中教师培训工作以名师工作室为突破，探索推广名师工作室的教研模式，逐步建立起学校名师工作室，充分发挥名师工作室的示范功能，提高教师教科研能力，力求建设成一支优秀教师团队。

【德育管理取得新进展】 结合学生实际，德育管理逐步形成学生自主管理特色。通过学生自主管理，深化学生品德自我教育意识，提升学生自我发展能力。以转变学生由依赖型转变为自主型，形成主人翁的意识；教师由包办型转变为主导型，形成学生为本的教育意识为途径；以培养学生自主参与管理能力、社会实践能力、创新思维能力为目标。通过“学生自主管理”课题研究，开发“学生自主学习能力培养”课程。学校先后获得“德育示范校”、“绿色学校”、“科技发展项目特色学校”等多项荣誉称号。

【全国艺术展演实现新突破】 校园音乐剧《男孩儿与树》获得了第三届全国中学生艺术展演表演和创作两项一等奖。九中是以艺术教育为特色的市级重点高中，学校专注并擅长对艺术特长生的培养，学校拥有中学生交响乐团、民乐团和管乐团，特别是交响乐团有着15年的历史，曾多次代表省、市、区参加大型演出，取得了辉煌的成绩，闻名省内。学校连续三届参加全国中学生艺术展演，获得一等奖两项、二等奖两项，最佳创作奖两项。学校交响乐团、民乐团分获大奖，为家乡赢得荣誉，2010年，学校荣获“全国学校艺术教育先进单位”光荣称号。

（柳文春 张政）

沈阳市青松中学

【概况】 沈阳市青松中学占地面积26 292平方米，建筑面积19 482平方米，运动场地面积6 000平方米。图书馆藏书3.5万册，各类报纸17种，杂志104种。固定资产总值25.092万元。全年教育经费投入11.734万元，其中国家拨款932万元、自筹经费242万元。毕业生408人；招生650人，其中公费生540人，择校生110人；在校生2 015人，寄宿生522人。2010年公费录取分数线557分，择校录取分数线411分。开设教学班40个，其中2010级14个教学班，2009级13个教学班，2008级13个教学班。现在册教职工140人，专任教师132人，其中高级职称38人，中级职称67人；市学科带头人1人，市级骨干教师10人；研究生同等学力以上学历10人。普通教室48个，专用教室9个，实验室8个。学校网址：www.syqszx.com。

【隆重召开工会第四届委员会换届选举大会】 1月25日，学校进行了工会第四届委员会换届选举大会，经全体教职工票决：张亚南、赵志恺、吴成斌、佟德龙、于秀杰、孙淼、刘婷婷、刘威、贾瑞9位同志当选为工会第四届委员会委员，其中张亚南同志任工会主席；于秀杰等31名同志当选为教代会第四届教工代表。

【深化教学改革，展示教学风采】 为了增进联合体各校间的联系，使教师们有更多业务沟通的机会，学校于4月15日精心安排了教育开放日活动，八十一中学、一四六中学、一七〇中学、一七六中学等兄弟学校60多名教师前来观摩、交流，并为青松中学教育教学工作留下了宝贵意见和建议，青松中学也充分展示了良好的校风校貌和蓬勃的师生风采。

【别开生面的毕业典礼】 5月31日，在学校操场隆重举行了2007级毕业生典礼。会上学校对高三年级何成林、张雅慧等8名优秀毕业生进行了表彰，王洋及母亲代表408名毕业生及其家长在会上发言，高三同学向全体高三教师献上了花束，高三教师代表邵鸿雁代表全体教师向毕业生送上了衷心的祝福，最后曲校长作了总结发言。

【平稳完成高中优质教育资源整合】 8月26日，一七六中学全部师资整体并入青松中学，自此，青松中学顺利完成师资的整合，其中一七六中学调入64人（不含离退休人员调入55人）；抚顺十二中学调入1人；工业技术职业学校调入1人，即现有在册教职工140人，其中借出7人，外聘3人，外借17人，目前在岗教职工160人。

【第五届校园文化艺术节异彩纷呈】 4月—9月，学校组织开展了第五届校园艺术节活动。本届艺术节共组织了声乐、舞蹈、乐器、红诗四个方面的系列活动，通过比赛选拔出优秀节目在9月3日开学典礼上进行汇报演出，区教育局长赵建华、党委书记郭志美等教育局相关部门领导莅临现场，赵建华局长在开学典礼上作了重要讲话。各位领导在典礼结束后与全校师生共同观看了青松中学艺术节汇演，整个艺术节活动圆满成功。

【增强国防意识，磨炼刚强品质】 8月25日—29日，学校组织高一新生为期5天的军训。教育局局长赵建华、书记郭志美、技工大队大队长陈洪昌以及学校领导参加了开训和结训式。军训严格按照《高级中学学生军事训练教学大纲》规定的教学内容和学时实施军事技能训练和军事理论课教学。课程内容有军事体能训练、军事理论授课和国防知识讲座等三个方面。短暂的军训生活，在同学们身上真正体现了当代高中学生的崇高品质和奋发向上的进取精神。

【广泛开展礼仪教育活动，构建德育特色】 2010年，学校通过学习礼仪、宣传礼仪、实践礼仪、展示礼仪等礼仪实践活动，创建“礼仪德育”特色，以礼导德，以礼显德，依礼治学、依礼治教、依礼治校，促进具有浓厚人文气息的“智者风范、贤人气象”的良好校风、教风、班风、学风的形成。编制了《学生礼仪手册》；开展了礼仪状况调查；利用《松之声》校园广播、校园网、宣传栏、《松之韵》校报、校会、晨检、主题班团会、升旗仪式等各种途径宣传礼仪知识，营造了浓厚的礼仪氛围。

【教育教学成果丰硕】 在沈阳市教育局组织的“快乐成长”沈阳市中小学生红诗咏颂活动中荣获二等奖，学校党支部被教育系统评为“先进党支部”；刘晓波2010年获市优秀课二等奖和课件一等奖，陈硕2010年获市优秀课二等奖；任秀华、邓晓东被评为沈阳市骨干教师；兴无瑕被评为区模范教师；郑海波、史广宇被评为区优秀班主任；郑海波、史广宇、李艳、周义、刘慧、苑飞等教师被评为区优秀教师；王恩润、靳开颜、华克庶、刘慧4名教师被评为区养成教育先进个人。

【迎新年联欢会暨教师艺术节演出】 12月31日，学校组织了“和谐青松，奋飞青松”新年联欢会。学校在岗教职工和离退休人员50多人欢聚一堂，教职工和退休老同志同台表演了12个精彩的文艺节目。这是两校合并后的一次盛会，凝聚了青松200多人团结奋进的心。这次演出阵容之大，节目之精彩，影响深远。

（高东野）

沈阳矿务局中学

【概况】 2010年，沈阳矿务局中学有教职工240人，其中，高级教师69人，一级教师83人，市级骨干教师3人，市级劳模1人，区级首席教师5人。在校生1 800人，36个教学班。学校分南北两个校区，占地面积50 000平方米，建筑面积30 000平方米。教学设备设施齐全，有教学楼2栋，实验楼1栋，男生宿舍楼2栋，女生宿舍楼1栋。学生食堂1个，教师食堂1个。理化实验室2个，生物实验室1个，多功能报告厅1个，多媒体教室36个，计算机网络教室1个，美术教室2个，音乐教室1个，舞蹈室1个，语音室2个。风雨操场2个，图书馆2个，藏书63 000册，各种杂志130种。

【感恩行动，弘扬美德】 3月5日，高一年级全体学生到虎石台敬老院打扫卫生，并给全体老人组织了一场小型演唱会，全体老人心情愉快，并同台演出，同时校长为全体学生作了“感恩教育”报告。弘扬中华传统美德，激发学生好好学习奋发向上，将来为社会贡献力量。

【安全教育活动】 4月9日，高一年级全体学生到沈北新区虎石台消防中队听“消防安全知识”报告，并组织了一场篮球赛，学生与消防官兵一起既学到了有关的消防安全知识，又锻炼了身体，同时，又进一步增进了学生与消防官兵之间的友谊。

【爱心捐款】 4月27日，党支部组织全体教职工为玉树灾区捐款。在老师的带领下，广大同学也纷纷伸出了援助之手，学校共捐款52 350元，其中，教师捐款24 000元，学生捐款28 350元。

【创先争优活动】 6月15日，沈北新区教育局党委召开动员大会，号召全体党员开展“创先争优”活动。全体党员严格要求自己，立足本职，结合实际，注重实效，努力争做“三个模范”、“五带头”，取得了良好的效果，同时，沈阳矿务局中学被评为沈北新区优秀党支部。

【特色活动提升学生素质】 为了响应沈北新区全民健身的号召，学校在篮球、足球、田径等中学生喜欢的常规体育运动项目中，挑选出学生最喜欢参与的足球运动，开展了全校基础年级的足球联赛。在联赛过程中，挑选了一批基础较好、体质较强、兴趣较浓的学生，组建了校园足球队，配备了专职训练教师，定期开展活动，使足球运动水平有了较大程度的提高，并在9月份“区长杯”足球联赛中荣获冠军。

【组建特色家长学校】 7月8日，在“辽宁省家长学校第二轮优秀成果表彰大会”上荣获“全省家长学校实验工作先进实验学校”光荣称号。家长学校的组织机构及硬件设备、规章制度、师资队伍、教学体系健全，并建立了优良的家校联系制度，且档案齐全、管理规范。开展特色的家长会和家访活动以及“让家长走上讲台，让学生感知社会”、“关注心灵，我们携手成长”等特色教育。实现家长与学校联动，提高教育质量。

【教师培训工作】 9月1日，学校一直坚信教师是立校之本，只有一流的教师队伍，才能打造一流的学校，而骨干教师、教学能手又是学校师资队伍的中流砥柱。学校重视教师的培训工作，加大教科研力度，成功组织了青年教师大奖赛，同时进行板书比赛、教法交流、集体备课等多种形式教师培训工作，全体教师的教育教学水平有了大幅度的提升，有3位教师在沈阳市骨干教师评选中荣获“沈阳市骨干教师”称号。

【教研与科研的有机结合】 9月18日，参加了沈阳市一线教师科研课题展示。在一线教师课题研究中，从教育教学实践中发现问题，通过对问题进行持续的跟踪与不断的解决设计，促成问题的科学解决。在解决问题的过程中强调要通过对问题的分解，明确研究内容，围绕问题了解相关的背景，建立、形成与解决问题相关的理论支撑，掌握科学的研究问题方法，精心构思解决问题的具体策略。通过这样一种研究与解决问题的方式，把提升教育教学质量过程纳入科学的轨道，促成教研与科研在实际工作中的有机结合，以充分发挥科研在提升教育质量中的引领作用。学校深入开展课题研究工作，并力求课题的小而精，充分体现与教学实践相结合，并将研究结果推广到教学实践之中，取得了较高的成绩。

【2010年高考十佳学校】 9月21日，在“2010年沈阳市公立高中入出口增值评估报告大会”上荣获“2010年高考十佳学校”称号。学校形成了“励精图治，团结向上，顽强拼搏，无私奉献”的光荣传统，形成了“成人与成才同

步，知识与人格统一”的办学特色。在教学方面，课堂上能真正体现师生互动，生生互动，教学相长，课堂充满生命活力，充满智慧生成，充满师生和谐关爱。体现了“低输入，高输出”的办学理念。

【增强体质，健康发展】 9月28至29日，成功举办了“沈阳矿务局中学第11届田径运动会”。学校始终重视学生体育运动，一直信奉健康体魄是青少年为祖国和人民服务的基本前提，是中华民族旺盛生命力的体现。同时，认真贯彻落实中共中央、国务院《关于加强青少年体育增强青少年体质》的文件精神，实施《学校体育工作条例》，加强“教体结合”，促进全体学生的健康发展。

【参加沈北新区棋类比赛】 11月8日，在沈北新区棋类比赛中荣获团体总分第一名。学校积极倡导素质教育，崇尚体育道德风尚，定期开展棋类比赛活动，并配备指导教师，组织各种棋类比赛活动，以赛代练，取得了较好的效果。

【开展师德教育，促进学校发展】 11月12日，开展师德教育“四个一”活动，即开展一次师德论文评比；开展一次师德承诺活动；举行一次由家长、学生参加的座谈会，发放师德问卷调查表；举办一次师德楷模报告会。宣扬师德典型，深入开展“做德艺双馨教师，办人民满意教育”主题系列活动。学校领导精心准备，教师积极配合，使活动顺利进行，达到预期目的，促进学校健康发展。

（王学忠）

辽中县第二高级中学

【概况】 辽中县第二高级中学占地面积9.6万平方米，建筑面积3.1万平方米，绿化面积4.0万平方米，运动场面积1.1万平方米，体育馆面积923平方米。学校图书馆藏书6万余册，电子图书12万余册。现有教学班40个，在校学生1 900人，其中住校生1 300人。在岗教职工182人，其中专任教师130人，平均年龄38岁，平均教龄16年，全部本科以上学历，在职研究生学历18人，具有中学高级职称教师56人，一级职称教师94人。全国模范教师1人。2010年，学校通过推进素质教育和教学改革，探索新的教学模式，实现了“低进高出”的办学目标。高考升入省本一批4.22%，省本二批42.48%，省本三批83.77%，本科以上高于全省招生计划41.23个百分点，总体升学率创历史新高。学校被国家体育总局确定为国家级青少年体育俱乐部、被沈阳市教育局评为沈阳市绿色学校，被辽中县教育局评为四星级绿色生态校园；教师个人也获得多项荣誉，魏世家获得沈阳市招生考试优秀主考、辽中县优秀校长称号；邱宏、韩娜、闫铁辉获得沈阳市骨干教师称号；邱宏获得沈阳市中小学感动校园的好教师称号。

【实施“精细化管理”】 强调人的工作行为和工作效果。结合工作实际，确立了“营造温馨舒畅的人际氛围和多元文化兼容并蓄的教育氛围，创办以学校发展为平台，教师发展为关键，学生发展为目的的全面和谐发展的教育”的办学理念和“要以人为本，要以加强文化建设为有效途径，要以师生的全面发展为最终目的”的办学方向。根据学校领导的工作分工，教研组长、班主任、学科任教教师、各岗位教辅人员工作性质的不同，进行了全时空、全方位的统筹安排，制定出详细的管理工作职责，明确管理时间、管理范围、管理内容、管理要求等，做到管理时间连续，管理部位齐全，使各项管理工作环环相扣、每环准确有效进行，形成了学校工作“事事有人管、时时有人管、处处有人管”的工作状态。6月12日，辽中县第二高中承办了沈阳市普通高中精细化管理经验推介会，魏世家校长的“向管理要质量、向精细化管理要高质量”的经验介绍获得了与会者的好评，学校精细化管理的做法向全市进行推广。

【教学工作】 学校进一步强化“二·八”工作法、“211”教学模式，进一步开展“自评课堂教学情况活动”及“学生助教辅导活动”，激发了学生的学习兴趣和学习热情，培养了学生学习的能力，促进了教师的专业成长，引导了师生的共同学习，显著增加了师生的知识储备。同时组织开展各科各类竞赛活动，激发学生不同时段的学习积极性。如化学学科教师组织高一、高二学生参加了2010年辽宁省高中学生化学竞赛，物理学科教师组织学生参加了沈阳市青少年科技创新大赛，音乐教师组织学生参加了沈阳市中小学生红诗咏诵活动等等，都取得了好成绩。

【德育工作】 德育工作队伍建设日趋完善，学校德育组织系统化，班主任队伍不断优化，形成了一支敬业、爱岗、实干、奉献的德育工作队伍。德育工作途径得到有效拓展，以开学典礼、传统节日、重大活动纪念日等为主题，由学校团委、德育处牵头，针对不同时段的学生情况，在学生中开展多项活动。如：通过新生军训、广播操队列比赛、跳绳比赛等提高学生体能素质，形成英勇顽强的意志品质；通过学生演讲比赛、诗歌朗诵比赛，培养学生的自我写作能力和自我品质的展现力；通过成人仪式、业余党校的学习，培养学生的社会责任感和使命感。艺术、体育、卫生、安全、心理健康教育工作扎实有效开展，质量稳步提升，成绩逐步提高。体育、艺术工作硕果累累，健美操、三棋比赛、书画大赛、艺术节活动，处处显示着学校师生的风采。

【科研工作】 继续坚持“科研兴师、科研兴校、科研兴教”的工作原则，通过多种渠道开展信息技术特长培养，组织师生参加各级科研部门组织的活动，包括论文征集、课题研究、电脑作品大赛、计算机表演赛等，参与的师生取得了优异的成绩：第二十五届沈阳市青少年科技创新大赛中有2人获二等奖；第十九届中国儿童青少年计算机表演赛辽宁赛区竞赛中有4人获二等奖、8人获三等奖；沈阳市高中生首届英语演讲比赛（B组）中有1人获得二等奖、1人获得三等奖。三项一线教师课题通过结题验收，一项辽宁省教育科学“十一五”规划课题立项，课题研究工作进一步增强了师资队伍的学习意识、研究意识，提高了教师科研的能力和水平。

【校园文化建设】 学校加强核心价值观的建设，二高中《价值观声明》是：我们关心所有的成员，现在的和过去的；我们相信每个人都不能停止学习；我们鼓励每个人最大化地发挥自己的才能，达到自我价值的实现；我们传承学校文化凝练的“五种”精神；我们努力做到每天都有一点小的进步与成功。将思想建设和校本培训有机统一到一起，以政治理论学习为主线，开展“教师职业道德规范”、“爱岗敬业”、“爱自己孩子也要爱他人孩子”等主题思想大讨论，以实现统一思想，提高认识，树立科学发展观、树立正确的价值观，强化人民教师的光荣使命和责任的目的；以业务理论学习为主线，开展传统优秀文化讲座、新的教育理论和方法讲座、学习践行现代教育理念，改革传统教育模式，提高执教能力和水平；将办公室作为学习的基本点，科学合理安排人员。从物质文化和精神文化入手，形成了具有本校特色的校园文化。

【团队工作】 共青团组织以多种载体开展学习教育活动：在校园网络信息平台上定期发布学习内容，推荐阅读文章，供全校师生学习；在校园电子屏上，发布历史上的今天，重要节日、纪念日的宣传口号，纪念标语等，对学生进行教育、警示；在校园文化长廊上开辟专栏，每月更新不同的教育内容；在各班的学习园地、走廊的宣传黑板等都定期发布不同主题的学习内容。共青团组织师生为青海玉树地震灾区捐款，组织开展学习《弟子规》成果展示暨知识竞赛活动，开展“读书活动月”，组织了师生读书征文大赛活动，征集了师生作品并将师生获奖作品在校园文化长廊中进行展示，供全校师生学习、交流。

（胡殿友）

新民市第一高级中学

【概况】 新民市第一高级中学位于新民市城南，学校占地面积7.5万平方米，建筑面积3.5万平方米，体育场面积约1.2万平方米，场地具有上下水喷灌功能。校园绿化面积约3万平方米。图书馆现藏书8万册，各类报纸47种，杂志137种。2010年，教育经费投入1 835万元（其中国家拨款1 386万元，自筹经费449万元）。全校现有60个教学班，在校生2 768人，其中住宿生1 900人。2010年高考报名总数930人，总进线率92.02%。教职工总数229人，专任教师197人，其中，中学高级教师49人，中学一级教师98人，二级教师50人。省特级教师1人，沈阳市名师2人，新民市名师2人。沈阳市级学科带头人1人，市级骨干教师12人。30名教师的优秀课在省市级教学活动中获奖。大学本科以上学历192人，包括硕士研究生7人，研究生课程班结业83人。行政工勤人员32人，其中主任科员8人，副职主任科员14人。学校有56平方米以上的普通教室66个，专用教室14个，实验室7个。

【德育科研课题立项】 高度重视德育科研工作，曾被评为沈阳市德育科研先进集体、德育科研先进实验校。6月，学校的《城镇高中和谐师生关系构建研究》和《城镇高中师德研究实验》两项课题研究通过课题组验收。《中学“问题学生”家庭教育个案研究》正在接受课题组验收，参加课题研究的共43人，大多数是班主任教师。10月，高二·一班班主任符文赞设计、组织了“战胜挫折、实现梦想”的主题班会，此次主题班会的主旨是对学生进行理想、人生观、价值观教育，使学生在创新精神、实践能力和可持续发展等方面获得发展，为学生未来的生存和发展奠基。主题活动的设计和组织达到了预期目的。本次主题班会在辽宁省第二届中学班主任工作技能展暨教育艺术交流会上，被辽宁省基础教育教研培训中心评为优秀活动课一等奖。

【彰显体育特色，各项赛事成绩优秀】 学校为沈阳市体育特色学校，承办了相关活动及比赛。5月，由沈阳市教育局主办，以“发展建设社会主义新农村，如何开展学校体育活动”为主题的座谈会，在新民市第一高级中学召开。与会者参观了学校体育设施建设和体育器材，同时观看了学校的课间操和大课间活动。10月，承办了高中生三棋比赛等活动。2010年，学校体育工作硕果累累，获得了“十一五”期间的“高中选项体育教学”课题国家级一等奖；学校的2位体育教师所做的“足球课”和“足球指导课”教学均获省级优秀课一等奖；另有2位教师做的“篮球教学课”均获沈阳市级优秀课一等奖；6月15日，在沈阳市中小学生田径运动会上，学校获男子团体第三名，女子团体第一名；8月18日，在沈阳市中学生校园青春健身操大赛上，学校获二等奖。

【艺术特色学校建设】 学校被确定为沈阳市艺术特色学校。3月，由沈阳市教研院主办，主题为“合唱教学理论、合唱教学实践，如何组织排练课外活动”研讨会在学校的艺术教室举行。沈阳市中小学骨干教师合唱指挥现场教学，沈阳大学合唱教师蔺崇祥教授主讲。沈阳市教研员刘露老师，新民市教育局体卫艺科王畅老师，沈阳、新民、辽中、康平、法库的中小学音乐骨干教师参加现场教学。7月18日，由中国关心下一代工作委员会公益文化中心、中国青少年文化艺术专业委员会等单位举办的第七届“未来之星”中国优秀特长生声乐、表演项目中，学校学生荣获声乐、表演一等奖，指导教师获伯乐金奖。9月，在沈阳市教育局举办的全市艺术特色校大合唱比赛中，学校合唱队获一等奖。并在沈阳市艺术特色学校五项全能比赛中获得优秀表演奖。

【召开探究性课堂教学模式研讨会】 5月18日，举办“探究性课堂教学模式”研讨会。学校高一年级语文、数学、地理3科各1名教师，分别作了探究性课堂教学模式研讨课，与会的领导和教师参加了听评课。校长介绍了学校构建探究性课堂教学模式的具体情况。魏超群专家介绍了外地学校构建探究性课堂教学模式的先进经验，并对学校如何构建探究性课堂教学模式提出宝贵意见。

【教师和学生参赛获奖】 6月上旬，辽宁省化学会举办了全国中学生化学竞赛辽宁赛区初赛，学校参赛的3名学生获二等奖。11月27日，学校青年教师赵宇、梁艳丽代表沈阳市参加了由四川攀枝花市米易县承办的全国中小学信息技术与课程整合优质课大赛，并获得一等奖。

（刘朝侠）

市级普通高中

沈阳市第一〇九中学

【概况】 2010年，沈阳市第一〇九中学占地面积22 651.8平方米，建筑面积8 460平方米，体育场（馆）面积442平方米。图书馆（室）藏书22 230册，各类报纸10种、杂志78种。固定资产总值3 713 017.93元。全年国家拨款8 544 328.68元。毕业111人，其中初中59人、高中52人；招生高中208人；在校生539人，其中初中37人、高中502人。高中录取分数线331分，应届高中本科上线率3.03%。开设教学班10个，其中初中班2个，高中班8个。有教职工93人，包括专任教师47人，其中，具有副高级职称37人、中级职称36人；市级学科带头人2人，市级骨干教师1人；大学本科以上学历82人。普通教室30个，专用教室4个，实验室3个。学校网址：www.109.syn.cn。

【开展爱心帮扶活动】 6月23日，党支部、工会组织全体党员、预备党员、入党积极分子来到大东聋校，看望慰问了聋校师生，并给他们送去体育用品和“天道酬勤”的牌匾。大东聋校的师生也用特殊的方式表达他们的谢意，孩子们表演了精彩的文艺节目。

【健美操队获殊荣】 8月17日，健美操队参加了由沈阳市教育局、沈阳市体育局联合举办的沈阳市中小学生健美操比赛，荣获男单第三名，女单第二名，混双第二名，3人第一名，6人第二名，12人第二名的好成绩。并在18日参加肯德基杯全国中小学拉拉健身操大赛沈阳赛区比赛中获得了七项特别大奖和一等奖。

【教师系列读书活动】 11月18日，举办了“教师读书心得笔汇之——《拾贝集》”赠书仪式。《拾贝集》是学校开展教师系列读书活动以来，第一次由教师自己投稿、编辑、排版、印刷的书籍，共收录了40余名学校教师的读书心得。12月1日，学校举办校本培训暨“教师读书交流报告会”，全体教师参加了培训会，优秀读书心得的写作教师向与会人员进行了文章解读。

【地理备课组被评为区优秀备课组】 地理备课组在日常教育教学工作中坚持做到“三定”、“四备”和“五统一”，即定时间、定内容、定中心发言人；备教材、备学生、备教法、备学法；统一教学进度、统一目的要求、统一重点难点、统一作业练习、统一测验考试。地理教研组在组长的带领下，在教研活动中能加强对教材、教法、学法以及练习进行深入的研究，教研组长能真正抓好每次集体备课的质量，落实好备课的专题，能把有效备课内容转化到教学实践中。由于表现出色，沈阳市第一〇九中学地理备课组被大东区教育局评为优秀备课组。

【课堂教学改革】 开展了“智慧教师，有效课堂”教育教学系列活动。学校根据课改的精神，结合学校实际，制定了《高效课堂评价表》，鼓励老师在教育教学工作中有效挖掘教材，合理处理难点，科学渗透学科思想，充分发挥学生的主体作用，进而提高课堂教学效率和水平，收到良好成效。

（徐哲茹　刘宏伟）

沈阳市第九十一中学

【概况】 2010年，沈阳市第九十一中学占地面积25 680平方米，建筑面积20 000.46平方米，体育场面积8 600平方米。图书馆藏书6万册，各类报纸杂志128种，固定资产总值3 230万元。全年教育经费投入2 369万元，其中，财政拨款2 309万。毕业517人，其中，初中367人、高中150人；招生472人，其中，初中290人，高中182人；在校生1 432人，其中，初中856人、高中576人。高中录取分数线456分，应届高考艺术生本科上线率85%。学校现有39个教学班，其中初中班27个，高中班12个。有教职工189名，包括专任教师158人，其中，具有高级职称65人、中级职称75人；市骨干教师3人；大学本科以上学历153人。普通教室42个，专业教室10个，实验室6个。

【召开高中美术鉴赏模块教师培训会】 3月9日，召开沈阳市美术鉴赏模块教师培训会，会议由沈阳市教育研究院李树平主持，聘请毕来福老师讲授篆刻艺术。毕来福老师深入浅出地讲解中国印章历史，同时又现场展示了印章的雕刻过程，最后书写了四尺对开条幅赠与学校。来自沈阳市各区教研员及部分高中美术教师参加了培训。此次培训提升了美术教师对中国画、中国书法以及篆刻艺术的认知水平。

【突显内涵发展，着力提高教育教学质量】 把教育教学质量的提高牢固建立在科研的基点上，取得多项科研成果。3月4日，该校被评为国家社会科学基金“十一五”规划（教育学科）子课题《基于网络个性化测试与辅导系统研究》实验学校；9月1日，子课题《加强中学教育信息资源的开发和应用》经评审准予结题；9月6日，全国教育科学“十一五”规划课题“和谐德育研究与实验”子课题——“新时期家访的价值与实践研究”结题；7月21日，在全省家长学校实验工作中，学校获得辽宁省教育厅颁发的“先进实验学校”称号。高考总分最高分超越区内两所市重点学校，艺术类学生上线率100%，本科率达到85%，据市教育局出入口增值评估统计，学校增值达185%，获和平区艺体类高考突出贡献奖。连续三年在中招录取中分数名列全市普通高中第一名。

【承办省中小学美术课评优活动】 9月26日—27日，作为辽宁省高考美术教学实践基地、沈阳艺术特色校，协助承办辽宁省中小学美术课评优活动（高中组），会议由省教研员主持，10位来自各市的美术教师进行了高水平的展示，九十一中学蒋大媚老师参与比赛，并获一等奖。与会的领导有辽宁省体卫艺主任邢进、沈阳市教育局体卫艺处处长刘露、和平区教育局副局长李展超。辽宁省美术教研部田子阳、沈阳市教研员李树平、和平区教研员陶磊等各市区教研员和骨干教师到会进行观摩。

【美术教研组被评为省优秀教研组】 11月23日，高中美术教研组被评为辽宁省优秀教研组。教研组4名老师赶赴锦州市参加“辽宁省优秀教研组展示活动”。此活动由省教研室组织，全省15个教研组参赛，以说课、基本功展示、上课的形式进行展示。首先由3名教师合作进行一节鉴赏课的说课，并介绍教研组基本情况。然后由全体教师合作制作国画绘画教学步骤图。最后由组内1名获省优秀课的教师做课展示。九十一中获一等奖。

【被评为省普及九年义务教育先进单位】 12月，学校被评为“辽宁省普及九年义务教育先进单位”。该评选由辽宁省政府教育督导团、辽宁省教育厅发起，旨在表彰为全省实现新一轮“普九”预期规划目标做出突出贡献的先进地区（单位）和先进工作者。九十一中学高度重视新一轮“普九”工作，制定相关规划并认真组织实施，确保义务教育阶段普及程度各项指标达到省定标准。学校管理水平和教育教学质量得到全面提升。实现了“优质初中、艺术高中、开放国际部”的办学目标，为上一级学校培养出一批又一批“全面+特长”的优秀毕业生。在省市区内起到了较好的引领、示范作用。

【打造“平安和谐校园”，增强德育实效性】 积极探索学校德育特色发展之路，形成“1234”的自主发展德育模式。每月都围绕一个主题开展活动，如“世纪明德励志修学冬令营”活动、“国学走进校园”活动、“走进院士书屋”大型科普展览、沈阳市第十二届中学生征文活动、全校师生消防自救、疏散演练活动、“弘扬雷锋精神”系列主题活动、“告别母校、传承仪式”教育活动等，其中12月1日《辽沈晚报》举办的“辽宁百家讲坛进校园”活动在九十一中进行的首讲引起热烈反响。在各项活动中一大批品学兼优的学生获得奖励：沈阳市中小学生“珍爱生命，远离毒品，健康成长”征文评选活动优秀奖3人；“书香溢满校园，阅读浸润人生”沈阳市中小学优秀读书成果评比展示活动，校园读书之星2人；美年达“有画要说”漫画大赛市级三等奖1人，优秀奖6人，纪念奖2人；市优秀学生2人，市优秀学生干部2人，市文明学生5人；区中学生“预防艾滋，人人有责”征文比赛表彰纪念奖13人；区优秀学生30人，区优秀学生干部29人，区文明学生21人。

（董立剑　许宁）

沈阳市第十六中学

【概况】 2010年，沈阳市第十六中学是一所普通完全中学，学校占地面积为2万平方米。校内有200米塑胶跑道与人造草坪相间的运动场一个，主教学楼建筑面积为5 355平方米，楼内有专用教室26个，生物、物理和化学实验室各1个，档案室、多媒体教室各1个。南侧综合实验楼建筑面积为3 800平方米，内设教室4个，生物、物理和化学实验室各1个，计算机教室2个，图书室、阅览室各1个，音乐、美术、舞蹈室各1个，教师电子备课室1个，多功能教室1个。图书馆藏书10 850册，各类报纸18种，杂志11种。固定资产总值506万元，全年教育经费投入1 546万元，其中，国家拨款1 536万元。毕业生395人，其中，初中93人、高中302人；招生464人；在校生1 552人，其中，初中141人、高中1 411人。高中录取分数线467分，应届高考本科上线率24%。开设教学班15个，其中，初中班6个、高中班9个。有教职工101人，包括专任教师82人，其中学副高级职称23人、中级职称43人、市级骨干教师2人，大学本科以上学历97人。

【构建校本课程培训体系】 3月24日，特色校本培训体系即构建现代信息技术培训正式启动，把全校教师分为初、高级两个班进行培训，使老师们逐步跟上教育现代化的步伐，实现信息技术与教育教学的有效整合，通过培训，教师们能够熟练制作课件，自主完成教学中所需要的编辑卷纸和论文等工作。全校56名教师参加。

【建立教师专业成长档案】 3月至12月，建立了29位5年教龄以下新教师和19位骨干教师的专业成长档案。内容包括教师规划板块、教学板块、学习板块、研究板块、反思板块、评价板块、指导板块、管理板块。教师专业成长档案袋详实、生动的信息展示了教师自己成长进步的轨迹，建立档案的过程同时也是对教师不断激励和教育的过程，一个小小的档案袋却有不可估量的促进作用。

【开展教学开放周，促进家校联系】 自9月20日起，开展为期一周的教学开放活动。参与听课家长50多人。无论在哪个教室，都是老师积极引导，学生主动参与，合作学习成了课堂教学的常态。听完课后，校园里赞誉声不断，家长们对学校的课堂教学与成绩给予高度肯定。初三和高三年级举行了家长座谈，通过系列的开放活动，更好地促进了家校沟通与交流，有利于学校改进教学管理，提升教学质量，促进教与学的更好开展。

【开展“高效能课堂”研讨活动】 10月11至14日，学校举行“高效能课堂”研讨活动，教师们共同研讨有效教学，力推“减负增效”高效课堂。姚远、于成岩、杨振洲等三位教师通过展示课的方式，让广大教师领略了新课程倡导的以“主动参与，乐于探究，交流合作”为主的学习方式。“高效能课堂”研讨对于减轻学生课业负担，推进学校课程改革，提高一线教师的课改理念和施教能力，推动素质教育实施具有促进作用。

【参加区教学基本功大赛】 11月，教师积极参加皇姑区教师学校组织的教师基本功大赛喜获佳绩：李奉瑞、张彤、郭悦、甄爽均获数学学科竞赛一等奖；刘丹获物理学科竞赛一等奖；李颖获历史学科竞赛一等奖；黄雨获特殊贡献奖；杨振洲获生物学科一等奖、通用技术一等奖和最具创意奖。

【综合实践科目的落实和开展】 高中年级开展了综合实践活动，高一年级的信息技术和研究性学习，高二年级的研究性学习和通用技术等。两个年级组织学生课外活动小组，开展网上知识的培训，帮助学生制作网络课件等，启动了高中学生的实践能力培养工程，做好课程开展计划，坚持理论学习和实践活动相结合，大大提高了学生综合素质。

【开展“五老”精神进校园活动】 12月8日，学校邀请沈阳市皇姑区赤山路干休所的老干部为学生作了一场“高举中国特色社会主义伟大旗帜，为造就全面发展的合格人才而奋斗”为主题的报告会，向学生进行爱国主义教育宣传。500余名师生受到了一次政治理想信念的熏陶和爱国主义教育的洗礼。该活动深受广大师生欢迎和好评，取得了实效。赤山路干休所作为学校德育教育基地，会后，老干部们对初二·一班詹思扬等5名品学兼优的特困生给予了每人200元的资助。

（马颖　刘刚）

沈阳市第五十四中学

【概况】 五十四中学位于保工南街112号，始建于1962年，是有着40多年辉煌历史的公办完全中学，2008年3月由建业路40号搬迁到现地址，现为高中。占地面积11 340平方米，绿化面积2 835平方米，建筑面积9 932平方米，运动场地面积6 674平方米。有教学楼1座，面积4 757平方米，综合楼1座，面积4 424平方米。

食堂1个，面积127平方米。图书28 100余册，电子图书500余册。实验室3个，微机室1个，美术专用教室3个，健美操馆1个，跆拳道馆1个，体育馆1个，计算机137台，多媒体教室2个，具有完善的校园网络系统，做到学籍电子化管理。学校现有教职工106人，专任教师78人。其中高级教师30人，中学一级教师45人，骨干教师10人，研究生学历20人。学校以新课程改革为契机，以特色教育为切入点，“抓常规、促特色、创品牌、建标准化高中”为发展目标，以提升教学质量为宗旨，全面打造具有智育+美育+体育特色的新型学校。学校网址：www.sy54j.syn.cn。

【人本管理，和谐兴校】 坚持依法治校、以德治教。学校采纳了广大师生众多的合理化建议，充实完善了《54中学教师职称评定细则》、《班主任考核评分细则》等各项规章制度，学校管理更具科学性、人文性和可操作性；加大了校务公开的工作力度，积极主动接受广大师生、学生家长、社会各职能部门的监督，学校管理日渐公开化、规范化、民主化。学校紧紧围绕“师德教育”和“以人为本”这两个永恒主题，积极有效开展了以多种形式为载体的师德教育活动，使教师的师德水平实现了从质到量的一次大飞跃。

【搭建平台，深化师训】 长期以来，一直把立师德、强师能、铸师魂作为一项重要的常态工作来抓，收获了理想的效果。一年来，学校加大投入，创造一切可能的机会，先后派出30多人次，分赴上海、安徽、大连、长春学习，开阔了教师眼界，吸收了新的教育理念，增长了教师的技能。学习归来，教师们信心倍增，工作热情大大提高。

【特色教育，成果喜人】 美术艺术教育已经成为学校的特色品牌。学校从1999年开始创办高中美术特长班，已毕业的几届学生先后考入中央美术学院、鲁迅美术学院、广州美术学院、景德镇陶瓷学院等多所国家重点大学，学校美术教研组被评为“沈阳市优秀教研组”，学校的美术教育受到社会及广大家长的广泛认可。2010年高考中，美术生艺术类加试合格率100%，美术生升学率100%。

（杨继天）

新民市第二高级中学

【概况】 辽宁省新民市第二高级中学占地面积1.9万平方米，建筑面积1.1万平方米。图书馆藏书1.35万册。2010年，国家拨款650万元，毕业生388人，招生575人。高考进线率达到了93.27%。现有28个教学班，学生1 500余人，110名教职员工，中高级教师50人，研究生学历52人。全国模范教师1人，全国优秀班主任1人，全国巾帼建功标兵1人，全国优秀说课教师8人，全国课改十佳语文教师1人，全国优秀实验教师10人，全国优秀校长1人，感动中国文化人物1人，中国素质教育先进工作者2人，2007年度中国教育界“时代人物”1人，辽宁省师德标兵1人，辽宁省先进德育工作者1人，沈阳市骨干校长1人，沈阳市骨干教师8人，沈阳市优秀教师、优秀教育工作者、师德先进个人、优秀班主任16人，沈阳市优秀课教师9人，沈阳市劳动模范1人，沈阳市三八红旗手标兵1人。12月，新民二高中被评为辽宁省课程改革先进单位，学校的“问题导学”尝试教学模式引领了新课程改革的先锋。

【受到国内权威媒体的关注】 学校德育工作、课程改革工作、创新培养模式等均受到国内有关专家及权威媒体的关注。《中国教师报》、《中国教育报》、《基础教育参考》、《沈阳教育》及沈阳电视台分别进行报道，高度赞扬和肯定了学校在探索“教书育人”方面取得的成功尝试，学校成功培养人才方面的成功经验，学校的德育、新课程改革及培养模式等几方面的创新，教育教学情况及在新课程改革方面取得的成绩，提高了学校的知名度。

【召开德育工作现场会】 3月30日，新民市教育局在新民二高中召开了德育工作现场会。二高中的全面、全员、全过程、全方位的育人战略，“校以育人为本、师以敬业为荣、生以成才为志、教以明理为先、学以做人为要”的“五为”育人思想及构建具有二高中特色的德育工作新体系，均得到与会领导的肯定与好评。新民二高中校长唐宏志作了“自强不息谋发展，明德格物育人才”的经验介绍。新民市教育局领导、全市中小学校长、主管德育副校长、德育主任、班主任代表参加了会议。

【组织召开邱学华教育思想报告会】 4月27日，由新民市教育局主办，新民市第二高级中学承办的“邱学华教育思想报告会暨新民二高课程改革展示会”隆重举行，著名教育家、全国学习科学学会尝试学习研究会理事长、《中华教育研究》总编辑、南京师范大学教授邱学华先生作了精彩报告，新民市第二高级中学地理教师张莉莉作了展示课，新民二高中校长唐宏志作了“问题导学”尝试教学模式的课程改革经验介绍，新民市教育局领导、全市中小学校长、教务主任、教师代表参加了会议。

【荣获《尝试教学理论与实践》示范实验学校】 4月27日，新民市第二高级中学荣获全国教育科学重点研究课题《尝试教学理论与实践》示范实验学校，学校有10名教师获得全国优秀实验教师称号。著名教育家、全国学习科学学会尝试学习研究会理事长、《中华教育研究》总编辑、南京师范大学教授邱学华先生亲自到校为学校颁发牌匾，为教师颁发荣誉证书，并深入课堂指导教育教学，对学校的新课程改革给予了高度的评价，希望学校能坚持走好课改之路。

【举办新民市教育系统体育教研活动】 6月5日，新民市教育系统体育教研活动在新民二高中举行。会议观看了广播操、太极拳和体育教师张学富老师的展示课，受到了与会人员的一致好评，学校的太极拳教学具有优良的传统教学方向，弘扬了民族精神，特色办学方面在全市走在前列。新民市教育局体卫科领导、体育教师参加了此次活动。

【参加全国说课大赛成绩优异】 6月12日，4名教师到上海参加了全国学习科学学会尝试学习研究会，中国教育学会主体分层创新教育研究会，《中国教育报》举办的全国协作区第六届说课大赛，学校教师成绩优异，参赛的4名教师全部获奖，其中1人获特等奖，2人获一等奖，1人获二等奖。

【省中学生俄语作文比赛获得优异成绩】 由辽宁省教育厅主办、沈阳市教育局承办的2009年辽宁省中学生俄语作文比赛于2010年6月圆满结束。经过评委们的认真评审，共评选出优秀组织奖3个，一等奖3名，二等奖5名，三等奖10名。新民市第二高级中学荣获了优秀组织奖；赵东宁获优秀指导教师奖；学生获一等奖1名，二等奖1名，三等奖2名。

【参加全国“同课异构”新课程改革教学展示】 10月15日，化学教师张伟到北京参加了由全国学习科学学会尝试学习研究会举办的全国尝试教学流派“同课异构”课堂教学展示课。教师张伟与江苏宜兴实验中学、江苏洋思中学、山东杜郎口中学、宁波万里国际学校及北京第八十中学等全国名校教师同台献技，受到与会专家与教师的高度赞扬。著名教育家、全国学习科学学会尝试学习研究会理事长、南京师范大学教授、《中华教育研究》总编辑邱学华先生对该教师的授课给予充分的肯定，并写信给二高中：“张伟的课上得很好，是典型的尝试教学模式，受到好评，希望贵校能坚持抓下去”。

【汉语培训中心在俄罗斯挂牌成立】 10月10日，新民市第二高级中学汉语培训中心正式在俄罗斯卡缅斯克乌拉尔斯基市语言中等专科学校挂牌成立，标志着新民市第二高级中学加强国际教育交流与合作全面启动。高中特色办学是中国全面提高普通高中质量的一个历史进程，要正确对待学校管理和教育教学工作中形成的特色实验。学校办学高瞻远瞩，为不同学生的发展找到了良好的途径，受到了有关领导的大力赞誉。

【开辟俄罗斯、印度留学项目成果显著】 加强国际教育交流与合作，成绩喜人。7—10月，分别开辟了印度留学、俄罗斯留学项目，学费低，国家承认学历，回国享受留学生待遇，为工薪阶层的孩子实现了出国留学的梦想。目前，新民市第二高级中学有8名学生分别就读于俄罗斯太平洋国立大学、俄罗斯东西伯利亚国立工业大学、俄罗斯乌拉尔国立师范大学、白俄罗斯国立大学、印度中央外国语大学等国外著名学府。

【代表新民市教育系统迎接市检查受到好评】 1月，代表新民市教育系统迎接沈阳市委“开展深入学习实践科学发展观理论指导组”的检查，与会领导对学校的工作给予了充分肯定和高度的赞扬。5月，新民二高中代表新民市教育系统迎接沈阳市政府安全检查，受到了沈阳市、新民市领导的一致好评，被给予高度赞誉。

（刘朝侠）

法库县第二高级中学

【概况】 2010年，法库县第二高级中学占地面积24 184平方米，建筑面积13 000平方米。在校学生1 442人，设教学班26个。有教职工124人，包括专任教师96人；其中高级职称教师58人，中级职称教师66人；市级学科带头人2人，市级骨干教师6人；大学本科以上学历124人。现有普通教室28个，专用教室4个，理化生等实验室10个。

【强化教学常规管理】 严格按照教学工作“两个规定”具体要求，执行“强化合作研究、规范教学行为、注重有效教学、打造高效课堂”教学工作思路，建立稳定教学秩序，强化教学常规管理，取得了理想成绩。本年高考升学率达到99.3%，高一、高二成绩在联校中名列前茅。组建教学常规检查与教学成绩考评领导小组，制定出教学常规检查与教学成绩考评细则、高考奖励细则，通过实事求是、公平、公正考评，充分调动了广大教师工作的积极性。

【加强教科研工作】 建立以校为本的教研制度，开展形式多样、行之有效的校本教研活动。组织课件制作和说课大赛，选派10名教师参加市级说课大赛，分别获得一、二等奖。建立教研、教改交流制度，组织教师参加联校和市教研院举办的各项教研活动。组织教师积极参与课题研究，各教研组均有研究题目，一些研究课题已通过验收。共有29篇教学论文被评为优秀论文，其中国家级3篇，省级16篇，市级10篇。

【加强德育工作】 本着“以人为本、以德治校”的思想，为使德育工作切实有效开展，成立德育工作领导小组。共制定《学生在校一日常规》、《学生纪律管理条例》、《规范生评比条件》、《规范班评比条件》、《班级量化考核细则》、《舍务管理条例》、《值日值宿制度》、《家校共建制度》、《街校共建制度》、《警校共建制度》、《建立学生档案制度》、《德育工作例会制度》、《“三生”帮教制度》等规章制度。工作中逐项落实，德育处及时检查、监督，及时总结，保证了德育工作有效开展。组织教师认真学习最新教育理念，进行心理学、教育学、教师职业道德培训，提高教师综合素质，将德育工作渗透到各学科教学中，使教师真正做到既教书又育人。加强班主任工作岗位培训，倡导班主任注重自我形象，增强人格魅力，提高班主任组织管理能力，努力创造良好的班风、学风。

【强化班级工作管理】 充分利用晨检、主题班队会加强学生人生观、价值观教育；学习各时期英雄人物事迹，增强学生奋发进取雄心；帮助学生正确认识现代社会热点问题，提高学生辨别是非能力。加强学生养成教育，首先加强《中学生守则》、《中学生日常行为规范》学习，结合班级实际制定"班约"。加强班级管理量化考核，制定《法库县第二高级中学班级管理量化考核细则》，充分调动班主任工作积极性，逐渐增强学生集体荣誉感，使学校各项活动都能很好开展起来。

【注重心理健康教育】 成立心理健康领导小组，设立心理咨询室，对学生心理问题及时发现，及时解决，消除学生心理障碍，矫正学生心理偏差，并用生动事例来引导、教育学生，唤起他们共鸣，使学生用平常心去对待身边的事情，培养学生拥有思想健康、情感积极向上的良好心理状态，减少不良后果的发生。

【加强法制观念教育】 为增强学生法律意识，强化法制观念，学校聘请法制副校长，定期为师生作法制报告，用生动具体实例教育学生。组织学生认真学习《未成年人保护法》、《预防未成年人犯罪法》，对特殊学生进行承包，与家长签订《协议书》加强家校、街校共建工作。

【抓好体卫艺工作】 以"终身体育"为指导思想，抓好两课，做好三操，搞好大课间和阳光体育活动。同时开展队列广播操比赛，班级篮、排球比赛等活动。通过办健康手抄小报、学校卫生宣传板报等，增长学生卫生知识，对艺术特长生给予全面关怀，重视其艺术特长发展，充分发挥其在艺术教育和精神文明建设中的排头兵作用。

【关注教师健康幸福】 积极关心教职工生活，组织慰问病、困教职工，为教职工多做好事、实事。倡导"每天锻炼一小时，幸福生活一辈子"健康文明生活方式。广泛开展校园文化体育活动，如教工拔河比赛、跳绳比赛、乒乓球比赛、篮球比赛等。丰富多彩的活动增强了教职工的体魄，营造了宽松和谐快乐的工作环境。

（陈鸿鹏　纪文彬）

沈阳市第十三中学

【概况】 2010年，沈阳市第十三中学占地面积23 885平方米，建筑面积7 111平方米，其中教学楼3 775平方米，学生宿舍1 998平方米，食堂688平方米，其他650平方米。

固定资产总值3 893 074.50元。全年国家拨款4 839 722.97元。毕业68人，招生159人；在校生502人，其中高一159人、高二186人、高三157人。高中录取分数线287分，应届高中本科上线率4.84%。开设教学班9个。现有教职工51人，包括专任教师41人，其中，具有副高级职称21人、中级职称25人；市级骨干教师1人；省、市、区优秀教师30余人；大学本科以上学历46人，其中，研究生学历17人。普通教室9个，专用教室2个，实验室2个。

【召开教学工作会议】 3月5日，教务处组织召开了由校长、书记、教务主任和全体教研组长参加的教学工作会议，此次会议使新学期教学工作、教研活动迅速步入正轨，促进了学校教学质量稳步提高。

【开展校级评优课活动】 3月22日—4月2日，开展教师评优课活动，参赛教师在评优活动中展示了各自的教学风采，一堂堂充满激情与活力的课堂教学展示了热情与智慧，体现了课改新理念。经过两周的角逐，评选出8位优胜者参加区级比赛。

【参加区级评优课活动】 4月中旬，8位教师代表学校参加了区评优课活动，他们在教学设计、组织教学、教学重难点的突破、运用新课程理念、课件制作、说课等方面都有突出表现，其中金希红老师获一等奖。

【党员社区奉献日】 4月10日上午，党支部开展了以“美化社区环境、营造温馨环境”为主题的第八个“共产党员社区奉献日”活动，全校党员和积极分子放弃休息时间，来到学校清理校园内白色垃圾。“党员奉献日”活动，增强了党员的先锋意识、宗旨意识、责任意识和使命意识，同时也增强了党员的凝聚力、向心力。

【捐款捐物献爱心】 1月下旬和4月份，积极响应市工会、团中央等上级组织的号召，组织全校师生分别为沈阳市困难家庭、西南干旱灾区和玉树灾区捐款捐物，为困难家庭和灾区的人民献上真情。

【市中学生运动会获佳绩】 6月，学校体育队代表棋盘山开发区参加市中学生运动会获得第四名的好成绩，仅比第三名少一分。在竞走、跨栏、3 000米长跑等项目上有一定优势，获得第一名。

【丰富师生课余生活】 5月—6月，举办了校园文化艺术节，教师和学生在书法、绘画、摄影、手工制作、文艺表演、演讲等方面展示了各自的才艺；9月9日参加区社会局庆祝教师节文艺汇演，体现学校师生真情实感的诗歌联唱《凝聚每份爱》受到了区领导的好评；9月30日，举行趣味运动会，增强了学生的合作能力和集体荣誉感；10月份举行“庆国庆”合唱比赛，师生同台演出，教师的合唱把演出推向高潮；11月中旬，举行高一、高二年级学科知识竞赛；11月—12月，举行拔河、踢毽、跳绳等冬季体育比赛。这些活动极大地丰富了师生的课余生活，提高了学生的综合素养。

（左大为　张文革）

民办学校

沈阳市尚品学校

【概况】 2010年，沈阳市尚品学校占地面积14 320平方米，建筑面积13 010平方米，体育馆面积772平方米。图书馆藏书1.547万册，各类报纸17种、杂志77种。固定资产总值274万元。毕业347人，其中，小学84人、初中263人；招生467人，其中，小学203人、初中264人；在校学生1 599人，其中，小学716人、初中883人。开设教学班40个，其中，初中班20个，小学班20个。有教职工126人，包括专任教师113人，其中，具有高级职称36人、中级职称61人；市级骨干教师2人。普通教室40个，专用教室9个，实验室3个。学校网址：www.sysspxx.126。

【办学水平得到上级部门肯定】 3月18日，在市教育局民办学校检查评估工作中，沈阳市尚品学校以94分的成绩名列沈阳市第五名，大东区第一名。

【塑胶操场铺设完工并投入使用】 3月，沈阳市尚品学校塑胶操场正式铺设完毕并投入使用。塑胶操场建设工程占地面积5 000平方米，共投资92万元。塑胶操场的投入使用，极大地提高了体育教学质量，改善了师生健身的环境，提升了学校的办学品质。

【美国比尔校长莅校访问】 4月22日，美国印第安纳州凯瑟琳中学比尔校长到校进行友好访问。比尔校长对沈阳市尚品学校的校园文化表现了浓厚的兴趣。比尔校长参观了学生的葫芦丝合奏、京剧演唱、功夫展示和书法作品，观摩了学生的茶艺展示，对学校的办学理念和学生的整体素质给予了高度评价，认为大东区传承性与开放性并重的教育发展思路给他留下了深刻的印象。

【教师队伍建设再获殊荣】 9月10日，学校付丽、梁晶老师被沈阳市教育局授予“市骨干教师”光荣称号，白金秋老师被评为“大东区名师”。

【参加东北三省四市青年教师素质教育研究会】 10月26日—28日，东北三省四市青年教师素质教育研究会议在大连市举行。学校于素珍老师题为“感受物理学科魅力，培养学生探究意识”的经验在大会上进行了交流。

【班班通设备安装并投入使用】 学校投入60万元引进了“班班通”建设工程，为40个教学班级及4个专业教室都安 装了班班通设备。为了使班班通设备更好地服务教学，提高课堂教学效率，学校举行了一系列的班班通培训活动，确保每一名教师都能熟练掌握班班通设备的使用方法，使现代化的电教手段更好地辅助教学、服务教学，提高学生的学习兴趣，构建高效课堂。

（徐哲茹　赵新）

沈阳私立实验学校

【概况】　2010年，沈阳私立实验学校占地面积1.8万平方米，建筑面积1.02万平方米，体育场面积8 000平方米。固定资产3 000万元。全年教育经费投入392万元，全部为自筹资金。设有多媒体教室、阅览室、理化生实验室、微机室、语音室、舞蹈室、乐器和声乐教室，常规教室24个，全部实现多媒体教学。体育场设有塑胶跑道、篮球场、排球场及各类健身活动设施。有24个教学班，其中小学18个班，初中6个班，在校生总数652人。教职工共107人，一线教师62人，其中初中16人，小学46人，学历全部达标。中学高级教师7名，小学高级教师17名。省级骨干教师2名，市级骨干教师11名，市优秀班主任4名，区优秀德育工作者15名。

【学期初获市区评优奖励】　3月，学校被评为“沈阳市双高普九优秀学校”，两名中学生被评为“沈阳市优秀学生”；在区上学期德育先进个人评选中，两位教师被评为“皇姑区优秀德育工作者”，两名学生被评为“皇姑区优秀学生”。

【开展国学经典诵读竞赛展示活动】　6月1日，学校成功举办了“传承中华文化，浸润少年人生”庆“六一”国学经典诵读竞赛展示活动。本活动旨在弘扬中华民族传统文化，打造书香校园，培养学生读书兴趣，增强文化底蕴。学生通过诵读、表演、唱诗等多种方式进行国学积累展示。市区教育局领导充分肯定了本校国学校本课程的特色和成果。与会的400多位学生家长对本次活动也给予高度评价。

【成功组织艺术考级】　8月，学校组织学生参加了每年一次由中国音乐学院举办的音乐艺术考级，考级项目有声乐、葫芦丝、萨克斯等，共有101名同学考级成功，其中1人通过古筝10级考试，1人考取声乐9级。

【参加市中小学感动校园好老师评选活动获奖】　9月，由沈阳市教育局、沈阳市精神文明建设指导委员会办公室联合举办的“沈阳市中小学感动校园好老师”评选活动。经学校推荐，区评选，网络投票，市教育局、市文明办审定，张润颖老师成功当选并获得了“沈阳市中小学感动校园的好教师”荣誉称号。

【举办小学一年级家长开放日活动】　10月，学校小学部举行了一年级入队仪式及一年级家长开放日活动。活动紧紧围绕“培养良好行为习惯，塑造完美品格操守”的德育主题，先举行了一年组3个中队的入队仪式，随后，一年级各班主任又向与会家长详细介绍了学校中低年级学生培养的整体计划。与会家长对学校培养方案予以充分认可。

【参加区市评优活动并获奖】　10月，学校参加了市教育局和区教育局的综合评优活动。刘英石校长被评为“沈阳市优秀校长”，矫继红老师被评为“沈阳市学科带头人”，2名中学生被评为“沈阳市优秀学生”，六年二班被评为“沈阳市优秀班级”；在区德育先进个人评比中，小学部少先队辅导员被评为“皇姑区十佳大队辅导员”，一位班主任老师被评为“皇姑区优秀中队辅导员”，一名学生被评为“皇姑区优秀学生”。

【组织学生参加沈阳市群团活动获金奖】　11月，学校组织学生参加了市青少年服务中心主办的“朵朵童世界杯”沈阳市少年儿童文明新沈阳“卡通动漫明日之星”大赛，学校一名小学生获得“卡通动漫明日之星”称号，学校获得“卡通动漫明星梦工厂”组织金奖。

【获市教科研优秀论文奖】 11月，学校教师参加沈阳市民办教育协会举办的“雨田杯”第三届民办教育优秀论文评选活动，经市民教协会专家评选，学校共有40篇科研论文获奖，其中一等奖5篇，二等奖19篇，三等奖15篇。

【获得“全国民办教育先进学校”殊荣】 11月，学校经市教育局民办教育处推荐，参加了由教育部教师发展基金会举办的“全国民办教育先进集体”评选活动，经过组委会评选，本校获得了“全国民办教育先进集体”殊荣。11月3日，本校校长亲自赴京参加“全国民办教育先进集体”表彰大会，聆听了教育部有关部门领导、专家关于贯彻落实《国家中长期教育改革和发展规划纲要》推动民办教育发展方面的学术报告。

【举办小学部“第一届英语节”】 12月1日，为打造本校小学部英语学科教学特色，小学部举办了一至五年级“第一届英语节” 开幕式，小学部教务处推出了“英语单词王挑战赛”等10余项英语竞赛项目。12月31日，小学部召开了由一至五年级学生和家长共同参加的“第一届英语节”闭幕式及表奖会，小学生熟练运用英语的精彩表现赢得了与会家长的高度赞扬。

【获市中小学德育工作特色学校荣誉】 12月，学校参加了市教育局在全市教育系统开展的“德育工作特色学校”评比活动，经过区教育局初评和市教育局综合评价，学校被评为“沈阳市中小学德育工作特色学校”。

（马颖　刘英石）

沈阳市广全中学

【概况】 沈阳市广全中学占地面积26 010.91平方米，建筑面积24 040.70平方米，体育场（馆）面积12 000平方米。图书馆（室）藏书6.5万册，各类报纸35种、杂志108种。固定资产总值8 319万元，全年教育经费投入1 079万元。在校生3 413人，其中，初中1 814人，高中1 599人。高中录取分数线公费生666分，自费生512分，择校生500分。应届高考本科上线率48%，应届初中生升入省重点高中60%。开设教学班57个，其中，初中班32个，高中班25个。教职工262人，其中专任教师143人，特级教师3人，高级职称38人；市级学科带头人、骨干教师22人。专任教师全部大学本科学历、硕士学历8人。全国优秀教师5人，省优秀教师12人，市级优秀教师17人。普通教室60个，专用教室7个，实验室4个，阶梯教室2个。学校网址：www.guangquanschool.cn。

【举办市民办教育协作体2010年年会】 10月20日，学校举办沈阳市民办教育协作体年会。该年会以“携手并进，办好沈阳民办教育”为主题，采取集中研讨，现场交流和专家点评方式进行。沈阳市民办教育协会会长高肇基、沈阳市民办教育协会常务副会长于永富、沈阳市教育局民办处处长韩铁军，沈阳市民办学校校长等40余人参加年会。各民办学校校长达成如下共识：建立协作机制，进一步完善年会体制，办好年会；教育资源共享，创造条件，充分发挥各校资源潜能；联手教育改革，拓宽课堂改革；加强校际交往，积极建立信息网络平台。

【加大校本培训力度，展示教改成果】 10月20日，借沈阳市民办教育协作体2010年会之机，开展校本课程体系及课改研讨课活动。广全中学课堂开放，除安排了语文、数学、英语等学科外，还特意安排了具有广全中学特色的国学课、艺术体操课，与会领导及全市民办学校校长、教师共100余人参加了研讨课活动。与会领导及教师对广全中学的课改成果给予高度评价，有的与会校长当即表示请广全中学教师到校做课。研讨课活动还特意请来了沈阳市教研院张达老师、太平洋学校外教教师，对学校英语教学进行了指导。7月25日—7月28日，广全中学教师王丽丽赴四川省绵阳市，参加了由中国教育学会中学语文教学专业委员会组织的“创新写作教学研讨与实验”课题第九届年会。大会主题是“让学生享受写作的快乐与尊严”。全国有20名中青年语文教师参加全国“创新杯”课堂观摩大赛，王丽丽老师是辽宁省唯一参赛代表，并获得一等奖。3月份，学校被评为2010沈阳市“十一五”校本培训先进单位。

【开展丰富多彩的教育活动】 7月，组织学生参加北京立志明德修学夏令营活动。参观清华、北大、水立方、军事博物馆等。在广全中学校园举办了“走进院士书屋”大型文化展，聘请郭巧俐教授来校向师生讲授文明礼仪课，消防安全演练活动等。广全中学跆拳道队参加全国中学生跆拳道大赛取得团体总分第二名，参加辽宁省跆拳道锦标赛获女子个人第一名、男子个人第二名。

【王法旭校长参加中国优秀高中校长访问团赴韩访问】 10月，校长王法旭随中国优秀高中校长访问团出访韩国。考察韩国多所大学，与韩国国立大学留学部签署合作协议，拓宽办学渠道。广全中学秉着公平、公正、公开的原则，负责推荐韩国国立大学奖学金项目留学生。

【教师积极开展科研活动】 2010年雨田杯第三届民办教育优秀论文评选中，广全中学有9篇论文获一等奖，有32篇获二等奖，有12篇论文获三等奖。

（杨继天）

沈阳市志成中学

【概况】 沈阳市志成中学坐落在沈阳市浑南新区前榆路98—3号，学校成立于1998年，校园占地面积36 600平方米，建筑面积18 125平方米。学校拥有教学楼3栋，学生公寓2栋，教师公寓1栋，食堂1栋。普通教室48个，专用教室10个。目前高中每年级10个班型，初中每年级4个班型，在校学生两千余人，教师百余位。志成中学的全体师生正发扬着“有志者，事竟成”的朴实校训，积极进取，努力拼搏。

【协办民办高中协作体有效教学展示活动】 4月7日，由沈阳市民办教育协会主办，基础教育专业委员会承办，沈阳市志成中学协办的民办高中协作体有效教学展示活动在志成高中举办。

【院士书屋进校园】 4月20日，为纪念“4·23世界读书日”活动，与全国青少年素质教育文化推广工程组委会在校园内共同举办了“走进院士书屋”大型文化展览，向学生们展示了科学家们的成才故事。活动包括参观81位院士书屋照片，阅读他们的经历和感悟，以及展示各种科学小学具。

【构建校本课程体系】 5月4日，举办了第四届亲子家校音乐会。2010年，学校努力构建《国学应用与治学之道》的特色校本课程体系，将中华传统文化中的《弟子规》、《道德经》等，融入师生生命修行的内容，旨在传播和构建与传统融会贯通的至情、至善、至真的人生境界。

【举办“依法治校，以德育人”座谈】 7月16日，为保障学生权益，维护教师尊严，学校组织全校教师以“依法治校，以德育人”为主题召开了一次座谈会。学校特邀请法律顾问——

同方律师事务所的公民律师莅临指导。公民律师为教师进一步解读了《教师法》、《民办教师促进法》，并就校内外因教师不懂法而出现的一些现象进行案例分析，使得老师们更加认识到依法办学的重要性。

【举办省科研立项开题仪式】 8月16日，经过辽宁省教育厅科研处审批，《民办中学任课教师评价体系与运行机制的研究》、《关于民办中学党组织在提升教师幸福感中发挥核心作用的研究》两项省级科研课题立项。省市科研专家郝庆堂、邓小春、孙杰夫、高肇基、于永昌、王欢等出席了立项仪式。

【加强与国内、国际学校的文化交流】 10月、11月，学校分别与香港、日本、美国的学校进行了友好互访，继续商讨合作办学。

【举办校园艺术节】 12月30日，由校团委主办的第七届校园艺术节在中华剧场召开。艺术节主题是"舞动青春，唱响志成"，由全校各班带来的歌唱、舞蹈、相声、小品、舞台剧、服装展示、乐器等表演，形式多样，精彩纷呈，教师与学生们积极参与，奉献了极其吸引人的节目，师生同台为艺术节增添了亮丽的色彩。最后，由学生会与初中同学组成的表演队伍为全校同学送去祝福，整台汇演在一片祥和的氛围中获得了圆满成功。

（钟德超）

沈阳市立人学校

【概况】 2010年，沈阳市立人学校占地面积4.9万平方米，建筑面积3.9万平方米，固定资产总值5 000万元。64个教学班，其中六年级6个、七年级20个、八年级20个、九年级18个。在校生3 661人，住宿生3 011人；走读生650人；毕业生1 051人，升学人数1 045人，升学率达99.43%，其中升入省重点高中397人（含沈阳二中25人），市重点高中565人，普通高中33人，中职50人。教职工262人，专任教师165人，市级骨干教师1人，中国名校共同体课改指导专家4人。大学本科以上学历115人，中青年教师165人。学校设立奖学金制度，对品学兼优家庭困难学生实行500元—4 000元不等的奖励和资助，一年来发放奖、助学金142万元。

【领导关怀】 2010年，省、市、县领导多次来立人学校进行调研指导。11月4日，原沈阳市人大副主任、现沈阳市教育学会会长张卓然，原沈阳市教育局计财处处长、现沈阳市教育学会副会长兼秘书长胡建章到立人学校调研。辽中县县委书记张东阳，县委副书记、县长杨树，县人大常委会主任张作武，县教育局局长王煜，县教科所所长周秉德陪同调研。原沈阳市人大副主任张卓然对学校的办学业绩给予了充分的肯定，并对学校的持续发展提出了指导性建议。5月24日，省政法委检查组莅临辽中县抽查学校保卫工作，立人学校代表辽中县中小学接受了检查，检查组查看了立人学校的门卫、教学楼、宿舍、食堂，并检查了学校安全档案，对立人学校的保卫工作给予了高度评价。

【成立《中国教师报》全国教师培训基地】 1月5日，《中国教师报》全国教师培训基地——沈阳立人基地正式成立。近几年来，立人学校致力于课堂教学改革，创立"整体教学系统——124课堂教学模式"，努力打造高效课堂，培养学生自主学习能力，取得了辉煌的业绩，成为东北地区的"杜郎口"。全年，立人基地共接待来自新疆、内蒙古、上海、吉林、黑龙江等全国各地参观、研修的领导和老师达3 000多人次。

【举办全国高效课堂教学模式观摩研讨会】 2010年4月29日—30日，高效课堂走进沈阳——"整体教学系统"高效课堂教学模式现场观摩研讨会在立人学校成功举行。会议由《中国教师报》、中国教育学会初中专业委员会、中国教育学会中育教育发展研究中心、中国民办教育协会中小学专业委员会、沈阳市教育局、沈阳市教育研究院联合主办，《中国教师报》全国教师培训基地、辽中县教育局和沈阳市立人学校承办，中国教育学会常务副会长郭振有、中国教育学会初中教育专业委员会理事长李锦韬、中国民办教育协会中小学专业委员会副理事长崔树毅、辽宁省民办教育协会第一会长郝庆堂、沈阳市教育局副局长韩燕子等12位国家、省、市、县领导和专家出席了会议。来自河北省、湖南省、山东省、广东省等8省28个市的教育理论研究者、课改名校的校长、中小学的校长和教师近1000人参加了大会，共同探索课改新路径，研讨高效课堂新方略。立人学校的“整体教学系统”——“124”教学模式和“122”管理模式受到与会者的广泛关注，《辽宁日报》、《沈阳晚报》、辽宁新闻网、沈阳网、辽中县电视台等省、市、县十几家媒体对会议进行了报道。

【实施“四年制”初中学制改革实验】 随着办学规模的不断扩大和教学改革的深入开展，经市教育专家论证，县教育局批准，立人学校实施了“四年制”初中学制改革实验，旨在全面提升学生的综合学力。2010年9月1日，正式开班，六年部开设6个教学班，共216名学生。

【教学工作】 2010年，立人学校以实施“整体教学系统”——“124”教学模式为重点，以培养学生实践能力和创新精神为目标，深化教育教学改革，提升高效课堂教学质量。研究导学案编制和课堂教学流程新举措，对六、七、八、九年级的教材进行全面整合，既体现小学与初中教材的衔接，又考虑各学科知识之间的渗透，汲取全国各地教材的精华，吸纳课外知识精选，形成全新的学科教学体系。采用“请进来，走出去”方式，结合校本培训活动，促进教师业务能力的提升。邀请全国著名教育专家、名校校长为全校教师作报告。派出领导、教研组长、骨干教师100多人次参加全国教育会议和到名校考察、学习。举行7次全校性质的教师培训活动，包括专题报告、评优课大赛和上研讨课活动等。4名校级领导参加了市教育局组织的远程教育培训。制定教师考核制度，构建捆绑式评价机制、实行全方位评价，考评结果与教师绩效工资、晋级晋职、评优评先挂钩。立人学校注重教科研工作，在全校教师当中开展“问题——课题”小课题研究活动。学校还进行了《初中学制改革与教学改革的探索与研究》和《构建民办基础教育教学质量保证体系的实践与研究》两项课题的研究工作，并分别向辽宁省教育学会和辽宁省民办教育协会申报立项。

【德育工作】 立人学校高度重视德育工作，通过国旗下的讲话、清明节扫墓和“五四”青年节、国庆节等重大节日庆祝活动，对学生进行爱国主义教育；召开运动会，举行大型文艺汇演，评选优秀合力班、文明宿舍等进行集体主义教育；召开主题班会、举办演讲大赛等活动，进行前途理想教育；召开家长座谈会、观看视频短片，进行感恩教育；开展消防疏散、地震逃生等模拟演练活动，进行生命教育；请县关工委老干部和县法院领导来校作法制报告，进行道德与法制教育。实施代理家长制度和全员德育机制，营造“立人是我家，身边有亲人”温馨校园。上述德育系列教育活动的开展，活跃了学生课外生活，提升了学生的思想道德素质。

【学校荣誉】 2010年，立人学校“整体教学系统”——“124”教学模式跻身全国高效课堂九大“教学范式”，并获得了全国高效课堂九大“教学范式”认证证书和奖牌；被中国民办教育协会初中教育专业委员会评为“全国初中教育改革创新示范校”，被辽宁省教育厅授予“全省教育系统、关工委实施‘青蓝工程’先进集体”，被省政府评为“辽宁省普及九年义务教育先进单位”，被沈阳市卫生局评为“沈阳市健康生活方式行动示范单位”和“示范食堂”，荣获辽中县教育系统“深入学习实践科学发展观活动先进单位”和“辽中县阳光体育大课间活动优秀单位”荣誉称号。

【学校特色】 德育特色：以人为本，实施全员德育和代理家长制度，开展校园百花奖评优活动。通过传统文化与现代文化相结合，道德教育与法制教育相结合，使学生形成德与智的统一，知与行的统一。教学特色：全面贯彻党的教育方针，全面实施素质教育，实践“以人为本，为师生发展服务”的办学理念，转变教育观念，构建“整体教学系统”——“124”课堂教学模式，学生主动学习，教师全程指导，师生互动，生生互动，打造高效课堂，提升教学质量。管理特色：构建“122”管理模式，以“一个体制（管理体制），两个机制（评价机制和后勤保障机制，两个建设（制度建设和文化建设）”五大支柱支撑教学工作的高速运转。文化特色：倡导团队精神和合力制胜、合作求荣的人文理念。办校报、文学社团，开展文化艺术节活动，陶冶学生情操，凝化学生进取精神，提高师生素质。

（胡殿友）

法库县德华私立学校

【概况】 2010年，法库县德华私立学校占地面积11 255平方米，建筑面积3 530平方米。在校学生468人，设教学班16个。有教职工52人，包括专任教师28人；其中高级职称教师9人，中级职称教师11人；市级骨干教师2人；大学本科以上学历24人。现有普通教室18个，专用教室16个，科学实验室1个，多媒体教室2个。

【育人为本，德育为先】 学校始终坚持“以德治校，以德育人，以德育己”办学宗旨，一是活动育人，结合教师节开展“感恩教师”主题系列活动；通过升旗、主题班队会等活动，使学生理解教师职业高尚伟大，使学生更加尊敬老师；结合少先队建队日，开展“红领巾召唤我们共同前进”主题班队会活动；坚持开展“七个一”教育活动，如“六一”文艺联欢会、“七一”唱红歌、“十一”诗朗诵等；结合玉树地震，开展向灾区献爱心活动，全校师生为玉树灾区捐款13 426.50元。二是感恩教育，开设国学课，通过学习《弟子规》，让学生第一懂得感恩父母、老师、社会；第二懂得待人接物需怀恭敬之心，为人谦虚不可傲慢；第三找准人生目标，努力向上，让自己生活得有意义。三是规范管理，第一，抓常规、重养成。由于学生24小时在校学习生活，所以学校从衣食住行学等方面实行强化训练，比如举办叠被子比赛、穿衣服比赛、系鞋带比赛、装书包比赛等，以这些活动为载体，让学生懂得自己的事情自己做，进而把《小学生日常行为规范》落到实处。第二，净环境、陶情操。学校花大力度布置教室和走廊宣传橱窗，购进很多花木美化校园，使师生在良好的环境中学习、生活。第三，塑形象、铸品质。学校首先抓教师表率作用，比如要求学生用餐不能讲话，老师也不能讲话；要求学生认真做操，班科任教师及学校领导都排到学生后边一起做操。第四，讲礼仪、重礼貌。学校设立礼仪监督岗，由优秀学生组成文明天使，每天下课对校园进行巡视，发现问题及时劝导、更正，使学生文明行为得到规范，来过学校的客人及家长对学生文明行为赞不绝口。

【注重教研谋求发展】 从一年级开始全面普及英语教学（牛津英语），普及现代化信息技术教育。坚持把学习质量作为学校发展第一生命力，严抓课堂40分钟教学质量，采取不预约便可推门听课方法。教研活动中注重为教师搭建成长舞台，促进了课堂教学质量提高。

【突出教学特色化】 在保证学科教学质量基础上，学校努力突出英语教学特色。全校15个班共配备5名英语教师（其中英语8级1人，6级1人，4级3人），每周每班英语教学达7课时左右。英语教学以记单词为基础，以读背课文为重点，逐步向看听说读练写过渡，一时间全校掀起读背英语高潮。这一做法收到良好的社会效应，很多家长慕英语之名把孩子送到德华来学习。

【积极开展体育活动】 一是保证开足开齐体育课，提高体育课质量；二是坚持多彩大课间活动，保证学生每天一小时体育活动时间。此外还经常开展跳大绳（小绳）、羽毛球、篮球、乒乓球、踢毽、拔河等比赛，2010年组织开展学生课间跳广场舞活动，使学生在愉悦中锻炼了身体。

【加大卫生监管力度】 会同德育处、少先队进行食品卫生宣传周和防治艾滋病宣教工作；加强学生心理健康教育；加强师生饮用水管理，加大学生常见病防治；认真做好体质健康检查工作，建立健全学生体检档案。认真做好入校新生查验接种证工作，建立健全了学校卫生突发事件监测系统和传染病疫情报告制度。

【培养学生个性特长】 为培养学生个性特长，学校开设了几个特长班，如电子琴、舞蹈、奥数、奥英、乒乓球、篮球等。学生参加全国奥英竞赛，有5人荣获二等奖，7人荣获三等奖。一些学生电子琴独奏、拉丁舞表演都赢得了师生及家长喝彩。通过培养学生个性特长，促进了学生全面、主动、健康、活泼发展，学生个性也得到了张扬。

【加强师德师风建设】 除组织教师认真学习《中小学教师职业道德》和《公民道德建设实施纲要》，学校还结合教师工作实际开展“两个三”活动，即“三全”：全面贯彻教育方针、全面关心学生发展、全面对家长负责；“三爱”：爱事业、爱学校、爱学生。全校教师在这些活动中涌现出很多突出事迹。

【抓实校园安全工作】 学校形成了董事长亲自挂帅，校长、教师具体负责的管理体系。积极开展安全知识讲座、安全知识竞赛、安全园地展览等活动，增强学生自我防范意识和自我保护能力。认真执行安全工作监督制度，加强日常安全动态管理和检查工作；加强门卫管理，对外来人员实行严格登记、检查制度，及对教学设备实施定期检查制度。由于学校安全工作常抓不懈，本年未发生一起安全事故。

（陈鸿鹏　纪文彬）

特殊学校

沈阳市大东区培智学校

【概况】 2010年，沈阳市大东区培智学校占地2 200平方米，建筑面积2 400平方米，体育场地面积600平方米，图书馆藏书2万册。固定资产总值185万元。国家拨款全年教育经费374万元。毕业18人，招生14人；在校学生107人。开设教学班10个。有教职工38人，包括专任教师37人，其中小学超高级职称1人，小学高级职称31人，小学一级职称2人，中学一级职称3人；省优秀教师2人，市学科带头人1人，市级骨干校长1人；大学本科以上学历25人。普通教室10间，专用教室18间，实验室1个。

【实施AB班班主任交互管理制】 3月1日，学校顺利实施AB班班主任交互管理制。AB班交互管理制指两位老师共同包保一个班级，以月为单位实行交互管理。此项制度是学校在管理模式上的一次创新和改革，旨在增强教师的责任心和教师队伍的凝聚力，收到良好成效。4月14日，学校召开 “AB班教学引路课”展示活动，全面总结管理经验，为教师的沟通和学习搭建了平台。

【学雷锋活动日收到特别的礼物】 3月5日，地税大东分局团委学雷锋活动走进培智学校，与大东区培智学校共同开展了“爱心点亮希望”爱心捐赠活动。本次活动累计捐赠物品价值1 000元。3月9日，沈阳造币厂团委与厂武装部的领导联合为培智学校捐赠了7组10箱储物柜、15个储物凳，为学校3名特困学生送来部分学习用品，总计价值3 000余元。

【参加“辽沈晚报社区一周一家一梦”活动】 4月18日，学校唐氏儿武术队学生应邀参加在小河沿公园举行的“辽沈晚报社区一周一家一梦”活动。孩子们进行了武术表演，更用一首“让爱传出去”的手语舞感动了现场观众。

【开展为玉树灾区捐款活动】 4月23日，组织全体师生开展了为玉树灾区现场捐款活动，累计捐款2 181元。

【参加庆“六一”科普大篷车辽宁百日行活动启动仪式】 5月26日，学校两名学生代表应邀参加在沈阳市少儿图书馆举行的“庆六一科普大篷车辽宁百日行活动启动仪式”。作为受助学生，他们不仅收到了六一节礼物，同时表演了自己擅长的钢琴曲与武术表演，赢得阵阵喝彩。

【助残月感受社会关爱】 5月28日，学校召开了“让爱传出去”主题迎助残、庆六一、和谐德育弟子规展示会。展示会上，一名学生家长为捐资修建培智塑胶操场的爱心人士王德军捐赠了由她亲手串起的一只串珠帆船。大东区培智师生与大东区辽沈街第三小学、大东区白塔小学的学生们共同为在场观众演出了精彩的文艺节目。同日，沈阳造币厂团委书记刘岩代表沈阳造币厂为大东区培智学校3名特困学生分别捐赠人民币200元及一套价值100元的运动服。6月10日，大东区振东中学的领导和学生代表为培智学生捐款1 274元及部分学习用品。

【被授予“辽宁省中小学生命教育先进学校”称号】 10月21日，学校由于认真贯彻辽宁省教育厅下发的关于《中小学生命教育专项工作方案》的指示精神，让每一个在校的孩子身心得到充分自由、和谐的发展，被辽宁省教育厅授予“辽宁省中小学生命教育先进学校”荣誉称号。

【师生乘坐地铁 感受家乡变化】 10月22日，组织全体师生体验乘坐地铁，亲身感受家乡变化。本次活动不仅让学生们学会了如何乘坐地铁，更让他们在乘坐的过程中感受到了和谐社会的一份关爱和家乡日新月异的变化。11月3日，沈阳电视台沈视早报的节目对本次活动进行了报道。

【召开“携手并进，共同成长”拜师会】 10月27日，举行“携手并进，共同成长”青蓝工程第四届结对子活动。会上，共有三对师徒结成对子。今后的工作中，三对师徒对子将教学相长，互帮互学，齐头并进，共同努力使培智学校的教育教学工作再上一层楼。

【参加第十四届全国多媒体软件大奖赛获一等奖】 11月5日，学校教师曲艺代表辽宁省参加了在首都北京举行的第十四届全国多媒体软件大奖赛，并荣获“特殊教育组信息技术学科教学整合课例”现场决赛一等奖。

【参加2010沈阳市特殊教育学校干部教师培训会】 11月25日，全体教师参加了由沈阳市教育局主办的2010年沈阳市特殊教育学校干部教师培训大会。全体教师认真聆听了国家教育部基础教育司副司长谢敬仁关于《国家中长期教育改革和发展规划纲要》中特殊教育部分的解读。

【参加辽宁省特殊教育研训教师基本功大赛获二等奖】 12月13日，学校教师陈寄代表沈阳市参加在大连市举行的辽宁省特殊教育研训教师基本功大赛，荣获个人比赛二等奖。

【荣获各级特奥会多项荣誉】 1月8日，4名学生代表辽宁省参加在澳门举办的第十八届两岸四地城市田径特奥邀请赛，荣获金牌4枚，银牌1枚，铜牌4枚；7月27日，培智8名学生参加在大连举办的辽宁省特奥足球周系列活动获团体第四名；9月12日，两名学生代表国家参加在墨西哥举行的国际首届唐氏特奥田径赛，获金牌1枚、银牌1枚；9月19日，4名学生代表辽宁省参加了在福州举办的第五届全国特奥会，获金牌3枚，银牌4枚，铜牌1枚；11月16日，大东区培智学校被授予“全国特殊奥林匹克运动会先进单位”称号。12月25日，大东区培智学校18名学生代表辽宁省参加在哈尔滨举办的全国特奥冬季项目比赛，取得了11金、11银、10铜的骄人战绩。

【开展普惠制培训活动】 积极响应集团“区域教育服务区域经济”的口号，采取多种措施，多渠道、多途径为智残学生提供就业渠道。由于工作突出，大东区培智学校被沈阳市普惠制就业培训工作领导小组评为沈阳市普惠制定点培训机构。

（徐哲茹　祝艳梅）

沈阳市和平区睿智学校

【概况】 睿智学校是和平区唯一的一所特殊教育学校，1988年建校，占地2 800平方米，建筑面积3 500平方米，20多年来，一直受到各级政府领导和社会各界人士的关怀、支持。学校先后被评为区教育系统先进单位、区政府先进单位、市扶残先进单位、市绿化先进单位、辽宁省标准化特殊教育学校、辽宁省巾帼建功文明岗。校园宽敞明亮，是辽宁省特殊教育标准化学校、沈阳市花园式学校。睿智学校现有教职工36人，11个教学班（含早期教育班、职业教育班各1个）。学校设有适合学生缺陷矫正和能力提高的感觉统合训练室、感官治疗室、劳技室、烹饪室、智能玩具室、语音室、微机室、缝纫室、家政室、实验室、标本室、康复训练室、图书阅览室、智商检测室、美术室、舞蹈室、洗衣室、音乐室等20余个供学生活动的场所。

【领导关爱】 4月2日是第三个国际自闭症日，沈阳市副市长祁鸣在市区残联领导的陪同下来到了和平区睿智学校，看望这里的31名自闭症儿童。领导们把礼物发到每个孩子的手中，孩子们接到礼物都很兴奋。5月31日下午，在沈阳市第四个助残月期间，“六一”儿童节来临之际，和平区党外知识分子联谊会第一小组成员来到和平区睿智学校，举办送温暖活动。和平区政府副区长裴达树、和平区统战部部长李先志、和平区教育局书记安建晔、和平区党外知识分子联谊会会长、政协副主席、招商一局局长朱翎，联谊会的副会长们及组内社会各界人士到会。领导们为孩子和老师们精心准备了礼物。9月6日，和平区教育局局长王伟协同初教科老师，来到睿智学校，为学校送来先进单位牌匾。王局长对学校过去一学年的工作给予高度肯定。

【提升内涵，打造专业“品牌”】 3月2日，市教研院宁炜来到学校进行了《引领一线教师科研》专题讲座，提升了全校教师的科研理念。4月28日，睿智学校教师以教研组为单位进行了公开课教学“大比拼”。经过多次集体备课、教研，每节课都凝聚了大家的集体智慧。进一步增强团队意识，教师们教学理念和教学技能得到进一步提升。5月28日下午，为了进一步提高教师们的教学技能，积累教学实践经验并强化专业知识素养，和平区睿智学校举办第二届教具大赛。全校20余名教师参加此次比赛，与第一次大赛相比，本次比赛教师们无论从设计理念还是教师的态度，制作过程都趋于成熟，使教师们彼此都很受益。

【参加全国第五届特殊奥林匹克运动会】 全国第五届特殊奥林匹克运动会于2010年9月19日在福建省福州市隆重召开。睿智学校的4名队员参加了田径、足球两个项目的角逐。共获得2金6银的好成绩。运动员李响、孙诗博分别获得全国优秀运动员的光荣称号。

【睿智学校助残月启动仪式】 5月28日上午，学校成功举办了以“残健同行，共创和谐”为主题助残月活动启动仪式。在助残月期间，“六一”儿童节来临之际，沈阳市残联领导给学校20名贫困学生送来了一份特殊的关爱。和平区民政局、街道办事处、和平区残联的领导们也都给孩子们送来礼物，祝福孩子们节日快乐。

【举办首届“阳光杯”青少年心理健康文化艺术节】 12月25日是西方的传统节日圣诞节，又值新年来临之际，睿智学校全校师生、家长借着红心志愿者协会搭建的平台，与社会各界爱心人士汇聚在一起举办首届“阳光杯”青少年心理健康文化艺术节。活动中，学校15名孩子参加绘画展示，30余名孩子展示艺术才能。爱心人士中的心理专家，针对学生绘画作品一一作了点评，给孩子们自信，给家长们一些教育的意见和建议。

【特教师资培训】 3月19日下午，学校的老朋友，中国茶文化研究会理事张其磊老师来到教师们中间，为大家作有关茶文化的专题讲座。张老师为大家讲解如何识别茶、名茶简介、知晓水、对茶器的看法及沏茶、品茶的方法与学问等等。从沏茶讲到尊重的礼仪，从茶艺讲到人和，教师们随着张老师的讲课内容品味茶为国艺。伴随着古典音乐，本次茶艺讲座在温馨的气氛中拉下了帷幕，老师们意犹未尽、受益匪浅，茶文化从此走进了睿智。10月28日下午，睿智学校邀请心理学硕士、国家注册二级心理咨询师刘宇艳老师，给全校教职工作精彩报告。特教教师面临着的工作环境、家庭、社会等方方面面的压力，心理健康更是不容忽视。学校邀请现任辽宁省红心志愿者协会公益部主任、沈阳宏扬爱心心理咨询中心技术主任、比较资深的专家来给大家做咨询。

（董立剑　李娟）

沈阳市皇姑区聋人学校

【概况】　2010年，沈阳市皇姑区聋人学校占地面积10 000余平方米，教学用楼5 192平方米，生活用房2 625平方米，在校生161人，寄宿生79人，毕业11人。学校共有教职工50人，其中，具有副高级职称教师7人、中级职称教师26人，省级骨干教师2人、市级骨干教师3人、区级骨干教师11人，国家级体育教练1人、专业语言训练教师3人，有30余名教师承担过国家、省、市科研课题的研究工作，有20余名教师在国家、省、市教学及基本功大赛上获奖。学校共有18个普通教室，并设有情境模拟教室、远程教育教室、物理实验室、化学实验室、生物实验室、律动室、大型多媒体会议室、小班型多媒体教室、语言单训室、微机室课件制作室、图书阅览室、听力检测室、耳膜制作室、心理卫生健康室、体育健身室、美术室、陶艺室、书法教室等20多个专用教室，班级配备了多媒体教学设备，实现了班班通和资源共享。

【“辽宁省特殊教育研究基地”揭牌】　1月8日，沈阳市师范大学教育科学院副院长朴雪涛、刘俊卿教授、胡雅梅博士及沈师大特教研究生一行6人，来到皇姑聋人学校为“辽宁省特殊教育研究基地”揭牌。双方共建合作既为辽宁省教育科研搭建广阔的平台，也为皇姑聋人学校教育科研水平和办学水平再上新台阶提供强有力的专业支撑，实现资源共享，优势互补。

【教师基本功展示拉开序幕】　5月26日，“皇姑聋人学校提升教师综合素质系列活动——教师基本功展示”拉开了序幕。小学组教师以语文《琥珀》一课为素材，分别用教学设计、说课、反思、手语、课件、板书、语言康复表现方法进行教学展示，中间环节增加陶艺制作、唱歌、书法、手语歌等才艺展示。6月2日，中学教研组以团队形式参与，以手语展示为主线，涉及语文、数学、英语、美术、计算机、书法、劳技、动漫、律动9个学科内容，展示了手语、普通话、简笔画、粉笔字、毛笔字、课件制作等教学基本功和声乐、舞蹈、速写、朗诵、工艺等多种才艺，皇姑区特教教研员郑冬艳老师来到现场对活动进行点评。6月10日，皇姑聋人学校马术艳老师参加“辽宁省语文、数学科骨干教师技能大赛”获二等奖。

【教师培训】　9月8日，参加上海非特教专业培训的肖艳新老师对皇姑聋人学校全体教师进行特教新理念培训。10月27日，皇姑聋人学校对全体教师进行电脑、上网知识的培训，培训内容主要针对信息化教学资源的收集、信息化资源的处理，包括网络搜索引擎的使用技巧，文本、图像、影音、动画资源的下载方法，图形图像的制作，图形图像、声音、视频、动画资源的处理等方面。1月24日、25日，皇姑聋人学校全体教师到沈阳市兰亭宾馆参加沈阳市特殊教育干部教师培训会，国家教育部基础教育二司特教处处长谢敬仁解读了《国家中长期教育改革和发展规划纲要（2010—2020年）》。厦门市教科所、《现代特殊教育研究》编辑陈军，就《聋教育热点、难点问题及教师专业化成长》作了报告。

【德育工作】 6月10日，市残联组织皇姑聋人学校小学部学生到沈阳"欢乐谷"游玩。体验音乐广场、手工乐园、手影变换、淘沙堡、淘气堡等多个富有科技含量的游戏项目。9月26日，皇姑聋人学校德育处以"让聋生了解中华民族的传统节日，培养聋生爱国主义情怀"为出发点，组织各班开展"缤纷节日"主题活动，在一系列活动中，聋生们完成了许多精美的作品，如绘画"天安门"、陶艺制作"长城"、面点制作"月饼"、十字绣"五星红旗"等，聋生在做做、玩玩、画画中体验中华民族文化的丰富性。12月29日，以班为单位举行"迎新年学生联欢会"。

【体卫艺工作】 3月10日，"彩虹姐姐心理咨询室"在皇姑聋人学校成立。5月17日，在皇姑聋人学校举行"预防和阻断遗传性耳聋"基因检测现场活动。9月1日，辽宁省心理协会会员李鑫老师为皇姑聋人学校全校教师作《快乐自我，关爱他人》的心理咨询专题讲座。10月11日，皇姑聋人学校全体师生参加在中山公园举行的主题为"用心倾听，大爱无声""中国狮子联会沈阳狮爱听力障碍者服务项目启动仪式"。5月20日，皇姑聋人学校舞蹈队参加在中山公园举行的"沈阳市第二届残疾人艺术节"残疾人艺术团巡回演出队赴社区巡演的首场演出。6月28日，由市残联主办的沈阳市手语诗大赛落下帷幕，艾洋老师表演的手语诗歌《无声的震撼》获得特教教师组第一名，蔡佳彤同学表演的手语诗歌《相信未来》获得特教学生组第一名。学校舞蹈队为来自省内14个城市的200多名聋人代表表演了《西域风情》和《不能没有你》两个舞蹈，副市长祁鸣、市政府副秘书长刘祥、副市级调研员张颖、市残联理事长陶庆才观看了演出。11月1日，舞蹈《剪纸姑娘》开始排练。7月9日，辽宁省第十一届运动会残疾人组比赛在沈阳体育学院拉开帷幕。皇姑聋人学校33名聋生入选沈阳市代表团，参加了田径、游泳、足球、篮球等4个项目比赛，共获得19枚金牌、4枚银牌、8枚铜牌。学校男子足球队代表沈阳市获得第三名、女子篮球队获得第一名。

【捐资助学】 4月28日，辽宁省公益基金会为皇姑聋人学校捐赠一台价值3 000多元的冰柜。5月17日，皇姑区教育系统"爱心捐款"仪式在皇姑聋人学校举行，区教育局副局长宋申利、初教科科长程林及区属15所学校有关领导参加了捐助仪式。童晖小学、岐山一校、宁山路小学等15所区属学校师生为皇姑聋人学校捐款20 257.3元，副局长宋申利在仪式上发表讲话，对聋校教师的辛勤工作给予了肯定，并对听障学生提出了希望。5月31日，沈阳航空航天大学航宇先锋志愿者协会的25名青年志愿者、东北大学建筑系0701班的24名大学生与皇姑聋人学校学生共庆"六一"国际儿童节，并为学生捐赠学习用品。6月10日，沈阳师范大学文学院汉语言文学、对外汉语、新闻、文秘四个系的40名大学生志愿者与皇姑聋人学校学生举行"爱心牵手未来"联谊活动，志愿者现场完成了多件手绘T恤送给聋生。7月5日，辽宁省教育基金会助学分会为皇姑聋人学校捐资修建学生浴池。9月15日，辽宁省教育基金会助学分会为皇姑聋人学校5名学生每月提供200元生活补助金，100元康复训练费。11月18日，安利辽宁分公司志愿者与皇姑聋人学校学生举行"传递智慧"主题联谊活动。向听障学生捐赠了崭新的书包、篮球、文具和书籍等文体用品，为学生讲解自救知识。

（马颖　张娟）

沈阳市盲校

【概况】 沈阳市盲校是一所以视障儿童为教育对象的特殊教育学校，成立于1902年，是一所具有百年历史的老校，包含小学、初中、职业中专三个学年部，是辽宁省唯一的一所独立盲校，也是辽宁省特殊教育标准化示范校。学校位于风景秀丽的万泉河畔，占地面积12 591平方米，建筑面积8 716平方米，操场面积2 400平方米。标准化教室16个，各种专业教室15个，可供200人同时就餐的标准化学生食堂和供200人集会的礼堂各一个。学校有15个教学班，现有学生197人，其中接受九年义务教育的学生113人，接受按摩职业教育的学生84人。全校教职员工59人，其中省级骨干教师2人，市级骨干教师1人，区级骨干教师12人，专任教师学历达标率100%。学校严格按照《全日制盲校课程计划》执行课程标准，英语和信息技术教育普及率为100%，小学、初中毕业率100%，职业中专就业率为100%。

【开展对面朗读活动】 3月31日，辽宁省图书馆“对面朗读”的志愿者们与辽宁广播电视台故事广播的主持人走进沈阳市盲校，举办了一场别开生面的故事会，为盲童带来了快乐、希望和祝福。在活动中，辽宁广播电视台故事广播的主持人萌萌、月亮、恭喜发财这些盲童的偶像们纷纷登台，为孩子朗读安徒生童话，表演拿手绝活，与孩子们合唱歌曲，掀起了一个又一个高潮。活动结束后，盲童们还意犹未尽，纷纷与偶像们合影。“对面朗读”活动在沈阳市盲校已经开展了七年，活动不仅开阔了盲童们的视野，提高了他们的艺术品位，同时也拉近了明盲之间的距离，为盲生们更好地融入到主流社会之中打下了坚实的基础。

【参加全国首届残疾人乒乓球锦标赛】 5月9日至11日，6名学生参加了在石家庄举行的“威纳邦杯”全国首届残疾人乒乓球锦标赛。此次锦标赛是由中国残疾人联合会主办，面向全国各类残疾人群，每两年举办一次，分为个人赛和团体赛。本次大赛聚集了全国各地的残疾人乒乓球精英，比赛悬念迭生，精彩纷呈。经过三天的激烈角逐，沈阳市盲校获得了视障组团体总分女子第一名、男子第三名，学生刘佳慧、苏晓云、袁博分获视障女子组单打第一名、第三名和第六名，张明哲、王宁分获视障男子组第五名、第六名的佳绩。

【参加全国盲教育英语教学交流及研讨会】 5月18至21日，4名教师参加了在广州举办的全国盲教育英语教学交流及研讨会。此次交流及研讨会是由中国教育部基础教育司特教处组织的全国盲校的英语学科教学研讨活动，全国共有26所盲校参加，与会专家、学者、教师138人。研讨会期间，围绕着盲校的英语教学，来自全国各地盲校的英语教师展示了34节优秀的盲校英语课，并在课后特教专家、教研员和老师一起对盲校英语课堂教学进行了点评与交流，其中沈阳市盲校付娟老师的英语课 *How do you make milk shake*? 在研讨会中进行了展示，并获得了与会专家及老师的好评。

【改善教学条件】 10月8日，学校的综合楼经过一年多的建设，终于投入使用。新建的综合楼建筑面积3 566平方米，包括学生宿舍、食堂、报告厅、部分功能教室等，总投资712万元。各级领导对该建设项目给予了的高度重视和关心，国家教育部监察局、中国教育部基础教育司基教处、辽宁省审计厅、辽宁省教育厅、沈阳市政府、沈阳市教育局及沈河区政府领导多次亲临施工现场，给予指导和监督。沈阳市盲校综合楼的投入使用，极大地推动学校向全国一流盲校前进的步伐。

【参加全市特教系统干部教师培训会】 11月25日、26日，12月2日、9日，45名专任教师参加了由沈阳市教育局组织的全市特教系统干部教师培训会，围绕“全面提升沈阳市特教学校干部教师的专业技能和职业素养”的主题，全面听取了教育部基础教育司特教处处长谢敬仁《关于〈国家中长期教育改革和发展规划纲要〉的解读》、《现代特殊教育研究》杂志社编辑陈军《青年教师的专业成长》、北京联合大学钟经华教授《视力残疾教育》、哈尔滨市燎原学校校长张联弛《医教结合，综合康复》等精彩讲座，与会的特教干部教师都感到受益匪浅。

（柳文春　刘勇）

沈阳市苏家屯区特殊教育学校

【概况】 沈阳市苏家屯区特殊教育学校是一所招收聋生、智障学生的九年一贯制特殊教育学校。现有教职工31名，专任教师26名，教学班9个，实验班1个，学生75名。学校占地12 183平方米，生均绿地20平方米以上，教学楼建筑面积2 238平方米。为了改善办学条件，学校翻新了教学楼，改建了车库，在改造后的围墙上绘制了手语彩虹墙、海洋快乐墙等，新建沙滩休闲广场，为师生营造了优美的校园环境。几年来特教学校成绩斐然。其中全国优秀教师1名；市区级模范教师3名；市区级优秀教育工作者3名；市级师德先进个人1名；市区级优秀班主任3名；区级优秀教师4名。2009年被评为市平安校园；2010年被评为市绿色学校、教学先进单位、区德育特色示范校；2008—2010年连续三年被区政府评为教育工作先进单位。

【组织抗旱救灾活动】 4月12日，学校举办为西南五省出现百年一遇的严重干旱捐助活动。团员和少先队员们积极响应，踊跃捐款，用实际行动积极支援抗旱救灾，德育处也借此机会教育学生要时常关注灾情、关注社会、奉献爱心，并且从自身做起，珍惜水资源、保护环境。

【排查隐患，保证学生安全】 5月4日，学校组织德育处、教导处和总务处一起排查学校安全隐患，尤其是校园周边环境及学校的安全保障措施，为工作、生活在校园内的教职工和残疾学生把好安全关。每月的22日被定为学校安全检查日。

【科研项目结题】 一个国家级德育课题和两个市级科研课题相继结题，一线教师100%参与了课题研究，其中有80%的教师分别主持了国家、省、市级课题，“十一五”市级课题，李威等同志相继获得国家级德育科研课题先进工作者，赵岩等2名教师分别获得优秀实验教师称号，60篇论文获得国家省市区优秀成果奖。

【师德建设】 为了贯彻落实区教育局关于师德建设“五个一”和“六个一”活动，学校开展了“我爱特教我的家”等12个主题教育活动。为打造优秀的教师团队奠定了良好的基础。2010年王心爱老师被评为“沈阳市感动校园好教师”；赵洪霞老师作为“沈阳市师德标兵”，把特教老师的无私奉献、淡泊名利、胸怀大局的精神风貌传到了兄弟学校。

【德育特色建设】 自2008年起学校将文明礼仪教育作为创建“德育特色示范校”以及“团队品牌创新工作示范校”的中心内容。历经三年，学校的文明礼仪教育已凸显成效。现在大部分学生已经能够按照老师的要求做到靠右侧通行，见到老师或客人主动问好，并能自主地运用“谢谢”、“对不起”等文明用语。具有学校特色的德育校本教材《文明礼仪》已投入使用。继2009年创建“德育特色示范校”后，学校又向创建“养成教育示范校”迈进。利用晨检、升旗仪式、主题班队会、特色活动等形式分别从做人习惯、做事习惯、学习习惯着手，逐步培养残疾学生养成良好的行为习惯。

【参加演讲比赛获奖】 5月21日，学校学生参加由区教育局主办的"我有一个好习惯"演讲比赛。学校作为全区唯一一所特殊教育学校，选派了培智九年级的熊如峰同学，经过精心准备，比赛中获得了"特殊荣誉"奖。

【庆"六一"活动】 6月1日，在区教育局倡导下，区师校、一七五中学、四十六中学、一八一中学、一七八中学、解放小学6所学校百余名师生来到学校，和残疾孩子共庆"六一"。出席此项活动的还有区教育局领导。学校有8位学生取得了由国家劳动局颁发的中级面点师的资格认定；同学即兴表演的配乐散文《聋童的心声》，令人震撼。

【艺能大赛，画出五彩世界】 7月6日，学校有4名同学的美术作品参加了区中小学生第十四届艺术专业技能大赛，其中两名学生获得了一等奖，另两名学生获得了二等奖，这些同学在升旗仪式中高高兴兴地接到了获奖证书，两位辅导老师获得了优秀辅导教师奖。

【召开教学研讨会】 11月19日，学校教导处组织班主任对"伟思童教学软件"进行研讨。12月2日，全体教师在兰亭宾馆倾听了由沈阳市基教一处组织的由哈尔滨市燎原学校张联池校长所作的《医教结合，综合康复》报告。

【开展养成教育主题班会】 12月20日，学校选定两节"养成教育"主题优秀班会向全校老师展示，同时邀请区教师学校德育研究室和科研部两位教研员参加。通过强化养成教育，从学习、活动、就餐、休息等各个角度的生活细微之处入手，对学生进行行为习惯、文明礼貌、道德品质的养成教育，帮助学生养成良好的生活习惯。

【开展手语比赛】 12月20日，为了进一步规范学校教师的手语水平，提高教师运用手语与学生沟通交流的能力，学校开展手语比赛活动。老教师进行手语国歌的比赛，新教师进行手指字母的表演，新老教师用手语搭建起一座沟通的桥梁。校评委小组通过对全体参赛教师在穿着得体、举止大方，手势标准清晰、位置准确适中，动作美观、体态辅助合适，节奏统一、快慢适宜，不丢词填词、手语与口语相结合等五个方面的考查，评选出班主任组和科任组的一、二等奖。

【期末考试】 12月30日，学校对智障七个班级和一个聋班进行了口语考试。口语考试较以往的笔答考试不同，无论是聋童还是智障学生，无论是会写字的学生还是不会写字的学生，通过口语考试，老师不仅可以清楚地了解到孩子的语言发展程度，对本学期学习内容的掌握程度，还可以真实地反映出各项能力的表现。本次口语考试由教导处主任赵岩负责，从朗读、用句式说话、算数等方面对学生进行考查。可喜地看到，学生们本学期又学习到了很多知识，识字量大增。口语考试这种形式不仅全面地反映了学生的学习现状，同时作为一种新型的考试形式在学校被广泛应用，并取得了良好的效果。

（高东野）

沈阳市康平县聋哑学校

【概况】 康平特殊教育学校前身是康平县聋哑学校，创建于1977年，是康平县唯一一所面向全县适龄听力、智力、多重残疾儿童，实行九年义务教育的综合性特殊教育学校。学校占地面积7 200平方米，建筑面积4 800平方米。校园内一年四季绿树掩映，鲜花盛开；学校布局合理方便，教学、运动、生活各区独立；教学楼宽敞明亮，感统器材室、多媒体教室、计算机专用教室等功能较完备。目前在籍学生52人，现有4个听障班，25名学生；2个智障班，27名学生。学校有教职工28人，专任教师18人，具有本科学历5人，大专及以上学历13人，具有小学高级职称23人，各级骨干教师6人，教师全员继续教育合格率达100%。建校34年来，先后有131名聋哑学生毕业，已有四批九年毕业生共计60人被安置到县内及外县福利厂工作，受到用人单位和社会的一致好评，有的还创出优秀的业绩。

【关注学生有效教学】 在教学中实施个别化教育，让每个孩子都进步。尝试着把医疗手段和教育方法进行有效的结合，针对学生存在的问题，采取多种措施，进行有效干预，让学生各种能力达到自体的最佳状态，从而获得最大程度的发展。

【学雷锋从小事做起】 3月16日下午，康平特教学校学生在德育主任的带领下来到校园周边，以捡垃圾的形式开展“学雷锋活动”。同学们在活动中热情非常高，不怕脏，不怕累，只要是垃圾什么都捡。这次活动，让学生们明白了学习雷锋要从做一些实实在在的小事开始，也为美化和谐校园建设出了一份力量。

【缅怀先烈，重温历史】 4月5日，学校的师生怀着对先烈崇敬的心情来到烈士陵园，缅怀革命先烈，祭奠长眠在这里的先烈英灵。清明节祭扫烈士墓，是康平特教学校历年来的优良传统，祭奠活动结束以后，师生们将手中的小白花轻轻地系在翠柏中。师生们来回都是步行，体验艰辛，以寄托师生们对烈士的崇敬之情。

【迎全运，争做文明师生】 为了迎接2013年第十二届全运会，促进全民健身深入开展，并为广大师生提供一个交流平台，全面构建和谐校园，康平特殊教育学校于5月5日，在校操场上举行师生篮球比赛，这次活动是学校“迎全运，争做文明师生”系列活动之三。5月25日，康平特殊教育学校举办了第三届校级乒乓球循环赛，此次大赛的主题为：迎全运，强体魄，树特教人新形象。在经过了小组循环赛、复赛、决赛后，共产生冠、亚、季军4人，本次工会活动丰富了教职工的课余文化生活，也极大地推动了康平特殊教育学校教职工乒乓球的整体水平。

【助残日感受社会关爱】 5月13日助残日前夕，康平县委书记王一兵在县委副书记尹凛、副县长张继明、县长助理刘忠、县残联理事长王力、县教育局局长杜怀军的陪同下，到康平特殊教育学校看望慰问残疾孩子，并送来了慰问金。

【童心迎奥运，快乐庆六一】 在欢乐的“六一”儿童节即将来临之际，5月30日上午，康平特教学校“童心迎奥运，欢乐庆六一”趣味运动会在学校操场上隆重举行。这次运动会的目的是为了学生强健体魄，更是一次检验学校教学成果的盛会。

【香江，为了孩子的明天】 6月1日上午，沈阳市香江社会救助基金来康平特教学校举行“香江，为了孩子的明天”爱心捐赠活动，给孩子们送来了爱心图书和香江大礼包。这次活动给师生带来的不仅仅是物质上的帮助，更重要的是从精神上给了师生巨大的鼓舞，为师生们带来了宝贵的精神财富。

【迎国庆颂祖国展风采】 9月23日下午，举办“迎国庆、颂祖国、展风采”手语演讲比赛，师生们用优美的手语和丰富的表情来赞美心中的祖国。此次演讲比赛以庆祝建国61周年为契机，师生们收获的不仅仅是演讲的实践经验，也激发了师生们的爱国热情，更是对教育工作的一次深刻感悟。

【荣获特奥会多项荣誉】 6月19日，2名智障学生参加沈阳市特殊奥林匹克运动会球类比赛，在男子篮球个人技术赛A组比赛中获得优异的成绩。10月10日，8名智障学生参加沈阳市首届特奥会，获得2金、2银、2铜的佳绩。这次运动和比赛，让智障人的智力和身体都得到锻炼和提高，让智障人更多地参与了社会实践活动。

【举行主题班会比赛】 11月8日，学校在四楼多媒体教室举行主题班会课比赛活动，活动以“爱祖国、感恩教育”为内容，有5个班级参加了比赛活动。比赛活动体现了班集体的智慧，融合了思想性、趣味性、知识性、教育性，培养了学生团结、合作、自主、竞争的意识，促进了优良班集体的建设和良好校风的形成。

【开展消防安全演练活动】 11月9日，学校举行了以消防安全为主题的紧急疏散逃生演练活动。活动本着“安全责任高于一切”的宗旨，增强全校师生的安全防范意识，提高了师生突遇紧急情况时的防范自救能力和疏散逃生技能，提升了学校应急救援能力，也展示了全体教师的团结协作、无私奉献的精神风貌。

【参加市特殊教育干部教师培训会】 11月25日，学校的全体教师，参加了由沈阳市教育局主办的特殊教育学校干部教师培训会。全体教师认真聆听了国家教育部基础教育司副司长谢敬仁关于《国家中长期教育改革和发展规划纲要》中特殊教育部分的解读。

【弘扬校园文化对学生进行国学教育】 为弘扬校园文化，吸收传统文化的精髓，挖掘历史文化的时代内涵，12月6日，康平特教学校德育处组织开展以“国学弟子规”为主题的班报评比活动。

【纪念“一二·九”运动】 12月9日，学校举办了学生爱国运动接力长跑比赛。旨在纪念“一二·九”学生爱国运动，发扬爱国主义精神，丰富冬季学生体育活动的内容，增强学生的体质，推进该校冬季体育活动的开展。

（刘建权　李晓巍）

辽中县特殊教育学校

【概况】 2010年，辽中县特殊教育学校开设教学班7个，共有学生53人，开设培智班4个年级，聋班3个年级。学校在岗教师31人。学校开设基础教育课程，并根据学生的残疾类别开设了康复训练、行为矫正、生活适应、职业技术能力等适应特殊需要儿童身心发展的特色课程。学校有8个专用教室用于学生们的康复训练和教学，设施设备已经基本达到省标准化特殊教育学校要求。学校下设工会、教务处、总务处、德育处、少先队等几个部门，共同管理学校的日常事务。2010年被评为“辽宁省特殊教育先进集体”。

【德育工作】 学校充分发挥德育处的职能作用，把安全教育放在核心位置，围绕集体主义教育、养成教育、感恩教育、心理健康教育等主题开展德育工作，全年分别开展了以交通安全、消防安全、校园安全、家庭安全、自护自救为主题的集体教育活动5次，平时经常利用课堂教学对学生进行安全教育的渗透，提高师生的安全意识，努力创造一个和谐、文明、互助的校园氛围。

【教育教学】 严格按照特殊教育学校的课程设置开足开全学科，根据残疾类别分别开设了数学、语文（语训）、思品、自然、社会、律动、体育、美工、个别矫正、兴趣、劳动技能等课程。各科教育围绕一个主题，综合各种教学手段进行教育，充分利用教育资源，使康复与教育相统一。全年教师集体外出培训2次，校级公开课活动一个月，学校和县残联共同开展“贫困聋儿抢救性康复项目”和“自闭症儿童康复项目”。该项目由残联资助（五万元）五名聋儿（8周岁以下）免费验配助听器，由学校专业教师配合康复方案进行计划性的康复，记录项目受助对象的个体发展情况，阶段性评估成果和康复效果，现初显成效。

【教育宣传】　全体教师将“一切为了残疾儿童”作为教育工作的前提，以“办人民满意的特殊教育”为工作目标。“以素质树形象、以作为换地位、以业绩显才华、以特色求发展”，充分发挥媒体宣传作用，加强信息沟通。学校举办的各种大型活动均邀请媒体记者参加，积极宣传并做好残疾儿童的“两免一补”工作，利用广播电视宣传学校的办学优势和特色，促进适龄残疾儿童入学，提高其入学率。

【职业教育】　学校为了促进特殊需要儿童的社会适应力的发展，提高其生存能力，根据残疾类别和残疾程度开设了很多适合学生的职业、劳动技能课程，包括擦鞋、美发、烹饪技术、面点制作、十字绣等。课程从简易到繁杂，手把手教学，充分挖掘学生的潜在能力，达到可自理、可生存、可就业。

【助残活动】　5月份，开展了全国助残月活动，加大残疾人事业的宣传力度，开展残疾人走向社会互动活动，让社会更多地了解残疾人的生活学习和生存状况。7月圆满举办了教学楼竣工启用仪式；10月，茨榆坨小学领导到学校慰问师生；11月，凯美瑞华夏车友会到学校进行爱心捐赠；12月3日，“12.3国际助残日”系列活动在学校举办，县残联、县教育局、县书画协会等部门及爱心人士参加了此次活动，期间学生们的舞蹈和十字绣作品受到来宾们的赞誉。

【阳光之家】　在市县残联的帮助下，辽中县特殊教育学校“阳光之家”于2010年11月正式落成。“阳光之家”接纳的是18—40周岁的社会智障人士，通过开展生活技能、简单劳动、体育文化活动等方面的培训，逐步提高他们的生活自理能力、简单劳动能力和社会交往能力，促进认知水平有所提升，使广大智障人士走出家庭，走到阳光下，融入社会。“阳光之家”的落成也使学校教育有了延伸和促进，具有十分重要的意义。

【学校特色】　学校秉承“有教无类、有爱无碍”的办学理念，逐步形成了“文化教育是基础、职业教育是关键、艺术教育是亮点、康复教育是特色”的办学思路，集教育、康复、生存训练、就业指导为一体。追求学校的育人质量可持续性发展和办学品位的阶梯式提升，争创省特殊教育标准化学校和品牌特校。

（胡殿友）

新民市特殊教育学校

【概况】　新民市特殊教育学校是新民市唯一一所由智障和听障两部分学生组成的九年一贯制特殊教育学校。学校占地面积20 000平方米，建筑面积2 300平方米，生均用地330平方米。学校绿化面积4 700多平方米，生均绿地11平方米。2010年，新民市特殊教育学校有8个教学班（其中聋生班6个，弱智班2个），有学生60人，教职工28人（其中专任教师20人）。学生入学率听障为100%，智障为98%，毕业及格率为100%。

【队伍建设成效明显】　5月，全体教师举行了以“扬正气，树师风”为主题的经验交流会。6月，组织党员干部开展“创先争优”、“四进四建”活动，书记、校长亲自带头到社区，进家庭为受灾群众捐款、清理环境卫生，为社区干部做手语培训。9月，重新聘任了2名特教教师担任德育主任、教务主任职务。10月，组织教师观看爱国主义影片，学习郭明义先进事迹活动，每人写一篇读后感。本学年共举行两次教师“六个一”基本功比赛，教师自觉钻研教材，主动探讨教学方法，积极开展教研活动。领导班子队伍建设注入新鲜血液，教师队伍素质得到提高。

【加强德育工作】 学校把心理健康作为教育疏导的主要任务，以培养学生自信、自立、自强、自爱的人生目标为出发点，结合实际进行心理健康、思想道德教育。开展自立教育活动，提高自我管理能力。充分发挥值周生的值日监督作用，有力地调动班主任工作积极性，提高学生自我管理能力。严格规范升旗仪式，进行富有成效的国旗下教育活动，用学生自己身边的典型进行教育，激发学生的进取心。利用重大节日、班队会、警校共建等形式，对学生进行爱国主义、集体主义、法制教育及各种安全教育。4月、10月分别召开了以"一切为了孩子"为主题的家长会。关于特殊孩子如何培养他们的自理能力、生活能力、将来适应社会的能力等达成一致的教育目标，使家长和学校能针对学生实际，对孩子进行科学教育。

【课堂教学务求实效】 一是突出"生活化教育"。在教育内容的生活化、教育方式的生活化等方面深入研究，为学生营造一个"在生活中学会生活"的学习环境。对智障学生进行家政、社交和社会生存方面的训练，如会洗衣、买菜做饭、乘车、打电话、去医院看病等。并让学生在一定的情景中反复练习。二是注重个别化辅导。本学期重点加强了对聋部学生的口语、手语的训练。对听力损失程度较小的学生，上课时要求口语交流，做到口型正确，发音准确、清晰；对于听力损失程度较大的学生要做到口型到位，手语标准。

【特色教育】 一是重视技能教育，培养智障学生成为自食其力的人。根据智障生的特点确定了学习内容。低年级开设橡皮泥贴画、手工折纸等；中年级学生绢花、绒线贴画，还利用沙粒、石子等实物作画。二是拓展教育空间，通过学校特色促进教育教学。学校着力培养音乐律动、美工制作、服装缝纫、信息技术等特长。为适应生活、适应社会的需要奠定基础。

【安全教育常抓不懈】 学校与教师、学校与中层领导、中层领导与班主任签订《安全责任状》，做到层层负责，责任到人。筹措资金添置防范物资及监控设备，抽调4名教师轮流值班，努力做到人防、物防、技防全部到位。形成事事有人干、时时有人管的良好局面。一年来，学校没有发生安全事故，确保校园一方平安。

【校园建设再上新台阶】 9月6日，沈阳市人大代表新民代表团到学校视察工作，了解到学校的办学资金短缺，满足不了正常的办公支出。得知这一情况后，代表们纷纷慷慨解囊，当即捐款21万元作为学校正常教育教学活动及办公经费。在新民市教育局领导的大力支持下，学校进行了房屋维修，添置了必要的学习和生活用品。校容校貌焕然一新，为广大师生营造了良好的工作和学习环境。

【突出贡献奖】 4月，马玉艳、董睿老师在新民市2010年信息技术与学科整合优质课说课评比中分别荣获一、二等奖。6月，白玉杰老师参加沈阳市特殊教育教师基本功大赛，并获得优秀奖。9月，董睿的《前庭平衡感训练》课在"辽宁省第十一届教育软件大赛"中获得基础教育组二等奖。纪冬梅、马玉艳、董睿、白玉杰4名教师撰写的5篇博文在沈阳市教育网优秀教育博文评比中荣获一等奖。张爽同志被评为新民市骨干教师。卢秀英被新民市政府评为先进教育工作者。5月，李洋、叶紫微、姚晔、张志东4名同学的作品，在沈阳市2010年中小学生电脑制作活动中获一等奖。7月，杨阳同学考入中国残疾人艺术团。

（刘朝侠）

法库县爱心学校

【概况】 2010年，法库县爱心学校占地面积7 200平方米，建筑面积3 067平方米。在校学生71人，设教学班7个。有教职工45人，包括专任教师32人；其中高级职称教师2人，中级职称教师34人；市级学科带头人1人，市级骨干教师2人；大学本科以上学历12人。现有普通教室7个，专用教室11个。

【不断改善办学条件】 在市、县教育局支持下，新增多媒体教室1个；组建班班通教室10个；维修平房245平方米，用于职业教育；改建学生食堂，改变了不合格状况。

【不断提高教师素质】 党支部认真组织教师进行政治学习，组织开展工作论坛活动，创造积极向上的工作环境。加强业务培训，2010年，校长、骨干教师精心准备业务学习资料，为教师举办业务讲座6次，从培智教学管理、培智教学内容选择、聋生班级管理、优化课堂教学等方面对教师进行培训，提高教师业务能力和水平；学校还通过业务学习、教学基本功培训、业务考核、公开课等活动，为教师提供展示才能的舞台；组织教师参加沈阳市特校教师学习培训28人次；派1名教师参加沈阳市特殊教育岗位任职资格培训，5名教师参加语训教研活动，3名新教师参加新教师岗前培训；参加县教师学校培训学习14人次。通过学习活动，教师开阔了眼界，为学校今后发展奠定了较好基础。

【加强教学常规管理】 进一步建立健全教学管理制度，对学校授课计划、备课、教学、作业批改、辅导、复习、考试等规章制度，做到严格要求，严格管理。要求教师遵守教学常规，保证授课时间，保证课堂秩序，保证授课质量。强调教师在课堂上转变教学方式，运用现代化教学手段。定期检查教案，按照教学计划每两周检查1次教案，每次都有评语，并有详实纪录。对教师留作业及批改情况，进行宏观控制。教学领导和教导干事坚持查课制度，真实了解教师授课情况。教导处认真组织各班学生对任课教师评教。校长亲自挂帅，经常深入班级指导课堂教学。认真组织期中、期末考试，考试过程中，教导处认真组织监考，每个考场安排2名监考教师，校领导亲临考场巡视，大大加强了监考力度；定期举行月考，认真组织教师出题、监考、评卷及成绩分析、目标制定、跟踪问效等活动。

【认真开展教科研工作】 积极参加市教研院各种教研活动；校本教研有声有色，校内公开课、县级优秀课及市级电教优秀课评选活动受到上级部门一致好评；8名教师制作教学课件获省、市电教部门多个奖项；3名教师撰写教研论文获得国家级奖项，1名教师参与语训说课大赛获得较好成绩。

【加强学生养成教育】 坚持每周一升国旗，优秀学生国旗下讲话，对学生进行爱国主义教育、法制教育、安全教育以及世界观、人生观、价值观教育，帮助学生树立远大理想和抱负。有效利用节日加强德育教育，如妇女节、清明节、儿童节、父亲节、端午节等，开展形式多样的德育活动，使学生懂得孝敬父母、尊敬师长、爱护弟妹，热爱祖国，学会自强，建立完整人格，具备优秀道德观、人生观和价值观。通过多种生命教育活动，唤醒学生对生命意义、生命价值的认识，让学生在活动中得到感悟，在感悟中得到成长。加强卫生纪律、文明礼貌检查评比，引导学生养成良好行为习惯。

【抓实安全工作】 成立安全工作领导小组，校长与分管副校长、各班主任层层签订责任状，做到大事小事有人负责。结合寄宿学生实际，与家长签订安全责任书。加强对食堂监管，按照食品卫生法要求对食堂从业人员严格要求，并与之签订责任状。完善各类安全事故应急预案，一旦发生安全事故，确保实施及时，有效求援。规范安全档案建设，做到专人负责，记录齐全。扎实抓好“安全教育活动月”工作，多形式开展学生安全知识教育和安全技能演练活动，加强安全知识培训，定期组织全体教职工学习安全知识，提高教职工处置突发事故、保护学生的技能。经常结合学校工作重点和班级情况，以安全教育为主题召开主题班会。加强校园周边环境治理，加强门卫管理和学校三级值班制度，实行安全员制度，教师轮流带班，加强学生课间管理。非常时期，与派出所实施警校共建，每天课余时间有2名领导配合派出所人员巡逻执勤。坚持每天对教师值周情况、课间纪律进行检查督导，严把校门出入关、宿舍出入请假关，有效保证学校各项工作有序进行。投入1.4万元安装监控设备，为学校及师生安全提供物资保障。

【抓好体卫艺工作】 课余时间开展跳绳、拔河、趣味运动会等多样比赛活动；大课间师生共同打羽毛球、跳绳、打篮球、做游戏，丰富了师生文化生活，增强了学生体质。通过宣传卫生知识、观看录像、建立健全卫生工作制度、建立学生健康档案等，加强学生健康管理；组织学生两周外出洗一次热水澡，使学生养成良好卫生习惯；定期给学生生活、学习场所消毒，有效预防各类传染病发生，确保全体学生身心健康。在抓好学生课堂教学基础上，充分发展学生艺术特长，校舞蹈队重大节日开展多样文艺活动；美术教师带领学生制作精美手工艺品，如中国结、十字绣、钉板画、橡皮泥画等，提升学生艺术鉴赏能力，也陶冶了学生情操。

（陈鸿鹏　纪文彬）

民族学校

沈阳市和平区西塔朝鲜族小学

【概况】 2010年，沈阳市和平区西塔朝鲜族小学占地面积10 000平方米，建筑面积6 907平方米，其中教学用房面积6 038平方米。包括教学楼、学生食堂，标准的200米跑道操场，专用教室15个。图书馆藏书10 000余册，报纸杂志1 000多种。固定资产总值806万元。全年教育经费国家拨款778万元。学校招生140人，毕业115人，现有24个教学班，学生800余名。教职工74名，其中专任教师72名，沈阳市学科带头人1人、市骨干7人、小学超高级1人、小学高级教师68人、小学一级教师3人。专任教师学历达标率100%，其中完成研究生课程班进修5人。

【基础设施建设】 学校争取到市、区教育局资金230余万元，投资更换塑钢窗、修缮供暖设施；11月15日，期盼已久的塑胶操场正式向学生开放，孩子们尽情拥抱久违了的操场。10月，斥资20余万改、扩建的图书室，正式交付使用。改建后的图书室具有图书借阅、电子阅览、电子备课于一体的功能（市区教育局已列规划）。面积达232平方米，室内布局合理，开设了藏书区、办公区、教师阅览区、学生阅览区、电子阅览区。添置了大量的书柜、桌椅和图书，添置了打印机等设备，成为了设施先进、设备齐全的书香校园的主阵地，23 000多册的藏书和先进的信息平台，为师生提供了丰富的精神食粮。

【参加市朝鲜族基本功大赛获奖】 学校基本功大赛于3月25日在浑南新区朝鲜族学校拉开帷幕。西塔朝鲜族小学选派了数学学科的洪东英老师、英语学科的白爱贤老师参加比赛。经过近半个月的反复磨炼与演练，在强手如林的赛场上两位选手发挥出色。无论是教材的分析、教学流程的设计，还是基本功的展示，两位选手皆达到了预期的效果。在激烈的角逐中，西塔朝鲜族小学教师脱颖而出，最后双双获得了各学科第一名的好成绩。

【参加省市优秀课评比】 经过近1个月的选拔，5月10日，西塔朝鲜族小学推荐金春仙老师（社会）、卞正花老师（体育）、吉炳花老师（汉语）、朴英玉老师（美术）、许云淑老师（数学）参加省、市评优课的评比活动。竞赛当天，5位教师沉稳而又不失活力，轻松并出色地完成了课堂教学。

【开展中小衔接活动】 5月18日，西塔朝鲜族小学与朝六中的中小衔接研讨活动分别在两所学校举行。六年级与初中一年级的语文、数学、汉语、英语学科教师参加了本次活动。活动主要是从教学中的中小衔接问题展开。活动中，大家就中小教学的异同点作了分析，引起广泛讨论；就学生中存在的学习习惯、学习方法、行为习惯等问题进行交流与协商。活动不仅让老师认识到了一些共性的问题，增进了中小学教师间的互相了解，还为如何缩小小学和初中在教育教学方面的差异，共同提高教育教学质量提供了思路。本次活动是西塔朝鲜族小学和朝六中的首次衔接活动，两所学校都获得了较大收益。

【开展别开生面的教科研活动】 6月9日，西塔朝小体音美三科围绕科研课题，组织召开了一次别开生面的六年级教科研活动——“体音美知识竞赛”。西塔朝小历来将课堂教学与课外活动相结合，本次活动在紧张而又热烈的知识竞赛活动中，穿插了师生的才艺展示。体音美三科各显神通，尽显才能。体育组的健美操、花样跳绳表演，音乐组的三鼓舞、口风琴合奏，美术组的沙画、国画展示皆得到满堂彩。从师生精彩的才艺展示中，不难看出学校平日注重学生的特长训练。这次活动刊登在《辽宁朝鲜文报》。

【开展生动的家长汇报课活动】 6月11日，面向四年级学生与家长进行了以“营养与健康”为主题的别开生面的家长汇报课。活动邀请了省朝鲜族民教部的领导和家长莅临共同参与。首先由科任组的金善姬老师上了《营养与健康》的科学课。课后由科任组组长金春仙老师就孩子成长过程中营养与健康问题与学生、家长们以竞赛活动的形式共同探讨，使大家了解了有关健康饮食的问题。活动最后，还组织了一场厨艺大比拼，学生与父母现场共同制作，在《爸爸妈妈，我想对您说》这一环节中，学生在感谢父母的恩情时泣不成声。这次活动都刊登在《辽宁朝鲜文报》上。

【全员参与校基本功大赛】 9月25日，学校诚邀和平区教师进修学校的王桥治主任为西塔朝小全体教师进行《2010年朝小教师基本功大赛动员会》的讲座。王主任首先回顾多年的基本功大赛的经历，肯定了西塔朝小将教师基本功作为工作重点的举措。11月3日，汉语高年组的基本功活动正式拉开了西塔朝小教师基本功大赛的序幕。近一个月的时间，共13个教研组同台竞技。各教研组以团队的形式，从教材分析、课程资源开发、课件展示、说课、特色基本功等5大方面充分展示了团队的力量，合作的魅力。

【组织创先争优系列活动】 9月至11月，先后开展了“亮身份、明职责、郑先锋”活动、“以党建促发展，以发展促党建”为主要内容的“双培双促”活动、“党员帮扶”活动、“党员教师进家庭”活动、“党员岗位奉献、争做志愿者”活动，签订教师教书育人服务“承诺书”和目标考核责任书，以加强师德师风建设，弘扬“厚德做人，博学做事”的师德师风，让教师在专业发展中寻找尊严感。

【承办省朝鲜族学校数学教师培训会】 12月9日、10日，辽宁省朝鲜族学校数学教师培训会在西塔朝小召开。来自省内各小学的130余位教师参加了此次培训。会上，西塔朝鲜族小学的4位教师为与会领导及教师展示了示范课。此外，三年组的教师基本功展示，五年组的评课活动也让大家耳目一新。活动还安排了省数学教研员的讲座及大学教授的讲座。培训活动刊登在《辽宁朝鲜文报》上。

（董立剑　李春美）

皇姑区和信朝鲜族小学

【概况】 沈阳市皇姑区和信朝鲜族小学创建于1937年，是皇姑区唯一的一所少数民族小学。学校位于皇姑区明廉路51号，现占地面积60 96平方米。图书室藏书11 309万册，在校生380人，毕业生56人，招生41人，全校教职工50人，其中小学高级教师43人，市级骨干教师3人，大学本科以上学历16人。普通教室16个，专用教室4个，实验室1个。

【召开教育教学研讨会】 5月14日，召开了全省朝鲜族体音美教育教学现场会。会议由辽宁省基础教育教研培训中心与沈阳市教育局主办，以“创新课堂教学，突出美育特色”为主题的会议推出的3节公开课，全部由和信朝小教师执教，分别是金学哲老师执教的五年体育课《蹲踞式起跑》、尹东琴老师执教的二年级舞蹈课《我们一起舞起来》、赵颖老师执教的三年级美术课《奇妙的联想》。会后省教育学院王英奎教授作了《把美育融入教育教学全过程》的专题讲座，与会各市朝鲜族教研室主任及广大教师对该校课改工作成果给予高度肯定并提出了“创办民族教育特色，提升学生艺术素质”的希望。来自沈阳、大连、营口、丹东、抚顺、铁岭等100多位教师参加。

【开展“心连心、手拉手”各族儿童共成长活动】 5月27日，由共青团沈阳市委员会、沈阳市少先队工作委员会、沈阳市教育局、沈阳市民族事务委员会、沈阳市慈善总会联合主办，沈阳市青少年宫、共青团皇姑区委员会承办的沈阳市“心连心、手拉手，各族儿童共成长”活动在和信朝小进行。本次活动由该校少先队代表发出倡议，由少数民族困境儿童与爱心少先队员家庭手拉手结对子，共有56对孩子互换了联心卡，市慈善总会还馈赠了礼品，使特殊家庭的孩子们感受到了集体的关爱，最后观看了演出。

【参加全国朝鲜族数学竞赛获奖】 6月20日，参加了第一届中国朝鲜族小学数学竞赛。该比赛由中国朝鲜族科技工作者协会、青少年技术普及分会主办，围绕“培养学数学兴趣，树立尊科学之风”的主题，面向全国朝鲜族小学生，竞赛分为初赛、复赛和决赛，全国5个省市的5 000多名朝鲜族小学生参加，该校获“优秀集体奖”。其中，申君熙、金东海获银奖，崔建华、金恩锋获优秀奖。

【参加辽宁省第五届朝鲜族民俗节】 9月19日，由辽宁省朝鲜族经济文化交流协会主办的辽宁省第五届朝鲜族民俗节在沈阳市朝鲜族第一中学举行，和信朝鲜族小学参加了此次活动，开幕式上，该校120名学生为大会进行了跆拳道表演。

【开展“感恩教育”主题队会】 11月29日—12月9日，在全校开展了以“感恩教育”为主题的队会观摩评比活动，全校12个班级在班主任的组织下，精心策划，积极参与，把日常生活与学习实际密切联系起来，通过学生、教师、家长的真诚互动，让学生体会到了每个人都应有一颗感恩的心。其中六年级毕业班的队会还向全体家长进行了汇报表演，《辽宁省朝鲜族报》还进行了相关报道。

【参加省朝鲜族中小学首届科普知识竞赛获奖】 12月4日，朝鲜族中小学首届科普知识竞赛在浑南朝鲜族学校举行。此次竞赛由辽宁省科学技术协会普及部、省民族科普协会、省基础教育教研培训中心朝鲜族研训部联合主办，由省内11所朝鲜族小学参加，和信朝鲜族小学六年级学生崔建华、高基龙、金恩锋代表学校参加了竞赛，经过激烈的知识抢答，和信朝鲜族小学获得省朝鲜族中小学首届科普知识竞赛（小学组）第一名，此次竞赛使广大学生在学习科普知识、了解科普知识、掌握并运用科普知识方面又上了一个新台阶。

【“爱心日记”获奖】 11月27日，东三省第12届“爱心日记”颁奖典礼在吉林省延边举行，和信朝鲜族小学六年二班崔建华的“爱心日记”获最高奖，六年一班朴俊炯获优秀奖、五年一班崔辰获鼓励奖。“爱心日记”是该校朝文教学中的一个特色，12年来，学校班主任教师从一年级学生入学开始坚持培养学生仔细观察并用心感受生活中点点滴滴的爱的良好习惯，取得了丰硕成果。

【接待韩国友人】 12月15日，韩国对外同胞集团理事长金京根、韩国驻沈阳领事馆秘书姜享植一行2人到学校考察访问。学校校长郑东爱详细介绍了学校教育教学情况及近几年在各方面取得的优异成绩，并对学校今后的发展提出了规划，金京根理事长表示将与学校建立长期友好合作，为民族教育事业做贡献。2011年1月15日，金京根理事长向该校赠送了30台计算机，为广大教师教育教学工作提供了极大便利。

（马颖　郑东爱）

沈阳市满族中学

【概况】 2010年，沈阳市满族中学占地面积12 600平方米，建筑面积12 745平方米，体育馆1 000平方米。图书馆藏书50 737册，各类报纸近20种，杂志75种。固定资产总额1 641万元。全年教育经费1 572万元，其中，国家拨款1 460万元、自筹经费112万元。2010年毕业生153人，升入省市重点高中116人，省市重点升学率达到76.1%。学校现有教学班15个，学生547人。其中，外来务工人员随迁子女为265人，占学生总数的48.5%。学校现有教职员工107人，包括专任教师97人，其中，中学高级教师38人，中学一级教师45人；省优秀教师1人，市学科带头人1人，市优秀教师4人，市骨干教师4人；大学本科及以上学历92人。普通教室19个，专用教室7个，实验室4个。学校邮箱地址：manzu@shedu.com.cn。

【全面实施分组联动——学案导学课堂教学新模式】 3月1日，开始全面实施“分组联动——学案导学”课堂教学新模式探讨。该模式以提升学生自主学习能力为目标，以教师为主导，以学生为主体，以训练为主线，向课堂45分钟要质量，全力打造“学生参与率高、教学效率高、学生达标率高”的高效课堂教学，让各层次的学生感受到学习的快乐和成功的愉悦。2010年6月，学校带领全体教师到丹东凤城六中学习取经，开拓教师的视野，提升教师的专业素质。学校先后开展了全体教师录像课、青年教师汇报课和党员观摩课等活动，进一步完善“分组联动——学案导学”课堂教学新模式。

【构建校本课程体系】 3月，构建并初步形成了极具满族特色的校本课程体系。校本课程体系共分三个模块：一是共修课程，《满族传统体育》、《满族珍珠球》从七年级至九年级，全部纳入教学计划当中；二是选修课程，主要开设了《满族舞蹈》、《满族刺绣》等；三是分年级开设课程，《满族剪纸》校本课程在八年级开设。《满族知识》、《满语日常用语》在七年级开设。现在每节课的师生问候均使用满语。学校坚持在满族籍教师和青年教师中开设满文满语培训，把满文满语课作为青年教师学习的必修课之一，显现了民族学校的语言特色。

【开展“五个一”活动】 3月，针对生源中外来人口随迁子女比例逐年加大，学生地区差异大、学制不同、学生基础差异大等特点，从本学期开始坚持开展了独具特色的“五个一”活动。其一，每周一节名著导读课，学校为学生购买了中学生必读10部名著，分批发给每一个学生，教师点拨，让每一名学生通过两年的努力全部读完必读书目；其二，每周一节满语课；其三，每周一次民族特色活动，确定每周三第八节进行；其四，每月播放一次电影；其五，每月开展一个民族体育主题竞赛活动，全面提升学生的综合素质。

【国家民委专家莅临学校进行深度调研】 4月13日，国家民委民族工作基地、沈阳市满族联谊会和沈阳市故宫博物院研究室等单位民族教育专家莅临满族中学进行深度调研。学校领导班子与各位专家就弘扬民族文化、强化内涵建设、打造特色品牌等主题展开座谈，共商学校民族教育发展规划。同时，学校还举行了聘请名誉校长仪式，聘请了两位民族教育专家为学校的名誉校长，在满族专家的指导下，充分挖掘满族文化中的教育内涵，提升学校民族特色的品质。

【参加市中学生篮球赛获冠军】 4月17—18日，学校篮球队参加2009—2010年度中国儿童少年基金会“让我玩”体育公益项目——沈阳市中小学生篮球联赛，荣获冠军。此次活动是由中国儿童少年基金会和救助儿童会联合市教育局共同举办的，参赛的学校主要是接收流动人口子女相对较多的学校，来自沈阳市的各区县。经过两天分别与沈阳市第一一六中学、沈阳市第一三九中学、沈阳市第十九中学、白塔中学等校篮球队的激烈角逐，最终以全胜的战绩获得冠军。

【创编大型珍珠球团体操】 5月，学校创编大型“珍珠球团体操”并完成了学生训练工作。满族“珍珠球”为沈阳市第二批非物质文化遗产。作为唯一的传承单位，学校以“珍珠球”为突破口，积极拓展“珍珠球”运动的普及工作，创编了大型珍珠球团体操，全校547名同学人手一个珍珠球，熟练掌握了团体操的动作技巧，“珍珠球”团体操已成为每天间操的固定内容。学校所有班级均成立了班级“珍珠球”竞技比赛队，定期开展珍珠球赛。在此基础上，学校还成立了“珍珠球”表演队和“珍珠球”竞技队，定期训练。2010年10月，沈阳市民委确定满族中学为“沈阳市满族珍珠球培训基地”。《中国民族报》对学校的民族教育工作进行了专题报道。

【参加省少数民族运动会获金奖】 8月21日至25日，满族中学“珍珠球”表演队代表沈阳市参加了“辽宁省第七届少数民族运动会”表演项目的比赛，荣获金奖。此次运动会由省民委、省体育局、省文化厅主办，锦州市人民政府承办，共设竞赛项目14个和3类表演项目（竞技类、技巧类、综合类）。大会共设奖牌184枚。全省14个市分别组成了代表队，参赛的各民族运动员887人，本届民运会无论是项目设置还是总规模都超过了以往历届。满族中学派出16名队员组成的参赛队，参加了表演项目的比赛，最终以9.85分的好成绩位列各市参赛队之首，荣获金奖。

【构建“勤、慎、精、敏”评价体系】 9月1日，构建以校训“勤、慎、精、敏”为核心价值观的评价体系正式出台并开始全面实施。学校从《康熙庭训》中提炼出体现民族精华的“勤、慎、精、敏”作为校训，并结合时代的发展赋予其新意。勤：勤劳俭朴、勤勉好学；慎：诚实守纪、谦虚谨慎；精：钻研求真、精益求精；敏：敏锐果敢、开拓创新。满族中学“勤、慎、精、敏”评价体系包括教师评价体系和学生评价体系，涵盖了课堂教学、常规管理、德育工作、师训科研、师德考核以及学生行为规范、能力培养等，促进了师生的和谐发展，提升了学校的内涵品质。

【省十四城市民委领导莅临学校参观】 10月26日，在辽宁省民委领导、沈阳市民委领导的带领下，来自全省十四座城市的民委领导共计90余人莅临满族中学参观指导。沈河区政府主管区长、区民委领导、区教育局领导到学校指导迎接工作。辽宁省城市民族工作座谈会于10月25日在沈阳隆重召开，满族中学作为沈阳市民族工作先进代表迎接了代表团的参观指导。在满族中学领导班子的陪同下，领导们观看了学生们表演的获得省第七届少数民族运动会金奖的《海东青珍珠球操》，观看了由全体学生共同表演的大型珍珠球团体校操，参观了学校民族特色文化长廊，现场观看了同学们的满族剪纸表演。学校负责人向全体领导作了《维护民族团结，构建和谐校园》主题工作汇报。极具民族特色的展示得到了领导们的充分肯定，与会的领导用热烈的掌声表达了对学校民族工作的高度评价。

【承办区首届“海东青杯”珍珠球赛】 11月5日，在沈河区教育局的大力支持下，承办了沈河区首届“海东青杯”珍珠球赛。满族珍珠球竞技运动是满族传统的体育项目，学校从保护文化遗产、传承民族文化、发展学校特色入手，全面普及珍珠球竞技项目，经过沈河区教育局的精心筹划和大力支持，满族中学成功承办了本届比赛。本届比赛历时一个月的时间，共计36所小学参与比赛。预赛分五个小组进行，每组取前两名进入决赛。11月5日，来自全区10所小学的140多名小选手在满族中学进行了决赛阶段的比赛。辽宁电视台北方频道、《沈阳日报》、《沈阳晚报》等多家媒体记者到场进行了全程报道。

（柳文春　李凤琴）

沈阳市朝鲜族第四中学

【概况】 沈阳市朝鲜族第四中学是由原沈阳市朝鲜族第四中学和金家湾朝鲜族小学于2005年合并成立的一所九年一贯制学校，2008年迁入新校址。学校占地52 800平方米，建筑面积2.3万平方米，校园按功能大致划分成教学区（幼儿园、小学、中学）、活动区（5个）、生活区（宿舍、食堂）。其中，食堂面积1 250平方米，宿舍面积3 821平方米，寝室98间，拥有1 280平方米的体育馆，1.7万平方米的塑胶操场，绿化率达到76%。有教职工总数100人，其中中学高级教师20人；中级教师72人；研究生学历4人，本科学历71人。共22个教学班，507名学生。教室都配备投影、电脑和实物展示台，实现多媒体功能。完善信息化校园网络建设，已经建成千兆主干网络，为信息化建设提供了良好的平台，资源库存量达到2 000G以上。

【学习传统舞蹈及民乐器】 为了能够继承和发扬中国朝鲜族的优秀民族文化传统，并且丰富、活跃学生的文化生活，更进一步发展成有民族特色的学校，学校在寒假期间组成了艺术团，邀请家长参加学校和韩国民乐团举办的公演。

【荣获民族中学文化艺术节铜奖】 1月，在北京举办的歌唱祖国全国民族中学文化艺术节乐器类比赛中获得团体铜奖。

【建构生命课堂】 3月12日，邀请“三知四学”课题组成员——吉林省辉南县朝阳镇东街小学校长朱岩、副校长佟艳辉等一行3人到学校进行现场指导。教师通过听课指导、评课交流、座谈、现场试讲、专题讲座等形式，进一步了解了“三知四学”的含义和深远影响。

【培训自主学习】 4月2日，为巩固“三知四学”培训成果，进一步加深学生自主学习教育模式进程，特别邀请了天津大港五中校长刘炳昭一行到校指导。通过教师讲课、专家评课、专家授课、专家讲座等形式，深入透彻地分析、研究了学校自主学习发展情况，为提升学校教育教学质量开辟了新的道路。

【承办东北朝鲜族民族教育科学研究所课题阶段性总结会】 5月，由东北朝鲜民族教育科学研究所举办的东北朝鲜族民族教育科学研究所课题阶段性总结会在学校举行，到东北各课题组领导及参加课题的学校领导及老师参加会议，学校的汇报演出受到与会领导的高度评价。

【教师基本功大赛获奖】 5月，在沈阳市教育研究室举办的教师基本功比赛中，该校英语老师荣获沈阳市朝鲜族学校小学组二等奖。

【获东北亚青少年和平白日场奖励奖】 7月，小学部学生李溶旨在沈阳市朝鲜一中举办的东北亚青少年和平白日场诗歌散文比赛中获奖励奖，来自东三省的200多名中小学生参加比赛。

【举行校园开放周活动】 9月13日，为了增强学校、教师与家长之间的沟通，让家长走进校园，走进课堂，了解学校的管理与发展趋势，了解课堂教学和课改动向，了解子女在校的学习生活情况，协调好学校与家庭教育的关系，使每一个孩子能健康活泼地成长，初中部举行了“家校合作，促进孩子成长”校园开放周活动，赢得了家长的普遍关注。

【参加省市评优课比赛】 10月，在辽宁省基础教育研训中心举办的朝鲜族学校评优课比赛中，小学部音乐老师荣获省一等奖，英语老师荣获市二等奖。

【荣获辽宁省朝鲜族科普竞赛奖项】 12月4日，学校参加由辽宁省民族科普协会、辽宁省基础教育教研培训中心朝鲜族教育研训部主办、朝四中学承办的首届辽宁省中小学科普知识竞赛，辽宁省内近20所朝鲜族学校参加。初中部代表队荣登榜首，拿到了中学组第一名的好成绩。

【开展快乐足球活动】 12月7日，中国体育报、国家体育总局教育部、腾讯科技（北京）有限公司、辽宁省足球协会、沈阳市足球协会、沈阳市校园足球管理中心等领导到校参观采访指导。学校通过课堂足球、成果展示、校长汇报、家长学生座谈等方式展示了近几年校园足球取得的成果，阐述了校园足球理念。

【举办故事大赛】 12月23日，为了培养学生们的诚信意识开展养成教育，小学部组织了“点燃诚信心灯”讲故事比赛。

（钟德超）

沈阳市朝鲜族第二中学

【概况】 2010年，沈阳市朝鲜族第二中学占地面积24 000平方米，校舍群面积12 000平方米，其中教学楼4 500平方米、实验楼2 500平方米、宿舍楼2 200平方米、学生食堂1 200平方米，学校操场面积约14 000平方米，有1个足球场地，2个篮球场地，2个排球场地，一个网球场地。生均占地面积25.7平方米。校舍楼房化，平均建筑面积12.85平方米。学校现有在校生657人，18个教学班。初中部9个班，342名学生；高中部9个班，315名学生。学校有教职工98人，94名专任教师中，研究生学历5人，本科生81人。其中高级教师39人、一级教师42人，市级骨干教师2人。学校网址：http://www.sc2z.com。

【承办国家子课题调研会】 3月23日，在学校进行了《朝鲜族中小学民族文化教育体系构建及有效实施的研究》总课题组关于对沈阳市部分子课题学校的调研。5月20日—21日，在浑南新区朝鲜族学校，朝鲜族第二中学与浑南新区朝鲜族学校共同承办了全国教育科学“十一五”规划教育部规划课题《朝鲜族中小学民族文化教育体系构建及有效实施的研究》第一次研讨会。会上张成姬老师做了展示课《敬诚爱》，受到与会老师很高的评价。会上获得2篇一等优秀论文，3个二等奖；张成姬老师做的展示课《敬诚爱》被评为优秀课。

【构建校本课程体系】 3月初，校长金汉庆从韩国带来了一些书籍，要求政治组的全体教师认真学习，结合朝鲜族第二中学的实际，整理出一套适合本校学生的校本教材《朝鲜族礼节》，在初一和高一年级进行朝鲜民族传统礼节教育。6月16日初一、高一学生进行了朝鲜族礼节考试，通过讲解、考试的形式，在个人生活礼节、家庭生活礼节、社会生活礼节等方面有了很大的提升。朝鲜族第二中学团委还将礼仪教育申报成了团队创新工作项目，于4月接受了教育局团委的验收，并获得了“优秀组织单位”称号。9月份开始学校成立以金汉庆校长为组长的“责任感”教育小组，公布本学期要以“责任感”教育为主旋律开展丰富多彩的系列活动。朝鲜族第二中学还将《三字经》纳入校本教材之中，要求非毕业年级的学生在汉语课上学习，并于每学期期末进行考核。

【开展“人性美德教育”】 德育处联合团委，在全校范围内重点开展了“人性美德教育”，以此作为朝鲜族第二中学的德育特色工作来重点组抓。系列主题活动主要以感恩父母、感恩老师、感恩同学为内容，并结合重要的节假日开展相关活动，借助学校的校园广播站、宣传栏、显示板等加大宣传力度。学校还布置了一些家庭礼仪的主题教育活动，如利用春节要求学生做到“五要求”，即要求主动说好祝福语，主动为长辈做力所能及的实事，拜年要行鞠躬礼，用餐要让座让食，客人来要端茶迎送客人等礼仪。利用母亲节和父亲节，初一年级开展了“让父母感动的一封信”、“我为妈妈做一件事”等孝敬活动；举办了“‘感谢亲恩’征文比赛”；进行了“感知父母恩”的主题班会活动，让孩子们明白父母的艰辛劳苦，并从内心萌发出要为父母分忧的想法，学会关心、体贴父母，学会感恩，从而贯彻“孝亲礼仪”规范。初三和高三年级在毕业前夕，开展以“老师我想对您说”或“师恩难忘”为题目写一篇文章的活动。

【晋升区“体育特色校”】 10月，晋升为苏家屯区“体育特色校”。主要以足球、排球见长。学校组建了校排球队和足球队，利用每天自习课进行专门训练，由体育教师分管训练工作。每年都会参加区、市级的比赛。2月，排球队参加了沈阳市中学生排球赛，初中组获得第三名，高中组获得第一名。7月份，参加了沈阳市中小学生足球赛，朝鲜族第二中学的初中组、高中组都获得了第一名。除了校队参加市里的比赛之外，我们还动员全校的学生共同参与，起到锻炼身体的目的。4月到5月，校内举办了“振兴杯”排球比赛，全校以班级为单位，利用自习及周末时间进行比赛。12月举办了纪念“一二·九”长跑活动，各班进行了长跑接力比赛，活跃了校内的活动气氛，调动了学生参与的积极性。

（高东野）

法库县四家子蒙古族学校

【概况】 2010年，法库县四家子蒙古族学校占地面积30 076平方米，建筑面积12 156平方米。在校学生1 245人，设教学班34个。有教职工117人，包括专任教师94人；其中高级职称教师13人，中级职称教师97人；市级骨干教师2人；大学本科以上学历43人。现有普通教室36个，专用教室6个，小学科学、中学理化生等实验室4个。

【优化教学流程管理】 各年级教师加强集体备课，教导处坚持查课制度，坚决杜绝无教案上课、误课、断课等不良现象发生。坚持听、评课制度，加强教学指导。使用新的课堂教学评价标准，评价教师课堂教学水平，推动教师不断提高课堂教学质量。改变一刀切留作业方式，分层次布置作业，同时尝试选择性作业及学生自己布置作业方式，使不同学生都学有所得。利用自习时间加强学法指导，培养学生自主学习习惯。教导处认真组织每月1次测试工作，测试后及时分析总结。每个教师都能根据教学实际，每完成一个单元或一章节，进行复习、检测，及时反馈信息，及时调整教学。通过加强过程管理，使教学质量得到稳步提升。

【扎实开展教科研工作】 结合教学中存在的问题，主要开展问题式教研，带着问题进行研讨，充分发挥集体智慧解决问题。组织骨干教师上示范课、公开课，通过先进教学理念和教学行为引领，逐步实现更多教师教学方式转变，有效带动学校教育教学质量全面提升。积极组织教师参与科研课题研究，有4名教师根据教学中的问题确定科研课题，并努力通过这些课题研究，促进学校教育教学工作质量不断提升。

【抓好班班通设备应用】 通过开展班班通设备应用培训，通过互帮互学，使50岁以下教师学会应用设备辅助教学，激发学生学习兴趣，提高课堂教学效率，促进教师教学方式发生转变。通过制定班班通应用考核细则及奖励措施，促进教师应用班班通设备积极性，以考核促进应用。

【抓好控辍工作】 教导处坚持日查、周报、月统计，对各班进行考核，促进此项工作扎实开展。“以防为主”，各班按教导处要求，建立控辍联防小组，对易辍生学习上给予帮助，生活上给予关心，发现易辍生有辍学苗头，由组长及时向班主任报告，尽最大努力控制辍学。明确责任，层层落实控辍责任制，加大控辍奖惩力度，形成全校教职工齐抓共管局面。

【加强教师队伍建设】 组织教师学习《关于进一步加强和改进未成年人思想道德建设若干意见》，学习《廉洁教育指导纲要》、《中小学班主任工作十大心理偏差及其预防》、《学校民主是一种道德》、《谈苏霍姆林斯基教育思想》、《透视分数》，学习《德育报》、尤其是山东杜郎口等地先进教师管理、育人经验，开阔教师视野，打破部分教师固有教育观念。按照“名师工程”标准要求教师，通过“名师”效应鼓励更多班主任努力提高自身师德修养，提高教育教学能力和教研能力。

【加强德育工作】 完善《德育量化考核细则》，落实《两规一则》条例，并以此为依据进行检查评比；通过评比强化学生集体主义精神，使之产生人人热爱班集体之情，主动为班集体做贡献，创业绩，添光彩。为实现更多学生由他律到自律转变，组织学生参与学校值周管理，对维护学校良好秩序起到很好作用。定期召开学生代表座谈会，及时了解各班学生整体情况和疑难问题，共同商讨解决办法，使一些问题消灭在萌芽状态。充分利用各种节日、纪念日，对学生进行德育教育活动。根据不同阶段学生年龄特点，积极开展“十要十不要”活动，进一步深化文明养成教育工作。坚持学校德育工作信息“月报制”，定期将学校德育工作用《学校德育工作信息月报表》形式报送县教育局。对严重违规违纪现象加大处罚力度，对有较大转变学生给予及时鼓励，扭转社会不良习气对学生的影响。结合实际确定“感恩日”、“孝心日”等，积极开展感谢父母养育之恩活动，培养学生高尚文明素质。积极开展国学教育，安排6名教师任国学课教师，为每名学生印制《弟子规》国学课本，利用有效载体大力宣传国学教育意义。

【抓实学校安全综治】 实行“校长”负责制，推行“一岗双责制”，完善各项安全制度。积极开展“安全教育月”、“安全生产月”等活动，增强师生安全意识。加强防止青少年犯罪和未成年人保护法教育，不断提高师生遵纪守法自觉性。积极开展“珍爱生命，远离毒品”宣教工作，教育学生远离毒品，不受毒品危害；加大对邪教警示教育力度，充分认识其危害。进一步加强门卫管理，严禁社会闲杂人员进入校园，确保学校正常教学秩序。坚持实行领导带班制，督促检查学校日常教学秩序。积极开展消防安全演练，加大交通安全教育力度。实施安全工作报告制和重大事故报告制，每月向校长及上级部门报告学校安全情况。加强学校周边环境整治工作，及时净化校园周边环境。认真做好校园安全隐患检查，发现隐患及时上报、及时处理，把安全隐患消灭在萌芽状态。认真做好食品卫生安全工作，严把食品质量关，使学校食品卫生安全工作越来越好。

【积极开展校园文化活动】 积极开展校园艺术长廊书画作品展活动；成功举办“六三”艺术节，共16个班级计720多名师生参加，演出小品、舞蹈、合唱、相声近30个节目，极大丰富了全校师生的校园文化生活。

（陈鸿鹏　纪文彬）

棋盘山开发区满堂满族小学

【概况】 棋盘山开发区满族小学始建于1925年。满堂乡的人民多是清朝满族后裔。随着满堂乡的成立，1987年学校改名为满堂满族乡中心小学。2008年年末由区教育局向市教育局申请，于2009年5月学校正式被市教育局批准更名为满堂满族小学。学校占地面积13 334平方米，教室18间，专用教室6个。学校有教学班10个，学生248名。在职教师34人，其中小学高级教师30人，小学一级教师4人。在教育教学改革的浪潮中，学校转变教育观念，树立“以质量求生存、以特色求发展”的办学理念，挖掘地域优势资源，打造民族教育品牌，构建“传承满族文化、彰显满族特色”的校园文化，以课堂教学为主渠道，以实践活动为载体，开展民族特色教育。学校的校训是“满风清韵、堂而有学”。

【联手兄弟学校，促进共同发展】 3月26日，皇姑区三台子五校的领导、教师共10余人来到满堂学校进行教学交流活动。3位教师上了3堂精彩的公开课，满堂学校的领导和班主任教师参加了听课，课后进行了交流和互动。通过这样的形式的交流，使满堂校教师开阔了眼界，提高了能力，学到了新的教育教学理念和方法，受益匪浅。

【庆“六一”系列活动】 为了迎接“六一”国际儿童节的到来，5月31日，学校举行了一系列的庆祝活动，包括校园安全疏散演习、入队仪式、趣味运动会。在校园安全疏散演习中，经过学校的精密组织、教师的出色指挥、学生的有序疏散，共用了1分08秒的时间全校师生疏散完毕，取得较好效果。在入队仪式上，共有23名新队员加入了中国少年先锋队，成为光荣的少先队员。趣味运动会，本着“安全、和谐、趣味、欢乐”的宗旨，十个项目历时将近三个小时，整个校园的操场上呐喊声、加油声不断，呈现着欢乐祥和的氛围。

【加强校园安保工作】 针对校园暴力事件的频频发生，成立巡逻保安队，配备警棍、金属探测器、辣椒水等安全装备，形成了一支战斗力较强的安全保卫队伍。严把校门关，在满堂派出所的帮助下，保证师生的安全。

【积极开展民族团结教育工作】 丰富多彩的少先队活动为开展民族团结教育拓展了天地，主要开展的活动有：利用班会课，开展“少数民族人物事迹”演讲活动。开展“爱民族、赞祖国、颂中华”征文活动。开展“知我中华，爱我中华”的黑板报评比活动。

（左大为　王兴华）

中等职业学校（部分）

沈阳市艺术幼儿师范学校

【概况】 沈阳市艺术幼儿师范学校隶属于沈阳市教育局，是一所独立设置的面向全省招生，为辽宁省培养五年制专科学历层次的小学艺术师资、幼儿园师资及双语新师资的师范学校，同时还承担省内职前职后幼教师资的培养培训职能。校舍占地面积4.2万平方米，建筑面积3.5万平方米。有教学主楼、音乐楼、美术楼、图书馆、信息中心、学生公寓、餐厅、塑胶运动场地等教学设备设施。学校现有教职员工232人，专任教师172人，其中正高级讲师3人，高级讲师102人，讲师40人。在校教师中本科率100%，已获硕士学位23人。幼教、音乐、美术师资力量和学科建设在全省乃至全国都具备优势。设学前教育、音乐教育、美术教育、学前教育（双语）、音乐教育（双语）、美术教育（双语）六个专业，均为师范类。现在校生1 900余人，学生全部住宿，实行公寓化管理。学校与省内两所师范大学有协作关系，在市区35所小学、幼儿园建立了教育实习基地。学校的幼教师资培养传统深厚，专业特色鲜明，教师队伍结构合理，学科水平在全省师范类学校中具有优势。学校多次被评为省、市“文明单位”、“花园式学校”、“全国学校艺术教育工作先进单位”、“辽宁省‘三八’红旗集体”等荣誉称号。学校网址：http://www.lsyys.com。

【组织学生到小学和幼儿园实习】 4月19日—30日，2007级学生分别到朝阳一校、回民小学、二经二校等5所小学，南宁幼儿园、省军区幼儿园、沈空幼儿园、朝阳一校幼儿园、铁西教工幼儿园等10所幼儿园进行为期两周的教育见习，2006级学生于5月10日—6月11日分别到6所小学、11所幼儿园进行为期一个月的教育实习。学生教育见习实习结束返校后，以班级为单位进行总结，评选出优秀见习学生52人、优秀实习生60人，评选优秀教育见习、实习感言、优秀教案数十篇，优秀感言和教案进行全校展出。通过学生教育见习和实习的系列工作，学生的教育实践能力在活动中得到了锻炼和提高，也进一步明确了自己的不足和努力的方向。

【组织全省小教专业教师专业技能考试】 5月22日—23日，受省师范专业委员会委托，学校承办了全省小教专业教师专业技能考试。考试人数在1 500人左右，在考试人数多、科目多、时间短，组织考试程序复杂等情况下，学校克服各种困难，出色地编排了考试流程，圆满地完成了考试任务，没有出现任何差错，得到了省教育厅、省招考办、省师范专业委员会、考生学校、考生家长和考生的一致好评。考试结束后，学校相关教职工加班加点，及时、顺利地完成了核实考生各科分数的任务，没有出现任何差错。在核实成绩之后，学校又根据省师范专业委员会的指示，分析总结了考试的成绩，把各校各科的成绩做以汇总和排名，为上级领导提供真实的一手数据。

【举办内地西藏中职班】 8月，国家教育部、发改委、财政部决定在国内部分省市的国家级重点中等学校（含幼师）举办内地西藏中职班。学校（全国共选定9所师范类院校）成为第一批专门为西藏地区培养骨干幼儿教师的艺术类师范学校，并代表9所院校向全国介绍学校的基本情况及培养方案。每年将按国家计划为西藏地区培养80名幼儿教师，从此，学校进入了国家重点院校建设的行列。根据国家的相关政策，学校的建设和大家工作学习生活的环境将逐步得到改善。

【学前双语课题组进行二级培训】 8月30日—31日，学前双语课题组进行《学前双语教育新师资培养》课题的二级培训。培训由理论指导、现场观摩两部分构成。教学内容与日常活动紧密相关；观摩形式上，观摩、点评相结合；参与人员有了新变化，学校五年级学生参加了此次培训，课题组颁发了培训结业证。会后，各实验幼儿园上交了参加国家优秀课评选的光盘。由课题小组评审选送优秀课报送总课题组。这次培训为今后的课题培训提供了一个新的工作思路。

【招生就业工作】 8月，完成录取401人，其中学前教育专业126人，学前双语专业163人，学前舞蹈专业32人，音乐教育专业31人，音乐双语专业13人，美术双语专业36人，新生入学档案的整理、各市审批备案材料的核实等一系列工作已经完成。12月8日下午，学校“2011年毕业生就业洽谈会”在音乐楼六楼演播厅召开，到会114家单位，提供超过500个用人岗位，目前已有多数学生与用人单位签订了就业意向。

【青年教师进行岗位培训】 12月6日，学校召开活动总结会，各科主任、教研员、教务处、教研室负责人对活动进行了小结，青年教师岗位培训历时一年，上半年侧重理论学习，下半年侧重教学演练。授课人数：音乐科9人，美术科3人，共同科4人。听课人数：38人，计听课165人次。音乐科100人次，美术、共同课科65人次。下半年的教学观摩活动，9月份开始策划、下达方案、申报上课时间，11月30日前，教案、教学反思上交完毕。于承洁副校长作总结性发言，对青年教师的成长提出新要求，寄予了新期望。此次培训组织规范、严密、周到，参与人员各司其职，后续工作高效及时，展现了年轻人的朝气与活力，整个活动有始有终，成为一项主题性很强的活动。

（郭雁彬　王丹）

沈阳市化学工业学校

【概况】 沈阳市化学工业学校始建于1958年，隶属于沈阳市教育局，是国家劳动和社会保障部在东北三省指定的“化工类特有岗位工种职业技能鉴定站”，也是沈阳市唯一一所为石油、化工、医药、化工装备、高分子材料加工等企业培养中等专业技术和管理人才的全日制普通中等专业学校。2006年被沈阳市政府确定为沈阳市重点发展建设的6所万人职业学校之一。新校区坐落于沈北新区蒲河新城，学校占地面积17.8万平方米，建筑面积9.7万平方米，分为教学区、实训区、办公区和学生生活区。学校现有教职工475人，专任教师316名，其中高级讲师100名，讲师108名，助讲108名，“双师型”教师61名，研究生学历的有24名。在校生总数6 300人，其中成人教育在校生1 400人，中专学历教育4 900人，目前开设5类共16个专业。学校近3年招生人数年均稳定在2 000人以上，生源90%来自农村，同时，学校面向西部开展招生，每年开设“新疆班”两个以上。学校网址：http://www.sycis.cn。

【教学改革与特色专业建设座谈会】 3月8日，沈阳市教育局局长苏文捷一行8人莅临学校，并与学校领导班子就教育改革及发展方向举行座谈。会上校长杨维满介绍学校目前的特色专业，副校长姚奇就学校的教学改革及未来的专业建设构想进行汇报。市教育局领导在认真听取学校深化教学改革和特色专业建设情况后，对当前学校专业教育和专业改革所作出的成效给予充分的肯定并提出指导性建议。

【承办市教育系统固定资产核查会议】 3月15日，“沈阳市教育系统固定资产核查会议”在学校四号楼报告厅举行。来自全市教育系统的100余人参加本次会议。在认真听取副校长顾军关于学校固定资产管理情况汇报后，市核查领导小组副组长、沈阳市教育局副局长张晓军在会上给予高度评价并对将来的核查工作做出重要指示。

【承办市“共创校企合作、共谋职教发展”研讨会】 3月16日，沈阳市“共创校企合作、共谋职教发展”研讨会在学校小会议室举行。与会的有沈阳市教育局职成处处长司群生，沈阳市教育研究院副院长杨克和多个职业院校代表、行业代表、企业代表等。大家围绕着全面推动沈阳市职业院校校企合作深度融合，探索教育与行业合作、学校与企业一体的新机制、新模式、新办法，促进职业学校紧紧跟上产业发展步伐，进一步密切与行业和企业的联系，重点针对建立教育与产业对话协作机制、中等职业教育校企一体办学、中等职业学校学生就业服务体系建设以及对教育研究部门工作的建议四个方面进行热烈的研讨。

【国家教育咨询委员会调研组来学校检查指导】 3月23日，国家教育咨询委员会省级政府教育统筹综合改革组一行7人在王湛组长的带领下到学校参观调研并指导工作。调研组参观了学校应化系、医药系和化工系。王湛组长在化工系三号厂房仿真化工实训设备控制中心前驻足观看，在认真听取该实训设备特点及功能介绍后，对学校教师在实训管理方面创新的精神和成果给予高度评价。

【召开“国家中等职业教育改革与发展示范学校建设项目暨沈阳市化工学校软环境建设工作”启动大会】 3月25日，召开国家中等职业教育改革与发展示范学校建设项目暨沈阳市化工学校软环境建设工作启动大会。校党委书记孟兰宣读《沈阳市化工学校“国家中等职业教育改革发展示范校”创建方案》，规定学校示范校建设工作的具体时间、步骤和工作方向，成立领导小组确保此项工作顺利开展。校党委副书记王毅宣读《沈阳市化工学校软环境建设工作实施方案》，明确此项工作的实施步骤，分别从九大方面、二十五个具体工作上不断创造优良的教育环境，建立良好的教育秩序，提高教育质量。会上艾春晓、徐晓昀、吴倩三名教工分别代表教师、教职工和全体党员作发言。最后，校长杨维满作动员报告，肯定上一年的评估准备工作，查缺补漏，加以创新，遵循坚持集中优质资源进行重点建设、坚持软件建设和硬件建设相结合、坚持实用性和先进性相结合、坚持校企合作工学结合、坚持项目建设和配套建设相结合等五大原则，严格按照学校《国家中等职业教育改革发展示范校创建方案》和《软环境建设实施方案》，短时间内把各项材料整理好，同时要加强领导，落实责任，确保示范校建设和软环境建设目标实现。

【召开安全工作会议】 4月2日召开安全工作

会议。会议要求大家一要认清形势，提高认识，切实增强紧迫感和责任感；二要明确任务，完善制度，突出重点，切实做好学校安全稳定工作；三要加强领导，精心组织，切实为学校安全稳定工作提供有力保障；四要切实把各项安全工作责任目标落到实处，消除一切不安定因素，为推动学校教育事业又好又快发展做出积极贡献。

（张强）

沈阳市装备制造工程学校

【概况】　沈阳市装备制造工程学校坐落于沈阳市铁西新区，是经辽宁省教育厅批准、沈阳市政府及沈阳市教育局重点扶持，以重点培养装备制造技术人才为己任，由三所学校以优良资源整合而成的、与国际职业教育接轨的、万人规模的全国首批国家中等职业教育改革发展示范校。

学校占地面积12.1万平方米，建筑面积9.45万平方米，与沈阳机械工业职工大学两校一家，办学层次以中等职业教育为主，同时培养部分高职学生。学校全日制中职教育在校生7 600人，高职专教育在校生3 000人，办学规模达万人以上。学校有专任教师347名，其中有研究生学历的66人，高、中级教师比例达75%，双师型教师比例达90%以上。学校网址：http://www.syeme.com。

学校师生在2010年全国、省市各级技能大赛和活动中捷报频传：周文和张萌老师获得全国说课大赛一等奖；学校学生在省市大赛中全部获得一等奖，在全国技能大赛中也获得1金1银3铜的好成绩；在9月份的中国职业教育与装备制造业创新发展高峰论坛上，学校荣获全国机械行业骨干职业学校、全国机械行业校企合作与人才培养优秀职业院校称号，机械制造技术、电气运行与控制、数控技术应用三个专业获“全国机械行业技能人才培养特色专业”称号；学校荣获2010年沈阳公共服务单位百姓口碑榜评选活动“优秀单位”称号。

【教师队伍建设】　学校十分重视教师的培训工作，每学期派专业教师参加境外、国家级、省市级的培训。组织多名教师参加全国信息化建设的说课大赛及“高教社”杯说课大赛。2010年，学校有多名教师获得沈阳市名教师、沈阳市骨干教师称号。

【专业建设】　一是完成学校承担的数控和焊接两项省信息化建设重点课题，并充分利用共享资源的模拟软件，在实训教学中全面推行模拟教学，取得良好效果；二是改版校园网站，派专人负责维护网站运行，提高学校信息化管理水平。充分把学校的网络资源利用起来，逐步实现真正的无纸化办公，提高工作效率。三是学校完成对焊接实训室的改造和模具实训室的建设工作，两个实训室已经投入使用。为丰富人才培养层次，跟上企业技术发展潮流，学校积极筹建铣削加工中心。研制成功智能爬楼机教学设备，并在全国机械教育发展中心举行的优秀教学成果评比中获得研发成果一等奖。

【管理制度的改革与创新】　出台教职工量化管理考核方案和职称晋升评审方案。全新的考核方案以坚持实事求是、客观公正、简便易行、注重实绩、民主公开为原则，加大对教职工日常工作表现、工作效果的基础考核，实现从宏观考核向日常考核过渡、从量的考核向质的考核过渡、从注重结果向注重过程过渡、从集中考核向民主、集中相结合的考核过渡，最大程度上用量化的分数对教职工的工作表现做出公正的评价。这两个方案的出台，将揭开学校人事管理制度改革的序幕，为下一步实现绩效工资发放、定岗定员等打下坚实的基础，对激发广大教职工工作热情，调动工作积极性，促进学校日常工作质量全面提升具有重要意义。

【教育教学】 学校组织各教研室专业教师深入到企业一线现场调研，拿到企业用人需求的第一手资料，召开五次专门会议，并从行业、企业聘请专家，共同研究调整人才培养方案。通过调研，学校转变观念，提升理念，使育人目标更加贴合实际需要。加大督学室听课以及教务处日常巡查力度，修改出台《关于教学事故的认定和处理办法》，进一步整顿教学秩序。成功开展2010年学生专业技能大比武活动，将理论知识与专业技能结合起来，让学生充分体会到参与技能活动的快乐，充分展示自我风采，体现自身价值。

【招生与就业工作】 招生环境得到改善。多次召开专题会议，研究招生形势，制定对策。在招生的攻坚阶段，校领导班子成员奔赴招生一线，亲临指挥，为招生工作圆满完成提供强力支撑。2010年学校招生成果喜人，成功招入2100名学生。学校将“2+1”顶岗实习办与招生就业指导处整合起来，进行重新调配和分工。召开专题会议，协调招生就业指导处、学生处和教务处的职责和工作流程，并要求所有的招聘信息全部向学生公示，力争实现就业公平。

【校企合作】 学校在巩固原有合作关系基础上，开发新的合作项目。与鸿洲机械有限公司共建实训室，共同培养学生，已经安排两批学生到鸿洲机械有限公司，学习效果显著。与德国EBG职教集团增开机电一体化高级班，德国专家到校指导首批学生进行结业考试。

【德育工作】 学校本着为地方经济建设服务，为学生终身发展服务的办学宗旨，注重学生职业能力的培养，将德育工作尤其是学生职业道德、职业素养的养成摆在首位，提出全员参与、全过程实施、全方位育人的大德育理念，着力为学生培养健康的身心、磨炼坚强的意志、塑造美好的心灵、养成良好的习惯、树立必胜的信心。

（陈曦）

沈阳市信息工程学校

【概况】 沈阳市信息工程学校位于沈阳市沈北新区虎石台经济开发区职教园，是一所专门培养计算机应用人才的国家级重点中等职业学校。从1979年至今已有30多年兴办职业教育的历史，2007年7月被辽宁省教育厅批准为省属普通中等专业学校，2008年1月经沈阳市教育局批准与沈阳市政法学校进行了重组。2009年10月搬入新校区，更名为沈阳市信息工程学校。

学校拥有优美的校园环境，总占地面积17.4万平方米，总建筑面积8.8万平方米。现有教学班78个，在校生3 834人，教职工总数340人，专任教师269人，高级讲师占教师总数的43.1%，“双师型”教师占专业教师的80%以上，拥有国家、省、市各级优秀教师。现开设计算机网络技术、计算机及外设维修、现代媒体技术应用、动漫设计等11个专业，其中计算机及应用、计算机网络技术等国家级和省级重点示范专业，在辽沈地区乃至东三省都具有较强的影响力。学校作为教育部命名的国家级计算机技能型紧缺人才培养基地，近三年来已投入2 000多万元资金用于实训基地建设，已建成具有全国一流水平的计算机技术等专业实训室。

【德育工作】 确定了以习惯养成为切入口，以校园常规管理为重点，继续在德育研究、法制教育、校风校纪建设、社会实践活动、校园文化建设等方面做出不懈的努力，充分挖掘各种德育资源，认真开展学生思想政治工作、行为规范教育、礼仪教育、安全教育、心理健康教育、学生宿舍管理等活动，不断深化、细化、精化管理体系和管理制度，培养了一支有敬业精神、能力强、工作有特色、团结互助的班主任队伍和德育队伍。

【专业建设】 学校成立了专业教学部，倾力打造以计算机及应用专业、动漫专业为龙头，以计算机技术为支撑，以培养信息服务类实用人才为主线，以强化就业技能为突破的多元化、宽门类的特色专业体系。并依据市场需求的变化，广泛进行调研和论证，有效地调整专业设置，既注重专业细分，增添了专业的专门化和新兴专业，又加强专业统筹，合并、削减了一些弱势专业。并依据专家意见，组织学校的骨干教师调整了7个专业的实施性教学计划。

【教师队伍建设】 学校积极为教师搭建成长平台，根据专业建设需求和教师专业教学特长，确定了抓“龙头”（骨干教师）、带“重头”（青年教师）、促“源头”（全面提高教师素质）的教师培训工作思路。学校领导班子坚持立足学校，面向全体教师，采取多形式、多渠道，以信息化带动教师培训工作的现代化。学校按照教育主管部门培训、校企联合培训、教师自我培训的三种模式开展教师培训，学校自行组织全员的校本培训，提高“双师型”教师的比例。

成立教学督导部门，加强对教师的指导，组织开展教学研究，促进教师能力的全面提升。通过多形式、多内容的教师比武，以及组织教师参加优秀课评比、说课竞赛等活动，为教师搭建施展才华、体现价值的舞台。按照专业门类，落实师资培训规划和教师个人培训计划，储备专业师资，培养拔尖人才，提高专业教师的技能与水平。在2010年全国中等职业学校信息化教学大赛上，学校张爽老师获“语文多媒体教学软件项目”一等奖；霍宁老师、赵楠老师分获“数学信息化教学设计”和“信息技术类教学软件”二等奖。

加大经费投入，加强对专业带头人和学科骨干教师的培养。组织教师开展有关作课、说课、课件设计等方面的教学基本功培训。

建立新入校教师的见习制度，在教学和德育工作上均开展“一帮一，结对子”活动，分别安排“教学师傅”和副班主任，提高新入校人员对学校工作的适应能力和教育教学的基本能力。

【校企合作】 学校坚持“以企业为依托，深化校企合作”，并使之成为学校的办学优势和办学特色。学校与华为3COM、星网瑞捷等20多家知名企业组建了“沈阳市IT产业职业教育集团”，建立校外实训基地。并同时与沈阳天荷影视动画有限公司、沈阳基石数码动画设计有限公司、海南碧柏高尔夫实业有限公司等多家企业合作，开办企业冠名班、工学结合班，为企业进行“订单式”人才培养，探索半工半读的培养模式。通过校企合作，使学校的办学更加贴近企业的需求和社会的发展，为学生增强就业保障、提供就业空间。学校坚持学历教育、职业资格教育、短期培训和社会服务并举，使专业优势、设备优势实现效益最大化。同时，开办升学班、中高职连读班，为学生继续升学、进入高职院校提供直通车和便捷条件。

【学校基础建设和校园文化建设】 进一步完善新校操场、高尔夫练习场、体育设施、实训室、报告厅、阶梯教室、绿化、道路、网络、广播、消防等硬件建设。还着手进行包括学校的校史馆、logo及导视系统、宣传册、宣传片、校报等校园文化软件建设。组织召开全校师生春季运动会、承办沈阳市第十一届18岁成人节宣誓仪式、学校技能大比武启动仪式暨首部校园3D动画作品首映式等大型活动。还有美国艾德蒙社区、韩国昌信大学与学校合作办学交流会，由23家动漫企业代表出席的动漫专业指导委员会成立仪式等国际交流和校企合作活动。

（刘帅）

沈阳现代制造服务学校

【概况】 沈阳现代制造服务学校始建于1979年，是全日制普通中专，是首批国家改革发展示范校、国家级重点和辽宁省示范学校、全国教育系统先进集体。学校位于沈阳市于洪区西江北街199号，占地面积17.2万平方米，建筑面积8.3万平方米。

学校设金融、会计、商贸、电子工程、工艺美术系。开设金融事务、农村经济管理、保险事务、会计、会计电算化、电子商务、商业事务管理、物流服务与管理、计算机应用、电子技术应用、电子电器应用与维修、轨道交通运营与管理、城市轨道交通车辆运用与检修、城市轨道交通信号、平面广告设计与制作、室内艺术设计与制作、美术影视与动画、园林植物造景设计、数字影视艺术制作等19个专业。

学校办学规模10 000人，其中全日制中专、“3+2”、成人大专学历在校生6 000人，培训与技能鉴定每年达4 000人次。学校教职工450人，其中专任教师390人，教授级高级讲师1人，高级讲师137人，“双师型”教师占62%，“复合型”教师占50%，“综合型”教师占40%。市级骨干教师和名师10人，校级专业带头人7人，骨干教师30人。另外，聘请企业和高校专家70多人。

学校与清华大学、东北财经大学、沈阳大学、韩国昌信大学等高校联合办学。就业、留学、升学兼顾，实现中专、大专、本科连读；学历教育、技能培训、社区和企业服务协调发展；建立稳定的校企合作基地100余个，职教集团成员200余家，最大限度地实现了资源共享，为学生实习、就业提供了可靠保障。

依托现有实训基地，广泛开展保险代理人职业资格、证券基本操作、会计从业资格、收银员、会计证、会计电算化、金蝶ERP、珠算、点钞、物流师、营销师、单证员、叉车驾驶、营业员、计算机高新技术办公自动化、高新网页设计、Adobe PhotoShop认证等培训，并不断开发新的培训项目，拟增财务管理师、统计调查师、驾驶员、报关员、报检员、家电维修中级工职业资格认证、Corel Draw认证、Founder Fant Art认证等项目的培训，提升了学生的岗位技能，强化了学生的就业本领。

学校瞄准就业市场，抢占培训先机，大力开展本专业或相关专业的社会再就业人群专业培训；利用专业现有资源，特别是人才优势，开展技术应用服务；面向社会开放实训基地（室）、计算机教室、多媒体教室等教学设施，为企业提供在职培训；开展成人教育与继续教育，进行岗前岗后培训、职业资格培训及技术等级考证培训，实现资源效益、效率最大化。

学校重视实训基地建设，物流实训基地一期建设采购任务基本完成，正在进行设备安装；轨道交通实训基地建设方案已经上报采购办，开始着手二期建设项目的调研工作；电工电子实训基地建设方案正在等待审批；工艺美术实训基地建设方案初稿已经完成。学校依托实训基地，探索公司化运作模式，实现教学教研经营一体化，实现专业产业化，推动专业发展。

学校拟成立沈阳现代服务职业教育集团，初步设定由核心层、紧密层、松散层构成。集团办学模式将遵循“国有体制、集团办学，民办机制、自主经营，产教结合、校企合一，全员聘任、岗位绩效”的原则，做精示范专业、实现管理精细化，做活用人机制、优化分配制度，做强民办学校和企业，做大社区教育，做深校企合作，发挥资源优势，打造终身学习与教育的平台。实现学校发展得更快、更高、更稳、更优。

【召开信息化项目专题研讨会】 1月15日，信息化项目专题研讨会在造化校区召开。会议主要就如何深化辽宁省信息化项目试用、研发等问题进行研讨。辽宁省信息化建设专家、沈阳柏年信息技术发展有限公司董事长李玉刚出席了会议。

李玉刚博士对学校承担的物流、金融两个信息化项目的验收准备和以学校开设的金融、物流为基础建立现代服务业支撑体系提出了两点建议。贲志宇校长指出，要根据省厅文件的精神，抓紧收集信息化项目成果试用单位的试用特点、意见和建议，及时调整，同时注意知识产权的问题，着手建设现代数字仿真实训基地，以金融、物流为核心拓展营销、商务、会计等专业，与企业资源整合，改进沙盘。

【召开学校工作会议暨八届六次教代会】 3月5日，2009—2010学年度下学期学校工作会议暨八届六次教代会在造化校区报告厅召开。会议回顾了2009年工作，审议并通过了学校2009年度工作报告、《学校教师专业技术职务评审管理办法》、《学校年度考核实施细则》、《中层干部聘任与管理办法》。向全体教职工介绍了新任副校长刘同刚、姚中颖同志和6名新聘同事。会议由副校长、工会主席高玉亭主持。全体教职工参加了会议，并圆满完成了各项议程。

【承办专业技能大比武总决赛】 4月11日，第二届沈阳市中等职业学校师生专业技能大比武“插花员（艺术插花）”及“现代物流技能”两个项目的总决赛在学校举行。此次技能竞赛由沈阳市教育局主办，沈阳市职业教育与成人教育研究室、沈阳现代制造服务学校（沈阳市金融学校）承办。本次竞赛的部分优秀选手将代表沈阳市参加2010年辽宁省中等职业学校技能大赛。

【参加第七届辽宁省中等职业学校计算机技能大赛】 5月11日，电子工程系网络综合布线技能队、工业产品设计（CAD）技术技能队、工艺美术系影视后期制作技能队参加了“盘锦经校杯”第七届辽宁省中等职业学校计算机技能大赛。三支技能队伍在全省兄弟学校面前展示了学校计算机专业的教学水平及专业技能，为学校赢得了赞誉。

【承办辽宁省第七届中等职业学校现代物流技能大赛】 5月15日，学校成功承办了辽宁省第七届中等职业学校现代物流技能大赛。学校的8名参赛选手包揽了所有项目的第一名，其中参加仓储流程操作技能比赛的两支代表队获得团体第一名、第二名；拣货作业操作技能单项赛两名选手分获第一名、第二名；燃油叉车驾驶单项赛两名选手均获第一名。

【学校被评为“先进党支部”】 6月28日，沈阳市委、教科工委组织召开了“沈阳教科系统先进基层党组织、优秀共产党员和优秀党务工作者”表彰会。学校电子工程系党支部被评为“先进党支部”，于鸿彬同志、杨悦同志被评为“优秀共产党员”，顾连英同志被评为“优秀党务工作者”。

【召开赴韩留学说明会】 7月2日，在沈阳市教育局的组织协调下，大元大学、济州汉拿大学、善邻大学等韩国知名学府到学校造化校区召开赴韩留学说明会，近500余名师生参加了此次说明会。本次活动使学生获益良多，对赴韩留学有了全新的认识，也为学校开展对外合作交流拓宽了思路。

【承办“2010年沈阳市物流从业人员技能大赛”】 10月16日，由沈阳市人力资源和社会保障局、沈阳市服务业委员会、沈阳市人力工作办公室、共青团沈阳市委员会主办，沈阳现代制造服务学校承办的“2010年沈阳市物流从业人员技能大赛”在沈阳现代制造服务学校商贸物流实训基地成功举办。本次大赛的比赛项目为燃油叉车驾驶技能操作。学校共派出5名选手代表沈阳融城商贸有限公司参加了比赛，天地华宇沈阳公司、宝供物流沈阳分公司、沈阳储运集团也分别派企业员工参加了比赛。学校刘青华、孟琪、崔浩同学分获前三名，其他两名选手也取得了优异成绩。

【承办全国中等财经职业教育协作会第二十四届年会】 10月21日—23日，全国中等财经职业教育协作会第二十四届年会在学校召开。本届年会为期三天，以"探索创新、促进合作、加强交流、增进友谊"为目标，围绕"全教会精神和职业教育规划纲要"的核心思想和战略决策，设置了教育、教学、管理三大专题，重点在教学模式创新和内涵发展方面进行了深入的交流与探讨。与会代表参观了学校教育教学内容、方法、评价模式的创新案例，观摩了德育课程创新、学生专业技能展示，参观了学校实训基地建设与技能培养实践的成果展示。代表们对学校在教学改革、德育创新、管理探索等方面取得的办学成果予以高度肯定与赞扬。

【承办省"爱丁数码"杯财经商贸专业师生技能大赛】 10月30日，辽宁省"爱丁数码"杯财经商贸专业师生技能大赛在学校举行。此次技能竞赛由辽宁省教育厅主办，辽宁省基础教育教研培训中心、沈阳现代制造服务学校承办，由大连爱丁数码产品有限公司、北京畅捷通软件公司、沈阳会计人员服务中心协办。学校教师一队宋杰、杨悦、张斌荣获团体一等奖，教师二队熊岩、孙亚亮、冯丹荣获团体二等奖；学生一队路丹、夏冬、李雪娇、陈洁荣获团体二等奖，学生二队冯朔、高阳、王德佳、付强荣获团体三等奖。

【通过创建国家示范校遴选】 8月17日，辽宁省教育厅召开"国家中等职业教育改革发展示范学校建设计划项目申报工作部署会议"，标志着辽宁省示范学校建设计划项目正式开始。学校连续召开11次评估资料准备会议，商讨申报书、创建方案的修订和学校纪录片录制工作，筹划备查资料的准备、修订工作，并召开了全校评建工作会议。学校以辽宁省第一名的成绩顺利通过创建国家示范校遴选。

（陈鹏）

沈阳市外事服务学校

【概况】 沈阳市外事服务学校是沈阳市教育局直属公办国家级重点中等专业学校。学校始建于1982年，地处沈阳市中心，拥有五大校区、跨越三个行政区，校园占地面积为8.7万平方米，建筑面积5.7万平方米，拥有100余个教学班、4 000余名在校生、300名教职工。2010年学校招生超过1 600人，其中24个企业订单培养冠名班招生数占总数50%以上，毕业生就业率超过98%，非学历短期培训人数超过5 000人，2010年学历教育与非学历教育人数已接近1万人。学校是全国启发式教学实验示范单位、全国教育科研先进单位、全国烹饪教研协作会常务理事单位、全国学校艺术教育先进单位、国家语言文字规范化示范学校、辽宁省模范学校、辽宁省职业教育先进单位、辽宁省中等职业学校省级示范学校、辽宁省教育系统先进集体、辽宁省旅游业岗位培训定点单位、辽宁省烹饪专业教研中心校。学校网址：http://www.sywsfw.com。

【学校志愿者赴世博会服务】 3月20日，成立"世博训练营"，培训选拔世博会志愿者；4月，学校27名学生志愿者赴上海世博会服务；11月载誉归来，受到世博组委会一致好评。

【新烹饪楼启动】 5月13日，新烹饪楼落成并投入使用。烹饪楼建筑面积近5 380平方米，投资近1 000万元，全楼拥有中西餐实训教室15间及多功能演示厅1间，装备有先进教学和实训设备，能够满足400人同时上课的需求，具备承担专业教学、学术活动、各种专业大赛以及进行技能鉴定等多项活动的能力。

【举办第三届技能大比武活动】 5月13日，第三届技能大比武活动召开，辽宁省教研室主任谢宝善、沈阳市教育局副局长李铁等省市教育行政部门相关领导及中国烹饪大师刘敬贤、表演艺术家吕晓禾等专家及部分企业代表和新闻媒体代表出席此次活动。本次活动中，各专业教师、学生进行了专业技能的展示。名师讲堂是技能大比武活动的重要内容，学校名誉校长、中国烹饪大师刘敬贤亲自为烹饪专业学生指导厨艺并展示经典辽菜的烹饪过程。专业大比武迄今为止已经举办了三届，以此展示学校在贯彻落实沈阳市教育局关于“打造沈阳技工品牌，创建全国技工高地”行动计划，全面实施六大工程，开展技能大比武的丰硕成果。大比武活动涉及学校酒店服务与管理、烹饪、学前教育、旅游服务与管理、动漫设计与制作等众多专业。

【钓鱼台国宾馆指定人才培养（输送）基地】 5月，市教育局副局长李铁、校长马英赴钓鱼台国宾馆签订校企合作协议，学校成为钓鱼台国宾馆在全国仅有的两家“指定人才培养（输送）基地”之一，学校国家级示范专业——酒店服务与管理专业建设上了一个新的台阶。学校于2010年开设校企合作冠名班——钓鱼台预备班。

【技能大赛获奖】 6月，学校烹饪专业和美容美发专业学生在全省职业技能大赛中获得金奖，并代表辽宁省参加全国职业技能大赛，其中烹饪专业学生获得了2银1铜、美容美发专业学生获得了1银的好成绩。学校荣获全国中等职业学校学生技能作品展洽会二等奖。9月，学校旅游服务与管理专业教研组组织学生参加省旅游协会组织的东北三省导游大赛，有3名学生获优秀奖。10月，学校动漫设计与制作专业学生鲍义夫荣获沈阳市从业人员动漫设计大赛二等奖，学校是唯一获奖的中专类学校，学生本人荣获市政府1 000元奖金。11月，学前教育专业师生参加省市五项技能大赛，参赛学生获得单项声乐一等奖、舞蹈二等奖、钢琴三等奖的可喜成绩，参加“五项全能”比赛的2名选手均获得二等奖，学前教育专业教师纪研获得教师组声乐演唱一等奖。

【“全国校园文明礼仪教育实验研究”实验基地】 7月，中国教育学会科研规划重点课题——《校园文明礼仪教育实验研究》实验课题开题大会召开，这次开题大会标志着校园文明教育实验研究在学校已经全面启动。学校成为国家重点课题“全国校园文明礼仪教育实验研究”实验基地。学校坚持开展“重德育，学国学”活动，形成“以仪树德”的德育特色，将文明礼仪教育全面纳入到德育管理中来。

【非学历短期培训成效突出】 7—12月，学校与中兴—沈阳商业大厦（集团）股份有限公司、中国人民银行沈阳分行、兰亭汇酒店、沈阳恒信物业发展有限公司等多家企业签订培训协议，负责企业员工培训，培训人数突破5 000人。

【举办市职工技能竞赛】 8月30日—9月1日，2010年沈阳市“百千万技能人才培训工程”和职工职业技能竞赛中式烹调师、中式面点师、餐厅服务员三个工种的“实战操作”在学校烹饪楼正式鸣锣。本次大赛层次高，聘请外事服务学校名誉校长、国家一级裁判、特级厨师刘敬贤担任总裁判长，来自沈阳市内各大中小型餐饮业厨艺高手云集于此，这是市总工会、市人力资源和社会保障局首次联合餐饮服务业开展的技能竞赛。

【专家讲堂】 9—12月烹饪专业开展“名师讲堂”活动，名誉校长刘敬贤大师、马翀主任、罗永存大师、张奔腾大师、冯泽旺大师分别进行了“餐饮市场分析及厨政管理”联合讲座并进行了现场才艺展示。“专家讲堂”活动极大地激发了学生学习的浓厚兴趣，丰厚了学生的文化底蕴，增强了学生的专业技能水平。

【主题班会获奖】 10月，沈阳市中等职业学校主题班会比赛中，纪妍老师班级的《青春的旋律》班会、王爽与夏秋老师班级的《模拟面试》班会荣获一等奖，胡建华老师班级的《点燃青春，放飞梦想》班会荣获二等奖。在沈阳市中等职业学校2010年优秀论文评选活动中，祖洪丽老师、纪妍老师、张巍老师的德育论文荣获二等奖。这是学校重视德育班会，将班会作为学校贯彻落实常规管理制度及对学生进行思想道德教育的重要载体，德育观摩班会评比活动作为学校常规评比工作已经连续开展三年，班会质量逐年提高。

【现代教育技术培训】 11月，辽宁省电教馆网络资源部主任朱建老师在学校六楼电化教室作了主题为《课件设计与评价》的专题讲座；教育技术学博士、硕士生导师刘美凤教授，作了主题为《课程设计》的专题讲座。根据学校《现代教育技术培训五年规划》2010—2011年的实施方案开展了计算机培训工作，根据学校教师现有的计算机水平，对学校教师进行计算机培训。

【校园红诗会】 11月，以“读红诗 颂中华 共奋进”为主题的“校园红诗会”召开，学校领导及部分家长委员会代表应邀参加此次活动。从去年“红歌会”到2010年的“红诗会”，红色教育作为传统教育的重要组成部分正在逐渐成为学校德育教育的一条主线，其影响力日益壮大。

【名师风采】 马英校长荣获沈阳市劳动模范称号；杨野老师的教学设计被评为全国优秀教学设计一等奖；戴侠男老师代表辽宁省参加全国骨干教师教学风采展，受到专家和听课人员的一致好评，鲁昕部长亲自听课并给予高度的评价和赞美，指定将此课讲授全过程录制成片挂到网上供大家参考学习；初艳阁老师当选沈阳市中小学“感动校园的好老师”；尹翠玉、李明静、戴侠男三位教师被沈阳市教育局评为沈阳市骨干教师；马翀主任被沈阳市政府授予“沈阳市名教师”光荣称号。

（张雪松）

沈阳市汽车工程学校

【概况】 沈阳市汽车工程学校创建于1985年，是沈阳市教育局直属的国家级重点中等职业学校，是全国汽车技能型紧缺人才示范培训基地。从2000年开始学校先后完成与原沈阳市经贸学校、经济技术学校、电力学校、外贸学校等五所学校的资源重组，聚集了雄厚的教育教学资源，为学校实现跨越式发展奠定了坚实的基础。学校位于沈北新区，占地面积16.64万平方米，建筑面积7.55万平方米，校区规划布局合理，10栋建筑大楼分为教学区、实训区、行政区、生活区、运动区。其中教学楼3栋，建筑面积1.80万平方米，可容纳在校生5 000人，短期培训3 000人，已建成采用万兆核心路由的双核心骨干、主干千兆、百兆到桌面的先进、稳定、安全的校园网络，配置信息点1 100个，教学及办公计算机1 700余台；实训楼3栋，建筑面积1.58万平方米，可同时容纳1 500人进行实训操作、模拟教学、实训设备维护管理等，实训开出率达100%，还设有规范的驾驶员培训基地及技能鉴定所，面向学校与社会人员进行培训，年培训达到了6 000余人次；行政楼1栋，建筑面积0.81万平方米，用于行政办公、接待、小型会议、通信主控、报警主控、广播、后勤服务等；生活区包括两栋宿舍楼和一栋食堂，建筑面积3.30万平方米，可满足5 000

名学生的住宿、就餐和日常消费等。另外，沈阳市职教园三校共享体育馆建筑面积6 224.5平方米，训练馆建筑面积6 689.63平方米，图书信息中心建筑面积16 266.5平方米，学校藏书总量达到了19.95万册。学校现有108个教学班，在校生4 213人,学校在职教师394人,专任教师236人，其中高级职称教师占70%以上，“双师型”教师近百人。在办学过程中，学校实行校企合作、工学交融的人才培养模式，开展订单式教育，与德国宝马、日本丰田、上海通用、华晨金杯、沈阳远大集团、金德管业集团、东北汽配城等50多家企事业联合办学，学生就业率连续多年达到98.3%，专业对口率82.5%。

学校始终遵循“学生为本、服务社会、强化内涵、铸就品牌”的办学宗旨，认真落实市委、市政府提出的“教育强市，打造职教品牌、创建技工高地”的战略部署，贯彻先进理念，创新办学思路，优化培养模式，使学校管理水平、专业建设水平、办学水平都达到较高的程度，学校先后被授予教育部首批骨干专业示范点、辽宁省中等职业学校省级示范学校、辽宁省职业教育先进单位、全国教育网络系统示范单位、辽宁省社会十佳信誉学校等称号；汽车运用与维修专业被授予辽宁省品牌专业、示范专业称号。学校网址：http://www.syaes.com。

【召开首届校园招聘会及校外实训专家顾问委员会成立大会】 4月，学校召开了首届校园招聘会及校外实训专家顾问委员会成立大会。到会企业共30余家，招聘岗位1 000多个，其中有沈阳市华晨金杯汽车有限公司、沈阳远大铝业有限公司、广汽日野（沈阳）汽车有限公司、沈阳兴顺电子工程有限公司、沈阳锋源重型机械有限公司等沈阳市知名企业，涵盖了学校所有专业。学校学生纷纷与大中型企业签约实习，就业形式呈现喜人局面。在校外实训专家顾问委员会成立大会上，聘请了辽冶汽配有限公司经理丁会风、华晨汽车集团控股有限公司人力资源总部副总经理东风等14名企业领导人为沈阳市中等职业教育行业指导委员会汽车专业教学指导委员会常务理事，聘请了吉林大学汽车教务处主任徐哲、沈阳中联汽车服务有限公司李大勇等9名汽车行业专家为学校校外实训基地外聘专家，共同指导实训教学，共同研讨课程建设和校本教材的开发，推进了学校实训教学工作的开展。

【市教育局领导来校检查指导工作】 6月23日上午，市教育局局长苏文捷、副局长李铁来到学校视察指导工作。盛聚校长代表学校欢迎苏局长一行的到来，并简单介绍了学校的办学基本情况及发展特色，并与苏局长等人就学校的发展、实训基地的建设等问题充分交流了意见。在盛聚校长、仲涛副校长等人的陪同下，他们重点参观了学校的汽车、电控、机加三个实训中心，苏局长在肯定学校办学情况及特色的同时，也提出了宝贵的建议，并对下一步工作做出了部署。他指出，学校在积极拓展办学空间的同时，要继续加大力度注重加强内涵建设，加强实训基地的建设。

【举行教师多媒体课件大赛】 5月16日，为进一步提高学校教师应用信息技术与学科课程整合的能力，为提高教学质量和教学效率服务，以信息化教学促进教育信息化发展，学校特举行教师多媒体课件大赛。在此次活动中，汽车系、电控系、机加系、商贸系、实训处、大东校区总计上交130件作品，校教务处根据各处室上报初赛成绩排序，按10%的比例选出13位教师的作品参与12月17日学校举行的多媒体课件竞赛总决赛，数名教师在大赛崭露头角。本次比赛本着公平、公正、公开的原则，为教师提供一个展示自我风采的舞台，推动了现代教育技术在教学中的运用。

【参加“丰田杯”汽车运用与维修技能大赛取得优异成绩】 6月24日，每年一度的全国职业院校技能大赛中职组“丰田杯”汽车运用与维修技能大赛在天津再次拉开帷幕。学校代表队在大赛中顽强拼搏，脱颖而出，王剑、王天明、徐光鑫等三名学生获机电团体铜奖，徐光鑫获钣金个人铜奖。这是学校师生奋发向上、锐意进取的精神面貌和熟练技能的展示，是对学校实训教学水平的又一次检验。

【连续与多家知名院校、企业签订联合办学协议】 7月6日，学校与韩国信兴大学、韩国善邻大学等多所大专院校签订联合办学协议，又陆续与辽宁新天成汽车用品公司、艾德尔汽车服务连锁机构、华晨宝马公司、沈阳航天三菱汽车发动机制造有限公司、沈阳凯大集团、沈阳德宝汽车销售服务有限公司、广汽日野等多家大型企业签订联合办学协议，拓宽了学生的就业渠道。

【教职工积极参加市教科文卫工会第二届羽毛球比赛】 9月15日，沈阳市教科文卫工会第二届羽毛球比赛中专职高直属单位赛区比赛在沈阳市二中隆重开赛。本次比赛共13个参赛队78人参加，学校教师以“团结、奋斗、拼搏”为口号，踊跃参赛，经过全天的激烈角逐，学校代表队凭借实力，过关斩将，获得团体第二名，张彦斌老师获得男子单打第一名。这次比赛既是力与技巧的展示，又是力量的宣泄。它考验了教师间的团结与合作，又体现了教师们勇于拼搏的精神。

【学校科技节隆重开幕】 11月1日，学校隆重拉开科技节的序幕。在开幕式上，盛聚校长庄严传递科技活动大旗，刘富校长认真做了科技节工作部署，指导教师罗军为学生作了科技活动动员讲话，学生代表表达了学生们对科技创新的兴趣和爱科学的心声。本届科技活动分三个阶段：活动准备阶段、活动进行阶段、总结展评阶段。活动内容包括读一本科普书、讲一个科普故事、绘一幅科普画、听一场科普讲座、结合所学的专业召开主题班会、开展“异想天开”科技小发明、“心灵手巧”小制作等创新活动。科技活动结束后学校宣布科技创新活动成果，以文艺表演等形式进行表奖。本次活动让学生学科学、用科学、爱科学、想科学，激发了学生探索科学的兴趣，培养了学生的动手、动脑能力，增强了学生尊重知识、尊重科学的意识。

【教师在市总工会举办的技能竞赛中获奖】 7月17日，学校多名教师积极报名参加了沈阳市总工会举办的“沈阳市千百万技能人才培育工程和职工职业技能竞赛”，在竞赛中，学校教师发扬团结拼搏、超越自我的精神， 经过紧张激烈的角逐，学校王瑞奎、赵东、隋明轩、王磊、郐敬明、岳庭杰、杨玉宏、王晓萌、董刚、李洋等10名教师获得了标兵、能手等称号，为学校争得了荣誉。

【校园文化艺术节全面展开】 从11月份开始，为全面展现学校学生的青春风采，在校系领导的支持下，全校师生大力宣传、广泛征集节目，同学们踊跃报名参加。经过学校团委和学生处的精心筹备和策划，将整个艺术节分成机加系联欢开幕式、校园主持人大赛、红歌赛、科技发明成果展、元旦联欢闭幕式几大板块。随着新年钟声的临近，学校的艺术节也在冬日的温暖阳光中落下帷幕，学校学生在各项艺术活动中取得骄人成绩，艺术之花香溢校园。本次活动紧抓“展现青春风采、传承校园文化、构建和谐校园”的主题，体现了校园学子积极向上的精神面貌和热情奋发的青春气息，演奏了一曲曲昂扬动人的精彩华章。

【喜迎“2011姹紫嫣红中国年文艺演出”】 12月29日，为丰富校园文化生活，营造积极向上、清新高雅、健康文明的校园文化氛围，全面展现学校学生的青春风采，学校团委和学生处在学校文化艺术节即将落下帷幕之际，共同举办了喜迎“2011姹紫嫣红中国年文艺演出”，机加系承办了本次文化艺术节开幕式的文艺演出，获得了圆满成功。此次文艺演出激发了同学们对艺术的热爱，陶冶了同学们的情操，体现了学校领导对建设校园文化的重视，同时，也给学生提供了一个展示自我、秀出自我、舞动青春的梦想舞台。

（杜翠飞　王林）

沈阳市旅游学校

【概况】 沈阳市旅游学校成立于1985年，是隶属于沈阳市教育局的首批国家级重点中等职业学校。学校位于皇姑区崇山东路80号。学校被评为国家级语言文字规范化示范校、辽宁省示范中等职业学校、辽宁省职业教育先进单位、辽宁省教育科研先进单位、辽宁省绿色学校，是省市导游员培训定点单位。

学校始终坚持科学发展、特色发展的理念，坚持“以服务为宗旨、以就业为导向”的职业教育办学方针，坚持走内涵发展、做精做强的办学之路，实施“质量立校、特色兴校、人才强校、和谐治校”的发展战略，强化学生思想道德教育，深化教育教学改革，积极构建以“精致、精品、精典”为核心的学校文化体系，全面提高管理水平，努力打造一所“亮丽、诚信、快乐、成才”的中等职业学校。

【构建工学结合、校企合作、顶岗实习的人才培养模式和基本教学制度】 遵循现代职业教育规律，实施2+1分段教学模式改革，建立学生第三年到企业顶岗实习制度。学校现已构建了立足沈阳，以“珠三角”地区的广州、深圳，“长三角”地区的上海，“京津冀环渤海”地区的北京、天津、北戴河，“海峡西岸”的厦门等城市的数十家企业和国外若干家企业为一体的长期稳定的校企合作基地体系，进而构建了以沈阳为本、发达地区为干、日本为前沿的国内外结合的校企合作的网络。经过几年的实践，极大地发挥了培育学生、资助学生、服务经济、改进教学、企业发展的作用。

【调整专业设置，建设精品专业】 建立为旅游酒店业服务的、以服务为核心技能的、覆盖业态岗位的专业群，打造品牌专业。瞄准现代旅游服务业的市场，立足办学的资源优势，调整设置专业，建设精品专业。学校在原有十几个专业的基础上，调整为旅游服务与管理、酒店服务与管理、烹饪（中、西餐）、旅游外语（英、日、韩语）、幼儿教育、航空服务（空港、海乘）、城市轨道交通运营管理（地铁服务）、会展服务与管理、休闲体育服务与管理等十大专业，其中旅游服务与管理、酒店服务与管理、幼儿教育三个专业已被评为省级示范专业。

【努力打造一支“双师型”、“复合型”的师资队伍】 学校现有高级教师104人，其中兼职教师15人。专任教师中担任专业课的教师69人，有国家级导游员资格证书的教师20人，有餐饮、客房、烹饪职业技能考评师资格的教师12人，有国家级烹饪大师、名师4人，有餐饮、客房服务师资格证书的教师13人，“双师型”教师比例占70%左右。学校大力开展教师素质提高工程，通过安排教师到企业实践和参加各种培训等方式提高专业教师“双师型”比例。到目前为止，学校已安排96人次教师到企业进行岗位实践。安排2名教师参加国家教育部统一组织的境外培训，10名教师参加国家级骨干教师培训，26名参加了省级培训，80多人次参加沈阳市教研院组织的各种培训。学校设立专项培训资金，安排一线教师、班主任及部分行政管理人员到上海、广州等地参加教育教学改革专题培训。

【努力形成就业导向的课程体系，建设精品课程】 根据现代旅游服务业企业用人的需要，改善课程体系，开发校本课程，建设校本教材，现已出版发行了《沈阳景点导游词案例》、《名胜古迹诗词楹联选编》和《新编旅游服务外语会话（英语分册、日语分册）》等校本教材。改进教学方法，试行学分制，改变教学常规管理的方式、手段、程序，运用现代教育技术于教学及管理中，鼓励教师制作科学实用的教学课件，努力打造学校的精品课程。

【改革教学方法，突出实训教学】 提高现代信息技术应用水平，大力开展技能竞赛，构建职业资格证书培养教育体系。依据企业岗位技能标准，强化校内实习实训教学。加大校内实习实训教学环节的课时数，增加认识实习和教学实习频率。实施专业技能“大比武”工程，坚持“以赛带训、赛训结合”的原则，开展多层次、全覆盖的专业技能竞赛活动，全面提高学生的专业技能。结合职业资格鉴定，提高实习实训教学的实用性。学校现已在学生中全员开展了导游员、餐厅、客房服务师、烹调师、幼儿园教师等项职业资格的培训和考试鉴定工作。学校每年都开展各学科的专业技能“大比武”活动，组织技能大赛节，师生同台献艺，极大地促进了学生专业技能水平的提高。

【构建校内实习实训物质装备系统】 学校构建了“适应业态结构、满足教学需要、设施功能完备、技术水平先进、示范作用突出”的校内实习实训物质装备系统，学校实训中心划分为旅游服务与管理、酒店服务与管理、烹饪、幼儿教育四个功能区。包括模拟商务中心、旅行社、283平方米的阳光大厅、5个室外导游实习景点；中西餐操作室、茶艺室、酒吧间、花艺室、标准客房和标准时尚的演艺中心；700平方米的烹饪专业教室和实训中心，400平方米的宴会厅；多功能演艺中心、专业琴房、视唱练耳教室、画室、艺术欣赏教室、形体教室和舞蹈教室等，保证了专业实训教学的有效开展。

【实施校企合作，突出专业特色】 一是深入实施“双千互进”工程，聘请学校专家教学委员会的客座教师及企业的专业人士进学校、进课堂，为师生提供行业发展的最新动态和技术信息，对学校的专业建设和实习实训教学工作提供一定的指导。建立教师到企业实践制度，促进教师在实践中了解企业管理制度、工作流程和产业最新信息，并将行业、企业的最新信息、知识和技能带回学校，引入教学，更新教学内容。通过这种方式，巩固校企合作关系，促进学校教学改革，提高教师素质。

二是依托沈阳旅游职业教育集团优势，与企业开展“订单”招生。2010年，学校扩大了订单招生规模，共计5个班240人。“沈阳皇朝万鑫酒店班45人”（与白金五星级沈阳皇朝万鑫酒店合作）、“航海乘务班40人”（与“亚洲之星”豪华油轮合作）、“计算机动漫制作班80人”（与彩虹动漫制作有限公司合作）、“旅行社班40人”（与沈阳五家旅行社合作）。

三是举办毕业生就业双选会，为现代旅游服务业的企业输送优秀毕业生。学校每年6月份都在校内举办毕业生就业双选会，邀请几十家市内外的企业到校选录毕业生。

（梁悦秋）

沈阳市服装艺术学校

【概况】 学校（原沈阳市第一服装学校）创建于1980年，是辽宁省普通中等专业学校，1988年首批进入省重点，1990年被国家人事部、劳动部等五部委评为全国职业教育先进单位。承担辽宁省和沈阳市职业中专服装专业教研中心任务。1996年首批进入国家级重点中等职业学校行列。2007年成立沈阳市服装职业教育集团。学校先后被评为全国职教先进单位、国家技能鉴定所、全国“双元制”职业教育模式试验基地、教育部重点课题试验基地、辽宁省校风校纪校容校貌先进学校、辽宁省职业学校服装设计与工艺专业教研中心、沈阳市教学先进学校、沈阳市德育先进单位、沈阳市中等职业学校骨干专业学校、花园式学校、市信息化示范校、沈阳服装行业协会理事单位等。

学校利用世界银行贷款60万美元和近1 000万人民币的自筹资金购置了先进的教学设施设备，现已建成国内一流的服装实习楼、多媒体室、计算机网络室、校园网、闭路电视、绘画室、形体室、表演室、舞蹈室、健身室、美容室、化妆室、传统工艺室、摄影棚、体育馆、图书馆、阅览室、学生宿舍、食堂等，设施、设备齐全，条件优越。

学校始终坚持为经济发展服务的办学方向，走校企合作、产教结合的办学之路，先后与辽宁省服装进出口公司、沈阳黎明安娜服装有限公司、大连樱花时装有限公司、恩瓦德开盛（大连）服装有限公司、辽宁省友谊宾馆、北京钓鱼台国宾馆、中兴、商业城模特表演队、辛迪模特公司、博文广告装潢公司、极品互动设计公司、昂力电子公司以及海南、深圳、大连等百余家企、事业单位签订了联合办学协议，并向他们直接输送毕业生。为了拓宽就业渠道，1998年以来，学校在沈阳市外事办公室和辽宁国贸经济技术合作有限公司等单位的协助下，开辟了服装、电子、旅游、食品等专业赴日本、韩国研修道路，每年派出100余名优秀毕业生赴日本、韩国进行研修。

【学习外地经验，提高管理水平】 10月12日、13日，校长亲自带队组织校级班子及中层干部一行11人，到大连参观了大连女子职专、大连轻工业学校、大连电子学校、大连模特艺术学校、大连工业大学和大连酒伊服装有限公司。大连各学校的校园文化、校园环境、学校管理等都给大家留下了深刻的印象和启迪，经过认真总结并结合学校实际情况及示范校评估的要求，学校进行了改革和借鉴。

【开展社团活动】 根据本专业内涵特点和学生的兴趣爱好，各专业教研室有计划、有专任教师负责的组织专业特长生的专项特色课外训练社团活动。全校共组成礼仪社团、街舞社团、舞蹈社团、健身操社团、播音主持社团、日语社团、动漫角色扮演社团等14个学生社团，组织开展丰富多彩的活动达2 800人次，丰富了课余生活、陶冶了学生们的情操。

【以行为规范教育为中心，强化养成教育】 坚持以爱国主义教育为中心，通过各项大型活动、军训、运动会、“一毛钱基金会”等各种形式进行教育。以贯彻落实“中学生日常行为规范”，以开展仪态仪表、行为举止检查为重点，以“学会做人、学会做事、学会合作”为目标，全面实施养成教育，增强学生的社会责任感，为学生终身发展奠定基础。认真组织开好“安全教育”、“行为规范”、“感恩教育”等主题班会。

【打造“双师型”教师】 采取脱产学习与在职进修相结合，加强教师的培养。学校新聘任的7名教师在相应的老教师的帮带下，基本适应了教学工作，学期末每人都上了较好的汇报课。采取校内培训与校外培训相结合，校内举办英语、计算机、书法培训，校外请专家到校讲座，从而加强了教师的业务和专业技能的培训，促进教师业务素质的全面提高。制定教师分层培养计划，通过业务培训、教师示范课、新老教师结对子等，加强对青年教师的培养，努力培养骨干教师。杨阳老师参加了国家教育部组织的英国外语培训；全体任课教师都达到本科学历，服装专业教师中获高级工的占25%。“双师型”教师占专业课教师的87%。典型教师不断涌现，丛艳欣、林艳、孙舒妍、张卉被评为沈阳市骨干教师。加强教师信息化教学建设。

【以专业技能大比武为重点，强化技能训练，提高动手能力】 6月3日，在“沈阳地一大道”钻石共享大厅，学校举办了别开生面的专业技能大比武决赛展示会。2010年，服装设计与工艺、服装模特与礼仪、电脑装潢设计、旅游服务与管理、美容美发与形象设计、动漫设计、空乘海乘等7大专业36个专门化方向的1 435名学生都参加了不同内容的专业技能大比武。通过目测大赛、效果图大赛、服装设计与制作大赛、中国结艺大赛、素描、色彩、室内装潢设计大赛、发型设计大赛、模特表演大赛、导游词大赛、演讲、计算机多媒体制作大赛等进行了全员、全面、全方位的选拔比武，经过层层选拔，选出优胜者，举行了决赛并进行现场展示，会上有61个系列210套服装进行展示，22个模特进行表演，同时现场裹装、美甲美容、新娘形象设计、晚宴形象设计、公仔头设计、导游词解说、电脑平面设计、动漫人物秀（真人）、最佳导游、最佳海航、最佳才艺、绘画、书法等都进行了现场演示。

（田造宇　李凤香）

沈阳民族艺术学校

【概况】 沈阳民族艺术学校成立于1997年9月，为沈阳市市属职业中等专业学校，2002年被辽宁省教育厅批准为普通中等艺术专业学校。是一所民办学历教育机构，法人代表吴文鹏。学校占地面积27 000平方米，建筑面积20 000平方米。学校设舞蹈表演、声乐、器乐演奏、杂技与魔术表演、影视表演、美术绘画等专业。有可供1 200名学生就餐的食堂、标准的室内游泳馆、实训剧场、塑胶跑道、草坪足球场及价值百万元的音响设备等。学校图书室藏书6.2万册，各种报纸23种，杂志79种。学校创办者个人全年教育投入800余万元，全部为自筹经费。2010年，在校生1 008人，20个班，教职工282人，专任教师142人，外教3人，硕士6人，本科学历95人，专科学历38人，其中副高级23人，中级38人。普通教室24个（其中包括18个多媒体教室），计算机教室1个，专业排练厅27个，钢琴室84间，器乐练功室27间，画室3个。学校在辽宁省抚顺市清原县山区有占地2 000余亩、建筑面积2 000平方米的教育基地。2010年文化课高考中应届毕业生100%进入建档分数线，各专业省统考合格率99.02%。学校网址：www.symzysxx.com。

【省民办教育协会职教专委会德育研讨会在学校召开】 1月26日，辽宁省民办教育协会职业教育专业委员会德育工作研讨会在沈阳民族艺术学校召开，辽宁省民办教育协会第一副会长郝庆堂、职业教育专业委员会会长吴文鹏及职业教育专业委员会成员参加了此次会议。

【管理制度体系试运行启动仪式】 3月1日，召开了学校管理制度体系试运行启动仪式。管理科研部主任石清澄就《沈阳民族艺术学校管理体系》的形成作了几点说明，吴文鹏校长在会上发表讲话，并号召全校教职工立即行动起来，在实践中总结经验教训，使之更加全面、完善。

【校杂技专业学生赴日交流演出载誉归来】 3月20日，学校杂技专业一行8人，圆满地完成了赴日本观洋参加杂技艺术交流演出活动，载誉归来。本次交流演出活动由杂技专业曲春发老师带队，历时半年。演出期间，大家文明守礼、尊重当地的风俗习惯，克服了语言不通、饮食不习惯等实际问题，共演出了195场杂技节目，受到了当地华人华侨和日本民众的热烈欢迎，为增进中日两国人民友谊做出了积极的贡献。

【举办为灾区献爱心捐款仪式】 4月23日中午，学校举办了“为灾区献爱心”募捐仪式，吴文鹏校长带头为灾区捐款10 000元，全校师生共为灾区捐款40 227元。

【《乐情缘》喜获第十五届全国“群星奖”金牌奖】 5月，在广东省东莞召开的第十五届全国“群星奖”决赛中，由学校艺术团学生参演的唢呐与京胡演奏《乐情缘》喜获第十五届“群星奖”金牌奖，并于7月4日赴宁夏参加获奖优秀节目全国展演活动。

【召开“学校第一次科研工作大会”】 5月26日召开了“沈阳民族艺术学校第一次科研大会”，大会对第三次科研论文评比活动进行了总结和表奖，对第四次科研论文评比活动进行了安排和动员，对学校下一阶段科研工作进行了部署。

【参加第二十届大兴安岭·漠河北极光节专场演出】 6月21日至7月21日，第二十届大兴安岭·漠河北极光节在漠河举行，应漠河县政府邀请，学校艺术团2011届30名学生在实习就业部主任鞠佩莹的率领下，赴漠河为北极光节进行为期4天的专场文艺演出。这次演出丰富了同学们的舞台实践经验，向社会展示了学校良好的师资水准和较高的教学质量。

【举办教育教学公开活动】 7月10日—11日，学校举办了2009—2010学年度教育教学公开活动。在这次教育教学公开活动中，有650多位家长亲临学校，听取了学校教育教学管理工作的全面汇报，参观了校园、教室、学生作业展、美术作品展，观看了由同学们精心准备的文艺节目，与班主任和教师进行了广泛的沟通和交流。

【参加辽宁省中小学“红诗咏诵,快乐成长”活动获奖】 7月，学校参加辽宁省中小学“红诗咏诵,快乐成长”活动，被沈阳市教育局授予“突出贡献奖”。

【参加“世博”演出捧金奖】 7月24日—27日，在中国教育协会、全国校园春节联欢晚会组委会召开的“欢聚世博”魅力校园精品节目大联欢中，学校舞蹈专业20名学生演出的哈萨克族舞蹈《可爱的一朵玫瑰花》获金奖。

【召开《学校3M管理模式》论证会】 4月17日下午，学校第三次《学校3M管理模式》论证会召开。《学校3M管理模式》课题组负责人、校长吴文鹏、课题组成员，以及相关专家、领导均出席了本次论证会。本着“学习、研讨、改进、提高”的原则，学校还诚邀了沈阳师范大学副校长李铁军、中共沈阳市委党校戴文柏、沈阳出版社编辑王春芳等相关专家来共同对《学校3M管理模式》科研课题作进一步的论证。8月27日，学校召开第四次《学校3M管理模式》论证会。沈阳市民办教育协会的部分领导、学者、教育专家莅临了本次会议。《学校3M管理模式》课题组负责人、沈阳民族艺术学校校长吴文鹏介绍了《学校3M管理模式》的具体内容，与会专家进行了论证发言。11月4日，辽宁省民办教育协会《学校3M管理模式》第五次论证会在学校召开，辽宁省民办教育协会会长郭燕杰，副会长郝庆堂，《中国教师报》辽宁省采编中心主任林樯，以及省、市有关教育专家出席了本次会议。

【举行与韩国聋人残疾声音艺术团友好合作签字仪式】 8月30日，学校与韩国聋人残疾声音艺术团友好合作签字仪式在学校实训剧场隆重举行。

【赴山东杜郎口中学学习】 9月12日—18日，教学副校长董俊才率沈阳民族艺术学校教师一行8人赴山东杜郎口中学学习。

【学校艺术团赴日本文化交流演出载誉归来】 11月2日—8日，应日本富山县艺术文化协会会长小泉博的邀请，学校艺术团一行8人在实习就业部主任鞠佩莹的带领下，参加“世界舞台儿童艺术节”，演出历时7天，学校共出演8个杂技节目，被组委会授予“优秀团体奖”及“优秀演技奖”。

【学校第四次参加国家级重点中等职业学校评估】 11月8日，辽宁省教育厅专家组对学校进行国家级重点艺术学校的评估检查工作。专家组一行五人实地考察，对学校的教育教学、科研管理工作进行了认真细致的检查评估，专家组对学校的各项条目指标给予了充分的肯定，经省教育厅同意已上报国家教育部。

【召开咨询协理专家工作会议】 11月13日，学校召开“沈阳民族艺术学校咨询协理专家工作会议”。会上学习了《专家聘任办法》、《专家考核办法》等材料；与专家签署合同书；人力资源部主任许丹丹宣布《沈阳民族艺术学校聘任咨询协理专家名单》；吴文鹏校长给咨询协理专家发放聘书；专家代表魏宝贵、吴文鹏校长在会上讲话。

【参加亚运会、亚残运会开、闭幕式演出】 11月—12月，学校舞蹈专业60名学生参加了广州第十六届亚运会、亚残运会开幕式、闭幕式的演出。

【《3M管理模式》和《学校3M管理模式》两本管理技术专著出版】 12月，吴文鹏校长两本管理技术专著《3M管理模式》和《学校3M管理模式》由沈阳出版社出版。

（马颖　吴文鹏）

沈阳市志远形象设计职业中等学校

【概况】 沈阳市志远形象设计职业中等学校占地面积18 000平方米，其中绿化用地面积2 000平方米，运动场地面积7 000平方米。图书室藏书2 500册，电子图书1 860片，拥有计算机50台，语音实验室座位60个，多媒体教室座位120个，网上教学课程9种。固定资产总值40万元。毕业90人，其中男18人，女72人；外埠男6人，女34人。招生233人，其中男56人，女177人，外埠男25人，女95人。在校生545人，其中男104人，女441人，外埠男45人，女235人。教职工共35人，包括专任教师28人，其中高级职称8人，中级职称5人；大学本科以上学历24人，专科学历4人。学校网址：www.zy1234.com。

【举办第九届“志远杯”技能大赛】 4月23日，学校举办第九届“志远杯”专业技能大赛。大赛分美容、美发、化妆、造型、服装设计五大类。参赛选手来自校内八个教学班及校外实习的学生共125人。聘请校内外评委共10人。赛程为1天时间。经过激烈的角逐，全部27个奖项均产生了得主。全校师生500人全程观看了本次大赛。

【形成校本系列教材】 8月25日，学校召开教学研讨会，围绕“校本教材与新形势下的教学”问题展开讨论，并听取了校长作的《校本教材系列试用八年面面观》总结性发言。校长全面总结了八年来自编自用教材不断修改、不断完善的经历，最终形成了美容、美发、化妆、造型、美甲、护肤、经营管理、礼仪等整体形象设计体系。整套校本教材共22册，为校内教学用书。参加研讨会的任课教师28人。

【举办首届“红诗红歌”文艺汇演】 11月26日，学校举办首届“红诗红歌”文艺汇演，拉开了“红诗红歌唱响校园”活动的序幕。参加演出的教职员工和学生达200余人，活动取得了良好效果。

【召开“修改志远校训”大会】 11月29日，学校召开全体师生大会。会议围绕“志远校训”修改工作，向全校师生报告了修改意见和修改后的用语。经过几轮讨论，新校训确定为：“思想作风，光明磊落；组织纪律，全行禁止；工作态度，勤奋严谨；业务技术，精益求精；清正廉洁，维护公益；勇于开拓，务实求新；团结进取，艰苦创业；志远精神，发扬光大。”志远教风为：“敬业爱岗，博学奉献；教法精湛，诲人不倦。”志远学风为：“勤学苦练，刻苦钻研；惜时守纪，文明进取。”志远学校的代表颜色确定为绿色，象征着青春永驻、蓬勃发展。志远的办学精神确定为“志存高远，脚踏实地，持之以恒，展翅翱翔。”志远的办学理念为“永远追求最好，永远创造最新。”确定新校训后，12月1日全校开始诵读新校训。

（柳文春　王继文）

沈阳市朝鲜族职业高级中学

【概况】 沈阳市朝鲜族职业高级中学建于1983年，是辽宁省最早的朝鲜族全日制职业高级中学。学校设立于沈阳市朝鲜族第四中学校园内，设汽车运用与维修专业、动漫设计与应用专业。学校与韩国浦项大学签署姊妹校，并共同开发《2+1》模式（前两年在朝鲜族职业高级中学学习，后一年在浦项大学研修），《3+2》模式（在朝鲜族职业高级中学毕业之后到浦项大学学2年大专课程并获得该校大专毕业证，后直升本科三年级的教育项目）。

【组织首届教师读书汇报会】 1月10日，组织职业高中教师召开读书汇报会，之前给每位教师提供了东尼·博赞的系列丛书——《思维导图》、《超级记忆》、《博赞学习技巧》、《启动大脑》、《快速阅读》等系列书，每位教师认真阅读之后，发表心得体会，并选拔李玉华老师代表职业高中参加全校的读书汇报会。

【举办首届教学开放周】 3月17日，邀请家长们来到学校，首先参观了学校的教学设备及教育设施，然后听了两节课，之后，家长们通过座谈会的形式，向学校提出了很多建设性的意见。

【举行第二期高三赴韩学生签字仪式】 5月7日，韩国浦项大学金济旰院长来校参加第二期高三赴韩研修学生的签字仪式并讲话。

【庆祝第二届思源活动】 5月19日，举办了第二届“思源”活动，市民教部主要领导和区教育局局长李秀岭及沈阳市朝鲜族各校校长、中小学、幼儿园、职高500多名师生参加了本次活动。以传统的摔跤、民俗舞蹈、荡秋千、制作朝鲜族食品、花甲宴席等形式彰显端午节朝鲜族风俗，弘扬民族文化，烘托节日气氛，活跃同学们的课余生活。

【接待韩国金海生命科学高等学校来访】 5月25日至29日，第八期韩国金海生命科学高等学校的研修团一行65人到校进行为期5天的文化研修。研修期间两校师生共同进行了足球比赛、篮球比赛和才艺表演。韩国学生还体验了中国市场，参观游览了故宫、本溪水洞、三农博览园等地。

【邀请韩国漫画家河承男先生讲学】 9月14日，特邀韩国著名漫画家河承男先生给职业高中动漫专业的学生进行讲学，河先生讲述了自己的成长过程及奋斗的心路历程，希望学生们抱着远大的目标，认准方向持之以恒的努力，将来会实现自己的理想。河承男先生还当场给学生画了肖像画。

【参加月亮糕制作大赛】 9月22日中秋节当天，5名学生代表学校参加了在抚顺新韩民俗村进行的沈阳市朝鲜族中小学生月亮糕制作大赛。高一·一班的金爱玲学生获得中学部一等奖。学生自己亲手制作并品尝传统美食，留下了美好回忆。

【学习农乐器】 10月18日—27日，韩国国立音乐协会组织到校为学生免费教韩国短箫和朝鲜族农乐器。27日汇报演出，韩国领事和沈阳韩人会有关人员及上级领导到校观看。

【参加第七届“艺术之星”全国美术大赛】 12月18日，高一动漫专业的学生参加第七届“艺术之星”全国少年儿童美术书法摄影大赛，4名同学获得美术一等奖，5名同学获得美术二等奖，4名同学获得美术三等奖，3名同学获得美术优秀奖。玄龙淑老师获得组织辅导优秀奖，学校荣获集体优秀奖。

（钟德超）

沈阳市电子技术学校

【概况】 沈阳市电子技术学校占地面积51 359平方米，建筑面积22 675平方米，体育馆面积1 500平方米，图书馆藏书4万册，固定资产总值2 600万元。全年教育经费投入1 285万元，其中，国家拨款1 165万元、自筹经费120万元。毕业411人，就业率100%。招生398人，在校生1 530人。有教职工86人，包括专任教师53人，其中，具有副高级职称27人、中级职称39人；市级学科带头人1人，市级骨干教师2人；大学本科以上学历81人。现设有电子技术应用、计算机应用、机械加工技术、数控技术、机电应用技术、焊接技术、财会、学前教育8个专业，29个教学班。建有微机、金工、车工、数控、单片机、制冷、机电一体化、编程、舞蹈、钢琴、财会、语音、美术、焊接等实习实训室23个，普通教室26个。有多媒体教室1个，通过教育专线与互联网连接，同时安装地面卫星接收装置，可实现远程教育。学校网址：http://sydzjs.com。

【参加市中职专业技能大比武竞赛命题研讨】 4月10日至4月15日，沈阳市中等职业学校专业技能大比武总决赛在学校举行。本次大比武总决赛由沈阳市教育局主办，沈阳市职业教育与成人教育研究室承办，涉及计算机应用、电工电子、烹饪、数控、汽车运用与维修、服装设计制作与模特表演、美容美发、现代物流、农业等十大类共35个比赛项目。其中电子产品装配与调试、机电一体化设备组装与调试两项竞赛内容的命题、监考、评卷全过程均由本校宋艳萍副校长及鲁彬、赵伟旭、王佳国3位老师承担，很好地完成了上级交给的任务，展示了学校教师教研实力与实践水平。

【开展校内专业大比武】 6月1日至25日，学校深入贯彻落实“六大工程”工作精神，以实践教育教学改革为突破口，广泛开展学生专业技能大比武活动，使职业教育与社会需求接轨，为学生的个体发展搭建更高的平台。开展了机加、数控、微机、财会、电子、机电和学前教育等专业的技能大比武活动。通过参加技能大比武竞赛，促进了学校教师与教师、教师与学生、学生与学生之间的交流。更重要的是通过活动，对于增强师资力量，培养与引进“双师型”教师，加强实训指导教师的教研活动起到推动作用。

【开展“安全教育月”活动】 10月8日至31日，学校通过加强法制教育宣传，积极营造舆论氛围，集中开展了一系列关于法制安全的专题教育活动。学校对此次安全教育月活动高度重视，成立了以德育副校长为组长，学生处、团委等相关同志为成员的活动领导小组；以国旗下讲话的形式作为“安全教育月”启动仪式；以板报、校报、橱窗、电子屏幕等载体积极宣传安全的重要意义。学校还邀请法制副校长为学生作了一次专题报告，观看了一次法制教育影视资料片。学校安全工作领导小组和各班班主任签订安全工作责任状，建立了各项安全工作检查评比制度，使安全管理制度更加科学、合理、规范、易操作。

【开展文化艺术节暨校园红歌大赛】 10月20日，学校组织开展了以“歌颂党、歌颂祖国”为主题的文化艺术节暨校园红歌大赛。艺术节由文艺汇演和书画展评两大部分组成。《歌唱祖国》、《爱我中华》、《团结就是力量》等红色旋律飘荡在校园的上空，注入了全体师生的心田，激发爱国热情。同时师生以书法、绘画、手工制作等艺术形式，来表达对祖国母亲的热爱和祝福。此次活动促进和推动了学校艺术教育工作的发展，活跃了校园文化生活。

【举办“纪念抗美援朝60周年”专题报告会】 11月8日，为了纪念中国人民志愿军抗美援朝60周年，学校邀请原沈北新区人大常委会人事办陈忠友主任，为全校师生作了《不忘抗美援朝战争，发扬抗美援朝精神》专题报告。报告会围绕“爱国主义是凝聚民族力量的伟大旗帜”、“革命英雄主义是战胜敌人和困难的有力法宝”、“紧密团结是取得胜利的坚实基础”三个方面向学生介绍了抗美援朝战争的起因、经过和结果，深刻剖析了抗美援朝精神应继续发扬的必要性。报告会收到了预期的效果，它不仅让同学们重温了这段历史，而且还有效地激发了爱国热情。

【开展党员教师评优课活动】 11月19日至12月17日，学校深入落实科学发展观，组织开展了党员评优课活动。本次评优课活动，历时1个月，全体一线党员教师人人参与，共计上课26节。全体党员教师互相学习，取长补短，展示党员教师的新风采，推动了学校的教育教学工作。

【举行纪念“一二·九”演讲活动】 12月9日，为了纪念“一二·九”学生爱国运动，使学生树立为报效和振兴中华民族而努力学习的远大志向，校团委会与学生处组织开展“铭记历史，爱我中华，珍惜青春，放飞理想”主题演讲比赛。此次活动的开展，不仅使青年学生接受了爱国主义教育，同时锻炼、提高了同学们的语言表达能力，丰富了同学们的课余生活，陶冶情操，培养了学生的综合能力。

【迎接省教育厅社区教育工作检查】 12月16日，辽宁省教育厅成职教办专家、领导在沈北新区教育局相关领导的陪同下莅临学校，对社区学院培训中心的整体工作进行检查指导。检查组查阅了社区学院培训中心建设过程的相关材料，对培训中心的专用教室、实训室等硬件设施进行了检查。专家对培训中心的各项工作予以高度的评价和肯定，并提出了宝贵的意见和建议，为区社区学院今后的发展指明了方向。

（王学忠）

大 学

东北大学

【概况】 东北大学是国家“211工程”和“985工程”重点建设学校。总占地面积203万平方米，建筑面积117.6万平方米。学校设有秦皇岛分校、研究生院，有12个学院（部），现有在校博士生2 796人，硕士生5 395人，普通本科生23 865人。84个学科有权招收和培养博士研究生，173个学科有权招收和培养硕士研究生（另设MBA、MPA、工程硕士3个专业学位授权点），65个本科专业。有3个一级学科国家重点学科，4个二级学科国家重点学科，共涵盖15个二级学科，1个国家重点（培育）学科；1个国家重点实验室，4个国家工程（技术）研究中心；设有国家工科基础课程机械基础课程教学基地、国家工科基础课程电工电子教学基地、大学生文化素质教育基地、电子国家级实验教学示范中心、第一批国家大学生创新实验计划和大学英语教学改革示范点。

【党建工作】 参与组织开展“创先争优”活动，制定《东北大学深入开展创先争优活动实施方案》；深入开展“支部立项”活动，教师支部申报比例为100%，职工支部申报比例为97%，学生支部申报比例为99%；扎实开展学生党员述责测评工作，学生党员述责测评活动被辽宁省委组织部评为“辽宁省党的基层组织建设创新奖”二等奖；积极稳妥地做好发展党员工作，全年共发展党员1 307人；着力加强党建研究课题立项工作，学校获辽宁省高校党建研究课题重大项目1项，重点项目2项，一般项目1项；学校党建研究课题2009—2010年度结题35项，2010—2011年度课题立项35项。

【学科建设工作】 2010年教育部、财政部对学校“985工程”二期建设进行了验收；组织制定了东北大学“985工程”总体规划（2010—2020年）和改革方案以及2010年、2011年中央专项资金预算申报工作，学校2010—2013年中央财政专项资金基本额度控制数为3.3亿元；开展了“211工程”三期建设项目中期检查工作，已完成阶段建设目标；全年审批各类专项资金219笔，金额376.6万元；2010年获得博士学位授权一级学科点自行审核权，学校一级学科博士点将达到18个，二级学科博士点将达到84个；顺利通过2009年辽宁省重点学科建设项目绩效评估，组织完成3个一流重点学科、6个高水平重点学科和18个优势特色重点学科申报工作，2010年获辽宁省重点学科建设项目专项资金533万元；2010年获批功能材料、资源循环科学与工程、新能源科学与工程和物联网工程4个战略性新兴产业相关本科专业；同意秦皇岛分校设立统计学本科专业。

【教师队伍建设】 现有专任教师2 401名，其中中国科学院和中国工程院院士5人，教育部“长江学者奖励计划”特聘教授、讲座教授16人，国家杰出青年基金获得者20人，教育部“新世纪优秀人才支持计划”52人，国家级教学名师3人，博士生导师283人，教授363人。全年确定引进人才15人，来校报到11人。全年补充教师86人，非教师专业技术人员30人，职员9人。目前，学校专任教师中具有博士学位的比例已经超过55%。

【本科生教育教学】 2010年“质量工程”建设成果：国家级精品课程3门，省级精品课程5门，校级精品课程10门；3人获省级教学名师奖，6人获校级教学名师奖；国家级特色专业3个；国家级教学团队2个，省级教学团队4个；国家级双语教学示范课程1门，实现了零的突破。“第十届全国多媒体课件大赛”获二等奖3项，三等奖1项，优秀奖6项；东北大学2010年教学成果奖获奖51项，其中特等奖9项，一等奖17项，二等奖25项；东北大学2010年教材建设立项40项；东北大学2010年多媒体课件竞赛评出一等奖5项、二等奖5项、三等奖9项。

【研究生教育教学】 2010年共授予博士学位295人，硕士学位3 231人。有1篇论文获得全国优秀博士学位论文，2篇获得全国优秀博士学位论文提名奖；有6篇论文获得辽宁省优秀博士学位论文，16篇论文获得辽宁省优秀硕士学位论文。

【共青团工作】 完成全国共青团基层组织建设和基层工作试点、辽宁省分类引导青年试点工作。开展2010年“五四奖章”、“五四奖状”评选表彰，评选先进集体47个，优秀个人42个。以团校为阵地，培训学生团干部1 030人，实施校、院、班三个层次的“十百千”青年马克思主义者培养工程，培训3 856人。8名个人、6个集体荣获沈阳市2010年度“双十佳”和优秀共青团员、优秀团学干部、先进团委、先进团支部荣誉称号。

组织开展主题团日活动，全年设计主题26个，团支部开展主题团日活动4 704次，累计参加人数124 164人次，评出330个优秀主题团日活动。

开展实践钱学森精神系列活动、纪念抗日战争胜利65周年系列活动、纪念“一二·九”运动75周年系列活动、庆祝教师节系列活动等，累计参与人数达45 600人次。

开展以“感受国家发展，服务地方建设，增长知识才干”为主题的社会实践活动，组织113个团队奔赴全国各地，25个团队、17名个人分别荣获辽宁省、沈阳市社会实践优秀团队和先进个人称号。开通“志愿东大”——大学生志愿服务网，实现注册志愿者9 321人。构建包括文化传承、社区服务、环境保护、大型活动等32个项目的志愿服务活动体系，参与活动4 294人次。选拔11名毕业生参加大学生志愿服务西部计划、辽西北计划和研究生支教团项目，5名学生赴广州亚运会开展志愿服务工作。

印发《东大青年报》6期、《东大共青团》4期、《东北大学共青团工作简报》12期。校外各媒体宣传东北大学团学工作22次。依托先锋网建立团支部博客1 451个，发表日志18 473篇，40个博客在团支部博客大赛中获奖，切实提升了网上思想政治教育的实效。

举办第八届东北大学“东软杯”大学生科技节，组织开展主体活动16项，选拔24名同学参加更高级的科技类赛事，共有3 234人次学生参与活动。举办“挑战杯”大学生创业计划竞赛东北大学选拔赛，共有54件作品参加学校选拔赛，学校推荐30份作品参加高级赛事。在辽宁省第七届“挑战杯”大学生创业计划大赛中，学校作品荣获特等奖3项，一等奖3项，二等奖5项，三等奖10项。在全国“挑战杯”大学生创业计划大赛中荣获三等奖3项和校级优秀组织奖。

举办2010年“建龙钢铁”大学生文化艺术节和社团文化节，举办主体活动59项，参与学生42 580人次。举办大型交响音乐会2场，参与学生8 000余人。加强“建龙大讲堂”建设，共举办讲座60场，提升各类讲座的水平和层次。组织各学院开展“博导讲坛”34场。

成立大学生能力拓展工作研究小组，聘请专家9人，46名学生工作干部参与其中。举办第一届大学生能力拓展培训班，开设5门课程，招生400人。开展大学生能力拓展特色工作立项，评选出优秀立项活动6项，一般立项活动8项。

积极做好就业创业服务工作。组织学生到14家大型企事业单位开展“一周一企”就业见习活动。

【学生会工作】 加强思想引领。先后组织策划了纪念“九一八”系列活动、纪念抗日战争胜利65周年系列活动、纪念长征胜利74周年系列活动、纪念“一二·九”运动75周年系列活动、庆祝教师节系列活动等，累计参与人数达45 600人次，校园内再次掀起一股爱国热潮。通过举行“五四”升国旗仪式和“十一”主题升旗宣誓仪式，提升了同学们的社会责任感与历史使命感。

服务学生成长。东北大学学生会共组织策划了40余项面向全校的服务类活动，包括“我最喜爱的教师”评选活动、“新东方”英语月系列活动、公交IC卡充值以及免费清洗眼镜、免费清洗饮水机等活动。同时，“男生节”、“女生节”、恋爱文明周等系列活动，帮助大学生树立了正确的价值观、道德观。

维护学生权益。维权内容涉及食堂、学生超市、浴池、图书馆、体育馆等多个方面，通过开展维权座谈会、学生接待日、学生“权益日”，建立“东大维权”信箱、维权信息反馈公告板、维权热线、维权论坛、维权短信交流平台等工作建立起立体化维权结构。

加强自身建设。完成了《东北大学学生会制度汇总》，举办第五届“新青春之歌”演讲会，宣传优秀学生会干部的先进事迹，分享成功经验，有效扩大了学生会的影响力。

【研究生会工作】 《东北大学研究生会规章制度》的修订和完善为研究生会的各项工作提供了有力的理论支撑。

研究生会以“先锋论坛——学术与科研”栏目为根基，努力创建学术交流和信息交换平台。“成长手拉手”、“建龙大讲堂”、“走进重点实验室”系列活动，研究生“学术之星”、“学术新秀”评选活动都为营造良好的校园学术氛围做出了贡献。

举办首届研究生体育节活动，组织东北大学第49届运动大会，“新思维”讲坛、艺术培训、礼仪培训、交谊舞培训加强了学生组织之间的相互协作，为学校更好地开展学生工作提供了基础与保障。

研究生会在本年度组织了三个团队分赴辽宁丹东、抚顺及山东烟台进行实地考察，“节约用水”、“走进社区——宣传法律知识”等公益活动使同学们的思想得到升华。

赴北京外国语大学参加“全球化与中外青年责任”高峰论坛，参加全国学联第二十五次代表大会和全国大学生骨干培训学校理论学习周，与大连理工大学研究生会进行工作方式探讨与工作创新的经验交流，为学校更好地开展学生工作提供了基础与保障。

【就业工作】 参加校企交流活动19次，组织招聘活动489场，接待单位2 162家，增幅43.1%，其中重点单位进校家（次）增长70.5%，需求增长59%，供需比达17.3；学生一次就业率达95.1%。

【基地建设】 2010年，新增科技基地建设：

软件架构新技术国家重点实验室（东软）、航空动力装备振动及控制教育部重点实验室（B类）、教育部战略研究基地——东北大学科技政策研究中心、辽宁省矿物加工技术重点实验室、辽宁省节能冶金装备与智能检测工程技术研究中心、沈阳市物联网关键技术研究重点实验室。国家环境保护生态工业重点实验室通过国家环境保护部组织的验收，航空动力装备振动及控制教育部重点实验室通过建设可行性论证。

【科技项目】 2010年，学校国家自然科学基金申报总量达到560多项，获批144项，创历史新高。闻邦椿院士及刘春明教授各承担国家“973计划”课题项目1项，两项总经费达1 200万元。教育部博士点基金11项、新教师基金12项、辽宁省基金32项。获国家社科基金2项，教育部社科基金11项，省市各类社科基金80余项，总经费达288.43万元。另获省市基金项目13项，总经费130万。全年共签订合同559项，合同经费达6.1亿多元，其中400万元以上项目21项。批准免税合同117项，免税金额合计7 091万元。与7家大中型企业签订全面合作协议（科技合作协议）、4个政府间全面合作协议及6个产学研技术创新联盟。

【对外交流活动】 全年学校与海外机构新签协议8份，续签协议11份。至此，学校已与30个国家的147个海外机构建立合作交流关系。成功举办三场“海外大学日”活动。成功接待拉脱维亚总统扎特列尔斯先生及其代表团来访。签署并执行与美国AMD等公司的奖学金资助协议。与台湾东华大学签署了双联学位协议，首次实现了与台湾地区基于学分互认的学生交流。全年学校从教育部和国家外专局新获批执行的项目有“引进海外高层次文教专家重点支持计划”1项，海外名师项目2项，学校特色项目1项。2个高等学校学科创新引智基地项目继续执行，此外还有常规性的外专重点项目40余项。全年学校累计聘请来自7个国家的长期外籍教师23名（特指办理外国专家证的专家），其中语言类17名，非语言类6名。另有特聘境外专家5名。通过“建设高水平大学公派研究生”项目派出59名研究生分赴14个国家和地区攻读博士学位或进行博士生联合培养。

（何玉龙　赵彩清）

辽宁大学

【概况】 辽宁大学是一所具备文、史、哲、经、法、理、工、管等多学科的辽宁省唯一的综合性大学。学校现有三个校区，即沈阳崇山校区、沈阳蒲河校区和辽阳武圣校区，教学区占地面积2 016亩，建筑面积61.8万平方米，是国家“211工程”重点建设院校之一。

学校设有25个学院，即文学院、历史学院、哲学与公共管理学院、马克思主义学院、经济学院、商学院、国际关系学院、亚澳商学院、新华国际商学院、法学院、外国语学院、广播影视学院、本山艺术学院、化学院、信息学院、数学院、物理学院、生命科学院、环境学院、药学院、轻型产业学院、汉语国际教育学院、成人教育/继续教育学院、人文科技学院、公共基础学院。

学校现有专任教师1 361人，其中教授253人、副教授438人，博士生导师72人，享受国务院政府特殊津贴专家83人，长江学者特聘教授1人，双聘院士1人。现有本科专业62个；一级学科硕士学位授权点20个，二级学科硕士学位授权点161个，其中设有EMBA（高级管理人员工商管理硕士）、MBA（工商管理硕士）、MPA（公共管理硕士）、JM（法律硕士）、MTCSOL（汉语国际教育硕士）、MFA（艺术硕士）等20个专业学位授权点；现有理论经济学、应用经济学、工商管理、中国语言文学、哲学、法学和化学7个一级学科博士学位授权点，具有二级学科博士学位授权点62个，有3个博士后流动站；设有世界经济、国民经济学和金融学3个国家重点学科、32个省重点学科；设有国家经济学基础人才培养基地、高校辅导员培训与研修基地和教育部人文社会科学重点研究基地——转型国家经济政治研究中心。学校有2个国家级实验教学示范中心、7个省级人文社科重点研究基地、7个省级重点实验室、2个省级工程技术研究中心、3个省级实验教学示范中心、6个中央与地方共建高校特色优势学科实验室、6个省高等学校创新团队。截至2010年底，学校有全日制在校学生2.7万余人，其中本科生2万余人，研究生6 500余人，外国留学生1 000余人。

学校有实验教学中心（室）41个，实习基地123个，教学科研仪器设备总值15 390万元。公共服务体系建设较为完善，图书馆总面积达4.2万平方米，馆藏文献230余万册，其中珍本、善本书300余种，被联合国出版部指定为联合国文献收藏图书馆，是国务院批准的“全国古籍重点保护单位”。学校设有历史博物馆、自然博物馆，珍藏2 000余件文物和1.6万多号生物标本。校园网是中国教育和科研网的组成部分，已成为沈阳北部大学区域节点。

自建校以来，学校已为国家培养各类学生15万余人，为美国、日本、俄罗斯、韩国、意大利、英国、法国等94个国家培养长期留学生8 000余人，短期留学生3 000余人。学校分别与俄罗斯伊尔库茨克国立大学、立陶宛维尔纽斯大学、塞内加尔达喀尔大学共建孔子学院，精心打造的孔子学院品牌跨越亚、欧、非三大洲，国际化办学步入全新的发展阶段。学校网址：www.lnu.edu.cn。

【编制《“十二五”发展规划与2020年目标纲要》】 学校从2008年12月15日召开的教职工第六届暨工会第九次代表大会开始，着手进行《“十二五”发展规划与2020年目标纲要》（以下简称《发展规划与目标纲要》）编制的酝酿和准备工作。2010年9月9日召开的贯彻落实全国教育工作会议精神暨庆祝教师节大会，对规划编制工作做出了全面部署，正式启动了这项工作。先后召开了规划编制工作组全体成员研讨会、各层面代表座谈会、校长办公会、党委常委会，深入研讨并广泛征求意见，正式提交各位代表审议，是学校未来5到10年建设发展的纲领性文件。

【“211工程”三期建设取得阶段性成果】 2010年是“211工程”三期建设关键之年。学校顺利通过了教育部的中期检查。目前，7个国家立项学科正在紧锣密鼓地进行专著、论文创作和科研立项的申报工作，校内立项和资助的11个学科也分别制定了任务书和建设方案。创新人才培养、师资队伍建设、公共服务体系建设、体制机制创新建设等项目也正在加速推进。

2010年5月，全国第11次学位点增列工作正式启动，学校获得了中国语言文学、哲学、法学和化学4个一级学科博士学位授权点，学校拥有的博士一级学科已由3个增至7个，二级学科博士点由33个增至61个。这是学校“211工程”三期建设取得的重大阶段性成果，特别是化学获得一级学科博士学位授予权，实现了学校理工科博士点零的突破。学校还新增9个硕士学位一级学科，14个专业学位点，使一级硕士学位点达到20个，二级硕士学位点达到167个。

【构建人才培养新模式迈出关键步伐】 旨在创新型人才培养模式的通识教育在2010级本科生中全面实施，从而形成了通识教育、学科教育、专业教育、实践环节4个层级递进的教学平台。截至目前共开出素质教育课程138门，课程门次146门，授课教师169人，学生选课达1.2万余人次。

争取中央地方共建实验室和中央财政支持

地方高校发展专项资金1 200万元。新建成国家精品课程1门，国家级特色专业1个，经济学专业囊括了教育部质量工程的全部奖项。在2011年推免攻读硕士学位研究生中，188名学生被国家“985工程”院校接收，12名学生被中国科学院研究生院接收，占全部推免生的55.6%。学校学生在“外研社杯”全国英语演讲大赛等一系列重大赛事中均取得优异成绩。

在辽宁省内高校率先建立起专兼职研究生辅导员队伍，成立了专业学位评定委员会，引入学术论文检测系统和双盲评审机制，硕博连读研究生培养正式启动。积极实施研究生创新计划，有41名博士研究生入选并参加全国博士学术论坛和博士生学术会议。研究生国际合作培养不断深入，有10个专业的8名博士研究生和5名硕士研究生获得国家留学基金委奖学金项目、欧盟高等教育国际合作与交流项目支持，分别到9个国家的国际知名院校学习深造。

实施毕业生就业创业“一把手”工程，本科毕业生初次就业率达到91.76%，研究生就业率达到88.3%。开展帮扶、实训、信息、创业四大平台建设。以研究生为主体的创新创业大赛取得良好成绩，有8个项目获得科研资金支持。

留学生生源渠道进一步拓展，目前生源国别已达到71个。在校攻读博士学位的留学生22名，汉语国际教育硕士点首次招收外国留学生15名。学校留学生的摄影作品入选《中国印象——留学生摄影作品集》，校留学生足球队夺得沈阳市高校留学生足球联赛冠军。通过成功参加俄罗斯中国语言文化推广国际学术研讨会等一系列活动，提高了学校对外汉语方面的教学科研水平。

【科研工作扎实推进】 人文社科获各级各类项目共计204项，其中国家社科基金项目8项，国家社科基金重大项目1项，教育部项目21项。理工科获各级各类项目40项，其中国家自然科学基金项目11项，首次获得科技部国家农业科技成果转化项目，第二次获得国家规划新药创制重大专项资金支持。

学校制定并下发了《辽宁大学关于科学研究项目经费配套的补充规定》。人文社科类科研评价指标体系研究和设计工作获得省教育厅立项资助。

人文社科类新增省教育厅团队项目和基地项目各4项，理工类获批省重点实验室和省工程技术研究中心各1个。目前学校共有省科技厅省级重点实验室5个，省教育厅省级重点实验室5个，省科技厅省级工程技术研究中心2个。

时隔6年之后，学校再次获得鲁迅文学奖文学理论评论奖，获第三届中华优秀出版物图书奖提名奖。51项优秀社科成果获辽宁省政府奖，获奖总数名列全省第一，其中获得一等奖9项，占全省一等奖总数的近二分之一。获辽宁省教育科学规划“十一五”末期优秀成果二等奖1项、三等奖1项，获辽宁省科技奖1项，辽宁省科技进步奖1项。

【师资队伍建设水平稳步提升】 通过绿色通道软体引进政治学科特聘教授1人，引进历史学科近现代史学科方向带头人1人，共引进有博士学位教师40余人。

2010年，学校教师在职考取博士21人，获得博士学位16人。具有博士学位教师数量已达332人，占专任教师总数的30%。共选派3名教师作为国内访问学者，派出10名教师到国外高水平大学研修。

2010年，学校教师获全国先进工作者1人，辽宁省首批领军人才1人，辽宁省优秀专家4人，辽宁省教学名师3人，辽宁省高校优秀人才支持计划2人，沈阳市优秀专家5人，沈阳市科学技术奖评审专家23人，沈阳市优秀科技工作者1人。

【国际化办学进程明显加快】 亚澳商学院与世界名校澳大利亚国立大学正式签署联合培养硕士研究生项目协议，27名本科毕业生已赴该校攻读硕士学位。新华国际商学院深化国际交流与合作的内容和领域，学生培养质量明显提升。学校与俄罗斯伊尔库茨克国立大学合作办学项目扎实推进，与朝韩院校间合作交流的领域不断拓展，与日本院校开展研究生层次合作培养。顺利完成了欧盟Lisum项目第二批选拔、派遣工作，启动了与法国帕斯卡尔大学互派交流学生工作。与美国密西根大学等4所大学和日本鸟取大学签订交流合作协议。全年共派遣学生420人。

孔子学院建设再添亮点。与立陶宛维尔纽斯大学共同创办的孔子学院于2010年11月26日正式揭牌，受到立陶宛议会和政府的高度重视。在塞内加尔达喀尔大学开办孔子学院的筹建工作也在如期推进，将于2011年上半年正式启动。

成功举办了东北亚论坛、第三届中国金融发展高级论坛、中国经济发展学术交流报告会等。选派45名优秀教师和管理人员赴国外任教、讲学和深造。与耶鲁大学合作研究项目已完成阶段性研究论文及报告，已有成果在国内重要期刊发表，并将在美国学术刊物上发表。开展了俄罗斯“汉语年”系列活动，顺利完成“中小学生夏令营”和“俄罗斯教育工作者培训”两项工作。

【公共服务保障体系建设进展顺利】 蒲河校区体育馆完成主体封顶，进入装修程序。游泳馆完成桩基础工程。

下一代互联网IPV6建设扎实推进，门户网站的升级改造取得阶段性成果。与中国移动公司签署了免费提供500兆出口带宽的协议，这将为师生移动办公、移动学习提供新的平台。

图书馆获批国务院“全国古籍重点保护单位”和省政府“辽宁省古籍重点保护单位”，成为辽宁省内唯一获批国家级和省级古籍重点保护单位的高校图书馆。

完成了学校资产清查和蒲河校区部分合同到期档口的续租、招租工作。完成了崇山校区、蒲河校区教学楼和校部、二部家属楼的维修改造以及高职院家属区道路铺设工程。投资30余万元补贴食堂经营，确保饭菜价格稳定。对高职院家属区实行物业管理。安装了校园视频监控系统。

【加强学习型党组织建设】 出台了《辽宁大学2010—2012年党的建设规划纲要》，完成了5期省高层次人才培训任务。培训入党积极分子2 083人、拟发展对象1 139人、预备党员836人。荣获辽宁省高等学校宣传思想工作先进集体称号。成立社会主义学院和党外知识分子联谊会，开展“讲党性修养、树良好作风、促廉洁自律”主题教育活动。完成7名处级干部离任经济责任审计、1个专项审计、2个办学财务审计和基建工程审计工作。

【学生教育和管理工作推出新举措】 实施“校园社区”挂职锻炼计划，通过层层选拔，共有40名在校学生将于近期走上校内行政助理岗位挂职锻炼，《中国青年报》等媒体对此进行了报道。启动了第二批“背靠背”资助家庭经济困难学生工程活动，有100个单位和个人参加了此次资助活动。向社会筹集奖助学金80.54万元。成功召开辽宁大学第四十次学生代表大会。

（纪麟）

中国医科大学

【概况】 中国医科大学是中国共产党创建最早的院校，是唯一一所以学校名义参加并走完红军两万五千里长征全程的院校，是我国最早进行西医学院式教育的医学高校之一。建校至今，学校共培养了7万多名高级医学专门人才，其中担任副部级以上职务百余位，卫生部正、副部长9位，将军40多位，中国科学院、中国工程院院士13位。

学校设有28个院、系、部。在医学、教育学、理学、工学、哲学和管理学6学科门类拥有学位授予权，设有基础医学、临床医学、生物学、口腔医学、公共卫生与预防医学5个博士学位授权一级学科，52个博士学位授权学科（专业），64个硕士学位授权学科（专业），5个国家重点学科，1个国家级重点（培育）学科，12个卫生部临床重点专科，27个省重点学科，2个省重点（培育）学科；有4个博士后流动站，13个本科专业，10个高等职业技术专业。拥有国家级教学项目：1个人才培养模式创新实验区、5个特色专业建设点、11门精品课程、2个教学团队、1门双语教学示范课、2个实验教学示范中心；拥有省级教学项目：8个示范性专业、1个品牌专业、41门精品课程、5个教学团队、2门双语教学示范课程、4个实验教学示范中心、8本精品教材。设有2个国家研究基地，1个教育部重点实验室，1个科技部省部共建国家重点实验室培育基地，1个省部共建教育部重点实验室，4个卫生部重点实验室，3个国家中医药局科研实验室（三级），11个辽宁省重点实验室，15个辽宁省高校重点实验室。设有1个国家治疗抢救中心，13个辽宁省研究、治疗中心。有7个研究中心（所）分别被批准为科技部、辽宁省或沈阳市的研究中心或创新平台。学校附属3所综合性医院和1所专科性医院，开放床位8 027张，牙科综合治疗椅105张。

学校在职教职工12 324人，各类专业技术人员占职工总数的84.4%，其中中国工程院院士1人，教育部长江学者特聘教授1人，国务院特殊津贴获得者（在职）47人，辽宁省优秀专家12人（含辽宁省跨世纪领军人才2人）。教授级599人，副教授级916人，研究生指导教师994人，其中博士生指导教师431人。教师中在中华医学会等全国性学术团体中担任常委（常务理事）以上者92人，其中担任主任委员者7人（含候任主任委员），担任副主任委员者20人；有国务院学位委员会学科评议组成员2人，高等学校国家级教学名师奖获得者1人，高等学校省级教学名师奖获得者8人，新世纪百千万人才工程国家级4人，获得国家杰出青年基金项目、全国百名医药卫生科技之星等荣誉称号，有1个团队入选教育部“长江学者和创新团队发展计划”，有突出贡献专家国家级3人、卫生部11人、省级7人，省高等学校学科拔尖人才2人，辽宁省高等学校攀登学者支持计划5人，辽宁省普通高校专业带头人3人，辽宁省高校中青年学科带头人4人，辽宁省普通高等学校优秀青年骨干教师64人，辽宁省“百千万人才工程”百人层次92人、千人层次73人。在校各类学生48 692人，全日制在校生15 739人，其中博士生1 067人，硕士生3 505人，普通本专科生9 445人，外国留学生和港澳台学生404人，附设卫生学校学生1 318人。学校网址：www.cmu.edu.cn。

【招生就业】 2010年共招收本专科新生1 810名，各学位类别研究生1 687人，博士学位研究生303名，留学生60人。招收成人教育新生3 200人，网络学院新生12 417人。共有1 388名研究生毕业，其中博士研究生250人、硕士研究生1 138人，就业率为94.89%；共有972名本科生毕业，就业率为92.90%。高职就业率达到98%。

【教学工作】 学校积极开展教学质量工程建设，获得教学质量工程建设国家级项目4项，省级项目11项；获得辽宁省教育厅教学改革立项23项，自行投入60余万元支持校级教学改革立项42项；继续在临床医学专业试行整合课程教学，并在此基础上实施PBL教学改革并轨；加强临床教学基地建设，续签1所教学医院，提升2所医院为非直属临床学院，新开辟2个信息学系教学实习点；增加学科前沿知识内容，新增2门选修课。积极做好教学相关工作，组织参加第一届“全国高等医学院校大学生临床技能竞赛”，在19所参赛大学中取得了第5名的好成绩，并获得团体优秀奖；组织学生参加首届“全国大学生基础医学创新论坛暨实验设计大赛”取得优异成绩：获得1项一等奖、4项二等奖、3项三等奖；编写的8本“基础教学实践国家级示范中心”教材已出版发行，并已全部用于教学中。

【研究生培养】 自2010年起，学校对所有临床学科硕士研究生的培养模式和管理体制进行调整，培养进程转变为入学后首先入科完成一年的毕业后见习期临床实习，然后再进入课程及其他培养阶段的新模式。2010年，学校研究生共发表文章454篇，较2009年增加67篇；其中SCI文章167篇，较2009年增加43篇；最高影响因子7.235；获辽宁省优秀博士学位论文4篇，位列省属院校第一位。

【多层次办学】 临床医药学院首次招收文科考生在护理学（英语班）、信息管理与信息系统两个专业学习。网络学院新制网络课程11门，共273学时；更新网络课程4门，278学时；实验教学录像3门，48学时；利用辽宁卫生人才培训网，继续开展了180余个学时网上继续医学教育项目。2010年学校获得继续医学教育项目118项，其中国家级继续医学教育项目71项，辽宁省级继续医学教育项目47项。高职学院新增加了护理“3+2”专业，采取“五年一贯制”的办学模式，确定了从中专到大专的人才培养规格及教学思路；积极组织大、中专护理专业毕业生参加国家执业资格考试，考试通过率大专生为98%，中专生为81%，均较2009年大幅提高。

【学生工作】 专门成立中国医科大学学生资助工作领导小组、学生资助管理中心和年级困难学生认定评议小组，构建家庭经济困难学生三级认定体系，严格按照工作流程对全校家庭经济困难学生进行了认定。目前全校共有1 500名家庭经济困难学生，均已建立了翔实的信息档案。本年度共有220名学生获得了国家助学贷款，贷款额为256.28万元。全校共评出国家奖学金17人，省政府奖学金18人，国家励志奖学金233人，国家助学金1 509人，累计发放奖助学金370.85万元。

【师资队伍建设】 成功引进美国国家健康研究院（NIH）高级研究员曹流全职来校工作，并推荐其与2009年引进的人才美国芝加哥大学终身教授李雁春博士申报国家“千人计划”。公开招聘并接收录用毕业生446人，其中博士研究生30人，硕士研究生267人，本科生149人，另接收录用留学归国人员19名，为教师队伍整体素质的提高和学校可持续发展提供了有力的人才保障。全年公派出国人员31人，自费出国留学16人，累计派出47人，学成归国63人；资助34名中青年骨干教师出国留学；推荐3名青年教师分别到国内其他高校学习1年；推荐341名职工报考在职博士研究生，推荐71名职工报考在职硕士研究生；继续开展中国医科大学CMB＃06-844住院医师培训改革项目，稳步推进住院医师培养工作。

【学科建设】 积极组织5个国家重点学科上报教育部“特色重点学科项目”建设方案；组织29个学科申报省教育厅“提升高等学校核心竞争力学科建设工程”，其中9个学科被批准为一流计划学科，5个学科（影像医学与核医学、细胞生物学、病理学与病理生理学、儿科学、临床检验诊断学）被批准为提升计划学科，15个学科被批准为特色突出计划学科。本年度学校共申报3个一级学科博士点，1个一级学科硕士点，其中公共卫生与预防医学和口腔医学2个一级学科博士点与药学一级学科硕士点均顺利通过终审，使学校博士学位授权一级学科达到5个，硕士学位授权一级学科数达到6个。

【重点实验室建设】 内分泌疾病重点实验室被批准为科技部省部共建国家重点实验室培育基地，为学校在“十二五”期间实现国家重点实验室零的突破奠定了基础；免疫皮肤病学重点实验室被批准为省部共建教育部重点实验室，并完成了论证工作；呼吸疾病重点实验室被批准为辽宁省重点实验室，获建设经费20万元。1个卫生部重点实验室顺利通过验收。

【科研工作】 获得国家级科研课题98项，国家重大科技专项等协作课题15项。其中：“973”子项目及“973”前期研究专项各1项；公益类行业基金1项；国家“十一五”支撑计划协作项目5项；“863”协作项目2项；国家重大科技专项协作项目8项；国家社会科学基金1项；国家自然科学基金94项。获得教育部、卫生部等部委级科研课题28项，省级科研项目315项，沈阳市科学技术计划项目48项。科研成果再获新突破。获国家、教育部、卫生部、辽宁省及沈阳市科学技术奖48项，其中：国家科技进步二等奖2项（主持1项，参加1项）。高水平科技论文明显增加。发表SCIE收录论文349篇，比前一年增加111篇，在全国普通高校排名第62位，比上一年提高15位次。全年共承办全国性学术会议8次，国际性学术会议2次；协办“中华医学科技奖2010年终审工作会议”；完成中华医学会等全国主要学会兼职的推荐工作，省医学会17个分科学会改选换届工作，沈阳市医学会所属所有分科学会换届改选工作，新增候任主任委员1人，副主任委员6人。《中国医科大学学报》2010年入选世界卫生组织全球医学索引（WPRIM），全年发表论文350篇。《解剖科学进展》改为双月刊，全年发表论文166篇，在本学科影响力不断扩大。中国实用医学杂志社各刊学术水平不断提升，发行量稳居国内同类期刊之首。

【对外交流与合作】 2010年度，学校共计派出国（境）570人次，其中出国522人次，赴台37人次，赴港11人次。共接待来访团组51个（其中日本团组28个，美国团组14个，澳大利亚、加拿大、英国、丹麦、韩国、香港等国家及地区团组9个），来访人员139人次。由韩国延世大学、美国国际医学教育协会与中国医科大学联合举办的第三届国际医学培训班在学校圆满结束，有来自蒙古、乌兹别克斯坦、肯尼亚、马拉维及韩国的7位医生作为奖学金获得者接受了培训。向美国约翰霍普金斯大学的1位国际知名专家授予名誉教授荣誉称号；向10位国际知名专家授予客座教授荣誉称号，其中：美国约翰霍普金斯大学1人、英国贝尔法斯特女王大学5人、丹麦奥胡斯大学1人、香港大学1人、美国俄勒冈健康科学大学1人，日本大阪大学1人。国际合作项目有美国中华医学基金会（CMB）项目，笹川医学进修中心项目，以及与日本的大学开展短期互派学生交流和互派医师交流等项目。新成立国际教育学院，快速推动国际化办学进程，促使留学生教育迈上一个新的台阶。

【新校园建设】 5月，中国医科大学新校园项目用地获得国土资源部正式批准，并取得了土地使用证。7月19日，学校在沈北新区新校园建设工地隆重举行开工奠基典礼，卫生部副部长马晓伟、辽宁省委书记王珉、副省长陈超英、副省长滕卫平、沈阳市委书记曾维、副市长邢凯、副市长王铃等领导莅临奠基仪式，并挥锹奠基。12月10日新校园建设正式破土动工。10月18日，本溪校区奠基典礼在本溪市开发区隆重举行。辽宁省副省长滕卫平、教育厅副厅长周浩波、本溪市委书记冮瑞、市长王世伟等领导参加了奠基仪式。12月，本溪校区工程可行性研究报告顺利通过审批，并获得土地使用证。

【文献资源建设】 学校投入近520万元，增加数据库数量，提高数据库质量，用以满足学校及其附属各单位的教学、科研、医疗服务的信息需求。学校图书馆有20部中医古籍入选辽宁省珍贵古籍名录，其中：《大德重校圣济总录二百卷》、《普济方一百六十八卷》、《食物本草二卷》、《本草集要八卷》等4部入选国家第三批珍贵古籍名录。

（李云龙）

沈阳工业大学

【概况】 沈阳工业大学是一所以工为主，涵盖工、理、经、管、文、法、哲等七大学科门类的多科性教学研究型大学。学校始建于1949年，1985年由沈阳机电学院更名为沈阳工业大学，原为国家机械工业部所属院校，1998年起由中央和地方共建，以辽宁省管理为主。

学校由位于辽宁省沈阳市的中央校区、兴顺校区、国家大学科技园和位于辽宁省辽阳市的辽阳校区等四个校区组成。学校总占地面积159.6万平方米，校舍建筑面积62.4万平方米，设有19个学院、3个教学部和2个工程实践中心，共设50个本科专业、18个专科专业。学校现有普通本科生14 961人，各类研究生2 796人，高职专科生1 858人，成人教育学生6 881人，沈阳工业大学工程学院（独立）学生4 305人。

学校具有学士、硕士、博士三级学位授予权。5个一级学科和17个二级学科具有博士学位授予权，建有电气工程、材料科学与工程博士后科研流动站，71个二级学科具有硕士学位授予权，另外还有工程硕士、工商管理硕士、会计硕士以及工程管理硕士4个专业学位类别，其中工程硕士包含12个招生领域，是工商管理硕士（MBA）专业学位研究生培养单位。有电机与电器国家重点学科，有4个省重点一级学科，16个省重点二级学科。2010年，学校获批教育部专业学位研究生教育综合改革试点单位；研究生工程硕士机械工程领域获“全国工程硕士研究生教育特色工程领域”，是辽宁省4所高校获此荣誉的高校之一。

学校现有师资队伍1193人，其中院士3人、教授194人、副教授366人、讲师548人、博士生导师41人、中青年学科带头人25人，具有博士学位的教师占师资队伍总数的26%，具有硕士和博士学位的教师占师资队伍总数的77%。建设5个国家第一类特色专业建设点、8个辽宁省示范性本科专业、1个辽宁省装备制造业紧缺人才培养基地，获24门省级精品课，承担国家级教改课题3项、省级教改课题35项，获省级以上教改成果奖44项，培养省级教学名师8人，学校在省内高校基础课全省统考中连续稳居榜首。学校被评为辽宁省知识产权“兴业强企”示范单位，创建了国家工程技术研究中心、教育部工程技术中心、部省共建教育部重点实验室和省高校人文社科重点研究基地，建成省工程技术中心4个、省重点实验室5个、省高校重点实验室6个。2010年代表“官、产、学、研”新型合作模式，立足于装备制造业共性、关键性技术研发，体现学校办学特色的“沈阳铁西装备制造业聚集区公共研发中心”成立。

学校面向世界，开放办学，与美国、俄罗斯、日本、德国、英国、澳大利亚、韩国、芬兰等国家的34所院校建立了长期稳定的校际合作关系，已经形成900多名学生的培养规模。

【编制《沈阳工业大学“十二五”和中长期教育事业改革发展规划》】 制定了包括学校教育事业发展总体规划和师资队伍建设规划、学科学位发展与研究生教育规划、教学工作与人才培养质量提升规划、科技创新与社会服务规划、基本建设与后勤保障规划以及辽阳校区专题规划在内的六项规划。经过酝酿、起草、讨论修改、征求意见、专家论证，高标准、高质量地完成了学校各项规划编制工作。

【召开第七届教职工代表大会暨第十二次工会会员代表大会】 4月，学校召开了第七届教职工代表大会暨第十二次工会会员代表大会。会议听取并审议了校长李荣德同志所作的《学校工作报告》和校党委副书记、工会主席陈雪洁同志所作的《教代会、工会工作报告》；听取并审议了《工会经费审查报告》；讨论并通过了《沈阳工业大学教职工代表大会条例（修正案）》等十一项教代会、工会相关规章制度；选举产生了沈阳工业大学第七届教代会执委会暨第十二届工会委员会和第十二届工会经费审查委员会。大会的成功召开进一步巩固了紧紧依靠教职工办学的理念，建立和完善了依法治校、民主管理、民主监督和民主决策的体制和机制。

【质量工程建设】 开展了示范专业的建设工作，工业工程专业被评选为国家特色专业建设点，工业工程、电子信息工程2个专业被评选为辽宁省示范专业，应用化工技术专业被评选为省级专科品牌专业。进行专业结构调整，组织申报了3个新专业，其中功能材料专业获批战略性新兴专业，学校成为辽宁省省属院校获批设置此类专业的两所高校之一。组织省级精品课程申报工作，国际贸易实务等3门课程荣获省级精品课程荣誉称号。开展教学名师及教学优秀教师的评选工作，评选出10名学校教学优秀教师。积极推荐教师参加省市名师评选，1人获沈阳高校青年教师教学标兵，2人获沈阳高校青年教师教学能手，2人获省级教学名师，1人获省级专业带头人。组织辽宁省实验室建设及仪器管理先进工作的申报，学校有2个单位获先进集体，3人获先进个人。以省教改立项为契机，优选了24项教学研究项目获批省级立项。

【研究生教学质量不断提高】 积极组织专业学位新增授权专业领域的申报工作，获批了3个新增专业学位领域或种类。成立第九届学位评定委员会，首次按学科群类别组成13个学位评定分委员会。加强了导师队伍建设，动态遴选了硕士生导师近400人，博士生导师45人，新评选出11名优秀指导教师。制定并实施了《计算硕士研究生学位论文综合成绩的参考方法》。组织评选出13篇校级优秀研究生学位论文，其中博士论文3篇、硕士论文10篇，向辽宁省教育厅推荐6篇硕士论文参加省级评优，推荐1篇博士论文参加国家级评优。学校连续三年获辽宁省招生工作先进单位。积极拓展就业渠道，实现了博士就业率100%、硕士就业率96.91%的目标。

【继续教育稳步发展】 在严峻的招生形势下，转变观念、强化服务，积极扩大招生渠道。调整教学方案，新增了4个专业，合作开办特色专业培训项目增加到6个专业，设立自学考试助学点3个。

【科技工作运行质量稳中有升】 全年计划项目经费到款近2 155.2万元，委托项目经费到款近5 075.4万元，总计进款7 230.6万元。获得市级以上各项科技奖励58项，其中国家科技进步二等奖1项，实现了国家科技奖励的又一突破。全年申请发明专利突破130项，获批“第二批全国企事业知识产权示范创建单位”。申报各级各类项目达800余项，获批国家自然科学基金项目10项，省、市各级科技计划项目近200项。两名教师获得霍英东教育基金会高等院校青年教师基金。全年发表论文1 168篇，其中被SCI、EI、ISTP收录总数为741篇。沈阳工业大学科研管理和科研数据库投入使用，实现科研管理工作的全部数字化。成功获批辽宁省科技厅“辽宁省聚合物催化合成技术重点实验室”和“辽宁省振动噪声控制工程技术研究中心”，“辽宁省风力发电技术工程中心”、“辽宁省复杂曲面数控制造技术重点实验室”、“辽宁省镁合金及成形技术重点实验室”通过了省级的验收，成立了“沈阳工业大学镁合金成形技术研发中心”，全校省部级创新平台总数已达到22个。

国家大学科技园稳步发展，入园企业达到65家，年生产总值超过20亿元。经积极申请、多方论证，代表着产学研新型合作模式的沈阳铁西装备制造业聚集区公共研发中心在学校落户。

【学科建设取得突破性进展】 制定了《沈阳工业大学第十一次博士、硕士学位点增列工作方案》，多次组织专家对拟申报的博士、硕士学位点材料进行评审、修正。学校应用经济学、法学、马克思主义理论、数学、力学、化学工程与技术6个一级学科硕士点以较好成绩通过辽宁省学位办的评审；机械工程、材料科学与工程、仪器科学与技术、管理科学与工程4个一级学科博士点通过辽宁省学位办的评审，已经报送到国家学位评审委员会。

高度重视“提升高等学校核心竞争力特色学科建设工程”计划立项工作，测试计量技术及仪器、电工理论与新技术2个二级学科获得学科提升计划立项资助；机械工程、材料科学与工程、电气工程等3个一级学科获得一流学科计划立项资助；控制理论与控制工程、检测技术与自动化装置、管理科学与工程等3个二级学科获得特色突出计划立项资助；获批建设经费683万元，创历史新高。

【人才队伍整体水平不断提升】 制定了《沈阳工业大学岗位设置管理实施意见》，完成校聘关键岗聘任工作，聘任学科责任岗位教授72人，教学关键岗位教授51人，科研关键岗位教授34人，共计157人。推进人才招聘和引进工作，制定《2010年沈阳工业大学高端人才引进暂行办法》，加大招聘宣传力度，在4个教师招聘网站发布招聘信息。聘请国内外知名学者、各行业知名人士（专家）担任学校兼职教授、客座教授工作。新增国家百千万人才工程第一层次人选1人，辽宁省教学名师2人，辽宁省优秀专家2人，受辽宁省高等学校优秀人才支持计划项目资助2人。组织开展了对电气工程一级学科博士后科研流动站的考核工作，规范了博士后进站考核程序及日常管理制度。

【学生工作开创新局面】 全面启动大学生职业（学业）生涯规划工程，形成了学校指导、学院操作、班导师负责的工作体制。修改并颁布了《沈阳工业大学勤工助学管理办法》，设立勤工助学基金59万元，设立校内勤工助学岗位200余个。学风建设取得一定的成绩，评选出46个“优良学风班”，3个“优良学风年级”、1个“优良学风学院”，有5个班级被评为省级先进班集体，55名学生被评为市 “十百千”大学生。打造学习型辅导员队伍，开展学生工作案例论坛（大赛），开展《辅导员工作日志》评比工作，组织159人次的学生工作干部参加各级各类职业素养专题培训。

全面深化“大学讲堂”并启动“名企之约”活动，探索校园文化精品活动“1+1”运行新模式。承办了第七届“挑战杯”辽宁省大学生创业计划竞赛和“印信通”辽宁省大学生低碳环保创意大赛。在第七届“挑战杯”辽宁省大学生创业计划竞赛中，学校共有29项作品获奖，其中特等奖4项、一等奖3项、二等奖6项、三等奖16项，学校获得优秀组织奖。

【对外交流合作水平进一步提升】 与日本八户工业大学、韩国庆云大学、日本名古屋大学工学部签署国际合作与交流协议和互换学生协议，与德国阿伦工业大学签署了2010—2015校际合作工作计划。友好学校来访活跃，有来自美国、德国等7个国家的14个代表团来校访问，进行学术交流及合作研究的专家19人次。学校组团出访2次，随团访问6人次，聘请外籍语言教师5人次，21位教师参加国际会议，3位教师公派出国培训。

顺利通过了教育部中外合作办学项目试点评估。中外合作办学双校园模式项目运行良好，与澳大利亚格里菲斯大学签署了未来四年的合作办学协议。2010年共有113名学生申请赴澳签证，是该项目举办以来最多的一次，签证率达到100%，受到学生和家长的好评。MBA项目第五届毕业生70人均获得美国班尼迪克大学企业管理硕士学位。学校长期留学生达到91人，比2009年增长了26%。

2010年6月，学校承办了2009—2010年李宁中国大学生足球赛总决赛。学校足球队也取得了代表东北高校大学生足球竞赛水平的最好成绩——全国季军。

【内部管理体制改革进一步深化】 颁布了《沈阳工业大学后勤改革工作方案》，进行了后勤人事制度改革，落实薪改政策。对食堂进行了重新规划和布局，对校园物业实行了服务目标和经济目标管理，新增洗车场和校园公交车辆两项服务项目。成立规章制度梳理修订工作小组，结合学校实际，对全校规章制度进行了梳理修改，实现对现有规章制度的“废、改、立”，使制度建设迈上新台阶。

【校园建设和管理成效显著】 学校制定《沈阳工业大学涉日维稳处置突发政治事件应急预案》，利用中央财政支持地方高校发展专项资金项目建设平台，争取到专项资金1 550万元。积极争取校园一卡通建设资金，已落实建设资金340万元。

2010年组织各种形式公开招标26次，签订合同额度1 404.862万元。充分利用免税政策，办理了20余台（套）进口设备手续，节资40余万元。

2010年新订数据库6个，免费试用数据库26个，购买新书全部采用了3M磁条，为实现图书馆“大流通”打下了基础。新增或改版二级网站20余个，二级网站数量已经攀升至近100个。顺利通过了辽宁省教育厅高校档案检查评估，学校档案管理的软、硬件条件已步入全省先进行列。

职工收入水平不断提高。在职人员增加了公积金的计算基数，个人公积金扣缴比例增到12%，使学校个人公积金扣缴数额接近翻番。

【党建和思想政治工作进一步加强】 “创先争优活动”自2010年6月启动以来，学校通过开展创建坚强堡垒、评比创争标兵、争当育人标兵、推进就业援助、争做创新表率、服务社会发展六大工程，在全校上下掀起了“创建先进基层党组织、争当优秀共产党员、争做优秀党务工作者”的工作热潮。

举行学校领导班子开放式座谈会，校领导结合学校工作实际，畅谈学习体会。制订《沈阳工业大学基层领导班子民主生活会制度》和《沈阳工业大学基层单位党政联席会议议事规则》，确保基层单位议事的规范性和决策的民主化。

年初，顺利实现了中层和科级干部换届，破格提拔4名年轻干部走上了中层副职领导岗位。

完成全校基层党组织换届改选，组织全校党员认真学习新修订的《中国共产党普通高等学校基层组织工作条例》。举办两期学生党支部书记研讨班。广泛开展在职党员“四进四建”活动，“共产党员工程”立项27项，“创新党日”立项28项，2010辽宁省党建研究课题立项5项，共获资助经费5万元，均已结题。

举办了第二十六期大学生党校，全校有3 190名学生系统接受了培训。举办了2010年发展对象入党前集中培训班，对704名学员进行了集中培训。2010年共发展学生党员541名，教职工党员5名。加强党内信息库建设，及时更新、维护，党员、发展对象、积极分子入库率达到100%。

学校两次邀请辽宁省纪委主要领导同志来校作专题辅导报告。组织全校中层干部观看了警示教育片，开展了岗位廉政风险点排查工作，努力变“风险点”为“安全点”。按照省纠风办统一部署，开展民心网“网上评议”活动，开展“廉政文化建设创新工程”活动，工程立项数量在全市高校中名列第二。

（李曼罗）

鲁迅美术学院

【概况】 鲁迅美术学院前身是1938年建于延安的鲁迅艺术学院，由毛泽东、周恩来等老一代领导人亲自倡导创建。1945年，迁校至东北。1958年发展为鲁迅美术学院。1998年，江泽民同志为学院题词："弘扬鲁艺传统，培育艺术人才，繁荣社会主义文化事业"。

学院现有沈阳和大连两个校区，校园总占地面积464 181平方米，图书馆建筑面积10 887平方米，现藏有54万册图书，并藏有国内历代书画真迹、碑帖拓片和文物计3 000余件，美术馆和艺术博物馆总建筑面积23 796.77平方米。

沈阳校区现有12个系：中国画系、版画系、油画系、雕塑系、摄影系、环境艺术设计系、染织服装艺术设计系、工业设计系、美术史论系、文化传播与管理系、艺术文化研究中心（中国人物画工作室）和水性材料系；设有16个专业及方向：中国画、书法、版画、水彩、油画、雕塑、摄影、影视摄影、环境艺术设计、城市规划与设计、染织艺术设计、服装艺术设计、纤维艺术设计、工业设计、美术史论、文化传播与管理。

大连校区设有艺术设计和动画两个专业，2011年开始分专业招收本科生。艺术设计专业下设平面设计、多媒体艺术设计、展示设计、装饰艺术设计和陶瓷艺术设计5个专业方向。动画专业下设影视动画设计、游戏动画设计、交互媒体动画设计以及动漫创意产品设计4个专业方向。校区实行专业基础教学部、专业设计教学部加工作室的教学管理模式。目前设3个专业设计教学部：平面、多媒体及展示艺术设计教学部、动画及多媒体艺术设计教学部和装饰及陶瓷艺术设计教学部。当代艺术、公共艺术、新媒体艺术、信息设计等交叉学科方向的专业工作室目前已开始招收硕士研究生。

学院各专业均具有学士学位授予权，美术学、设计艺术学和艺术学硕士学位授予权覆盖各专业。美术学、艺术设计学为辽宁省重点学科，艺术学为辽宁省哲学社会科学重点建设学科。学院现有的7个本科专业中，绘画专业被教育部、财政部批准为全国第五批高等学校特色专业建设点；艺术设计专业是中国最早开设的传统长线型专业；动画专业被评为教育部特色专业建设点；工业设计专业拥有国家级实验教学示范中心和省级教学团队；雕塑专业是省级特色专业和省级教学团队；摄影专业是全国最早培养摄影本科生和研究生的专业。

现有教师499人，其中教授46人，副教授119人，讲师156人，助教101人。此外，还有一批国外专家和国内艺术界有名望的离退休老教授在教学一线发挥着重要作用。学院有9位专家享受由国务院颁发的政府特殊津贴。

学院既是著名的学府，同时又是美术创作、艺术设计和学术研究的重要基地。在全国历届美展中入选率、获奖率位居前列。中国美术馆、中国历史博物馆、中国军事博物馆藏有数量颇多的鲁美教师和校友的作品。学院在大型艺术、历史题材创作方面居全国领先地位。全景画是学院大型艺术整体创作实力的标志。设计学科为社会经济文化发展做出了重要贡献，以南京大屠杀纪念馆扩建工程等为代表的遍布全国的重大工程赢得了社会的广泛赞誉，参与创作设计施工的重大工程中有35项被中宣部列为全国爱国主义教育基地，2010年，学院被教育部确定为红色经典艺术教育示范基地。

学院的成就得到了社会各界的高度认可，2009年，学院被中宣部、文化部、财政部授予国家重大历史题材美术创作工程优秀组织奖；由学院教师参与设计的"走近金融世界——金融博物馆”、“人类的浩劫——侵华日军南京大屠杀史实展”、“石油魂——铁人王进喜生平业绩陈列”荣获全国博物馆十大陈列展览精品奖；在第十二届全国大学生设计“大师奖”的比赛中，鲁迅美术学院获视觉设计类最高、最多奖项。2009年，学院承办了我国第一座运河博物馆——聊城市中国运河文化博物馆的布展，中国最大的移民博特馆——宁夏移民博物馆（红寺堡）、爱国主义教育基地渤海革命老区纪念园等场馆的布展。2010年承办了被誉为“中国史前考古的发祥地”水洞沟遗址博物馆展陈及装饰工程、上饶方志敏纪念馆布展工程设计及施工、中国爱国主义教育基地大沽炮台遗址博物馆布展施工和阳泉市百团大战纪念馆展陈及装修。此外，学院还承办了2010年上海世博会辽宁馆的设计及施工，接待游客共计150万余人。

【全景画《淮海战役》】 学院从创作中国第一幅全景画《攻克锦州》至今已完成9幅全景画，填补了我国在全景画创作方面的空白。1月18日，学院申报的“全景画《淮海战役》获第十一届全国美展金奖”被评为“沈阳高校十大新闻”，淮海战役全景画是目前中国最大的全景画，也是目前世界全景画史上最大的全景画。该画以其独特的艺术手段，生动、形象、真实地再现了1948年11月6日至1949年1月10日淮海战役碾庄、双堆集、陈官庄三大战场的战斗场面和人民支前的宏伟画卷。

【第十九届时报金犊奖辽宁巡讲会在大连校区举行】 4月14日，第十八届时报金犊奖、特别项目“创意蒙自”获奖作品展及颁奖典礼暨第十九届时报金犊奖辽宁巡讲会开幕式在鲁迅美术学院大连校区文体馆举行。本次展览展出了所有第十八届金犊奖及其特别项目“创意蒙自”的获奖作品，还展出了学院学生在这两项比赛中的获奖作品48件（套）。在第十八届金犊奖广告创意大赛中，大连校区有14件（套）作品、48人次分获“入围奖”和“优选奖”两个奖项。在特别项目“创意蒙自”中，学生拔得头筹，获得“全场最大奖”和“三等奖”，另有32件（套）作品获得优秀奖。学院学生优异的表现博得了金犊奖组委会的青睐，也是第十九届金犊奖辽宁巡讲会在校区举行的原因之一。

【“架上连环画邀请展·大连站”在大连校区开幕】 5月19日，由中国美术家协会主办的“架上连环画邀请展·大连站”在学院大连校区主教学楼展厅隆重开幕。本次展览共展出来自全国28位著名连环画家、油画家和国画家的230幅作品，其中包括国画、油画、版画、素描等多种形式。展览不仅加强了艺术家之间的相互交流和学术研究，促进连环画艺术的蓬勃发展，而且为学生提供了一个与连环画艺术零距离接触的机会，与国内著名美术大师面对面交流的平台。

【大学生环保协会荣获沈阳市“十佳大学生社团”荣誉称号】 6月5日，学院大学生环保协会在沈阳市“十佳大学生社团”评选中荣获冠军，并荣获沈阳市“十佳大学生社团”荣誉称号。本次评选由沈阳团市委主办，旨在进一步加强沈阳市高校学生社团的管理，发掘典型。评选自2009年12月启动，历经近半年的时间圆满落下帷幕。沈阳市“十佳大学生社团”评选活动自启动以来，共有驻沈26所高校的近200个学生社团参与，30个社团中脱颖而出，被组委会评为沈阳市“十佳大学生社团”。

【“第八届全国艺术院校美术学报年会”在学院隆重开幕】 7月12日，“全球视野与当下语境：学院教育中的当代艺术与人文关怀学术研讨会暨第八届全国艺术院校美术学报年会”在学院隆重开幕。与会代表60人，分别来自中央美术学院、中国美术学院、清华大学美术学院、北京师范大学等全国各主要美术及艺术院校和综合性大学30余个单位，基本涵盖全国各地美术教育、创作和理论研究的各主要领域，是历届全国艺术院校美术学报年会与会代表最多的一次。出席这次会议的代表有中国美术馆副馆长马书林等国内国际有着重要影响的艺术史论学者或艺术家。

此次会议的主题是美术教育与当代艺术创作，三个主要议题，即全球视野中的中国美术学院教育状况及其问题；美术教育中的当代艺术；当代艺术与人文关怀及相关文化问题。

【学报《美苑》再度被评为“全国优秀社科学报”】 10月27日，全国高校文科学报研究会六届二次理事会暨2010年学术年会在重庆召开。有500家学报参评全国高校优秀社科期刊。学报《美苑》再度被评为“全国优秀社科学报”。创办于1980年的学报《美苑》（双月刊），在国内外享有较高声誉，被评为全国中文核心期刊、全国优秀社科学报、中国艺术类核心期刊、中国期刊方阵双效期刊和辽宁省一级期刊。

【《每时每刻感冒清热冲剂》夺得“世界学生之星”大奖】 11月11日，在由世界包装组织（WPO）主办的2010年“世界学生之星”国际包装设计奖评审中，大连校区广告与综合媒介工作室的刘泳含、李爱丽同学的作品《每时每刻感冒清热冲剂》夺得“世界学生之星”大奖。“世界学生之星”包装设计奖得到国际性承认，由世界包装组织的出版物公布获奖者的名单，并在全球进行广泛宣传。

【学院被确定为红色经典艺术教育示范基地】 为了深入贯彻落实全国教育工作会议精神和教育规划纲要，充分利用高校资源优势不断提高人才培养质量，培养德智体美全面发展的社会主义建设者和接班人，12月9日，经教育部批准，学院被确定为红色经典艺术教育示范基地，获批的高校全国仅有5所。

【百万市民艺术培训基地授牌仪式在学院举行】 12月17日，鲁迅美术学院、东北大学、辽宁大学3所高校百万市民艺术培训基地授牌仪式在学院综合楼三楼报告厅举行。沈阳市委常委、宣传部长王凤波，沈阳市委教科工委书记赵日刚等出席会议。

艺术惠民“双百万”工程是推动沈阳文化强势战略的一个重要载体，为促进高校与地方互动合作提供了新平台，为展示高校丰富的文化艺术资源，并向社会辐射优质文化艺术资源提供了新的渠道。

（周雪飞）

辽宁中医药大学

【概况】 辽宁中医药大学成立于1958年，主校区位于沈阳，分校区位于大连，是辽宁省唯一一所培养中医、中药、针灸推拿、中西医临床医学、高级护理人才和医学相关类人才的高等院校。学校先后获得全国纪检监察先进集体、辽宁省先进基层党组织、先进集体、精神文明创建工作先进单位、辽宁五一奖状、依法治校示范校、安全文明校园等多项荣誉称号。

经过50多年的发展，学校在国际交流型中医药人才、实验创新型人才、传统中医药人才培养方面形成了自己的办学特色，是国家中医药管理局确定的全国中医师资格认证中心考试工作基地、全国中医药外语培训基地、全国中医药文献检索查新分中心、全国中医药国际合作基地，是国家科技部确定的中药新药临床试验关键技术及平台研究的建设单位，是国家食品药品监督管理局指定的国家药物临床试验机构，是世界针灸协会联合会辽宁教育基地暨考试分部，是世界中医药联合会考试与测评委员会筹委会副主委单位，是国家首批有条件接收外国留学生、港澳台学生的高等院校，是国家中医临床研究基地。

学校设置医、理、工、管、文5个学科门类，32个本科专业（含专业方向），现有在校生万余人，下设15个学院、4所直属附属医院、2个教学部、2个教学实验中心、3个研究院、6个研究所、2所图书馆、1所博物馆。

有1个国家重点学科、12个国家中医药重点学科，1个省一流重点学科（含12个二级学科）、3个省提升计划立项学科、1个省高水平重点学科、1个省优势特色重点学科、21个省中医药重点学科；3个博士后科研流动站、3个一级学科博士学位授权学科（中医学、中药学、中西医结合）、16个二级学科博士学位授权点、3个一级学科硕士学位授权学科、18个二级学科硕士学位授权点。

有4个国家级特色专业建设点、1个国家级人才培养模式创新实验区、1个国家级教学团队、3门国家级精品课程、4项国家级教学成果奖、6个省级示范（特色）专业、3个省级实验教学示范中心、5个省级教学团队、22门省级精品课程，主编30余部国家级规划教材、8部省级精品教材，获得19项中央与地方共建基础实验室、特色优势实验室项目；与欧美及东亚、东南亚等20多个国家和地区的80多所大学或机构建立合作关系，加快了对外开放及国际合作的步伐。

有1个国家中医临床研究基地、11个国家中医药管理局科研三级实验室、20个国家中医药管理局科研二级实验室、15个省重点实验室及工程中心，承担和完成国家重大科研项目数十项、省级科研项目数百项，发表学术论文数千篇、著作数百部，科研经费年均突破亿元。

有10个国家中医药管理局重点专科、专病医疗中心，20个省重点专科、专病医疗中心；4所直属附属医院分别是辽宁省中医医院、辽宁省中医药研究院、辽宁省肛肠医院、辽宁省中西医结合医院；另有4所非直属附属医院、40余所临床教学及临床实习医院。

有中医学、基础医学、药学、化学和中西医结合5个学科的教授评审权；有1名国家名师、1名国医大师、16名全国老中医药专家学术经验继承指导教师，6名省名师、5名省专业带头人、25名省名医；2人入选国家百千万人才工程，22人入选省百千万人才工程百人层次、52人入选千人层次；49名享受国务院特殊津贴专家、10名省“315”工程人才。

【干部队伍建设】 按照《创先争优活动实施方案》扎实推进工作，特别是结合专业特色开展的社区乡镇义诊扶贫、玉树震区医疗援助等主题实践活动；编辑刊发13期专题活动简报、形成3篇经验材料，得到了省市及教育部的专题《简报》刊载和推广；学校专题召开两次阶段性工作总结大会，形成了“人人争先、事事创优”的工作氛围。

按照“党委领导、校长负责、教授治学、民主管理”的要求，学校在工作中认真执行党委常委议事规则、校长办公会、工作决策咨询等制度，有效地保证了民主集中制的贯彻落实；组织召开校领导班子开放式民主生活会，通过批评与自我批评及群众民主测评的形式，加强了新班子的思想建设、组织建设、制度建设、党风廉政建设；以寒假干部培训暨远程教育学习活动、中心组学习扩大会等形式开展理论武装工程，深入学习党的十七大及十七届四中全会、五中全会精神，全国及全省教育工作会议精神，将全校党员干部的思想统一到中央的各项方针、路线上来；深入开展“讲党性、重品行、拒腐防变”教育、“三重一大”专项检查等活动，完善党风廉政惩防体系；建立健全党务公开制度，创新公开形式、细化公开内容、规范公开流程、完善运行网络，保障了党员群众对党务工作的知情权、参与权和监督权，并被省纪委确定为党务公开工作联系点，积极申报党建研究课题，获得了辽宁省基层党组织建设创新工程一等奖1项、沈阳市教科工委三等奖1项。2010年共选拔任用处级干部10人（正处2人、副处8人），均严格按照学校干部选拔条件和组织工作程序进行。

【人才队伍建设】 围绕学科和专业建设的需要，以公开招聘形式录用150名优秀毕业生，其中博士后1人、博士7人、硕士73人，充实了教医研和管理人员队伍；3名专家被评为“全国名老中医药专家传承工作室建设项目”专家，1名专家成为“辽宁省首批领军人才”，1人成为省教学名师；利用博士后流动站全覆盖学校主干学科的优势，培养和锻炼人才队伍，2010年，有8人进入博士后科研流动站，3人完成任务顺利出站，进出站人次和工作质量均创历史新高。

学校完成了首次卫生系列职称评审，完成了全校岗位设置改革、普通管理岗位职级晋升、专业技术人员转聘普通管理岗位等关系到职工切身利益的工作，为各级各类人员提供了发展的平台；学校以人为本，关注民生，从校内津贴、交通补贴、发展成果奖金等方面，着力提高职工收入水平，不断改善职工待遇，充分体现了发展成果惠及群众的原则。

【群团工作】 学校按政策落实老干部两个“待遇”，走访慰问老干部百余人次，激发了老干部“老有所为”的工作热情，更加关注和支持学校的建设与发展；注重发挥教职工代表和各级人大代表、政协委员、民主党派成员、无党派人士的参政议政、民主监督、民主管理的作用。学校获得“辽宁省统战工作先进集体”荣誉称号，民进支部获得“全国基层组织先进单位”荣誉称号。

学校召开了年度教代会暨工会先进表彰大会，启动第五届教代会暨工会第九次代表大会的筹备工作；全面推进二级教代会制度，18个二级学院全部建立教代会，使学校的民主管理工作实现网络化、规范化；学校作为辽宁省高校大学生人工会工作第二批试点单位，吸纳大学生会员，并开展了工会知识进课堂活动，进行了工会基本知识和维权意识的培训；充分发挥各分工会、直属支会和8个职工文体协会的作用，组织开展一系列文体活动。

【学生工作】 2010年圆满完成新生招录工作，1 700名本科生、294名研究生、165名留学生、1 046名继续教育班学员选择到学校学习和深造；有9名学生参加了与英国贝德福特大学开展的“3+1”联合培养项目；启动与香港中文大学那达素护理学院师生互访和交流项目，揭开了两校师生交流互访的序幕。

组织开展“心系学子”特困生帮扶活动，指导家庭困难学生向国家申请助学贷款，完成各类奖、助学金1 737人次，涉及金额345万元；开展“拥抱未来”就业帮扶活动，指导和帮助大学毕业生就业创业；坚持辅导员培训日常化、经常化、多样化，推选辅导员到外校考察、参加专业素养培训24人次，占学生工作队伍的43%。2010年，学校有1名大学生被评为沈阳市大学生标兵、5名大学生被评为模范大学生、45名大学生被评为优秀大学生；获得“挑战杯”竞赛省级奖励15项，其中一等奖2项。在中国援助塞拉利昂志愿服务项目中，学校4名大学生克服困难，远赴塞拉利昂开展为期一年的中医诊疗服务，荣获团中央海外志愿服务项目金质奖章和沈阳市杰出志愿者称号，学校获得了优秀组织奖；组建40余支大学生社会实践调研团和服务团，奔赴全省各城镇、乡村开展义诊服务等活动，被评为“沈阳市大学生志愿者暑期社会实践活动先进集体”，学校获得了“辽宁省大学生暑期社会实践活动优秀组织工作奖”。

组织两次大型供需见面洽谈会、80余场次中小型招聘会，为毕业生提供就业岗位达2 500余个，全校1 680名毕业生就业工作取得了一定的成效。截至2010年底，研究生、本科生平均就业率达93.74%。

【学科学位建设】 12个学科被确定为国家中管局中医药重点学科；组织各学科申报省“提升高等学校核心竞争力特色学科建设工程”，5个学科获得了立项和资助。其中，方剂学、中西医结合临床、中药学3个学科被列入省“学科提升计划”，被省政府确定为拟申报国家重点学科；组织申报中央与地方共建的学科项目，获得特色重点学科项目1个、省级重点学科建设项目3个，资金总额1 000余万元；加强中医基础理论学科建设，注重发挥这一国家重点学科的辐射作用，带动其他学科的发展；设计并初步建立学科评价系统，完善学科管理平台。

积极申报中医学一级学科博士学位授予权，现已申报成功，使学校中医学、中药学及中西结合三个主干学科全部获得一级学科博士学位授予权，开创了学科与学位建设工作的新局面。

【教育教学工作】 改革完善七年制人才培养方案，在培养高素质临床应用型人才的同时，积极探索特色型人才培养模式；围绕质量工程建设，启动了第一批专业基础建设认证工作，取得1项国家精品课、1项国家第六批高等学校特色专业；根据市场需求，申报2个新专业，已经通过了省教育厅的初评；落实临床教学三级巡查制度，组织临床教师到鞍山市中医院、大连海港医院等教学基地走访，了解实习学生动态，强化学生的临床基本技能；推进特色教材建设，完成《中医学专业对外教育与留学生系列教材》的编写工作，部分特色教材已正式出版发行；组织教师制作高水平的课件和网络课程，开通了280门网络课程，获得全国多媒体课件大赛三等奖1项、优秀奖1项；加强考务工作管理，学校被评为“全国计算机等级考试优秀考点”，“全国大学外语等级考试先进集体、优秀考点”；学校学生获得首届“华佗杯”全国大学生针灸操作大赛团体一等奖；获得辽宁省英语竞赛一等奖，并代表辽宁省参加全国大赛，取得了很好的名次。

实施研究生教育管理体制改革，将管理重心下移，强化各二级学院的办学主体地位；落实《研究生教育创新计划实施方案》，获得了省“实施研究生教育创新计划工作先进单位”荣誉称号，并在辽宁省创新计划评选中获得4项资助。

【科研产业建设】 全年获得国家“重大新药创制”专项、国家自然科学基金项目等国家级科研课题24项，省市级课题103项，获得纵向课题经费2 616万元、横向合作经费3 115万元，省市科技成果奖励13项，授权发明专利2项。全年完成并通过验收国家973课题1项、国家科技部支撑计划1项，完成成果鉴定25项。

学校注重加强科研环境建设，为科研工作者提供了优秀的科技与信息平台。国家临床研究基地通过了国家中医药管理局的中期验收，其中建设方案顺利通过复审，使医院成为国家第一批中医药标准研究推广基地建设单位；获得1个省工程研究中心、2个省工程技术研究中心、2个省重点实验室、1个省科普基地；5个技术平台获得重大新药创新平台项目资助。在学术期刊平台建设方面，学校编辑出版的《辽宁中医杂志》投稿量首次突破万篇，在保持双核心期刊的同时，再次荣获第三届中国高校特色科技期刊奖；《中华中医药学刊》影响力不断增强，排名位次前移幅度大；《辽宁中医药大学学报》连续被评为辽宁省一级期刊。

在省委、省政府及本溪市政府的支持下，学校在本溪生物医药产业基地建设集实践教学、科技研发、中药饮片加工及实训基地的本溪新校区，按照产学研一体化模式进行建设和开发，大力促进科技成果转化，为辽宁省全面振兴及本溪区域经济发展服务。

【社会服务工作】 以“中医医院管理年”活动为契机，学校加强对各附属医院的管理，深入实施“三名”战略，致力于提高医疗服务质量和水平，扩大了学校及医院的社会影响力。附属医院年门诊量107万人次、住院2.4万人次，总收入突破6亿元；承担教学授课、临床带教及临床研究生培养工作，完成60余门课程、14 061学时的授课任务；医院的辽宁省中医康复中心（辽宁省工伤康复中心）建设落成，杨关林教授获得“中国医师奖”，这两项成绩分别入选了沈阳市高校十大新闻。

（崔廷宝　刘继东）

沈阳化工大学

【概况】　沈阳化工大学位于国家级沈阳经济技术开发区，是中央与地方共建、以辽宁管理为主的大学，是一所以工为主，以化工为特色，工学、理学、管理学、经济学、文学、法学、教育学、医学等学科相结合的多科性大学。

学校是国家首批学士学位授予权单位，国务院学位委员会“八五”初期批准的硕士学位授予权单位，辽宁省政府与中国中化集团公司共建单位，辽宁省石油化工技术紧缺本科人才培养基地，辽宁省专业技术人员继续教育基地，教育为振兴辽宁老工业基地服务行动计划依托高校，辽宁省科技创新与新技术转移推广基地，辽宁省政府省校产学研合作先进单位，辽宁省高校就业工作优秀单位，辽宁省大学生创业教育示范校，全国“挑战杯”高校优秀组织单位，全国大学生社会实践先进单位。

学校始建于1952年，1958年升格为本科命名为沈阳化工学院，1960年更名为辽宁科学技术大学，1962年改回沈阳化工学院隶属化学工业部，1998年划转辽宁管理。学校现有16个学院系。在校全日制本科生、研究生13 000余人，另有独立学院全日制本科生3 000余人，成人教育与继续教育学生5 000余人，留学生近百人。现有教职工1 200余人，其中专任教师近800人。具有教授、副教授职称的教师400余人，具有博士及硕士学位的教师700余人。教师中有全国模范教师、全国优秀教师、享受国务院政府特殊津贴专家以及辽宁省领军人才、优秀专家、学科带头人、教学名师、优秀教师、优秀人才、专业带头人、创新人才等近百人次。聘请名誉教授、兼职教授50余人，其中中国科学院和中国工程院院士4人。

学校现有50个本科专业，12个一级学科硕士点，21个二级学科硕士点，7个工程硕士领域，4个合作培养博士专业。拥有5个省级重点学科（化学工艺、控制理论与控制工程、材料学、化工过程机械、应用化学），11个省级重点实验室和工程技术研究中心，2个省级新技术转移推广中心，2个沈阳市工程技术研究中心。建有辽宁省中小企业服务中心、沈阳市大学科学园等。拥有校内教学实践中心与基地、科研机构等百余个，校外实习实践基地近百个。

学校先后承担了国家“十五”科技攻关计划项目、“863”项目、“973”项目、科技部重大科技专项、国家自然科学基金项目等国家级科研项目50余项，省部级及企业项目500余项。共获得省部级科技成果奖40余项，其中国家科技进步奖二等奖等国家奖和国防科学技术奖一等奖等省部级一等奖达13项。近5年共发表科研论文4 000余篇，被SCI、EI、ISTP收录500余篇，出版著作50余部，取得发明专利和实用新型专利200余项。学校网址：www.syuct.edu.cn。

【教育教学成果丰硕】　专业建设又有新进展：新增教育部高等学校特色专业建设点2个、省级特色专业2个；获批国家战略性新兴产业相关专业3个、其他专业6个；1个试办专业通过省级评估，5个专业通过学士学位授予权评估。教学研究与改革立项及实施进一步深入，申获国家高等教育学会重点规划等课题9项：高等教育学会重点规划课题2项、省“十一五”规划立项课题5项、省教育科学“十一五”规划立项课题2项。获国家和省教育教学研究与改革奖12项：“中国高校创新创业教育的理论与发展研究”重点专项课题创新创业教育研究成果三等奖1项，省教育科学“十一五”末期优秀成果二等奖1项，省高等教育学会高等教育研究优秀学术成果二等奖2项，省教育评价研究优秀学术成果二等奖1项、三等奖2项，省教育软件大赛二等奖1项，省多媒体课件大赛三等奖2项、优秀奖2项；新增省普通高等学校教学团队2个、省级专业带头人1人、省级教学名师2人；新增省级精品课程3门，省级精品教材3部。数学、物理、外语等公共课教学水平稳步提高，其中四级英语考试通过率和分数过半率分别达到56%和82%，再创历史新高。顺利完成思想政治理论教育课程体系改革。体育课的教学模式改革又有新进展。排球和新增的网球高水平运动队在全国赛事中取得优异成绩：先后获得2010—2011年全国大学生排球联赛优胜赛亚军，中国大学生第六届沙滩排球锦标赛普通甲组亚军，第十五届全国大学生网球锦标赛女子甲组单打第六名等。

【素质拓展成果显著】 “挑战杯”大学生创业计划大赛综合成绩位列全省第一名：获全国三等奖3项，省特等奖8项、金奖14项、银奖9项、铜奖23项；学校被团中央、全国学联、中国科协、教育部授予“挑战杯”创业大赛“全国高校优秀组织奖”。同时还获得一大批社会实践、学科竞赛、文化艺术等国家和省市级以上奖励：学校获“辽宁省大学生暑期社会实践活动优秀组织奖”；2个社会实践团队获省“先进团队”；5个社会实践项目获省“优秀成果示范奖”；获数学建模大赛国家二等奖2项，辽宁赛区一等奖3项、二等奖1项、三等奖2项；获省机械设计大赛一等奖2项、二等奖3项、三等奖10项、优秀奖3项，学校被评为“第九届辽宁省机械设计大赛优秀组织单位”；获全国大学生控制仿真挑战赛二等奖1项、全国大学生智能汽车竞赛东北赛区三等奖1项等。

【学生工作进一步加强】 全面落实国家助学贷款政策（帮助困难学生申请助学贷款近6 500万元，提供勤工助学岗位800个，年发放补助100万元、各类奖助学金750万元）。毕业生就业率继续位居省内高校前列（2 930名本科毕业生一次就业率达91.57%；226名毕业研究生就业率达84.1%，开展创业引导工程，学校成为辽宁省首批“大学生创业教育示范校”）。圆满完成招生计划（招收本科生3 250人，生源质量不断提高，部分专业实现一本B段招生；招录研究生290名，生源状况有所好转；留学生和成人教育办学规模有所扩大，在校留学生已达100余人）；科亚学院引入社会力量办学后运转顺利（共招生890人，毕业700人）。

【研究生教育健康发展】 研究生教育工作不断创新（申获2010年辽宁省研究生教育计划创新项目2项，被省人民政府学位委员会授予“2007—2009年辽宁省实施研究生教育创新计划工作先进单位”荣誉称号），修订完善了各类硕士研究生教学大纲、课程简介和培养方案，培养与管理制度不断规范。

【学科建设开创新局面】 获辽宁省一流计划立项学科1个（化学工艺）、省特色突出计划立项学科4个（材料学、化工过程机械、控制理论与控制工程、应用化学）。完成第十一次学位点申报工作（申报的10个一级学科全部获批，新增3个工程硕士领域）。

【科研工作取得新进展】 申获省级重点实验室1个、市级重点实验室1个。申获项目、鉴定项目、申获发明专利、发表论文等数量都有较大提高（国家自然科学基金资助项目3项、教育部归国留学基金项目1项；完成省级成果鉴定6项、市级1项；申报专利458项，其中申报发明专利68项、实用新型6项、外观设计384项；授权专利169项、其中发明专利15项；发表核心期刊以上论文154篇，其中三大检索收录论文98篇；出版著作5部）。获省部级科技成果二等奖1项、三等奖3项。校企合作有新的进展（学校与鞍山市政府签署产学研战略合作协议，合作推动菱镁新材料产业快速发展；与丹东凤城的硼化工企业积极开展对接合作，利用我校科研优势提高硼资源的有效利用）。学校被评为“辽宁省科协系统先进集体”和“沈阳市科协先进集体”。

【师资队伍建设重点突出】 师资队伍建设实现由重数量向重质量、重个体向重团队转变。人才培养和引进工作又有新进展（新获省“百千万”人才工程百人层次2人、千人层次4人、项目资助2人；13名教师获得了博士学位；引进高层次人才11人；选派教师出国培训和做访问学者人数增加；新教师的岗前培训教育和业务考核工作进一步规范）。

【人事管理探索新机制】 完成岗位设置管理工作，进一步完善专业技术职务评聘工作机制（评聘正高职4名、副高职15名、中级职称17名，聘任管理七级22名、八级13名、九级1名、工勤二级4名），注重对教师教学质量、教学环节的考核。加强人事数据统计与信息化管理，提高了人事信息的准确性。

【监审、资产与财务管理不断强化】 加强制度监督和审计工作（全年审计额2 500万元，审减额达800万元），制定了《关于工程管理的有关规定》，做好各类招标采购工作。落实了中央财政支持地方高校发展专项资金（1 000万元）。加强了仪器设备及固定资产的使用管理。完成了第一批教学与行政用房调整（增加教学用房4 000余平方米）；加强财务管理，多渠道筹集办学资金，为学校建设发展提供财务保障（全年共争取上级财政专项拨款1 200万元，实现了部分贷款利率下浮）。

【图书情报和国际交流工作】 图书馆优化文献信息资源结构（全年新增纸质图书5万册、电子图书2.5万册），拓宽服务范围，实行“大流通”；校园网信息量增大，利用率大幅提高。对外合作交流不断扩大（学校又与日本、俄罗斯和孟加拉的3所大学建立了友好合作关系，聘请国外专家来校讲学和科研合作12团组、35人次，派出人员到国外进行学术交流和访问9团组、19人次）。

（王锦涛）

沈阳药科大学

【概况】 沈阳药科大学是一所具有光荣革命传统的综合性药科大学，1931年诞生于江西瑞金。学校占地面积21万平方米，建筑面积28万平方米，教职工1 108名。

学校目前已发展成为多学科、多层次、多形式教育的高等药学学府。设有医药学院、制药工程学院、中药学院、生命科学与生物制药学院、工商管理学院、基础学院、高等职业技术学院、继续教育学院、国际药学合作研究中心以及测试中心、计算机中心、现代教育中心、中药资源中心等。

学校是国家批准有权授予博士学位、硕士学位和招收港、澳、台地区学员及外国留学生、国内高中保送生的院校。有药学博士后流动站1个，一级学科博士学位授权点2个，二级学科博士学位授权点19个，硕士学位授权点26个，硕士专业学位授权点3个，本科专业21个（含专业方向），高职专业8个，成人本专科专业14个。本科教育中有国家理科基础科学研究和教学人才培养基地、国家生命科学与技术人才培养基地。药剂学科是国家级重点学科，药学和中药学一级学科为省级重点学科。药剂学、天然药物化学、药物化学、药物分析学、药学概论、分析化学、化学制药工艺学、生物技术制药等8门课程为国家级精品课程，药学实验教学中心为国家级实验教学示范中心，药剂学教学团队、药理学教学团队和药物分析学教学团队为国家级教学团队，药学专业、制药工程专业和药物制剂专业为国家级一类特色专业。现有在校研究生2 139名（博士402人、硕士1 737人）、本科生5 701名、高等职业技术教育学生1 741名、成人教育本专科生4 000余名。

学校荟萃了众多的专家学者。有教授84名，副教授186名，其中中国工程院院士1人，国家新世纪百千万人才工程百层次人才3名，国家级教学名师1人，省级教学名师7人，省级以上各种人才培养工程遴选命名80人次。

学校学术氛围浓厚，科研工作深入扎实。在药物新剂型设计与评价、创新药物的合成与筛选、中药与天然药物药效物质基础和质量标准、药物代谢和药物动力学、药理与毒理学、药物经济学等领域的研究均居国内领先水平。学校是国家中成药工程技术中心、沈阳国家新药安全性评价研究中心的重要组成单位，教育部创新药物研究与设计重点实验室1个，有4个国家中医药管理局批准的中药三级实验室、1个中药二级实验室，18个省市级工程技术研究中心或重点实验室。学校于2008年成功申报国家级综合性新药研究开发技术大平台项目，该综合平台是唯一由地方院校承建的国家综合平台，获得经费8 000万元。近5年来，承担各级各类科研项目310余项，获各级各类科技成果奖120项，申请发明专利300项，获得专利证书50项，获得新药证书42个，发表学术论文6 000余篇，其中SCI收录论文1 000余篇，出版专著、译著180部，仅2009年发表论文1 105篇，SCI收录论文366篇。学校主办的《沈阳药科大学学报》和《中国药物化学杂志》现已成为国家药学类核心期刊。

学校仪器设备先进，图书馆藏丰富。拥有可供教学科研使用的核磁共振波谱仪、气——质联用仪、高效液相色谱——质谱联用仪等现代高精设备；学校图书馆建筑面积11 000平方米，现有藏书80余万册（件），国内外重要期刊2 300余种。目前已建立了数字图书馆，通过Internet，使师生很快了解国内外最新科技信息。

学校积极开展国内外学术交流与合作，先后与国内一些知名大学签订了合作办学协仪，实现资源共享；与美国、日本、英国、俄罗斯等30多个国家和地区的高等院校、科研院所建立了校际交流与科研协作关系。

【本科生教学】 在课程建设方面，生物工程和中药学专业入选国家级特色专业，应用化学和市场营销专业入选省级特色专业，形成了由5个国家级、8个省级特色专业构成的优质专业群；生物技术制药和化学制药工艺学被评为国家级精品课程，药用植物学等四门课程被评为省级精品课程，已有国家级精品课程8门、省级精品课程27门；积极开展双语示范课程建设，药剂学入选国家级双语教学示范课程，现有国家级双语教学示范课程2门、省级双语教学示范课程2门。

在教师队伍建设方面，生物制药教学团队入选省级教学团队，已有国家级教学团队3个、省级教学团队8个；有两位教师被评为省级教学名师。

在实验教学方面，新增教学科研仪器设备744台，总价值1 310万元，较之上年增长44.1%。中药资源与开发实验室和生物工程制药专业实验室共获得中央财政支持地方高校发展专项资助600万元。

在教材建设方面，制订了《沈阳药科大学本科教材选用管理办法》。学校教师任主编的25部普通高等教育“十一五”国家级规划教材已完成编写工作，组织了全国高等学校药学专业第七轮卫生部规划教材的选题申报工作，启动了学校6部主编教材的编写工作。

【研究生教育】 通过加大差额比例、改革复试内容等措施完善录取制度，超额完成了招生计划，生源质量不断提高，招生规模逐步扩大。开展多样的研究生创新培养模式。做好优秀论文评选工作，在学校评优的基础上，有2篇被评为省优秀博士学位论文、3篇被评为省优秀硕士学位论文。积极与企事业单位深化合作，在职人员申请硕士学位工作稳步开展。博士后流动站以优异的成绩顺利通过国家评估，目前在站博士后14人。

【高职教育】 成功申报辽宁省职业教育实训基地建设项目，获得专项资金50万元。4名教师分别获得教育部课件大赛、药品类专业课比赛奖励，学院荣获教育部高职高专药品类教学成果展示优秀奖。起草医用电子仪器维修工、制药设备维修工国家职业标准，为教育部起草的高职高专中药制药技术专业培养方案成为全国规范性文件，彰显了学校高职教育应用技能型人才培养的标准化。

【继续教育】 各函授站共组织本科毕业论文答辩1 199人，授予学士学位280人。积极拓展办学渠道，扩大招生规模，加大自学考试管理力度，目前共有11个助学单位、1 600名在籍考生。另外，在稳步发展成人学历教育办学基础上，探索多元化办学渠道，通过开展远程网络教育、职后继续教育培训等，不断拓展非学历教育空间，较好地树立了学校继续教育办学品牌。

【学科建设】 2010年是学校学科建设取得进展的一年。新增药学硕士、中药学硕士、工程硕士（制药工程）三个专业学位硕士授权点，其中药学和中药学硕士专业学位授权点为国家首批。新增5个一级学科、22个二级学科硕士学位授权点。学校现有学科都具备了硕士一级学科授权，拓宽了学科范围，标志着学校学科建设又上了新台阶。至此，学校具有2个一级学科博士学位授权点，19个二级学科博士点；7个一级学科硕士授权点，48个二级学科硕士点；3个硕士专业学位授权点，横跨医学、理学、工学、管理学4个学科门类、7个一级学科。在辽宁省“提升高等学校核心竞争力特色学科建设工程”立项中取得显著成果，药学一级学科和中药学一级学科跻身于以建设国家一流学科为目标的全省57个“一流重点学科”行列；药物化学和药物分析学两个二级学科跻身于以2012年冲击国家重点学科为目标的全省26个“提升学科”行列。另外，2010年是学校获得省级重点学科建设经费最多的一年，共获经费1 062万元。

【科研工作】 科研工作以国家级“辽宁省重大新药创制综合平台”的建设作为提升学校科研水平的关键推手，出台了《重大新药创制综合平台项目管理办法》，平台课题到款1.1亿元，占全部科研经费到款额的74%。

本溪药物研究院在辽宁省委省政府的大力支持下，作为首批入驻本溪医药新城的重点项目和综合平台的重要组成部分于7月开始试运行，目前有40余名科研人员常驻研究院，将逐步建设成为以市场需求为导向，以园区内医药企业为主要服务对象的高水平药物研究院。

在全国人大常委会副委员长桑国卫的关怀下，辽宁省与中国医药工业科研开发促进会签署了共建沈阳药科大学协议，这将为学校发展建设提供良好的外部环境。在副委员长、省委书记、省长的见证下，学校与石药集团、北京双鹤药业集团等十八家国内知名制药企业签订了“创新药物产学研战略联盟”合作协议，针对联盟企业百余项需求，成立了多个学科组成的专家组，集体攻关，为联盟企业提供人才、技术支持。

全年新增各级各类课题86项，资助额度

达到3 206万元；签订合同与协议157份，成交额8 155.3万元。纵向科研经费到款同比增长725%，技术贸易成交额同比增长220%，两项指标均创学校历史新高。目前学校在研课题共计408项，其中纵向249项，到款1.26亿元，横向课题159项，到款2 688.4万元。全年科研经费到款1.53亿元，首次突破1亿元大关。

学校密切联系医药企业，加大成果转化力度。与沈阳15家医药企业签订技术合同或协议49份，占全年签订合同与协议的31.2%，其中技术贸易合同额10万元以上的产学研项目9项，技术贸易成交额共计1 148.4万元，到款额472.6万元，展现了学校与属地城市发展的互动性。另外，签订了3项成交额超千万元的技术项目，使学校技术贸易成交额千万元以上的项目增为7个；全年横向项目到款额100万元以上的课题组达到7个，均创学校历史新高。

重视自主创新工作，加强专利和成果管理。全年获得中国发明专利23项，各类奖励23项，其中辽宁省科技进步一等奖1项。主编或参编著作7部，发表论文1031篇，其中SCI收录359篇。

【招生就业】 招收全日制研究生681人，其中博士108人，硕士573人。本科招生1 408人，除了北京市和港澳台联招在本科第二批招生外，其他省市均为本科第一批招生，全国第一志愿平均录取率为94%。高职招生584人，成人教育录取1 976人。目前，博士生402人，硕士生1 737人，本科生5 701人，高职生1 741人，成人教育4 362人。2010年毕业生总数2 562人，其中研究生605人，本科生1 369人，高职生588人，研究生最终就业率85.27%，本科生最终就业率98.8%，高职生最终就业率98.98%，均保持了较好的就业率和就业层次。

【学生管理工作】 加强辅导员与学生干部队伍建设，立足学生关心的问题，积极主动开展工作。不断完善“奖、贷、助、补、减”保障体系建设，扩大资助范围和资助力度。大学生心理健康教育常态化，组织开展了以“培养健康心理，建设和谐校园”为主题的教育宣传活动。加强大学生思想政治工作，开展丰富多彩的校园文化活动，营造和谐校园氛围。

【师资与人事工作】 按照促进发展、提高水平、扶持优势和新兴学科的原则做好专业技术职务评聘工作，评聘正高职称6人，副高职称15人，中级职称49人。人师资培训工作完成了由学历培训为主的补偿型教育向提高型培训的转变，支持教师出国进修学习或短期培训，选派40名教师参加国内外各类进修学习。目前，校本部具有硕士以上学位教师比例达到87.1%，较上年提高1.4%；具有博士学位教师比例达到49.8%，比上年增长5.2%，教师队伍学缘结构合理，具有校外学历或进修学习一年以上的教师的比例为83.8%。大力加强高层次人才培养和遴选工作，推荐10名优秀教师参加各类人才竞争。其中：辽宁省攀登学者人选1人，辽宁省院士人选培养工程1人，卫生部有突出贡献专家1人，享受政府特殊津贴专家人选2人，辽宁省高校优秀人才支持计划人选4人，第七届省优秀科技工作者1人。

全面推行人员聘任制改革和岗位管理，制定《沈阳药科大学人员聘用制暂行办法》，全校821人签订了聘用合同，实现了用人制度的转变。在此基础上，出台了《沈阳药科大学岗位设置方案》和《岗位实施细则》。

【国际交流与合作】 2010年，学校与国外4所大学签订了校际交流协议。目前，学校已与世界13个国家和地区的46所院校及科研机构建立了学术交流和校际交流关系。通过聘请外籍教师、派遣教师短期出国（境）参加学术交流等活动，有效地推动了教学科研工作的开展。共聘请外籍教师19人次，短期出国（境）23团组60人次，出国（境）留学或进修23人，接待境外专家、代表团等短期来访55团组126人次，聘任和续聘外籍客座教授12人，派出2个、接待2个学生代表团开展交流活动。

【新校区建设】 12月3日，国务院批复了学校的用地指标，学校着手协调有关部门，力争尽快办理土地使用证。经过专家评议，广泛征求师生意见，选定了新校区规划设计方案，进一步完善后可进入单体初步设计阶段。地质勘测工作和环境评估工作也基本完成。

本溪分校校区于5月开始土木工程建设，一期工程的教学楼、学生公寓、食堂等5.7万平方米建筑物已矗立在本溪经济技术开发区，将进入内部装修阶段。本溪校区的初步建成，为学校高职教育发展提供了强有力的保障。

【保障与服务工作】 在省属高校教育投入不足的情况下，学校对外争取财政拨款，对内加强管理，保证重点、兼顾一般，保障各项工作正常运行。2010年，财务总收入2.87亿元，比上年增长了46%，总支出为2.29亿元，比上年增长了17%。获得国家省市各项追加经费拨款4 033万元，其中获得财政部专项资金拨款1 762万元。加强收费管理，保证学费收入及时到位。

监察审计工作对大宗物资、仪器设备与教材采购、招生考试等工作实施现场监督。新校区建设引进第三方审计，对新校区建设项目全过程跟踪审计，维护学校权益。共审查招标文件12份，审核工程进度款17次，审查合同9份，合同金额1.2亿元。

校办产业稳步发展，药大药业的企业发展潜力不断增强，全年完成工业总产值6 050万元，比上年增长了40.7%，盈利820万元。劳动服务公司通过使用权置换方式，保证了职工基本利益。

图书馆加强文献资源建设，增强信息化服务能力。文献经费投入比上年增长了30.9%，新增各类图书4.9万册，正式启用远程访问系统，促进了数据库资源的有效利用。全年接待读者47万人次，较好地服务于教学科研工作。

后勤管理工作将原后勤集团的5个中心重组为4个管理科，管理职能更加明晰。

（刘海君　李炜芳）

沈阳体育学院

【概况】 沈阳体育学院校园占地面积121.93万平方米，建筑总面积29.09万平方米，建有占地50.47万平方米的雪上运动中心。学院固定资产总值75 560万元，其中教学仪器总值7 265万元。图书馆建筑面积1.49万平方米，藏书69.95万册。设有8个二级学院、1个系、2个部、2个分校，现有16个本科专业，跨教育学、管理学、文学、理学4个学科门类，拥有4个省部级重点学科，2个国家级特色专业，7个省级示范专业，14门省级精品课，特聘院士工作站1个，拥有17个省部级以上的教学训练科研基地，其中学院冬季运动项目技术诊断与机能评定实验室是国家体育总局首批三个A级重点实验室之一，体育社会科学研究中心是国家体育总局和辽宁省社会科学重点研究基地。

现有专任教师503人，其中正高58人、副高160人；博士生导师8人，硕士生导师143人；具有博士学位的43人，硕士学位的278人。省级教学名师4人、省普通高等学校专业带头人1人。现有在校本科生7 663人，研究生651人，在校成人本专科生1 750人，外国留学生6人。毕业研究生184人，本科生1 685人，成人本专科生467人，留学生6人。本科生就业率90.18%。

获国家体育系统最高奖国家体委科技进步奖12项，发明专利13项，国家级优秀教学成果奖2项，省部级教学成果奖37项。承担国家自然科学基金项目1项、社科基金项目10项和省部级教学科研课题346项，获省部级以上科技及教学奖励606项，发表学术论文4 170篇，完成专著、教材327部，人民体育出版社出版的“十一五”规划教材14部。《沈阳体育学院学报》是我国中文体育类和人文社会科学类核心期刊。图书馆藏书65万册，是东北最大的体育信息中心。

在训的冰雪项目、田径女子全能、男子拳击、女子跆拳道均达到国内领先水平，自由式滑雪空中技巧和女子拳击达到世界一流水平。橄榄球、女子板球等项目代表国家参加国际比赛均有良好成绩。学院学生在奥运会、世锦赛、世界杯赛三大顶级赛事中取得金牌138枚，奖牌339枚，其中，学生运动员获得金牌62枚，奖牌175枚。特别是全部由学院本科学生组成的国家自由式滑雪空中技巧队，连续参加第十八、十九、二十、二十一届冬奥会，在国际体坛保持集团性竞争优势。韩晓鹏在第二十届冬奥会上夺得男子自由式滑雪空中技巧冠军，实现我国冬奥会上男子项目和雪上项目金牌两个“零”的突破，学院两次获国家体育总局突出贡献奖。

学院不断扩大对外交流，与美国、英国、法国、韩国、日本、越南、乌克兰、奥地利、澳大利亚等20多个国家和地区的30多所大学和体育组织建立交流关系。与法国里尔第二大学合作，开展本硕两段式教学，以交流促进步，以创新求发展，不断提高人才培养质量。

学院承办了高等体育院校书记，院、校长会议，接待了国家体育总局青少司、国家体育总局武术管理中心、广东省体育局、南京体育学院、郑州大学、日本长野县日中友好协会、台湾体育观摩团等单位和团体的调研和考察访问。

【教学工作】 运动人体科学专业获批国家特色专业建设点；市场营销专业和新闻学专业获得辽宁省特色专业称号，现共有辽宁省示范性（特色）专业7个；舞蹈和体育模特两个专业方向通过辽宁省评审；休闲体育和运动康复与健康专业通过辽宁省新办专业评估。《体育概论》和《运动训练学》被评为省级精品课程，现省级精品课程已达到14门，篮球教学团队被评为省级教学团队。1人当选2010年辽宁省普通高等学校专业带头人，6人获国家体育总局“优秀裁判员”荣誉称号。

学位论文质量监控体系进一步完善，向中国知网推荐优秀论文101篇；硕士学位授予权一级学科点和专业硕士学位点申报工作进一步推进。6名教授被北京体育大学和上海体育学院聘为博士生导师，学院现共有8名博士生导师。

【科学研究】 2010年，学院科研立项数量和质量有较大幅度提升。全年获得省部级以上课题75项。全面启动国家科技支撑计划项目中主持及合作课题5项。获得国家社科基金项目2项，教育部人文社科项目3项，国家体育总局社科项目2项、科研项目7项，辽宁省自然科学基金项目1项，辽宁省高校科研计划14项。获得第二十一届冬奥会科研攻关与科技服务项目贡献奖一等奖、二等奖各1项，个人贡献奖三等奖3项，实现获奖数量和级别的历史性突破。辽宁省第十一届哲学社会科学成果奖5项成果获奖，辽宁省体育科技的领军优势进一步巩固。另获辽宁省教育科学“十一五”优秀成果奖5项，辽宁省自然科学学术成果奖75项。

举办“体育·科学与社会”国际论坛和学院首届博士论坛，承办全国体育管理科学大会，参加“第十六届亚运会科学大会”、“全国第四届体育大会论坛暨第二届全民健身科学大会”、“第三届中国体育博士高层论坛”。

建立投稿系统门户网站，完成与国内外出版业的接轨；《沈阳体育学院学报》被评为“全国高校优秀社科期刊”、“中国高校特色科技期刊”。

稳步推进“东北地区体育文献信息中心”建设，为国家体育总局足球管理中心等部门开展科技信息服务工作；参编《第十二届全运会参考资讯》，创办《国际体育信息》。

【对外交流】 与法国里尔二大合作办学达成进一步协议，法方教师将赴学院授课，积极提高教学质量。学院与英国伍斯特大学、韩国大邱艺术大学校、韩国汉阳大学分别签署友好校际交流协议；赴越南河内体育大学、胡志明体育大学、岘港体育大学和韩国龙仁大学、韩国体育大学开展招生宣传工作，达成多项共识。全年33个出访团组赴国外参加学术会议和培训等活动，国际交流与合作不断深入。

【学生工作】 辅导员积极参加省、市、全国体育高校系统的培训学习和科研活动，2项获得省级科研立项，8篇获奖，11篇被收录。学院荣获辽宁省辅导员家访先进集体、沈阳市高校辅导员队伍建设先进单位荣誉称号。

1 197人次获得国家奖学金、省政府奖学金、专业奖学金，38名学生获沈阳市“十百千”优秀大学生荣誉称号。213名学生申请到国家助学贷款419.1万元，1 461名经济困难学生获得国家助学金219.15万元。230名优秀特困学生获得国家励志奖学金。2 029人办理沈阳市城镇居民基本医疗保险。近200名特困学生在校内勤工助学岗位工作锻炼。全年完成百余例个体心理咨询和心理问题处置工作，开展10余次团体心理辅导及1 900多名新生心理普查和分析工作。

通过“诵红诗·唱红歌·育校魂”朗诵、合唱比赛等活动，激发学生爱国、爱校热情；成功开展大学生文化艺术科技节和社团节；13支青年志愿者服务队，注册志愿者2 000余人。活动中心承接大型会议、演出和比赛105次，圆满完成沈阳大学生文化节开幕式、辽宁省第八届艺术节等重大演出任务。

【群众工作与平安校园建设】 召开第五届教代会主席团第八次扩大会议和第五届教代会第四次会议，启动职工选房工作。组织开展“读书征文”、演讲比赛、院运会、足球赛、瑜伽学习班、健身长走活动等文体活动。全年共走访慰问职工20余次，支付慰问金3万元。学院被授予“沈阳市先进单位”荣誉称号。

关心离退休老同志，组织党员参观东北抗日联军博物馆，参加省市老干部局和关心下一代委员会组织的文艺演出等纪念活动，开展爱心助读、普及电脑知识、数码摄影技术讲座交流等活动。

以“交通专项整治年”、“119消防安全宣传月”等活动为载体，出台《沈阳体育学院道路交通管理规定》，院内交通管理逐步规范。全年共进行消防安全检查39次，购置与维修消防器材1 480余具，提出整改建议23项、消除隐患33处，全年未发生重大刑事案件和火灾。档案工作顺利通过辽宁省评估。

【党建工作】 处科级干部业绩考核办法进一步完善；制定2011—2013年聘期工作目标；院工会、学科发展规划处等部门干部队伍完成调整和考核工作；辽宁省委组织部考察组完成学院院级干部和后备干部调整工作；创建并使用干部信息管理系统。全年发展党员323名，转正党员170名。10人选聘到村任职，考核入围率和录用率再次居于全省高校前列。学院被省委确定为选调生培养单位，人才培养和发展建设工作取得突破。

【赛事及获奖情况】 全年学院共有5个项目35名运动员、7名教练员进入国家集训队，20余次代表国家参加世界杯、世青赛和青奥会等国际比赛，夺取金牌7枚，银牌8枚，铜牌7枚。在温哥华冬奥会上夺取银牌1枚，铜牌2枚，2个第六，1个第七的优异成绩，包揽中国冬奥会代表团雪上项目的全部奖牌，国家体育总局授予学院冬季项目贡献奖。全国比赛共有9个运动项目110余人次参加，夺取金牌13枚，银牌15枚，铜牌23枚，全运会重点项目运动员保持较好的优势地位。

业训方面，1名学生参加国家女子橄榄球队获得亚运会银牌，11名学生参加国家女子板球队获得亚运会第四名；全部由学院学生组成的国家滑雪登山队获得亚洲杯赛2枚金牌、1枚银牌和1枚铜牌，男女板球连续四年获全国锦标赛冠军。学院运动员再获“脚斗王”称号，学院获“脚斗士杰出贡献奖”。艺术体操、体育舞蹈、田径、排球等项目在国内比赛中创造一批优异成绩，有些取得重大突破。

承办全国单板滑雪冠军赛和锦标赛、全国板球锦标赛沈阳分区赛、全国脚斗士精英赛、辽宁省第十一届运动会残疾人组比赛、辽宁省脚斗士比赛。学院师生近1 000人次参与赛事的竞赛组织、裁判、宣传、志愿者、礼仪等实践工作。

（谷凤娟　任清亮）

沈阳航空航天大学

【概况】　沈阳航空航天大学是一所以航空宇航为特色，以工为主，工、理、文、经、管等学科协调发展的多科性高等院校。学校创建于1952年，是原航空航天部所属的6所本科航空院校之一，现为辽宁省人民政府与工业和信息化部共同建设的唯一一所高校，是空军依托培养后备军官的全国18所地方院校之一，是辽宁省装备制造业紧缺人才（航空航天）培养基地，是辽宁省省属重点院校，已经基本建设成为“国防科技人才培养基地”、“辽宁老工业振兴人才培养基地”和“空军后备军官培养基地”。2010年3月，经教育部批准更名为“沈阳航空航天大学”。学校占地1 760亩，建筑面积475万平方米，固定资产总值11.5亿元，教学科研仪器设备总值1.54亿元。图书馆馆藏图书及文献94.1万余册，各类报刊3 000余种。现有16个教学单位，各类在校生22 000余人。

学校现有中国工程院院士1人，特聘院士12人，专任教师近1 000人，其中具有高级技术职称的教师418人，具有博士学位的教师236人，硕博比64%以上。现有辽宁省创新团队3个，省级教学团队3个；辽宁省教学名师5人，校级教学名师25人，辽宁省青年骨干教师23人；省级重点学科带头人、校级学科学术带头人38人；辽宁省“百千万”层次人才40人；拥有博士生导师12人、硕士生导师208人；近百位国内外知名学者担任学校兼职教授。学校现有44个本科专业，其中拥有6个国家特色专业，2个国家国防科技工业局国防重点专业和国防紧缺专业，7个辽宁省省级示范专业；现有省级精品课15门；拥有6个省级重点学科、国防科工局国防主干学科和省级重点培育学科；拥有12个一级学科硕士点（涵盖50个二级学科硕士点）；8个领域可授工程硕士专业学位；现有12个省部级重点实验室（工程中心），其中，国家国防科工局在学校设立的“航空制造工艺数字化”国防重点学科实验室，是全国34个国防重点学科实验室之一。现有2个国家级实验教学示范中心，5个省级实验教学示范中心；近年来，先后获省级以上教学成果奖30余项，其中国家教学成果奖1项，省级一等奖6项；学生在国际和国内大学生数学建模竞赛、挑战杯、电子设计竞赛等科技大赛中获得省级以上奖项400余项，其中国家级奖励70余项，省级奖项300余项，竞赛成绩位于辽宁省高校前列。

1958年10月，由学校师生自主研制的“沈航一号”飞机飞上了祖国的蓝天，这是我国第二架由高等学校制造的飞机。沈航大学科技园是辽宁省人民政府重点建设的大学科技园之一，年产值超亿元。近5年来，学校先后承担国家“863”计划项目、国家自然科学基金项目、国防预先研究项目、国防基础科研项目、航空预研和航空型号研究项目等国家级和省部级科研项目200余项，与企事业单位签订技术合同200余项，年科研经费6 000余万元。近5

年，在核心以上期刊发表论文2 000余篇，被SCI、EI、ISTP国际三大检索系统收录论文近540篇。

学校与韩国航空大学、俄罗斯西伯利亚航空航天大学、俄罗斯阿穆尔国立技术大学等30余个国外高校和科研院所建立了学术交流与科研合作关系。2004年以来，学院先后派出600余人次赴国内外进行科研合作、学术交流、进修培训，在校留学生130余人。

【省长陈政高到学校调研】 12月27日，辽宁省省长陈政高、副省长陈超英，沈阳市市长陈海波等领导一行莅临学校，就加快推进辽宁省通用航空产业发展进行工作调研。省、市领导一行实地考察了风洞实验室、激光燃油雾化实验室、发动机结构实验室和新校区沙盘全景，重点了解了辽宁省通用航空重点实验室的建设情况，并与实验室的专家和科研人员进行亲切交谈。省市领导充分肯定了学校大力建设通航重点实验室，服务辽宁省通航产业的发展思路，并对校园整体规划给予高度评价。陈政高省长在蓝天剧场会议室主持现场办公会议，听取了杨凤田院士关于辽宁省通用航空重点实验室建设和"卓越工程师教育培养计划"等工作情况汇报。在与会省、市、厅、局领导及企业、科研院所负责人、专家学者就汇报内容进行座谈后，陈政高省长指出，我国通用航空产业发展的前景十分广阔，努力把沈阳航空航天大学建设成为我国通用航空教育和研发中心，把沈阳市建设成为我国重要的通用航空产业基地。

【"废物管理与循环经济"国际论坛在学校召开】 11月16日—17日，由中国工程院、沈阳航空航天大学和沈阳大学联合主办的"废物管理与循环经济"国际论坛在学校隆重召开。清华大学金涌院士、沈阳大学校长孙铁珩院士、沈阳航空航天大学校长杨凤田院士、辽宁省环保厅副厅长王治江等领导同志以及来自清华大学、香港浸会大学、德国德累斯顿工业大学、丹麦工业大学等60余名中外专家出席了会议。会上，王治江副厅长和沈航杨凤田校长分别代表环保厅和沈阳航空航天大学作讲话。中国工程院院士清华大学金涌教授、德国德累斯顿工业大学Bilitewski教授、中国环境卫生协会秘书长陶华研究员分别在会上作了主题发言。会议还就如何发展低碳经济、循环经济，生活垃圾处理与资源化利用技术，工业危险废物处理技术，化学品环境评价等多方面进行了探讨和交流。

【举行沈阳航空航天大学更名庆典暨国防科技学院揭牌仪式】 6月26日，沈阳航空航天大学更名庆典暨国防科技学院揭牌仪式在蓝天剧场隆重举行。辽宁省人大常务委员会副主任朱绍毅，省政府副省长陈超英，中航工业集团公司副总经理高建设，沈阳军区空军政治部副主任李向成，国家国防科工局科技司副司长何新洲，省教育厅厅长魏小鹏，沈阳市副市长王玲等领导和各高校、航空航天企事业单位领导及国际友好学校的领导出席庆典。学校党委书记王维、校长杨凤田等领导班子成员及师生代表近千人到会。党委书记王维主持仪式。会上，辽宁省教育厅厅长魏小鹏宣读了《教育部关于同意沈阳航空工业学院更名为沈阳航空航天大学的通知》，中共辽宁省委组织部副部长郭平宣读了《关于组建沈阳航空航天大学领导班子的通知》。党委书记王维宣读了中共辽宁省委书记、省人大常委会主任王珉，教育部副部长鲁昕，航天英雄杨利伟将军发来的贺信。校长杨凤田在庆典上致辞。他指出，更名大学是学校历史上承前启后、继往开来的里程碑，是与时俱进、开拓创新的新起点；国防科技学院的揭牌为学校的发展提供了新的机遇，搭建了新的平台。

【省委书记、省人大常委会主任王珉一行到学校视察】 3月24日，中共辽宁省委书记、省人大常委会主任王珉一行莅临学校视察，随行领导还有省委常委、秘书长周忠轩，副省长陈超英，省教育厅厅长魏小鹏等有关部门负责同志。王珉书记一行先后参观了飞机机载设备与系统实验室、风洞实验室、飞机结构实验室、国家级教学实验示范中心工程训练中心，参观过程中，王珉书记详细了解了学校实验室发展情况，还参观了学生在工程实践课中制作的各种模型，对学校独具特色的实践教学给予充分肯定。在知识工程与人机交互技术研究中心，王珉书记听取了张桂平教授关于知识工程与人机交互工程技术研究的报告，并就目前此项技术的应用情况与张老师进行了交流。

【工业和信息化部领导到学校视察】 3月30日，工业和信息化部军民结合推进司屠森林司长一行莅临学校指导工作。屠森林司长一行先后参观了航空宇航实验室、国家级实验教学示范中心——工程训练中心和知识工程与人机交互实验室。屠司长对学校发展所取得的成就给予了高度评价，对学校国防特色学科专业建设工作以及军民结合和产学研工作结合给予了充分肯定。他希望，学校更名后，能进一步发挥国防特色学科专业优势，推动学科专业建设发展，提高人才培养质量，促进军民结合，全面提升学校国防高层次人才培养的能力，为国防现代化建设、国民经济建设做出更大贡献。

【中航工业集团公司重点型号部领导到学校访问】 9月4日，中航工业集团重点型号部新机办主任刘华翔、飞机公司分党委书记方玉峰，沈飞公司董事长总经理罗阳、总工程师袁立，气动院院长赵波、书记王宗文、副院长于洪利等领导一行来学校访问。在蓝天剧场会议室王维书记和杨凤田校长向来宾介绍了学校的历史和现状，回顾了学校与中航工业血脉相连的历史，来宾参观了校史馆、图书馆、动力实验室、风洞实验室、飞机结构实验室以及工程训练中心，他们对学校的校园建设和各项事业发展给予肯定，并表示将在相关领域进一步加强交流与合作。

【国务院总理温家宝在人民大会堂会见学校外籍专家兰宁阁及夫人】 2月9日，中共中央政治局常委、国务院总理温家宝在人民大会堂会见了长期参与中国革命和建设事业的30多位外国老专家、在华工作的优秀外国专家代表及他们的亲属。学校外籍专家兰宁阁及夫人有幸受邀。温家宝真诚地欢迎来自世界各地的专家，以各种方式为中国现代化建设服务。他要求有关部门，努力为在华的外国专家创造更好的工作和生活条件，照顾好老专家们生活，使他们晚年幸福安康。兰宁阁教授在学校清洁能源与环境工程研究所从事教学和科研工作已有6年，曾荣获国家“中国国家友谊奖”、辽宁省政府友谊奖、沈阳市政府盛京环保奖。

【飞行器复合材料结构分析与仿真重点实验室获准组建】 9月，辽宁省科技厅、辽宁省财政厅下发《关于批准组建辽宁省海水淡化等重点实验室的通知》（辽科发〔2010〕36号），学校由陈万吉教授担任主任的“飞行器复合材料结构分析与仿真重点实验室”获准组建，该实验室已纳入省级重点实验室管理序列。本次获准组建的“飞行器复合材料结构分析与仿真重点实验室”主要从事于建立创新的复合材料高阶板壳理论和有限元方法，复合材料复杂结构高阶理论关键问题，飞机复合材料结构和层间剪切破坏强度试验，复合材料飞机结构设计与制造工艺计算机虚拟仿真，复合材料和纳米材料细观尺度力学行为等方面研究与开发工作。该实验室在建设过程中，将进一步明确科研重点，聚集优秀人才，加强交流合作，更好地发挥学科优势，积极探索基础研究和产业研发之间衔接的有效途径。

【副省长陈超英一行来学校视察】 11月12日，辽宁省副省长陈超英一行来学校视察，视察了通航重点实验室和课堂教学质量监控系统的建设情况。在通航重点实验室，陈超英副省长听取了杨凤田校长关于搭建通航重点实验室科研平台，推动辽宁通用航空产业快速发展的汇报。他表示，省政府将会全力支持辽宁通航产业的发展，争取将其做大做强。陈副省长还强调，当前实验室应着力制造出一架飞机、运营一家俱乐部，以此作为省内试点，吸引更多企业投资，网络更多人才加入，将通航重点实验室做大做强。

【党建工作】 学校党委完善了党风廉政建设责任制，加强重点领域关键环节制度执行监督。选聘和调整处、科级干部24人。选送处级干部参加党校培训6人，参加辽宁省教育行政远程教育培训30人。启动创先争优活动。党委下拨党费4.8万元、党建专项工作经费10万元，鼓励基层组织开展党建活动创新。进一步深化了“共产党员任务工程”内涵，积极组织广大党员把创先争优活动同做好教学、科研、生产和管理等“年度十大中心工作”紧密结合起来，5项党建创新立项获得辽宁省委高校工委支持。荣获“沈阳市委教科工委先进党组织”荣誉称号2个、优秀个人称号3人，学校党委被授予“沈阳市委教科工委先进党委”称号。

【学科建设与质量工程建设】 2010年，新增一级学科硕士点11个（覆盖了二级学科硕士点34个）。目前，学校一级学科硕士点数量跃居省属高校前10位（二级学科硕士点数量跃居第12位）。其中，动力工程及工程热物理一级学科在未有二级硕士点支撑的情况下直接申报一级硕士点并一举成功。工程硕士新增授权领域3个，总数已达8个。新增国家级特色专业1个、省级特色专业1个；新入选省级教学名师1人，新增省级专业带头人1人，新增省级教学团队2个；新增省级精品课程2门；确定“十二五”校级立项教材23部；3个试办专业顺利通过了教育厅中期评估。启动“卓越工程师培养计划”，已与中航工业下属3家企业达成试行联办学院的合作意向。完成省级教改立项13项、校级教改立项57项。投入80余万元，建设省内一流的多媒体教学调度和监控平台。大学英语四级通过率达69.6%，学生在数学建模竞赛、机械大赛、航模锦标赛等各类竞赛中获国际级奖项21项、国家级奖项20项、省级奖项45项。2010年，完成全日制硕士招生计划369人、专业学位硕士75人，在校总数达1 294人，同比增长10.3%。本年度授予硕士学位272人，2篇硕士学位论文入选“辽宁省百篇优秀硕士论文”。

【科技创新能力显著提升】 2010年，学校与中航工业集团公司签订了“十二五”战略合作协议，明确了每年支持学校1 000万元创新基金的合作目标；与中航工业沈飞公司签订了“十二五”战略合作协议，创新了合作模式，建立沈飞国家级技术中心沈航研究院。“飞行器复合材料结构分析实验室”获批省级重点实验室、“光纤传感技术中心”获批省级工程技术中心。航空制造工艺数字化国防重点实验室加强了同航空厂所的战略联盟，与沈飞合作完成的“现场可视化装配仿真技术应用研究与系统实现”成果获中航集团科技进步一等奖、国防科技进步二等奖。新增科研立项223项，其中国家自然科学基金8项，总装专项2项，空装项目3项，作为主研单位参与“973”项目2项；科研经费总额6 366万元，同比增长9.2%；获省级以上奖项6项，首获省级哲学社科成果一等奖1项；获批专利141项；发表核心以上期刊论文546篇，同比增长44.8%，其中被三大检索收录249篇；学校教师担任主编之一的《幸福书》得到中央、中宣部等部门领导的高度评价，数月销量居非小说类图书榜首。

【教师队伍建设】 学校修订完善人事管理制度，健全人才的考评机制，对近五年引进与培养的高职、高学历人员的使用情况进行调查分析，落实相应的奖惩政策；实施新一轮职称评聘工作，新聘各类专业技术人员58人；在新的管理机制下，完成1 415名教职工的专业技术岗位、管理岗位和工勤技能岗位聘任工作。引进博士11人，组织骨干教师参加进修42人次，其中出国进修2人、博士进修10人、博士后9人，专任教师硕博比提高了4个百分点。1人入选“沈阳市优秀专家”，1人被授予“沈阳市劳动模范”称号，2人被评为“沈阳市三育人先进个人”。

【就业创业工作】 2010年，招生覆盖了全国30个省份，其中28个省份的录取分数线高出本地控制线，20个省份录取平均分高出或接近一本线。10个专业（方向）实行辽宁省一批次招生，二批本理科录取线高出辽宁省控线41分，位居省内同类高校前三名。举办大型专场招聘会5场、中小型专场招聘会100余场，提供就业岗位信息10 000余个。2010年本科生初次就业率94.47%，年终就业率95.41%；专科生初次就业率84.36%，年终就业率86.83%。学校荣获“沈阳高校大学生就业创业工作先进集体”称号。

【国际合作与交流】 2010年，新增国际友好合作学校10所，友好学校达47所；接待国际访问团组20余个，组织教师参加国际学术会议20余人次；组织学生赴国外学习、实习和就业达60余人次。在校留学生总数达177人，来自20多个国家和地区，其中学历生达140余人。外籍教师和专家增至13人。

【学生工作】 学校“教师专职辅导员队伍建设”创新工作获评“沈阳高校大学生思想政治教育工作”创新奖、特等奖；3人获省级先进个人，5人获市级先进个人。评选学生先进集体334个、先进个人1 117人次；评选包含国家、省、校级奖学金和实德奖学金等命名奖学金8 003人次，发放金额218.7万元。校长、副书记召开经济困难学生座谈会，完善资助体系。办理国家助学贷款526人次，放贷676.48万元；评选国家励志奖学金、助学金和南航“十分关爱”助学金等3 655人次，发放金额714万元；安排勤工助学1 971人次，发放助学金17万元；发放各类补助237.7万元。举办首届校园文化艺术节，组织系列人文科学讲座20余场，组织高雅艺术进校园等系列活动50余场。

【三本教育与继续教育】 2010年，北方科技学院与北方软件学院顺利实施了向新校区搬迁的工作，为两院的发展奠定了基础。继续教育学院完善了147培训中心办学条件，取得了民用航空器维修的基础培训合格证和基本技能培训合格证。4月19日，学校147培训中心获中国民用航空总局批准，取得基本技能培训ME专业资格证书。5月7日，学校147培训中心顺利通过民航局严格审查，获得ME-TH直升机维修基础培训机构合格证，标志着全国首家直升机维修基础培训机构诞生。

【财务审计与资料建设】 2010年度催收土地转让款5.5亿元，争取各类专项建设经费1 780.76万元，化解各类债务2.7亿元。全年完成财务、基建与修缮工程结算审计202项，审计总额9.1亿元，审减额5 419.8万元。校园网出口带宽从700Mbps拓增至900Mbps，位居全省高校前列。档案馆加强信息化建设和文化建设，顺利通过了辽宁省高校档案评估。

【后勤与产业改革】 后勤管理中心通过引入竞争机制、学生参与管理、开设教工就餐区等改革措施提高了后勤服务水平。校医院率先推行了大学生城镇医疗门诊统筹方案。航达科技研发中心全年销售收入达7 671万元，同比增加10%，新增研发项目12项，其中3项通过了空军组织的设计定型。中心选取机载公司民品分厂为试点推行股份制改革，当年扭亏为盈，呈现出良好的势头。

【民生工程】 学校领导全年慰问老干部、重病、困难职工200余人次，工会组织健康体检1 300余人次，组织参保“女性安康团体险”722人，支出体检费、医疗费、困难补助、慰问金等160余万元。组织教职工开展庆“三八”文艺汇演、百日长跑、乒乓球赛等文体活动。

（赵延华　霍庆生）

沈阳建筑大学

【概况】　沈阳建筑大学位于沈阳浑南新区的主校区占地面积1 500亩，建筑面积44万平方米。有14个学院，现有教职工1 400余人，其中专任教师806人。专任教师中具有副高级以上技术职称的有353人、硕士及以上学位560人，有博士和硕士研究生导师446人，其中国家百千万人才和全国专业教学指导委员会委员10余人。学校目前有全日制在校生16 000人，其中博士、硕士研究生1 900人。2010年，住房和城乡建设部与辽宁省人民政府签署共建沈阳建筑大学协议，实行省部共建。同年，学校被国务院学位委员会批准为新增博士学位授权立项建设单位。现有1个博士点，6个一级硕士学位授权学科，30个二级硕士学科点，涵盖工、管、文、法等学科门类。本科教育包括六大学科门类的41个专业。学校是国家教育部确定的培养高水平运动员试点单位之一。学校2002—2010年的本科毕业生初次就业率在辽宁省高校名列前茅。

【党建和思想政治工作】　积极开展创先争优活动。成立了领导小组，确定了“深入学习实践科学发展观、推动学校事业又好又快发展”的活动主题以及“创先争优树形象、促进发展作表率、为特色大学作贡献”的活动主线。开展了“以加强实验室建设与管理为抓手，号召全体党员在学校发展建设中发挥先锋模范作用”的主题活动，推动实验室的建设和发展水平与有特色、高水平建筑大学的建设需要相适应。组织基层党组织和全体党员开展公开承诺活动，积极开展在创先争优活动中做好领导点评工作。组织开展了“绿化、净化、美化，共建美好家园”、“为建大添砖加瓦、为党旗增光添彩”等特殊党日活动，全校1 852名党员参加了义务劳动。把“五个一、五促进”作为开展“创先争优”、“四进四建”活动的重要内容和载体，加强机关干部作风建设，效果良好。共提合理化建议117条，形成工作调研报告近百篇，帮助经济困难学生百余人。

开展庆祝建党89周年暨“两先两优”表彰活动。召开了“两先两优”表彰大会，评选表彰了3个基层党委、15个党支部、41名共产党员、25名党务工作者。学校党委再次被评选为沈阳市教科系统先进党委，学校1个基层党委、1个党支部、4名共产党员、2名党务工作者受到上级党委表彰。

制定了《沈阳建筑大学基层党委工作暂行规定》、《沈阳建筑大学基层党委、党总支（直属党支部）组建（换届）选举工作程序》，全校基层党组织顺利完成换届工作，各基层党组织所属党支部也相应完成重新设置和调整。目前，学校共设14个基层党委、4个党总支、2个直属党支部。下设127个党支部。

制定了《中共沈阳建筑大学委员会关于基层党委发展党员工作的暂行规定》，授权基层党委发展党员预审、预备党员审批及预备党员转正的工作权限。组织完成春季、秋季2期教工、学生入党前集中培训班，全年培训509名入党积极分子，493人被吸收为中共党员。

【教育教学工作】　2010年获批国家级质量工程项目3项，省级质量工程项目12项。2个专业被评为国家级特色专业建设点；“工程管理教学团队”被评为国家级教学团队；3个专业被评为辽宁省特色专业；4门课程被评为省级精品课程；2名教师被授予辽宁省省级教学名师奖；2

个团队被评为辽宁省省级教学团队；1人被评为省级专业带头人。新增3个专业的国家专指委委员；“景观建筑设计”专业顺利通过辽宁省学士学位申请，动画、工程造价2个专业顺利通过辽宁省本科试办专业评估。新增“建筑节能技术与工程”和“功能材料”2个国家战略性新兴产业相关专业。共出版教材5部，获得电力行业精品教材2部，16部教材列入电力协会和中国电力出版社“十二五”规划教材。学生参加多项学科竞赛，获得全国二等奖3项，省级一、二、三等奖35项。

教学改革成果丰硕。获得辽宁省教育科学“十一五”规划2010年度课题立项13项；辽宁省教育科学“十一五”规划优秀成果二等奖1项、三等奖1项；辽宁省高等教育学会第四届理事会高等教育研究优秀学术成果一等奖1项，二等奖5项，三等奖2项；辽宁省教育评价协会优秀教育评价科研成果一等奖1项、二等奖2项、三等奖1项；辽宁省高等教育学会优秀论文一等奖1项，二等奖1项；第十届全国多媒体课件大赛一等奖1项、三等奖2项、优秀奖6项，学校获得“优秀组织奖”；辽宁省第十一届教育软件大赛获二等奖4项，三等奖6项；开展对2010年31项CAI在研立项课题的中期检查工作；组织完成2010年CAI立项课题结题工作，18个课题通过结题评审。学校被评为“辽宁省大学外语考试优秀学校”、“辽宁省全国计算机等级考试（NCRE）优秀考点”。

【学科建设】 继2010年年初学校被国务院学位委员会正式批准为辽宁新增博士学位授权立项建设单位后，在辽宁省“提升高校核心竞争力特色学科建设工程”项目中，土木、建筑、机械3个一级学科入选“一流学科计划”，材料学入选“特色突出计划”。又有6个硕士一级学科通过辽宁省学科评议组评审和辽宁省人民政府学位委员会的审议。至此，学校硕士一级学科数已经达到12个，硕士二级学科点数达到50个。其中新增二级硕士学位授权点20个，新增环境工程硕士专业学位领域。

2010年有9个项目获得中央财政专项资金支持。“新型建筑材料制备与检测技术实验室”被批准组建辽宁省重点实验室，学校省级重点实验室达到5个。启动了全校性“公共分析检测中心”平台建设项目。

【科研工作】 全年纵向科研进款2 447万元，横向科研进款3 391万元，不含产业收入，全校科研总进款5 838万元。全年申请国家、省、市各级各类科研项目598项，获得立项206项，其中国家级18项，省部级154项，市级34项。获得国家自然科学基金项目资助7项；国家“十二五”支撑课题2个，并首次作为整个项目的技术负责单位承担国家支撑项目1项；签署横向科研合同181项，合同额6 200余万元。全年获得各级政府奖22项。其中，1项成果作为主持单位获得国家发明二等奖，1项成果作为主要参加单位获得国家科技进步二等奖，1项成果获得第九届中国国际制造业博览会金奖，3项成果获建设部华夏奖，1项成果获中国机械工业联合会（部级）二等奖，7项成果获省科技进步奖，1项成果获省哲学社会科学成果奖，7项科技成果获沈阳市科技进步奖。此外，还有72项成果获省自然科学成果奖、有11项成果获市自然科学成果奖。全年组织申报专利291项，公开发表论文1 109篇，收录三大检索147篇，出版著作72部。全校已形成科研团队15个。

《沈阳建筑大学学报（自然科学版）》荣获第三届“中国高校优秀科技期刊奖”；《沈阳建筑大学学报（社会科学版）》被评为“全国高校优秀社科期刊”，《建筑与美学》栏目被评为“特色栏目”。

【学生教育】 继续把“学雷锋活动”作为学校大学生思想政治教育工作的主线，积极推进制订“成长计划”，深入开展心理健康教育工作，更加注重对学生成长的指导。推荐上报的

《与时代同步，与雷锋同行，让雷锋精神永驻校园——沈阳建筑大学学雷锋活动纪实》、《从学生成长成才出发，建设一支高素质的学生工作队伍》等成果获沈阳市思想政治教育创新奖；《大力实施成长导航工程，全面助推学生成长成才》被评为辽宁省优秀思政成果；《再做一次表率，留下毕业生的风采》被评为辽宁省第五批大学生思想政治教育精品活动。学校被省教育厅评为“千名辅导员万家行”活动优秀组织单位。2人被评为省思政先进个人，1人被评为省辅导员年度人物。有20余篇论文和研究成果受到省市级表彰。

落实2008、2009级共1 300名家庭经济困难学生国家助学贷款近2 000万元；落实发放国家及政府专项资助资金近600万元，学校投入资助经济困难学生资金170余万元。全校共建设校外社会实践基地77个，开展了社会实践活动百余次，参与同学达万人次，形成报告六千余份。承办了第十一届沈阳大学生文化节主体活动之“走向未来”大学生就业创业创意设计大赛，学校有21项学生作品在国家和辽宁省“挑战杯”创业计划大赛中获奖。

【招生就业】 在2010年的本科招生工作中，在“电气信息类”和“工商管理类”实行大类招生改革试点，并且在招生人数增加的情况下，实现了在一批次录取省区数、辽宁省一批次录取专业数及一批次录取学生比例都有新的增长，辽宁省理工类二批次录取最低分高出生录取控制线53分。生源质量稳步提高。依托中国建筑工程总公司的深厚行业实力，学校与中国建筑八大工程局签署共建合作协议，在相关领域的人才培养与输送、科研平台与基地建设、构建产学研一体化等方面开展合作，为实施卓越工程师培养教育计划奠定了基础。本科毕业生就业率连续9年位列辽宁高校前茅。2011届毕业生3 322人（其中本科毕业生2 879人）增长14%。本科毕业生初次就业率94.35%，到直辖市、计划单列市和省会城市就业1 773人，占毕业生总数70.50%；进入中建总公司系统845人；进入世界五百强企业1 020人，占毕业生总数35.43%。就业质量稳步提升。

【研究生教育】 教育部正式批准学校新增为推荐优秀应届本科毕业生免试攻读硕士学位研究生工作单位。制定了《沈阳建筑大学推荐、接收优秀应届本科毕业生免试攻读硕士学位研究生工作实施办法（试行）》，组织开展了学校首次推荐、接收优秀应届本科毕业生免试攻读硕士学位研究生工作，共计有25名应届本科毕业生获得推荐免试资格。与大连理工大学联合录取了2名博士研究生；完成了2010级631名硕士生的录取。启动了优质、精品课程建设项目，推进研究生英语教学改革；4篇论文被评为辽宁省百篇优秀硕士学位论文。扎实推进研究生党团建设，研究生援建安县党支部被评为沈阳市先进党支部；以“研究生创新讲坛”引领学风建设，加大对研究生校内外学术交流的引导；学校被评为“辽宁省研究生教育创新计划先进工作单位”。

【服务地方建设】 校办产业完成产值1.1亿元，实现总收入8 500万元。建设项目管理公司首次以承担项目管理的方式承担了辽宁省“十二运”重点项目。由建筑设计院参与设计的“沈阳建筑大学新校区-教学楼区”获中国建筑学会“建国六十周年建筑创作大奖”；“铁人王进喜纪念馆”获中国勘察设计协会“优秀勘察设计三等奖”；有2项工程获 “辽宁省优质主体工程”奖，1项工程获“沈长哈三市观摩优质工程金杯奖”。学校积极参与以“辽滨水城”、沈阳现代建筑产业园为代表的重大建设项目，建筑博物馆的面向社会开放，建设全国市长培训教学基地、辽宁省人力资源与社会保障厅继续教育基地，实施盛京施医院（原奉天医科大学教学楼）的搬迁及复建工程，十王府一号院、二号院工程，积极推进入驻浑南国家大学科技园计划。

【师资建设】 学校土木工程学院重点实验室的赵唯坚教授，入选2010年国家第五批“千人计划”。到目前，学校有国家“千人计划”学者1人，国家级教学名师1人，新世纪百千万人才工程国家级人选3人，享受政府特殊津贴专家6人；建设部有突出贡献专家3人；教育部专业教学指导委员会委员3人，建设部土建学科展业教学指导委员会委员4人；建设部城镇化专家委员会委员1人；辽宁省“百千万人才工程”百人层次专家20人，辽宁省教学名师6人。

【国际交流】 学校孔子学院获得批准并列入孔子学院总部。芬兰（北欧）木结构节能环保别墅项目竣工，并开展节能环保和可持续房屋修建技术教育的培训计划。学校作为国内唯一高校成为美国绿色建筑学会海外会员单位。学校与芬兰国家技术研究院（VTT）、德国威斯玛大学、罗马尼亚特来西瓦尼亚大学、美国休斯敦大学、阿拉斯加州立大学等开展了国际合作。先后组织来自美国、德国等大学校长或知名专家学者10人来学校举行了高层次学术讲座，并分别聘请美国建筑师学会前任会长唐纳德·海克教授等4名国外专家为学校客座教授。韩国全北大学选派12名学生，德国威斯玛大学选派了11名学生来学校交流学习。同时加强留学生的管理和服务工作，很好地完成了留学生突发事件或涉外事件的协调处理工作。

【继续教育】 举办了“岫岩县乡（镇）领导干部城镇建设与管理研究班”，培训城管干部近200人，省政协对此次活动表示了极大的关注，并以此为基础材料，向两会递交了《关于高校向县、乡（镇）、村三级政府提供城镇发展智力支持的建议》的提案。协助开展了《辽宁省国家注册建筑师继续教育培训》、《辽宁省国家注册结构工程师继续教育培训》和《建筑结构抗震设计规范》继续教育培训工作，累计培训1 500余人。圆满完成成人教育2 134人的招生工作。

【人事改革】 在学校首次专业技术岗位和工勤技能岗位聘任工作中，聘任到专业技术岗位815人、工勤技能岗位128人，退休人员调整退休待遇申报72人，已报省人社厅核准。人事代理人员的岗位分级聘任工作正在准备中。制定聘期专业技术岗位聘期任务，启动了2010—2012年聘期签订全员聘用合同工作。加强分配制度改革，逐步提高教职工待遇，对校内岗位津贴进行了调整。

【民主建设】 进一步发挥了“教代会”在学校民主管理与监督工作中的作用。审议通过2010—2012年聘期聘任方案、聘期（岗位）任务、收入分配调整方案。积极开展“师德师风”建设活动，表彰了28名“三育人先进个人”。1个团队获“沈阳市五一巾帼先进集体”称号；1人获“沈阳市五一劳动模范”称号；1人获沈阳市“三育人”先进个人称号。3名教师荣获“沈阳市高校青年教师教学能手”和“沈阳市高校青年教师优秀能手”称号。离退休工作更加细致贴心，关工委工作受到辽宁省表彰。

【党风廉政建设和反腐倡廉工作】 制定了《学校岗位廉政教育实施方案》，组织查找岗位廉政风险点，共有214个教育对象填写了《岗位廉政风险点自查表》，全校共查找了376个廉政风险点，制定措施433条，并根据实际编写了情景教案。组织全校处级以上领导干部及重要岗位的工作人员150余人，参观了辽宁省反腐倡廉警示教育基地。完成了处级领导干部离任经济责任审计，查阅凭证和账册900余册，完成审计金额1.65亿元，清理认定应收款应付款525万元。

【内部管理】 合理调剂学校现金流量，制订各年度贷款还本付息计划。加大学杂费收缴力度，全校学杂费收缴率达到90.77%，学生助学贷款到位后则完成97%以上。积极争取中央与地方共建项目。提前完成了学校博士单位立项建设拟定投入资金的指标任务。建设银行支持学校“一卡通”项目的投资得到落实。校友捐赠工作取得新进展，争取校友资助学校建设资金200余万元。积极落实设备采购工作，完成各类设备采购40余项。完成了学校有史以来最大规模的资产处置工作，累计处置27 000多台件的老旧设备。

争取校友赞助，利用体育场设施改造建设足球博物馆。积极争取建设资金，建设网球教学训练中心并投入使用。利用原东院结构实验室，完成了教职工（离退休）活动中心的改造工程和东院东二住宅楼一二层的改造项目。西院居住工程建设项目进一步完善。图书阅览、文体设施、网络配套等基础建设进一步完善。

进一步拓展服务功能，坚持为学校教学、科研、师生服务提供优质服务。餐饮中心被沈阳市食品药品监督管理局指定为沈阳市“示范化食堂”；建大宾馆被中国高等教育学会后勤管理分会授予“2010年度全国高校旅行接待服务先进单位”荣誉称号，并被辽宁省第十一届运动会委员会办公室评选为“辽宁省第十一届运动会官方指定接待酒店”。

【构建和谐校园】 完成辽宁省教育厅和环保厅“环境友好型校园”申报和进校考察工作，已经通过评估检查进入公示阶段。具有学科特色的古建筑保护示范区初步形成。“廉洁自律六个一活动”获全国高校校园文化建设优秀成果三等奖。

与中国建设报社正式签署合作共建协议，被确定为中国建设报社理事会战略合作单位。中国建设报社驻辽宁记者站设在学校。全年在光明日报、新华网、人民网、搜狐等中央媒体、地方媒体和网络媒体刊发学校新闻160余条，其中在建设报刊发新闻18篇（4 000字以上深度报道4篇，头版报道6篇）。出台《中共沈阳建筑大学委员会关于进一步加强和改进对外宣传工作的实施意见》。在全省高校好新闻评比中，学校选送的7件作品全部获奖，其中5件作品获得一等奖。

田径队获第十一届全国大学生田径锦标赛男子乙组跳高第四名，创学校历史最好纪录；获得第十一届辽宁省大学生运动会男子跳高、跳远金牌2块；游泳高水平队获第十一届全国大学生游泳锦标赛女子团体第七名。

与学校31个单位、部门签订安全责任状，坚持开展安全检查。开展防火应急疏散演练4次，共组织约1 000名师生进行消防培训，按时维修、配置消防器材近3 000件。校园110坚持24小时巡逻，共发现并排除处理安全隐患19起，各类违章、违纪120余次。加强校园治安管理及案件处理，破获各类案件20余起（150余件物品），为学生挽回经济损失折合人民币约10万元。学校被辽宁省综治委授予“平安示范校园”称号，保卫处荣立沈阳市公安局集体三等功。

（胡立男）

沈阳农业大学

【概况】 沈阳农业大学占地面积1 080.08万平方米，校本部建筑面积39.74万平方米。2010年，学校固定资产总值49 988万元，其中教学科研仪器设备资产值15 295.07万元，新增教学科研仪器设备2 012.62万元。全年教育经费投入34 570万元，其中，国家拨款20 606万元，自筹经费13 964万元。图书馆建筑面积7 781平方米，藏书117.8万册，电子图书16万册。学校现有49个本科专业，68个硕士学位授予权专业，31个博士学位授予权专业，4个研究生专业学位学科，6个博士后科研流动站；学校有3个国家级重点学科，3个农业部重点学科，19个辽宁省重点学科（5个辽宁省重点一级学科），2个辽宁省重点培育学科。设有农学院、园艺学院、土地与环境学院、植物保护学院、水利学院、经济管理学院、林学院、畜牧兽医学院、食品学院、生物科学技术学院、信息与电气工程学院、工程学院、理学院、科学技术学院、高等职业技术学院和成人教育学院等16个学院；4个教学部、中心；有科学研究机构83个，其中，国家级区域创新中心1个，教育部与辽宁省共建重点实验室2个，农业部、辽宁省重点实验室（成果转化基地、工程技术中心）50个，沈阳市重点实验室（工程技术中心）9个；有基础、专业实验室和实验教学中心19个，形成了多学科、多层次、多形式的教育体系，成为我国农业科技人才培养和科学研究的重要基地。

学校现有教职工1 802人，其中专任教师981人，院士1人，教授171人，副教授428人；有博士研究生导师105人，硕士研究生导师337人。已有248人享受国务院政府特殊津贴。

毕业生7 376人，其中，学历教育学生中全日制博士研究生112人，硕士研究生717人，普通本专科生4 260人，本科3 124人，专科生1 136人。招生6 148人，其中，学历教育学生中全日制博士研究生127人，硕士研究生745人，普通本科生2 561人，高职专科1 360人；成人本专科生1 355人；在职人员攻读硕士学位研究生492人。现有在校生21 899人，其中博士研究生567人，硕士研究生2 227人，普通本专科生16 125人，成人本专科生2 980人。

2000年以来，学校共承担国家、省、市各类科研项目2 960多项，有136项成果获国家、省（部）、市奖励，70%的科研成果在农业生产上得到大面积推广应用，创造了巨大的经济效益。学校在辽宁省8个市16个县（区）36个乡（镇）建立了科教基点，先后选派34名科技人员到当地担任科技副县（市）、乡（镇）长，有力推动了“科教兴农”工作的深入展开。

学校不断加强与国际知名大学、科研院所的交流与合作，目前已与40多个国家和地区建立了联系，与15个国家的29所院校结为姊妹学校。学校网址：www.syau.edu.cn。

【与辽宁顺智教学园管理有限公司举行合作办学签字仪式】 1月4日，与辽宁顺智教学园管理有限公司合办沈阳农业大学科学技术学院的签字仪式在学校外事楼举行。校长张玉龙、辽宁顺智教学园管理有限公司董事长王兆宝分别代表双方在合作办学协议书上签字。

【韵绿生态协会获中华环保基金资助】 1月8日，沈阳农业大学韵绿生态协会“沈阳市东陵区取暖能源使用及可再生能源推广调研”项目获中华环保基金第四批大学生环保公益活动资助项目。

【学校街舞团队在CCTV“华夏之星”选拔赛中获冠军】 1月12日，在由中国教育学会音乐教育专业委员会主办，沈阳市妇女儿童教育中心承办的CCTV“华夏之星”2009全国青少年新春大联欢电视晚会选拔赛中，学校大学生艺术团AUDS街舞团队在街舞组别的比赛中获团体冠军。

【学校两个项目分获“沈阳市高校十大新闻”和“沈阳市高校突出贡献奖”】 1月18日，2009年沈阳高校十大新闻、十大社会服务贡献奖颁奖典礼在沈阳大学音乐厅举行，来自沈阳市26所高校的领导和代表近200人参加了颁奖典礼。学校申报的“陈温福教授当选为中国工程院院士”被评为沈阳市高校十大新闻；“突破苹果禁栽线，让沈阳成为苹果之乡”被评为沈阳市高校突出贡献奖。

【举行2010年春节团拜会】 2月9日，学校2010年春节团拜会在世纪会堂隆重举行。沈阳市委副书记苏宏章、副市长王玲，市委组织部副部长、市人力资源和社会保障局局长冯连旗，市委教科工委书记赵日刚，市委组织部部务会成员、市人才办专职副主任都向辉，市财政局副局长吴景峰等领导光临团拜会现场，与学校师生共同欢度新春。

【举行第六期辽宁省农民技术员培训班开学典礼】 3月4日，第六期辽宁省农民技术员培训班开学典礼在学校多功能报告厅举行。出席此次开学典礼的领导有省科技厅党组成员、副巡视员张强，昌图县委书记刘雁，学校党委书记郭明顺、校长张玉龙。省科技厅有关部门负责人，学校相关职能部处负责人、任课教师代表及第六期全体学员参加了此次典礼。开学典礼由成人教育学院院长杨印山主持。

【日本大学代表团访问学校】 3月11日，党委书记郭明顺、副校长李天来在国际交流处会见了由日本岩手大学、山形大学、弘前大学3所大学组成的日本代表团一行5人。会后，岩手大学Hideharu Taira教授、山形大学Takashi Nishizawa教授、山形大学Motoyasu Natsuga教授、弘前大学 Shu-ichi Sugiyama教授分别作了题为“PERK是海马鼠标HT22细胞系中谷氨酸盐导致细胞死亡的原因”、“智利草莓的生理形态特征”、“化学发光光谱法在糙米质量变化上的应用”、“分生组织如何调节植物的生长”的学术报告。

【学校4门课程被评为2010年度省级精品课】 3月22日，2010年度辽宁省普通高等学校精品课程评选结果揭晓，张广胜教授主讲的《农业政策学》、李天来教授主讲的《设施园艺学》、秦利教授主讲的《害虫防治学》和岳喜庆教授主讲的《食品发酵工程概论》4门本科课程入选。

【深入开展创先争优活动】 6月17日，沈阳农业大学创先争优活动正式启动。学校以“强化特色建设、坚持科学发展、建设国内一流高水平农业大学”为主题，以“培养一流创新人才，争做育人标兵”，“创造一流科研成果，争做科研尖兵”，“提供一流社会服务，争做科教兴农先锋”等10个“十佳”创建活动为基本实践载体，结合贯彻落实新修订的《中国共产党普通高等学校基层组织工作条例》，统筹推进党的建设和其他经常性工作。

【王琦编审荣获第三届“辽宁省期刊人奖”】 3月，由辽宁省新闻出版局、辽宁省期刊协会共同举办的第三届“辽宁省期刊人奖”评审结果揭晓，学校原出版部主任、新农业杂志社总编辑王琦编审等12人荣获“辽宁省期刊人奖”。

【全国人大代表陈温福院士参加全国人代会】 3月3日—14日，全国人大代表、中国工程院院士、学校水稻研究所所长陈温福教授在北京参加十一届全国人大三次会议。他在会议期间向大会提交了“振兴民族种业，防止主要粮食作物种子产业‘殖民化’，确保国家粮食安全”的提案，建议国家应对“振兴民族种业”给予足够的重视与支持，进一步加大对农作物种子创新工程的支持力度，特别是加强常规育种技术、杂交育种技术的支持力度，打造民族种业品牌，确保国家种业安全，从源头上确保粮食安全。

【农业资源与环境、农业水利工程两专业被评为省普通高校本科特色专业】 4月13日，辽宁省教育厅公布了2010年度辽宁省普通高等学校本科特色专业的评选结果，共评出60个省级本科特色专业。学校的农业资源与环境、农业水利工程两个专业榜上有名。

【完成了人员聘用制、岗位设置和等级聘用等工作】 4月19日，学校在世纪会堂召开全校教职工参加的人事制度改革与人员聘用工作动员大会，标志着学校人事制度改革正式启动。截至4月底，现有在职职工1 808人中，有1 803人签订聘用合同，3人因病因事缓签聘用合同，2人（高职院）申请提前退休。4月—7月，学校进行了全校教职工人事制度改革与人员聘用，完成了人员聘用制、岗位设置和等级聘用等工作。

【农学院水稻研究所获“辽宁工人先锋号”荣誉称号】 4月25日，学校农学院水稻研究所被辽宁省总工会授予“辽宁工人先锋号”荣誉称号。学校农学院水稻研究所是国家重点学科“作物栽培学与耕作学”、国家一级学科博士点“作物学”、“农业部作物生理生态遗传育种重点开放实验室”的核心单位，同时也是教育部北方粳稻遗传育种重点实验室、辽宁省北方粳稻育种重点实验室、农业部北方超级粳稻成果转化基地、北方粳型超级稻原原种扩繁基地和辽宁省国家水稻区域技术创新中心，是东北地区稻作科学研究中心、学术交流中心和人才培养中心。到目前为止，以陈温福为首席科学家的“北方超级稻育种研究”团队，已育成通过部省级认定的超级稻新品种19个，在东北稻区累计推广种植1.47亿亩，增产稻谷83亿公斤以上，新增直接经济效益近124.6亿元。

【设施园艺学被评为国家级精品课】 6月2日，学校设施园艺学被评为国家级精品课，实现了学校国家级精品课“零”的突破。目前这些课程已实现教学内容全部上网，并向全国免费开放。

【洪绂曾莅校视察】 7月14日，学校校友、九三学社中央原副主席、农业部原副部长洪绂曾来校视察，陪同洪绂曾副主席来校视察的还有辽宁省政协副主席、九三学社辽宁省委主委刘政奎。在校党委书记郭明顺陪同下，先后视察了学校树莓品种筛选及标准化生产技术研究基地、东北野生猕猴桃资源异位保存圃、水稻研究所。

【辽宁省专业技术人员培训班开班】 7月16日，2010年辽宁省专业技术人员培训班（重点班）在成人教育学院培训楼二楼会议室举行开班典礼。辽宁省农村经济委员会副巡视员吕子湖、学校校长张玉龙出席了典礼。本次培训共计为11天，90个学时，培训将围绕现代农业产业发展、现代农业推广服务、现代农业信息化服务、农产品市场营销和现代农业技术等领域展开。参加此次培训的35名学员全部是来自辽宁省各县基层的专业技术人员和农业技术推广人员。

【学科专业建设取得新成就】 7月19日，农业机械化及其自动化专业被遴选为国家级特色专业建设点，标志着学校本科专业的建设达到了一个新的水平。此外，经辽宁省教育厅评审，学校申报的14个省一级、二级重点学科全部获得辽宁省“提升高等学校核心竞争力特色学科建设工程”立项。其中作物学等5个一级学科进入一流学科建设类别；果树学、植物营养学2个二级学科进入冲击国家重点学科建设类别；植物学等7个二级学科进入特色学科建设类别。

【学校在中国高等农业院校第七届大学生田径运动会上获佳绩】 7月19日—25日，中国高等农业院校第七届大学生田径运动会在安徽农业大学隆重举行。共有来自全国34所高等农业院校的500余名运动员参加了运动会，刘广林副校长率学校大学生田径代表队参加了甲组的比赛，取得了一枚银牌、一枚铜牌、男女团体总分第十名的成绩，并打破了学校三项田径纪录。

【民盟沈阳农业大学委员会完成换届工作】 7月23日，中国民主同盟（民盟）沈阳农业大学委员会举行第六届委员会换届选举大会，民盟沈阳农业大学委员会圆满完成换届工作。民盟沈阳市委驻会副主委刘长荫、组织部长林雨，学校党委副书记金宝莲及党委统战部部长焦静娥、副部长安俊学等应邀出席了大会。食品学院岳喜庆教授当选为民盟沈阳农业大学第六届委员会主任委员，林学院陆秀君教授当选为常务副主任委员，农学院刘江、畜牧兽医学院张勇、外语教学部李晓敏当选为副主任委员。

【学校与朝阳市签订设施农业产业科技合作协议书】 7月23日，校长张玉龙、科技管理处处长王铁良及辽宁省设施蔬菜产业创新团队专家一行，赴朝阳市参加了“朝阳市人民政府与沈阳农业大学设施农业技术合作签约仪式”。出席签约仪式的还有辽宁省农村经济委员会副巡视员吕子湖、朝阳市副市长王涌翔、辽宁省农科院副院长李海涛、朝阳市农委主任盖捍疆等。张玉龙校长与王涌翔副市长分别在“朝阳市人民政府与沈阳农业大学设施农业产业科技合作协议书”上签字。

【承办沈阳市科技特派员示范工程“青年农民上大学”培训班】 7月23日，沈阳市科技特派员示范工程“青年农民上大学”第六期培训班结业仪式在学校讲堂举行。会议由沈阳市科技局星火办主任王德志主持。此次共结业学员243名。自2004年开始，截至2010年底，沈阳市科技特派员示范工程“青年农民上大学”培训班已招生七期，累计招收学员1 039人。毕业学员799名。这项计划的目标是通过一年制非学历培训，培养一批农村科技致富的带头人和农村经济合作组织的带头人，培养一批社会主义新农村建设的骨干，培养一批有文化、懂技术、会经营的新型农民。培养工程的实施，为探索建立新型农民培训的长效机制，为农业技术成果的有效转化和推广应用找到了新的切入点，是推进社会主义新农村建设的有力措施。

【朝阳市设施农业骨干技术人员培训班在学校开班】 8月9日，由辽宁省农委、沈阳农业大学、省委组织部、朝阳市组织部人才办、朝阳市农委共同组织实施，为期5天的朝阳市设施农业骨干技术人员培训班开班典礼在学校多功能报告厅举行。前来参加培训的人员是来自朝阳市各县（市）区设施蔬菜生产第一线的40名骨干技术人员。

【学校获批组建省级重点实验室、省高校重点实验室各1个】 8月20日，学校新获批准组建省级重点实验室和省高校重点实验室各1个。其中，省级重点实验室为工程学院的“辽宁省生物质能源生物转化技术重点实验室”；省高校重点实验室为林学院的“北方园林植物与地域景观重点实验室”。

【学校承办2010年粮食安全生产技术国际培训班】 9月10日—29日，由国家科技部国际合作司主办，沈阳市科学技术局协办，沈阳农业大学承办的2010粮食安全生产技术国际培训班在学校举行。本届培训班共有来自土耳其、孟加拉、保加利亚、巴基斯坦、苏丹、泰国、蒙古7个国家的18名学员。

【千余名院士、专家汇聚学校参加全国学术年会】 9月13日—14日，由中国作物学会主办、沈阳农业大学承办的“中国作物学会第九次全国会员代表大会暨2010学术年会会议”在沈阳举行。辽宁省副省长陈超英、中国科学院副院长李家洋院士、中国农业科学院院长翟虎渠、江苏省副省长曹卫星等相关领导，中国工程院陈温福等8位院士以及会议代表800多人出席了会议。9月26日—28日，由中国园艺学会中国工程院农业学部主办，学校和辽宁省农业科学院、辽宁省园艺学会共同承办的“中国园艺学会2010学术年会”隆重召开，来自全国30个省、市、自治区的400多位专家、学者参加了会议。

【学校11项成果获得2010年辽宁省科技进步奖】 10月20日，2010年辽宁省科技进步奖结果揭晓，学校共有11项成果获奖，其中一等奖1项，二等奖4项，三等奖6项。水利学院王铁良教授主持的成果“辽宁系列日光温室研究与应用”获得省科技进步一等奖；园艺学院李天来教授、冯辉教授，土地与环境学院孙军德教授，畜牧兽医学院边连全教授主持的成果获得省科技进步二等奖；植物保护学院傅俊范教授、农学院李凤海副研究员、生物科学技术学院钟鸣副教授、土地与环境学院贾树海副教授、林孙守慧副教授、信息与电气工程学院许童羽副教授主持的成果获得省科技进步三等奖。

【辽宁省食品质量与安全学会在学校成立】 10月21日，辽宁省食品质量与安全学会成立大会在学校召开。辽宁省副省长滕卫平，中国工程院院士孙宝国、陈温福，辽宁省人大农业与农村委员会、民族侨务外事委员会、省农委、省政协、民主建国会辽宁省委、省科协、省民政厅、省食品工业办公室、省外国专家局、辽宁省农业科学院、省食品检测中心、省外国专家局、沈阳市科协、省质量监督管理局、省农产品质量监督安全局等单位领导，来自省内外的200多位专家、学者参加了会议。学校党委书记郭明顺、副校长李天来出席了开幕式。副省长滕卫平在开幕式上作了重要讲话。大会选举冯叙桥任学会理事长，并产生11名副理事长及秘书长。在学会成立大会上还进行了辽宁省食品质量与安全学会揭牌仪式和沈阳农业大学食品营养质量与安全研究所揭牌仪式、嘉鲜农业发展有限公司为学会基金捐款仪式。

辽宁省食品质量与安全学会的成立宗旨是：组织全省食品科技工作者积极开展学术交流、科学普及、咨询服务、厂会协作、科技培训等活动，提高全省人民的食品安全知识水平，引导消费者安全消费，提高自我保护意识；加强与国内外食品科技界的联系与交流，促进食品质量与安全科学技术的发展与普及；同时，反映会员以及食品安全工作者的意见，维护其合法权益，有效促进辽宁省食品科技产业的良性发展，提高从业人员的食品安全意识。

【构建沈农青年国学修习模式】 学校团委紧密围绕学校中心工作，以科学发展观为统领，确定2010年为学校青年国学修习年，以读书季、音乐季、环保季、科学季四季作为主要框架，以丰富多彩、励志向上的活动作为主要内容，构建出一年四季的国学修习模式。

【学校获国家自然基金立项资助33项】 2010年，学校共申报国家自然科学基金245项，最终获得立项资助33项，经费达812万元，获资助项目数量和资助经费达到历年来最高。获资助的学科包括农学、园艺、植保、土环、生物、食品等，至此，学校所承担的国家自然科学基金项目的学科几乎涵盖了学校各学科领域。

【第八期辽宁省农民技术员培训班开班】 11月29日，本年度最后一期——第八期辽宁省农民技术员培训班开学典礼在学校学术报告厅举行。张玉龙校长出席开学典礼并作了讲话。本次培训共设禽饲养、猪饲养、花卉、药用植物、水田、旱田、果树七个专业，共计招收学员280名。2010年共开办培训班四期，毕业学员544名。从2007年学校承担培养任务以来，已培训农民技术员1 656名，其中，有1 356名学员取得了由劳动部、社会保障部颁发的职业技能证书，1 390名学员取得了由省科技厅、工商局颁发的辽宁省农民科技经纪人证书。

（李启坤　王继成）

沈阳师范大学

【概况】 沈阳师范大学隶属于辽宁省人民政府，是一所涵盖哲学、经济学、法学、教育学、文学、理学、工学、管理学八大门类的多科性大学。学校始建于1951年，其前身为东北教育学院。1953年，更名为沈阳师范学院，是当时东北地区创办最早的两所本科师范院校之一。1965年更名为辽宁第一师范学院。1978年恢复沈阳师范学院校名。2002年省政府决定并经教育部批准，沈阳师范学院与辽宁教育学院合并组建沈阳师范大学。

学校现占地面积1 879亩，建筑面积76.36万平方米，藏书180余万册。学校共有全日制本、专科生22 044人，硕士研究生3 065人，留学生440人次/年。

辽宁省基础教育教研培训中心、辽宁教育

行政学院、辽宁电化教育馆设在学校。学校现有国际商学院、科信软件学院、文学院、外国语学院、戏剧艺术学院等23个二级和12个校属馆部中心，并拥有我国在中东地区为数不多的两所孔子学院——黎巴嫩贝鲁特圣约瑟夫大学孔子学院和约旦安曼TAG孔子学院。现有本科专业63个，硕士学位授权一级学科14个,硕士授权点近百个，专业学位授权点9个，是普通高等学校推荐优秀应届本科毕业生免试攻读硕士学位研究生单位，是开展在职人员以研究生毕业同等学力申请硕士学位的单位，是中国政府奖学金留学生接受单位。

学校具有国家级重点研究基地2个，省级重点研究基地18个，省级紧缺人才培养基地1个，省级高水平重点学科2个，省级特色优势重点学科6个，国家级特色专业4个，省级示范性专业9个，省级重点实验室7个，省级实验教学示范中心2个，省级创新团队4个，省级教学团队6个，综合性实验室12个。设有教育经济与管理研究所、中国文化与文学研究所、古生物研究所、中国北方少数民族文化研究中心、人力资源开发与管理研究所、昆虫研究所等各类研究机构34个，产学研合作基地4个。

现有专任教师1 645人，其中特聘教授14人，教授275人、副教授594人。涌现出一批国家及省市有突出贡献的专家、在国内有重要影响的著名学者和学术带头人，此外，还聘请了多名“两院”院士和学术造诣精深的国内外专家学者担任学校的名誉教授和兼职教授，另有多名外籍教师受聘于学校。学校先后与美国、英国、加拿大、日本、俄罗斯、比利时、丹麦、澳大利亚、韩国等国家的30多所高等院校及科研机构签订了国际学术交流及合作协议，并互派师生交流、讲学，进行科研合作。学校网址：www.synu.edu.cn。

【科研成果获评“中国十大科技进展新闻”】 1月20日，由563位两院院士投票评选的“2009年中国十大科技进展新闻”在北京揭晓。学校古生物研究成果“发现世界上最早的带羽毛恐龙”入选，位列第八。这是学校成果首次入选该奖项，也是该奖项设立以来辽宁高校中唯一入选高校。据了解，中国十大科技进展和世界十大科技进展新闻评选活动，是目前我国范围最广、层次最高的科技领域评选活动。该活动由中国科学院院士工作局、中国工程院学部工作局和科学时报社共同组织，至今已举办了16年。

【学校召开教育学部成立大会】 3月10日，教育学部成立大会在校图书馆报告厅隆重举行。成立教育学部，整合了教育类学科、专业与人力资源，推进了学校教育学科优质资源的有机融合，优化了教育学科布局，凝练了教育学科发展方向，强化了教育学科优势。

【召开庆祝建党89周年暨“两先两优表彰大会”】 7月1日，学校在文体馆隆重召开庆祝建党89周年暨“两先两优表彰大会”，表彰2008年以来在学校发展建设中做出突出贡献的基层党组织和个人。

【学校发现原始鸟类化石新属种】 7月，在国际SCI检索重要学术刊物——英文版《地质学报》上发表了由学校古鸟类学专家胡东宇教授领导的课题组首次发现的一个原始鸟类化石的新属种——“原始沈师鸟”。这一新发现为揭示鸟类可动性头骨的早期演化和早期鸟类的树栖能力演化研究做出了贡献。

【中国高等教育学会师范教育分会2010年年会在学校召开】 7月19日，由中国高等教育学会师范教育分会主办、沈阳师范大学承办的中国高等教育学会师范教育分会2010年年会在学校拉开帷幕。辽宁省教育厅副厅长王燕玲，学校党委书记于文明，校长赵大宇，党委副书记林群，副校长关松林、李铁君等领导出席了大会。

【学校获批专业学位研究生教育综合改革试点单位】 11月，教育部下发了《教育部关于批准有关高等学校开展专业学位研究生教育综合改革试点工作的通知》，学校同北京大学、清华大学等64所高校被教育部列为首批开展专业学位研究生教育综合改革试点单位。其中辽宁省仅东北大学、沈阳工业大学和沈阳师范大学获批，学校教育硕士、法律硕士获批试点专业。此次获批，标志着学校专业学位研究生教育步入新的历史阶段。

【召开专业建设工作部署大会】 11月5日，“沈阳师范大学专业建设工作部署大会”在学校国际商学院二楼报告厅举行。本次工作部署大会的召开，适逢学校“十一五”发展收官和“十二五”发展开局起步之际，学校在进一步分析了当前学校专业建设面临的形势和存在的主要问题基础上，明确了下一阶段专业建设的指导思想、奋斗目标和主要措施，统一了思想，达成了共识，学校专业建设攻坚战的号角已经吹响。此次会议的成功召开必将成为学校在加强内涵建设、提高核心竞争力、走向卓越征程中浓重的一笔。

【召开创先争优先进典型命名表彰大会】 11月26日，学校“创先争优”先进典型命名表彰大会隆重召开。校党委通过树立校内先进典型，为全校师生员工树立良好典范，并号召全校党员干部、师生员工，要充分利用“创先争优”的良好契机，行动起来，脚踏实地向先进典型学习，在本职岗位践行神圣职责，共同推动学校事业又好又快的发展。

【学校师生在首届学生京剧大赛中取得优异成绩】 11月，在CCTV首届全国艺术院校学生京剧大赛中，学校戏剧艺术学院及附属艺术学校师生凭借精彩的表演和顽强的拼搏精神，取得了2金、1银、3铜的好成绩。12月9日，副省长陈超英在省教育厅厅长魏小鹏、文化厅厅长郭兴文、财政厅副厅长闫伟、省政府副秘书长何庆良等陪同下莅临学校，慰问获奖的师生代表。

（刘振旭）

沈阳理工大学

【概况】 沈阳理工大学始建于1948年，前身是东北军工专门学校，1960年组建成立沈阳工业学院，1999年划归辽宁省管理，实行省部共建。2004年5月经教育部批准更名为沈阳理工大学。学校已发展为以工为主，理、管、文、经、法相结合，服务辽宁、面向全国，具有鲜明国防特色的多科性大学。

学校设有15个学院，即机械工程学院、信息科学与工程学院、经济管理学院、材料科学与工程学院、环境与化学工程学院、汽车与交通学院、理学院、外国语学院、艺术设计学院、装备工程学院、国际教育学院、国防教育学院、继续教育学院及应用技术和研究生学院。2个教学部，即思想政治理论课教学科研部和体育部。学校拥有硕士学位一级学科点10个，涵盖了38个二级学科硕士学位授权点。学校设有49个本科专业、23个专科专业。有38个二级学科硕士学位授权点和7个工程硕士授权领域。有7个省部级重点学科，1个国家级沈阳中俄科技合作基地，1个国家863高技术发展计划重点实验室，14个省部级重点实验室和工程中心。

学校现有专任教师1 059人，研究生导师291人（博士生导师10人），教授148人，副教授305人，具有博士学位教师175人，26人享受政府特殊津贴。

学校总占地面积115万平方米，校舍建筑面积43.3万平方米。教学科研仪器设备总值1.1亿元。图书馆面积3.9万平方米，纸质藏书121.3万册，拥有国内外重要数据库。学校建有东北地区唯一的兵器博物馆（国家级科普教育基地）。学生文化体育设施齐全，是招收高水平足球运动队的高等院校。

学校现有各类学生35 228人，其中硕士生1 108人，本科生24 953人，继续教育学生6 291人。建校以来为国家培养各类专门人才80 000余人。

学校拥有一批实力较强的科研机构及技术开发基地，其中包括国家级沈阳中俄科技合作基地、辽宁省兵器科学技术中心、辽宁省先进生产力促进中心、辽宁省高速切削工程研究中心、通讯与网络工程中心等国家、省、市、校级科研机构及1个市级大学科学园，形成了基础研究、应用研究、开发研究协调发展的科研格局。学校研制开发的条形码、飞锯机、大型螺旋活套等国家级新产品、火炬计划项目取得了显著的社会和经济效益。学校享有进出口贸易权，是沈阳市“火炬型科研院校”。

学校重视开展国际教育与学术交流，与美国、英国、加拿大、德国、日本、芬兰等国家20余所大学建立了稳定的合作关系，开展“2+2”、“3+1”等模式的联合办学。与俄罗斯和白俄罗斯国家科学院所属的9个研究所共建了4个设备技术先进的合作实验室。与托木斯克国立大学合作创办孔子学院、合作建立普希金俄语中心（国家级俄语中心）。

【召开研究生教育工作会议】 1月12日、13日，学校研究生教育工作会议在科学会堂隆重召开。在校研究生代表等300人参加了会议。校长王军在会上作了题为《深化改革、提高质量，努力开创我校研究生教育工作的新局面》的重要报告。

【产学研合作年】 3月12日，辽宁省政府与国家有关部委及中直企业共建高校协议签字仪式在北京举行。辽宁省委副书记、省长陈政高与中国兵器装备集团公司总经理徐斌、中国兵器工业集团公司党组书记胡问鸣签署共建沈阳理工大学协议书。4月9日，学校与中国兵器装备集团公司产学研合作协议在重庆签署。4月—5月间，校党委书记邢贵和、校长王军等领导多次率团到重庆、黑龙江、西安、包头等企业参观调研，与多家企业洽谈产学研合作。西安东方集团有限公司、吉林江机集团等多家企业来学校进行产学研工作项目对接。12月，托木斯克国立大学科技团一行6人到学校洽谈产学研国际合作事宜。

【《中国教育报》第一版头条报道学校黄船钉同学舍己救人先进事迹】 学校黄船钉同学舍身勇救落水儿童不幸牺牲的感人事迹，引起各大媒体强烈关注，《中国教育报》在2月26日第一版头条报道了黄船钉同学的先进事迹，中央电视台《东方时空》栏目在2月5日，人民网以专题形式，辽宁和陕西省的媒体都对黄船钉同学的先进事迹作了宣传报道，黄船钉同学的所作所为在大学生群体和广大市民中引发强烈反响。3月，黄船钉同学被中共辽宁省委高校工委、辽宁省教育厅追授“舍己救人优秀大学生”荣誉称号；被教育部共青团中央、全国青联分别追授“全国舍己救人优秀大学生”荣誉称号和“中国青年五四奖章”。

【大学生科技创新】 2010年学校大学生科技创新共获得省级以上奖项58项，其中，在教育部主办的第四届全国大学生机械创新设计大赛中，学校学生获得全国二等奖，实现了学校大学生科技创新历史性突破；在第六届全国大学生创业设计暨沙盘模拟经营大赛中，学校取得全国总决赛第十七名的优异成绩；学校学生在第二届全国大学生陶艺大赛中获奖，并参加了“第七届亚洲陶艺展”；在第三届中国汽车设计大赛中，学校获得了2项铜奖。

【举行与俄罗斯伊尔库茨克州友好与合作备忘录签约仪式】 4月22日，辽宁省与俄罗斯伊尔库茨克州友好与合作备忘录签约仪式在喜来登酒店正式举行。省长陈政高与伊尔库茨克州州长德·弗·梅津采夫、中俄省州政府其他部门的主要领导、签约单位代表及中俄新闻媒体出席了签约仪式。李成华副校长与维诺库罗夫·米哈伊尔·阿列克谢耶维奇校长签署了沈阳理工大学与贝加尔经济法律大学的合作协议。

【与德国阿伦大学签署合作协议】 5月18日—20日，德国阿伦大学校长施奈尔德一行应邀访问学校，并于19日与学校签署了旨在推动双方科技和文化领域交流的2010—2015合作执行计划协议。学校与德国阿伦大学有着18年的友好合作历史，同时，两校优势学科的相似性也是双方开展强强合作的坚实基础。

【中国兵工史专家于学驷先生来学校作报告】 5月21日下午，中国兵工史专家、原《中国兵工史》编审办公室主任于学驷先生莅临学校并作了一场题为《中国人民兵工史》的精彩报告。

【兵器博物馆被中国科学技术学会命名为“国家级科普基地”】 5月21日，学校兵器博物馆国家级科普基地揭匾仪式隆重举行。中国科学技术协会科学普及部部长周济，中国兵工协会副秘书长于浩，《中国兵工史》原编审办公室主任于学驷，辽宁省科协副主席于明才，学校党委书记邢贵和、纪委书记孙延臣等参加了揭匾仪式。

10月28日上午，学校隆重举行沈阳理工大学兵器博物馆揭匾仪式。中国战略导弹与运载火箭专家、导弹与运载火箭技术主要开创者之一谢光选院士为学校兵器博物馆题写了馆名，并与党委书记邢贵和共同揭匾。

【MCMXC杯东北地区大学生七人制橄榄球锦标赛在学校举行】 2010年MCMXC杯东北地区大学生七人制橄榄球锦标赛暨东北邀请赛在学校隆重举行。国际橄榄球理事会亚洲区推广部总经理Jarrad、学校党委书记邢贵和、校长王军、辽宁省体育局副局长徐汉、沈阳市体育局副局长沙钢、国际橄榄球理事会发展部经理梁永杰、副校长杨康等出席并观看了此次比赛。

【召开创先争优活动动员大会】 6月20日，学校在科学会堂隆重召开创先争优活动动员大会，部署在全校范围内开展以“动员全校力量，立足三大战略，推进五项工程，在建设国内知名、省内一流的高水平教学研究型大学中创先争优”为主题的创先争优活动。校党委书记邢贵和作动员讲话。学校党委副书记许荣华主持会议并作总结讲话。

【2010年辽宁省高校乒乓球赛】 6月26日—27日，2010年辽宁省高校“中国移动杯”乒乓球比赛在沈阳建筑大学举行。经过两天的激烈角逐，学校大学生乒乓球代表队以九战九胜的成绩获得学生组团体冠军。

【中俄大学生联谊会】 7月22日上午，由学校国际合作处、孔子学院、校团委、国际教育学院联合主办的中俄大学生联谊会在科学会堂隆重举行。俄罗斯留学生100余人、学校学生代表500余人以及学校领导参加了联谊会。学校党委书记邢贵和在联谊会上致辞。

【全国机械创新设计大赛】 7月24日，学校在全国机械创新设计大赛中再获殊荣：由夏瑾、李刚2位老师指导，于惠超、魏进财、任德志、吕布4位同学设计制作的《冰面深井救生器》作品在众多作品中脱颖而出，最终杀入全国总决赛第二阶段；由李金泉老师指导，张磊、仲跻风、任广涛、姜瑜、高岩5位同学设计制作的《高空救援工具》获得全国二等奖；学校团委获得了“辽宁省组织工作先进单位”荣誉称号，机械工程学院马强同志获得了“辽宁省组织工作先进个人”荣誉称号。

【召开中国兵器装备集团——沈阳理工大学产学研合作会议】 9月2日上午，中国兵器装备集团——沈阳理工大学产学研合作会议在学校隆重举行。重庆长安汽车集团、保定天威公司、121厂等隶属中国兵器装备集团的14家企业和科研院所的领导，学校各学院院长和相关领域的教授50余人参加了会议。校长王军主持会议，中国兵器装备集团科质部主任刘刚、辽宁省教育厅副厅长周浩波、校党委书记邢贵和作重要讲话。

【外国专家安娜女士荣获辽宁省外国专家荣誉奖】 辽宁省政府从三万多名在辽宁工作的外国专家中评选出对辽宁省有突出贡献的23名友谊奖、22名荣誉奖，并予以奖励，学校外国专家俄罗斯籍教师安娜女士荣获外国专家荣誉奖。9月27日下午，颁奖仪式在辽宁省友谊宫举行。辽宁省省长陈政高出席了颁奖仪式，为获奖的外国专家颁发了奖章并与他们合影留念。

【举行首届教职工趣味运动会】 10月19日下午，在校体育馆举行了以“运动、健康、和谐”为主题的沈阳理工大学首届教职工趣味运动会。运动会由校工会主办，机械工程学院分工会承办，体育部分工会协办。运动会开幕式由校工会常务副主席赵宝胜主持。来自全校教职工的20个代表队，共700余人次参加了本次趣味运动会的各个项目。

【中华儒商联合会捐赠孔子铜像】 10月25日，校党委书记邢贵和在党委宣传统战部部长于喜彬陪同下，在北京与中华儒商联合会理事长卢路、中华儒商联合会副会长杨长生、杨怡、周霖亲切会谈，双方签署了捐赠协议书。中华儒商联合会为进一步弘扬中国传统文化，支持学校教育事业发展，向沈阳理工大学无偿捐赠高达3.8米、重2.5吨、价值人民币50万元的孔子铜像一尊，并于2010年12月运抵学校。党委书记邢贵和还与中华儒商联合会负责人在设立贫困生奖学金以及其他合作事宜进行了磋商，并达成了初步合作意向。

【谢光选院士回校】 10月27日下午，曾任学校教师、名誉校长，中国战略导弹与运载火箭专家，导弹与运载火箭技术主要开创者之一的谢光选院士荣回学校。校党委书记邢贵和、纪委书记孙延臣等一行亲往车站迎接。谢光选为学校兵器博物馆题写了馆名，并与邢书记共同揭匾。谢光选院士赠送学校兵器博物馆3件具有特殊纪念意义的展品，即长征三号模型、谢光选任长征三号运载火箭总设计师时穿的工作服及伴随他工作生涯30年的计算尺。

【普希金俄语中心被教育部批准为国家级俄语中心】 10月，学校与托木斯克国立大学合作建立的普希金俄语中心被教育部批准为国家级俄语中心。普希金俄语中心是俄语教学基地和俄语文化交流中心。两校在遵守中俄两国相关法律法规、尊重双方国情和文化特点的前提下，按照双方的合同规定，保障中心的可持续发展，为深化两校的交流与合作，为服务经济社会发展，为加强两国文化交流、增进两国人民友谊做出积极贡献。

【全面启动“卓越工程师教育培养计划”】 学校全面启动了“卓越工程师教育培养计划”，完善人才培养模式，推进校企联合培养人才。学校已经与富士康科技集团、中环辽宁工程技术有限公司、IBM公司等多家企业签署了人才培养的合作协议。“以设计为主线，以实践能力培养为核心”的人才培养模式改革，是对学校“实施工程教育，突出工程实践和社会实践”人才培养模式内涵的进一步拓展。2009年该项目被批准为辽宁省教育厅重点教育教学改革项目，2010年11月，该项目被批准为教育部人文社科研究2010年度“工程科技人才培养专项”。

【新增6个硕士学位一级学科点】 2010年，学校在辽宁省人民政府学位委员会开展的新增硕士学位授权一级学科点审核工作中，共组织申报了光学工程、信息与通信工程、化学工程与技术、兵器科学与技术、环境科学与工程、工商管理6个硕士学位授权一级学科点。经过专家评审，这6个新增硕士学位一级学科点全部通过授权审核。至此学校共有10个硕士学位一级学科点，涵盖38个二级学科硕士学位授权点。

【举办第三届智能网络与智能系统国际学术会议】 11月1日—3日，由国际智能网络与系统学会主办，沈阳理工大学承办的第三届智能网络与智能系统国际会议（ICINIS 2010）在沈阳市金都饭店成功举行。会议由副校长李成华主持，校长王军致开幕词，国际智能网络与系统学会主席、日本广岛国际大学朱红兵教授致欢迎辞。大会邀请了中国科学院闻邦椿院士、中国科学院沈阳自动化研究所机器人学国家重点实验室副主任韩建达研究员、日本熊本大学武藏泰雄教授、北京大学王亚沙教授、IBM中国研究院郭常杰研究员等国内外著名的专家学者为大会作了精彩的主题报告。共有来自美国、俄罗斯、日本、韩国等国家的代表参加了本次会议。

【民盟沈阳理工大学支部召开第三次盟员大会】 11月5日下午，学校民盟支部召开第三次盟员大会，举行了换届选举工作。选举出了学校民盟支部新一届领导班子，张志军任支部主委，黄树涛、曹晓晖任副主委。

【举办2011届毕业生就业双选会】 11月11日，沈阳理工大学2011届毕业生就业双选会在学校志学堂B区举行。此次双选会共吸引了来自全国各地的272家用人单位参会，提供就业岗位万余个，学校652名毕业生当场签订了就业协议，1 500余人达成了就业意向。本次双选会体现了参会单位数量多、行业覆盖面广、单位层次高的特点，为毕业生提供了更大的选择空间。从总体上看，参会单位招聘岗位涵盖学校所有41个本科专业。

【校长王军出席中国军民融合技术创新体系高峰论坛】 11月20日，校长王军出席了200余名政府官员、企业家和专家学者参加的主题为“军民融合，创新发展”的中国军民融合技术创新体系高峰论坛。王军校长在论坛上作了题为《高校军民融合技术创新体系建设机制探索》的发言。发言中，王军就新形势下如何进一步加强高校与军工企业之间的合作，以推进军民融合技术创新体系的建设作了详细的阐述。

【陈希来学校视察】 11月29日，辽宁省委副书记陈希一行来学校视察，校长王军向陈希副书记介绍学校的基本情况以及陈希副书记关心的大学科技园、校办产业等工作情况。 陈希副书记一行参观了学校资产管理公司的险峰机械厂、高速切削工程技术研究中心，认真听取了学校生产的灭火器的性能、技术指标以及生产规模等情况的详细介绍及学校自主设计研制的复合式镗铣加工中心设备介绍。

【梁小虹研究员到学校参观访问】 12月22日，中国运载火箭技术研究院党委书记、副院长梁小虹研究员一行应邀对学校进行参观访问。并召开会议决定聘请梁小虹书记为客座教授。梁小虹书记一行还参观了学校的兵器博物馆。

【孟宪嘉同志获“老教授事业贡献奖”】 12月3日，辽宁省老教授协会建会十五周年表彰暨学术报告会在东北大学汉卿会馆举行，学校老教授协会会长、原副院长孟宪嘉同志喜获“老教授事业贡献奖”。全省共有17人获此殊荣。

【邢贵和参加第一次全国孔子学院工作会议】 12月7日—8日，校党委书记邢贵和应邀参加了在北京人民大会堂召开的第一次全国孔子学院工作会议。邢贵和书记在会议上总结和汇报了学校孔子学院的办学成果和经验，对孔子学院当前存在的困难和问题提出了新看法，并进一步就新时期孔子学院发展目标和主要任务提出了建设性意见，得到了与会代表的一致认同。随后，邢贵和书记应邀参加了12月10日—12日在北京国际会议中心举行的第五届孔子学院全球大会，来自96个国家和地区的1 400位大学校长和孔子学院代表参加。中共中央政治局常委李长春出席开幕式并观看演出、合影留念。学校孔子学院2名学生参加演出。

【获“工程科技人才培养研究专项”项目资助】 学校高等教育研究所所长马星国教授申报的《面向能力培养，以设计为主线的人才培养模式的研究与实践》项目，经教育部与中国工程院专家评审，正式批准立项。本次公开招标全国共有21个项目通过评审，辽宁省仅沈阳理工大学获得立项资助，这是学校首度在教育部人文社会科学研究项目“工程科技人才培养研究专项”领域获得突破。

【学生荣膺辽宁省首届大学生工程训练综合能力竞赛一等奖】 辽宁普通高校首届大学生工程训练综合能力竞赛于2010年12月24日—25日在大连理工大学刘长春体育馆隆重举行。学校选派4个代表队参加此次比赛。经过初赛、复赛、竞赛三个环节的激烈角逐，学校4个代表队分别获得了一个一等奖、一个二等奖和两个三等奖。戴超老师被评为优秀指导教师。

（何端慧　徐克刚）

沈阳音乐学院

【概况】 沈阳音乐学院缘起于1938年由毛泽东、周恩来等老一辈无产阶级革命家在延安发起、创立的鲁迅艺术学院。抗日战争胜利后，学院由延安迁至东北，1948年底定址沈阳，改称为东北鲁迅文艺学院。1958年起正式更名为沈阳音乐学院。

建校70余年来，为国家培养数以万计的音乐、舞蹈人才，创作《黄河大合唱》、《我们走在大路上》、《我和我的祖国》等大批极富影响力的音乐作品，为我国的文化事业和高等艺术教育事业做出重要贡献。

目前学院已形成以校本部为主，南校区、桃仙校区、大连校区为辅的办学格局，建立起本科、研究生、中等艺术教育等多种办学层次的音乐舞蹈教育体系。其中，音乐学为省级重点学科，音乐表演（民族声乐演唱）、作曲与作曲技术理论为国家级特色专业，形成完整的教学、科研、创作和艺术实践四位一体的教育结构。

学院设有音乐舞蹈研究所、东北亚音乐研究中心等科研、艺研机构；学报《乐府新声》被评为“全国优秀社科学报”；图书馆藏书及音像制品近48万册（张），成为东北地区最大的音乐资料中心。学院先后成立以学生为主体的沈阳音乐学院青年交响乐团、青年民族管弦乐团、北方女子民歌合唱团、弘韵箜篌乐团、青年流行乐团、青年交响管乐团、棍棒游戏打击乐团、青年合唱团、青年舞蹈团等艺术表演团体。

学院非常重视加强同国际间的音乐文化交流与合作，相继与国外77所艺术院校和艺术团体建立友好关系，其中与德国斯图加特音乐学院、美国伊斯曼音乐学院、日本东京音乐大学等30余所国外著名高等音乐院校签订友好合作协议。

学院被教育部确定为“国家大学生文化素质教育基地”、“高等学校红色经典艺术教育示范基地”、“全国学校艺术教育工作先进单位”。学院还被辽宁省人民政府确定为辽宁省70余所高校中重点建设的七所院校之一，并先后被辽宁省委、省政府确定为“辽宁省艺术类人才培养基地”、“辽宁人文社会科学重点研究基地”。

【教育教学】 2010年，学院民族声乐演唱、作曲技术理论专业被评为国家级特色专业；中国乐器演奏专业被评为辽宁省普通高等学校本科特色专业；作曲系作曲教研室获省级“教学团队”称号；王进教授获省级教学名师称号；《艺术概论》课程被评为省级精品课程。

对本科生；研究生各专业方向的课程分类、设置、学程、学时进行科学论证，认真研究，不断深化以课程建设、教材建设为中心的教学改革，优化课程结构，完善课程体系，有针对性重新修订人才培养方案、教学大纲，明确人才培养标准，完善人才评价体系。修订后的人才培养方案已从2010级新生开始试运行。

【科学研究】 目前学院有国家级课题4项，教育部规划基金1项，青年基金1项，创下学院有史以来国家级课题的最高纪录。2010年学院共有18项省级科研课题，220项院级课题，其中38项为院级重点课题，院级课题总量实现历史性突破；共有4项成果获批辽宁省社会科学规划基金项目；3项科研成果获第十一届“哲学社会科学成果奖（省政府奖）”。同时，学院获得“中国音乐史学会第十二届年会”（2012年9月）和“西方音乐史学会第四届年会”（2013年10月）的承办权，对扩大学院的学术影响有着积极作用。

2010年，学院成功获批为教育部红色经典艺术教育示范基地，并承办基地启动仪式暨建设研讨会。同时，学院召开“音乐创作研讨会”并举行辽宁省“歌曲创作基地”揭牌仪式。

【大型比赛和艺术实践】 2010年，成功举办第三届中外音乐文化交流展，包括三十多场次的音乐会、讲座、学术交流等活动；举办高雅艺术进校园活动；承办第六届阿尔卡莫国际声乐比赛中国赛区选拔赛（2010年起该项比赛被文化部列为B类比赛）；学院近300名师生参加辽宁省庆祝新中国成立61周年特别节目《红诗唱响辽宁》大型晚会；近500名师生参加辽宁广播电视台春节晚会演出；在2011年辽宁省新年音乐会上，学院大连校区交响乐团与戴玉强、魏松、莫华伦三大男高音同台合作演出；承办辽宁省教师节音乐会、2011教育界新年音乐会等一系列大型演出活动。学院南校区承办“百万市民艺术培训工程”，惠民效果显著，超过一万人次接受艺术培训，真正做到以人为本、回报社会、服务人民。

各项赛事捷报频传，充分展示专业实力。2010年学院师生在省级以上比赛中获奖达218人次。其中，中央电视台第十四届CCTV青年歌手大奖赛合唱比赛中，学院有2支队伍进入决赛，北方女子民歌合唱团以总分第四的成绩（铜奖第一）从27支决赛队伍中脱颖而出，并博得业内专家、评委、场内外观众的一致好评；附中钢琴专业学生于纹听在第五届鼓浪屿钢琴节暨全国青少年钢琴比赛中荣获“专业青年组”第一名，同时荣获“委约作品最佳演奏奖”（此奖项只设一名），得到专家的高度评价；附属舞蹈学校学生李剑在第七届韩国首尔国际舞蹈比赛中，在20多个国家近70名选手的激烈角逐中力克群雄荣获金奖。

【国际交流】 承办第二十九届世界音乐教育大会之学校音乐与教师教育专题会议，来自国内外的专家、学者、教师近百人参加会议，进行学校音乐与教师教育主题研讨，组织召开第一次东亚音乐教育大会，来自中日韩三国7所大学的音乐家共同举办多场音乐教育论坛、音乐会和学术研讨会，加深相互解与合作；举办国际打击乐艺术周，学院棍棒游戏打击乐团与国内著名打击乐团及美国、加拿大、丹麦等国演奏家共同举办7场音乐会、6场大师班及学术讲座和学术交流活动。学院还与台湾教育大学草签合作协议。一年来共接待13个国家近百位专家、学者来院交流、讲学及举办音乐会；派出80多名师生到国外参加国际比赛、学习和演出等交流活动。

【师资队伍建设】 实施人才培养规划，完善岗位设置，引入竞争机制，采取岗位设置与职务评聘、分配制度改革相结合，逐步建立富有活力和竞争力的教职工队伍。

加大教师培训力度，提升中青年骨干教师素质。选派优秀教师出国进修学习，重点培养一批有发展潜力的中青年骨干教师，推荐11人参加政府特殊津贴选拔工作，有4人通过国家留学基金管理委员会“赴俄留学艺术类项目”留学人员的选拔，努力培育和储备优秀师资力量。

完成入轨阶段工作，深化人事制度改革。

推行全员聘用制是事业单位基本的用人制度，学院制定《沈阳音乐学院岗位设置管理（“入轨”阶段）实施方案》，顺利完成岗位设置管理入轨阶段工作，为下一步的核岗核编、全员聘任工作做好准备。

【招生工作】 严格执行教育部关于招生工作“六公开”和“六不准”原则，实施“阳光工程”，实行考官抽签制和题库制，发挥生源基地作用，在北京、济南、哈尔滨、长沙等地设立考场，保证生源的数量和质量，实现招生考试零投诉。同时，圆满完成辽宁省普通高等学校艺术类（音乐舞蹈类）专业统考组织工作，得到兄弟院校评委和考生家长的一致肯定，获得省招办领导的高度评价。

【宣传工作】 承办由辽宁省委宣传部、辽宁省社科联主办的辽海讲坛学术讲座12场；开展“书香校园”学习活动，全院师生共捐赠图书1 129余册；开展社会治安综合治理宣传月活动；承办辽宁省高校工委主办的“辽宁省从事思想政治工作三十年人员表彰大会”；开展“廉政文化建设创新工程”活动，27个党支部、800余名党员和1 000余名教职工及5 000余名学生参加此活动；开通沈阳音乐学院廉政网，开设廉政画廊，开展“廉政文化建设”主题书画作品创作评比和“大学生文明诚信承诺书”签名活动。加大各类宣传阵地建设，形成以校园网、学报、校报、宣传栏和对外宣传为一体的立体式宣传格局，有效推进校园文化建设。2010年，学报《乐府新声》在“期刊优秀编辑作品评选活动”中荣获期刊优秀编辑作品评选组织奖；《沈阳音乐学院报》在辽宁省高校校报评选中荣获新闻评选版面类一等奖，好新闻教工组消息类二等奖，好新闻教工组通讯类优秀奖，好新闻教工组言论类优秀奖四个奖项；在2010年沈阳高校十大新闻评选中，学院选送的三条新闻荣获一项社会服务贡献奖，两项高校十大新闻奖。

【党建、组织工作】 积极开展“基石工程”和“党员形象工程”立项工作。结合本科生导师制，评选优秀导师，充分调动党员积极性，推动创先争优活动的进一步落实。根据党组织和党员的实际，将党支部分为6种类型，分别提出公开承诺的重点内容和要求，初步建立基层党组织和党员创先争优的长效机制。利用新学期干部大会和党支部书记工作例会对全院创先争优活动进行再动员再部署，统一思想，提高认识。先后两次召开基层党支部书记专题座谈会，展示、交流活动开展情况和特色载体，及时总结推广典型经验和做法。充分发挥校报、网络、宣传栏的作用，宣传活动动态，总结经验，协调推进全院创先争优活动的扎实开展。

全院29个党总支（党支部）顺利完成换届工作。开展“两先两优”评审活动，评出先进党支部4个，先进党小组2个，单项创优先进党支部20个，优秀党务工作者8名，优秀共产党员41名。开展“四进四建”活动，院党委与和平区三好社区联合开展“向寒门学子助学献爱心活动”，为考入大学的低保户孩子捐款4 000余元；艺术学院党总支在10余个社区建立“社区艺术中心”，为社区居民免费培训音乐课程；电子琴系、附中等党支部到社区举办多场主题文艺演出；在多个社区建立学生实践与就业基地。学院的“四进四建”活动得到市委教科工委的高度评价，被推荐为全市典型单位（在沈高校中两所之一）。

学院党委书记白玮参加由中国音乐学院、中央音乐学院联合主办的第六届全国高等艺术院校党建和思想政治工作研讨会，并作题为《做好高等艺术院校的党建和思想政治工作，充分展现高等艺术教育的社会价值》的发言，得到与会者的高度评价。学院5篇论文收录到《第六届全国高等艺术院校党建和思想政治工作研讨会论文集》中。

【思想政治工作】 开展首届“辅导员工作论

坛”，围绕“当前艺术院校大学生的思想状况及对策”主题进行深入研讨；组织开展“千名先进模范进大学校园”活动，推进社会主义核心价值体系进校园、进课堂、进学生头脑；加强校园网艺苑罗盘、大学生天地等网站建设，丰富教育活动内容；在2010年沈阳市大学生思想政治教育专项研究课题立项评选中，学院有3项科研立项获批，其中《弘扬红色经典艺术，加强艺术院校思想政治教育的研究》一项为重点科研项目。

【统战、群团、老干部工作】 2010年圆满完成学院民革、民进、民盟、侨联沈音支部的换届工作。截至2010年12月，学院各民主党派支部共发展新成员9人，部分统战成员在省、市统一战线相关组织担任职务。在学院2008—2010年度“一优一先”评选活动中评选出先进集体1个，优秀统战成员15名。

完成机关、教辅分工会的调整工作和全院各分工会的换届工作，积极筹备沈阳音乐学院教职工第五届暨工会第十次代表大会。胜利召开共青团沈阳音乐学院第十四次代表大会，选举产生新一届共青团沈阳音乐学院委员会，审议通过共青团沈阳音乐学院第十三届委员会工作报告，对未来学院共青团工作进行全面部署。学院荣获沈阳市“职工文化建设突出贡献单位”、“沈阳市第十一届大学生文化节”优秀组织奖、“沈阳市先进团委”等荣誉。认真落实相关政策，关心好老同志生活，真诚地为老同志服务。

【安全稳定工作】 加强“消防四个能力建设”，对全院进行5次全方位的安全大检查，消除安全隐患，防患于未然；制作教学场所消防疏散平面图；聘请消防专家来院对师生进行消防安全教育培训2次、组织综合演练2次。同时，细致耐心做好法务、信访工作，认真接待和处理群众来信来访，维护校园稳定。

（赵桂君）

中国刑事警察学院

【概况】 中国刑事警察学院是公安部直属的高等学校。始建于1948年5月，前身是东北公安干部学校，后改为中央人民警察干部学校、公安部第一人民警察干部学校、公安部人民警察干部学校，1981年11月扩建为中国刑事警察学院。60多年来，学院为全国政法机关培养输送10万余名领导干部、业务骨干和专门技术人才，被誉为“中国刑警的最高学府”、“东方福尔摩斯的摇篮”。

学院设有刑事犯罪侦查系、公安情报学系、禁毒学系、经济犯罪侦查系、计算机犯罪侦查系、痕迹检验技术系、文件检验技术系、声像资料检验技术系、法化学系、法医学系、治安学系、公安基础教研部、法律教研部、思想政治理论课教学科研部、基础教研部、警察技能战术训练部、警犬技术系（挂靠）。有侦查学、经济犯罪案件侦查、治安学、禁毒学、公安情报学、信息安全、刑事科学技术、公安视听技术、法医学、警犬技术（挂靠）等10个本科专业。有刑事侦查、预审、行动技术、涉外警务、计算机犯罪侦查、痕迹检验、文件检验、交通事故处理、公安图像技术、法化学等10个专业方向。

学院现有各类在校本科生6 000余人，研究生300余人，在籍函授生2 000余人，各类全日制培训班学员3 000余人；教职工665人，其中正高82人（教授79人、编审2人、研究员1人）、副教授105人，讲师162人。教师队伍中有公安部特聘刑侦专家1人，享受政府特殊津贴的专家13人，享受公安部部级津贴的专家14人。有3名教师获得“全国公安系统二级英模”荣誉称号，2名教师获得“全国公安科技英才”

荣誉称号。另外还拥有一批来自公安司法机关的外聘教官，形成专职教师与外聘教官相结合的教师队伍。

学院占地面积约27万平方米，建筑面积约15万平方米，是辽宁省花园式单位。学院建有模拟犯罪现场教学中心、查缉战术训练场、刑事科学技术实验室和法医学、法化学实验室，配备多波段光源、文件检验仪、语图仪、图像处理系统、扫描电子显微镜、气—质联用仪、毛细管电泳仪和DNA分析系统等先进的仪器设备。此外，还建有计算机广场、语音室、图书馆、泅渡馆、田径体育场、室内射击场及篮球、排球、羽毛球综合训练馆等，并在全国建立30个稳定的教学实习基地。学院组建数十个学生社团和兴趣俱乐部。

学院出版发行《中国刑事警察学院学报》和《中国刑事警察》两种学术刊物。与美国、英国、法国、俄罗斯、加拿大、澳大利亚、荷兰、丹麦、日本、韩国等10多个国家的高等学校和警察机构建立友好合作关系。每年都举办大型的国际学术会议。学院从2004年起与英国奥斯特大学联合开展2+1+1留学项目，培养双学士学位的复合型人才。2008年又与澳大利亚查尔斯特大学合作开展双学士的留学项目。学院在国际警察教育和训练上的影响不断扩大。

【教育教学工作成果显著】 “刑事摄影”被评为国家级精品课；“毛泽东思想与中国特色社会主义体系概论”被评为辽宁省精品课；“刑事案件侦查”、“工具痕迹学”被评为公安部精品课；“禁毒学”专业被评为辽宁省普通高校特色专业；陈祥民被评为辽宁省普通高校专业带头人；足迹学教学团队被评为辽宁省优秀教学团队。《刑事科学技术人员基础训练手册》、《刑事摄影电子教程》、《经济犯罪案件侦查》被评为全国公安机关优秀培训教材；“公安教育体制改革中警察射击训练模式研究”、“涉税犯罪侦查课程教学与实训模式改革与创新”、“公安专业人才培养改革教学质量监控与保障体系构建研究”、“公安院校经济犯罪侦查实训教学研究”、“公安情报学专业职业化教育研究”、“公安院校文件检验人才培养模式改革研究”被评为辽宁省教育科学“十一五”规划课题。截至2010年底，学院取得国家级精品课5门，省（部）级精品课25门，国家级特色专业3个，国家级精品优秀教材1种，省级（特色）示范专业4个，辽宁省专业带头人4名，省（部）级精品（优秀）教材24种等“质量工程”建设成果。学院确定以侦查学、刑事摄影、警察防卫控制等11门课程为试点专业课程改革与教学方式方法创新的“种子课程”，完成公安情报学、经济犯罪侦查、治安学、信息安全、公安视听技术等5个招录培养体制改革试点专业申报工作。在全国公安教育训练工作会议上，学院教务处被评为“全国公安教育训练工作先进集体”；痕迹检验系主任史力民教授被评为“全国公安模范教育训练工作者”；刑事犯罪侦查系彭文教授和学生处08大队大队长刘海鹰被评为“全国公安优秀教育训练工作者”。

【师资队伍建设取得新进展】 评选出学术带头人4人、中青年骨干教师10人。新录用教职工28人，选派1名教师赴西藏警官高等专科学校支教，为6名教师办理教师资格证，组织40余名教师到公安机关实习（挂职）锻炼。史晓凡教授获得国务院政府津贴，林子清、吴玉红教授获得公安部部级津贴，彭文教授荣获“沈阳市劳动模范”称号。

【科研办案工作稳步开展】 争取公安部重点研究计划项目2项，公安部应用创新计划项目6项，公安部公安理论及软科学计划项目6项，共获得经费资助72万元。另外，争取到辽宁省科技厅项目3项，资助经费14万元；辽宁省社会科学规划基金项目2项；辽宁省社科联项目3项；辽宁省教育厅科技处项目1项；沈阳市科技局资助项目1项，获得经费15万元。2010年学院获辽宁省哲学社会科学成果奖二等奖1项，获公安部科学技术奖二等奖1项。在公安部2010年公安院校学生科技应用创新成果奖评审中，学院学生获一等奖3项，二等奖6项，三等奖10项。2010年，学院受理案件1 807起，出具鉴定书1 371份。

【成人教育工作进展顺利】 全年完成短期培训班47次，培训学员3 375人次，收取培训费1 639万元。公安部调训培训任务逐步恢复，共举办四期西部地区刑事技术骨干培训班。函授招生工作有新进展，共招收学员1 500余人，比去年增长约50%。

【外事工作成绩显著】 全年共接待来自英国、美国、法国、俄罗斯、加拿大、澳大利亚、塞尔维亚、朝鲜、韩国等国家和香港、澳门特别行政区及台湾地区的91名专家、学者来院交流访问讲学。10次组团和随团出访美国、加拿大、俄罗斯、澳大利亚、韩国和香港、澳门特别行政区。与英国奥斯特大学、澳大利亚查尔斯特大学合作办学进展顺利，奥斯特项目第5期学员10人已赴英国学习，查尔斯特项目第1期学员已学成回国。常年聘请3位外籍教师来院任教。

【党建工作稳步进行】 学院在本年度开展创先争优活动、党支部立项和“一优两先”评选工作。学院5项党建研究课题获辽宁省委高校工委党建立项。学生处党总支被评为沈阳市教科系统先进基层党组织；沙贵君、左富兴被评为沈阳市教科系统优秀共产党员，赵余喜被评为沈阳市教科系统优秀党务工作者。

【上海世博会安保工作】 2010年7—11月，学院有1 600余名师生参加上海世博会安保工作。在沪期间，广大师生发扬“特别能吃苦、特别能战斗、特别能奉献”的奥运和国庆安保精神，恪尽职守，忘我工作，累计出勤1 88 000余人次，工作时间超过2 800个小时，高质量完成上海世博会安保任务。学院世博会安保团队被公安部荣记集体二等功，1人荣立个人一等功，3人荣立个人二等功，15名干部和60名学生被学院授予个人三等功，1 475人获嘉奖。

（张振兴　吴广利）

沈阳大学

【概况】 沈阳大学是一所涵盖哲、经、法、教、文、史、理、工、农、管、艺术等11个大学科门类，以本科教育为主体，同时拥有硕士研究生教育、高等职业技术教育、继续教育和留学生教育的多层次、多类型的综合性大学。学校现有望花南街-联合路、文萃路、新民三个校区，校区占地面积66.4万平方米，建筑面积54.7万平方米。

学校现有21个学院和1个公共教学部，设有本科专业56个，专科专业24个，学术型一级学科硕士学位授权点8个，硕士专业学位授权点6个类别（领域），博士后科研工作站1个。截至2010年5月，学校有专任教师1 253人，其中院士1人，教授、副教授737人，具有硕士学位584人、博士学位180人。学校现有各类在校生30 145人，专业实验室22个，校内外教学实践基地155个。教学科研仪器设备总价值10 621.96万元，图书馆藏书158.8万册。学校注重开放办学，积极开展对外交流与合作，先后与美国、英国、法国等近20个国家和地区的60余所大学建立了交流与合作关系。

学校现有国家级示范专业1个，国家级双语示范课2门，省、市级示范专业5个，省级实验教学示范中心1个，教育部重点实验室1个，省级重点实验室4个，省优势特色重点学科3个，省级优秀教学团队7个。“十一五”以来，学校共承担各类科研课题1 136项。2010年，学校还成功获得国家科技部支撑计划项目1项，国家重大水专项1项，国家自然科学基金11项，社会科学基金2项。

【深入抓好党建工作，开创思想政治工作新局面】 按照市委的统一部署，深入开展创先争优活动，创新实践载体，通过召开基层党组织书记座谈会、开展“三进”等活动形式，进一步推进党的基层组织建设和党员队伍建设，提高党的执政能力，保持和发展党的先进性。继续开展了“共产党员工程”和“创新党日”活动，30多个基层党组织参加评比，评选出一等奖1项、二等奖3项、三等奖5项。全年共发展新党员885名，其中大学生党员856名，增强了党组织的凝聚力和战斗力。

严格执行《干部任用条例》和相关法规，凡提任上一级职务的干部，均采取民主推荐和组织考核相结合的办法择优聘任。一年来，党委共选拔提用处级干部18人，其中正职5人，副职13人。18人中博士占8人，硕士7人，具有副教授以上专业技术职称的14人，使一批政治素质好、学历层次高、工作能力强的年轻干部和高层次专业技术人员充实到领导岗位，增强了干部队伍的生机和活力。

认真贯彻落实学校思想政治工作会议精神，全面开展“班导师”和机关带班制度，取得了明显成果。深入开展外语节、文化节、社团节等活动，成功举办第三届体育节和田径运动大会、新年文艺汇演、音乐会等活动，丰富了师生文化生活，振奋了精神，增强了凝聚力。

宣传工作进一步加强。2010年中央、省、市新闻媒体共对学校宣传112件次，校内发布新闻1 000余条。完成了诚勤网的改造，建立了网通社，及时发布校园信息，营造了争创一流的良好舆论氛围。隆重召开了沈阳大学改革发展三十年纪念大会，深刻总结了30年来学校改革发展的成功经验，展示了学校蓬勃向上的良好形象。

认真组织学习和落实中央纪委五次全会精神和《中国共产党党员领导干部廉洁从政若干准则》，全面开展“小金库”自查自纠工作，在招生、招标、职称晋升等活动中发挥监督职能。

健全审计工作程序。全年完成5名干部离任审计，基建和修缮工程审计150项。

加强民主管理，学校先后组织召开了2次教代会代表团团长联席会议，对文萃路校区资产置换方案等学校重大决策广泛征求意见。各分工会按时召开二级教代会。校工会被沈阳市总工会评为“2010年先进单位”，被辽宁省总工会授予“辽宁省模范职工之家”荣誉称号。完成了民盟、民进、民建支部的换届工作，发挥了民主党派在学校发展建设中的作用。

充分发挥老科技、老教授协会的作用，较好地履行了沈阳市关工委轮值主席单位的职责。学校党委荣获“沈阳市实施人才强市战略，发挥老年人才作用先进单位”荣誉称号，学校获得辽宁省教育系统关工委实施“青蓝工程”先进集体称号。

【学科建设成果显著，研究生培养质量不断提高】 在专业硕士点申报工作中，学校工商管理硕士（MBA）和工程硕士中的机械工程、材料工程、工业工程、项目管理和物流工程，获得硕士专业学位授予权，是2010年辽宁省新增硕士专业学位授权单位中增列点最多的单位，实现了学校专业学位授予权零的突破。在硕士点申报工作中，应用经济学、生物学、材料科学与工程、控制科学与工程、土木工程、工商管理和环境科学与工程等7个一级学科已通过辽宁省评议，正处于报国务院学位办批复阶段。超额完成了研究生招生计划。研究生人才培养质量不断提升，就业率达98%。

【科研工作取得历史性突破】 学校《城市老工业搬迁区功能重构和宜居环境建设关键技术研究与示范》项目列入国家科技支撑计划；《辽河流域自然保护区生态建设与区域污染控

制》项目列入国家重大水专项；2010年，学校获得国家自然科学基金10项，社会科学基金1项，基金获得数量在全市23所普通本科院校中排名第5位。科研进款额首次突破4 000万元，实现了学校科研工作历史性的突破。生物与环境工程的有害生物治理与生态安全重点实验室被评为省级重点实验室。至此，学校已有教育部重点实验室1个、省级重点实验室4个。

【服务社会工程取得新进展】 学校分别与辽中县、沈阳地铁有限公司、沈阳市企业家协会、铁西区政府建立了产学研全面战略合作关系。新建了沈阳大学科技园。音乐走进社区，深入开展“双百万艺术惠民工程”，共开展培训1万多学时，3 500多人接受培训，此工程得到了沈阳沈阳市委宣传部、市委教科工委的充分肯定。

【实施人才强校工程，师资队伍建设得到加强】 召开沈阳大学人才工作会议，出台了《沈阳大学中长期人才发展规划纲要》。与沈阳市委组织部、沈阳市人才办共同组建了沈阳市高层次人才储备基地，积极组织清华大学博士后招聘活动。一年来，学校共引进30名博士，具有博士学位的教师比例由年初的11.2%提高到14.4%。成功获批了博士后科研工作站。

加强师资培训。全年考取博士研究生10人，毕业博士研究生13人。评选表彰学校优秀教师和优秀教育工作者107人，辽宁省教学名师1人，宝钢优秀教师1人，沈阳市名教师4人，沈阳市骨干教师2人，沈阳市名校长1人。

【大力开展民生工程，积极推进绿色校园建设】 学校统一调高津贴标准，为全校教职工进行了免费健康体检，建立了全校困难职工重大疾病救助保障机制。

完成新校区基建一期工程回访维修工作，保证了工程质量。地下通道建设工程顺利实施。按期完成了联合路校区校门和广场的改造工程，8号、9号学生公寓外墙保温工程，生物实验室改造工程和校园二期改扩建方案设计工作。

围绕沈阳市环境样板城建设开展了绿色校园建设工程，完成了水源热泵供暖、中水回用、节能、校园园林化、绿色教育等10项示范工程。绿色校园已被沈阳市政府确定为全市100个示范项目中的重点项目，并被确定为全市2个重点样板项目之一。

【扎实推进教学质量提升工程，办学水平不断提高】 “材料成型及控制工程专业”被批准为国家级特色专业建设点，实现了学校专业建设的重大突破。针对市场和就业需求，2010年新增“交通运输本科专业”和“工业工程专业（地铁运输方向）”；圆满完成“焊接技术与工程”、“学前教育”2个专业的学士学位授予权评估。机械工程“材料成型及控制工程专业核心课程”、职业技术的“旅游管理”2个教学团队被评为省级优秀教学团队，至此，学校已有省级优秀教学团队7个。

旅游与地理科学“人力资源管理”双语课程获得教育部双语示范课程称号，至此，学校已有2门国家级双语示范课程。“高级英语”等4门课程被评为省级精品课程，至此，学校已有省级精品课23门。在第四届全国环境艺术设计大展中，美术教师的3件作品获最佳设计奖。

【招生与就业】 毕业生初次就业率二本94.2%、三本91.36%、专科92.74%，均高于全省平均线。2010年扩大招生150人，增长3%。本科的文科和理科最低录取线分别高于录取控制线15分和10分；专科的文科和理科均高于录取控制线60多分。在全省31所二批次本科院校中，文科录取分数线排在第十位，理科排第十五位。

【交流与合作】 学校先后接待了来自美国、日本、俄罗斯等11个国家和地区的37个团组来访，新建立16个国外校际友好关系。举办了盛京绿色讲坛等学术交流活动。全年引进外籍教师23人，引进7个对外合作项目。

（宋东泽　于艳茹）

沈阳医学院

【概况】 沈阳医学院是教育部批准的全日制普通本科院校，创建于1949年。学院位于沈阳北部大学城，占地面积44.67万平方米，建筑面积20.5万平方米，固定资产6.8亿元。设有基础医学院、公共卫生学院、临床学院、护理学院等13个教学单位、8所附属医院、26所教学医院和149个实习基地。2007年荣获教育部本科教学工作水平评估“优秀”。2009年成为硕士学位授权立项建设单位。

学院现有教职员工3 349人，其中正高级职称181人，副高级职称502人，研究生指导教师39人。新世纪百千万人才工程国家级人选1人，享受国务院政府特殊津贴专家15人，省“百千万”人才工程百人层次10人，省教学名师、省专业带头人、骨干教师等10人，担任省级学会副主任委员以上职务者50人，聘请国内外名誉教授、兼职教授60余名。学院建有数字化模拟病房、数码互动实验室等专业实验室，教学科研设备总值8 000余万元，万元以上仪器设备650台（件）；图书馆藏书83.3万册，中外文期刊2 163种，9个数字化中外文全文数据库。

学院开设临床医学、预防医学、护理学等14个本科专业和14个高职专业。在校生1万余人，来自17个省、自治区。预防医学专业为国家特色专业和辽宁省示范专业，临床医学、护理学为辽宁省特色专业，临床医学、预防医学、护理学为沈阳市示范专业。基础医学实验教学中心、临床教学实验中心为辽宁省实验教学示范中心。学院是沈阳市全科医生培养基地，病原生物学、生理学和预防医学教学团队为省级教学团队，生物化学为省级优秀课程，病理解剖学、组织学与胚胎学、病原生物学、生理学、护理学基础、营养与食品卫生等9门课程为省级精品课程。学院病原生物学为辽宁省优势特色重点学科，环境污染与微生态实验室和环境与人口健康实验室为辽宁省重点实验室，人体科学展览馆为辽宁省和沈阳市科普基地。学院建有市政府特邀院士工作站，聘请中国科学院院士刘以训教授、中国工程院院士钟世镇教授等7名院士为学校名誉教授。学院从1996年开始与中国医科大学、吉林大学联合培养硕士、博士研究生，已培养硕士研究生200余人。

近五年，学院共承担各级各类科研项目332项。主持国家自然科学基金项目11项、科技部“十五”攻关子课题2项、国际合作项目4项、省部级科研项目96项；发表学术论文2 500余篇；获省市科技成果奖121项，其中辽宁省政府科技进步二等奖2项，省级奖励43项；国家发明专利3项，实用新型专利5项。

学院有8所附属医院，即沈阳医学院奉天医院、沈阳医学院沈洲医院、沈阳二四二医院、铁法煤业集团总医院、沈阳二四五医院、瓦房店市中心医院、沈阳市骨科医院和沈阳市第五人民医院，均为拥有集医疗、教学、科研、预防、康复为一体的大型综合医院。附属奉天医院综合实力居沈阳市属医院之首。显微外科是奉天医院传统优势学科，在全国名列前茅，附属沈洲医院心血管介入治疗达到省内领先水平。

学院先后与美、英、日、荷、澳、加等国家10余所大学及研究机构建立友好关系，开展国际交流与合作；与英国利物浦约翰摩尔大学等4所学校签署联合办学协议；先后承办多次国际、国内学术会议。2004年开始招收外国留学生，目前有印度、巴基斯坦等国家180余名留学生在校学习。

【制定“十二五”发展规划】 根据国家和省中长期教育改革和发展规划纲要，结合实际，学院研究制定“十二五”发展规划。邀请原同济医科大学副校长文历阳教授等专家为学院发展出谋划策，面向全院教职员工征集意见和建议269条。学院深入开展转变教育思想教育观念大讨论。围绕学校办学定位、办学理念、发展思路、办学特色、人才培养质量、学科专业建设、课程建设、师资队伍建设、学风建设、教风建设等主题，举办转变教育思想教育观念专题报告会和教师交流会，进一步理清办学思路。以转变教育思想教育观念为契机，学院召开各层各类研讨会20余次，对学院现状进行认真分析，起草学科建设、专业建设、师资队伍建设等各项子规划，进一步丰富和完善学院“十二五”发展规划体系。

【教学工作】 学院进一步加强教学改革，施行学分制管理模式。下大力气加强外语教学改革，调整课时，变4个教研室为6个教研项目组，分层次有目标进行重点培养，护理出国培训项目取得明显效果。深入开展PBL教学改革，注重学生实践能力培养；开展手术学、临床麻醉学及外科护理学实践课程整合工作和口腔医学专业毕业生实践技能考试工作。学院深入实施教学质量提升工程，本科临床医学专业和护理专业成为省特色专业；系统解剖学、卫生毒理学和老年护理学被评为省级精品课程。学院被卫生部批准为ISPN（国际护士执业水平考试）项目培训基地。临床教学实验中心、公共卫生实验教学中心被评为省实验室建设与仪器设备管理先进单位。

学院进一步加强教学研究，全年获得各级各类教学研究课题35项，其中全国教育科学“十一五”规划课题1项，教育部高职高专医学类专业教学研究重点课题1项，辽宁省教育科学“十一五”规划专项课题1项，辽宁省教育科学规划课题5项。获得各级各类教学成果奖11项，其中辽宁省教育科学规划“十一五”末期优秀成果1项，辽宁省优秀教育评价科研成果3项，沈阳市第十九届社会科学优秀学术成果7项。获得辽宁省第十一届教育软件大赛一等奖1项、三等奖2项，全国高职高专英语课堂教学课件大赛三等奖1项。

学院全面加强教学管理，完善教学质量评价与保障体系，加强二级教学督导管理，开展教学督导推荐课、教研室课程展示和督导“教学工作交流日”等活动，组织集体听课、集体备课，有效促进教学质量的提升。开展第二轮教学标兵遴选工作，鼓励教师重视教学、钻研教学。加强学籍、学位管理，印发《关于允许应届本科毕业生延长学制的规定》等文件。严肃考风考纪，完成各类大型考试考务工作，获辽宁省大学英语等级考试先进集体荣誉称号。加强教材建设与管理，参与编写教材6部。进一步加强临床实践教学工作。召开临床教学工作会议，进一步提高临床教学工作质量和水平。新增沈阳市第五人民医院、辽宁省友谊医院、鞍钢千山疗养院为学校非直属附属医院和实习基地。以瓦房店市中心医院为试点，开展带教教师资格认定考核工作。完善临床毕业技能考试，增加考试站点和标准化病人考核内容。加强学生临床实践技能培训，积极备战全国高等医学院校临床技能大赛。

【科研工作】 学院进一步加强学科建设和科技平台建设。成立学科建设工作领导小组，开展重点（培育）学科和学科带头人遴选工作，遴选出7个校级重点学科、4个校级重点培育学科和43名学科带头人、60名学术带头人。加强省、市重点实验室环境污染与微生态实验实建设。病原生物学被评为辽宁省特色突出计划重点学科，手外科组织工程实验室被评为辽宁省和沈阳市重点实验室，医学生物技术工程中心被评为沈阳市工程中心。增强科技创新能力，引领学科发展。实施国家自然科学基金百项申报计划，全年中标各级各类科研项目51项，其中国家自然科学基金项目4项，省部级项目29项，市级项目18项，国际合作项目1项，纵向科研经费达526万元，创历史新高。获得省科技进步奖三等奖2项，市科技进步奖二等奖1项、三等奖3项。学报《专家论坛》栏目获得省新闻出版局二等奖。与吉林大学联合培养基础医学和公共卫生硕士研究生224人，研究生导师增加至53人。学院不断加强学术交流，举办博士论坛4期。承办辽宁省第五次微生态学术研讨会和第十届全国微生态学学术会议。发挥院士工作站优势，邀请刘以训院士、姚开泰院士等专家学者来院讲学。参加沈阳市第七届科学学术年会，市科协为学院投资建设24米长的科普画廊，浓厚学院科研氛围。

【师资队伍建设】 学院深入实施“人才强校”战略，先后赴北京大学、复旦大学、天津医科大学等10余所高水平院校宣传学院近年发展建设成绩和人才引进政策。引进留美博士后1人，选留4名博士来院工作。实施《沈阳医学院继续教育管理办法（试行）》，进一步规范教师培训，选派40余名教师到国内外知名大学进修学习，组织教师参加各类人员培训70余人次。

学院加大人才项目评优推荐力度。2010年获评辽宁省“百千万人才工程”资助项目2人，省优秀专家2人，市优秀专家4人，省教学名师1人，市名教师2人。

学院制定《沈阳医学院出国人员管理规定》和《沈阳医学院临时用工管理规定（暂行）》，进一步规范在编人员和临时用工管理。2010年完成附属医院卫生系列高级职称评审和高校教师职称评审聘任工作。

【大学生思想政治教育】 坚持开展“沈医辅导员百家行”寒假家访活动，拉近学院与学生和家长之间的距离，增强思想政治教育工作的针对性和实效性，学院被评为辽宁省高校“千名辅导员万家行”活动优秀组织单位。开展“春风行动”，切实加强对特殊群体学生的关心帮扶和教育引导，全力推进大学生就业创业工作，维护校园和谐稳定。学院进一步加强辅导员队伍建设。以大学生心理危机干预、辅导员信息化工作等为主题召开辅导员论坛；组织辅导员校外学习、培训15次，提升辅导员综合素质。

【招生就业工作】 学院2010年新争取本科招生计划50人，本科招生录取线均在省控制线18分以上，高职专科录取线超过省控线96分，第一志愿录取率达100%；本科报到率为99.15%，高职专科报到率为91.24%。学院召开2010年就业工作会议，举办辽宁省2010年毕业生就业双选会，通过积极搭建供需双方信息互动平台，促进人才供需合作。本专科年度就业率均达到95%以上，居省内同类院校前列。学生考研率为14.69%。首次开展大学生应征入伍的预征工作，效果良好。

【交流与合作工作】 陈超英副省长等省市领导多次来院视察指导工作，广东医学院等兄弟院校领导来院访问交流。邀请日本、美国、澳大利亚等外国专家学者40余人次来院访问交流；积极参与南亚教育展和中日国际环境与健康学术研讨会，在全国医学教育研究年会、全国医学院校协作会、中教国际护理教育会议等国内大型会议上作大会报告，选送6名学生到澳大利亚、英国留学，附属卫校组织9名学生参加全国涉外护理英语大赛。

扩大留学生生源，加强留学生教育，丰富留学生课余文化生活。2010年第二届72名留学生顺利毕业回国，首批毕业留学生中有一半顺利通过其本国的执业医师资格考试。

【附属医院工作】 印发《关于附属医院进一步落实重大事项审批报告制度的通知》，加强附属医院的规范化管理。附属医院基础建设工程进展顺利，奉天医院沈阳西部区域医疗卫生服务中心建设如期完成，新病房大楼已经投入使用。沈洲医院北院区新大楼建设项目如期封顶，二期征地项目进展顺利，新增土地面积1.5

万平方米，三个院区总面积达到5.3万平方米。

附属医院内涵建设得到进一步加强。奉天医院成功举办全国手外科年会，实施国内首例双侧足二、三趾再造双侧示、中指手术，扩大手外科的国内、国际影响；承办首届辽沈地区骨科疑难病例研讨会和2010年肾脏病、血液净化论坛学术研讨会。沈洲医院外科、耳鼻喉科积极开展新技术、新项目，承办国家循证医学与抑郁焦虑障碍治疗新进展研讨会、辽宁省“心力衰竭诊断及治疗新进展”及“糖尿病足治疗新进展”研讨会，开展贫困先心病儿童救治工作。

附属医院注重提高服务质量，社会效益和经济效益持续增长。开展“医院管理年”、“医疗质量万里行”和“百日医疗安全专项检查”等活动，实施临床路径管理、临床用药管理和优质护理服务示范病房，提升医疗护理服务质量。奉天医院和沈洲医院分别获得年度辽宁省平安创建活动平安示范医院、辽宁省文明医院标兵单位、辽宁省“诚信服务杯”标兵单位、沈阳公共服务单位百姓口碑榜金榜单位、沈阳市医政工作先进单位等荣誉称号。奉天医院年内总收入5.2亿元，比去年同期增长18.2%。沈洲医院年内总收入3.02亿元，比去年增长13%。

【为地方社会发展服务】 开办沈阳市全科医学急诊急救培训班，培训沈阳市社区医疗卫生人员50人，建立全科医学培训模式，完善管理制度、带教方法和考核体系。筹建沈阳市社区医疗卫生人员培训中心、沈阳市大学生就业培训中心和沈阳市家政服务培训中心，提升学校社会服务能力与水平。承担沈阳市发改委“沈阳市农村医疗卫生现状调查”课题研究，在省慈善总会资助下开展贫困先心病儿童救治工作；派员参加青海玉树抗震救灾医疗队，出色完成对本溪县人民医院、辽中县人民医院及青海省对口支援工作，派出医护人员230余人进行指导，完成近百台手术，门诊量2 500余人次，查房、讲座及病案分析300次，得到社会广泛赞誉。

【校园文化建设】 成立辽宁省首支女子行进军乐队；增建旗台、凉亭、景观石等人文景观；第二教学楼B座挂毯“提灯女神”入选上海大世界基尼斯总部记录；在省慈善总会资助下筹备开办爱心超市；实行“校园一卡通”工程；成功举办第五届沈北大学城六所高校纪念“一二·九”运动75周年大学生长跑比赛，第十六届田径运动会，大学生科技文化艺术节，“健身杯”教职工排球比赛，承办省第十一届运动会青少年组武术、散打和篮球比赛，沈阳市高校大学生篮球比赛，参加辽宁省大学生田径比赛等活动；倡导师生爱校荣校以校为家，首次表彰宣传学院改革发展的优秀文艺创作。

【党的建设】 学院认真贯彻落实党委领导下的校长负责制和民主集中制，对学院发展重大事项实行集体决策。紧密结合学院发展实际，坚持抓好校、院两级理论中心组学习。制定《贯彻落实十七届四中全会精神，加强学校党的建设的实施意见》和《二级学院党政联席会议暂行规定》，明确二级学院党政管理运行机制。学院全面加强干部队伍建设和管理，严格执行《干部选拔任用工作条例》和四项监督办法，努力建设学习型管理队伍。邀请省教育研究院院长刘国瑞研究员、省社科院院长鲍振东研究员等专家来院作专题报告。开展“创先争优”活动，深入13个分党委、党总支部开展创先争优活动集中调研，对先进基层党组织和优秀共产党员进行表彰。积极做好“四进四建”活动和市委专项调研工作，学院获评市委教科系统先进党委。出台《党风廉政建设责任追究办法》，实施“廉政文化建设‘六个一’工程”，举办廉政书画、摄影作品展。

【举办全国微生态学术会议】 9月16—20日，第十届全国微生态学学术会议在学院召开。此次大会是在中华预防医学会领导下，由中华预防医学会微生态学分会主办、沈阳医学院承办，来自全国20个省、市、自治区共262名代表参会。本次大会共收到论文117篇。会上，中华预防医学会微生态学分会主任委员熊德鑫教授、浙江省科学技术协会主席李兰娟院士、佳木斯大学医学院杨景云教授、沈阳医学院肖纯凌教授等27名国内微生态学领域知名专家学者分别作大会报告和分组交流。会议代表围绕基础微生态学、慎用抗生素、临床微生态学等领域的国内外最新研究进展和有关成果进行深入交流和热烈讨论。大会得到省委省政府、市委市政府及各有关部门的大力支持，省政府副省长陈超英、省教育厅常务副厅长周浩波、省科技厅巩黎明副厅长、省预防医学会副会长宋世民、市政府副市级调研员刘兴烈、市政府副秘书长曾波、市科技局副局长李刚及市卫生局副局长苏立明出席大会开幕式。中央电视台、《光明日报》等多家媒体为大会作报道。广州尤德生物科技有限公司、东北制药集团股份有限公司等6家医药公司为大会提供赞助和支持。

【举办纪念“一二·九”运动长跑比赛活动】 12月9日，沈北大学城六所高校纪念“一二·九”运动75周年长跑比赛活动在学院隆重举行。辽宁省人大副主任王专，省政府副省长陈超英、副秘书长何庆良，省教育厅副厅长张建华，沈阳市市委常委、宣传部部长王凤波，市政府副秘书长曾波，市委教科工委书记赵日刚、副书记张恩，市体育局局长徐兴家，团市委书记邢鹏，沈北新区副区长顾英等省市领导以及沈北大学城六校党政领导出席活动。来自辽宁大学、沈阳航空航天大学、沈阳师范大学、沈阳工程学院、辽宁美术职业学院、沈阳医学院的600余名大学生参加比赛。开幕式上，辽宁省人民政府陈超英副省长作重要讲话。此次活动将进一步加强沈北大学城六所高校间的沟通、交流与合作。

（张扬　刘旭）

沈阳广播电视大学

【概况】 沈阳广播电视大学现占地面积25 961平方米，建筑面积46 124平方米；现有固定资产9 853万元；纸质藏书21.3万册，电子图书1 400GB；有适应现代远程开放教育的主干为1 000兆的校园网及各种现代化教学设施，有各类计算机1 404台，其中教学用计算机1 083台；有语言实验室、计算机实验室、财会模拟实验室、机械加工、钳工实训室、电子技术实训室等共43个，多媒体教室63个；教职工总数299人，其中，正高级职称22名，副高级职称98人，中级职称77人。学校设置机构29个，其中党群、行政管理机构14个，教学教辅机构14个，直属机构1个。

学校主要办学形式有开放教育、高等职业教育、中等职业教育、成人专科教育、继续教育、社区教育等，并与沈阳市委组织部联合举办了“农村党员干部现代远程教育管理员大专班”教育（“一村一名大学生”计划教育），与残联共同合作了残疾人教育。目前，学校有各类学历教育在校生32 482人，其中，本科在校学生11 097人，专科在校学生20 721人，中专在校学生664人。非学历教育年培训总量在65 000人次以上。

学校坚持“重心下沉”的办学方针，注重加强系统建设，在沈阳市所属郊区、县（市）设置了8个分校，在市内各城区设立了5个直属分校（学习点），13个教学点，已经形成了覆盖沈阳城乡的教育网络。

【举办建校五十周年庆祝活动】 按照“回顾历史、展望未来、凝聚人心、扩大影响、加快发展”的指导思想，经全校师生员工通力合作，开展了一系列的校庆活动。于10月17日在校内隆重举行建校50周年庆典活动。中央电大、省市各级领导、兄弟院校、各届校友代表800余人参加了校庆活动，《辽宁日报》、《沈阳日报》、沈阳电视台等新闻媒体深度报道了校庆活动，使全社会共同见证了学校改革和发展取得的成就。

【沈阳数字化学习港大厦建设顺利进行】 经过近一年的建设，数字化学习港大厦已经完成地下2层、地上7层建设，建筑面积已达12 884平方米，占总面积的64%，预计2011年5月封顶。沈阳市常务副市长顾春明，副市长王玲、祁鸣分别视察了大厦建设工程，给予了高度评价，充分肯定了学校现阶段取得的工作成绩。

【沈阳学习型社会信息资源核心平台成功启动】 10月，本着边建设边使用边完善的宗旨，“沈阳学习型社会信息资源核心平台”已面向社会全面开通，共设10个栏目，资源数量达到2 200多学时，平台点击人数已经达到31 000人次，为建设学习型城市、加速推进终身教育提供有效载体。

【沈阳社区大学、沈阳现代远程教育中心隆重揭牌】 10月15日，中央电大、市领导为沈阳社区大学、沈阳现代远程教育中心揭牌，占领了服务沈阳终身教育的制高点。按照市政府的部署，学校正在积极研究规划沈阳社区大学、沈阳现代远程教育中心的功能，寻找切入点，探索沈阳市社区教育和远程教育公共服务新模式。

【学历教育招生再次突破万人大关】 2010年，学校各类学历教育招生规模为10 562人，继2008年后再次突破万人大关。学校开放教育、“一村一”、残疾人教育、高职、成人、奥鹏、网院、中专等各类学历教育招生同比都呈增长态势，特别是校本部的开放教育招生规模增幅明显，高职教育招生创下近三年来的最高记录。

【非学历教育呈现良好的发展态势】 学校积极寻求与行业、系统联合办学新项目，搭建了会计从业人员和保险从业人员远程继续教育两大信息平台。全年非学历教育培训人数累计达到66 000余人，进一步提高了学校服务社会的办学效益。

【系统建设更加规范】 学校进一步强化了对分校、教学点的检查和指导的工作力度，继续完善教学点动态准入、退出管理机制。加大了对直属分校的支持力度，全体校领导和相关部门领导深入直属分校调研，帮助直属分校解决六个方面11个问题。苏家屯分校被评为全国电大示范性基层电大，获得中央电大10万元奖励，康平分校申报中央电大援助项目，获得了中央电大10万元援助项目。

【加强课程团队建设，提高课程建设和专业建设水平】 2010年，学校组建的4支教学团队发挥了很好的作用，《机械制造基础》课程的文字教材已从中央电大获得专项建设经费40余万元；2门非统设课程在中央电大获得正式立项；4人获中央电大教学方面的表彰，2人在省多媒体课件大赛中获奖，8人获校级以上教学成果奖；学校被评为沈阳高校形势与政策教育先进单位，学校的网上教学资源检查列全国电大系统第四名。

【组建新的党政领导班子】 11月，市委对学校领导班子进行了调整和充实，根据市委组织部、市委教科工委文件，谭惠苓同志任学校党委书记，阴训法同志任学校校长、党委副书记。新班子组建后，党政班子全体成员，以饱满的政治热情，团结一致，一心一意谋发展，聚精会神搞建设。

【残疾人高等教育取得丰硕成果】 学校与沈阳市残联合作的沈阳电大残疾人教育从2008年春季开始招生，已连续三年招收行政管理专业、社会工作专业七届学生380人。其中，本科生83人，专科生297人。2010年12月，首批77名学员顺利毕业，获得专科毕业证书。这在一定程度上承接了全市14所特殊教育中职学校学生继续提高的需求，缓解了残疾人提高学历的压力，促进了教育公平，为实现沈阳市残疾人享受高等教育的发展目标起到了积极的推进作用。

（王学峰　何四洋）

沈阳职业技术学院

【概况】　沈阳职业技术学院是一所经辽宁省人民政府批准的综合性普通高等职业技术学院。学院是教育部确定的国家高职高专“数控技术”高技能紧缺型人才培养基地，“计算机应用与软件技术”高技能紧缺型人才培养基地，国家“数控技术”类学生实训（师资培训）基地，辽宁省职业院校师资、校长培训基地和沈阳市装备制造业技能培训基地。

学院占地面积779亩，建筑面积近21万平方米，图书馆馆藏图书55万册，在校生近万人。2006年学院在辽宁省教育厅人才培养水平评估中取得了优秀，被省政府命名为辽宁省职业教育先进集体，获得了辽宁省思想政治工作先进集体等荣誉称号。党委书记、院长王强教授于2007年荣获沈阳市“五一”劳动奖章。学院加强校企合作，落实以真实企业工作任务为载体的工学结合人才培养模式改革。

学院建有相当于现代中型装备企业设备齐全的实习工厂，并已立项建设36 000平方米的现代信息技术虚拟实训基地。学院与沈阳机床集团等多个大型企业建立了密切的校企合作关系，开展订单式培养，建设数控技术等顶岗实习基地86个。学院专任教师475名，其中具备企业工作经历的占40%，副教授以上职称的占42%。学院聘请知名企业总工程师和车间主任、分厂厂长兼任学院教学副院长和各系部主任，行业和企业一线技能专家160余人常年为学生讲授技能课程。

学院加强示范和精品课程项目的建设，建设省、市、院级示范专业17个，省级试点专业2个，国家、省、院级精品课程18门，“十一五”规划和省级精品教材23部。学院在人才培养的全过程中加强职业素养的培养，促进了学生的全面发展。学院坚持面向社会需求培养高素质高技能人才，社会认可度高，第一志愿上线率达174%，毕业生就业率连续三年达到90%以上，位于辽宁省高职同类学校前列。学院同时为社会提供培训服务和技术服务，累计培训28万人，为企业创造利润累计达到1 300万元，发挥了高职院校的辐射功能和带动作用。

学院与英国、日本、新加坡、韩国等多个国家的高等职业教育机构、院校建立广泛联系与交流合作，数百名学生实现了境外实习和就业。

【党建工作】　围绕学院中心工作，精心组织开展创先争优活动，开展创先争优当表率、学院发展作贡献“共产党员工程”活动，使活动和工作两不误两促进，并取得实效。学院党委被市委教科工委授予教科系统先进党委称号，被省委高校工委、省教育厅党组授予全省高校先进党委称号。9月12日，全国高职院校“党的建设书记论坛”第一次会议在新疆农业职业技术学院召开，学院党委书记王强应邀在会上作《高职院校园文化建设探索》重点经验交流，博得与会专家和代表的一致好评。选派中层干部参加市委党校学习。建立后备干部队伍，40名同志成为学院处级后备干部。加强对预备党员和先进积极分子的培训，全年发展党员144人。

【示范建设】　2010年是学院示范建设的验收年。在全院师生的共同努力下，圆满完成示范建设任务，上报示范建设成果19大类1 415项，完成近2 000个条目、20余万个各类数据的填报和4个重点专业120余万字的人才培养方案修订工作，建设具有27个栏目的示范验收综合专题网站，举办大型国家示范院校成果展，如期完成各项建设任务。7月9日，国家教育部、财政部以（教高〔2010〕6号）文件形式公布第二批国家示范性高等职业院校验收结果，学院国家示范性高职院校建设项目通过教育部、财政部验收，正式成为国家示范性高等职业院校。

【教学建设】 学院省级以上教学成果已位居全省高职院校前列。现有国家级精品课程5门，名列市属高校第一；省级精品课程19门，国家和省级以上重点专业、品牌（示范）专业和教改试点专业23个；国家及省级精品教材和规划教材29部，获省级优秀教学成果12项，省级以上奖励教学软件和课件15个；建设优质核心课程55门，课程网络教学平台55个，自主开发教学软件40个；建设国家高技能紧缺型人才培养基地2个。“三双”、“四跟”办学模式和“333”人才培养模式获得社会、企业和教育部专家的充分肯定。

4月27日—28日，在辽宁省教育厅主办的2010年辽宁省高职院校“CAXA数控杯”数控技能大赛暨全国数控技能大赛选拔赛——“复杂部件造型、多轴编程与加工”数控技能大赛中，学院代表队取得学生一等奖和优秀指导教师一等奖。

11月27日—30日，由科技部高新司、教育部科技司等部门指导，国家制造业信息化培训中心与江苏省常州市人民政府联合主办的2010年全国三维数字化创新设计大赛现场总决赛在江苏省常州市举行。机械装备系计辅专业张茂峰、胡淼、易明杰、郑玉石4名同学组成的“龙魂队”设计的“龙魂号航空母舰”作品代表辽宁省参加全国现场总决赛并获得二等奖，学院荣获大赛“优秀组织奖”。

【师资队伍建设】 学院党委实施“教授引领工程”、“青蓝工程”等一系列工程，取得显著效果。学院拥有省优秀教学团队9个，省级教学名师1人，省级专业带头人6人，教授由原来的4人增加到40人。培养“双师”素质教师230人。

【校企合作】 引进民营资本6 000万元共建软件学院，开创高职院校校企合作股份制办学新模式。与企业密切合作、深度融合，共建冠名班，形成具有学特色的“沈重模式”、“米其林模式”、“光维模式”、“亚伟模式”等成功经验，在全国具有一定的影响力。加大校企合作力度，先后与沈阳永金投资公司共建金融学院，与沈阳赛斯特科技公司共建互联网学院，与沈阳亚伟科技公司共建信息管理学院。企业投资达1300多万元，建设拍卖大厅、证券交易大厅、期货交易大厅、互联网协作运营中心、物联网应用技术等几十个具有真实工作环境的校内实训室和实训基地。

【科研成果】 学院获省级以上科研立项31项，其中重点研究课题11项，获得科研经费11.1万元。获各类省级奖项11项，其中省优秀教育成果一等奖1项，省经济社会发展优秀成果一等奖1项，省高等教育优秀成果一等奖1项，省教育评价协会优秀学术成果一等奖1项，其他各类二、三等奖7项。目前，学院获省级以上立项课题80余项，其中重点研究课题30余项。在省级以上刊物发表论文800余篇，其中核心期刊200余篇。获省重点综合研究基地项目1项，省级优秀教育教学成果奖50余项。先后3次获得省优秀教育科研先进单位，学院综合教育科研实力进入省高职院校前列。应用技术研发项目取得突破，先后与企业合作开发应用技术项目58项，获省市重点研发项目4项。

【大学生素质教育】 学院有针对性地制定素质教育方案并全面实施，效果显著，“六大平台建设”和“五个模块训练”已成为办学特色。以入学军训为突破口，强化素质教育、吃苦耐劳教育、感恩回报教育和养成教育。加强和改进思想政治工作方法，为每个班级配备班导师，建立10个素质教育德育基地。通过举办“文化艺术节”、“科技社团节”等大学生社团活动，提高学生的综合素养，搭建学生成长平台。打造大学生校园文化活动品牌，“父母供我上大学，我上大学做什么”专题教育活动已成为全省知名品牌。学生工作获得沈阳高校大学生思想政治教育工作先进单位、省先进团委、沈阳市征兵工作先进单位、省高校“千名辅导员万家行”活动优秀组织单位等荣誉。

【招生和就业】 招生工作迈上新台阶，学苗质量越来越好：第一志愿报考考生多并且上线率高达100%；考生分数高，其中超过三本录取分数线的考生人数占三分之一；报到率高达91%，位居全省高职院校前列。

重点加强就业工作队伍建设，大力开拓就业市场，与沈阳机床集团、沈阳地铁公司、沈阳鼓风集团等十几家大型企业建立巩固的用人合作关系。组织毕业生双选洽谈会68场，243家企业进校招聘，提供岗位8 900个。毕业生初次就业率95.7%，协议就业率91.5%，就业工作荣获全省高校先进单位、沈阳高校就业创业工作先进单位。

【学院文化建设】 党委十分注重营造昂扬向上的文化氛围，通过开展“每月读一本书”活动、“我工作 · 我奉献 · 我快乐”青年教工演讲活动、“弘扬师德 · 社会公德 · 家庭美德”女职工讲演活动、“我和学院这五年”系列征文活动、“2010感动学院年度人物”评选活动等一系列评选活动，大力宣传身边的先进人物和先进事迹，弘扬正气，大兴“比工作、比贡献”之风，主人翁意识得到充分展现，为学院可持续发展打下坚实的基础。

（姜桂红　张凯）

沈阳工程学院

【概况】 沈阳工程学院隶属辽宁省人民政府，于2003年4月经国家教育部批准由原沈阳电力高等专科学校与原辽宁商务职业学院合并组建，现占地面积86万平方米，建筑面积29万平方米，固定资产总值7.3亿元。是一所以工程教育为主体，本科教育、高职教育协调发展的多科性、开放式、应用型的本科院校。学院设有电气工程系、能源与动力工程系、自动控制工程系、机械工程系、信息工程系、管理工程系、政治法律系、英语系、技术经济系、国际教育学院10个专业教学系（院）和基础教学部、思想政治理论课教学科研部、公共外语教学部、体育教学部、继续教育学院、计算机基础教学部等6个教学部（院）。学科和专业设置以工程技术类为主，涵盖工、经、文、管、法5个学科门类，现有本科专业（含专业方向）36个，高职高专专业41个。其中，国家高工专示范专业4个，国家级教学改革试点专业4个。学院面向全国29个省（直辖市、自治区）招生，现有各类在校生15 000余名。学院现有在编教职工945人，其中专任教师505人，教授、副教授占65%，具有博士、硕士学位的教师占78%。学院具有比较完善的办学条件和实验、实习设施。科研工作实力较强，拥有国家级工程技术中心1个，省级重点实验室2个，市级重点实验室5个，1个省级高校工程技术中心和1个市级工程中心。“辽宁太阳能研究应用有限公司”被确定为博士后工作站。学院有基础实验室和专业实验室61个、校内实习基地8个、校外实习基地57个，其中600MW火电机组仿真机、汽轮机调速系统等6个百万元以上的大型实训设施处于国内领先水平。2003年合校后学院获国家科技进步二等奖1个，获国家发明专利11项，获省部级科技奖12项，3项国家级课题，《太阳能光伏技术规程》填补了国内空白。学院建设有一流的现代化信息网络系统，现代化的图书馆建筑面积达2万平方米，图书馆藏书80余万册。学校积极扩大对外交流与合作，先后与加拿大红河学院、澳大利亚莫道克大学、加拿大电子工程大学、德国慕尼黑大学、法国应用技术学院联盟、美国西俄勒冈大学等19个国外高校和教育科研机构缔结友好关系。学院以“依托行业、面向市场、工程教育、职业取向、打造品牌、人民满意”为办学理念，初步形成了以“工程教育为主体，本科教育、高职教育共同发展；以全日制教育为主体，多种形式的非全日制教育和国际合作教育持续发展；以工为主体，强化特色，经管文法协调发展”的办学格局，学校的奋斗目标是建成国内一流的应用型本科院校。

【师资队伍建设】 2010年学院引进博士5人，培养博士3人，派出国外访问学者3人。1人被评为省级优秀专家，2人被评为省级教学名师，2人被评为沈阳市优秀专家，1人被评为沈阳市三育人优秀个人，1人被评为沈阳市技术标兵。

【学科与专业建设】 “电力系统及其自动化”、“热能工程”2个学科入选“辽宁省学科提升计划项目”；“电气工程及其自动化”专业被批准为国家级高校特色专业建设点；“工业工程”、“物业管理”、“保险”3个专业通过了省教育厅本科试办专业评估；“热能与动力工程专业”教学团队被评为“本科省级教学团队”。

《电机与拖动》被评为省级本科精品课，“热力发电厂”被评为省级高职精品课，评选出5门校级本科优秀课。

【教学管理】 开展“教学思想大讨论活动”，教学管理逐步实现由微观管理为主向宏观管理为主的过渡；制定了《沈阳工程学院教风建设实施方案》，推进教风建设；加大考试管理力度，严肃考试纪律，学院被评为辽宁省大学英语考试先进单位。

【实践教学与基本办学条件建设】 加强实践教学管理考评，评选出6个校级优秀实践教学基地；积极申报中央、地方实验室建设项目，获中央与地方共建特色优势学科实验室建设项目资金300万元，获中央财政支持地方高校发展专项资金1 200万元；通过了辽宁省高等职业教育公共实训基地建设项目1 995万元的立项评审；兑现了2006—2009年立项的共19项实验室建设项目申报工作；沈阳易讯科技有限公司投入60万元与学院联合成立了“电网智能化技术研发中心”，沈阳帝信公司为学院捐赠了40余万元的教学通信设备；发起筹建“沈北高校教学联合体”，学院在内的4所沈北高校将逐步实现资源共享；沈北新区法院确定学院模拟法庭为审判法庭并已正式启用。2010年，学院新增仪器设备900台（件），价值799万元，生均仪器设备值已达7 288万元，比2009年增长19.3%，办学条件进一步改善。

【继续教育】 函授招生再创新高，录取人数达1 031人；申办了2个本科专业，新建7个函授站；自考招生规模进一步扩大，自考招生533人；自学考试的评阅卷工作受到省考试中心的表扬和奖励；组织各工种的职业鉴定千余人次，比去年增长10.7%；培训工作迅猛发展，培训员工1 875人次，比2009年增长93.5%；国家计算机二级考试工作进展顺利。

【图书信息资源建设】 新增中文图书8 802册，新增数字资源（电子图书）1 300GB。新建了16个多媒体教室；完成了7门课12部精品课、10期IPTV节目制作；网络出口增加了100M带宽，免费获赠教育网8M带宽，学院网络出口带宽已达210M。

【教研与教学评价】 获辽宁省教育科学“十一五”规划优秀成果奖4项，获“辽宁省高教学会第四届理事会优秀研究成果奖”4项，获教育部电力技术教指委、计算机教指委、外语教指委立项课题5项，获“辽宁省教育科学‘十一五’规划项目”立项课题14项，获“辽宁省教育科学‘十一五’规划项目”批准结题8项，批准校内立项41项；完成了学院“十一五”规划实施情况总结，完成了学院“十二五”规划建议草案，完成了“中央财政支持地方高校发展专项规划”编制。出版了办学质量白皮书，完成了教学部门科研评价与系（院）就业评价工作；通过校内评价促进了学院的学科建设、重点专业建设、课程建设、人才培养梯队建设四个建设平台。

【大学生科技创新能力培养】 学院启动了大学生创新实验项目活动，对学生创新实践予以立项资助，经过校内遴选首批有20项入选；获第二届全国大学生数学竞赛预赛一等奖1项、二等奖2项，“高教社”杯全国大学生数学建模竞赛二等奖2项，东北三省数学建模联赛一等奖1项，全国大学生创业设计暨沙盘模拟大赛辽宁赛区一等奖1项；获全国大学生节能减排大赛三等奖1项，辽宁省大学生第九届创新设计大赛三等奖1项；获第六届“挑战杯”辽宁省大学生创业计划大赛二等奖3项、三等奖4项。

【科技工作】 学校召开了科技与产业工作会议。大学科技园建成并投入使用，成立了科技园管委会；辽宁省电站仿真控制实验室实验条件大幅改善；电网节能与控制重点实验室通过沈阳市科技局验收，成为国内领先的电网节能与控制科研平台；科技立项又有新成绩，获国家自然基金项目1项，获教育部人文社科计划项目1项，获省、市纵向科研项目立项70项，横向项目15项，院内科研基金立项92项；获哲学社会科学政府奖3项，获得发明专利3项；发表研究论文450篇，其中SCI收录论文6篇、EI收录论文44篇，收录论文的篇数大幅增加；学院与企业成立了两个校企联合体，企业投入165万元进行相关项目的开发；“地区电网变压器经济运行系统”等9项先进科技成果在电力企业推广应用，经济效益显著；一些人文社科成果被省市政府采纳，产生了明显的社会效益。

【学报工作】 学报自然科学版连续三次被教育部评为“中国高校特色科技期刊”，社科版连续两次被评为“全国高校优秀社科学报”。学报自然科学版2010年影响因子提升为0.438，社会科学版的影响因子提升到0.354，进一步扩大了学院的影响。

【校办产业】 学院产业化公司作为中国政府唯一代表，参加了APEC领导人非正式会议配套活动——绿色节能展会，为学院赢得了国际声誉；成立了沈阳羲诺新能源有限公司，运营态势良好；兴源公司3C复评顺利通过，两种隔离开关样机通过型式试验，产品升级换代取得进展；辽宁太阳能研究应用有限公司实现销售收入2 700万元；加快对国家电站锅炉燃烧工程中心的产权界定工作；开展了学院经营性资产的核查工作。

【学生日常管理工作】 学院被评为“沈阳高校大学生思想教育工作先进单位”，并荣获辽宁省高校“千名辅导员万家行”活动优秀组织单位称号，荣获“沈阳高校宿舍管理工作先进单位”；学生资助工作在辽宁省学生资助年度工作评审中获满分，辽宁省教育厅资助管理中心一次性奖励学院70万元作为资助管理工作经费。

【大学生校园文化建设】 首次荣获教育部2010年高校校园文化建设优秀成果三等奖；本年度，学院近2 000名青年志愿者参与了社会公益和志愿服务工作，树立了沈阳工程学院大学生的良好形象；在辽宁省第十一届运动会暨“辽宁联通”杯第八届大学生运动会上，学院田径代表队摘得5金4银3铜，创造了建院以来体育竞技项目最佳战绩。

【招生就业工作】 圆满完成了招生任务，共招生3 193人。各批次最低录取分数均高出省控线，辽宁省本科计划一志愿录满，最低录取分数线高出省控线14分，专科最低录取分数线高出省控线141分，生源质量又有提升。

成功召开了就业工作会议，表彰了6个先进集体和64名先进个人；公开选聘了6名同志担任系就业总指导员，就业工作得到全面加强；学院首次与沈阳飞机工业集团签订订单式人才培养协议。2010年毕业生3 264人，其中本科生1 441人，专科生1 823人，毕业生初次就业率达90.24%，毕业生市场需求情况良好。

【国际合作与交流】 学院与加拿大红河学院签署合作办学补充协议，并开始以中外合作办学机构的身份招生；与澳大利亚莫道克大学签署了工科类本科层次合作办学协议，首批招收55名学生；接待外宾来访团组10个，共23人次；聘请外籍教师和外国专家讲学33人次；学院派出各类学术交流13人次，2个出境培训项目通过审批；开发了辽宁省电力公司英语培训课程，语言类培训达2 658人次。

【平安校园建设】 修订了《沈阳工程学院突发事件应急预案》；认真贯彻落实涉日维稳工作；完成了学院涉密工作检查和安全自检工作，积极做好2010年学院应急周宣传活动；代表辽宁省高校接受了教育部、公安部消防安全大检查。2010年学院被授予“辽宁省高校平安校园”、“沈阳市高校平安校园建设优秀单位”、“学生征兵和军训工作先进单位”。

（焦阳）

辽宁省交通高等专科学校

【概况】 辽宁省交通高等专科学校创建于1951年，是新中国第一所公路交通类专门学校，隶属于省交通厅。学校占地60万平方米，建筑面积24.5万平方米，教学仪器设备总值9 811万元，固定资产5亿元；馆藏图书102万册（含电子图书），计算机2 605台；校园网出口210兆，主干1 000兆，100兆到桌面。全日制在校生8 113人，继续教育学员2 000人，年平均培训10 000人次。在职教职工610人，其中，教学人员383人，正高级66人，副高级157人，高级工程师65人，博士11人（博士后3人），拥有硕士学位212人。全国教学名师1人，辽宁省教学名师5人，辽宁省和全国交通高等职业教育专业带头人11人，辽宁省优秀青年骨干教师11人，国家级优秀教学团队2个，省级优秀教学团队10个，国家课程开发与资源建设牵头单位1个。学校设置9系1部1院1中心。设8个校内实训中心，5个应用技术研究所。开设41个专业，主干专业覆盖公路建设与管理、汽车后市场、物流业等交通行业和工程机械、机电装备制造、信息技术等地方支柱产业。招生连续多年第一志愿录取，录取线全面高于三本，2010年，学校在辽宁省理科录取分数线407分，超过专科控制分数线117分，道桥专业录取分数线456分，超过二批本科录取分数线14分。毕业生就业率逐年提高，2008年95%，2009年96.6%，2010年96.9%。现为全国高校毕业生就业工作50强院校、全国高职教育道桥专业资源开发牵头单位和全国交通运输行业继续教育培训示范基地，辽宁省高职教育和中职教育师资培训基地，教育部依法治校示范校、交通部职业教育先进单位、辽宁省职业教育先进单位、辽宁省就业先进单位、辽宁省文明单位。学校网址：www.lncc.edu.cn。

【教育部毕业生就业工作调研专家组来校检查指导工作】 3月24日上午，以陈小君为组长的教育部毕业生就业工作调研专家组一行3人来校检查指导毕业生就业工作，张亚军校长重点就人才培养模式、就业保障机制建设、就业指导服务实践和实境特色教育等进行了汇报。陈小君组长对学校人才培养和学生就业工作的主要做法、具体措施和取得成绩给予了肯定，并对今后的学生就业工作提出了指导性建议。

【学校与韩国鲜文大学举行友好合作交流签约仪式】 3月26日上午，学校与韩国鲜文大学友好合作交流协议签约仪式在教学实验楼举行。张亚军校长代表学校与韩国鲜文大学国际交流教育处吉永焕处长签订合作办学协议，两校将在教师培训、学生培养、专业与课程建设等方面开展友好合作交流。

【省级精品课程和省级教学团队建设取得新成果】 4月21日，辽宁省2010年度省级精品课程和省级教学团队评选结果揭晓。学校信息系《网站构建技术》（课程负责人：王丹）、汽车系《汽车底盘机械系统检测与修复》（课程负责人：沈沉）、机电系《模具数控加工技术》（课程负责人：赵萍）被评为2010年度省级精品课程。信息系软件技术专业教学团队（带头人：宋真君）、测绘系大地测量与卫星定位技术专业教学团队（带头人：林玉祥）被评为2010年度普通高等学校省级教学团队。截止2010年年底，学校共有省级精品课程31门，省级教学团队10个。

【荣膺“全国50强毕业生就业典型经验高校”】 4月26日，在教育部正式公布的全国50强毕业生就业典型经验高校中，学校喜获“2009年度全国毕业生就业典型经验高校”，全国仅有7所高职院校入选，学校为辽宁省入选的3所院校中唯一一所高职院校。这次公布的50所就业工作典型经验高校中，既有北京大学、清华大学等传统就业强势学校，也有高职院校或民办高校。与以往不同的是，这次评选不是以各高校自己上报的就业率为衡量指标，而是把专业调查机构的社会评价首次引用到高校就业工作好坏的评价标准中。

【辽宁省交通厅党组在学校召开现场办公会议】 5月20日下午，省交通厅厅长郑玉焯带领厅党组成员来学校视察指导工作。郑玉焯厅长一行首先视察了学校机电工程中心、交通土建实训中心、物流仓储实训中心、汽车检测与维修技术实训中心，对学校教学基础设施建设及校园整体布局规划给予了充分肯定。随后，厅党组在学校国际交流培训中心召开了现场办公会议。张亚军校长汇报了三年来示范校建设取得的主要成绩和未来发展规划及建设思路。郑玉焯厅长作了重要讲话。

【教育部2010年中德职教师资道路桥梁工程进修项目在学校进行】 6月13日—21日，学校成功承办了教育部2010年中德职教师资进修项目道路桥梁工程专业第一期培训，来自全国12所高职院校的31名骨干教师参加了培训。来自德国的Rainer Gerke博士就专业发展前沿与新技术应用，实习实训教学的设计、实施、管理、组织与评价，基于工作过程的课程开发方法与程序，“行动导向”的教学手段与教学方法等内容进行培训。中德职教师资进修项目由教育部与德国国际继续教育与发展协会共同开发，每期培训分为两段，前一段侧重于专业技术层面培训；后一段侧重于提升学员对实习实训环节的设计、指导和管理能力培训。培训合格的学员，将同时获得教育部“高等学校青年骨干教师高级研修班培训证书”和德国国际继续教育与发展协会培训证明。

【副省长陈超英视察学校】 6月25日下午，辽宁省政府副省长陈超英在省政协副主席、省交通厅副厅长刘政奎，省教育厅副厅长周浩波等的陪同下来学校视察指导高等职业教育工作。陈超英副省长一行首先视察了学校主要实训中心，听取了张亚军校长的工作汇报。陈超英副省长在讲话中强调：“辽宁交专在近60年办学历史中不断探索实践、积极改革创新，走出了一条很好的、具有交专特色的高等职业教育办学之路，这也是辽宁高职教育发展必须要走的一条道路。学校要不断提升竞争力和影响力，继续巩固和提高学校在同类院校中的领先地位，为辽宁地方经济社会发展和辽宁交通事业振兴做出更大的贡献。”

【召开第三届教职工暨第四次工会会员代表大会】 7月16日，学校第三届教职工暨第四次工会会员代表大会在体育馆召开，全体正式代表和列席代表共计110人出席了会议。党委副书记、校长张亚军作了题为《深化改革、科学发展、强化内涵、突出特色，为创建特色鲜明的高职名校而努力奋斗》的工作报告，提出了学校今后五年的工作任务，为全面推进内涵建设、加快建设高职名校，促进学校建设和发展方面发挥重要作用。

【全省高职院校人才培养工作状态数据采集工作会议在学校召开】 9月8日上午，全省2010年高职院校人才培养工作状态数据采集工作会议在学校国际交流培训中心召开，来自全省51所高职院校教务处长及有关部门负责同志共80余人参加了会议。学校张亚军校长致欢迎辞。省教育厅柳秋佳同志强调了做好人才培养工作状态数据采集平台的重要性和必要性，就人才培养工作状态数据指标体系的构建、系统的使用等提出了要求。随后，对参会人员进行了人才培养工作状态数据采集平台操作培训和实际操作训练。

【校友总会成立大会】 9月10日，辽宁省交通高等专科学校校友总会成立大会在体育馆学术报告厅隆重召开。会议表决通过了《辽宁省交通高等专科学校校友总会章程》，选出了辽宁省交通高等专科学校校友总会理事会成员。校友总会会长、校党委书记高振双同志作了讲话。辽宁省政协副主席、省交通厅副厅长刘政奎同志在讲话中向学校校友总会成立表示热烈祝贺，向工作在教学一线的广大教师致以节日的问候，希望各位校友关心、关注和支持学校发展建设，共同为做好六十周年校庆工作建言献策，贡献力量。

【举办第六届“振兴杯”全国青年职业技能大赛辽沈地区选拔赛】 9月18日，第六届“振兴杯”全国青年职业技能大赛辽沈地区选拔赛在学校举办，此次大赛在学校共进行机修钳工和计算机网络管理员两个工种的赛事。团中央青工部部长徐晓，团省委副书记田野、副书记赵红巍，团市委副书记郭忠孝等领导莅临学校，视察和指导第六届“振兴杯”全国青年职业技能大赛辽沈赛区选拔赛情况，并听取了团市委关于《第六届“振兴杯”全国青年职业技能大赛决赛方案》的筹备工作汇报。

（方晓辉　徐维东）

荣誉录

RONGYU LU

2011

沈阳教育年鉴

SHENYANG JIAOYU NIANJIAN

2010年沈阳市教育专家名单

（15人）

王雅茹	沈阳市铁西区勋望小学	杨　敏	沈阳市和平区南京街第九小学
冯　凝	沈阳市浑南新区第一小学	肖　波	沈阳市旅游学校
巨绍祥	沈阳市沈北新区教师进修学校	金延春	沈阳市辽中县茨榆坨初级中学
石雪莉	沈阳市第二十七中学	夏亚琴	沈阳市苏家屯区文化路小学
关凤艳	沈阳市第五十六中学	崔国胜	沈阳市沈河区教师进修学校
吴文鹏	沈阳市民族艺术学校	续路增	沈阳市第四中学
张肖松	沈阳军区联勤部第二幼儿园	程　林	沈阳市皇姑区宁山路小学
张新军	沈阳市蓓蕾幼儿园		

2010年沈阳市名教师名单

（97人）

贺　梅	沈阳市第二十中学	高中政治	赵　雁	沈阳市第三十五中学	初中政治
王秀梅	沈阳市第一三四中学	初中化学	萨　季	大东区杏坛小学	小学音乐
王　颖	和平区教师进修学校	初中生物	吕宇卉	大东区教育局幼儿园	学前教育
于　晶	沈阳市第一二六中学	初中英语	马明阳	沈阳市第一二〇中学	高中化学
曲　莉	和平区和平大街第一小学	小学数学	任　蕾	沈阳市第十一中学	高中生物
万　飞	和平区南京街第一小学	小学语文	李舒宇	沈阳市第四十三中学	初中数学
刘　丽	沈阳市第二十七中学	高中数学	赵　隽	沈阳市第八十四中学	初中英语
关　明	沈阳市实验学校	初中数学	郑慧颖	皇姑区童晖小学	小学英语
程　敏	沈阳市第七中学	初中数学	李　萍	皇姑区宁山路第一小学	小学语文
张丽华	沈河区教师进修学校	小学语数	常　平	沈阳市第十五中学	高中地理
王朝晖	沈阳市实验学校	小学语文	孙　泰	沈阳市第四中学	高中数学
王　巍	沈阳市第一中学	高中英语	盛淑奎	沈阳市第三十一中学	高中物理
梁君祥	沈阳市第一中学	高中语文	徐　颖	沈阳市第三十六中学	高中政治
李　君	沈阳市第五中学	高中政治	周　晶	铁西区雏鹰小学	小学数学
唐　颖	沈阳市振东初级中学	初中英语	邱岳虹	沈阳市春晖学校	小学音乐

史淑华	铁西区太阳小学	小学英语
费丽萍	铁西区教工第二幼儿园	学前教育
黄桂芬	沈阳市第一七〇中学	高中地理
杜永辉	沈阳市第一七四中学	初中语文
高 英	于洪区教师进修学校	小学数学
纪伟荣	于洪区杨士中心校	小学语文
刘 健	沈阳市第五十一中学	高中英语
胡艳春	东陵区教师进修学校	小学数学
安 勇	沈阳市高坎中学	初中语文
王丽君	浑南新区实验学校	初中语文
李丹梅	浑南新区第二小学	小学科学
慈英俊	沈阳市第一四六中学	高中语文
马 兰	沈阳市第八十三中学	高中政治
李鸿亮	沈阳市第七十六中学	初中物理
吕秀英	沈北新区新城子街第二小学	小学数学
于 影	沈阳市第三十中学	高中化学
关 楠	沈阳市第三十中学	高中语文
姚冬梅	苏家屯区教师进修学校	初中语文
杨昌彦	苏家屯区教师进修学校	小学数学
王俊峰	康平县高级中学	高中英语
刘会茹	康平县第二中学	初中语文
何晶莹	康平县含光小学	小学语数
田艳华	法库县高级中学	高中英语
王洪凤	法库县石桥小学	小学数学
范翠香	法库县教师进修学校	小学语文
徐君华	辽中县第一高级中学	高中英语
周桂侠	辽中县茨榆坨中学	初中数学
于 伟	辽中县教师进修学校	初中物理
崔永兴	新民市高级中学	高中政治
王秀萍	新民市第三初级中学	初中数学
刘淑杰	新民市教师进修学校	小学数学
常洪艳	新民市胡台学校	小学语文
张越美	辽宁省实验中学	高中物理
赵志彦	辽宁省实验中学	高中语文
郭凤琴	辽宁省实验学校	初中语文
卞恩艳	辽宁省实验中学合作校	初中数学
佟国荣	东北育才学校	高中数学
邱桂香	东北育才学校	高中信息技术
张孟华	沈阳市第二中学	高中地理
李铁军	沈阳市第二中学	高中生物
朴美子	沈阳市朝鲜族第一中学	高中政治
黄伶伶	沈阳市外国语学校	初中数学
陈 莹	沈阳市电化教育馆	高中信息技术
张彩霞	沈阳市教育研究室	高中地理
王雪洁	沈阳市教育研究室	初中化学
国 薇	沈阳市翔宇中学	高中语文
刘春景	新民师范附属小学	小学语文
李 红	沈阳市蓓蕾幼儿园	学前教育
王 莉	沈阳军区联勤部第一幼儿园	学前教育
郑亚红	沈阳市装备制造工程学校	电工电子技术
范梅梅	沈阳市装备制造工程学校	机制
张 彬	沈阳市汽车工程学校	汽车构造
栾淑华	沈阳市化工学校	药剂、中药
孙 岩	沈阳市化工学校	化工原理
田 成	沈阳市信息工程学校	网络技术
马 狆	沈阳市外事服务学校	烹饪
马 萍	沈阳市旅游学校	旅游
杨静微	沈阳市金融学校	会计
富景生	辽中县职业教育中心	会计
崔 悦	沈阳路航工程技术学校	经济学
牛建平	沈阳大学	材料学
孙 立	沈阳大学	经济学
孙丽娜	沈阳大学	环境工程
张庭深	沈阳医学院	组织胚胎学
周 波	沈阳医学院	营养与食品卫生学
张 憙	沈阳广播电视大学	化学
董凤服	沈阳职业技术学院	计算机

2010年沈阳市尊师重教先进单位

（77个）

沈阳市委办公厅
沈阳市委组织部
沈阳市委宣传部
沈阳市文明办
沈阳市扶贫办
沈阳市委统战部
沈阳市委政法委
沈阳市综治办
沈阳市防范和处理邪教问题领导小组办公室
沈阳市委政研室
沈阳市直机关工委
沈阳市编委办
沈阳市委老干部局
沈阳日报报业集团
沈阳市纪委办公厅
沈阳市人大教科文卫委员会
沈阳市人大财政经济委员会
沈阳市政协文教体卫委员会
沈阳市政府办公厅
沈阳市政府纠风办
沈阳市发展改革委
沈阳市科技局
沈阳市民委
沈阳市公安局
沈阳市监察局
沈阳市民政局
沈阳市财政局
沈阳市人力资源和社会保障局
沈阳市规划和国土资源局
沈阳市建委
沈阳市城建局
沈阳市交通局
沈阳市房产局
沈阳市经信委
沈阳市外经贸局
沈阳市环保局
沈阳市文广局
沈阳市卫生局
沈阳市审计局
沈阳市体育局
沈阳市外办
沈阳市信访局
沈阳市行政执法局
沈阳市物价局
沈阳市法制办
沈阳市安监局
沈阳市工商局
沈阳市国税局
沈阳市地税局
沈阳市保密局
沈阳市档案局
沈阳市安全局
沈阳市政府政务公开办公室
沈阳市电业局
沈阳市总工会
共青团沈阳市委
沈阳市妇联
沈阳市科协
沈阳市文联
沈阳市残联
沈阳市关心下一代工作委员会
沈阳广播电视台

和平区政府
沈河区政府
铁西区政府
皇姑区政府
大东区政府
东陵区政府
于洪区政府
沈北新区政府
苏家屯区政府
浑南新区管委会
棋盘山管委会
新民市政府
辽中县政府
法库县政府
康平县政府

2010年沈阳市捐资助学先进单位

（13个）

沈阳市红十字会
沈阳市慈善总会
沈阳市福彩中心
沈阳市教育基金会
辽宁方大集团实业有限公司
禾丰牧业股份有限公司
沈阳远大企业集团
浩松陶瓷有限公司
沈阳出版社
沈阳市盛京银行火炬支行
沈阳玄谭汽车部件有限公司
联想（沈阳）有限公司
沈阳好利来食品有限公司

（摘自2010年9月8日 沈政发〔2010〕33号文件《沈阳市人民政府关于表彰沈阳市教育工作先进集体和优秀个人的通报》）

2010年沈阳市骨干校长名单

（106人）

马　红　沈阳市第三十八中学
邓　华　沈阳市第九十一中学
孙　涛　东北中山中学
王　凯　和平区南京一校
薛　昆　和平区南京九校
高　峰　和平区望湖路小学
于　莹　沈阳铁路第五小学
庄　志　沈河区教师进修学校
葛海丰　沈阳市第十七中学
石雪莉　沈阳市第二十七中学
赵维江　沈阳市第九十中学
张秀君　沈阳市育源中学
闻　波　沈河区文萃小学
张　瑾　沈阳市实验学校
刘玉荣　东陵区泉园第二小学
徐美艳　沈阳市博才初级中学

安　强　大东区东新小学
郁　燕　沈阳市第一〇七中学
潘　宇　沈阳市第五十中学
赵丽欣　大东区小东路第二小学
张　辉　沈阳市振东初级中学
邱海燕　大东区上园路第一小学
刘延光　皇姑区童晖小学
王基伟　沈阳市第二十一中学
刘　刚　沈阳市第四十中学
杜　强　沈阳市第四十三中学
岳淑菊　皇姑区三台子第一小学
张　莉　皇姑区宁山路第一小学
那　薇　皇姑区昆山西路第二小学
雷　虹　皇姑区白龙江小学
周战捷　皇姑区黄河大街小学
孙显红　沈阳市铁西区启工一校
于　洪　沈阳市铁西区肇工二校
李冬梅　沈阳市铁西区艳粉小学
李晓霞　沈阳市第十五中学
郭　萍　沈阳市第五十三中学
门棣华　沈阳市培英中学
马士龙　沈阳市铁西区宁官实验学校
李福广　沈阳市第三十中学
刘红丽　沈阳市第六十七中学
申广庆　苏家屯区教师进修学校
郭秀英　苏家屯区沈南二校
李红娃　苏家屯区民主街小学
张雪梅　沈阳市第五十一中学
王会友　沈阳市第六十三中学
袁　斌　东陵区白塔九年一贯制学校
杨文生　沈阳市第八十三中学
李德发　沈阳市第一四六中学
樊晓灵　沈阳市第七十四中学
李殿忠　沈北新区新城子乡中心小学
张少阁　沈阳市第九十八中学
李伟华　沈阳市于洪区东湖学校
莫亚男　沈阳市于洪区南李官小学
孙艳杰　沈阳市于洪区国奥小学
曲东才　浑南新区东湖学校
王惠君　浑南新区五三中心小学
李宏伟　沈阳棋盘山开发区英达学校
肇启峰　辽中县茨榆坨小学
张淑杰　辽中县少年宫
张志远　辽中县朱家房九年一贯制学校
关桂彦　辽中县辽中镇第五小学
李德斌　辽中县潘家堡九年一贯制学校
赵忠海　辽中县于家房九年一贯制学校
张国新　辽中县养士堡九年一贯制学校
李万军　康平县二牛九年一贯制学校
龙海洋　康平县含光小学
孙国民　康平县郝官中心校
王砚书　康平县东关中学
孙世明　康平县小城子小学
黄冬梅　法库县秀水河初中
王世贵　法库县高级中学
张文柏　法库县第二初中
张国辉　法库县五台子小学
李红星　法库县三面船小学
董英杰　新民市城区第三小学
张红彤　新民市第二初级中学
唐宏志　新民市第二高级中学
佟　伟　新民市胡台学校
董百刚　新民市兴隆堡学校
孟庆利　新民市新农学校
吴　列　新民市大民屯学校
曲宝印　新民市实验小学
郭宏伟　大东区教育局幼儿园
朱连素　沈阳军区联勤部第一幼儿园
李艳艳　皇姑区永泰幼儿园
毕春晖　苏家屯区教工幼儿园
李淑英　铁西区凌空幼儿园
孙英敏　东北育才幼儿园
嫣　燕　于洪区实验幼儿园
张新军　沈阳市蓓蕾幼儿园

王　瑾	沈阳市实验学校	石　磊	沈阳市拔萃私立中学
马卫军	沈阳市大东区培智学校	明立军	辽宁丰田金杯技师学院
李凤香	沈阳市服装艺术学校	张　丹	沈阳市机电工业技工学校
崔国利	沈阳市装备制造工程学校	李全顺	沈阳大学新民师范学院
刘　富	沈阳市汽车工程学校	孙德峰	辽宁省实验中学
董　辉	沈阳市体育运动学校	孟宪彬	辽宁省实验学校
李春美	和平区西塔朝鲜族小学	刘子军	东北育才学校
刘英石	沈阳私立实验学校	朴石浩	沈阳市朝鲜族第一中学

2010年沈阳市骨干教师名单

（998人）

刘　丽	沈阳市第十九中学	数学	傅巍川	沈阳市第一三四中学	物理
栾　静	沈阳市第二十中学	历史	邹莉莉	沈阳市第一三四中学	数学
封立红	沈阳市第二十中学	数学	张英君	沈阳市第一三四中学	英语
郭　巍	沈阳市第二十中学	英语	聂艳华	沈阳市第一六六中学	语文
田　宁	沈阳市南昌初级中学	历史	苌光义	沈阳市回民中学	化学
刘　瑞	沈阳市南昌初级中学	英语	刘树义	沈阳市回民中学	语文
宁玄卿	沈阳市第三十八中学	生物	白　伟	沈阳市回民中学	生物
崔　莉	沈阳市第三十八中学	历史	高英杰	东北中山中学	语文
孙　红	沈阳市第四十五中学	英语	杜晓彦	东北中山中学	数学
董　妍	沈阳市第九十一中学	英语	仉国慧	沈阳市长白中学	语文
宋雪莉	沈阳市第九十一中学	化学	魏丽娟	沈阳市光荣中学	政治
付晓光	沈阳市第九十九中学	英语	王　玉	沈阳市敬业中学	英语
邓　禹	沈阳市第九十九中学	数学	赵桂芳	沈阳市敬业中学	数学
张　欣	沈阳市第一〇八中学	物理	倪生利	沈阳铁路实验中学	数学
黄　坤	沈阳市第一二四中学	政治	田　志	沈阳铁路实验中学	语文
宋晓宁	沈阳市第一二四中学	数学	董向武	沈阳铁路实验中学	数学
冯堂骐	沈阳市第一二六中学	化学	王冬铭	沈阳铁路第二中学	地理
徐成杰	沈阳市第一二六中学	化学	杨丽丽	和平区教师进修学校	地理
房　鑫	沈阳市第一二六中学	数学	潘文涛	和平区教师进修学校	幼教
于　晶	沈阳市第一二六中学	英语	那荣广	和平区教师进修学校	音乐
樊轶轩	沈阳市第一二六高中	生物	曲　莉	和平区和平一校	数学
王秀梅	沈阳市第一三四中学	化学	高　鹏	和平区和平一校	语文
唐　倩	沈阳市第一三四中学	语文	李　佳	和平区和平一校	语文

王继红	和平区和平二校	数学	林丽春	满融朝鲜族实验小学	语文
杨　波	和平区和平三校	语数	张丽莉	东陵街道中心小学	音乐
姜　雪	和平区和平一校	科学	曲金晔	东陵街道中心小学	语数
王丹颖	和平区南京一校	数学	陈丽军	长青小学	数学
李红霞	和平区南京一校	英语	谢永丽	六一学校	数学
万　飞	和平区南京一校	语文	章洪颖	南塔街小学	数学
杨　琳	和平区南京一校	语文	张　越	泉园第二小学	语数
于　汇	和平区南京一校	语数	钟雪梅	泉园小学	数学
何　颖	和平区南京三校	语文	万玉娟	文化路小学	数学
卢大锋	和平区南京九校	语数	朱　岩	沈河区北一经小学	语文
吴　丹	和平区南京九校	数学	白振江	沈河区北一经小学	数学
苗　爽	和平区南京十校	语文	谭　旭	沈河区朝阳一校	语数
李　娜	和平区砂山四校	语文	及　琳	沈河区朝阳一校	语数
于晓丹	和平区河北二校	语数	高　原	沈河区朝阳一校	语数
王咏梅	和平区同泽三校	英语	李冬梅	沈河区朝阳一校	语数
苗延辰	和平区四经一校	语数	崔　娜	沈河区大南二校	语数
崔　岚	和平区西塔一校	语文	滕　云	沈河区大南三小学	美术
许　蕾	和平区光荣二校	语文	王　丹	沈河区大南一小学	语数
马春晖	和平区振兴二校	英语	王海霞	沈河区大西一校	语数
房尘洁	和平区振兴二校	语数	赫　威	沈河区二经二校	语数
谭　洁	和平区团结路小学	综合实践	张　岩	沈河区二经三校	综合实践
姜炳南	和平区望湖路小学	语数	年　丽	沈河区莲花小学	语数
王云飞	和平区望湖路小学	科学	范秀丽	沈河区热闹二校	语文
王维阳	和平区文化路小学	数学	何洪艳	沈河区师校附小	语数
孙丽艳	和平区青年大街小学	语数	刘莉莉	沈河区顺通小学	语数
孟若男	沈阳铁路实验小学	语文	王　韬	沈河区万莲小学	美术
孙永梅	沈阳铁路实验小学	数语	孙红岩	沈河区文萃小学	语数
王　琳	沈阳铁路第三小学	语文	吴华颖	沈河区文化路小学	语数
唐　雪	沈阳铁路第四小学	英语	佟海青	沈河区文化路小学	语数
李春吉	沈阳铁路第五小学	数学	耿天骄	沈河区文艺二小学	语文
姚娅娟	沈阳铁路第五小学	语文	于卓烈	沈河区文艺二小学	语数
刘英来	和平区长白中心小学	语文	韩　雪	沈河区文艺二小学	英语
景　敏	和平区马总小学	数学	张翠柏	沈河区文艺二小学	语数
刘　丽	浑河站小学	语文	贺　晖	沈河区文艺一校	语数
李　健	和平区西塔小学	综合实践	冯　旭	沈河区小西一校	语数
金春旭	沈阳市朝鲜族第六中学	汉语	张程清	沈河区一经二校	语数
金　晶	西塔朝鲜族小学	汉语	高　艳	沈河区育鹏小学	语数

时　光	沈河区中山路小学	语数	李立华	沈阳市同泽高级中学	高中数学
李洪涛	沈阳市岸英小学	语数	赵媛媛	沈阳市第九中学	历史
陈宏辰	沈阳市岸英小学	语数	王爱军	沈阳市第九中学	生物
张　颖	沈阳市回族小学	综合实践	安　宁	沈阳市第十七中学	数学
王　欣	沈阳市实验学校	语数	李利辉	沈阳市第十七中学	高中语文
吕中华	沈阳市实验学校	语数	谢　严	沈阳市第二十七中学	物理
李　刚	沈阳市实验学校	语数	李爱兰	沈阳市第二十七中学	地理
马　岩	沈阳市实验学校	小学语文	董　妮	沈阳市第二十七中学	政治
程　敏	沈阳市第七中学	数学	郭文杰	沈阳市第二十七中学	物理
万　平	沈阳市第七中学	语文	王德娟	沈阳市共青团实验中学	地理
黄要武	沈阳市第七中学	语文	祝　丹	沈阳市共青团实验中学	政治
鞠怀晶	沈阳市第七中学	英语	李　刚	沈阳市第四十二中学	数学
姜　蕾	沈阳市回族初级中学	初中化学	李自友	沈阳市第四十七中学	数学
李　影	沈阳市第四十八中学	英语	李秀莉	沈阳市第八十一中学	音乐
白　帆	沈阳市第八十二中学	英语	马明昕	沈河区教师进修学校	物理
邢双双	沈阳市第八十二中学	数学	李　莉	沈河区万莲小学	数学
王　莹	沈阳市第八十二中学	数学	曾　柯	沈阳市第七中学	化学
张　民	沈阳市第八十六中学	初中数学	梁君祥	沈阳市第一中学	语文
刘　义	沈阳市第九十中学	思想品德	王　巍	沈阳市第一中学	英语
赵艳娟	沈阳市第一四三中学	语文	张宏伟	沈阳市第一中学	化学
张　晶	沈阳市第一四三中学	数学	申　森	沈阳市第一中学	生物
孙　卓	沈阳市第一四五中学	英语	陈　威	沈阳市第一中学	数学
高　彦	沈阳市满族中学	化学	杨艳侠	沈阳市第五中学	语文
王　华	沈阳市第一六五中学	英语	陈禄华	沈阳市第五中学	数学
杨春梅	沈阳市第一六五中学	语文	李红生	沈阳市第五中学	数学
梁　军	沈阳市实验学校	初中化学	马　越	沈阳市第二十六中学	物理
冯　燕	沈阳市实验学校	初中数学	张继平	沈阳市第二十六中学	英语
李　静	沈阳市实验学校	初中化学	吕　涛	沈阳市第二十八中学	物理
赵伟革	沈阳市育源中学	体育	王书葳	沈阳市第二十八中学	高二物理
宋　策	沈阳市育源中学	语文	杨　红	沈阳市第三十五中学	语文
孔志达	沈阳市育源中学	中学数学	于明珂	沈阳市第三十五中学	英语
侯荣森	沈阳市育源中学	物理	张雪莲	沈阳市第五十中学	数学
李梓杨	沈阳市五一中学	英语	贾　彦	沈阳市第五十中学	生物
邱　菊	沈阳市五一中学	语文	邵爱平	沈阳市博才初级中学	数学
刘　阳	沈阳市东陵区万科学校	历史	张露田	沈阳市第九十二中学	语文
亓　宏	沈阳市同泽高级中学	高中英语	姜　华	沈阳市第九十三中学	数学
李英爱	沈阳市同泽高级中学	地理	李大伟	沈阳市第九十六中学	数学

张洪香	沈阳市第一〇四中学	语文	曲一鸣	大东区小东路第二小学	社会
刘琳琳	沈阳市第一〇七中学	思想品德	梁颖娜	大东区善邻路第二小学	语文
曹 媛	沈阳市第一〇七中学	化学	田永杰	大东区二〇二小学	语文
杨 威	沈阳市第一〇七中学	数学	王志刚	大东区二〇五小学	英语
孟繁学	沈阳市振东初级中学	数学	陈福戬	大东区和睦路小学	数学
郭 旭	沈阳市振东初级中学	语文	安 娜	大东区和睦路小学	英语
赵丽丽	沈阳市第一〇九中学	英语	杨兆冰	大东区珠林路第一小学	数学
赵 鹏	沈阳市第一一一中学	数学	孙 娟	大东区东盛小学	数学
侯良君	沈阳市第一三六中学	数学	李 昊	大东区工农路第一小学	语文
桑 静	沈阳市第一三七中学	英语	铁 洁	大东区中捷友谊小学	语文
魏丽颖	沈阳市第一四〇中学	数学	王 华	大东区望花街第一小学	数学
辛 兵	沈阳市第一四一中学	化学	刘 江	大东区育林小学	语文
王 娜	沈阳市兴东中学	语文	刘 洁	大东区望花街第三小学	语文
崔 荣	沈阳市兴东中学	数学	朱志香	大东区木匠小学	语文、数学
袁 英	沈阳市第一六一中学	语文	罗 颖	东陵区望花小学	语文
赵海鸥	沈阳市第一三九中学	思想品德	焦海艳	东陵区前进中心小学	语文
张 淼	大东区大北街第二小学	语文	梁 晶	沈阳市尚品学校	语文
张晓巍	大东区白塔小学	语文	李成燕	大东区辽沈街第二小学	数学
潘 博	大东区白塔小学	英语	白文平	沈阳第十中学	物理
毕 静	大东区杏坛小学	英语	陈 辉	沈阳市第十一中学	英语
祝 威	大东区杏坛小学	语文	张丽丽	沈阳市第十一中学	语文
赵 朔	大东区杏坛小学	品德与社会	代 晶	沈阳市第十二中学	英语
李 皓	大东区草仓路小学	小学语文	栾 英	沈阳市第十六中学	语文
代 芳	大东区辽沈街第一小学	数学	于淑敏	沈阳市二十一中学	高中政治
赵 丽	大东区辽沈街第二小学	数学	姜艳红	沈阳市第二十四中学	数学
郭 颖	大东区辽沈街第三小学	数学	宁 焱	沈阳市第三十三中学	政治
夏 菲	大东区辽沈街第三小学	数学	赵红玉	沈阳市第四十中学	政治
曲 娜	大东区东站小学	数学	李舒宇	沈阳市第四十三中学	数学
赵 月	大东区上园路第一小学	语文	田 利	沈阳市第四十四中学	语文
徐秀梅	大东区上园路第二小学	数学	张洪波	沈阳市第八十四中学	语文
吉俊英	大东区合作街小学	数学	施 琳	沈阳市第八十五中学	物理
张 瑞	大东区大东路第二小学	语文	白鹤淑	沈阳市第九十七中学	数学
赵东娜	大东区大东路第二小学	音乐	倪淑春	沈阳市第一一〇中学	物理
王浩宇	大东区静美小学	语文	姜 虹	沈阳市第一一六中学	英语
张 铖	大东区大东路第三小学	语文	赵立强	沈阳市第一二〇中学	数学
杨迎迪	大东区大东路第三小学	数学	狄春艳	沈阳市一二二中学	化学
郑 爽	大东区大东路第四小学	语文	艾红梅	沈阳市第一三二中学	英语

崔　虹	沈阳市第一四七中学	物理	黄文燕	皇姑区鸭绿江街小学	音乐
张　凯	沈阳市第一五三中学	语文	杨　丹	皇姑区柳条湖小学	语数
孙咏军	沈阳市虹桥中学	英语	雷　英	皇姑区金山路小学	音乐
赵艳茹	沈阳市光明中学	语文	李保安	皇姑区万方小学	语数
张　瑶	皇姑区教师学校	中学音乐	赵　丹	皇姑区弘文小学	语文
高　杨	皇姑区天山一校	英语	于秀霞	沈阳市第四十三中学	英语
马　俊	皇姑区昆山二校	语数	李　捷	皇姑区三台子第一小学	语数
朱继红	皇姑区昆山三校	语数	张　冬	沈阳市光明初级中学	物理
刘冬梅	皇姑区昆山四校	数学	姚　远	沈阳市第十六中学	语文
梁丽荣	皇姑区珠江三校	语文	郑兴旺	沈阳市第十一中学	语文
李冰镜	皇姑区珠江五校	英语	尹贞姬	皇姑区昆山四校	语文
杜秋蓓	皇姑区岐山路第一小学	语数	魏治娟	皇姑区三台子第一小学	语文
王明霞	皇姑区岐山路第二小学	体育	徐春梅	皇姑区童晖小学	语数
岳　敏	皇姑区岐山路第三小学	语数	赵戈新	沈阳市第一二〇中学	政治
马　玲	皇姑区向工街第一小学	语数	纪园园	皇姑区岐山一校	语数
陈　坦	皇姑区向工二校	语文	王　艳	皇姑区珠江五校	语文
祁大鹰	皇姑区向工三校	语文	于　淼	沈阳市第二十四中学	语文
徐晓萍	皇姑区怒江小学	语文	张海坤	皇姑区三台子五校	语文
李　辉	皇姑区淮河街小学校	语文	陈　艳	沈阳市第三十三中学	语文
张莉丽	皇姑区黄河大街小学	语数	王　宁	皇姑区塔湾小学	数学
苏冬梅	皇姑区宁山路小学	数学	程春玉	沈阳市第四十三中学	英语
王　娜	皇姑区泰山路小学	语数	郑红花	皇姑区和信朝小	语数
张庆华	皇姑区步云山路小学	语文	李明珠	铁西区兴工一校	科学
吴　娇	皇姑区明廉路小学	英语	李　颖	铁西区兴工四校	英语
孙丽杰	皇姑区塔湾小学	语文	刘　薇	铁西区光明二校	数学
李珊珊	皇姑区北陵大街小学	语数	王　垠	铁西区光明二校	数学
李　琳	皇姑区陵西小学	语文	石椿玉	铁西区兴华二校	品德与社会
朴明华	皇姑区新北小学	语数	王璐璐	铁西区齐贤一校	英语
马艳军	皇姑区汾河街小学	语数	赵路娜	铁西区齐贤二校	数学
杨　嘉	皇姑区渭河街小学	语数	朱洪莉	铁西区保工二校	数学
赵　岩	皇姑区三台子第一小学	数学	刘春梅	铁西区保工五校	数学
肖　嵘	皇姑区三台子第三小学	品德与社会	陈宏露	铁西区卫工一校	语文
边志燕	皇姑区三台子第四小学	数学	侯九宏	铁西区启工一校	语文
穆崇刚	皇姑区三台子五校	语文	孙海霞	铁西区启工二校	数学
阎志萍	皇姑区白龙江小学	语数	孙志科	铁西区启工二校	美术
王　辉	皇姑区童晖小学	数学、语文	李　曼	铁西区启工三校	语文
陈维超	皇姑区东窑小学	语文、科学	赵　刚	铁西区重工一校	数学

刘艳红	铁西区重工二校	英语	李　靖	沈阳市第五十四中学	地理
孙秋月	铁西区重工三校	语文	张宏英	沈阳市第八十八中学	语文
张冬雷	铁西区重工四校	数学	王　颖	沈阳市第九十五中学	数学
张　弘	铁西区工人村一校	音乐	刘志娟	沈阳市第一二七中学	语文
李翔宇	铁西区南十二路小学	语文	金丽岩	沈阳市第一二七中学	数学
张起源	铁西区应昌小学	语文	王志军	沈阳市第一二七中学	数学
张维维	铁西区应昌小学	数学	张晓莉	沈阳市第一五七中学	美术
杨兴海	铁西区贵和小学	数学	杨光惠	沈阳市第一五八中学	地理
贾　娜	铁西区勋望小学	数学	丁　丽	沈阳市第一七二中学	音乐
余　洋	铁西区勋望小学	语文	潘立辉	沈阳市培英中学	数学
刘　丹	铁西区兴顺小学	英语	单金丽	沈阳市培英中学	语文
刘　征	铁西区凌空小学	语文	段宏伟	沈阳市清乐围棋学校	数学
刘　畅	铁西区腾飞小学	语文	陈　静	沈阳市杏坛中学	数学
肖　辉	铁西区腾飞小学	数学	李　颖	沈阳市杏坛中学	音乐
李军霞	铁西区滑翔小学	信息技术	王　珏	铁西区教师进修学校	英语
张　蕾	铁西区太阳小学	语文	关艳春	铁西区教师进修学校	语文
孙　菲	铁西区太阳小学	语文	杨长和	铁西区教师进修学校	信息技术
李晓丹	铁西区雏鹰小学	科学	李　玲	铁西区大青实验学校	语文
唐立涛	铁西区雏鹰小学	体育	曹　娜	铁西区翟家中心校	英语
吴　哲	沈阳市第四中学	数学	李　静	铁西区大潘中心校	语文
贾天军	沈阳市第四中学	物理	王　朝	沈阳市杏坛中学	英语
刘颖秋	沈阳市第四中学	英语	路艳秋	沈阳市第三十一中学	地理
王巧雁	沈阳市第四中学	信息技术	宋玉荣	沈阳市第三十一中学	化学
方　红	沈阳市第十五中学	数学	施　杨	沈阳市第四中学	化学
丛　滨	沈阳市第十五中学	地理	吕　刚	沈阳市第四中学	语文
王家凤	沈阳市第二十二中学	英语	高　英	于洪区教师进修学校	小学数学
高红侠	沈阳市第二十二中学	数学	张凤强	于洪区教师进修学校	初中英语
李春萍	沈阳市第二十二中学	物理	姜广勇	沈阳市第五十六中学	高中化学
李　巍	沈阳市第三十一中学	英语	曹柏清	沈阳市第五十六中学	高中英语
李曙光	沈阳市第三十一中学	数学	朱国勇	沈阳市第五十六中学	高中物理
张学民	沈阳市第三十一中学	物理	陶　琳	于洪区杨士中心小学	小学语数
张学才	沈阳市第三十一中学	化学	李德宏	沈阳市第一七〇中学	高中化学
徐　颖	沈阳市第三十六中学	政治	程阿梅	沈阳市第一七〇中学	高中英语
李　波	沈阳市第三十六中学	语文	贾芬玲	于洪区沈师二校	初中英语
董　欣	沈阳市第三十六中学	数学	徐艳红	于洪区东湖学校	初中英语
杨　勇	沈阳市第五十三中学	物理	门双玉	沈阳市第一七四中学	初中英语
刘　军	沈阳市第五十三中学	英语	杜永辉	沈阳市第一七四中学	初中语文

左世斌	于洪区解放初级中学	初中数学	乔　畅	东陵区教师进修学校	英语
曹　阳	沈阳市于洪区大兴学校	初中语文	张　静	沈阳市五十一中学	政治
王滨玲	沈阳市北陵初级中学	初中数学	徐秀丽	沈阳市七十二中学	英语
尚　敏	沈阳市于洪区大兴学校	初中英语	顾长玲	沈阳市白塔中学	英语
徐宝辉	沈阳市第六十中学	初中英语	赵　蕾	沈阳市七十三中学	语文
李　冰	沈阳市第五十二中学	初中数学	张玲玲	沈阳市六十一中学	班主任
王雪琴	沈阳市造化初级中学	初中英语	高　冰	沈阳市六十三中学	班主任
殷　辉	沈阳市第五十九中学	初中数学	陈晓龙	东陵区王滨希望学校	数学
孙秀青	于洪区职业教育中心	计算机	李　颖	浑南新区嘉华学校	化学
李　霞	于洪区杨士中心小学	小学语数	田永良	浑南新区实验学校	语文
杨冰飞	沈阳市于洪区于洪小学	小学语数	李淑香	浑南新区朝鲜族学校	政治
李晓茹	沈阳市于洪区花城学校	小学语数	李春静	浑南新区东湖学校	语文
安艳燕	于洪区平罗镇中心校	小学语数	谢　岩	浑南新区第一中学	语文
贾立威	于洪区三十家中心小学	小学语数	夏凤芹	浑南新区五三中心小学	思想品德
田　宇	于洪区郑家小学	小学语数	遇　静	浑南新区浑河站中心小学	英语
刘　阳	于洪区国奥小学	小学英语	智　力	浑南新区第一小学	语、数
张　奕	于洪区大堡小学	小学语数	杨　艳	浑南新区第二小学	英语
王　宁	于洪区英守小学	小学语数	马　仲	浑南新区第三小学	信息技术
张　杰	于洪区沙岗子中心小学	小学语数	杨　华	棋盘山开发区高坎中学	信息技术
赵淑芬	于洪区宏发小学	小学语数	张海霞	沈阳市英达中学	体育
白丽君	于洪区老边中心校	小学语数	崔　巍	棋盘山东陵路小学	数学
王　淼	于洪区沙岭中心小学	小学语数	党春红	棋盘山高坎中心小学	语数
吴昌丽	于洪区北李官小学	品德与生活	马　兰	沈阳市第八十三中学	政治
赵艳杰	于洪区马三家小学	品德与社会	亢学庆	沈阳市第八十三中学	数学
文春颖	于洪区川江小学	小学语数	赵　莹	沈阳市第八十三中学	历史
兰薇薇	于洪区包道小学	小学语数	邹细荣	沈阳市第八十三中学	英语
邓丽华	于洪区丁香小学	综合实践	祁德友	沈阳矿务局中学	物理
刘　伟	于洪区红旗小学	品德与社会	臧　昊	沈阳矿务局中学	物理
叶　雪	于洪区于台小学	小学语数	宋　岳	沈阳矿务局中学	语文
代　静	于洪区南李官小学	小学语数	季　平	沈阳市第一四六中学	数学
刘云涛	于洪区造化中心小学	小学语数	慈英俊	沈阳市第一四六中学	语文
杨　影	于洪区东湖学校	小学语数	白洁玉	沈阳市第七十六中学	语文
陈　红	于洪区解放中心校	小学语数	夏俊艳	沈阳市第七十六中学	化学
金艳花	沈阳市朝鲜族第三中学	初中数学	王　晶	沈阳市第七十六中学	化学
崔　艳	于洪区吴家荒中心小学	小学语数	张永凯	沈阳市电子技术学校	计算机
刘　健	沈阳市五十一中学	英语	彭红英	沈阳市第七十四中学	数学
胡　波	东陵区教师进修学校	英语	徐桂时	沈阳市第七十四中学	语文

臧树新	沈阳市新兴初级中学	数学	万明媚	沈阳市第三十中学	高中化学
印瑞雪	沈阳市新兴初级中学	生物	张兴宏	沈阳市第六十八中学	高中化学
关桂新	沈阳市第七十八中学	语文	李永毅	沈阳市第三十中学	高中数学
吕　英	沈阳市第一一九中学	英语	邓晓东	沈阳市第一七六中学	高中数学
张丽新	沈阳市第一一九中学	英语	杨静芝	沈阳市第六十七中学	高中数学
尤明喜	沈阳市第一五二中学	数学	黄晓燕	沈阳市第三十中学	高中地理
薛　焱	沈阳市第一五二中学	化学	任秀华	沈阳市青松中学	高中政治
张国辉	沈阳市第七十五中学	物理	于庆华	沈阳市第六十九中学	初中数学
刘金风	沈北新区道义中学	数学	银秀丽	苏家屯区王纲学校	初中数学
刘　威	沈北新区道义中学	化学	杨金华	沈阳市第一七五中学	初中数学
杨　成	兴隆台锡伯族学校	物理	程秀艳	沈阳市第一七五中学	初中语文
仇宝荣	兴隆台锡伯族学校	英语	佟　杰	沈阳市第一八四中学	初中语文
王　辉	沈北新区蒲河学校	英语	李　军	苏家屯区八一学校	初中语文
李　萍	沈北新区蒲河学校	语文、数学	邹丽洁	苏家屯区陈相学校	初中语文
陈　琳	黄家锡伯族学校	语文、数学	赵　波	苏家屯区姚千学校	初中语文
沈云升	黄家锡伯族学校	数学	王　畅	沈阳市第一七八中学	初中英语
宋志强	沈阳市辉山学校	数学	王爱荣	沈阳市第一八四中学	初中英语
韩　坤	沈阳市辉山学校	语文、数学	雷志宏	苏家屯区永乐学校	初中英语
王立萍	沈北新区教师进修学校	英语	李绪勇	苏家屯区沙河学校	初中英语
史佩菊	沈北新区虎石台第二小学	语文、数学	戴丽敏	沈阳市第四十六中学	初中历史
刘铭明	沈北新区虎石台第二小学	语文、数学	史玉玲	沈阳市第四十六中学	初中物理
董文婷	沈北新区道义镇中心小学	语文、数学	赵雪莹	沈阳市第一七八中学	初中地理
李　丹	沈北新区财落镇中心小学	科学	陈福州	苏家屯区大沟学校	初中生物
赵素萍	沈北新城子街第三小学	语文、数学	刘　平	苏家屯区红菱学校	初中电教
岳淑丽	沈北新城子乡中心小学	科学	冯维刚	沈阳市第四十六中学	初中体育
李祥云	沈北新区尹家乡中心小学	语文、数学	董艳玲	沈阳市第一八一中学	初中美术
甘英伟	沈北新城子街第二小学	语文、数学	佟　菊	苏家屯区城郊学校	初中体育
李　颖	沈北新城子街第二小学	语文、数学	邓莹莹	苏家屯区文化中小学	小学语文
安明霞	沈北新城子街第一小学	语文、数学	付慧颖	苏家屯区雪松路小学	小学语文
佟树红	沈北虎石台镇第一小学	语文、数学	乔桂华	苏家屯区冬青街小学	小学数学
林玉萍	沈北虎石台镇第一小学	语文、数学	董海清	苏家屯区沈南一校	小学语文
张桂芹	沈北虎石台镇中心小学	语文、数学	邓　艳	苏家屯区城郊学校	小学语文
赵雪峰	沈北新区马刚中心小学	英语	杨　杨	苏家屯区民主街小学	小学英语
卜忠武	石佛朝鲜族锡伯族乡小学	科学	付　冰	苏家屯区牡丹街小学	小学英语
张俊慧	沈北新区第一幼儿园	学前	冯　静	苏家屯区中兴街小学	小学英语
夏广全	沈阳市第三十中学	高中物理	景　涛	苏家屯区陈相学校	小学英语
李　斌	沈阳市第三十中学	高中生物	邱雅君	苏家屯区湖西街小学	小学美术

杨　健	苏家屯区沙柳路小学	小学体育	邸　丹	康平县柳树中心校	语文、数学
李晓萍	苏家屯区沙河学校	小学计算机	徐雅君	康平二牛九年一贯制学校	英语
陈继明	苏家屯区解放小学	小学科学	彭红岩	康平二牛九年一贯制学校	思品、社会
丁　杰	苏家屯区教师进修学校	信息技术	马桂艳	康平方家九年一贯制学校	物理
张宝庆	苏家屯区教师进修学校	初中语文	齐　放	康平县方家中心校	语文、数学
梁相云	苏家屯区教师进修学校	初中语文	贾翠英	康平西关九年一贯制学校	语文、数学
李　杰	苏家屯区教师进修学校	小学数学	刘玉丽	康平西关九年一贯制学校	英语
吴姝丽	苏家屯区教师进修学校	思想品德	王凤香	康平东升九年一贯制学校	语文
靳宽平	苏家屯区职教中心	机加数控	王希双	康平县东升中心校	语文、数学
遇震生	苏家屯区职教中心	中职语文	佟丽燕	康平东关九年一贯制学校	语文
王丽静	苏家屯区职教中心	中职计算机	崔百茹	康平县东关小学	语文、数学
禹秀兰	沈阳市朝鲜族第二中学	汉语文	刘文辉	康平郝官九年一贯制学校	语文
王占奎	康平县高级中学	英语	宋艳娥	康平县郝官中心校	语文、数学
王金昌	康平县高级中学	语文	郑艳芬	康平县两家子学校	语文
徐海生	康平县高级中学	化学	田嘉勇	康平县两家子学校	语文、数学
付丽萍	康平县教师学校	数学	刘首峰	康平县四家子学校	物理
白丽荣	康平县教师学校	语文	徐大权	康平县北四家子乡中心校	语文、数学
杨承荣	康平县一中	政治	曲艳梅	康平县山东屯学校	英语
任丙成	康平县一中	化学	孙俐华	康平县山东屯小学	语文
曹伟娟	康平县第二中学	数学	静立新	康平县海洲学校	化学
刘会茹	康平县第二中学	语文	张中美	康平县海洲中心校	语文
王雅霞	康平县第二中学	语文	尹鹤忱	康平县小城子学校	语文
包　宇	康平县职业教育中心	语文	郝明志	康平县小城子中心校	语文
朱亚丽	康平县含光小学	音乐	师桂艳	康平镇九年一贯制学校	数学
张艳君	康平县含光小学	语文	薛玉辉	康平县康平镇中心校	英语
范雅玉	康平县悦明小学	语文	全艳丽	康平张强九年一贯制学校	语文
赵亚芬	康平县悦明小学	数学	田曙光	法库县五台子初中	物理
阚　锋	康平县向阳小学	语文、数学	王喜中	法库县高级中学	体育
杨晓茹	康平县向阳小学	语文、数学	田艳华	法库县高级中学	英语
王印书	康平县向阳小学	语文、数学	张继红	法库县五台子小学	英语
薛春芳	康平县高家小学	语文、数学	赵　恺	法库县丁家房初中	语文
赵丽敏	康平县苏家岗小学	语文、数学	赵艳红	法库县慈恩寺学校	语文
程　全	康平张强九年一贯制学校	语文	鲁　哲	法库县慈恩寺学校	数学
赵昌艳	康平县张强中心校	语文、数学	沈德川	法库县冯贝堡初中	语文
田冬梅	康平沙金九年一贯制学校	语文	刘　爽	法库县十间房小学	英语
曹艳秋	康平县沙金乡中心校	英语	李国进	法库县叶茂台初中	物理
泰红杰	康平柳树九年一贯制学校	数学	刘亚荣	法库县柏家沟学校	语文

张翠艳	法库县第一中学	语文	马文博	法库县四家子学校	思想品德
王洪林	法库县登仕堡学校	英语	王艳平	法库县四家子学校	英语
任洪洁	法库县登仕堡学校	语文	苏丽杰	辽中县第一高级中学	英语
李英杰	法库镇中心校	体育	槐金凤	辽中县第一高级中学	语文
付　强	法库县第二高级中学	数学	苏士杰	辽中县第一高级中学	化学
谷俊秋	法库县第二高级中学	物理	闫铁辉	辽中县二高中	化学
郝秀菊	法库县双台子学校	英语	邱　宏	辽中县二高中	语文
董　辉	法库县双台子学校	品德与生活	韩　娜	辽中县二高中	数学
高　山	法库县三面船初中	物理	杨洪丽	辽中县教师进修学校	英语
李　艳	法库县和平学校	语文	周　莹	辽中县职业教育中心	数学
焦　岩	法库县和平学校	语文	佟春利	辽中城镇第一初级中学	语文
刘志远	卧牛石九年一贯制学校	语文	张丽娥	辽中城镇第一初级中学	数学
苏丽艳	卧牛石九年一贯制学校	英语	年长虹	辽中县城镇第二初级中学	英语
汤　敏	法库县实验小学	英语	张金玲	辽中县城镇第二初级中学	语文
齐　秀	法库县冯贝堡乡中心小学	英语	孙　娇	辽中镇第一小学	语文
朱　彦	法库县秀水河子镇中心校	语文	于海燕	辽中镇第二小学	语数
马　萍	法库县大孤家子镇小学	英语	张亚杰	辽中县第三小学	语数
黄大伟	法库县第三初级中学	数学	海雪梅	辽中镇第三小学	语数
薛　超	法库县丁家房镇中心小学	数学	王艳秋	辽中镇第四小学	语数
李玉菊	法库县依牛堡学校	数学	王　静	辽中镇第四小学	语数
黄绍福	法库县依牛堡学校	语文	李威威	辽中镇第五小学	语文
苏　颖	法库县包家屯学校	数学	雷　冰	辽中县少年宫	舞蹈
张立军	法库县包家屯学校	语文	舒　品	辽中县中小学实践基地	棋类
王洪凤	法库县石桥小学	数学	冯素清	辽中县特殊教育学校	语文
田淑平	法库县叶茂台中心校	语文	勾　畅	辽中县中小学保健所	健康教育
冯素华	法库县柏家沟学校	语文	卓祥春	辽中县潘家堡学校	数学
李　健	法库县第二初级中学	物理	李　梅	辽中县于家房学校	语数
李红梅	法库县太阳升小学	语文	崔宁宁	辽中县于家房学校	语数
郭洪伟	法库县教师进修学校	化学	李晓霞	辽中县养士堡学校	语文
王铁军	法库县秀水河子初级中学	思想品德	孙宏丽	辽中县牛心坨学校	数学
付爱英	法库经济开发区中心校	美术	方和凤	辽中县牛心坨学校	语文
梁　方	法库县教师进修学校	英语	李大庆	辽中县六间房学校	美术
代　颖	法库县三面船中心校	思想品德	关　敏	辽中县乌伯牛学校	物理
刘春媛	法库县十间房初中	英语	杨　冰	辽中县茨榆坨小学	数学
徐立梅	法库县孟家学校	化学	王海凤	辽中县茨榆坨初级中学	语文
高兴民	法库县孟家学校	语文	杨海光	辽中县肖寨门学校	语文
钟亚萍	法库县大孤家子镇中学	英语	王松艳	辽中县肖寨门学校	语文

韩俊杰	辽中县冷子堡学校	语数	刘晓阳	新民市第二初级中学	英语
董彬彬	辽中县老大房学校	美术	曹　俭	新民市第一初级中学	物理
田晓伟	辽中县满都户学校	英语	汤连富	新民市第一初级中学	语文
冯淑宇	辽中县满都户九年学校	英语	张兴起	新民市陶家屯学校	生物
李秀芳	辽中县六间房学校	英语	赵明艳	新民市实验小学	三年级数学
智玉红	辽中县老观坨学校	英语	段　秋	新民市实验小学	三年级数学
王　静	辽中县杨士岗学校	音乐	周香艳	新民市第三中学	数学
杨　平	辽中县杨士岗学校	语文	李毅敏	新民市第三中学	语文
郭　超	辽中县刘二堡学校	思想品德	岳淑菊	新民市兴隆堡学校	思想品德
董　刚	辽中县刘二堡学校	体育	李冬梅	新民市柳河沟学校	品德与社会
王凤营	辽中县大黑岗子学校	语数	张　影	新民市柳河沟学校	英语
张德志	辽中县潘家堡学校	英语	刘国香	新民市三道岗子学校	英语
陈山林	辽中县潘家堡学校	语文	尚颖新	新民市新农学校	数学
邢士远	辽中县城郊学校	历史	路忠坤	新民市高台子学校	英语
郭玉娜	辽中县朱家房学校	英语	刘兴玉	新民市姚堡学校	数学
孙英姿	新民市城区第三小学	语文、数学	杨　辉	新民市高级中学	数学
赵　斌	新民市前当铺学校	七年级数学	高兆红	新民市高级中学	地理
李子春	新民市大喇嘛学校	九年体育	王维军	新民市高级中学	物理
郑淑云	新民市大柳屯学校	九年语文	刘东洪	新民市公主屯学校	英语
张　雪	新民市兴隆学校	语文、数学	李亚玲	新民市金五台子学校	数学
王　丽	新民市兴隆学校	中学英语	赵　宇	新民市东蛇山子学校	初中数学
李淑丽	新民市一高中	语文	李代清	新民市大民屯学校	历史
国书久	新民市一高中	物理	罗　娇	新民市大民屯学校	英语
苏亚梅	新民市一高中	地理	崔冬梅	新民市大红旗学校	化学
张永飞	新民市城区第九小学	语文、数学	张武壹	新民市于家学校	数学
卢丽红	新民市第二高级中学	英语	刘月娟	新民市幼儿园	学前教育
张莉莉	新民市第二高级中学	地理	王红军	新民市卢家屯学校	语文数学
李桂菊	新民教师进修学校	历史	刘　耶	新民市曹家学校	英语
赵艳春	新民教师进修学校	语文	刘清范	辽宁省实验中学	政治
郭玉红	新民市城区第一小学	语数	刘生波	辽宁省实验中学	物理
孙志刚	新民市城区第五小学	语数	崔丽娟	辽宁省实验中学	物理
柏艳玲	新民市实验中学	英语	王晓强	辽宁省实验中学	数学
高　艳	新民市职业教育中心	会计	张　引	辽宁省实验中学	地理
张　侠	新民市胡台学校	音乐	郭秀玲	辽宁省实验中学	数学
布晓红	新民市城区第四小学	语数	任雪平	辽宁省实验中学	英语
洪　雨	新民市法哈牛学校	小学体育	丛丽萍	辽宁省实验中学	化学
王玉侠	新民市城区第八小学	语文	王兴国	辽宁省实验中学合作学校	化学

陈克志	辽宁省实验中学合作学校	物理	陈　莹	沈阳市电化教育馆	信息技术
卞恩艳	辽宁省实验中学合作学校	数学	王洪志	沈阳市电化教育馆	信息技术
张克岩	辽宁省实验学校	英语	薛　强	新民师范学院附属小学	语文
朱子香	辽宁省实验学校	历史	马吉闯	新民师范学院附属小学	英语
刘素慧	辽宁省实验学校	语文	陈桂芳	沈阳市装备制造工程学校	德育
张艳华	辽宁省实验学校	数学	王大山	沈阳市装备制造工程学校	机制、数控
宋　斌	辽宁省实验学校	语文	张玉鑫	沈阳市装备制造工程学校	数控
邱桂香	东北育才学校	信息技术	梁　静	沈阳市装备制造工程学校	工业自动化
李宏杰	东北育才学校	数学	金　辉	沈阳市装备制造工程学校	饭店管理
郑剑非	东北育才学校	语文	郑亚红	沈阳市装备制造工程学校	电工电子
侯雪晨	东北育才学校	数学	徐艳君	沈阳市装备制造工程学校	计算机
赵延坤	东北育才学校	语文	李洪侠	沈阳市化工学校	药事管理
张有志	东北育才学校	语文	王　豫	沈阳市化工学校	工程力学
丁　革	东北育才学校	英语	魏雅文	沈阳市化工学校	电气运行
周　颖	沈阳市第二中学	英语	王文海	沈阳市化工学校	工业分析
周际虹	沈阳市第二中学	物理	周　菊	沈阳市化工学校	语文
高　畅	沈阳市第二中学	语文	栗　莉	沈阳市化工学校	化工工艺
郭运江	沈阳市第二中学	数学	牛华锋	沈阳市化工学校	分析化学
陈昕若	沈阳市第二中学	物理	许春英	沈阳市汽车工程学校	机加
王　岩	沈阳市外国语学校	高中化学	郜敬明	沈阳市汽车工程学校	汽车构造
李洪霞	沈阳市外国语学校	高中地理	赵传胜	沈阳市汽车工程学校	汽车构造
夏　晶	沈阳市外国语学校	高中英语	林中清	沈阳市汽车工程学校	语文
陶晓楠	沈阳市外国语学校	高中数学	王　蔚	沈阳市汽车工程学校	汽车构造
黄伶伶	沈阳市外国语学校	初中数学	兰　飞	沈阳市汽车工程学校	政治
朴美子	沈阳市朝鲜族第一中学	政治	徐　杨	沈阳市汽车工程学校	汽车构造
黄载荣	沈阳市朝鲜族第一中学	数学	王连生	沈阳市汽车工程学校	汽车构造
金　英	沈阳市朝鲜族第一中学	历史	范　萍	沈阳市金融学校	轨道交通
崔明华	沈阳市朝鲜族第一中学	日语	张　莉	沈阳市金融学校	会计
郑太成	沈阳市朝鲜族第一中学	物理	李　颖	沈阳市金融学校	金融基础
李　静	沈阳市教育研究室	初中英语	白青松	沈阳市金融学校	电子技术
高　敏	沈阳市教育研究室	高中政治	孟　丹	沈阳市金融学校	艺术设计
郭毓鹏	沈阳市教育研究室	思想政治	贾铁刚	沈阳市金融学校	物流管理
吴　燕	沈阳市教育研究室	初中语文	李　越	沈阳市金融学校	网络技术
阮晓丰	沈阳市教育研究室	高中语文	宋　靖	沈阳市计算机学校	语文
曲生平	沈阳市教育研究室	高中体育	原　野	沈阳市计算机学校	数学
高宇翱	沈阳市教育研究室	品德与生活	刘香顺	沈阳市计算机学校	德育
程　起	沈阳市职成教研室	中职德育	邴纪纯	沈阳市计算机学校	计算机

王焕杰	沈阳市计算机学校	计算机	韩中英	沈阳市拔萃中学	语文
王　健	沈阳市计算机学校	计算机	徐成敏	法库德华私立学校	语数
姚宝宏	沈阳市计算机学校	文秘	杨　艳	沈阳市沈东初级中学	英语
王　宁	沈阳市旅游学校	语文	徐凤丽	沈阳私立洪庆中学	数学
宋春艳	沈阳市旅游学校	数学	窦中伟	沈阳市雨田实验中学	英语
吴　杰	沈阳市旅游学校	英语	纪泽彪	沈阳兴华实验中学	数学
海　莺	沈阳市旅游学校	钢琴	孙　丽	沈阳市第一私立高中	数学
李明静	沈阳市外事服务学校	英语	矫继虹	沈阳私立实验学校	语文
尹翠玉	沈阳市外事服务学校	计算机	邱秀娟	沈阳市奉天学校	英语
纪　妍	沈阳市外事服务学校	声乐	朱亚玲	沈阳市立人学校	语文
高振学	沈阳市外事服务学校	历史	汪　健	沈阳市广全中学	语文
戴侠男	沈阳市外事服务学校	餐服	程显权	沈阳市志成中学	数学
林　艳	沈阳服装艺术学校	服装	李　静	康平县聋哑学校	数学
丛艳欣	沈阳服装艺术学校	服装	常　艳	皇姑区育智学校	语文
孙舒妍	沈阳服装艺术学校	旅游	高艳春	沈河区启智实验学校	语数
张　卉	沈阳服装艺术学校	语文	刘凤玲	法库县爱心学校	数学
姚　杰	沈阳市艺术幼儿师范学校	声乐	吕　晶	沈阳市皇姑区聋人学校	语文
房杨洋	沈阳市艺术幼儿师范学校	舞蹈	赵　岩	苏家屯区特殊教育学校	康复
徐春姝	沈阳市艺术幼儿师范学校	英语	宋俊辉	新民市特殊教育学校	语文
詹红丹	沈阳市艺术幼儿师范学校	英语	徐　娜	沈阳市铁西区聋人学校	语文
杨秋实	沈阳医学院附属卫生学校	护理学	许　岩	沈阳市大东区聋哑学校	政治
刘　超	职业技术学院附属中专	机械	于　喃	沈阳市盲校	语文
武君颖	沈阳市中医药学校	护理	李　杰	南宁幼儿园	学前教育
张　涛	沈阳市艺术学校	政治	闫曦雯	南宁幼儿园	学前教育
卜可可	沈阳市工贸学校	会计	那迎春	二〇二医院幼儿园	学前教育
张　宇	沈阳交通工程学校	汽车构造	齐　心	军区联勤部第一幼儿园	学前教育
宋　坤	沈阳市体育运动学校	德育	赵　可	军区联勤部第二幼儿园	学前教育
赵　玲	沈阳广播电视中专	英 语	焦咏梅	沈河区二经二幼儿园	学前教育
何　新	沈阳工贸学校	思想政治	王晓辉	沈阳市实验学校幼儿园	学前教育
王　方	沈阳市翔宇中学	语文	王淑娟	沈河区教育局第二幼儿园	学前教育
国　薇	沈阳市翔宇中学	语文	郑　宏	沈阳军区政治部幼儿园	学前教育
付　丽	沈阳市尚品学校	化学	白雪梅	沈阳理工大学幼儿园	学前教育
徐昭宁	沈阳飞跃实验中学	英语	焦育微	沈河区教育局第二幼儿园	学前教育
郭　静	沈阳市绿岛学校	数学	葛　莉	大东区教育局幼儿园	学前教育
齐　伟	沈阳师范大学附属学校	历史	徐　坤	大东区教育局幼儿园	学前教育
于久英	沈阳师范大学附属学校	语文	刘志红	大东区教师进修学校	学前教育
戴　娜	中国人民大学附属小学	语文	孙　莹	皇姑区教师学校	学前教育

张　红	皇姑区实验幼儿园	学前教育
陈　妍	省政府机关幼儿园	学前教育
王　曼	辽宁省军区幼儿园	学前教育
龙琳琳	沈阳市铁西区教工幼儿园	学前教育
张莉莉	沈阳市铁西区实验幼儿园	学前教育
张　娜	铁西区教工第二幼儿园	学前教育
张小平	苏家屯区教师学校	学前教育
黄丽萍	苏家屯区实验幼儿园	学前教育
王明珠	苏家屯区实验幼儿园	学前教育
郭东波	苏家屯区实验幼儿园	学前教育
石　娟	苏家屯区陈相中心园	学前教育
张丽君	实验幼儿园	学前教育
佟静伟	北李中心幼儿园	学前教育
刘宏伟	于洪教师进修学校	学前教育
蔡　桂	东陵区李相镇幼儿园	学前教育
罗丽霞	沈阳市辉山学校幼儿园	学前教育
赵　谨	沈北新区二井中心幼儿园	学前教育
张国红	康平县中心幼儿园	学前教育
孙艳玲	康平县含光幼儿园	学前教育
刘迎斌	法库县幼儿园	学前教育
李树平	法库县第二幼儿园	学前教育
侯秀坤	辽中县机关幼儿园	学前教育
潘荣菊	辽中县牛心坨乡幼儿园	学前教育
梁　宇	辽中县朱家房镇幼儿园	学前教育
李芙蓉	辽中县满都户镇幼儿园	学前教育
王亚丽	辽中县茨于坨镇幼儿园	学前教育
邱梦驰	辽中镇第四小学幼儿园	学前教育
张桂珍	新民市法哈牛镇幼儿园	学前教育
王　辉	新民市三道岗子乡幼儿园	学前教育
张玉莲	新民市前当堡镇中心园	学前教育
刘小静	新民市姚堡乡中心幼儿园	学前教育
张秀丽	新民市金五台子乡幼儿园	学前教育
闫玉娇	新民市兴隆堡中心幼儿园	学前教育
陈　辉	东北育才幼儿园	学前教育
周　莉	东北育才幼儿园	学前教育
赵慧斌	浑南新区教育局教研室	学前教育
杨　玲	沈阳蓓蕾幼儿园	学前教育
胡　丹	沈阳市蓓蕾幼儿园	学前教育
宋　威	沈阳市蓓蕾幼儿园	学前教育
宁　欣	沈阳市蓓蕾幼儿园	学前教育
李　红	沈阳市蓓蕾幼儿园	学前教育
韩瑛娜	浑南新区万科新榆幼儿园	学前教育
王　格	浑南新区万科新榆幼儿园	学前教育
张爱萍	辽宁省政府机关幼儿园	学前教育
刘明慧	沈阳市朝阳一校幼儿园	学前教育
杨晨芳	沈阳市蓓蕾幼儿园	学前教育
丁　杰	沈阳市蓓蕾幼儿园	学前教育
景东辉	沈北新区少年宫	美术
吴　野	和平区少年宫	器乐
李　璐	沈河区少年宫	声乐
常　杰	沈河区少年宫	美术
孙　辉	辽中县少年宫	钢琴
王雪娇	皇姑区少年宫	品德
李永亮	大东区少年宫	声乐
张　璐	苏家屯区少年宫	音乐
于　强	大东区少年宫	围棋
宋秀屏	皇姑区少年宫	书画
周颜杰	沈阳技师学院	创业培训
韩　飞	辽宁丰田金杯技师学院	汽车
刘　利	辽宁煤炭技师学院	机械
周瑞华	沈阳市机电工业技工学校	电子技术
解　宽	沈阳客运集团技工学校	交通安全
王义龙	沈阳交通技术学校	汽车运用
李春梅	沈阳航天新星技工学校	CAD/CAM

（摘自2010年9月20日 沈教发〔2010〕85号文件 《关于表彰沈阳市骨干校长和骨干教师的通报》）

沈阳市城区学校综合改革突出贡献奖名单

一、学校

1.初中部分（13所）：

沈阳市第四十四中学
沈阳市第九十中学
沈阳市第九十七中学
沈阳市第九十六中学
沈阳市第九十九中学
沈阳市第一〇〇中学
沈阳市第一一一中学
沈阳市第一三二中学
沈阳市第一四〇中学
沈阳市第一四三中学
沈阳市第一五八中学
沈阳市第一六六中学
沈阳市第一七三中学

2.小学部分（19所）：

大东区大东路第四小学
大东区上园路第一小学
大东区辽沈街第二小学
大东区杏坛分校（原大北街第二小学）
大东区珠林路第一小学
沈河区二经街第三小学
沈河区万莲小学
沈河区莲花街小学
和平区四经街第一小学
和平区团结路小学
和平区青年大街小学
皇姑区步云山路小学
皇姑区汾河街小学
皇姑区明廉路小学
皇姑区塔湾小学
铁西区兴工街第一小学
铁西区兴华街第二小学
铁西区启工街第一小学
铁西区重工街第一小学

二、校长

1.初中部分（14名）：

邓美华　沈阳市第一〇八中学校长
冯日昕　沈阳市回族初级中学（原第十八中学）校长
孙　戈　沈阳市第一八〇中学校长
刘　军　沈阳市第一六一中学校长
李　良　沈阳市满族中学校长
李　萍　沈阳市第一五七中学校长
李为民　沈阳市第九十七中学校长
金　鸣　沈阳市第一六二中学校长
金枫桥　沈阳市第八十五中学校长
姚圣利　沈阳市第一三二中学校长
施　艳　沈阳市第十九中学校长
郭振香　沈阳市第八十六中学校长
蔡晓燕　沈阳市第一四一中学校长
潘宏大　沈阳市第一〇四中学校长

2.小学部分（19名）：

于　洪　铁西区肇工街第二小学校长
马　澜　和平区四经街第一小学校长
王丽君　大东区善邻路第二小学校长
史宝成　皇姑区向工街第二小学校长

田成仁　铁西区重工街第四小学校长
田殿萍　沈河区顺通小学校长
刘凤云　铁西区光明路第二小学校长
安　强　大东区东新小学校长
李云彪　沈河区二经街第三小学校长
李金霞　皇姑区珠江街第三小学校长
杨　巍　大东区东盛小学校长
陈　新　铁西区重工街第五小学校长
金秀杰　皇姑区岐山路第二小学校长
段胜浩　大东区上园路第二小学校长
赵　群　皇姑区渭河街小学校长
赵军强　沈河区教师进修学校附属学校校长
韩　瑛　大东区辽沈街第一小学校长
詹丽辉　和平区青年大街小学校长
魏　民　和平区团结路小学校长

三、教师

1.初中部分（38名）：

王　茜　沈阳市第一五三中学
王丽昕　沈阳市第九十七中学
甘　利　沈阳市第十九中学
田　利　沈阳市第四十四中学
关彦江　沈阳市第一一六中学
刘　娜　沈阳市第八十六中学
刘　煦　沈阳市第一〇八中学
刘艳斌　沈阳市第一六一中学
吕光胜　沈阳市第一一〇中学
孙洪梅　沈阳市第一三七中学
佟　伟　沈阳市回族初级中学
（原第十八中学）
吴丽莉　沈阳市第一六二中学
张　晶　沈阳市第八十五中学
张　颖　沈阳市满族中学
张洪香　沈阳市第一〇四中学
李　丽　沈阳市第九十三中学
李　姝　沈阳市第七十九中学
李月明　沈阳市第一三二中学
李晓燕　沈阳市第一七二中学
杨　晶　沈阳市第九十六中学
杨承艳　沈阳市第一八〇中学
杨俊波　沈阳市南昌中学
狄春艳　沈阳市第一二二中学
辛　兵　沈阳市第一四一中学
陈　敏　沈阳市第一〇〇中学
陈海英　沈阳市第一七三中学
林　楠　沈阳市第一五七中学
果兴华　沈阳市第一五八中学
金　秀　沈阳市第一四三中学
金　鑫　沈阳市第一〇三中学
赵　隽　沈阳市第八十四中学
桑芙玲　沈阳市第一三六中学
聂艳华　沈阳市第一六六中学
袁玉超　沈阳市第九十中学
郭光晨　沈阳市第一一一中学
常桂芬　沈阳市第九十二中学
黄作红　沈阳市第十二中学
魏丽颖　沈阳市第一四〇中学

2.小学部分（57名）：

于　晶　皇姑区新北小学
于砚英　和平区四经街第一小学
马　磊　铁西区肇工街第三小学
王　琳　沈阳铁路第三小学
王　辉　皇姑区岐山路第二小学
王　蕾　和平区青年大街小学
王春阳　大东区东盛小学
刘　洁　大东区望花街第三小学
刘红梅　和平区河北街第一小学
刘金荣　大东区草仓路小学
华　晶　铁西区兴华大街第二小学
吕琳琳　铁西区工人村第一小学
曲国亮　铁西区工人村第二小学
朱　樱　大东区东站小学
朱剑秋　皇姑区昆山西路第三小学

宋可欣　大东区二台子小学
张　岩　沈河区二经街第三小学
张　杰　铁西区光明路第二小学
张　敏　铁西区重工街第四小学
张庆华　皇姑区步云山路小学
张淑华　皇姑区岐山路第三小学
张媛媛　大东区上园路第二小学
李　旭　铁西区路官街小学
李　琳　大东区大东路第四小学
李　瑞　大东区辽沈街第二小学
杜　娟　大东区杏坛分校
　　　　（原大北街第二小学）
杨　杰　沈河区莲花街小学
杨学熙　铁西区兴工街第一小学
杨晓春　铁西区启工街第一小学
汪　毅　铁西区肇工街第二小学
邱　琦　铁西区重工街第五小学
陈　坦　皇姑区向工街第二小学
范　辉　沈河区大南街第三小学
范丽江　大东区辽沈街第一小学
郎俊阳　沈河区教师进修学校附属小学
郑晓虹　沈河区万莲小学
侯冬梅　皇姑区塔湾小学
姚　娜　和平区团结路小学
姜海波　沈河区顺通小学
娄　刚　皇姑区汾河街小学
赵　刚　铁西区重工街第一小学
赵　红　皇姑区怒江街小学
赵雪冰　大东区东新小学
夏　松　沈河区大西路第一小学
徐丽荣　大东区上园路第一小学
徐艳华　皇姑区明廉路小学
袁　蕾　大东区二〇五小学
康　辉　和平区西塔街第一小学
梁丽荣　皇姑区珠江街第三小学
梁颖娜　大东区善邻路第二小学
黄雁瑜　铁西区滑翔小学
傅　垚　皇姑区渭河街小学
路　颖　大东区工农路第一小学
蔡秀荣　和平区河北街第二小学
潘顺义　大东区珠林路第一小学
薛　秋　皇姑区三台子第五小学
薛成勇　铁西区保工街第一小学

（摘自2010年2月1日 沈教发〔2010〕6号文件《关于授予沈阳市城区学校综合改革突出贡献奖的通报》）

2009年度沈阳市教育系统信访稳定工作先进集体名单
（27个）

沈河区教育局
和平区教育局
铁西区教育局
皇姑区教育局
大东区教育局
东陵区教育局
于洪区教育局
沈北新区教育局
苏家屯区教育局
辽中县教育局
新民市教育局
康平县教育局
法库县教育局
浑南新区社会发展局

棋盘山开发区教育局
沈阳市委教科工委办公室
沈阳市教育局办公室
沈阳市教育局学前处
沈阳市教育局基教一处
沈阳市教育局基教二处
沈阳市教育局人事处
沈阳市教育局财务审计处
沈阳市教育局职成处
沈阳市教育局民办教育处
沈阳市招生考试委员会办公室
沈阳市民办教育管理办公室
沈阳市教育产业管理中心

2009年度沈阳市教育系统信访稳定工作先进个人名单

（56人）

刘亚军	铁西区教育局
刘云义	铁西区教育局
张光宇	铁西区教育局
安建晔	和平区教育局
崔　巍	和平区教育局
邱　杰	和平区教育局
侯德安	沈河区教育局
刘长林	沈河区教育局
付志东	沈河区教育局
董　威	皇姑区教育局
宋申利	皇姑区教育局
王　静	皇姑区教育局
谢宝君	大东区教育局
马兴隆	大东区教育局
栾　强	大东区教育局
秦树勋	东陵区教育局
王　欢	东陵区教育局
丁振学	东陵区教育局
于海龙	于洪区教育局
郭传宏	于洪区教育局
张丹妮	于洪区教育局
李秀红	沈北新区教育局
于　龙	沈北新区教育局
陈兆宇	沈北新区教育局
赵建华	苏家屯区教育局
刘大千	苏家屯区教育局
吴岩松	苏家屯区教育局
高广友	新民市教育局
林　枫	新民市教育局
李　季	新民市教育局
袁春山	辽中县教育局
田贵明	辽中县教育局
田丰景	辽中县教育局
吕铁英	康平县教育局
赵　静	康平县教育局
张建华	康平县教育局
田文明	法库县教育局
申世通	法库县教育局
刘启仁	法库县教育局
赫　虹	浑南新区社会发展局
王鲲鹏	浑南新区社会发展局
刘凤楠	棋盘山开发区教育局
董继辉	棋盘山开发区教育局
张春雨	沈阳市教育产业管理中心
王智勇	沈阳市青少年教育保护办公室
王利权	沈阳市电化教育馆
王　岩	沈阳市幼儿师范学校
刘同刚	沈阳市金融学校

金月辉　　沈阳市计算机学校
刘　峰　　沈阳市外国语学校
王洪明　　沈阳市教育局驻厅办
刘正辉　　沈阳市教育局驻厅办
张　东　　沈阳市教育局驻厅办
段志慧　　沈阳市教育局驻厅办
张宝海　　沈阳市教育局驻厅办
赵国军　　沈阳市教育局驻厅办

（摘自2010年2月22日 沈教发〔2010〕7号文件《关于表彰沈阳市教育系统信访稳定工作先进集体和个人的通报》）

2009年度教育行风建设先进单位名单

（52个）

沈河区教育局
铁西区教育局
皇姑区教育局
沈北新区教育局
新民市教育局
辽中县教育局
法库县教育局
沈阳市第一六六中学
沈阳铁路实验小学
沈阳铁路第五小学
沈阳市第九中学
沈阳市第一六五中学
沈河区顺通小学
沈阳市清乐围棋学校
沈阳市第五十八中学
铁西区应昌街小学
沈阳市光明中学
皇姑区黄河大街小学
皇姑区怒江小学
大东区杏坛小学
大东区小东路第二小学
沈阳市第九十六学校（九年一贯制）
沈阳市第六十三中学
东陵区文化路小学
东陵区职教中心现代科技学校
沈阳市朝鲜族第三中学
沈阳市第五十六中学
于洪区沙岭中心校
沈北新区兴隆台锡伯族九年一贯制学校
沈北新区尹家乡中心小学
沈阳市第七十六中学
沈阳市第一七八中学
苏家屯区十里河九年一贯制学校
苏家屯区沈南第一小学
新民市胡台九年一贯制学校
新民市高台子九年一贯制学校
新民市兴隆堡九年一贯制学校
辽中县大黑岗子九年一贯制学校
辽中县朱家房九年一贯制学校
辽中县潘家堡九年一贯制学校
法库县实验小学
法库县卧牛石九年一贯制学校
法库县和平九年一贯制学校
康平县第一中学
康平县二牛所口九年一贯制学校
康平县柳树九年一贯制学校
浑南新区五三中心小学
棋盘山开发区满堂小学
沈阳市第二中学
东北育才学校
沈阳市外国语学校
沈阳市服装艺术学校

2009年度教育行风建设先进个人名单

（58人）

孙　涛　东北中山中学校长

王　凯　和平区南京一校校长

季　玲　和平区振兴街第二小学校长

章　欣　沈河区教育局纪委副书记

王从广　沈阳市同泽高中校长

马丽娜　沈阳市岸英小学校长

王　玲　铁西区教育局监审科副科长

任　艳　沈阳市第二十二中学校长

高　岚　铁西区启工街第二小学书记

李为民　沈阳市第十中学校长

苏　虹　沈阳市第四十四中学校长

那　薇　皇姑区昆山二校校长

李成子　大东区杏坛小学校长

赵丽欣　大东区小东路第二小学校长

张志宏　沈阳市第九十六学校校长

孙家明　东陵区教育局纠风办负责人

赵福强　东陵区教育局纠风办

王会友　沈阳市第六十三中学校长

张绍阁　于洪区光辉学校校长

白基松　于洪区吴家荒朝鲜族学校校长

宫良科　沈阳市第一七〇中学校长

李　丽　沈阳市第七十四中学书记

佟树海　沈北新区新城子街第三小学书记

侯　静　沈北新区马刚乡中心小学校长兼书记

宋　明　苏家屯区教育局纠风办

吴洪喜　苏家屯区十里河九年一贯制学校校长

杨瑞枢　苏家屯区沈南第一小学校长

孟庆利　新民市新农学校校长

张红彤　新民市第二初级中学校长

董英杰　新民市第三小学校长

李广大　辽中县六间房九年一贯制学校校长

金艳春　辽中县茨榆坨初级中学校长

杨连涛　辽中县老观坨九年一贯制学校校长

秦海军　法库县实验小学校长

姜云峰　法库县卧牛石九年一贯制学校校长

马兴才　法库县和平九年一贯制学校校长

郝洪涛　康平县教育局党委书记

吕铁英　康平县教育局纠风办主任

王　勤　康平县教育局纠风办

项　莉　浑南新区第三小学校长

张宝忠　浑南新区浑河站中心小学校长

张冬波　棋盘山开发区教育局党委书记

吴　迪　棋盘山开发区满堂小学校长

刘　辉　沈阳市第二中学校长

高　琛　东北育才学校校长

衣　鹏　沈阳市外国语学校校长

白圣男　沈阳市朝鲜族第一中学校长

葛文丽　沈阳市教育局学前教育处

崔　凯　沈阳市教育局基础教育一处

安　凯　沈阳市教育局基础教育二处

乔恒君　沈阳市教育局体卫艺处

胡宝庆　沈阳市教育局人事处

葛沈义　沈阳市教育局财务审计处

陈　辉　沈阳市教育局职业教育与成人教育处

王立华　沈阳市教育局民办教育处

张路遥　沈阳市教育局纠风办

章文爽　沈阳市教育局纠风办

李广存　沈阳市民办教育管理办公室

2009年度教育行风建设突出贡献奖名单

（15人）

崔 隆 沈阳市政府纠风办
孙佳宁 沈阳市政府纠风办
高本荣 沈阳市物价局
朴靓靓 和平区教育局
张 华 铁西区教育局
张 伟 皇姑区教育局
袁学功 大东区教育局
王 欢 东陵区教育局
陈 伟 于洪区教育局
苏会玲 沈北新区教育局
张 宁 新民市教育局
吴凤海 辽中县教育局
马中罕 法库县教育局
王鲲鹏 浑南新区社会事业发展局
董继辉 沈阳棋盘山国际风景旅游开发区教育局

（摘自2010年2月22日 沈教发〔2010〕11号文件《关于表彰2009年度沈阳市育行风建设先进单位和个人的通报》）

2009年沈阳市中小学安全教育与社会治安综合治理工作先进单位名单

（46个）

和平区

沈阳市回民中学
和平区望湖路小学
和平区南宁幼儿园

沈河区

沈阳市第一四三中学
沈河区二经二校
沈河区文萃小学

铁西区

沈阳市第一五八中学
铁西区齐贤街第二小学
铁西区新民屯学校

皇姑区

沈阳市第四十中学
沈阳市虹桥中学
皇姑区童晖小学

大东区

沈阳市第一中学
沈阳市第五十中学
大东区杏坛小学

东陵区

沈阳市现代科技学校
沈阳市五一中学
东陵区泉园第二小学

于洪区

沈阳市第五十六中学
于洪区光辉学校
于洪区国奥小学

沈北新区

沈阳市第一一九中学

沈北新区蒲河九年一贯制学校

沈北新区虎石台镇第一小学

苏家屯区

沈阳市第一七八中学

苏家屯区白清九年一贯制学校

苏家屯区沈南二校

新民市

新民市第二高级中学

新民市第三初级中学

新民市实验小学

辽中县

辽中县牛心坨九年一贯制学校

辽中县城镇一中

辽中县教师进修学校

法库县

法库县包家屯九年一贯制学校

法库县卧牛石九年一贯制学校

法库县职业中专

康平县

康平县第一中学

康平县东关中学

康平县胜利小学

浑南新区

浑南新区东湖学校

棋盘山开发区

棋盘山开发区高坎中心小学

直属学校

沈阳市第二中学

沈阳市装备制造工程学校

沈阳市旅游学校

学前教育

沈阳市蓓蕾幼儿园万科新榆分园

民办教育

沈阳市拔萃私立中学

2009年沈阳市中小学安全教育与社会治安综合治理工作先进工作者名单

（113名）

和平区

陈玉娟　沈阳市第三十八中学

王少役　沈阳市第九十一中学

齐绪礼　沈阳市第一三四中学

房　燕　和平区四经街第一小学

范乃忠　和平区和平大街第一小学

李春美　和平区西塔朝鲜族小学

郭　平　和平区南京街第九小学

周卯全　和平区南京街第十小学

沈河区

朱　军　沈河区教育局

苏中森　沈河区教育局

张达岩　沈阳市第八十二中学

赵维江　沈阳市第九十中学

杜　妍　沈阳市同泽女子中学

贾春艳　沈河区大南二校

常灵端　沈河区大南三校

邓纬昕　沈河区中山路小学

铁西区

吴茂庆　铁西区教育局

吴家壮　沈阳市第二十二中学

陈　娟　沈阳市第一七二中学

刘崇志　沈阳市第一七三中学
可　红　铁西区兴华二校
徐旭东　铁西区重工一校
吕淑英　铁西区应昌小学
李海成　铁西区凌空小学
屈雅彬　铁西区滑翔小学

皇姑区

赵玉强　皇姑区教育局
潘晓红　沈阳市第十一中学
李　鹰　沈阳市第二十四中学
杜　强　沈阳市第四十三中学
崔艳杰　沈阳市第八十四中学
刘春风　皇姑区岐山一校
刁　铭　皇姑区泰山小学
孙大为　皇姑区珠江五校
张　莉　皇姑区宁山路小学

大东区

丘小峰　大东区教育局
李英哲　沈阳市第三十五中学
郁　燕　沈阳市第一四〇中学
高丕卿　大东区二〇五小学
杨　巍　大东区东盛小学
王春来　大东区东站小学
郭宏伟　大东区教育局幼儿园

东陵区

金　星　沈阳市第一四九中学
刘朝阳　沈阳市现代科技学校
富耀辉　东陵区王滨希望学校
王乃权　东陵区东陵街道中心校
刘红光　东陵区前进街道中心校
石丽红　东陵区六一学校

于洪区

李　超　于洪区教育局
熊国臣　沈阳市第一七〇中学
李伟华　于洪区东湖学校
崔丽莉　于洪区北陵中学
唐建君　于洪区花城学校
白基松　于洪区吴家荒小学

沈北新区

于　龙　沈北新区教育局
初宪良　沈阳市第七十六中学
王艳丽　沈阳市第一五二中学
章　敏　沈北新区虎石台镇第二小学
关荣彦　沈北新区二井小学
赵云霞　沈北新区石佛乡小学

苏家屯区

佟　悦　沈阳市第三十中学
刘红丽　沈阳市第六十七中学
吕亚民　沈阳市第六十九中学
许冬梅　苏家屯区职教中心
赵咏梅　苏家屯区解放小学
高慧楠　苏家屯区沈南二校
吴洪喜　苏家屯区十里河九年一贯制学校
林秀芬　苏家屯区红菱九年一贯制学校

新民市

鄢德强　新民市第二高级中学
张小平　新民市实验中学
孙天龙　新民市法哈牛学校
邵靖明　新民市高台子学校
柳鸿雁　新民市新农学校
李孝君　新民市兴隆堡学校
刘长江　新民市公主屯学校
刘宏岩　新民市大民屯学校

辽中县

于用玺　辽中县第二高级中学
齐东辉　辽中县辽中镇第四小学
宫延江　辽中县养士堡九年一贯制学校
杨连涛　辽中县老观坨九年一贯制学校
赵忠海　辽中县于家房九年一贯制学校
马军成　辽中县六间房九年一贯制学校
董　刚　辽中县刘二堡九年一贯制学校

法库县

陈洪生　法库县慈恩寺中学
安　静　法库县十间房中心校

赵凤娟　　法库县秀水河子镇中心校
刘　浩　　法库经济开发区中心校
那家铁　　法库县冯贝堡中心小学
温景树　　法库县登仕堡学校
金　胜　　法库县柏家沟九年一贯制学校
刘永仁　　法库县五台子乡初级中学

康平县

程文波　　康平县高级中学
毛玉良　　康平县张强中心校
孙世明　　康平县小城子中心校
赵建国　　康平县海洲中心校
李长友　　康平县二牛所口九年一贯制学校
越　翔　　康平县山东屯九年一贯制学校

浑南新区

项　莉　　浑南新区第三小学
董学军　　浑南新区第一小学
康国强　　浑南新区实验学校

棋盘山开发区

孟维鹏　　棋盘山开发区高坎中学
张凤霞　　棋盘山开发区高坎中心小学

直属学校

胡景山　　东北育才双语学校
刘　义　　沈阳市外国语学校
朴石浩　　沈阳市朝鲜族第一中学
周　宁　　沈阳市装备制造工程学校
郭立新　　沈阳市旅游学校
张金伟　　沈阳市外事服务学校
李凤香　　沈阳市服装艺术学校
王　丹　　沈阳市艺术幼儿师范学校
张东旭　　沈阳市工读学校

学前教育

王　鑫　　沈阳市蓓蕾幼儿园

民办教育

吕鸿播　　沈阳市绿岛学校
雷　琳　　中国人民大学附属小学沈阳分校

（摘自2010年2月22日 沈教发〔2010〕12号文件《关于表彰2009年沈阳市中小学安全教育与社会治安综合治理工作先进单位和先进工作者的通报》）

2009年沈阳市中小学安全教育与社会治安综合治理工作目标管理考核结果优秀单位

（5个）

皇姑区教育局
于洪区教育局
沈北新区教育局
法库县教育局
沈阳市装备制造工程学校

2009年沈阳市中小学安全教育与社会治安综合治理工作目标管理考核结果先进单位

（14个）

沈河区教育局
和平区教育局
铁西区教育局
东陵区教育局

苏家屯区教育局
辽中县教育局
康平县教育局
浑南新区管委会社会事业发展局
棋盘山国际风景旅游开发区社会事业发展局
沈阳市第二中学
东北育才学校
沈阳市外国语学校
沈阳市朝鲜族第一中学
沈阳市蓓蕾幼儿园

2009年沈阳市中小学安全教育与社会治安综合治理工作目标管理考核结果达标单位

（11个）

大东区教育局
新民市教育局
沈阳市外事服务学校
沈阳市汽车工程学校
沈阳市化工学校
沈阳市信息工程学校
沈阳市旅游学校
沈阳市服装艺术学校
沈阳市艺术幼儿师范学校
沈阳市经贸学校
沈阳市工读学校

（摘自2010年2月22日 沈教发〔2010〕13号文件《关于2009年沈阳市中小学安全教育与社会治安综合治理工作目标管理考核结果的通报》）

第二批沈阳市科技教育特色学校名单

（22个）

和平区铁路实验小学
和平区四经街第一小学
沈阳市第一二六中学
沈阳市第一三四中学
沈河区文萃小学
沈河区文化路小学
沈阳市回族初级中学
沈阳市第四十七中学
大东区辽沈街第一小学
皇姑区三台子第一小学
皇姑区三台子第四小学
沈阳市第一一六中学
铁西区保工街第五小学
铁西区启工街第一小学
沈阳市第一二七中学
沈阳市第一七二中学
沈北新区虎石台镇第二小学
于洪区光辉学校
辽中县杨士岗九年一贯制学校
新民市兴隆堡学校
法库县依牛堡九年一贯制学校
浑南新区第一小学

（摘自2010年5月19日 沈教发〔2010〕40号文件《关于命名第二批沈阳市中小学科技教育特色学校的通知》）

2010年沈阳市学前教育先进区县（市）和先进个人名单

1. 沈阳市学前教育先进区（7个）

铁西区
和平区
沈河区
东陵区
苏家屯区
新民市
辽中县

2. 沈阳市学前教育师德先进个人（100名）

李媛媛　铁西区教工第二幼儿园
徐　丹　铁西区教师新村狮城幼儿园
姚　颖　沈阳市铁西区添福金摇篮幼儿园
刘洁伟　铁西区凌空幼儿园
郝　文　沈阳市日新幼儿园
赵　竹　铁西区实验幼儿园
倪　莉　铁西区教工幼儿园
赵志贤　沈阳市重型机械厂幼儿园
刘　璐　沈阳军区装备部幼儿园
韩　嵘　沈阳市和平区南宁幼儿园
刘　艺　沈阳市和平区南宁幼儿园
朱　丹　沈阳军区联勤部第一幼儿园
王艳秋　沈阳军区联勤部第二幼儿园
赵萍萍　沈阳军区司令部幼儿园
金莹莹　沈阳市和平区教育局蓝天幼儿园
李　艳　东北大学幼儿园
朴金华　沈阳市和平区朝鲜族幼儿园
刘宜宁　中共辽宁省委机关幼儿园
关　蕊　沈阳市皇姑区淮河中心幼儿园
张素清　沈阳华荣工贸有限公司幼儿园
费　群　沈阳市皇姑区颐和春美幼儿园
赵静静　沈阳市皇姑区六一幼儿园
阎　彬　沈阳市皇姑区前新幼儿园
王艳丽　中国人民解放军96101部队长婴幼儿园
侯艳芳　沈阳军区司令部塔湾幼儿园
岳　力　沈阳飞机设计研究所幼儿园
夏　丹　沈阳市皇姑区辽河第二幼儿园
胡　静　沈阳市岸英小学附属幼儿园
卜　华　沈阳市沈河区大地东方威尼斯幼儿园
赵　丹　沈阳市沈河区（原东陵区）教育局第二幼儿园
霍薇娜　沈阳市沈河区育鹏小学幼儿园
赵　杰　沈阳市沈河区哈佛宝宝幼儿园
郑　颖　沈阳市沈河区教育局第二幼儿园
郭晓茗　沈阳市实验学校幼儿园
刘　洋　沈阳理工大学幼儿园
王　芸　沈阳理工大学幼儿园
荆　琨　沈阳市蓓蕾幼儿园
王　宇　沈阳市蓓蕾幼儿园
吴　宇　沈阳市蓓蕾幼儿园
曹丽萍　中国人民解放军沈阳空军直属幼儿园
孟凡玲　大东区教育局幼儿园
宋　玉　大东区尚品幼儿园
杨　俊　大东区小哈津幼儿园
杨　艳　大东区东机幼儿园
白　杨　大东区淘气堡幼儿园
朱庆萍　东陵区白塔街道中心幼儿园
沈丽娟　东陵区深井子街道中心幼儿园
冯　妍　于洪区杨士中心幼儿园
关晓潇　于洪区教育局

王素红　于洪区实验幼儿园
边　姝　于洪区北李官中心小学幼儿园
田敬岩　于洪区平罗中心幼儿园
郑吉顺　于洪区朝鲜族吴家荒小学幼儿园
李素琴　苏家屯区林盛堡镇中心幼儿园
蔡永丽　苏家屯牡丹街小学附属幼儿园
郭玉凤　苏家屯永乐乡中心幼儿园
陈凤敏　苏家屯区八一中心幼儿园
赵忠娥　苏家屯区十里河镇中心幼儿园
林雪花　苏家屯区花苑新村幼儿园
霍　莹　沈北新区第一幼儿园
魏海英　沈北新区马刚中心幼儿园
陈艳秋　沈北新区辉山幼儿园
关桂华　沈北新区蒲河镇中心幼儿园
李　静　沈北新区博士达幼儿园
杨　铭　新民市幼儿园
崔　巍　新民市胡台镇中心幼儿园
李　娇　新民市前当堡镇中心幼儿园
马　璇　新民市法哈牛中心幼儿园
王宏娟　新民市金五台子乡中心幼儿园
关　静　新民市三道岗子中心幼儿园
丁　雪　新民市兴隆堡镇中心幼儿园
张纯涛　新民市城区第一小学幼儿园
姜　英　辽中县老观坨镇中心幼儿园
刘　颖　辽中县辽中镇第三小学幼儿园
代文昌　辽中县六间房镇中心幼儿园
山红岩　辽中县乌伯牛镇中心幼儿园
贾承忠　辽中县辽中镇第五小学幼儿园
边素兰　辽中县刘二堡镇中心幼儿园
肇雪芹　辽中镇第一小学幼儿园
赵明静　康平县中心幼儿园
陆清华　康平县悦明小学幼儿园
宋艳微　康平县含光小学幼儿园
李万军　康平县二牛镇中心幼儿园
张玉会　康平县向阳小学幼儿园
赵　宾　法库县登仕堡镇中心幼儿园
刘　颖　法库县第二幼儿园
李　想　法库县第二幼儿园
孔雪梅　法库县幼儿园
毕艳军　法库县幼儿园
吴锦淑　浑南新区朝鲜族学校幼儿园
李　丽　浑南新区第一小学幼儿园
陈嘉倩　浑南新区嘉华学校幼儿园
白晓霞　浑南新区五三中心幼儿园
刘丽瑶　棋盘山东陵路小学幼儿园
李　娜　东北育才幼儿园
张　曦　浑南新区万科新榆幼儿园
汪　玉　浑南新区万科新榆幼儿园
张晓红　沈阳市艺博幼儿园
李　益　沈阳市艺博幼儿园
李　丹　沈阳市艺博幼儿园

3. 沈阳市优秀幼儿教师（80名）

赵伟娜　沈阳市铁西区实验幼儿园
王　娜　铁西区教工幼儿园
孙丽静　铁西区凌空幼儿园
袁　瑛　铁西区教工第二幼儿园
于　群　沈阳市工业大学幼儿园
彭　飞　铁西经济开发区小哈津国际幼儿园
杨金丹　铁西区小哈津幼儿园
赵一洁　沈阳市和平区南宁幼儿园
吕晓凡　沈阳市和平区南宁幼儿园
于　娇　沈阳军区联勤部第一幼儿园
肖国华　沈阳军区联勤部第二幼儿园
宋丹宏　沈阳市和平区教育局蓝天幼儿园
刘　薇　中国人民解放军第二〇二医院幼儿园
邵慧芳　中共辽宁省委机关幼儿园
刘雅卓　沈阳市皇姑区崇山中心幼儿园
张占军　沈阳市皇姑区黄河中心幼儿园
李小明　沈阳市皇姑区金色希望幼儿园
康薇薇　沈阳市皇姑区小哈津幼儿园
赵莉莉　沈阳市皇姑区明廉中心幼儿园
陈　蕊　沈阳市皇姑区永泰幼儿园

张　荣　皇姑区实验幼儿园
赵娇娇　沈阳市沈河区阳光幼儿园
初　丽　沈阳市沈河区（原东陵区）教育局第二幼儿园
胡　静　中国人民解放军沈阳军区政治部幼儿园
叶　欣　中国人民解放军沈阳军区政治部幼儿园
王　涛　沈阳市沈河区（原东陵区）教育局第二幼儿园
刘　丹　沈阳市沈河区中街幼儿园
朱　莹　沈阳市实验学校幼儿园
夏珊珊　沈阳市朝阳街第一小学幼儿园
申海燕　中国人民解放军沈阳军区空军直属幼儿园
丁　杰　沈阳市蓓蕾幼儿园
安辉梅　沈阳市蓓蕾幼儿园
宁　欣　沈阳市蓓蕾幼儿园
张全敏　大东区铭洋幼儿园
贾晓雪　沈阳大学幼儿园
史　蕾　大东区教育局幼儿园
徐春艳　大东区教育局幼儿园
杨　梅　大东区尚品幼儿园
蔡　桂　东陵区李相街道中心幼儿园
唐婷婷　于洪区实验幼儿园
王占清　于洪区杨士中心幼儿园
苑晓冬　于洪区杨士中心幼儿园
刘雪梅　于洪区花蕾幼儿园
孙百杰　于洪区造化中心幼儿园
李银川　苏家屯区实验幼儿园
刘　旭　苏家屯区实验幼儿园
栾海文　苏家屯区教工幼儿园
刘丽阳　苏家屯区教工幼儿园
王洪颖　沈阳万涵经贸有限责任公司沈铁第六幼儿园
梁春实　苏家屯区朝鲜族中心小学附属幼儿园
佟欣瞳　沈北新区第一幼儿园
王晶晶　沈北新区第一幼儿园
关　颖　沈北新区二井幼儿园
邹　艳　沈北新区笑源·福宁幼儿园
陈敏英　辽宁物测勘查院早智幼儿园
李静坤　新民市幼儿园
王　淼　新民市前当堡镇幼儿园
陈　莹　新民市周坨子乡中心幼儿园
刘　芳　新民市梁山镇中心幼儿园
王立娟　新民市东蛇山子乡中心幼儿园
杨　为　新民市陶屯乡中心幼儿园
李雪雁　新民市姚堡乡中心幼儿园
吴　江　辽中县机关幼儿园
牛艳玲　辽中县城郊镇中心幼儿园
张立英　辽中县杨士岗镇中心幼儿园
闻绍华　辽中县肖寨门镇中心幼儿园
于春志　辽中县于家房镇中心幼儿园
王燕伟　辽中县养士堡镇中心幼儿园
王艳梅　辽中县乌伯牛中心幼儿园
周淑凡　康平县张强镇中心幼儿园
赵洪梅　康平县方家镇中心幼儿园
师春丽　康平县柳树乡中心幼儿园
刘春英　法库县柏家沟镇中心幼儿园
郑　淼　法库县卧牛石学校中心幼儿园
常佩丽　法库县依牛堡乡中心幼儿园
李娇娇　浑南新区小哈津河畔幼儿园
杨　阳　浑南新区第二小学实验幼儿园
王　语　浑南新区小哈津浦江苑幼儿园
马继越　棋盘山东陵路小学幼儿园
王　嫚　浑南新区万科新榆幼儿园

4. 沈阳市学前教育先进工作者（80名）

张雪杰　长滩九年一贯制学校
夏　岩　沈阳市铁西区添福金摇篮幼儿园
关国徽　铁西区四方台学校幼儿园
张淑英　铁西区教育局
佟　佳　铁西区教师进修学校
吴秀瑾　铁西区教师进修学校

葛宪杰　铁西区新民屯学校幼儿园
张秋颖　沈阳市和平区南宁幼儿园
张琳琳　沈阳市和平区南宁幼儿园
王　莉　沈阳军区联勤部第一幼儿园
王天娇　沈阳军区司令部幼儿园
王　芳　沈阳市和平区教育局蓝天幼儿园
郑春丽　沈阳市和平区朝鲜族幼儿园
韩　静　中国人民解放军第二〇二医院幼儿园
田　秀　沈阳市皇姑区教育局
王　宁　沈阳市皇姑区教育局
张　辉　沈阳市皇姑区教师进修学校
刘玉珍　沈阳市金星双语实验幼儿园
刘丽萍　皇姑区启智幼儿园
李秋果　中国人民解放军65111部队幼儿园
兰丽君　沈阳飞机工业有限公司幼教中心
杨　宏　沈阳市岸英小学附属幼儿园
郭　敏　沈阳炮兵学院幼儿园
杨　红　沈河区育鹏小学幼儿园
王秀杰　沈河区教育局第二幼儿园
吴　颖　沈阳市实验学校幼儿园
刘明慧　沈阳市朝阳街第一小学幼儿园
王　瑾　沈阳理工大学幼儿园
王淑娟　沈阳市沈河区（原东陵区）教育局第二幼儿园
刘玉霞　沈河区教师进修学校
马再平　沈阳市沈河区教育局
王　琦　大东区教师进修学校
郑　坤　大东区教育局幼教科
张　键　大东区小哈津幼儿园
付　蓉　大东区教育局幼儿园
于　淼　大东区教育局幼儿园
佟　晶　东陵区教育局
赵淑霞　于洪区三十家中心幼儿园
薛　艳　于洪区花城学校幼儿园
孙咏梅　于洪区小哈津龙泽湾幼儿园
王　琼　于洪区教育局
王艳辉　于洪区实验幼儿园
黄丽萍　苏家屯区实验幼儿园
吴　智　苏家屯区教工幼儿园
王苏萍　苏家屯区松辽幼儿园
金明善　苏家屯区朝鲜族中心小学附属幼儿园
沈　英　苏家屯区姚千镇中心幼儿园
杨景兰　苏家屯区湖西街小学附属幼儿园
杨百东　沈北新区新城子乡中心幼儿园
夏彩霞　沈北新区石佛寺朝鲜族锡伯族乡中心幼儿园
孟雅男　沈北新区尹家乡中心幼儿园
施艳丽　沈北新区黄家锡伯族乡中心幼儿园
汤莉娟　沈北新区清水台镇中心幼儿园
李建军　新民市高台子乡中心幼儿园
富瑞杰　新民市胡台镇中心幼儿园
迟丽英　新民市陶屯乡中心幼儿园
孙长兰　新民市张屯乡中心幼儿园
王秀敏　新民市东蛇山子乡中心幼儿园
闵秀驰　新民市罗家房乡中心幼儿园
董美玲　新民市大民屯镇中心幼儿园
付丽君　辽中县教育局
邢俊媛　辽中县教育局
王　敏　辽中县教育局
庄中华　辽中县老大房乡中心幼儿园
李洪云　辽中县大黑乡中心幼儿园
徐　平　辽中县冷子堡镇中心幼儿园
刘　丹　辽中县潘家堡镇中心幼儿园
张　丽　康平县教师进修学校
李玉杰　康平县教师进修学校
任国慧　康平县中心幼儿园
杨玉侠　法库县慈恩寺乡中心幼儿园
王玉梅　法库县四家子乡中心幼儿园
赵　萍　法库县幼儿园
安英伟　浑南新区第二小学幼儿园

赵慧彬　浑南新区教育局
张　烨　浑南新区东湖学校幼儿园
翟　华　棋盘山国际风景旅游开发区教育局
全　玲　东北育才幼儿园
王　鑫　沈阳市蓓蕾幼儿园
赵光天　沈阳市蓓蕾幼儿园

5. 沈阳市学前教育文明小娃娃（100名）

韩郢爰　铁西区和平鸽幼儿园
张佳宝　沈阳市金笛幼儿园
徐艺嘉　铁西区凌空幼儿园
森布尔　铁西区实验幼儿园
宋文佳　沈阳市铁西区世纪星幼儿园
韩岳坛　铁西区教工幼儿园
纪思卉　铁西区小童乐幼儿园
黄匀美　铁西区育才幼儿园
姚婉婷　铁西区星洋早慧幼儿园
蒋诗诗　铁西区勋望实验幼稚园
全睿莹　沈阳市和平区南宁幼儿园
孙闽萱　沈阳市和平区南宁幼儿园
刘静宜　沈阳军区联勤部第一幼儿园
王灏湉　沈阳军区联勤部第二幼儿园
吕艾桐　沈阳军区司令部幼儿园
臧家瑶　沈阳市和平区教育局蓝天幼儿园
蔡雨彤　东北大学幼儿园
李亭安　沈阳市和平区朝鲜族幼儿园
吴佳怡　中共辽宁省委机关幼儿园
王鹏宇　中国人民解放军65111部队幼儿园
安怡璇　沈阳市皇姑区向工第一幼儿园
高宇轩　沈阳市皇姑区克俭中心幼儿园
孙纬泽　沈阳飞机工业有限公司阳光宝贝园
谢宝霆　沈阳市皇姑区逄老师幼儿园
郝诗雨　沈阳市皇姑区明廉中心幼儿园
王涵琪　沈阳市皇姑区辽河二幼儿园
赵晨凯　中国人民解放军96101部队长缨幼儿园
李坤娉　沈阳市皇姑区金色希望幼儿园
郑敬昂　沈阳市沈河区（原东陵区）教育局第二幼儿园
吴航萱　沈阳市沈河区（原东陵区）教育局第二幼儿园
王宷祎　沈阳市沈河区哈佛宝宝幼儿园
窦清远　沈阳市沈河区中街幼儿园
王梓丞　沈阳市朝阳街第一小学幼儿园
陆思远　中国人民解放军沈阳军区空军直属幼儿园
刘仕炎　沈阳市沈河区小哈津幼儿园
王跃熹　沈阳市实验学校幼儿园
吴航莹　沈河区教育局第二幼儿园
刘东睿　沈阳理工大学幼儿园
张佳璐　沈阳理工大学幼儿园
李铭浩　沈阳市蓓蕾幼儿园
王梓名　沈阳市蓓蕾幼儿园
吴美仪　沈阳市蓓蕾幼儿园
于子浩　沈阳市蓓蕾幼儿园
曹程喻　大东区教育局幼儿园
张瀚予　大东区教育局幼儿园
朱凯麟　大东区教育局幼儿园
栾嘉璐　大东区小哈津幼儿园
常曦元　大东区尚品幼儿园
曹致阳　东陵区祝家街道中心幼儿园
夏振峻文　东陵区王滨乡中心幼儿园
王泽慧　于洪区实验幼儿园
李卓远　于洪区实验幼儿园
王梓宇　于洪区实验幼儿园
张丁允　于洪区实验幼儿园
李卓阳　于洪区实验幼儿园
王伽格　于洪区实验幼儿园
窦露翊　于洪区杨士中心幼儿园
王子心　苏家屯区实验幼儿园
曹　莹　苏家屯区教工幼儿园

华婕伊　苏家屯区松辽幼儿园
董傲然　苏家屯区陈相屯镇中心幼儿园
张彧豪　苏家屯区金摇篮幼儿园
马　源　苏家屯区牡丹街小学附属幼儿园
宫佳欣　沈北新区兴隆台锡伯族镇中心幼儿园
胡　晴　沈北新区新城子乡中心幼儿园
王　晶　沈北新区石佛寺朝鲜族锡伯族乡中心幼儿园
赵　瑞　沈北新区尹家乡中心幼儿园
夏梓淇　沈北新区黄家锡伯族乡中心幼儿园
高一岚　新民市前当堡镇中心幼儿园
王诗策　新民市法哈牛中心幼儿园
刘佳怡　新民市兴隆堡镇中心幼儿园
刘云飞扬　新民市城区第一小学幼儿园
金　佳　新民市金五台子乡中心幼儿园
金　威　新民市三道岗子中心幼儿园
刘嘉琦　新民市幼儿园
彭思畅　新民市幼儿园
耿浚博　辽中县老大房乡中心幼儿园
李秋璇　辽中县养士卜乡中心幼儿园
李媛媛　辽中县冷子卜镇中心幼儿园
张超然　辽中县潘家堡中心幼儿园
张昕琦　辽中县杨士岗镇中心幼儿园
李彦彤　辽中县肖寨门镇中心幼儿园
田晨翰　康平县中心幼儿园
盛　晟　康平县中心幼儿园
杨骐名　康平县悦明幼儿园
李纪瑶　康平县含光幼儿园
宫　贺　康平县向阳幼儿园
赵俊博　法库县第二幼儿园
王奕涵　法库县幼儿园
吴得源　法库县幼儿园
赵一宁　法库县幼儿园
朱添旭　法库县幼儿园
尹美晶　浑南新区五三中心幼儿园
上官千城　浑南新区小哈津浦江苑幼儿园
张浩天　浑南新区东湖学校幼儿园
陈韵童　浑南新区嘉华学校幼儿园
翟馨宁　棋盘山东陵路小学幼儿园
钱俏羽　东北育才幼儿园
郭镕菲　浑南新区万科新榆幼儿园
赵若曦　浑南新区万科新榆幼儿园

6. 沈阳市学前教育才艺小明星（100名）

史书语　沈阳工业大学幼儿园
潘泓邑　铁西区教工第二幼儿园
王姿懿　铁西区凌空幼儿园
刘禹彤　沈阳市七巧板幼儿园
王嵩宇　铁西区实验幼儿园
温　馨　铁西区天才宝贝幼儿园
郭美辰　铁西区启迪幼儿园
崔奥黛丽　铁西区红霞智力幼儿园
朱滢熹　沈阳市铁西教工幼儿园
关贺洋　沈阳市和平区南宁幼儿园
王柯予　沈阳市和平区南宁幼儿园
梁　玉　沈阳军区联勤部第一幼儿园
姜怡帆　沈阳军区联勤部第二幼儿园
李姝慧　沈阳军区司令部幼儿园
孙褚旭　沈阳市和平区教育局蓝天幼儿园
贺紫晗　东北大学幼儿园
宋艺珍　沈阳市和平区朝鲜族幼儿园
单缤影　中共辽宁省委机关幼儿园
朱　珠　沈阳市皇姑区世纪贝贝幼儿园
聂嘉奕　沈阳市皇姑区淮河中心幼儿园
唐家一　沈阳市皇姑区启智幼儿幼儿园
万栖源　沈阳市皇姑区六一幼儿园
徐玮灿　沈阳市皇姑区前新幼儿园
张家瑜　中国人民解放军96101部队长缨幼儿园
宋佳淼　沈阳市皇姑区鲲鹏小博士幼儿园
张嘉容　沈阳飞机设计研究所幼儿园
崔伊妍　沈阳市皇姑区百花幼儿园

聂选倬　沈阳市沈河区（原东陵区）教育局第二幼儿园
郭灵希　沈阳市沈河区（原东陵区）教育局第二幼儿园
颜子淇　沈阳市沈河区（原东陵区）教育局第二幼儿园
戴佩瑶　沈阳市沈河区哈佛宝宝幼儿园
王佳怡　沈阳市沈河区中街幼儿园
张子周　沈阳市朝阳街第一小学幼儿园
叶静漪　中国人民解放军沈阳军区空军直属幼儿园
王昱鲤　沈阳市沈河区小哈津幼儿园
刘奕婷　沈阳市沈河区小哈津幼儿园
白昕鑫　沈阳市实验学校幼儿园
张智楠　沈阳理工大学幼儿园
刘思淇　沈阳市蓓蕾幼儿园
符雅茜　沈阳市蓓蕾幼儿园
吕明实　沈阳市蓓蕾幼儿园
于昕田　沈阳市蓓蕾幼儿园
富小桐　大东区教育局幼儿园
石盛源　大东区教育局幼儿园
温诗萌　大东区教育局幼儿园
成宗豫　大东区小哈津幼儿园
郭思齐　大东区尚品幼儿园
褚茗涵　东陵区李相街道中心幼儿园
王　瑄　东陵区桃仙街道中心幼儿园
金美含　于洪区实验幼儿园
王彩奕　于洪区实验幼儿园
王思月　于洪区实验幼儿园
王歆让　于洪区实验幼儿园
杨茗茜　于洪区实验幼儿园
翟忆佳　于洪区实验幼儿园
吴芷萱　苏家屯区实验幼儿园
于逸驰　苏家屯区教工幼儿园
金彦廷　苏家屯区朝鲜族中心小学附属幼儿园
裴耘霄　苏家屯区湖西小学附属幼儿园
于鸿逸　苏家屯区沙柳路小学附属幼儿园
李素贤　苏家屯区花苑新村幼儿园
李睿彤　辽宁物测勘查院早智幼儿园
张潇予　沈北新区第一幼儿园
李嘉宁　沈北新区蒲河镇中心幼儿园
于佳佳　沈北新区笑源·福宁幼儿园
王　京　沈北新区博士达幼儿园
陈阅竹　新民市幼儿园
陈诗予　新民市前当堡镇中心幼儿园
谷佳慧　新民市法哈牛中心幼儿园
双乃馨　新民市兴隆堡镇中心幼儿园
陈彦良　新民市城区第一小学幼儿园
杨婉月　新民市金五台子乡中心幼儿园
付天曌　新民市三道岗子中心幼儿园
陈玺羽　新民市幼儿园
曲南羲　辽中县机关幼儿园
杨宁佳屿　辽中县机关幼儿园
赵奕冰　辽中县辽中镇第四小学幼儿园
朱梓鑫　辽中县辽中镇第五小学幼儿园
倪斯理　辽中县满都户中心幼儿园
刘指瑞　辽中县牛心坨乡中心幼儿园
何依诺　康平县中心幼儿园
岳依潼　康平县中心幼儿园
李佳函　康平县中心幼儿园
陈　妍　康平县含光幼儿园
盛美琪　康平县向阳幼儿园
曲若冰　法库县第二幼儿园
王婉婷　法库县第二幼儿园
王烁程　法库县幼儿园
乔紫扬　法库县幼儿园
姚佳豪　法库县幼儿园
韩美晴　浑南新区东湖学校幼儿园
牛以琳　浑南新区第一小学幼儿园
鲜于智元　浑南新区朝鲜族幼儿园
李佳洋　浑南新区第二小学实验幼儿园
田丽莎　棋盘山东陵路小学幼儿园
张沐恩　东北育才幼儿园

裴翊彤　东北育才幼儿园
王昱宸　浑南新区万科新榆幼儿园
潘临晔　浑南新区万科新榆幼儿园
马满翔　浑南新区万科新榆幼儿园

7. 沈阳市学前教育探索小专家（100名）

姜卓茹　沈阳工业大学幼儿园
殷率航　铁西区教工第二幼儿园
杨镇铭　铁西区教工幼儿园
李懿熹　沈阳市铁西区教师新村幼儿园
郑楚秦　铁西区金摇篮双语幼儿园
贾博涵　铁西区凌空幼儿园
刘天行　沈阳市日新幼儿园
董佳奇　铁西区实验幼儿园
金芷如　沈阳市贝尔迪幼儿园
郑轩承　沈阳市和平区南宁幼儿园
刘书华　沈阳市和平区南宁幼儿园
张靖淇　沈阳市和平区南宁幼儿园
朱俊屹　沈阳军区联勤部第一幼儿园
张宴铭　沈阳军区联勤部第二幼儿园
陈昕瑶　沈阳军区司令部幼儿园
汪林涵　沈阳市和平区教育局蓝天幼儿园
杜昊天　东北大学幼儿园
杨梓涵　中共辽宁省委机关幼儿园
宋其翮　沈阳市皇姑区金星双语幼儿园
范佳霖　沈阳市皇姑区大地幼儿园
白家赫　沈阳华荣工贸公司幼儿园
刘济源　沈阳市皇姑区颐和春美幼儿园
赵婧帆　沈阳市皇姑区小哈津幼儿园
张家寅　沈阳军区司令部塔湾幼儿园
王涵琳　沈阳市皇姑区辽河二幼儿园
李羽曼　沈阳市皇姑区永泰幼儿园
赵泽芸铎　沈阳市皇姑区永泰幼儿园
王茂仲　沈河区（原东陵区）教育局第二幼儿园
程诗博　沈河区（原东陵区）教育局第二幼儿园
刘帅佚　沈阳市沈河区哈佛宝宝幼儿园
袁博明　沈阳市沈河区中街幼儿园
孙佑晨　中国人民解放军沈阳军区空军直属幼儿园
李奕辰　沈阳市沈河区小哈津幼儿园
王张文皓　沈阳市实验学校幼儿园
蔡博轩　沈阳理工大学幼儿园
范国方　沈阳理工大学幼儿园
陈宗阳　沈河区朝阳一校幼儿园
王子一　沈阳市蓓蕾幼儿园
付皓芊　沈阳市蓓蕾幼儿园
雷佳琪　沈阳市蓓蕾幼儿园
田雨鑫　沈阳市蓓蕾幼儿园
崔泓越　大东区教育局幼儿园
崔泓超　大东区教育局幼儿园
孙谷雨　大东区教育局幼儿园
黄遵诚　大东区小哈津幼儿园
张祖豪　大东区尚品幼儿园
张宇晗　东陵区白塔街道中心幼儿园
赵玲昀　东陵区深井子街道中心幼儿园
刘美希　于洪区实验幼儿园
许世烽　于洪区实验幼儿园
柳彦行　于洪区实验幼儿园
孟维麟　于洪区实验幼儿园
田浩然　于洪区实验幼儿园
张舒媛　于洪区实验幼儿园
陈　征　苏家屯区实验幼儿园
王润锟　苏家屯区教工幼儿园
王忠禹　苏家屯区松辽幼儿园
孙丹阳　苏家屯区八一中心幼儿园
刘子溪　苏家屯区聪明兔幼儿园
张恩博　苏家屯区小清华幼儿园
马书航　沈北新区第一幼儿园
韩　硕　辽宁物测勘查院早智幼儿园
赵瑞阳　沈阳市辉山学校幼儿园
艾雨杉　沈北新区马刚乡中心幼儿园
白恒睿　沈北新区清水台镇中心幼儿园
杨潇枫　新民市前当堡镇中心幼儿园

关天翮　新民市法哈牛中心幼儿园
陈俊鹏　新民市兴隆堡镇中心幼儿园
李铭轩　新民市城区第一小学幼儿园
王子瑞　新民市金五台子乡中心幼儿园
刘宜昆　新民市三道岗子中心幼儿园
宋立鹏　新民市幼儿园
张雨晗　辽中县老观坨中心幼儿园
邵彦霖　辽中县六间房中心幼儿园
马华泽　辽中县朱家房镇中心幼儿园
王冶勋　辽中县城郊中心幼儿园
张嘉泇　辽中县辽中镇第五小学幼儿园
王诗迪　康平县中心幼儿园
孟小丁　康平县中心幼儿园
张根瑞　康平县悦明幼儿园
尹一涵　康平县含光幼儿园
王　操　康平县向阳幼儿园
徐江琦　法库县第二幼儿园
任明瑞　法库县第二幼儿园
盖如涛　法库县幼儿园
李昕格　法库县幼儿园
董子一　法库县幼儿园
蔡欣彤　浑南新区嘉华学校幼儿园
康晓宁　浑南新区第二小学实验幼儿园
徐嘉时　浑南新区第一小学幼儿园
啜馨予　浑南新区小哈津河畔幼儿园
赵雨潇　棋盘山开发区利民幼儿园
段博元　东北育才幼儿园
高若鸣　沈阳市蓓蕾幼儿园
腾浩然　沈阳市蓓蕾幼儿园
曲建祯　沈阳市蓓蕾幼儿园
张馨瑜　浑南新区万科新榆幼儿园
于思彤　浑南新区万科新榆幼儿园
张质存　浑南新区万科新榆幼儿园
姜喻川　浑南新区万科新榆幼儿园

（摘自2010年5月28日 沈教发〔2010〕43号文件《关于表彰2010年沈阳市学前教育先进区（县市）和先进个人的通报》）

沈阳市中小学“感动校园的好教师”名单

（62名）

沈阳市第三十一中学　潘丽庆
沈阳市第七十四中学　吴秀军
沈阳市第十一中学　张竞一
沈阳市第六十中学　王　峰
和平区南京一校　张爱红
新民市实验中学　张守军
康平县海州九年一贯制学校　丁海侠
辽中县教师进修学校　王海英
铁西区应昌小学　吕淑英
沈河区万莲小学　张　莹
沈阳市外国语学校　申克环
苏家屯区城郊九年一贯制学校　李素清
法库县第二初级中学　金　岩
沈河区育源中学　宋　策
沈阳市私立实验学校　张润颖
浑南新区第二小学　赵晓彦
康平县高级中学　孙海昌
大东区杏坛小学　凌　洋
法库县实验小学　刘淑艳
沈阳市第二中学　陈　阳
沈阳市第一四五中学　孙　卓
和平区和平一校　李　佳
东北育才学校　代丽宅
沈阳市第二中学　高　畅
沈阳师范大学附属学校　芦淑清
法库县五台子乡中心小学　张　平

铁西区勋望小学 刘 洋
沈阳市第六十九中学 刘金生
于洪区造化小学 袁凤俊
东北育才学校 许春梅
沈阳市第五中学 陈禄华
沈河区二经二校 邢启岩
浑南新区五三中心小学 曹海燕
沈河区岸英小学 陈宏辰
沈阳市外语学校 丁俊英
沈阳铁路实验中学 张绍武
沈阳市电子技术学校 陈 莉
于洪区郑家小学 邓哲夫
沈阳市新兴初级中学 孙立新
苏家屯区特殊教育学校 王心爱
新民市金五台子学校 梁忠祥
铁西区向工一校 刘 威
沈阳市第八十三中学 杨永梅
东北育才学校 刘立秋
沈阳市外事服务学校 初彦阁
沈阳市第七中学 万 平
东北育才学校 柳 栋
沈阳市计算机学校 张 放
大东区小东二校 曲一鸣
沈阳市旅游学校 韩锡艳
沈阳市光明中学 孙 劲
辽中县茨榆坨小学 谢 鸣
沈阳市五一中学 崔丽蕊
铁西区腾飞小学 肖 辉
康平县西关逸夫九年制学校 张 涛
沈阳市奉天学校 王紫新
浑南新区朝鲜族学校 沈勇淑
铁西区向工二校 慕善新
沈阳市第七十二中学 梁 愚
辽中县第二高级中学 邱 宏
新民市第二高级中学 卢丽红
棋盘山开发区高坎中心小学 张家立

（摘自2010年9月8日 沈教发〔2010〕82号文件《关于表彰沈阳市中小学“感动校园的好教师”的通报》）

2010年沈阳市艺术特色学校艺术团队六项技能竞赛成绩

1. 荣获六项技能团体金奖学校（13所）

铁西区启工二校
沈阳市实验学校（小学部）
沈河区二经二校
沈阳市第九中学
辽中县六间房九年一贯制学校
浑南新区第一小学
沈河区文化路小学
和平区铁路五校
铁西区太阳小学
沈阳市岸英小学
皇姑区童晖中英文小学
大东区大东三校
沈河区大南一校区大南一校

2. 荣获单项技能金奖学校（24所）

红诗单项：
和平区南京一校
沈阳市三十八中学
沈河区文化路小学

大东区辽沈三校
铁西区启工二校
绘画单项：
沈河区二经二校
沈阳市第八十二中学
沈阳市第七十六中学
辽中县六间房九年一贯制学校
书法单项：
和平区铁路五校
沈阳市第十五中学
沈阳市第三十一中学
沈北新区蒲河学校
康平县含光小学
合唱单项：
沈阳市实验学校（小学部）
沈阳市第四十七中学
铁西区启工二校
沈阳市第三十一中学
浑南新区浑南二校
舞蹈单项：
和平区南京一校
沈阳市实验学校（小学部）
沈河区大南一校
大东区大东三小学
浑南新区浑南二校
器乐单项：
和平区南京十校
沈阳市第九中学
沈河区文艺二小学
浑南新区第一小学
浑南新区朝鲜族学校

3. 单项技能优秀奖（52所）

沈阳市第一〇八中学
和平区望湖路小学
沈阳市九十一中学
和平区团结路小学
沈阳市一三四中学
沈阳市一二六中学
沈河区北一经小学
沈阳市岸英小学
沈阳市一四三中学
沈河区文化路第二小学
沈河区小西一校
沈河区南塔街小学
沈河区东陵小学
大东区大东二校
大东区草仓小学
大东区珠林一校
沈阳市一一一中学
沈阳市一四一中学
大东区杏坛小学
大东区中捷小学
铁西区应昌小学
铁西区太阳小学
铁西区兴工四校
铁西区腾飞小学
沈阳市一五七中学
铁西区工人村一校
铁西区贵和小学
皇姑区岐山一校
皇姑区珠江五校
沈阳市四十三中学
沈阳市二十四中学
皇姑区童晖中英文小学
沈阳师范大学附属学校
皇姑区昆山二校
皇姑区三台子一校
东陵区浑河站中心校
东陵区白塔街道中心学校
东陵区六十一九年一贯制学校
于洪区杨士中心校
于洪区平罗中心校

于洪区三十家中心校
沈北新区黄家锡伯族学校
苏家屯区雪松路小学
苏家屯区沈南一小
辽中县辽中镇一小
辽中县满都户九年一贯制学校
辽中县城郊九年一贯制学校
新民市城区四小
新民市城区三小
新民市第一高中
新民市实验小学
法库县职业中专

（摘自2010年10月18日 沈教发〔2010〕88号文件《关于公布2010年沈阳市艺术特色学校艺术团队六项技能竞赛成绩的通知》）

2010年沈阳市科技教育工作先进单位

东陵区（浑南新区）教育局
和平区教育局
沈河区教育局
皇姑区教育局
大东区教育局
铁西区教育局
苏家屯区教育局
（附：2010年各县（市）科技竞赛成绩汇总表）

（摘自2010年12月14日 沈教发〔2010〕99号文件《关于表彰2010年科技教育工作先进区县的通报》）

附：

2010年各区县（市）科技竞赛成绩汇总表

序号	单位部门	第二十五届沈阳市青少年科技创新大赛	第二十五届辽宁省青少年科技创新大赛	第十九届中国儿童青少年计算机表演赛辽宁赛区赛事	沈阳市青少年“逆风行车”创意大赛	第四届中国青少年创意大赛沈阳赛区选拔赛	辽宁省第八届青少年纸飞机航模竞赛（沈阳赛区）	辽宁省第十一届中小学电脑制作活动（评选类）	辽宁省第十一届中小学电脑制作活动（竞赛类）	总计	中小学学生总数	每百人获奖数
1	东陵区（浑南新区）	5	60	193	1	0	6	4	0	269	24249	1.11
2	和平区	32	194	129	4	4	22	4	1	390	48245	0.81
3	沈河区	24	111	203	2	4	12	2	0	358	58846	0.61
4	皇姑区	16	211	150	3	0	9	2	5	396	67667	0.59
5	大东区	31	147	63	3	6	15	5	0	270	47071	0.57
6	铁西区	29	209	65	3	4	9	3	0	322	73784	0.44
7	苏家屯区	6	64	75	0	4	10	9	0	168	38453	0.44
8	于洪区	2	53	53	0	1	1	0	0	110	30945	0.36
9	辽中县	12	2	142	0	2	1	2	0	161	50429	0.32
10	沈北新区	3	34	53	0	0	5	0	0	95	31463	0.3
11	新民市	1	46	49	0	0	0	0	0	96	60102	0.16
12	法库县	0	19	4	0	2	1	0	0	26	48216	0.05
13	康平县	0	0	16	0	0	0	0	0	16	34043	0.05
14	棋盘山开发区	0	0	0	0	0	0	0	0	0	4553	0
	总计	161	1150	1195	16	27	91	31	6	2677	618066	0.43

注：各区县（市）学生总数数据来源于2010—2011年度沈阳市教育统计年鉴，不含直属学校学生数。

教育统计

JIAOYU TONGJI

2011

沈阳教育年鉴

SHENYANG JIAOYU NIANJIAN

2010—2011学年度沈阳市各级各类学校（机构）基本情况表

单位：人

	学校数（个）	毕业生数	招生数	在校生数	教职工数		建筑面积（平方米）	占地面积（平方米）
					计	其中：专任教师		
总 计	1867	383240	389660	1348707	122225	85087	18809020	46680322
一、高等教育机构	77	141634	147073	466609	40540	24058	10245002	25406298
1. 研究生培养机构	27	10898	13677	38134	0	0	0	0
2. 普通高校	41	86767	98994	348583	38735	22905	9888478	24683711
本科	27	53808	62689	245507	0	0	0	0
专科	14	32959	36305	103076	0	0	0	0
3. 成人高等学校	9	43969	34402	79892	1805	1153	356524	722587
4. 网络本、专科		4035	18237	34829	0	0	0	0
本科		2693	9515	21586	0	0	0	0
专科		1342	8722	13243	0	0	0	0
二、中等职业学校	89	34011	33128	99780	9214	5977	1363474	2779263
其中：普通中专学校	41	18827	25875	74966	6216	4044	1025473	2008662
成人中等专业学校	1	17	843	2823	560	381	26093	41457
职业高中学校	47	15167	6410	21991	2438	1552	311908	729144
三、普通中学	321	105937	97510	302238	29918	23873	4506115	11737815
初中	232	67779	58952	182978	19239	15187	2449104	7261372
高中	89	38158	38558	119260	10679	8686	2057011	4476443
四、工读学校	1	1	8	23	43	27	0	0
五、普通小学	415	59206	56382	337765	25466	22023	1629809	4931836
六、特殊教育学校	14	243	169	1511	529	387	54944	111657
七、幼儿园	950	42208	55390	140781	16515	8742	1009676	1713453

幼儿教育基本情况（独立设置幼儿园、小学附设幼儿园、独立设置学前班）

单位：人

	班数（个）						入园人数						在园人数						离园人数		
	计	托班	小班	中班	大班	学前班	计	托班	小班	中班	大班	学前班	计	托班	小班	中班	大班	学前班	计	幼儿园	学前班
合 计	5874	676	1472	1663	2043	20	55390	9344	15649	13904	16233	260	140781	12407	29865	41057	56841	611	42208	42113	95
其中：女	0	0	0	0	0	0	24047	4149	6920	5990	6859	129	62355	5546	13328	18141	25046	294	19843	19791	52
少数民族	0	0	0	0	0	0	1776	180	516	438	596	46	4498	214	989	1313	1932	50	1458	1438	20
独立设置学前班	20	0	0	0	0	20	260	0	0	0	0	260	611	0	0	0	0	611	95	0	95
教育部门	259	22	81	75	81	0	2489	350	1451	342	346	0	7276	441	2081	2236	2518	0	1856	1856	0
其他党政机关	33	5	11	9	8	0	248	90	80	62	16	0	933	90	289	287	267	0	85	85	0
事业单位	850	116	156	216	362	0	13214	3137	2355	2848	4874	0	23537	3226	3346	5827	11138	0	12535	12535	0
部队	143	18	47	39	39	0	1764	271	852	341	300	0	4095	319	1295	1242	1239	0	997	997	0
地方企业	70	10	18	18	24	0	498	94	166	135	103	0	1651	132	418	418	683	0	443	443	0
集体	377	26	66	96	174	15	4212	272	845	1057	1885	153	10894	386	1405	2581	6033	489	2111	2108	3
民办	4142	479	1093	1210	1355	5	32965	5130	9900	9119	8709	107	92395	7813	21031	28466	34963	122	24181	24089	92
一、城市	3604	517	957	961	1169	0	30890	5892	9491	6964	8543	0	85010	8685	20304	24387	31634	0	22308	22308	0
教育部门	213	18	69	61	65	0	1842	245	1223	198	176	0	5988	331	1827	1861	1969	0	1444	1444	0
其他党政机关	33	5	11	9	8	0	248	90	80	62	16	0	933	90	289	287	267	0	85	85	0
事业单位	240	23	52	58	107	0	2465	347	537	364	1217	0	6273	432	1070	1464	3307	0	2507	2507	0
部队	143	18	47	39	39	0	1764	271	852	341	300	0	4095	319	1295	1242	1239	0	997	997	0
地方企业	70	10	18	18	24	0	498	94	166	135	103	0	1651	132	418	418	683	0	443	443	0
集体	177	22	42	46	67	0	2293	238	540	650	865	0	4271	322	898	1141	1910	0	1247	1247	0
民办	2728	421	718	730	859	0	21780	4607	6093	5214	5866	0	61799	7059	14507	17974	22259	0	15585	15585	0

（续表）

	班数（个）						入园人数						在园人数						离园人数		
	计	托班	小班	中班	大班	学前班	计	托班	小班	中班	大班	学前班	计	托班	小班	中班	大班	学前班	计	幼儿园	学前班
二、县镇	1173	124	248	361	426	14	10705	2967	2394	2414	2792	138	29037	3176	4484	8162	12741	474	8287	8287	0
教育部门	46	4	12	14	16	0	647	105	228	144	170	0	1288	110	254	375	549	0	412	412	0
其他党政机关	0	0	0	0	0	0	0	0	0	0	0	0	0	0	0	0	0	0	0	0	0
事业单位	247	85	28	48	86	0	4519	2614	309	480	1116	0	7095	2615	507	1220	2753	0	3576	3576	0
部队	0	0	0	0	0	0	0	0	0	0	0	0	0	0	0	0	0	0	0	0	0
地方企业	0	0	0	0	0	0	0	0	0	0	0	0	0	0	0	0	0	0	0	0	0
集体	168	4	20	43	87	14	1431	34	256	324	679	138	5712	64	430	1237	3507	474	390	390	0
民办	712	31	188	256	237	0	4108	214	1601	1466	827	0	14942	387	3293	5330	5932	0	3909	3909	0
三、农村	1097	35	267	341	448	6	13795	485	3764	4526	4898	122	26734	546	5077	8508	12466	137	11613	11518	95
教育部门	0	0	0	0	0	0	0	0	0	0	0	0	0	0	0	0	0	0	0	0	0
其他党政机关	0	0	0	0	0	0	0	0	0	0	0	0	0	0	0	0	0	0	0	0	0
事业单位	363	8	76	110	169	0	6230	176	1509	2004	2541	0	10169	179	1769	3143	5078	0	6452	6452	0
部队	0	0	0	0	0	0	0	0	0	0	0	0	0	0	0	0	0	0	0	0	0
地方企业	0	0	0	0	0	0	0	0	0	0	0	0	0	0	0	0	0	0	0	0	0
集体	32	0	4	7	20	1	488	0	49	83	341	15	911	0	77	203	616	15	474	471	3
民办	702	27	187	224	259	5	7077	309	2206	2439	2016	107	15654	367	3231	5162	6772	122	4687	4595	92

幼儿园园数（总计）

单位：所

	合计	教育部门办				其他党政机关办			事业单位	部队	地方企业	集体	民办
		计	全额拨款	差额拨款	自收自支	计	差额拨款	自收自支					
合　计	950	29	13	8	8	4	2	2	177	17	10	69	644
其中：少数民族幼儿园	11	1	1	0	0	0	0	0	8	0	0	1	1
乡镇中心幼儿园	135	0	0	0	0	0	0	0	97	0	0	38	0
其中：达标	75	0	0	0	0	0	0	0	51	0	0	24	0
其他城市、县镇幼儿园	619	29	13	8	8	4	2	2	60	17	10	31	468
其中：达标	291	27	11	8	8	4	2	2	26	15	7	22	190
乡镇中心幼儿园以外的农村幼儿	196	0	0	0	0	0	0	0	20	0	0	0	176
一、省示范	33	14	7	4	3	2	1	1	3	10	2	1	1
乡镇中心幼儿园	0	0	0	0	0	0	0	0	0	0	0	0	0
其中：达标	0	0	0	0	0	0	0	0	0	0	0	0	0
其他城市、县镇幼儿园	33	14	7	4	3	2	1	1	3	10	2	1	1
其中：达标	33	14	7	4	3	2	1	1	3	10	2	1	1
乡镇中心幼儿园以外的农村幼儿	0	0	0	0	0	0	0	0	0	0	0	0	0
二、市示范	59	13	5	3	5	1	0	1	20	3	4	11	7
乡镇中心幼儿园	7	0	0	0	0	0	0	0	6	0	0	1	0
其中：达标	7	0	0	0	0	0	0	0	6	0	0	1	0
其他城市、县镇幼儿园	52	13	5	3	5	1	0	1	14	3	4	10	7
其中：达标	47	12	4	3	5	1	0	1	11	2	4	10	7
乡镇中心幼儿园以外的农村幼儿	0	0	0	0	0	0	0	0	0	0	0	0	0

幼儿园教职工数

单位：人

	教育部门办						代课教师
	合计	园长	专任教师	保健医	保育员	其他	
合 计	16515	1357	8742	549	2795	3072	236
教育部门	1225	55	581	36	192	361	20
其他党政机关	158	6	80	5	27	40	5
事业单位	1883	187	1176	59	218	243	60
部队	662	28	321	22	135	156	18
地方企业	257	15	142	12	30	58	4
集体	1053	95	570	32	172	184	6
民办	11277	971	5872	383	2021	2030	123
一、城市	12187	816	6224	426	2370	2351	126
教育部门	1073	45	490	34	179	325	16
其他党政机关	158	6	80	5	27	40	5
事业单位	834	60	450	35	140	149	17
部队	662	28	321	22	135	156	18
地方企业	257	15	142	12	30	58	4
集体	593	52	326	27	90	98	6
民办	8610	610	4415	291	1769	1525	60
二、县镇	2531	267	1410	74	301	479	39
教育部门	152	10	91	2	13	36	4
事业单位	445	38	302	13	43	49	16
集体	399	35	206	3	75	80	0
民办	1535	184	811	56	170	314	19
三、农村	1797	274	1108	49	124	242	71
事业单位	604	89	424	11	35	45	27
集体	61	8	38	2	7	6	0
民办	1132	177	646	36	82	191	44
合计中：女	14927	1234	8512	510	2677	1994	206
幼教专业毕业	6563	613	5680	0	270	0	109
少数民族	667	93	452	12	54	56	11
取得教师资格证	4894	654	4240	0	0	0	0

小学校数

单位：所

	合计			城市			县镇			农村	
	计	教育部门办	民办	计	教育部门办	民办	计	教育部门办	民办	计	教育部门办
学校数	415	411	4	212	210	2	30	28	2	173	173
其中独立设置少数民族学校	11	11	0	6	6	0	1	1	0	4	4
教学点数（个）	0	0	0	0	0	0	0	0	0	0	0
补充资料：中心校学校数	51	51	0	4	4	0	8	8	0	39	39
村 小学校数	113	113	0	0	0	0	0	0	0	113	113
寄宿制学校数	5	1	4	2	0	2	2	0	2	1	1

小学教职工数

单位：人

	教职工数						代课教师	兼任教师
	合计	专任教师	行政人员	教辅人员	工勤人员	校办工厂、农（林）场职工		
合　计	25466	22023	2896	268	277	2	157	48
其中:女	18297	16156	1846	189	106	0	75	28
少数民族	2992	2600	349	25	18	0	0	0
教育部门办	25125	21704	2883	266	270	2	155	48
民办	318	296	13	2	7	0	1	0
其他部门办	23	23	0	0	0	0	1	0
城市	13758	11197	2120	232	207	2	93	0
教育部门办	13478	10926	2113	230	207	2	91	0
民办	257	248	7	2	0	0	1	0
其他部门办	23	23	0	0	0	0	1	0
县镇	2181	1891	239	17	34	0	50	18
教育部门办	2120	1843	233	17	27	0	50	18
民办	61	48	6	0	7	0	0	0
农村	9527	8935	537	19	36	0	14	30
教育部门办	9527	8935	537	19	36	0	14	30

小学分办别、分城乡学生情况

单位：人

	毕业生数	招生数		在校学生数							
		计	其中受过学前教育	计	其中女	一年级	二年级	三年级	四年级	五年级	六年级
合 计	59206	56382	54169	337765	158823	56562	49145	59346	58439	58234	56039
其中：女	28075	26888	26142	158823	0	26977	22723	27933	27211	27596	26383
教育部门办	58168	55143	52944	329206	155414	55323	48043	57934	56773	56550	54583
民办	956	1154	1140	8061	3181	1154	1019	1332	1577	1613	1366
其他部门办	82	85	85	498	228	85	83	80	89	71	90
城市	30612	31458	30438	182762	85750	31632	25997	32405	31474	31356	29898
教育部门办	30045	30494	29488	177245	83384	30668	25187	31528	30403	30379	29080
民办	485	879	865	5019	2138	879	727	797	982	906	728
其他部门办	82	85	85	498	228	85	83	80	89	71	90
县镇	6161	6061	5524	35966	16784	6065	5237	6329	6181	6216	5938
教育部门办	5690	5786	5249	32924	15741	5790	4945	5794	5586	5509	5300
民办	471	275	275	3042	1043	275	292	535	595	707	638
农村	22433	18863	18207	119037	56289	18865	17911	20612	20784	20662	20203
教育部门办	22433	18863	18207	119037	56289	18865	17911	20612	20784	20662	20203
合计中：六年制	59206	56382	54169	337765	158823	56562	49145	59346	58439	58234	56039
一贯制小学	17384	15218	14449	94265	44657	15222	14111	16162	16319	16164	16287
其他学校附设	472	627	620	3468	1406	627	539	589	703	556	454
少数民族	4569	5911	5665	31077	11154	5935	4510	5432	5198	5237	4765
重读生	0	0	0	759	89	180	83	121	144	110	121
重读中女	0	0	0	89	0	89	0	0	0	0	0

普通中学校数

单位：所

	合计				城市				县镇			农村	
	计	教育部门办	民办	其他部门办	计	教育部门办	民办	其他部门办	计	教育部门办	民办	计	教育部门办
合 计	321	287	33	1	177	146	30	1	29	26	3	115	115
完全中学	30	15	15	0	30	15	15	0	0	0	0	0	0
高级中学	59	49	10	0	51	43	8	0	8	6	2	0	0
初级中学	119	115	4	0	84	81	3	0	11	10	1	24	24
九年一贯制学校	113	108	4	1	12	7	4	1	10	10	0	91	91
合计中：独立设置少数民族学校	12	12	0	0	6	6	0	0	1	1	0	5	5
独立设置少数民族高中	3	3	0	0	3	3	0	0	0	0	0	0	0
独立设置少数民族初中	9	9	0	0	3	3	0	0	1	1	0	5	5
补充资料1：省重点高中	25	25	0	0	22	22	0	0	3	3	0	0	0
省示范性高中	24	22	2	0	23	21	2	0	1	1	0	0	0
补充资料2：寄宿制完全中学	12	1	11	0	12	1	11	0	0	0	0	0	0
寄宿制高级中学	21	15	6	0	16	12	4	0	5	3	2	0	0
寄宿制初级中学	12	10	2	0	4	3	1	0	2	1	1	6	6
寄宿制一贯制学校	60	57	3	0	3	0	3	0	8	8	0	49	49

普通中学教职工数

单位：人

	教职工数						代课教师	兼任教师
	合计	专任教师	行政人员	教辅人员	工勤人员	校办工厂、农（林）场职工		
合计	29918	23873	4466	713	863	3	60	16
其中：女	18544	16232	1727	419	165	1	44	12
少数民族	3584	2949	496	72	67	0	0	0
教育部门办	27331	21634	4224	649	821	3	58	1
民办	2560	2215	239	64	42	0	1	4
其他部门办	27	24	3	0	0	0	1	11
城市	19980	16525	2460	423	569	3	18	15
教育部门办	17668	14505	2241	372	547	3	16	0
民办	2285	1996	216	51	22	0	1	4
其他部门办	27	24	3	0	0	0	1	11
县镇	3087	2420	482	66	119	0	42	0
教育部门办	2812	2201	459	53	99	0	42	0
民办	275	219	23	13	20	0	0	0
农村	6851	4928	1524	224	175	0	0	1
教育部门办	6851	4928	1524	224	175	0	0	1

普通初中分办别、分城乡学生情况

单位：人

	毕业生数	招生数	在校学生数					毕业班学生数
			计	其中女	一年级	二年级	三年级	
合 计	67779	58952	182978	87154	59047	60702	63229	63229
其中：女	32554	27839	87154	0	27897	28794	30463	30463
教育部门办	60236	49659	156757	75383	49754	51776	55227	55227
民办	7435	9190	25886	11591	9190	8811	7885	7885
其他部门办	108	103	335	180	103	115	117	117
城市	36000	32530	99817	47179	32531	33234	34052	34052
教育部门办	29508	24437	77056	36949	24438	25468	27150	27150
民办	6384	7990	22426	10050	7990	7651	6785	6785
其他部门办	108	103	335	180	103	115	117	117
县镇	7825	6880	21109	10157	6880	6897	7332	7332
教育部门办	6774	5680	17649	8616	5680	5737	6232	6232
民办	1051	1200	3460	1541	1200	1160	1100	1100
农村	23954	19542	62052	29818	19636	20571	21845	21845
教育部门办	23954	19542	62052	29818	19636	20571	21845	21845
九年一贯制	22084	19178	59335	28508	19272	19639	20424	20424
其他学校附设班	0	406	693	189	406	287	0	0
重读生	0	0	122	62	95	5	22	0
重读中女	0	0	62	0	58	0	4	0
少数民族	6542	6486	18682	7727	6486	5914	6282	6282
独立设置少数民族校	1510	1185	3717	1833	1185	1213	1319	1319

普通高中分办别、分城乡学生情况

单位：人

	毕业生数	招生数	在校学生数				
			计	其中女	一年级	二年级	三年级
合 计	38158	38558	119260	61496	38561	40626	40073
其中：女	19636	19492	61496	0	19494	20941	21061
教育部门办	31517	30669	94938	50706	30672	31911	32355
民办	6641	7889	24322	10790	7889	8715	7718
城市	33201	33108	103468	53169	33111	35413	34944
教育部门办	27369	26244	81830	43718	26247	27511	28072
民办	5832	6864	21638	9451	6864	7902	6872
县镇	4957	5450	15792	8327	5450	5213	5129
教育部门办	4148	4425	13108	6988	4425	4400	4283
民办	809	1025	2684	1339	1025	813	846
其他学校附设班	300	253	821	821	253	293	275
少数民族	3558	4510	12978	4187	4510	4117	4351
独立设置少数民族校	956	886	2589	1390	886	882	821
残疾人	0	0	6	2	4	1	1

特殊教育学校校数

单位：所

	计	教育部门办	计	教育部门办	计	教育部门办
合 计	14	14	10	10	4	4
盲人学校	1	1	1	1	0	0
聋人学校	2	2	2	2	0	0
培智学校	5	5	5	5	0	0
其他学校	6	6	2	2	4	4

特殊教育班数、学生数（总计）

单位：人

	班（个）	毕业生数	招生数	在校生数													
				计	小学阶段						初中阶段				高中阶段		
					一年级	二年级	三年级	四年级	五年级	六年级	一年级	二年级	三年级	四年级	一年级	二年级	三年级及以上
合 计	134	243	169	1511	163	142	161	124	159	159	131	141	118	9	60	68	76
其中：女	0	85	46	522	55	44	59	37	43	50	42	66	49	4	24	16	33
视力残疾	15	0	0	201	6	10	13	10	13	14	16	17	16	0	26	31	29
听力残疾	55	0	0	425	35	17	32	36	35	21	44	40	47	0	34	37	47
智力残疾	64	0	0	840	117	109	111	72	106	114	68	82	52	9	0	0	0
其他残疾	0	0	0	45	5	6	5	6	5	10	3	2	3	0	0	0	0
特殊教育学校	134	214	154	1309	152	120	128	101	113	112	120	138	112	9	60	68	76
视力残疾	15	0	0	196	6	10	11	9	11	14	16	17	16	0	26	31	29
听力残疾	55	0	0	416	35	16	29	35	31	21	44	40	47	0	34	37	47
智力残疾	64	0	0	697	111	94	88	57	71	77	60	81	49	9	0	0	0
其他残疾	0	0	0	0	0	0	0	0	0	0	0	0	0	0	0	0	0
小学随班就读	0	28	10	182	11	22	33	23	46	47	0	0	0	0	0	0	0
视力残疾	0	0	0	5	0	0	2	1	2	0	0	0	0	0	0	0	0
听力残疾	0	0	0	9	0	1	3	1	4	0	0	0	0	0	0	0	0
智力残疾	0	0	0	131	6	15	23	15	35	37	0	0	0	0	0	0	0
其他残疾	0	0	0	37	5	6	5	6	5	10	0	0	0	0	0	0	0
普通（职业）初中随班就读	0	1	5	20	0	0	0	0	0	0	11	3	6	0	0	0	0
视力残疾	0	0	0	0	0	0	0	0	0	0	0	0	0	0	0	0	0
听力残疾	0	0	0	0	0	0	0	0	0	0	0	0	0	0	0	0	0
智力残疾	0	0	0	12	0	0	0	0	0	0	8	1	3	0	0	0	0
其他残疾	0	0	0	8	0	0	0	0	0	0	3	2	3	0	0	0	0
合计中：寄宿生	0	0	0	393	51	24	47	21	34	25	46	43	31	0	34	29	8
特殊教育学校中：寄宿生	0	0	0	390	51	24	47	21	32	25	46	43	31	0	34	29	8

中等职业学校机构数

单位：所

	计	中央部门	地方部门			民办
			计	教育部门	非教育部门	
中等职业学校	89	0	55	30	25	34
其中：调整后中等职业学校	10	0	9	7	2	1
中等技术学校	29	0	25	11	14	4
中等师范学校	2	0	2	2	0	0
成人中等专业学校	1	0	1	0	1	0
职业高中学校	47	0	18	10	8	29
其他机构（教学点）	28	0	28	23	5	0

中等职业学校分办学类型及举办者的中职学生及教职工情况

单位：人

	计			中职全日制学生			中职非全日制学生			教职工数							聘请校外教师
										计	其中：专任教师						
	毕业生数	招生数	在校学生数	毕业生数	招生数	在校学生数	毕业生数	招生数	在校学生数		计	正高级	副高级	中级	初级	无职称	
总 计	34011	33128	99780	33994	32285	96957	17	843	2823	9214	5977	148	1787	2150	1411	481	2107
其中：女	15523	16035	49366	15520	15788	48615	3	247	751	5277	3797	86	1177	1360	856	318	1098
分办学类型：调整后中等职业学校	1036	7673	20866	1036	7673	20866	0	0	0	2201	1535	5	613	529	333	55	90
普通中专学校	15803	16480	49154	15803	16480	49154	0	0	0	4015	2509	58	739	841	684	187	683
成人中专学校	0	0	0	0	0	0	0	0	0	560	381	19	95	190	63	14	1009
职业高中学校	7169	6404	21044	7169	6404	21044	0	0	0	2438	1552	66	340	590	331	225	325
其他机构	10003	2571	8716	9986	1728	5893	17	843	2823	0	0	0	0	0	0	0	0
分举办者：1.中央部门	0	0	0	0	0	0	0	0	0	0	0	0	0	0	0	0	0
2.地方部门	30429	29135	87382	30412	28292	84559	17	843	2823	7313	4921	86	1616	1863	1206	150	1792
教育部门	21212	19823	57242	21212	19823	57242	0	0	0	4995	3509	30	1199	1268	887	125	380
非教育部门	9217	9312	30140	9200	8469	27317	17	843	2823	2318	1412	56	417	595	319	25	1412
3.民办	3582	3993	12398	3582	3993	12398	0	0	0	1901	1056	62	171	287	205	331	315

高等教育学校（机构）数

单位：所

	计	中央部委			地方部门			民办
		计	教育部	其他部委	计	教育部门	非教育部门	
1.研究生培养机构	27	11	1	10	16	13	3	0
普通高校	17	2	1	1	15	13	2	0
科研机构	10	9	0	9	1	0	1	0
2.普通高校	41	2	1	1	29	19	10	10
本科院校	27	2	1	1	17	14	3	8
其中：独立学院	8	0	0	0	0	0	0	8
专科院校	14	0	0	0	12	5	7	2
其中:高等职业学校	13	0	0	0	11	5	6	2
3.成人高等学校	9	0	0	0	9	2	7	0
4.民办的其他高等教育机构	27	0	0	0	0	0	0	27

高等教育学校教职工数（总计）

单位：人

	教职工数													
	计	校本部教职工										科研机构人员	校办企业职工	其他附设机构人员
		计	专任教师						行政人员	教辅人员	工勤人员			
			计	正高级	副高级	中级	初级	无职称						
总 计	40709	38452	24075	3360	7301	8997	3727	690	6412	4252	3713	406	674	1177
其中：女	18897	18171	12534	1208	3772	5102	2104	348	2742	2216	679	109	140	477
普通高校	38735	36516	22905	3316	6937	8644	3349	659	6048	3989	3574	406	636	1177
成人高校	1805	1767	1153	43	362	341	377	30	269	226	119	0	38	0
民办的其他高等教育机构	169	169	17	1	2	12	1	1	95	37	20	0	0	0

高等教育学校学生数（总计）

单位：人

	毕（结）业生数	授予学位数	教职工数			在校学生数	预计毕业生数
			计	其中			
				应届生	春季招生		
研究生	10898	10768	13677	9395	0	38134	14391
博士	1055	952	1466	559	0	6299	3388
硕士	9843	9816	12211	8836	0	31835	11003
研究生班	0	0	0	0	0	0	0
普通本科、专科生	86767	52664	98994	89156	1274	348583	94749
本科	53808	52664	62689	55141	0	245507	60276
专科	32959	0	36305	34015	1274	103076	34473
成人本科、专科生	43969	1271	34402	9130	0	79892	34128
本科	20574	1271	14508	3031	0	36004	14853
专科	23395	0	19894	6099	0	43888	19275
网络本科、专科生	4035	233	18237	0	10089	34829	0
本科	2693	233	9515	0	5108	21586	0
专科	1342	0	8722	0	4981	13243	0
在职人员攻读博士硕士学位	0	2174	2570	0	0	7861	0
学历文凭考试	0	0	0	0	0	0	0
电大注册视听生	0	0	0	0	0	0	0
自考助学班	992	0	2573	0	0	4142	0
研究生课程进修班	919	0	0	0	0	1264	0
普通预科生	0	0	0	0	0	20	0
进修及培训	161494	0	0	0	0	7548	0
留学生	713	194	1168	0	345	2790	0

普通高等学校基本情况

单位：人

名称	校数（所）		普通本科专科学生			教职工数	校本部教职工计	专任教师						占地面积（平方米）	图书（万册）	固定资产总值（万元）		学校产权建筑面积（平方米）
	计	中央	毕业生数	招生数	在校生数			计	正高级	副高级	中级	初级	无职称			计	教学、科研仪器设备	
总　计	41	2	86767	98994	348583	38735	36516	22905	3316	6937	8644	3349	659	24683711	2877.53	1872219.1	326564.97	9888478
本科院校：大学	13	1	46880	51530	194530	25540	23717	14593	2450	4626	5864	1569	84	15217083	1894.61	1176875.6	225029.09	6438790
辽宁大学	1	0	5155	4784	20548	2326	2222	1435	250	552	586	46	1	1463847	234	59759.32	15390.15	621753
沈阳工业大学	1	0	4100	4431	16819	2093	1984	1193	194	366	548	85	0	1384427	171.41	101163.07	23766.95	624146
沈阳航空航天大学	1	0	3253	4399	15955	1693	1454	979	137	281	428	106	27	1069420	94.1	114845.47	15355.71	474583
沈阳理工大学	1	0	4896	4803	18940	1915	1755	1059	148	305	538	68	0	1148497	119.52	108302.71	10880.83	432684
东北大学	1	1	5346	6218	23865	4544	3949	2401	363	680	983	337	38	2033630	303.65	187226	57670.62	1176494
沈阳化工大学	1	0	2932	3156	12287	1139	1101	737	117	276	293	51	0	946980	114.82	83979	9964.84	365695
沈阳建筑大学	1	0	2496	3021	11638	1410	1219	813	148	198	340	127	0	958255	119.62	79107	7496	423386
沈阳农业大学	1	0	3477	3921	13157	1747	1660	981	147	294	345	195	0	1893997	117.81	49988	15295.07	397398
中国医科大学	1	0	1749	1721	7225	1616	1601	904	354	200	285	65	0	1370020	106.7	59342	20233.6	241561
辽宁中医药大学	1	0	861	1679	6853	877	859	552	77	131	106	238	0	420690	74.5	52145	8071.64	216143
沈阳药科大学	1	0	1956	1991	7442	1108	845	567	84	186	232	59	6	637208	85.37	37209.04	14732.3	278552
沈阳师范大学	1	0	5921	6322	22523	2662	2662	1724	265	594	741	124	0	1115758	197.81	191464	14838.42	559827
沈阳大学	1	0	4738	5084	17278	2410	2406	1248	166	563	439	68	12	774354	155.3	52345.03	11332.96	626568
本科院校：学院	6	1	11466	12814	50150	4974	4785	3120	428	884	1266	397	145	3732612	372.54	303833.1	38622.36	1514252
沈阳医学院	1	0	1991	2079	7476	718	718	443	92	129	102	120	0	444000	68.92	68000	6652.97	204925
中国刑事警察学院	1	1	1308	1053	6193	781	776	377	85	116	158	11	7	262750	66.95	39807.66	8522	153273
沈阳体育学院	1	0	1685	1934	7663	716	696	503	56	162	229	54	2	1219394	66.68	45881.08	7265.53	283157
沈阳音乐学院	1	0	2322	2986	11488	1116	1116	790	86	189	397	88	30	485427	59.5	20225.53	4902.93	330717
鲁迅美术学院	1	0	888	1885	7179	722	708	499	46	119	156	101	77	464181	54	55242.83	3730.57	250539
沈阳工程学院	1	0	3272	2877	10151	921	771	508	63	169	224	23	29	856860	56.49	74676	7548.36	291641
专科院校：高等专科学校	1	0	2178	2734	8112	609	603	374	58	139	143	34	0	568791	41	36466	8199	246515

（续表）

名称	校数（所）		普通本科专科学生			教职工数	校本部教职工计	专任教师						占地面积（平方米）	图书（万册）	固定资产总值（万元）		学校产权建筑面积（平方米）
	计	中央	毕业生数	招生数	在校生数			计	正高级	副高级	中级	初级	无职称			计	教学、科研仪器设备	
辽宁交通高等专科学校	1	0	2178	2734	8112	609	603	374	58	139	143	34	0	568791	41	36466	8199	246515
专科院校：高等职业学校	13	1	19156	22427	63010	5520	5393	3456	151	883	1006	1094	322	2949703	377.32	210382.29	37670.47	1439190
沈阳航空职业技术学院	1	0	1272	1214	3674	383	369	249	0	92	66	72	19	156453	23.8	8424.62	3630.54	78826
辽宁体育运动职业技术学院	1	0	190	0	36	151	117	33	2	16	5	10	0	130000	2.61	5884.58	441.45	59152
辽宁林业职业技术学院	1	0	1245	1519	4268	385	306	176	16	40	78	40	2	277031	26.04	8553.8	1908.22	104710
沈阳职业技术学院	1	0	5798	6239	17114	1255	1255	781	20	195	257	195	114	483107	87.9	48958.18	11719.72	338749
辽宁金融职业学院	1	1	1521	1834	5051	312	312	260	17	49	82	85	27	102642	37.05	8936	2028	69558
辽宁广告职业学院	1	0	1301	1602	4822	409	409	321	21	44	44	107	105	119999	32.29	21000	2095.5	113428
辽宁经济职业技术学院	1	0	2166	2240	6671	576	576	320	16	124	124	53	3	371719	37.5	9125	2246.46	104460
辽宁美术职业学院	1	0	1200	1458	4376	521	521	337	14	93	126	92	12	418000	26.78	20003	2057.2	132000
辽宁商贸职业学院	1	0	1307	1509	4571	260	260	192	26	50	62	54	0	73663	25.95	9210.85	1617.72	65165
辽宁装备制造职业技术学院	1	0	2148	2169	6770	605	605	395	10	73	64	248	0	392146	29.1	36651	5030.33	141371
辽宁现代服务职业技术学院	1	0	0	730	1410	188	188	119	0	28	24	32	35	133333	12	2714.26	851.9	78028
辽宁城市建设职业技术学院	1	0	0	662	662	187	187	112	1	41	27	39	4	185000	9.39	20631.04	2507.33	83130
辽宁卫生职业技术学院	1	0	1008	1251	3585	288	288	161	8	38	47	67	1	106610	26.91	10289.96	1536.1	70613
其他机构：分校、大专班	0	0	16	40	81	0	0	0	0	0	0	0	0	0	0	0	0	0
辽宁省残疾人中等职业技术学校	0	0	15	40	81	0	0	0	0	0	0	0	0	0	0	0	0	0
沈阳音乐学院艺术学院	0	0	1	0	0	0	0	0	0	0	0	0	0	0	0	0	0	0
本科院校：独立学院	8	0	5470	7958	28864	2092	2018	1362	229	405	365	255	108	2215522	192.06	144662.08	17044.05	249731
沈阳航空航天大学北方科技学院	1	0	707	944	3491	192	192	100	15	30	34	21	0	0	20.06	2700	1926.32	0
沈阳建筑大学城市建设学院	1	0	650	1748	6508	397	397	305	40	84	95	66	20	472336	29.9	56000	2026.04	119541
中国医科大学临床医药学院	1	0	490	514	2220	267	193	148	33	50	23	34	8	0	16.48	1545.92	1420.92	0
辽宁师范大学海华学院	1	0	825	960	2965	201	201	150	6	56	47	28	13	353481	20.25	16230.4	2002.65	0
沈阳大学科技工程学院	1	0	1390	1468	5511	500	500	248	57	71	79	34	7	281000	50.33	38642	3927.66	48425

（续表）

名称	校数（所）		普通本科专科学生			教职工数	校本部教职工计	专任教师						占地面积（平方米）	图书（万册）	固定资产总值（万元）		学校产权建筑面积（平方米）
	计	中央	毕业生数	招生数	在校生数			计	正高级	副高级	中级	初级	无职称			计	教学、科研仪器设备	
辽宁中医药大学杏林学院	1	0	421	646	2454	116	116	86	17	25	19	20	5	341400	15.54	14938.83	1243.4	0
沈阳医学院何氏视觉科学学院	1	0	278	830	2545	226	226	160	43	42	8	12	55	416627	24	11719.63	2686.63	81765
沈阳化工大学科亚学院	1	0	709	848	3170	193	193	165	18	47	60	40	0	350678	15.5	2885.3	1810.43	0
成人高校举办普通本专科	0	0	1601	1491	3836	0	0	0	0	0	0	0	0	0	0	0	0	0
辽宁文化艺术职工大学	0	0	260	226	419	0	0	0	0	0	0	0	0	0	0	0	0	0
辽宁公安司法管理干部学院	0	0	957	1265	3417	0	0	0	0	0	0	0	0	0	0	0	0	0
辽宁广播电视大学	0	0	384	0	0	0	0	0	0	0	0	0	0	0	0	0	0	0